민족

NATIONS
The Long History and Deep Roots of Political Ethnicity and Nationalism

민족

정치적 종족성과
민족주의, 그 오랜 역사와
깊은 뿌리

아자 가트
Azar Gat

알렉산더 야콥슨
Alexander Yakobson

유나영 옮김

교유서가

차례

제1장

서론:
민족주의는 최근에 생겨난 표피적 현상인가?

이 책은 현재 민족nation 및 민족주의nationalism 연구가 틀 지어지는 방식에 대한 깊은 불만의 산물이다. 1980년대부터 민족이라는 주제가 활발히 논의되면서 관련 논저에는 이 분야 전체를 둘로 가르는 커다란 균열이 생겼다. 이 균열의 한편에는 민족을 근대의 발명품으로 보는 이들이 있다. 이 관점에 따르면 민족은 19세기 유럽에서 프랑스혁명 및 산업혁명과 더불어 출현했거나, 어쩌면 그보다 얼마간 앞선 근세에 출현했다. 근대주의자들에게 민족이란, 그전까지 교구 단위로 느슨하게 연결된 소규모 농촌 공동체에 갇힌 채 넓은 영토에 뿔뿔이 흩어져 있던 많은 인구를 한데 결합시킨 사회적 통합과 정치적 동원 과정의 산물이다. 이런 관점에 따르면, 이러한 사회적 통합과 동원은 인쇄술, 광범위한 자본주의 경제, 그리고 나중에는 산업화, 도시화, 대중 교육, 대중 정치 참여가 도래한 근대에 와서야 국가의 적극적 유도에 의해 비로소 가능해졌다. 그 반대편에는 민족에 대한 좀더 전통적인('원초적primordial'이라거나 '영속적perennial'이라는 딱지가 붙은) 관점을 옹호하고 적용하고 전개하는 이들이 있다. 그들은 실재이자 정서로서의 민족태nationhood가 좀더 오래되었고 근대 이전, 어쩌면 일찍이 고대로부터 (보편적으로는 아니더라도) 존재했으며, 또한 유럽만이 아니라 전 세계에 존재했다고 믿는다.

이 주제가 인기를 끌면서 더 많은 사람들이 모여들고 폭넓은 분야에 파장을 일으킴에 따라 논쟁은 더욱 부각되기에 이르렀다. 사회과학, 역사학, 철학, 문학, 문화연구에서 이 주제와 연관된 작업을 하는 학자들이 이렇듯 유행하는 민족주의 이론들을 인용하며 그 이론을 심지어 본래 형태보다도 더 급진화시키는 일이 허다하다. 게다가 단정적 선언이나 기존의 전제에 대한 비판에 특히 혹하기 쉬운 감수성 예민한 연령의 학부생과 대학원생들은 학과 분위기에 적응하거나 학계 입문 과정에서 이 흥미진진한 민족주의 이론에 일상적으로 노출된다. 이 과정에서 근대주의와 전통주의 학파의 균열은 끊임없이 재생산된다. 허구적 이분법과 유혹적인 과장법이 민족주의 연구의 규범이 되어 이제는 그 진면모를 거의 알아볼 수 없을 정도가 되었다.

근대성이 촉발한 거대한 변화의 힘에 대한 반응으로 근대 민족주의가 엄청나게 성장한 사실을 충분히 인정하면서도, 나는 민족을 근대성하고만 등치시키는 것을 비판하고 거부하는 이들의 관점에 더 가깝다. 확실히 민족은 역사의 특정한 (이른) 시점에 출현했으며 형성되었다가 사라지기도 하므로, 그런 의미에서 볼 때 '원초적'이지 않다. 그리고 민족이라는 현상은 역사 속에서 진화했으므로 '영속적'이라는 용어도 그 역사적 변화를 충분히 반영하지 못한다. 그럼에도 민족을 문화 혹은 종족과 국가의 대략적 일치라고 보는 근대주의 이론가 어니스트 겔너의 정의를 수용한다면, 민족은 비단 근대에만 국한되지 않는다. 또 근대주의자들이 말하는 것과는 달리, 다른 고도로 잠재된 형태의 정치적 종족과 확연히 구분되지도 않는다. 이 책에서 제시하겠지만, 사실 전통주의적 입장은 대체로 옳기는 하나 충분히 포괄적이지는 못하다. 관점을 상당히 확대하여 기존의 논쟁을 넘어설 필요가 있다. 무엇이 종족성과 민족주의를―그것이 오래되었든 새롭든 간에―이처럼 강력하고 실로 폭발적인 힘으로 만드는가 하는 중대한 질문에 대해서는, 답이 주어지기는커녕 질문이 제기되는 일조차 드물다.

민족주의는 방안의 코끼리와 같아서, 자유주의liberalism나 마르크스주의 같은 근대의 주요 사회 이론들은 그 거대한 존재를 고집스레 무시하며 설명을 방기하고 경시해왔다. 그 결과로 학자와 미디어 논객과 일반 대중은 민족주의라는 코끼리의 움직임이 방안을 뒤집고 산산조각 낼 때마다 깜짝깜짝 놀라곤 한다. 이 반복적이고도 체계적인 실명失明의 원인은 '장님 코끼리 만지기'라는 고대 인도의 설화를 연상시킨다. 저마다 다른 부위를 만져보고 돌아와서 자신이 만진 부위가 코인지, 엄니인지, 귀인지, 다리인지, 배인지, 꼬리인지에 따라 그 성질과 모양에 대해 제각기 다른 결론을 내린다. 민족태라는 현상은 반드시 그 전체상으로 인지해야 한다. 그러지 않으면 이론은 도자기 가게 안의 코끼리가 되고 만다.

종족은 항상 정치적이었다

우리는 다음의 명제들로부터 출발한다. 민족주의와 종족성은 긴밀히 결부되어 있다. 대체로 민족주의는 정치적 종족성이라는 좀더 광범위한 현상의 한 형태다. 그리고 종족성은 국가가 출현한 이래로, 아니 그 이전부터 언제나 고도로 정치적이었다. 여기서 내가 말하는 종족(ethnicity, 혹은 '종족성'―옮긴이)이란 (실제의 혹은 상상의) 친족과 문화를 공유하는 집단이다(보다 상세한 논의는 뒤에서 다룰 '개념과 정의' 참조). 역사적으로 존재한 국가들은 흔히 소국petty-state, 국가state, 제국empire으로 분류되며, 종족은 이들 모두에서 주된 요소다.

일반적으로, 농촌 유형의 소국이든 도시 유형의 소국(도시국가)이든 간에 소국의 국민들은 종족적으로 가깝다. 또한 대체로 같은 종족 공간에 속해 있지만, 이 공간은 보통 여러 소국들로 쪼개진 더 넓은 종족 공간의 일부일 때가 많다. 종족적 특질을 공유하는 소국 간의 충돌은 흔한 일이다. 하지만 외적의 위협을 받았을 때는 대개 외부 세력에 맞서 협력하는 경향을 띤다. 소국에 이방인이 거주하거나, 좀더 드물게 소국이 두 개 이상의 종족 집단의 본향인 경우에는 (뒤에서 보겠지만) 이 또한 정치적 결과를 초래하는 경향이 있다.

또한 종족적으로 가까운 집단들이 거주하는 공간은 통일 과정을 촉진함으로써 더 큰 국가로의 성장과 확대를 북돋았다. 그리고 국가는 통일 그 자체의 현실에 의해, 그리고 의식적인 평준화와 융합 노력을 통해 자기 영토의 종족적 통합을 더욱더 강화했다. 이 호혜적이고 변증법적인 과정을 통해, 종족은 국가를 만들었고 국가는 종족을 만들었다. 실제로 이 두 인과적 맥락 모두가 종족성은 항상 고도로 정치적이었음을 드러내고 있다. 같은 정체성을 지녔다는 정서가 국민의 충성심을 헤아릴 수 없이 고취하지 않는다면, 왜 국가가 자기 영토를 최대한 동질화하는 데 매진할 것인가? 국가가 그 주위와 대체로 구분되는 종족 공간 전체를 포괄하고 그 공간에 주로 한정된 채로 유지되며 특정한 슈타츠폴크Staatsvolk(국민)와 동일시되는 역사적 상황에서, 그 결과는 국민국가 혹은 민족국가라고 알려져 있다.* 이 책의 뒷부분에서 탐색할 지정학적·역사적 이유로 인해, 이 특수

---

* 대부분의 용례에서 이 두 개념의 차이는 거의 없는 것이나 마찬가지다. 찰스 틸리는, 국민국가national state가 "중앙집권화되고 차별화된 자치 가능한 구조를 방편으로 다양한 인접 지역과 도시를 통치하는 국가"인 반면, 민족국가nation-state는 "국민들이 강한 언어적·

한 형태의 정치적 종족성은 유럽에서 좀더 보편화되었고 더 긴 생명력을 유지했다. 나아가 더 큰 사회 통합을 이루고 대중에게 더 큰 힘을 부여했기 때문에 근대 정치 조직의 (독점적이라고는 절대 말할 수 없지만) 더 전형적인 형태가 되었다. 그럼에도 민족국가는 전근대, 비유럽에도 상당히 널리 존재했다. 민족과 민족국가는 유사 이래로 국가가 출현한 모든 곳에서 찾아볼 수 있다. 사회학자들이 영토국가(모든 국가는 영토가 있으므로 사실 무의미한 개념이다)나 왕조 군주제라는 딱지를 붙인 것들은 사실 민족 군주제 national monarchy인 경향이 있었다. 민족 군주제라는 용어는 역사학자들에 의해 오랫동안 쓰여왔다. 대부분의 국가에서는 종족ethnos과 국가의 연관이 긴밀하고 필연적이며 이 연관이 국가의 경계와 응집을 이루는 데 중요함을 감안할 때, 그럴 만한 이유는 충분하다.

또 서로 다른 종족·민족 공동체들이 더 큰 국가 구조 안에 강제로 편

종교적·상징적 정체성을 공유하는 국가"라고 제시했다. Tilly, *Coercion, Capital, and European States, AD 990~1992*, Cambridge, MA: Blackwell, 1992, 2-3(『유럽 국민국가의 계보: 990~1992년』, 지봉근 옮김, 그린비, 2018, 19쪽). 하지만 여기서의 첫째 범주는 국민national과는 전혀 무관한(앞에 국민이 붙을 수도 있고 붙지 않을 수도 있는), 그냥 국가의 정의다. 나아가 나는 틸리의 입장에 반대하여, 그의 첫째 범주가 역사적으로 새로운 것이 아니며 그의 둘째 범주가 역사적으로 드문 것도 아니라고 주장한다. S. E. Finer, *The History of Government from the Earliest Times*, vol. I, Oxford University Press, 1997, 4는 14세기 영국과 15세기 프랑스를 국민국가라고 부른다는 점에서 좀더 설득력이 있지만, 민족국가라는 용어는 "민족에 의해 주권이 민주적으로 행사되는" 근대적 유형을 가리키는 말로서 따로 남겨둔다. 이 정의의 뒷부분은 민족국가가 민주정으로만 제한된다는 문제점을 띠고 있다. 이처럼 이치에 안 맞는 제약을 피하기 위해 많은 학자들은 대중 주권을 민족국가의 정당화 원리이자 뚜렷한 표지로 간주한다. 그럼에도—국민국가이건 민족국가이건 간에—파이너Finer는 민족을 많은 전근대 유럽 국가들의 주춧돌로 지목하고 있다.(여기서 저자 가트는 이 두 개념 구분의 자의성을 지적하고 있으며 이 책에서 두 단어가 특별히 구분되어 쓰이지 않았음을 고려하여, 한국어 번역본에서는 'national state'와 'nation-state'를 둘 다 '민족국가'로 옮겼다—옮긴이)

입된 사례들도 있는데, 이는 우세한 민족정치 집단의 강압 때문이거나, 혹은 폭력적인 세계에서 자립하기에는 힘이 너무 약하여 더 큰 다민족 연합 안에서 다른 집단의 보호를 구하거나 동맹을 맺기 때문이었다(이상의 과정들이 다양한 조합을 이루어 작용했다). 여기서도, (충분히 커지면 제국이라고 부르는) 이런 더 큰 다민족 연합 내에서의 종족의 존재 또한―공식적으로 혹은/그리고 비공식적으로―대단히 정치적이었다. 비공식적으로, 주류 종족 공동체의 국가 지배력이 클수록 권력 관계와 이권 분배가 주류 종족에게 더 유리한 방향으로 이루어졌고 국가 정체성 상징도 그들의 특수한 종족성을 반영했다. 국가가 지배를 확립하기 위해 의존한 대상은 주로 이 주류 핵심 종족이었다. 믿을 수 있는 것은 이 핵심 종족의 충성심이었기 때문이다. 영토 내의 여타 종족이나 인족에게서는 그런 충성심을 거의 기대할 수 없었다. 앞에서 언급한 이유로, 국가 내의 여타 종족 공동체들은 자신들의 부차적 혹은 종속적 지위를 잘 인식하고 거의 묵인했다. 많은 경우 이는 그들의 지위에 어느 정도 긍정적으로 도움이 되었다. 무엇보다도 그들의 고유한 정체성을 어느 정도 존중받고 보호받을 수 있었다. 그들은 더 큰 국가 구조 내에서 그들만의 특수한 제도와 법률 체계를 인정받고 유지했으며 대체로 상당한 문화적 관용을 누렸다.

근대주의적 신조를 지닌 역사사회학자들은, 전근대 제국이 엘리트 권력 구조였고 그 지배 엘리트들이 신민들의 종족 구성에 무심했다고 주장한다. 그러나 널리 수용되는 이 관점은 실제를 과도하게 단순화한 것이다. 역사적으로 존재한 제국 중에 그랬을 것으로 해석되거나 종족에 무심했던 제국은 설령 있다 하더라도 매우 드물기 때문이다. 이는 우리가 학술 문헌에서 마주치는 많은 허구적 이분법―잘못된 양자택일식 구분법―중의 하나다. 실제로 제국들은 엘리트 권력 구조였지만, 동시에 그들 거의 모두는 핵심 지배 종족에 기반하거나 그것에 의존하고 있었다. 따라서 종족성은 국가 내 혹은 국가 사이에서 정체성, 연대, 정치 조직을 결정하는 데 언제나 대단히 중요했다. 다만 대부분의 종족 공동체들이 국가태statehood, 즉 민족적 독립을 달성하고 유지하기에는 너무나 작고 약했던 반면, 더 강한 종족 공동체들은 다른 종족을 정복하여 다민족국가나 제국에서 우세한 위치를 점했을 따름이다. 민족국가는 한 종족과 한 국가가 대체로 일치한 경우에만 출현했다.

이것을, 종족성이 동질적이거나 명확히 나누어떨어진다는 ─ 뚜렷이 구분되고 고정된 패키지로 깔끔하게 봉해져나온다는 ─ 뜻으로 해석해서는 안 된다. 우리가 다루고 있는 집단들은 비록 그 정도가 다양하긴 해도 상당히 많은 친족-문화 특질을 공유하며, 가변적이고 이질적인 '단속적斷續的' 연속체를 이룬다. 종족 공간 내 하위 집단들 간의 거리 또한 이런 특질의 측면에서 멀기도 하고 가깝기도 하다. 그리고 이렇게 집단 간의 거리가 제각각이므로 한 종족 내의 종족적 친밀감도 그 사이에서 일정하지 않고 복합적이며, 좀더 중요한 균열로 발전하거나 심지어 완전한 분열에 이를 수도 있다. 새로운 유사성과 차이가 끊임없이 생겨나고, 종족의 융합과 분열 과정이 일어나면서 집단의 경계와 정체성이 형성되고 거듭 재형성된다.[1] 그러나 내적 유사성이 더 클 경우 한 종족 집단은 일반적으로 이웃 집단과 분리된다. 한 언어 공간 내의 방언들이 사실상 서로 다르지만, 그럼에도 완전히 별개의 언어 공간과 비교하면 서로 간의 거리가 훨씬 더 가까운 것과 비슷하다. 문화, 친족, 정체성이 완전히 동질적이고 온전히 겹치는, 깔끔하게 고정된 종족 패키지는 존재하지 않는 게 사실이지만, 그렇다고 해서 의미 있고 상당한 내구성을 갖춘 패키지가 아예 없다는 뜻은 아니다. '본질주의essentialism'라는 비판은 인문학과 사회과학에서 궁극의 비난이 되었고,

조야한 개념화의 위험을 고려할 때 이 비난에는 충분한 근거가 있다. 하지만 '가족 유사성', 집단 간의 상대적 거리, 나아가 시간에 따른 변형 과정에서 지속과 변화 사이의 대립은 진짜 현실을 사고하는 데 있어 완벽히 유효한—사실 필요 불가결한—방식이다.

그럼에도, 역사 속의 국가에서 종족성 같은 관념이 핵심적 위치를 차지해왔으며 친족-문화 정체성의 공유라는 관점에서 주로 정의되는 인족에게 민족태가 일반적으로 국가태를 의미한다는 생각은, 최근의 민족주의 담론과 크게 동떨어진 관념이 되었다. 종족성과 민족주의의 끔찍하게 폭력적인 표출에 대한 깊은 우려 때문에, 종족성과 민족이 긴밀히 결부되어 있다는 생각에 대한 강한 혐오감이 존재한다. 민족주의와 종족성은 흔히 별개의 주제로, 서로 다른 저서들을 통해 연구된다. 워커 코너Walker Connor 같은 일부 학자들은 "민족은 민족이고 국가이며 종족 집단"이라고 반박했다.[2] 뒤의 '개념과 정의' 절에서 논의하겠지만, 나는 몇몇 중요한 측면에서 코너와 입장을 달리한다. 다른 대표적 근대주의자들 역시 민족주의와 종족성의 긴밀한 연관을 인정한 바 있지만, 그 많은 추종자들 사이에서는 이 점이 무시되고 말았다. 카를 도이치Karl Deutsch는 민족을 "한 국가와 한 인족people이 한데 모인 것"이라고 종족적 관점에서 정의했다.[3] 어니스트 겔너도 비슷하게 (그리고 좀더 유명하게) 민족을 문화 또는 종족과 국가의 일치라고 일컬은 바 있으며, 내가 대체로 공유하는 정의다.[4] 물론 이 두 사람은 이러한 일치가 산업사회의 도래와 더불어 비로소 출현했다고 믿었다.

겔너는 이따금 종족민족적 특징을 낳는 뚜렷한 유전-생물학적 특질을 언급하기도 했지만, 종족성을 문화의 동의어로 보았다.[5] 하지만 요즘에는 심지어 문화적 속성마저도 민족 개념에서 승인할 수 없는 것으로 취급되며 널리 부인된다. 공통의 시민권citizenship과 공통의 정치 제도에만 의거한다고 가정되는 '시민적 민족주의civic nationalism'는 역사적으로나 규범적으로 '종족적 민족주의ethnic nationalism'와 대비되곤 한다. 그러나 상당수의 학자들이 지적했듯이 이 구분은 크게 과장되었다.[6] 시민적 제도는 민족의 형성에서 다양한 핵심적 위치를 차지했다. 하지만 그 존재가 종족성으로부터 결별한 민족, 즉 문화적 친밀감과 최소한 얼마간의 친족적 친밀감을 공유하지 않는 민족은 설령 있다고 해도 무척 희귀했다. 현실에서는 시민적 민족주의 또한―실은 특히 시민적 민족주의가―종족민족 공동체로의 동화를 명시적('공화적') 요구 조건 또는 암묵적 전제로서 권장했다. 이 점은 오래된 종족과 민족뿐 아니라 신생 종족과 민족에도 적용된다. 이민 국가 사회에서 가장 인상적으로 볼 수 있는 현상이지만, 종족과 민족은 통합, 혼성, 융합 과정을 통해 늘 새로 태어나고 형성된다. '종족적' 민족주의와 '시민적' 민족주의를 구분하는 좀더 유용한 기준은, 전자가 혈통과 공유 문화를 강조한다면 후자는 국가 영역과 문화를 강조한다는 것이다. 하지만 많은 소위 시민적 민족 내에서, 심지어 혈통을 공유한다는 정서가 없어도 문화적 통합 및 통혼에 의해 친족 감정이 발생한다는 점에 유의해야 한다. 따라서 종족적 민족주의와 시민적 민족주의는, 특히 친족과 문화라는 두 요소 간에 강조점을 상당히 달리하긴 하지만, 둘 다 종족성의 요소를 내포하고 있다. 공동의 문화적 모체와 친족 감정이 부재한 다종족·다민족 국가 안에도 공통된 시민성이 존재할 수 있지만 공통된 민족 정체성이라는 관념은―특히 이 문제의 선택권이 국민들에게 주어지는 자유로운 사회에서는―거의 드물다. 궁극적으로 볼 때 민족주의는 마음의 상태다. 즉 공동체적·정치적 정체성과 친밀감과 운명을 공유한다는 의식, 에르네스트 르낭의 말을 빌리면 "매일매일의 국민투표"다.[7] 하지만 현실에서 이 마음 상태는 다른 공유된 마음의 내용물과 강하게 결부되어 있으며, 그 내용물

중에서 가장 두드러지는 것은 공통된 문화와 친족 감정이다.

근대주의적 관점의 가장 합리적인 선구자인 칼턴 헤이즈Carlton Hayes는 민족적 소속과 시민성 사이에서 전개되고 있다고 본 개념적 혼란을 아주 일찍이 거부했다.[8] 이와 비슷하게 코너 또한, 1950~1960년대에 도이치의 영향하에 퍼지기 시작한, '국가 건설state building'과 '민족 건설nation building'이 사실상 동의어라는 오해를 개탄했다. 이런 오해는 아프리카와 아시아 신생 국가에서 그 종족적 이질성을 무시하고 민족이 쉽게 결합될 수 있으리라는 기대를 낳았다. 사실 도이치 자신은 1960년대에 이 과정이 생래적으로 더디다고 경고해줄 필요성을 깨달은 바 있다.[9] 이 중대한 오해와 그것의 정책적 함의는 당시는 물론이고 오늘날까지도 여전히 우리 곁에 있다.

근대주의자들의 모든 저작은 한스 콘Hans Kohn의 중대한 연구에 대한 주석으로 볼 수 있다.* 그의 관점에서 볼 때, 민족주의는 우리 고장과 언어와 관습(나중에 공통된 혈연을 추가하긴 했지만, 놀랍게도 콘은 여기에 '우리 동족'을 언급하지 않았다)을 사랑하는 더 오래되고 자연스러운 감정 위에 19세기 들어 인위적으로 세워진 역사적 구조물이다.[10] 에릭 홉스봄도 비슷한 관점을 견지했다. 어떻게 민족주의처럼 사람들의 영혼을 깊숙이 뒤흔들고 서로 죽고 죽이게 만드는 강렬한 감정이 19세기에 별안간 난데없이 출현할 수 있었는가 하는 의문에 대해, 홉스봄은 선대의 민족주의가 공통된 종교, 언어, 종족 감정 같은 '원형민족적protonational' 정서를 동원했다고 답한다.[11] 하지만 그렇다면, 종족성과 민족주의는 서로 다른 별개의 두 현상으로서 콘

---

* 한스 콘, 칼턴 헤이즈, 카를 도이치 등 1930년대 이래로 민족주의에 대한 근대론을 주창한 선구자들은 현재 후대인 1980년대의 근대론 주창자들에게 가려 빛을 잃었다. 하지만 그 팡파르를 걷어내고 보면 이 후대 학자들이 선대 학자들의 연구에 새롭게 덧붙인 내용은 거의 없다.

과 홉스봄의 말처럼 하나는 오래되고 아마도 더 '자연스러운' 것이며 또하나는 새롭고 인위적인 것이었을까? 아니면 이 또한 허구적 이분법에 불과하며 실은 더 깊은 연관성이 존재하는 것일까? 실제로 콘은 근대 이전에도 더 약한 민족 감정이 여기저기에 존재했음을 서문에서 짤막하게 인정하고 있다.[12] 겔너도 결론 부분에서 비슷한 점을 언급하고 있다.[13] 그리고 홉스봄은, 장문의 무리한 논증에도 불구하고, "진지하게 국가를 열망하는 민족운동을 형성하는 데는 원형민족적 기반이 바람직하거나 어쩌면 심지어 필수적일 것"이라고 결론짓는다.[14] 민족주의가 결국 종족성에 기반하지 않았다면, 왜 민족주의가 가장 뚜렷이 발현되었을 때 "제국을 아우르는" 새로운 민족국가의 창출이 아니라 다종족 제국의 해체가 일어났을까?

따라서 수사나 이미지와는 달리, 종족성과 민족태의 관계, 심지어 전근대에 (더 약한 형태로나마) 민족과 민족주의가 존재했는지 여부와 관련하여 근대주의자와 그것을 비판하는 전통주의자를 가르는 간극은 일반적으로 여겨지는 것만큼 크지 않다. 앞에서 (헤이즈와 뒤에서 볼 톰 네언Tom Nairn은 말할 것도 없고) 콘, 도이치, 겔너, 홉스봄으로부터 인용한 생각들과, 좀더 전통주의적인 관점의 주된 주창자 중 한 명으로 민족의 종족적 기원을 강조한 앤서니 스미스의 생각은 사실 서로 가까운 거리에 있다. 그는 근대적 민족이 무에서 창조되지 않는 것이 보통이라고 주장한다. 대부분의 경우 그들은 언어, 전통, 기억, 혈통이 같다는 믿음, 흔히 먼 과거로 거슬러올라가는 집합적 정체감 등의 특질을 공유하는 선대의 종족 공동체로부터 출현했다.[15] 영어에는 널리 받아들여지는 단어가 없는 까닭에, 스미스는 민족이 출현하는 기반이 되는 이러한 종족적 실체를 뜻하는 말로 그리스어 '에트노스ethnos'에서 파생된 프랑스어 단어인 '에트니ethnie'를 채택할 것을 제안했다. 하지만 민족의 전근대적·종족적 기원과 민족 정체성의 형성에서 '종족상징주의ethno-symbolism'가 수행하는 역할을 강조하면서도, 스미스 또한 대체로 민족 그 자체를 근대적 현상으로 보는 관점을 취했다. 그가 전근대 민족의 가능성에 좀더 열린 태도를 취하게 된 것은 최근의 일이다.[16]

스미스가 이 점에 대해 신중을 기한 이유는 그가 대체로 옳고 중요한 근대주의의 교훈을 수용하고 있기 때문이다. 즉, 국가에 대한 대중의 참여는, 근대에 기술·경제·사회·정치·법률이 발전함으로써 비로소 유의미하게 증가했다는 것이다. 대중은 국가로 통합되었고 국가에 의해 동원되었다. 프랑스혁명이 선언한 대중 주권과 평등한 시민권은 이 과정의 전형적 특징이었고, 많은 이들은 이것을 진정한 민족 공동체 형성의 필수 조건으로 여겼다. 전근대 사회에 대한 전형적인 사회학적 기술에 따르면 그 인구의 대부분은 농민으로 구성되었다. 큰 국가에서 그들은 명령에 따르는 신민으로서 외에는 바깥세상과 국가 정치로부터 고립된 채로 농촌의 작은 시골 공동체에 흩어져 있었다. 친족과 부족과 지역적 친밀감이 그들의 삶을 지배했다. 그들은 대부분 문맹이었다. 그들은 태생적으로 지방에 갇힌 문화를 지녔고, 이 지방 문화들은 국지적·지역적 '하급 문화low culture'들의 모자이크를 이루었다. 이 문화들은 곳에 따라 두드러진 차이를 보였으며, 엘리트, 특히 수도를 지배하고 국가를 운영하는 엘리트들의 '고급 문화'와는 대개 공통점이 거의 없었다. 이런 문화적 이질성의 주된 요소는, 서로 거의 알아들 수 없어서 공동체 사이를 분리하고 국가의 표준 '고급 언어'로부터도 분리된 다양한 방언들이었다. 절대다수의 인구가 정치 참여로부터 완전히 배제된 상태에서 계급 차별은 엄격하고도 깊이 뿌리내려 있었다. 이처럼 속속들이 분열된 상태를 고려할 때, 전근대 국가에 정체성, 친밀감, 연대감을 공유하는 정서가 설령 있었다 하더라도 이는 주로 엘리트에게만 국한되었다(하지만 겔너에 따르면, 이 엘리트들은 정치적 경계 너머의 동료들과 문화 및 관심사로 긴밀히 연결되어 국제적인 세계관을 갖추고 있었다)고 근대주의자들은 주장한다. 공동의 정체성은 대중을 아우를 만큼 널리 퍼져 있지 않았다. 이러한 관점에서, 엘리트는 대중을 집합적 실체의 일부로 거의 취급하지 않았고 대중 또한 그러한 실체에 소속감이나 친밀감을 느끼지 않았다. 비록 대놓고 말하지는 않지만, 사실 많은 근대주의자들이 문제삼는 것은 단지 전근대의 민족태만이 아니다. 전근대의 인족들peoples의 존재다.

전근대 사회의 표준상像에 상당한 진실이 담겨 있긴 하지만, 이는 역사적 현실의 상당 부분을 단순화하거나 생략, 왜곡하고 있다. 근본적 질문은 두 갈래다. 많은 큰 국가들 내에는 공통의 광범위한 종족적·친족-문화적 특질―더 폭넓은 계층의 사람들을 포괄할 만큼 멀리, 깊이 스며들어서 이 사람들을 한 인족a people으로 만든 특질―이 어느 정도나 존재했을까? 또한 그런 종족적 속성을 공유하는 사람들은 이러한 국가에 대한 친밀감, 정체감, 연대감을 얼마나 느꼈을까? 하지만 이 질문에 답하기란 특히 까다로운 것이, 얼핏 극복이 불가능해 보이는 경험적 장애물이 가로놓여 있기 때문이다. 민족주의 연구자들은 이 장애물을 오래전부터 인식해왔다.[17] 대중의 대다수가 문맹이었으므로, 그들의 생각과 느낌에 대한 직접적인 기록은 거의 존재하지 않으며 간접적인 증거마저도 귀하고 드물다. 전근대 세계의 대중은 거의 재현되지 않았다. 그들에게는 목소리가 없었다. 그러므로 우리의 조사를 진전시키려면, 이 장애물을 우회하고 침묵의 베일을 조금이라도 뚫고 들어갈 방도를 찾을 필요가 있다.

전근대의 종족민족적 정체성은 어느 깊이까지 가닿았을까?

문화가 국가-사회의 최하층까지 얼마나 널리 확산되었는가 하는 질문은, 이를테면 가장 중요한 문화 속성인 언어를 검토함으로써 검증해볼 수 있다. 전근대 사회의 국가 공식 언어는 지역 방언과 토착어를 거의 대체하지 못하고 언제나 중심부와 엘리트에만 국한된 채 머물러 있었을까? 사회학 이론가들은 그랬다고 상정한다. 유럽 역사에서 선별되어 모범적 위상을 획득한 사례들이 그 근거로 제시된다. 하지만 앞으로 우리가 보게 될 것처럼, 눈에 덜 띄지만 크게 간과되는 전근대의 일부 다른 사례들에서는 국가 언어가 영토 전체로 확대되면서 경쟁 언어들을 몰아내거나 때로는 완전히 뿌리 뽑아버리기도 했다. 이와 비슷하게, 방언 간의 차이가 큰 나라들도 있지만 그 차이가 한결 근소해서 지역 간의 의사소통에 장애가 되지 않는 나라들도 있었다.

종교 사상과 종파 또한 핵심적 문화 형태였다. 전근대 사회의, 특히 농촌 환경에서는 지방 종파와 지방 신화와 지방 신이 번성했음을 부인할 수 없다. 그럼에도 좀더 고등한 종교와 만신전과 신화는 전 종족이 공유했고 가장 외딴 농촌 공동체까지—통일된 국가가 존재한 곳은 물론이고 그렇지 않은 곳까지—침투했다. 실제로, 종교 의례 및 집회 장소와 그 성직자들의 네트워크는 방방곡곡까지 뻗어 있었고 전국에 걸쳐 주된 사회화의 매개체였다. 이 네트워크는 보통 국가와 지배층에 대한 충성심을 고취하는 데 활용되었지만, 동시에 국가에 대한 반대와 반란의 보루 구실 또한 했다. 특히 지배층이 외국인이거나, 민족 문화와 정체성을 위협하는 외세에 굴종한다고 여겨지는 경우에는 더더욱 그랬다. 종족 혹은 민족 종교가 결부되었을 때―그런 경우가 대부분이었다 ― 종교는 공동의 정체성과 연대를 설교하는 게 보통이었다. 보편 종교가 출현하여 국가와 종족민족의 경계 너머로 전파되었을 때, 이따금 종교는 종족민족적 충성과 경쟁하는 독립된 정체성과 충성의 구심점이 되기도 했다. 하지만 민족국가들이 여럿 존재할 때면 보편 종교에 속한 공식·비공식 민족교회들이 규범 그 자체가 되는 경우가 더 흔했다. 이런 교회들은 위협이나 분쟁 상황에서 압도적으로 애국적 대의를 옹호하는 경향을 띠었다. 마이클 페트로비치Michael Petrovich, 코너 크루즈 오브라이언Connor Cruise O'Brien, 에이드리언 헤이스팅스Adrian Hastings, 스티븐 그로즈비Steven Grosby, 앤서니 스미스, 필립 고어스키Philip Gorski, 앤서니 막스Anthony Marx가 보여주었듯이, 자신의 일족과 나라가 거룩하고 선택되었다는 믿음은 역사 속에 널리 팽배했다.[18] 종교가 민족 관념과 충돌한다는 기존의 그릇된 가정과 달리, 종교는 그 가장 튼튼한 기둥 중 하나였다. 실제로 종교는 전근대에 '상상된 공동체'의 가장 막강하고 속속들이 스며든 대중적 매개체였음을 베네딕트 앤더슨은 깨닫지 못했다.

앤더슨은 19세기 말 인쇄술의 도래가 가져온 충격을 설명하기 위해 '상상된 공동체'라는 엄청나게 성공적인 어구를 고안해냈다. 인쇄술은 지역 촌락과 도시의 '실제' 대면 공동체를 초월하여, 인쇄된 지방어를 토대로 공유 문화의 대규모 네트워크를 창출했다고 한다.[19] 인쇄술의 도래는 확실히 의사소통의 약진에 해당하지만, 문화를 공유하며 정체성과 연대감을 공유하는 대규모의 '상상된 공동체'는 그 이전에도 존재했다. 언어나 종교 같은 주된 문화적 특징들은 사상을 비롯한 문화 형태가 전근대 세계에도 넓고 깊게 확산될 수 있었음을 보여준다. 실제로 언어와 종교 그 자체는 공통된 민족 정체성과 연대의 주된 매개체였다. 앤더슨은 보편 종교적 정체성(기독교도, 무슬림)이 민족 정체성에 선행했다는 일반적 관점을 공유한다. 나라와 대륙을 초월하여 신도들을 강하게 연결한 이런 종교적 정체성은, 앤더슨이 말하는 의미에서 전근대의 '상상된 공동체'였다. 하지만 앤더슨은 이런 종교적 정체성이 대중이 이해하지 못한 문자 언어에 의해 통합되었다고 주장한다.[20] 이 주장은 보편 종교의 발흥 이전에 대다수의 사람들이 민족 종교를 믿었다는 사실은 물론이고 보편 종교에 소속된 지방 교회들이 강한 민족적 특성을 띠었으며 (신도들에 대한 지방어 설교를 통해) 흔히 종족-민족적 편향을 표출했음을 무시하고 있다. 현실에서 종교 정체성은 종족민족적 정체성에 선행한다기보다는 오히려 긴밀히 연결돼 있으며, 민족적이자 종교적인 '상상된 공동체'의 응집에 강하게 기여한다.

따라서 문해율에 대한 강조는 큰 오도의 소지가 있다. 문맹 사회들도 문화를 대규모로 전파하는 그 나름의 강력한 수단을 지녔기 때문이다. 우리는 종교적 의례-성직 중심지들의 조밀한 네트워크가 나라 곳곳에 심어져 있었음을 이미 언급한 바 있다. 떠돌이 음유 시인들이 읊조렸던─언제나 우리 편의─신들, 왕들, 영웅들, 사람들을 찬미하는 구전 서사시들은 문화 보급의 또다른 주요 매개체 구실을 했다. 이런 대규모의 '상상된 공동체'가 강화됨으로써 끼친 영향은 지대하다. 흔히 의례적 의미가 주입된 춤, 연극, 게임, 축제 역시 큰 영향을 끼쳤다. 게다가, 역사 속 국가사회들의 대중이 문맹이긴 했어도 지식인들이 대중을 상대로, 또 흔히 아주 뚜렷한 목적을 지니고 글을 읽어주었다는 사실은 너무나 자주 잊히곤 한다. 공고를 발표할 때 국가 대리인이, 의례와 축제에서 사제들이, 그리고 다양한 부류의 예술 공연자들이 이런 공공 낭독자 구실을 했다.[21] 농민들은 내다팔 농산물을 싣고 시장과 도시로 나가거나 행상들이 수시로 마을을 들를 때마다 외부 세계의 메아리에 노출되었고 그것을 열심히 흡수했다. 이는 그들이 속한 지역과 지방, 아울러 그들이 속한 동족, 나라, 국가가 뚜렷했음을 의미한다. 끝으로 근대 민족의 중대한 동인인 군역이나 심지어 학교와 같은 제도들이 일부 전근대 국가사회들에도 항상 존재했고 큰 효과를 발휘했다.

이것은 전부 아니면 전무의 문제가 아니었다. 전근대의 인족과 민족이 근대의 그것처럼 긴밀히 통합되어 있었다고 주장하는 사람은 아무도 없다. 그럼에도, 물론 경우에 따라 상당한 변이가 있지만, 공통된 문화와 친족이라는 의미에서 그들이 전혀 통합되지 않았다고 가정하는 것은 잘못이다. 문화적 통합이라는 측면에서, 전근대 사회에는 환원주의적인 사회학적 표준상에서 묘사되는 것보다 훨씬 큰 변이들이 존재했다. 이들 사회가 계급, 지역성, 방언에 의해 쪼개진 정도는 같지 않았다. 또 시골의 농촌 공동체들도 완전히 고립되거나 단절되어 있지 않았고, 여기에도 상당한 편차가 존재했다.

전근대에 민족적 친밀감이 존재했는지에 대한 가장 확실한 검증법은 다음과 같다. 근대주의자들의 주장처럼, 전근대인은 지방에만 국한된 협소한 지평을 지녔고 자신들을 착취하는 엘리트를 외국인만큼 낯설고 이질적인 대상으로 취급했기 때문에 외세의 침입과 지배를 그야말로 무심하고 냉담하게 바라보았을까? 아니면 전근대인도 외국인을 외국인으로 인식했고, 그러한 이유로 외국인에 대해 분개했으며, 우세한 완력에 복종해야 할 때가 많긴 했지만 그런 분노를 실제 행동으로 표출하는 경향이 있었을까? 실제로 전근대 사회의 공통 정체성과 연대는 이 시대의 대중과 관련된 증거의 모호함 때문에 기록되기가 어려워 보이지만, 그럼에도 정치적 현실에 의해 뚜렷이 노출된다. 행위는 생각을 암시하며 생각보다 더 시사적이다. 이로써 우리는, 왠지 몰라도 여전히 눈에 띄지 않은 채로 머물러 있는 방안의 코끼리에게로 되돌아온다. 외세의 정복에 대한 인족이나 여타 민족정치적 실체의 복종 혹은 묵인은 필사적인 대중 저항 이후에야 이루어지는 경우가 많다. 끈질긴 독립 투쟁을 위해, 대중의 애국적 헌신 행위와 생명, 재산, 그 밖의 소중한 많은 것들이 영웅적으로 희생되기 일쑤였다. 게다가, 심지어 독립 국가를 상실한 후에도 대중 봉기는 언제든 재개될 수 있었다. 이 모두는 순수하게 엘리트적인 문제와는 전혀 거리가 멀었다. 바로 이런 이유로, 외국인 지배자들은 현지의 관습과 외모를 눈에 띄게 받아들임으로써 현지인에 가까운 이미지를 일구는 데 각고의 노력을 기울였다. 이런 정치사의 주된 특징들을 무시하기란 힘들며, 이것이 전근대의 종족적·민족적 정체성, 연대, 그리고 정치적 동원의 존재와 발현에 대한 우리의 질문을 자극한다는 걸 깨닫지 않을 수 없다. 자국의 엘리트에 의해 통치되건 외국 정복자에 의해 통치되건, 많은 전근대 국가사회의 사람들에게는 개인의 자유가 없었다. 그래서 외세의 지배에 맞선 그들의 투쟁과 희생의 목표는 집단적인 자유, 즉 민족의 독립에 그칠 수밖에 없었다.

국가가 더 전제적으로 통치되고 엄격하게 계층화될수록, 그 통치자와 귀족들은 국내에서 대중의 힘이 위험할 정도로 커질 것을 두려워하여 대중을 불러내기를 꺼리는 것이 사실이다. 이에 상응하여 대중 또한 억압받고 권리가 박탈될수록 더 소외되고 수동성에 익숙해지는 경향이 있다. 여기서도 역사 속 국가들의 정치적·사회적 배제의 정도는 편차가 있으며, 대중의 에너지를 활용하고 동원하는 능력 또한 이에 따라 차등을 보인다. 그럼에도 심각한 비상 상황에서는 종족적·민족적 연대 감정을 자극함으로써 대중에 호소하는 경향이 정기적으로 발현되었다. 이는 국가 권력이 이런 감정이 실제로 존재하며 막강한 잠재력이 있다고 믿었음을 극명하게 보여준다. 더욱 중요한 것은, 외세의 통치에 맞선 봉기를 지지한 것이 주로 사회의 대중 계층이었으며 좀더 협력적이고 순응적인 부유층과 특권층은 대중의 열광에 떠밀려 무시되었다는 보고가 많다는 사실이다. 또 이런 대중적인 종족적·민족적 봉기에서 흔히 두드러지게 떠오른 인물들이 좀더 대중에 가까운 배경과 세계관을 지닌 하급 성직자였다는 사실도 주목할 만하다. 그들은 이익과 사회정치적 협력에 의해 외국 통치자와 더 긴밀히 연결된 고위 성직자들과 대립하는 경우가 많았다.

이로써 우리는 민족 현상과 관련한 또하나의 적실한 요점에 도달하게 된다. 이른바 '도구주의자instrumentalist'들은 민족주의의 원천으로서 국가 권력과 사회 엘리트에 의한 조작을 강조한다. 그들은 대중을 완전히 수동적인 역할에 묶어놓고 상층부가 원하는 쪽이면 어느 방향으로든 움직일 수 있는 대상처럼 취급한다. 대다수의 도구주의자는 근대주의자이기도 하며, 둘 다 상상된 것으로서의 민족주의상을 전달하기 때문에 이 두 입장은 융합될 때가 많다. 그럼에도 근대주의 이론가들은 민족과 민족주의의 출현이 더 깊고 광범위한 사회정치적 과정이었음을 잘 인식했다. 홉스봄은 다음과 같이 경고할 필요성을 깨달았다.

> 정부들이 의식적이고 의도적인 이데올로기 공학에 노골적으로 관여하긴 했어도, 이런 활동을 위로부터의 순전한 조작으로 보는 것은 오류일 것이다. 실제로 이는, 민간의 외국인 혐오가 되었든 국수주의가 되었든…… 혹은 더 개연성이 높은 중산층과 중하류층의 민족주의가 되었든, 기존의 비공식적인 민족 감정을 토대로 삼을 수 있을 때 가장 큰 성공을 거두었다.[22]

사실 일방적인 하향식 민족 선동 모델은 날이 하나뿐인 가위나 한 손으로 박수 치기만큼이나 어리석은 일이다. 어떻게 그런 조작이, 항상 국가 권력을 의심하거나 그것에 무심했으며 흔히 사회 엘리트에게 적대적이던 주민들 사이에서 가장 강하고 격렬한 감정을 불러일으키는 데 성공할 수 있었겠는가? 실제의 깊은 대중 감정에 호소하지 않았다면 조작이 어떻게 효과를 발휘할 수 있었겠는가?[23] 게다가, 민족 감정은 외부자로 간주되는 국가 권력에 대항하여 분출되는 경우가 흔했다. 이미 언급했듯이, 민족주의에는 다종족 국가와 제국의 해체나, 또 그럼으로써 국가 권력과 그 모든 통제·조작 수단에 대한 승리가 수반되곤 했다. '도구주의'의 담론에서는 이런 명백한 사실이 이상하게도 무시된다. 사실 근대 사회에서건 전근대 사회에서건, 가장 뿌리 깊고 강렬한 대중 정서가 아니고서는 위로부터의 선동이—정략적이든 아니든 간에—불가능하다. 민족적 감정과 충성심의 뿌리를 밝히려면 대중, 엘리트, 지도자를 아우른 더 광범위한 문화·친족 공동체를 보아야 한다.

근대적 민족 정체성이 도시—권력, 교육, 커뮤니케이션의 중심지—에서 지식인과 중산층에 의해 주조, 보급되었다는 것은 유명한 이야기다. 하지만 일부 선도적 근대론자들이 다소 뒤늦게 지적했듯이, 민족 정체성의 진정한 보고로 인식된 곳은 시골이었고 그것을 빚어낸 주재료는 농촌의 언어와 관습이었다. 엘리트와 도시 중산층이 흔히 헤게모니를 장악한 외국 문화에 동화된 반면, 시골은 전통적인 문화와 정체성을 유지했다. 톰 네언은 겔너를 비판하면서 이렇게 썼다.

체코 민족주의가 "프라하에서 만들어졌다"는 데는 의문의 여지가 없다. 하지만 그 종족적 특성은 보헤미아, 모라비아, 주데텐란트에서 나왔으며, 발명되었다는 익숙한 의미에서 그 자체로 '만들어진' 것이 아니다. '전통'은…… 무로부터 창조된 것이 아니라…… 개개인과 가문들에 의

해 과거로부터 실려온 진짜 모체이기도 하다.…… 그리고 여기에 주로
포함되는 과거는…… 농민 생활의 과거다.[24]

실제로 민족주의가 근대에 이처럼 강해진 한 가지 (거의 주목받지 못하는)
이유는, 이제—이동성이 더 커지고 권력의 중심지에 가까운 도시에 많이
집중된—대중이 그들의 선호를 더 크게 표출하며 강하게 주장할 수 있게
되었고, 그 선호가 거의 한결같이 민족주의적이었기 때문이다. 이러한 열
망에 대해, 통치자들은 대중이 시골에 무기력하게 흩어져 있을 때보다 훨
씬 더 열심히 호응해야 했다. 이제 그들은 호랑이 등에 타고 있었던 것이다.
그러므로 이 단계에서 다소 과도한 단순화의 위험을 무릅쓰고 말하자면,
근대적 민족주의의 물결은 엘리트가 새로이 조작해낸 감정 이상의 것으
로, 오래된 대중 정서가 민주화로 새롭게 힘을 얻어 증폭된 결과였다고 말
할 수 있다. 사실 민족과 민족주의가 근대적 발명품이자 정치 조작의 표피
적 산물이라기보다는, 그런 생각 자체가 우리 시대의 이념적·정치적 의제
에 의해 촉발되고 그것에 편승한 근대주의적(혹은 때로는 탈근대주의적) 발명
품이다.

근본적 논쟁

이처럼 사람들을 깊숙이 뒤흔들고 기꺼이 스스로를 희생하게끔 유도
하며 사람들을 움직여 서로 죽고 죽이게 만드는, 너무나 강렬하고 흔히 폭
발적인 감정의 기원은 무엇일까? 많은 비판가들이 지적했듯이, 이는 아마
도 근대주의 이론의 가장 두드러지는 빈틈일 것이다. 궁극적으로, 이 책이
근대주의·도구주의와 벌이는 논쟁은 민족이 얼마나 오래되었는지를 묻는

질문이나 민족의 종족적 토대에 대한 질문보다 더 광범위하다. 암묵적으로 든 명시적으로든 근대주의 메시지의 중심은, 민족과 민족주의가—그 참신함으로 인해—임의적인 산물에 가까우며 따라서 일시적 유행이나 열풍 이상의 의미가 없는 순수한 역사적 구성물이라는 명제다.

이처럼 종족·민족 현상을 경시하기를 선호하는 데는 여러 가지 이유가 있다. 우리 시대의 지배적 사회 이론이자 이데올로기인 자유주의와 마르크스주의에는 종족성과 민족주의의 더 깊은 뿌리를 이해할 수 있는 개념적 틀이 존재하지 않는다. 유명한 말이지만, 개념화할 수 없는 것은 눈에 보이지 않는다. 설령 그것이 방안의 코끼리라 하더라도 말이다. 나아가, 선구적 근대주의 이론가들—콘, 도이치, 겔너, 홉스봄—이 모두 20세기 전반기에 중부 유럽에서(엘리 케두리Elie Kedourie는 중동에서) 이주한 유대계 망명자라는 사실은 아마도 우연이 아닐 것이다. 그들 모두는 민족주의가 가장 극단적이고 폭력적이고 불안정하게 분출한 시대에 정체성의 변화를 경험했고 자아정체성에 대한 극심한 의문에 시달렸다. 그들이 이 모든 것에 대해 반발한 것은 지극히 당연한 일이었다.

따라서, 많은 근대주의자들은 (집합의식이라는 앤더슨적 의미에서) '상상된imagined' 민족과 '만들어진invented' 민족의 차이를 충분히 인식했음에도, 상당수는 그들이 만들어낸 수사의 의미적 모호성을 활용하고픈 유혹에 저항하지 못했다. 민족주의의 '만들어진 전통'이라는, 귀에 착 감기는 홉스봄의 책 제목을 은유와 버무리기란 너무나 쉬웠다. 하지만 여기서도, 네언이 동료 근대주의자들에게 상기시켰듯이, 전통의 (본질적으로 공상적인) 가공 및 재가공이 무로부터의 날조를 의미하는 건 아니었다. 그것은 적어도 일부 현실에 토대를 둔 기존의 역사적 재료와 집단적 민간 기억의 선택적 개작에 더 가까웠다.

근대적 민족주의를 산업사회의 필수 도구로 개념화했다는 점에서 가장 순수한 형태의 기능주의를 옹호한 겔너는, "민족주의는 인간 정신에 그리 깊이 뿌리내리지 않았다"는 전형적인 주장을 펼쳤다.[25] 하지만 시사적이게도, 후년에는 비판에 대응하여 그 자신의 출신지인 보헤미아의 민중민족주의에 깊이 감동받았음을 스스로 인정하기도 했다.[26] 정말 민족주의 같은 깊은 감정이, 인간 정신에 아무런 뚜렷한 근원이 없는 채로 19세기 유럽에서 별안간 튀어나올 수 있었을까? 그리고 민족 감정이 과거의 종족적 충성심에 기반했다는 가정을 우리가 수용한다고 쳐도, 그 종족적 충성심은 어디서 온 것일까? 홉스봄이 말한 "민간의 외국인 혐오와 국수주의"의 근원은 무엇일까?

민족주의를 빙산의 일각으로 이해하지 않는다면, 민족주의의 엄청난 호소력, (위에서 언급한 근대주의자들의 관점을 뒤흔든) 그 '마력'과 폭발성에 대한 이해의 첫발을 내디딜 수 없다. 전근대와 근대의 민족주의를 포함한 종족정치적 형성물은 정치사와 역사 전반에 배어들어 있으며, 다양하고 광범위한 역사적 변화에 종속되어 있기는 해도 그것은 인간 정신의 깊은 곳에서 비롯되었다. 이 논쟁의 핵심은 무엇이 민족이고 무엇이 민족을 다른 형태의 집단적·정치적 정체성과 구분하는지에 대한 의미론만이 아니다. 근본적 논점은 이런 모든 형태의 정체성, 친밀감, 연대감이 어디서 나왔고, 얼마나 깊고 긴밀하게 상호 연관되어 있으며, 과거와 현재를 통틀어 얼마나 진실하고 중요했는가다. 이 장의 서두에서 나는, 대부분의 민족주의는 정치적 종족성의 특정한 형태라는 의견을 제시했다. 다음 수순은 종족성 자체가 무엇인지, 그것이 왜 항상 정치적이었는지, 그것이 왜 인간의 감정과 행동을 강하게 사로잡는지를 묻는 것이다. 다음 장에서 우리는, 인문학과 사회과학에서 오랫동안 금기시되어온 인간 본성이라는 관념을 되돌아

보고 그것이 우리 생물종의 시초로부터 문화와 맺어온 복잡한 상호 연관을 탐색할 것이다. 하지만 그 전에 핵심 개념과 정의에 대한 논의가 우선이다.

개념과 정의

다양성, 단속적 연속체, 현상들의 상호 침투적 흐름을 믿는 나는 형식적 정의를 그리 열렬히 옹호하지 않는다. 그럼에도 이 책에서 사용하는 일부 원칙적 개념들은 좀더 체계적인 상술이 필요하다. 이를 시도할 때 나는 지나치게 세세한 부분에 얽매이지 않으려 노력한다. 개념과 정의는 현실 위에 얹힌 지적 골조로서 현실을 대체할 수 없고, 합의를 통해 이해되며 그 의미도 늘 변화하기 때문이다.

종족과 종족성

종족 집단, 에트노스ethnos, 혹은 에트니ethnie라는 개념은 앤서니 스미스가 민족의 토대로서 제시한 것이다(나는 그리스어 어원을 택하여 단수형으로 에트노스를, 복수형으로 에트네ethne를 사용하겠다[이 책에서는 'ethnos'와 'ethne'를 '종족'으로 옮겼다—옮긴이]). 겔너가 지적했듯이, 종족 집단 중에서도 소수만이 그들만의 국가, 즉 민족태를 이룰 수 있었던 주된 이유는 그들 대부분이 너무 작고 약하기 때문이었다. 현재 세계에는 약 7천 개의 언어가 있으며 그중 대부분은 극히 소규모의 종족 공동체들이 사용하는 반면, 전 세계의 국가는 200개 미만이다.[27] 종족성에 큰 영향을 받기는 했지만, 역사상의 국가들 대부분은 국가와 종족의 대체적 일치를 보여주지 않았다. 즉, 그들 대부분은 민족국가가 아니었다. 일부는 다종족 국가나 제국이었고, 그 밖의 소국들은 더 큰 종족 공간을 공유했다. 하지만 민족국가의 절대다수는 대체로 국가와 종족의 일치를 보여주기 때문에 민족국가로 분류된다.

근대주의자들은 국가가 민족을 창조했지 그 반대가 아니라고 주장하는데, 여기에는 얼마간 합당한 이유가 있다. 하지만 국가-종족 관계에서는 이것이 별로 성립되지 않았다. 확실히 일단 국가가 존재하면 국가는 종족성에 항시 심대한 영향을 끼쳤으며, 둘은 긴밀하고 호혜적인 상호 관계를 통해 서로를 형성했다. 게다가 새로운 종족들은 유사 이래로 늘 출현했고, 국가는 흔히 그 막강한 매개체였다. 일반 범주로서의 종족은 원초성을 띤다고 주장할 수 있겠지만, 개별 민족이 '원초적'이지 않듯이 개별 종족도 '원초적'이지 않다. 그러나 대체로 종족은 국가에 선행하는 경향이 있었고 (또 국가의 침입에 강하게 저항하는 경우가 아주 많았고), 그 최초의 형성이 때로는 선사 시대까지 거슬러올라가기도 했다. 인구가 수만 명에서 수십만 명, 심지어는 수백만 명에 달하는 종족을 (자주 그러하듯이) 부족과 혼동해서는 안 된다(예를 들어 라틴, 켈트, 줄루, 키쿠유는 부족이 아니라 부족들, 혹은 부족적 종족, 혹은 종족에 더 가깝다). 국가 이전의 종족은 언제나―더 작고 긴밀히 엮인 친족 단위들이지만 그럼에도 자주 서로 충돌을 빚는―여러 개별 부족들과 부족 연합들로 구성되었다. 종족의 이런 부족적 구성은 국가의 출현과 더불어 약화되고 흔히 소멸했다.

동시에, 종족은 스미스가 말한 것보다도 더 실질적인 측면에서 민족과 달랐다. 그는 에트니의 특징으로 집합적 명칭, 혈통 신화의 공유, 역사의 공유, 연대감을 들었다.[28] (실제로 혹은 상상으로) 친족과 문화를 공유하는 집단이라는 나의 종족 개념은, 어느 면에서는 다른 개념보다 더 넓고 어느 면에서는 더 좁다. 이는 다양한 점에서 스미스의 개념과 갈리지만, 종족에 대해 학술 문헌에서 널리 받아들여지는 몇몇 다른 정의와도 갈린다. 이 개념이 현실과도, 또 흔히 통용되는 어법과도 더 일치한다고 내가 믿는 이유를 설명할 필요가 있겠다.

혈통을 공유한다는 인식이 이를테면 막스 베버나 워커 코너 등에 의해 흔히 종족성의 필수 요소로 정의되긴 하지만,[29] 이 책에서 제시하는 개념은 혈통보다는 친족을 명시한다. 혈통의 공유는, 비록 널리 통용되긴 하지만 친족 혹은 '혈족'의 공유라는 더 큰 범주 내의 한 하위 범주일 뿐이다. 이는 미세하지만 중요하며 일반적으로 간과되는 구분이다. 이것은 종족과 종족성에 전형적으로 나타나는 확대가족의 관념으로, 이 관념에는 흔히 혈통의 공유가 포함되지만 항상 포함되는 것은 아니다. 많은 경우에는, 원래 별개였던 집단들이 모여서 하나로 융합되어 종족을 이루었다는 전승에 기반한 강한 정서가 존재한다. 일례로 로마인은 로마 건국 당시 라틴족과 사비니족이라는 두 집단의 결합에서 기원했다는 강한 전승을 지녔다. 처음에는 이탈리아어계의 서로 다른 언어를 썼던 두 집단은 사비니족이 라틴어를 받아들이는 등 거의 흔적 없이 융합되었다. 이러한 혼혈 기원 전승은 로마가 라틴 문화로의 동화, 공동의 정체성 형성, 나아가 다수의 피정복민을 시민으로 통합시키는 정책을 정당화하는 데 기여했다. 마찬가지로 잉글랜드인도 스스로가 앵글로색슨족과 노르만족 둘 다의 후예라는 인식이 강했다. 19세기의 일부 계급적 편견과 몇몇 특이한 성씨를 제외하면, 이 두 별개의 선조는 언어 등의 문화 특질, 정체성, 그리고 '피'가 완전히 융합되었다고 간주되는 게 보통이었다. 프랑스인도 갈리아인과 로마인과 게르만인의 혼혈에서 기원했다는 전승을 지녔다. 이 최초의 혈통적 종족 집단들은 흔적도 없이 섞였기 때문에, 이것은 좀더 후대인 중세와 근대 프랑스 민족의 이질적 구성과는 (실제로든 상상으로든) 무관하다. 이는 스페인의 카스티야족에도 똑같이 적용된다. 게다가 이와 비슷한 과정들은 항시 지속적으로 일어났다. 라틴아메리카의 개별 국가들에서도, 정도의 차이만 있을 뿐 다양한 종족적 기원으로부터 공통된 종족·민족 정체성이 주조되었다.

사실 나는 스미스보다 한 발 더 나아가, 역사상 존재했던 국가들뿐 아니라 신생 이민 국가에서도 종족성의 공유가 민족의 토대를 이룬다고 주장한다. 종족 형성은 현재진행형의 과정이다. 이민 국가들은 공통된 민족 정체성의 창출을 위한 전제 조건으로서 늘 신참 이민자들을 더 광범위한 문화·친족 공동체로 통합시킨다. 심지어 혈통을 공유한다는 믿음이 없이도 공통된 종족 정체성을 융합하는 핵심은, 창건 집단 간의 광범위한 통혼과 공통 문화의 수용이다. 시간이 흐르면서, 이러한 과정은 해당 집단들 스스로를 친족이나 '혈연 공동체'로 인지하게끔 만드는 동시에 서로 거의 구분할 수 없게끔 만든다. 한 가족으로서의 종족이라는 관념 자체가 결혼 유대(심지어는 입양)를 통해 '피'와 충성심으로 결합된 개인과 집단을 암시한다는 데 유의하자. 클로드 레비스트로스의 영향을 받은 세대의 인류학자들은 인척이 세계 어디에서나 친족으로 간주된다는 것을 강조했다.[30] 이를 뒷받침하는 근거에 대해서는 2장에서 더 자세히 살펴볼 것이다. 코너는 민족국가가 혈통의 공유라는 관점에서만 정의된 종족의 정치적 표현이라고 주장함으로써, (그가 둘 다 진정한 민족이라고 옳게 여기는) 잉글랜드인이나 카스티야인의 혈통 공유 의식과 관련하여 오류를 범하고 있다. 게다가 그의 개념은, 혈통을 공유한다는 의식이 없음에도 자신들을 새롭고 진정한 민족으로 인식하는 미국인, 멕시코인, 아르헨티나인의 실제 자기정체성과 자기규정에 위배된다.

여기서 채택한 종족 개념은 또다른 방향에서도 논란의 여지가 있을 수 있다. 친족(혹은 혈통)을 공유한다는 의식만을 고려하고 공통된 문화는 고려하지 않는 이들도 있다. 종족문화적ethnocultural이라는 용어는 종족적 측면과 구분되는(또한 그것에 부가된) 형태로서의 문화적 요소를 강조하는 데흔히 쓰인다. 이런 종족 개념을 지지하는 이들에게, 종족에 문화를 포함시키는 것은 쉽게 식별할 수 있는 의미 너머로 개념을 불필요하게 확장시키는 일처럼 보일 수도 있다. 하지만 현실의 종족에서는 친족과 공통의 문화가 결합되는 경향이 압도적이다. 나는 사람들이 종족에 대해 생각할 때 보통 떠올리는 것이 바로 이것이라고 본다. 이 두 요소의 결합은 과거에 통용된 인종race 개념의 핵심이기도 했다. 1950년대부터 종족이라는 새로운 용어가 인종을 대체한 것은 19세기 말 이후로 인종이 순전히 생물학적인 의미를 띠게 되었기 때문이다. 실제로 민족지ethnography는 친족-문화 공동체들의 문화를 연구하는 분야다. 게다가 종족 공동체와 언어 공동체는 서로거의 바꿔 쓸 수 있는 용어다. 서로 다른 종족이 비슷한 문화—특히 언어—를 지니는 경우도 물론 있다. 하지만 그 반대 방향으로는 이런 관계가거의 작동하지 않는다. 문화와 언어의 내적 다양성이 때때로 상당히 커질수도 있지만, 서로 다른 언어 공간에 속한 집단들이 한 종족 안에 포함되는 경우는 극히 드물다. 나아가, 특히 같은 영토에 거주하는 집단 사이의문화적 융합은 통혼 및 친족 의식 형성 과정의 전제 조건이자 중간 단계인경우가 많다.

여기서 제시된 종족 개념이 친족과 문화라는 한 쌍의 요소와 관련해서 보면 일부 다른 정의보다 더 광범위할지 몰라도, 다른 측면에서 보면 좀더 협소하다. 무엇보다도, 나는 집합적 명칭이나 심지어는 친족 의식, 공통성에 대한 의식과 같은 특징들을 모든 종족의 필수 구성 요소로 보지 않는다. 그들 역사의 후대에 이르기까지 이런 특성을 갖추지 못한 종족이 많이 있었다. 그들은 친족 관계, 비슷한 언어, 관습, 만신전 같은 뚜렷한 종족 특질을 확실히 공유하면서도 의식적인 공통 정체성을 갖지 않았다. 이런 정체성은 외부인과의 접촉이 늘어난 이후에야 비로소 발전하는 것이 보통이었다. 종족에 명칭을 부여하는 주체도 흔히 외부인들이었다. 파편화되어 있던 종족 집단들이 '타자'와 접촉하면서 비로소 그들 간의 공통된 특질을 의식하고 독자적 정체성을 만들어낸다는 것은 유명한 이야기다. 선사 시대의 켈트족, 게르만족, 슬라브족은 그 좋은 예이다. 19세기 아프리카의 많은 종족 집단들도 유럽 식민 열강과의 접촉에 의해 비로소 종족 집단으로 규정되었다. 만연한 오해와는 달리, 식민 당국은 한 영토에 거주하는 집단을 그 공통된 언어와 문화라는 관점에서 범주화함으로써 이들 종족을 '만들어낸' 것이 아니었다. 그들로 하여금 자기 종족을 의식하게 만든 것이었다. 프리드리히 마이네케는 아르카이크 시대와 고전 시대에 종족적 속성을 공유했고 공통의 정체성에 대한 의식을 점점 더 발전시키고 있던 고대 그리스인들의 경우처럼 스스로를 의식한 종족을 '문화민족Kulturnationen'이라고 불렀다.[31] 이 책에서 종족은 공통의 정체성에 대한 의식이 약할 수도 있고 강할 수도 있으며 심지어 전혀 없을 수도 있다. 정체성과 공동의 운명에 대한 의식이 여타 특질들처럼 필수 요소가 되려면, 한 단계를 더 밟아서 인족으로 나아가야 한다.

인족

일상 용례에서 흔히 쓰이는 단어임에도, 민족과 민족주의에 대한 논저에는 인족people이 이상하게 드물다. 인족이라는 말은 어디에나 있었지만 (이와 동의어인 고대어 단어를 무작위로 몇 개 고르자면 히브리어의 '암am'과 '고이goi', 그리스어의 '라오스laos', 라틴어의 '겐스gens', 독일어의 '폴크Volk', 슬라브어의 '나로드narod') 학술 담론에서는 찾아보기 힘들었다. 도이치는 당연하게 이 개념을 썼고 홉스봄은 현명하게 사용했다. 하지만 논쟁이 가속화되면서, 근대주의자들은 근대적 민족이 아닌 그 이전의 무언가를 암시하는 말을 피하는 경향을 띠게 되었다. 게다가 날이 갈수록 인족의 개념은 마치 종족적 내용물이 결여되고 주민population이나 중민populace과 구분되지 않는 말처럼 여겨지게 되었다.[32] 한편, 앤서니 스미스 같은 전통주의적인 저자는 종족에 집중했다. 최근 로저스 스미스Rogers Smith는 이 빈틈을 지적한 바 있다.[33] 그처럼 나도, 인족을 종족과 민족 사이의 뚜렷한 역사적 공동체로 복권시킬 것을 제안한다. 종족이 인족으로 분류되려면 정체성, 역사, 운명 공동체라는 의식을 지녀야 한다. 나아가 인족이 독립이나 기타 형태의 정치적 자격, 즉 민족태를 이루지 못했다 하더라도 이런 의식이 존재해야 한다. 나아가 이런 의식은 다른 충성심들과의 경쟁에서 승리하여 부족 간 균열, 여러 국가들 간의 정치적 분열, 혹은 더 큰 국가 내에서 (강제로든 자발적으로든) 타자들과의 공존에 가교를 놓아야 한다. 그러니까 모든 민족국가에는 인족이 있지만, 민족국가 없는 인족도 있을 수 있다. 같은 이유로, 영어 사용자들이 흔히 너무도 무심하게 가정하듯이 한 나라 안의 다양한 사람들이 반드시 한 인족을 이루는 것도 아니다.

민족과 민족국가

한 인족이 민족국가 내의 지배적 다수인 슈타츠폴크(국민)로서, 혹은 다종족 국가나 제국 내의 정치적 중심 요소로서 정치적 주권을 가질 때 그들은 민족nation이 된다. 인족이 독립 국가를 이루지 못하더라도 정치적 자격 및 자치 요소를 갖추거나 그것을 이루고자 열심히 노력한다면 민족으로 여겨질 수 있다. 대체로 민족국가는 하나의 지배 인족과 하나의 국가가 대체로 일치하는 정치적 종족성의 특정 형태 혹은 형판型板이다. 여기서 나는 겔너의 공식을 따르되 몇 가지 단서를 붙인다. 원칙적으로 나는 종족, 인족, 민족의 역사적 심도에 대해 겔너와 의견을 달리한다. 이 책은 이들 모두가 근대 이전에 오래전부터 선행하며 국가 그 자체만큼이나 오래되었고 역사의 태동기까지 거슬러올라감을 보여주고자 한다. 이 점에서 나의 입장은 앤서니 스미스, 특히 전근대 민족과 민족국가의 존재를 점점 더 인정하고 있는 그의 후기 저작 쪽에 더 가깝다.* 둘째로, 나는 종족과 민족태의 연결 고리가 매우 긴밀하다고 주장하지만 여기에는 몇 가지 예외가 있다. 그중 가장 유명한 것은 극히 상이한 종족 공동체들이 공통된 민족 정체성에 대한 의식으로 통합되어 있는 스위스다.**

이 점을 명확히 하기 위해, 르낭으로 되돌아가 그의 자발적이고 주관적인 민족 개념에서 무엇이 옳고 무엇이 그른지를 보도록 하자. 이 개념은 1871년 독일이 로렌과 (독일어를 쓰는) 알자스를 프랑스로부터 빼앗아 그 주민의 의지에 반하여 병탄한 데 대한 대응으로서 발전시킨 것이었다. 확실히 민족적 자기동일시와 친밀감에는 그 본질상 자발적인 요소가 있다. 사람들은 르낭이 말하는 기억과 미래 전망의 공유를 비롯한 임의의 기준을 근거로, 자신이 이 민족 혹은 저 민족에 속하는 것을 택할 수 있다. 하지만 마르크스가 역사 일반에서의 행동에 관하여 지적했듯이, 사람들의 선택은

---

* 하지만 놀랍게도, 민족에 대한 스미스의 갱신된 정의("The Genealogy of Nations," in Ichijo and Uzelac (eds.), *When is the Nation?*, 119, 또 97-98도 참조)에는 정치적 요소, 그중 가장 통상적인 요소로서의 국가가 누락되어 있는데, 아마 그가 국가를 본질적으로 근대적인 요소로 간주했기 때문인 듯하다. 나의 관점에서 볼 때 이 누락은 인족과 민족의 구분을 무너뜨린다. 이는 스미스가 종족과 민족의 특성을 일부분 융합한 것과 거의 비슷하다.

** 하지만 스위스가 여러 종족의 연합으로 구성되어 있다고 해서 스위스의 민족태가 순수하게 시민적이라거나 여기에 뚜렷한 종족적 요소가 존재하지 않는다는 뜻은 전혀 아니라는 데 유의하자. 이 나라를 구성하는 칸톤(주)들의 공적 특성은 강한 종족성을 띠며, 스위스는 항상 외국인과 외부 종족의 귀화에 대단히 비우호적이었다.

순수하게 자발적이지 않으며 그들 앞에 놓인 조건과 상황 속에서 이루어진다. 사람들이 그들의 인종(종족), 언어, 종교, 영토의 '노예'가 아니라는 르낭의 주장은 민족주의 연구에서 흔한 것이 되었다. 이는 민족 정체성이 위에 열거한 것 중의 하나로 환원될 수 없는 것과 마찬가지다. 그럼에도, 종족성이 가장 월등하게 중요한 변수인 상황에서, 이런 특성들과 민족 정체성 사이에는 매우 강한 연관관계—그리고 인과관계—가 있다. 민족이 공통의 친밀감, 자기정체성, 연대감으로 맺어진 정치적 주권/국가 공동체인 것은 사실이지만, 이러한 유대는 친족-문화적 특성의 공유와 압도적 상관성 혹은 연관성을 띤다.

따라서 종족성의 문화적 요소 중 가장 뚜렷한 표지인 언어는 민족 정체성과 매우 긴밀한 상관관계가 있다. 5장에서 검토할 지리적·역사적 이유로 민족국가들이 가장 조밀하게 집중되어 있는 유럽의 경우, 극소수를 제외한 모든 국가는 구어 혹은 문어 수준에서의 지배적 공통 언어를 가지고 있다.[34] 물론 이 국가들 거의 모두는 아주 작은 다수의 종족/언어 소수 집단과 소수의 큰 집단으로 이루어진 것이 사실이다. 하지만 정확히 이러한 차이에서 이런 많은 집단들 사이의 뚜렷한 정체성을 구분하고 민족 자결 요구를 부채질하고 있으며, 이는 규모가 크고 영토적 연속성을 갖춘 집단에게서 가장 두드러진다. 국가들이 뚜렷한 '슈타츠폴크'를 지니지 않았고 진정한 다종족/다언어를 이루고 있는 다른 지역에서, 공통된 민족 정체성은 현재진행형이며 공통 언어와 여타 공통 문화(그리고 친족적 요소)의 채택에 그 성공 여부가 달린 불확실한 기획이다. 5장에서 보겠지만 이 과정은 영어권 이민 국가와 라틴아메리카에서는 거의 실현되었고 남아시아와 동남아시아제도諸島에서는 확연히 두드러지며 사하라 이남 아프리카에서는 그보다 덜하다.

영토적 연속성은 종족민족 공동체의 또다른 뚜렷한 표지다.[35] 같은 영토가 서로 다른 종족민족 집단들의 본거지일 수는 있지만 언어에서와 마찬가지로 그 역은 드물며, 종족민족 공동체들은 서로 인접한 영토를 점유하는 경향이 있다. 영토의 연속성은 정치적 주권에 필수일 뿐 아니라, 영토 공유에 따른 긴밀한 상호 작용 또한 문화와 친족의 공통성을 지속적으로 유지, 강화한다. 역으로 영토적 비연속성이 크면, 일례로 영어권 나라들이 과거의 식민 모국으로부터 분리되었듯이 종족민족적 정체성의 분리가 초래될 가능성이 높다.

민족 정체성의 형성에서 공통 종교의 역할은 중요하지만, 언어와 영토적 연속성의 중요성에 비하면 한결 덜하다.[36] 종교의 중요성은 이것이 문화─따라서 종족성─의 주된 요소로 역사적 역할을 수행했다는 데서 기인한다. 한 인족의 문화에서 종교가 더 중요하게 두드러질수록 그것은 민족을 더욱 규정하는 요소가 되었다. 그중에서도 뚜렷이 구분되는 민족 종교는 가장 두드러진 영향을 끼쳤다. 반면에 종교의 공유 그 자체만으로 언어 차이를 극복하고 공통된 종족·민족 정체성을 창출하는 일은 드물었다. 따라서 역사적으로 종교는 종족·민족 공동체를 탄생시키기보다는, 그것을 공유한 경우는 강화하는 쪽으로, 공유하지 않은 경우는 때때로 약화시키는 쪽으로 더 큰 영향을 끼쳤다.[37]

역사적 기억을 공유하고 미래의 운명을 공유한다는 의식은 르낭이 올바로 고려한 바 있고, 이후 민족 정체성의 중심 요소로 수용되었다. 하지만 역사의 공유가 공통 정체성의 창출에 기여하는 정도는 그것이 공통된 문화와 친족 의식을 형성하는 정도에 정확히 비례한다는 점을 특기해야 한다. 르낭이 예로 든 프랑스의 경우가 바로 그러했다. 수백 년에 걸친 프랑스의 문화 동화 및 공통 정체성 형성 과정은 이례적인 성공을 거두었다. 그리고 이 책 전체를 통해서 보겠지만, 다른 대부분의 지역에서도 놀랄 만큼 극소수의 예외를 빼고는 같은 인과관계가 존재했다. 과거 별개였던 종족적·민족적 정체성을 극복하고 연합 정체성을 빚어내는 데 있어, 공통된 문화로의 동화는 항상 충분조건은 아니더라도 거의 항상 필요조건이었다. 공통된 문화로의 동화와 친족 의식의 창출이 이루어지지 않은 상태에서는, 여러 세기 동안 뭉쳐 있던 사람들이라 할지라도 그럴싸한 첫 기회가 왔을 때 분열되는 일이 허다했다. 미래의 운명을 공유한다는 의식도 같은 전제 조건에 의존한다.

끝으로, 많은 근대주의자들은 평등한 시민권과 대중 주권을 민족 개념에 필요 불가결한 요소로 취급한다. 이 두 가지 원칙은 국가 규모에서 미국혁명·프랑스혁명과 더불어 등장한 근대적 창조물이므로, 근대주의자들은 이 두 원칙을 근대적 민족주의의 요소로 여기기보다는 민족을 근대적인 것으로 정의한다. 정의란 현실 위에 겹쳐놓은 지적 그리드이므로 무수한 방식으로 썰어볼 수 있다('민족국가'와 '국민국가'의 구분에 대한 주-4 참조). 의미는 대체로 주관적이므로, 개념적 그리드가 내적 일관성과 통일성을 유지하는 한 궁극적으로 논쟁의 대상이 될 수 없다. 하지만 개념을 판단하는 유의미한 기준이 하나 더 있는데, 바로 해당 개념이 상식적 용례와 그것이 기술하는 현실의 이해에 얼마나 부합되는가다. 나는 일상 어법에서의 민족을 친밀감(친연성), 정체성, 연대감으로 맺어진 정치/국가 공동체, 그리고 주로 특정한 문화와 친족 감정으로 정의되는 한 인족과 한 국가의 연합체로 제시한다. 문제는 평등한 시민권과 대중 주권이 부재했던 전근대에도 이러한 친밀감과 연대감이 존재했는지 여부다. 평등한 시민권과 대중 주권과 민족주의를 혼동하지 말고 서로 조심스럽게 구분해야 하는 이유는 바로 근대에 이 세 가지가 함께 가는 경향이 있기 때문이다.

민족주의와 애국주의

통념상 민족주의는 한 인족을 연대와 운명과 공통된 정치적 열망 안에 결속시키는 교의와 이념, 그리고 19세기에 정치적 정당성의 최고 원리가 된 신조와 이념을 가리킨다. 이런 교의나 이념은 민족 및 민족 감정의 존재와 혼동되는 경우가 많으며, 이 또한 19세기의 산물로 널리 여겨진다. 실제로는 전근대인들도 자신의 종족정치적 공동체에 대한 애정과 헌신을 느끼고 드러냈는데, 이 역시 한 종족과 한 국가가 수렴될 때는 민족적인 것으로 일컬을 수 있다. 민족 현상이 정치적 종족성의 한 형태에 불과하듯이, 이런 민족적 헌신 또한 애국주의patriotism라는 잘 알려진 현상의 특정 형태—자신의 국가와 국민에 대한 애착과 헌신—에 불과하다. 소국의 경우 이는 대개 전체 종족보다 작은 친족-문화적 종족정치 공동체에 대한 친밀감과 헌신을 의미했고, 다종족 국가와 제국의 경우 이는 국가에 대한 친밀감과 헌신을 의미했다. 국가 내에서 집단이나 개인이 차지하는 위상에 따라 여타 인족이나 종족들도 애국주의를 드러냈을 수 있지만, 애국주의를 과시하는 주된 주체는 국가의 지배 인족 혹은 종족이었다.[38]

제2장

친족 - 문화 공동체의
진화

영어의 종족 집단과 종족성 개념은 2차대전의 여파로, 나치의 급진적 교의 및 그 끔찍한 적용과 더불어 정당성을 상실한 인종 개념을 대체하기 위해 만들어졌다. 인종이 19세기 말 이래 주로 생물학적 의미를 띠기는 했지만 전통적으로 인종은 문화와 '혈'족으로 맺어진 대규모 공동체를 뜻했다. 따라서 영국 인종, 프랑스 인종, 일본 인종 등을 운운할 수 있었다. 종족의 개념은 문화의 공유와 친족적 연관성이라는 앞의 두 가지 의미를 어렴풋이 포함하고 있다. 하지만 이 요소들에 대한 불안이 남아 있는 탓에 이 말은 의미상 모호성을 띠었고 결과적으로 두 요소 중 하나가 흔히 무시되곤 했다. 여기서 제시한 대로, 개별 사례에 따라 상대적인 무게에 차이는 있지만 이 두 가지는 종족성을 이루는 데 필수적인 요소이며 큰 상호 연관성을 갖는다. 친족부터 시작하겠다.

인간의 기본적 정서, 욕망, 행동에 대한 진화론적 설명—이른바 '사회생물학'—은 1970년대 이래로 급속히 기반을 획득하며 인간에 대한 연구에 심대한 혁명을 일으켰다. 이것이 우리의 주제와 관련해 가지는 함의는 이렇게 요약된다. 사람들은 먼 친족이나 '낯선 사람들'보다 자신과 더 많은 유전자를 공유한 가까운 친족을 선호하는 경향이 있다. 이건 반드시 의식적인 성향은 아니다. 많은 자연적 소인素因이 그렇듯이, 이 또한 그것을 실행에 옮긴 사람의 유전자 표현이 인간 군집 내에서 증가했고 결과적으로 그런 소인 자체가 증가했기 때문에 진화한 것이다. 물론 친족은 인간적 친밀감과 충성심의 유일한 매개체가 아니라 주된 매개체로서 다른 매개체들과 긴밀히 연결되어 있다. 몇몇 학자들은 이것이 부족주의, 자종족중심주의, 그리고 적어도 부분적으로는 민족주의의 근본 원인이라고 주장해왔고, 그중 한 명인 피에르 반덴버그Pierre van den Berghe는 민족주의에 대한 학술 문헌에서 꾸준히 인용된다.[1] 하지만 심지어 인용될 때조차, 그 진화론적 메시지가 해당 글에 영향을 끼치는 경우는 드물다.

이런 무시와 거부, 심지어 노골적인 적대감에는 여러 가지 이유가 있다. 19세기 말과 20세기 초에 다윈 진화론을 인간 행동과 사회에 대한 이해로 확대시키려는 설익은 시도들이 행해졌는데, 사회진화론이라고 알려진 이것은 인종주의와 계급적 편견에 치우쳐 있었다. 이에 대한 반작용으로 사회과학과 인문학은 인간 행동의 생물학적 기반을 시사하는 일체의 것으로부터 완전히 등을 돌렸다. 이러한 경향은 나치즘의 만행이 폭로되고 서구의 공식적 인종 차별이 해체되면서 훨씬 더 강해졌고, 1960~1970년대에 정점에 다다랐다. 그래서 앞에서 언급한 분야의 학자들은, 유전체 해독의 혁명적 개가와 진화론의 대부흥이 이 시대의 가장 중대한 과학적 발전 중 하나를 일으켰을 때 자신들이 전혀 준비가 안 되어 있음을 깨달았다. 그들이 받은 학문적 훈련은 그들을 이 새로운 관점과 통찰로 연결시켜주지 못했다. 사실 그들이 배운 모든 것은 그들이 이 새로운 관점과 통찰에 반대하게 하는 데 이바지했다. 사회과학과 인문학은 사회진화론에 반발하면서 그 반대쪽으로 너무 급하게 방향을 틀었다. 몇몇 예외를 제외하면, 그들은 인간 본성 같은 것이 존재한다거나 사회를 이해하는 데 중요하다는 생각을 거부했다. 대신에 그들은 인간 집단과 사회가 온전히 문화와 역사에 의해 결정된다는 관점을 택했다. 하지만 이는 또다른 허구의 양자택일식 이분법에 불과했고, 현실의 반쪽에 대해 눈을 감는다는 뜻이었다. 인간 집단과 사회를 언제나 형성해온 것은 본성과 양육 둘 다였고, 정확히 말하면 둘의 상호 작용이었기 때문이다. 물론 유전자가 전부는 아니지만, 그것은 무의미하지 않으며 문화로부터 분리되어 있지도 않다.

지금껏 적지 않은 필자들은 친족—어쩌면 강한 의미의 친족—을 대개의 민족의 주된 구성 요소로 인식해왔다. 하지만 그러한 인식이 타당한지 여부와 친족이 어디에서 유래했는지는 거의 불확실한 상태로 남아 있다. 가족의 유대는 명백한 사회적 현실이지만 이 가장 강력한 유대의 근원 또한 사회과학에서 명확히 규명된 바 없다. 진화적 근거가 없으면, 무엇이 이 기본적 인간 유대를 설명하는가 하는 질문을 제기할 수 없고 설령 제기한다 하더라도 이 질문에 대답할 수 없다. 이것은 '그냥 그러한' 사실로, 세상 돌아가는 방식으로 여겨졌다. 선先국가 사회와 일부 국가사회의 변두리에서, 친족 유대는 핵가족으로부터 확대가족으로, 다시 부족으로 확대되었다. 그럼에도, 부족주의와 연관된 민족주의가 이와 동일한 친밀감이—정치 공동체들의 영역에서의 세력 범위 확대를 통해—확장된 것인지 여부를 둘러싸고 주로 혼란이 빚어진다. 부족주의는 세계 모처의 흉포한 종족·민족 분쟁을 맞닥뜨린 서양 사회가 매번 놀라며 충격을 받을 때마다 미디어와 공적 담론에서 들먹이는 단어이지만, 이 개념을 무의미한 것으로 성급히 치부하며 무시하는 이들은 항상 존재한다.

가족에서 부족, 인족, 민족으로의 도약은 학자들에게 너무 거대한 주제로, 여러 면에서 문제가 많고 의문의 여지가 있는 것으로 여겨진다. 따라서 친족의 무엇이 기나긴 역사의 진행과 정치 조직의 성장 이후에도 민족 같은 복잡한 현상과 여전히 관련을 맺고 있는지를 명확히 할 필요가 있다. 우리의 출발점은 국가와 심지어 농경에도 선행한다. 사실 이것들은 인류사에서 아주 최근의 사건이다. 최초의 국가는 5천 년 전에야 출현했고, 세계 대부분의 지역에서는 그보다 훨씬 나중에 출현했다. 농경도 1만 년 전에야 처음 출현했고 이후 전파되는 데는 수천 년이 걸렸다. 그에 비해 호모 속은 약 200만 년 전, 생물학적으로 우리와 사실상 동일한 종인 호모 사피엔스는 약 15~20만 년까지 거슬러올라간다. 따라서 인류가 지상에 존재한 시간의 적어도 99.5퍼센트 내지 95퍼센트는 농경과 국가 이전에 속한다. 이 시기에 사람들은 소규모 친족 집단에서 수렵채집민으로 살았다. 그리고 진화론이 인간의 타고난 기질의 뿌리를 찾기 위해 들여다보는 대상은 바로 이 기나긴 세월에 걸쳐 지속된 생활양식이다. 이때 적응적인 것으로 입증된 요소들이 우리의 생물학적 유산을 이루고 있다. 지난 수천 년간 우리가 발전시킨 눈부시고 다채로운 문화들은 바로 이것을 중심으로 구축되었고 이것과 끊임없이 상호 작용하고 있다.

과거 15만 년간의 친족과 문화

원시 인류의 생활방식에 대한 증거는 고고학에서 나오며, 우리 시대나 얼마 전까지 잔존하여 인류학자들이 연구해온 다양한 수렵채집 사회에서는 더 많이 나온다. 나는 다른 저서에서 이 주제에 수백 쪽을 할애한 바 있으며,[2] 다음은 그들의 사회 구조에 대한 간략하지만 상당히 타당한 개요다. 진화론에 대한 문헌이 심상치 않게 증가했으므로, 여기서는 주제상 반드시 필요하고 대다수의 독자에게 유의미한 것으로만 한정하여 조금씩만 인용할 것이다. 일찍이 인류가 원생적 조건에 처해 있을 때부터 문화가 인류 진화에 어떻게 적응해왔는지, 그리고 문화와 친족이 어떻게 종족과 종족 충성심을 규정하는지를 다룬 테마는 아직 충분히 발전하지 못했지만, 여기서는 이 테마를 전개해볼 것이다.

수렵채집민은, 인류학 문헌에서는 군집band 혹은 국지 집단local group이라고도 하는 확대가족 집단이나 씨족을 이루어 살았다. 이는 노인들, 남자 형제들과 그 아내들, 아이들을 포함하여 수 세대에 걸친 수십 명의 사람으로 구성되었다. 널리 흩어져 생활을 영위한 씨족 집단들은 평균 500명 정도로 구성된 더 큰 연합체인 광역 집단regional group 혹은 부족의 일부였다. 그들은 정해진 계절마다 열리는 축제 때 모여서 의례를 치르고 혼인을 약조하고 그것을 축하했다. 그러니까 부족 집단은 절대다수의 결혼이 그 안에서 이루어지는 족내혼의 배우자 풀이자 문화 단위였다. 한 광역 집단이나 서로 근연관계인 다수의 광역 집단은, 그들이 전혀 별개의 언어를 쓰지 않는 경우에는 흔히 '방언 부족dialect tribe'을 이루었다. 또 그들은 자신의 부족 명칭과 더불어 한 '동족'으로서의 뚜렷한 자기정체성을 지니고 있었다.

가족 집단의 성원들이 서로 연대하는 이유는 진화적 관점에서 이해하기 쉽다. 한 사람의 유전자는 자기 자식을 통해서뿐만 아니라 같은 유전자를 공유한 다른 가까운 친족을 통해서도 다음 세대로 전해진다.[3] 친형제자매가 공유하는 유전자는 평균 50퍼센트로, 부모 자식 간의 유전자 공유율과 같다. 부모 중 한쪽이 다른 형제자매가 공유하는 유전자는 평균 25퍼센트로, 삼촌/이모와 조카의 유전자 공유율과 같다. 사촌끼리는 평균 12.5퍼센트의 유전자를 공유한다.* 따라서 자기와 가까운 친족을 돌보는

---

* 여기서 혼동하지 말아야 할 것이 있다. 모든 사람은 99퍼센트 이상의 유전자가 동일하

특질을 지닌 사람의 유전자 표현은 시간이 갈수록 증가하며 이와 더불어 그 특질 자체도 증가한다. 이것이 '피는 물보다 진하다'는 오랜 관념의 근거다. 사람들의 충성심이 향하는 곳은 주로 자신의 일차 집단이다.

광역 집단 혹은 부족의 성원들은 일차 가족 성원만큼(또는 한 어미와 흔히 한 아비로부터 나온 클론 혹은 클론에 가까운 개체들로 구성된 사회성 곤충 군체만큼) 가까운 근연관계가 아니었다. 그럼에도 친족의 근거는, 비록 친족이 확대될수록 가파른 곡선을 그리며 떨어지긴 하지만, 가까운 친척에서 끝나지 않는다. 절대다수의 결혼이 광역 집단 안에서 이루어졌으므로, '우리' 부족과 외부인 사이에는 큰 간극이 존재했다.[4] 진화의 논리가 추상적으로 시사하는 바는, 친형제자매 두 명 또는 사촌 여덟 명을 위해서라면 한 개인이 기꺼이 자기 목숨을 걸 수도 있다는 것이다. 친형제자매 두 명이 나와 공유하는 유전자의 수를 합치면 사촌 여덟 명과 같기 때문이다. 물론 이는 현실의 근사치에 가까운 수학적 논리일 뿐이다. 그리고 육촌 32명, 팔촌 128명, 십촌 512명에 대해서도 원칙적으로 같은 논리가 성립되는데, 실은 이것이 대강의 광역 집단이었다. 이것은 집단 성원들이 외부인보다 자기 집단 성원을 선호하는 주된 이유다.

게다가, 비록 광역 집단의 모든 성원이 나머지 전부와 가까운 친척은 아니라 해도, 광역 집단은 결혼을 통한 가까운 친족의 촘촘한 그물망이었

다. 개인 간의 모든 편차는 나머지 1퍼센트 미만의 유전자에서 나온 것이다. 그런데 이 1퍼센트 미만의 유전자 차이가 너무 작아서 무의미하다고 여겨서는 안 된다. 사람은 침팬지와 98퍼센트 이상의 유전자를 공유하지만, 소수의 유전자에서 일어난 중대한 변화가 무척 큰 차이를 촉발한다. 예를 들어 W. Enard et al., "Intra- and Interspecific Variation in Primate Gene Expression Patterns," *Science*, 296 (2002), 340-343; Galina Glazko et al., "Eighty Percent of Proteins are Different between Humans and Chimpanzees," *Gene*, 346 (2005), 215-219 참조.

다. 한 가족의 딸이 결혼을 통해 다른 가족에게 건네졌을 때, 이 부부와 그들의 자손은 (오늘날의 방식대로 표현하면) 두 '사돈' 가족이 제휴한 '공동 투자'이자 '합자 회사'가 되었다. 이런 표현이 익숙지 않아서 낯설게 느껴진다면 이렇게 생각해보자. 이 진화 원리는, 친족 관계와 결혼 유대가 '원시' 사회와 그리 원시적이지 않은 사회에서 일차적 사회 유대를 형성한다는 익히 알려진 사실을 설명해준다. 여러 시대에 걸쳐 정치적 조약과 동맹은 결혼에 의해 공고해졌다.

그러나 주목할 점은 인간의 친족 유대가 유전자 차원에서 끝나지 않는다는 것이다. 여기에는 문화라는 중대한 곡절이 있는데, 이것은 우리의 생물학과 별개가 아니라 일부분 그 속에 내재되어 있다. 우리는 누가 자신의 친족인지를 어떻게 알까? 자연에는 미생물에서 인간에 이르기까지 가까운 친척을 알아보게 해주는 생물학적·사회적 단서가 있다.[5] 인간은 가까운 친족들과 함께 성장하고 결혼과 출생을 기억하며 친족 관계에 대한 이야기를 듣는다. 하지만 좀더 먼 친족에 대해서는 대강의 표지만을 가지고 있다. 비슷한 신체적 특징(표현형)은 이런 유전적 관련성을 알려주는 표지 중 하나다. 그래서 생김새가 다르고 낯선 인종 집단은 더 이질적으로 보이기 마련이다. 게다가 생물학을 떠나서 인간은 문화를 지녔고 문화에 의해 차별화된다. 특히 수렵채집민 사이에서는 문화가 국지적이고 친족과 강하게 연관되어 있었으므로, 문화적 정체성은 친족을 식별하는 강한 예측 변수가 되었다. 또한 나와 비슷하게 생기고 입고 행동하는 내 주위의 부족 집단 사람들은 이방인보다 나와 더 가까운 관계일 가능성이 높았다. 그래서 인간은 이방인에 대항하여 같은 문화를 공유하는 사람들 편을 드는 경향이 뚜렷하다.[6] 타문화가 우리와 많이 다를수록 그것은 '우리'의 일부가 아닌 '이방의 것'으로 여겨지곤 한다. 심지어 비교적 가까운 종족 집단 사이에서도 사람들은 방언, 억양, 옷차림, 행동 등의 미세한 차이까지 예민하게 감지하면서 자신들과 가장 유사한 것을 선호하는 경향이 있다. 바로 이것이, 당황한 프로이트가 가까운 종족 간 "사소한 차이의 나르시시즘"이라고 혼란스럽게 기술했던 것의 핵심이다.*

브라질과 베네수엘라의 접경지인 오리노코 분지의 야노마모족 수렵민과 원시농경민은 이런 보편적 경향을 잘 보여준다. 그들은 "다른 모든 족속은 열등하다.…… 그래서 그들의 관습이 이상하고 언어가 유별난 것"이라고 믿는다. 심지어 야노마모족 내에서도 "이웃한 집단 사이의 모든 차이는 과장되고 비웃음거리가 된다. 야노마모인들은 특히 언어의 차이를 두드러지게 언급하며 비판한다.…… 어떤 집단이 다른 지역에서 녹음한 내용에 대해 보이는 특징적 반응은 이렇다. '이 사람들은 삐뚜름하게 말하네요. 우리는 똑바로 말하는데요, 제대로 말이죠!'"[7]

문화의 공유는 다른 측면에서도 중요하다. 그 자체로 원시 공동체에서 친족 근연성의 강한 예측 변수였을 뿐 아니라, 인간의 사회적 협력에 대단히 중요한 수단이었다. 문화적 코드— 무엇보다도 언어이지만, 관습과 가치 등 여타 사고·행동 패턴도 포함된다—를 공유할 때 협력의 효율성은 극대화된다. 문화와 문화적 다양성, 그리고 그 덕에 공유된 문화를 토대로 협력하는 재능은 인간에게만 독특한 것으로, 인간을 다른 사회적 동물과 구

---

* Sigmund Freud, *The Complete Psychological Works of Sigmund Freud*, London: Hogarth, 1953-1974, vol. 18, 21(『문명 속의 불만: 프로이트 전집 12』, 김석희 옮김, 열린책들, 2004. 「집단 심리학과 자아 분석」; 「문명 속의 불만」). 프로이트는 집단 유대감이 보편적으로 나타나는 이유를 잘 모르겠다고 고백했다. 그는 '나르시시즘'을 원초적 공격 충동의 억눌린 표출로 설명하려 함으로써 문제의 본말을 뒤집고 진화적 논리를 포함한 일체의 논리를 부인했다. 왜 공격성이 이 특정한 영역에서 표출되어야 하는가는 완전히 불분명한 상태로 남았다. 실은 (심지어 사소한) 종족적 차이가 공격성을 촉발하는 것이지 그 반대가 아니다.

분해준다. 수렵채집민 사이의 문화-언어 다양성은 그들의 역사와 지리에 따라 뚜렷한 편차를 보였다. 일례로 북극의 에스키모-이누이트와 아프리카 남부의 부시먼은 둘 다 수천 킬로미터에 이르는 지역에서 거의 비슷한 언어를 공유하고 있다. 하지만 아주 오래 전인 5만 년 전부터 인간이 거주해온 오스트레일리아에서는 수백 개 광역/부족 집단 간에 훨씬 높은 언어적 다양성을 보인다. 언어는 200개 이상이고 방언은 그보다 훨씬 많다.[8] 마찬가지로 미국 북서부의 초목이 우거진 좁다란 해안에도 언어가 서로 다른 수십 개 수렵채집 '인족들'과 수백 개 부족들이 거주했다. 끝으로 뉴기니 고지대의 토착민은 수렵채집민이 아닌 원시농경민으로, 여기는 (아마존과 더불어) 잔존한 원시농경민이 세계에서 가장 많이, 가장 고립된 채로 모여 있는 곳이다. 험준하고 숲이 무성한 산맥으로 분리된 계곡에 거주하는 이들은 (전 세계에 잔존한 약 7천 개 언어 중에서) 약 850개의 서로 다른 언어를 쓴다.

따라서 이웃 집단과 언어·관습이 다른 광역 집단 혹은 '방언 부족'은 그 구성원들에게 가장 월등하게 효율적인 사회적 협력 틀이었다. (심지어 훨씬 온화한 오늘날의 조건에서도) 이민자라면 모두가 알듯이, 사람들은 자기 집단 밖으로 나가면 엄청난 불리함을 감수해야 한다는 걸 알았다. 어려서부터 긴 사회화 과정을 통해 일단 획득한 문화 형태는 다른 것으로 대체하기가 극도로 힘들어진다. 성인이 되면 뇌 구조가 굳어서, 학습을 통해 스스로를 유연하게 재배치할 수 있었던 어릴 때의 능력을 대부분 잃는다. 인간의 현실에서 공유된 문화는 문화적 분열에 의해 규정되었고, 이 때문에 부족 집단 성원은 자기 집단의 생존에 더더욱 큰 사회적 판돈을 걸게 되었다. 집단과 그 특정 문화의 존재에 대한 위협은 자신의 존재에 대한 실질적 위협이었다. 사람들이 스스로를 친족·문화·상호 협력 공동체로 표시하는 상징·규약·관습의 촘촘한 망을 소중히 여긴 건 이런 이유에서였다. 주된 문화 형태이자 의사소통 수단인 언어가, 종족과 민족태의 가장 월등하게 보편적인 문화 표지로서 우위를 점하고 있는 것 또한 이런 이유에서다.

이 주된 문화 요소가 '순수하게 문화적인' 영역에만 국한되지 않는다는 데 유의하자. 친족에 대한 선호가 그렇듯이, 자신이 성장하고 친숙해진 문화 집단에 대한 불특정한 선호는 호모 사피엔스의 역사 내내, 수천 세대에 걸친 원시인의 삶에서 강한 선택력으로 우리 유전자에 각인되었다. 여기서의 요점을 명확히 이해할 필요가 있다. 복잡한 언어를 비롯한 문화 형태가 매우 다양하며 상당 부분 임의적으로 변화하긴 해도, 그것을 창출하는 잠재력은 우리 생물종이 보편적으로 타고난 것이다. 마찬가지로, 모든 증거를 종합해볼 때, 광역/부족 집단과 관계 맺는 (고도의 상징 능력과 긴밀히 결부된) 능력은 우리 생물종과 더불어 생물학적으로 진화한 특질이다. 상징적 문화, 복잡한 언어, 광역 집단의 형성은 적어도 호모 사피엔스가 생존하기 시작한 까마득한 과거부터 존재해왔다. 전문가들 사이에서는 인간의 본성과 양육이 서로 영향을 주고받는 호혜적 공생 속에서 공진화했다는 인식이 커지고 있다.[9] 그럼에도 친족-문화 공동체의 진화에서 문화가 수행한 특수한 역할은 집단 관계, 종족, 민족주의에 대한 진화적 설명에서 충분히 인식되지 못하고 있다. 문화, 문화적 다양성, 공유 문화가 사회적 협력을 촉진하는 데 있어 수행한 중요한 역할—이 모두 인간 특유의 것이다—은 사람들이 자신의 확대된 친족 집단에 느끼는 애착을 높여주었다.

자신의 친족-문화 집단에 대한 선호가 지질 시대에 걸친 인간의 원생적 생활방식에서 매우 강한 선택력이었던 이유는, 개인과 집단 간의 경쟁과 갈등이 극심했기 때문이다. 최근의 연구들은 국가 이전 사회가 풍요롭고 평화로웠다는, 20세기의 상당 기간 인류학을 지배한 루소주의적 이미지가 곤혹스럽게도 틀렸음을 결정적으로 보여주었다.[10] 수렵채집민들은 심각한 자원 결핍에 시달렸고 이는 그들 사이의 경쟁과 갈등을 촉발했다. 성인 남성이 폭력에 의해 사망하는 비율은 25퍼센트 안팎으로, 역사 시대에 일어난 압도적 다수의 국가 간 전쟁 사망률보다 높았다. 이따금 자연 재해나 서로 간의 싸움으로 집단 전체가 몰살되기도 했다.

물론 가까운 친족 간의 경쟁과 심지어 싸움도 어디에나 존재했다. 진화적 논리는 그 이유를 이렇게 설명한다. 가까운 친족일수록 그들을 돌봄으로써 얻는 보상은 커지지만, 이는 어디까지나 그들이 더 가까운 친족의 장래를 위협하지 않을 때의 이야기다. 일례로 나는 내 형제자매보다 나 자신과 유전적으로 두 배 더 가깝다. 따라서 심각한 경쟁이 붙었을 때는 형제 간 대립이 치열해져서 자칫 죽음을 부를 수도 있다. 카인과 아벨의 이야기는 치열한 경쟁과 그런 경쟁에 수반되는 친족 살해에 대한 강한 금제를 두루 보여준다. 마찬가지로, 삼촌/이모는 진화적으로 조카를 편애하는 경향이 있지만 친자식은 그 두 배로 편애한다. 우리에게 너무도 익숙한 친척 간의 질투, 긴장, 적대는 바로 여기서 나온다.[11] 극단적인 경우에는 친족에 맞서기 위해 심지어 외부인과 손잡기도 한다. 이는 때때로 벌어지는 일이지만 항상 배신이라는 도덕적 낙인이 따른다. 하지만 대체로 가족 구성원은 특히 다른 가족과의 분쟁 및 충돌 시에 서로를 지원하는 경향이 있다. 교혼한 씨족들은 씨족 간 적대에서 다른 씨족에 맞서 서로를 지원하기 마련이다. 끝으로, 보통 한 광역 집단의 씨족들은 다른 광역 집단에 맞서 서로를 지원한다. "나는 내 형제에게 맞서고, 나와 내 형제는 내 사촌에게 맞서고, 나와 내 형제와 내 사촌은 세계에 맞선다"라는 아랍 전통 속담은 그 진화적 원리를 표현하고 있다. 이는 허버트 스펜서와 윌리엄 그레이엄 섬너 William Graham Sumner가 제시한 단순한 내집단 협력/외집단 적대보다 좀더 복잡하고 현실에 가깝다. 공동의 목표 달성을 위해 비친족이나 이방인과 호혜성 원칙에 따라 협력하거나 심지어 동맹을 맺는 일은 늘 일어난다.[12] 하지만 이는 문화 코드를 공유할 때 더 수월하게 이루어지며 친족 간 신뢰가 더 강하다.

원시 수렵채집 광역 집단 내의 친족, 문화, 사회 협력 간 상호 관계는 집단 연대와 자종족중심주의의 뿌리를 조명하고 있다. 오랜 논쟁 끝에, 유전자와 개체 수준뿐 아니라 집단 간에도 어느 정도의 선택이 일어났다는 인식이 학자들 사이에 높아지고 있다. 집단을 위해 자기를 희생하는 유전자를 가진 개체가 집단 생존의 증진이 그 개체를 돕는 것보다 더 빠른 속도로 소멸했다면 그런 유전자가 선택될 수 없었으리라는 데 대부분 동의한다. 여기에는 섬세한 균형이 작용한다. 그럼에도 다윈 스스로가 제시했듯이, 경쟁이 심한 조건에서는 연대하는 능력을 생물학적으로 타고났으며 개개인이 집단을 위해 희생하려는 의지가 강한 집단이 단결력이 약한 집단을 무찔렀을 것이다.[13]

공동 의례와 의식, 심지어 예술의 공동체적 측면 같은 일부 비실용적 문화생활의 적응적 기능은 참으로 수수께끼인데, 적어도 그 일부분은 대규모 집단 협력의 진화적 이점으로 설명할 수 있을지 모른다. 호모 사피엔스와 더불어 출현한 이 모든 문화 형태들은 우리 생물종이 존재한 오랜 기간에 걸쳐 모든 사회에 보편적으로 나타났고 서로 연결되어 있는 듯 보인다. 계몽주의 전통을 이어받아 이것들을 터무니없이 쓸모없는 미신으로 치부하는 이들에게 의례, 제사, 종교는 수수께끼다. 일부 학자들은 인공지능의 비유를 들어, 종교를 호모 사피엔스의 첨단 지능 소프트웨어에 감염된 '벌레'나 '기생충', '바이러스'에 빗대기도 했다. 이런 명제는 더 오래된 관점을 부연한 것이다. 이 관점에 따르면 우리 생물종은 광범위한 상상력과 이해력에 힘입어 죽음을 그리고 자연과 우주의 힘을 사색하고 두려워하고 수용하게 되었으며 종교는 그 부산물일 따름이다.[14]

역으로, 진화적 관점에서 보면 종교가 자원과 시간의 무가치한 소비 이상의 것을 이루었을 수도 있다. 오스트레일리아 애버리지니 수렵채집민에 집중한 에밀 뒤르켐의 『종교 생활의 원초적 형태The Elementary Forms of the Religious Life』(1915)를 근거로, 기능주의 이론가들은 종교의 주된 역할이 사회적 결속이라고 주장했다. 마키아벨리, 루소, 그리고 19세기 프랑스 실증주의자들도 거의 비슷한 관점을 견지했다. 리처드 도킨스가 이 같은 생각을 진화적 관점에서 논의하며 말했듯이, "이 얼마나 굉장한 무기인가! 종교적 믿음은 전쟁 기술의 연대기에서 그 자체로 한 장章을 할애할 가치가 있다."[15] 우리는 역사를 통해 이 점을 너무나 잘 알고 있다. 확실히 종교는 복잡한 현상이며 아마도 많은 인과 사슬의 결합으로 생겨났을 것이다. 여기서 지적하는 요인은, 공동 의례와 숭배 의식이 좀더 열렬한 부족 집단에서 사회적 협력이 더욱 습관화되고 영적으로 정당화되었음을 의미한다. 아마도 이는 집단 간 경쟁과 분쟁에서의 이점으로 전환되었을 것이다. 고대 그리스의 종교-군사 동맹인 인보隣保 동맹은 역사 시대와 선사 시대의 매우 흔한 현상을 총칭하는 일반 용어가 되었다.[16]

인류의 원생 조건이 태곳적에 국한된 이국적 양념이 아니었음을 깨달아야 한다. 오히려 그 반대였다. 짧은 역사 시대는 문자 기록이라는 밝은 빛으로 조명된다. 하지만 이 가로등 밑의 아주 제한된 구역 바깥에서, 우리 생물종에 속한―우리는 그 이름도 모르고 사건에 대한 구체적 기록도 없는―실제 사람들이 선사 시대의 짙은 어둠에 싸인 채로 수천 세대를 살았다. 고고학과 인류학을 통해, 우리는 그들이 해부학적으로 우리와 같았고 멋들어진 예술을 창조했고 우리처럼 발달된 상징·언어 능력을 지녔고 친족과 문화로 나뉜 광역 집단에 속해 있었음을 알고 있다. 친족-문화적 실재이자 정체감으로서의 종족성은 인간 특유의 것인 동시에 우리 생물종의 시초까지 거슬러올라가는 보편적인 것이다.

잔존한 수렵채집 사회들은 익숙한 자종족중심주의의 특징을 보여준다. '에스키모'(아메리카 인디언이 북극권의 이웃에게 붙인 이름)는 주로 '진짜 사람'을 뜻하는 다양한 단어로 스스로를 일컫는다. 그들은 스스로를 말 그대로 진짜 사람, 다른 모든 인간과 차별화된 등급으로 여긴다.[17] 야노마모족 또한,

> 그들이 지상에 거주한 최초의, 가장 훌륭한, 가장 고상한 형태의 인간이라고 믿는다.…… 실제로 야노마모는 '인류', 혹은 적어도 인류의 가장 중요한 부분이라는 뜻이다. 나머지 사람들은 전부 '나바naba'라고 불리는데, 이 개념은 '진정한' 사람과 '인간 이하의' 사람을 나누는 부당한 차별을 암시한다.…… 외국인은 그가 야노마모족에게 유용한 물건을 가져다줄 수 있는 경우에는 대체로 용인된다.…… 하지만 그뿐, 대개는 경멸의 시선으로 취급된다.[18]

진화적 유산과 역사적 변화

앞에서 말한 모든 것이 맞는다고 전제할 때, 역사적 종족과 민족에는 우리의 진화적 유산의 무엇이 남아 있을까? 역사적 종족과 민족이 처한 조건은 원생 수렵채집민 가족 집단과 부족이 처했던 조건으로부터 너무나 철저히 변했다. 어쨌든 원생 집단도 끊임없는 변화를 겪었고 분열과 융합의 과정에 종속되긴 했지만, 종족과 민족은 그보다 더 주관적이고 포착하

기 힘들며 유동하는 상태에 있는 듯 보인다. 가장 지속적인 인간 문화 형태 중의 하나임에도 그들은 끊임없이 나타났다 사라진다. 사람들과 집단은 다른 사람들이나 집단과 섞이고, 한 정체성을 벗고 다른 정체성을 입기도 하며, 충성의 대상을 바꾸고 흔히 복수의 정체성을 공유한다. 확실히 종족과 민족은 복잡하고 복합적이고 다층적·다면적이며 역사적으로 전개되어온 현상이다.

종족과 민족은 친족 집단일까? 학자들은 집단이 융합되고 정체성이 형성되고 변형되어온 복잡한 역사적 과정을 고려하여, 종족 집단과 민족이 같은 혈통이나 친족을 공유한다는 '신화'에 대해 말하곤 한다. 하지만 '신화'는 무엇을 뜻하는가? 학술 담론과 일상 담론에서 이는 흔히 허구를 뜻하지만, 좀더 명확하게 말하자면 공동체의 전설이나 과거의 위대한 사건에 대한 전승을 의미하며 그 현실적 근거는 상대적으로 견고할 수도 있고 약할 수도 있다. 사실 최근 양과 질 면에서 두드러지게 성장한 과학 연구들은 대부분의 종족 공동체가 유전적으로 연관되어 있음을 드러냈다.[19] 현대적 교통수단이 등장하기 전에는 대규모 인구 이동이 드물었기 때문에 이는 그리 놀랍지 않은 결과다. 3장에서 보겠지만, 대다수 주민 집단의 뿌리는 신석기 시대에 농경이 확대되었을 때, 심지어는 그 이전에 해당 영역에 터 잡은 최초의 정착민으로 거슬러올라간다. 오늘날의 주민들은 이런 창시자 집단의 후손인 경우가 많으며, 그 대다수가 수천 년간 해당 지역 내에서 자기들끼리 교혼해왔다. 외래 이주민과 정복자는 대개 엘리트 수탈의 형태를 띠었고, 주민의 대다수는 바뀌지 않은 채로 유지되었다.

그러나 유전학 연구는, 유전적 연속체가 늘 상이한―때로는 적대적인―여러 문화, 종족, 민족으로 흘러들거나 분리된다는 것도 뚜렷이 보여준다. 자신이 소속되고 충성을 표하는 민족의 성원들보다 경계선 너머에 이웃한 민족과 유전적으로 더 가까운 경우도 있다. 피상적인 양자택일식 추론과는 달리, 그렇다고 해서 친족이 무의미한 것은 아니다. 전체상은 그보다 미묘하며 다른 변수들도 결부되어 있다. 우선적으로 중요한 것은 물론 친족이라는 인식perception이다(이 또한 진짜로 현실에 토대를 두는 경우가 더 많다). 혈통을 공유한다는 '신화'의 정확한 의미는, 유사 이래로 사람들이 신화를 궁극적 접착제로서 생성하곤 했다는 것이다. 서로 다른 공동체가 하나로 결합할 때, 그들은 조상과 혈통을 공유한다는, 흔히 허구의 계보를 창조하는 경향이 있었다. 어디서나 사람들은 문화적 정체성, 영토, 정치적 공동체를 공유하는 이들에게 친족의 이미지와 관용어를 확대 적용하려는 경향이 강했고, 이는 단지 은유적인 차원에만 머물지 않았다.

서론에서 언급했듯이, 경우에 따라서는 한 종족 안의 사람들도 자기네가 다양한 집단 출신이며 모두가 같은 혈통을 공유하지 않음을 뚜렷이 인식했다. 그렇지만 같은 혈통만이 친족의 근원은 아니다. 종족·민족 집합체가 여러 세대, 여러 세기에 걸쳐 결혼으로 통합되었을수록, 스스로를 다양한 창시자 집단들이 녹아든 친족 공동체로 느끼게 된다. 나아가, 앞에서 보았듯이 공통된 문화는 친족의 단서로 기능할 뿐 아니라 공통된 코드 및 상징체계로도 기능함으로써 사람들을 하나로 묶는다. 사람들은 장기간에 걸친 유년기의 사회적 학습 과정을 통해 이 체계를 습득하고, 그 속에서 가장 원활하게 기능하며, 이것을 다른 체계로 대체하기가 대단히 힘들다는 걸 깨닫는다. 이런 이유로 그들은 자신의 문화와 그것을 구현한 집합체에 많은 것을 쏟아붓고 강한 애착을 품는다. 사람들은 자신이 가장 잘 알며 쉽사리 대체하기 힘든 것—언어, 사회적 가치, 행동 패턴, 신앙—을 고수하는 편이 훨씬 낫기 때문에 별다른 선택의 여지도 없다. 이와 비슷하게, 똑같은 이유로 사람들의 의식에 각인되는 고향땅의 친숙한 풍경도 큰 애착과 헌신을 불러일으킨다.

말할 필요도 없겠지만 이것은 '맹목적 본능'이 아니다. 깊숙이 자리잡은, 그러나 고도로 조절되어 상황에 따라 그 구체적 표출 양상이 크게 달라지는 성향이다. 게다가 사람들은 다른—때때로 상충되는—고려 사항들도 계산에 넣는다. 그래서 사람들은 늘 외래의 문화 형태를 (때로는 열렬히) 수용하며, 이주가 이득이라고 여기고 성공적으로 해낼 수 있다고 믿기만 한다면 (조건이 가혹한) 고향땅을 떠나 다른 곳으로 옮겨가기도 한다. 다만 주목할 것은 새로 자리잡은 보금자리에서도 비슷한 정체성 형성 과정이 일어나는 경향이 있다는 것이다. 충분한 시간을 두고 이루어지기만 한다면, 문화적 결합 과정은 역사적 인족과 민족뿐 아니라 현대의 이주민들 또한 하나로 묶어준다. 사람들은 실제로든 은유로든 간에 가족적 관점에서 종족 및 민족과 연관을 맺는다. 그러나 중요한 것은, '가족'에 합류하는 몇몇 수단들—출생, 결혼, '입양'—중 어느 것을 통해서도 이 친족-문화 집합체에 들어올 수 있었다는 점이다. 종족·민족 집합체에 들어오는 일이 일부 자유주의자들의 말처럼 수월한 적은 없었지만, 일부 보수주의자들의 말처럼 극복이 불가능할 만큼 어렵지도 않았다. 물론 여기에는 다양한 편차가 존재한다.

이것이 부족주의, 자종족중심주의, 외국인 혐오, 애국주의, 민족주의의 깊은 뿌리다. 농경, 국가사회, 근대성의 도래와 더불어, 그리고 종족 공동체들이 수백 명에서 수천 명, 수백만 명, 흔히 수천만 명으로 확대되면서, 친족-문화 연대감 또한 그것의 초기 조건과 범위 너머로 크게 확대되었다. 자신의 인족이나 민족은, 그 구성원들이 얼마나 유전적으로 연관되었느냐에 상관없이(실은 연관된 경우가 많지만) 가장 큰 헌신을—모국 혹은 조국 안에서의 형제애를(이 단어들은 시사적이다)—불러일으킬 수 있다. 개인들은 이런 대규모 공통 문화와 반半·의사擬似 혹은 '상상된' 친족 집단을 위해 진정으로 위험을 무릅쓰고 자기를 희생할 준비가 되어 있었다. 이런 '원초적' 요소는 근대의 관찰자들을 당혹하게 했고, 사람들이 외견상 자신과 동떨어진 대의를 위해 기꺼이 죽고 죽이려 하는 현상을 설명하기 위해 모호하게 들먹여지곤 했다. 물질적 보상 추구로서의 경제적 합리성 개념에 의지하는 자유주의자와 마르크스주의자에게는 이처럼 외견상 '비합리적인' 선호를 이해할 수 있는 분석 도구가 없었다. 자유주의자에게 이는 개인(혹은 전 인류)보다 집단을 선호하는 경향이었고, 마르크스주의자에게 이는 계급(혹은 전 인류)보다 민족을 선호하는 경향이었다. 하지만 자신의 이익과 번영에 대한 대중의 관념은 이론가들의 개념과 그야말로 다르기 때문에, 이론가들이 흔히 대중의 몫으로 돌리는 '허위의식'은 실상 그들 자신에게 더 많이 적용될 것이다. 사람들이 자기 개인의 이익에 관심이 있는 건 확실하지만, 앞에서 보았듯이 이는 더 광범위한 자신의 친족-문화 공동체로 확대되며 그것과 뒤얽혀 있다.

그래서 제2인터내셔널의 이데올로그들로서는 당혹스러웠겠지만, 1차 대전이 터졌을 때 각 교전국의 노동자들은 외국의 '노동자 동지들'에 맞서 자국의 중·상류 계급 '착취자들'과 열렬히 운명을 같이했다. 프랑스인과 독일인은 알자스-로렌을 위해 죽고 죽일 태세가 되어 있었다. 이 지방의 점령이 그들의 일상생활과 외견상 아무런 실질적 관련이 없었는데도 말이다. 문화 집단과 의식의 범위가 크게 확대되면서, 그들에게 이 지방은 자신의 직계 친족 집단과 이웃한 세력권처럼 인식되었던 것이다.

물론 소규모 원생 친족-문화 집단에게 적응적이었던 것이 역사를 거치며 인간 조건이 급변하는 와중에도 반드시 변함없이 유지된 것은 아니다. 하지만 다른 많은 경우에 그렇듯이 여기에서도, 우리 생물종이 원생적 조건에서 엄청난 자연 선택의 힘 아래 오랜 세월 존재하는 동안 형성된 자연적 소인은 여전히 극히 강한 힘을 발휘하고 있다. 농경과 국가가 도래한 이후의 문화적 도약은 인간 생태에 의미 있는 영향을 끼치기에는 너무 최근에 일어난 일이었다. 생물학적으로 우리는 석기 시대 선조들과 사실상 같은 사람들이다. 그래서 인간의 행동 패턴과 그것이 애초에 진화한 이유 사이의 연관 고리가 완전히 새로운 환경에 의해 단절되었을 때, 사람들은 강한 감정적 자극에 의해 본래의 진화적 이유가 아닌 행동 패턴에 얽매이게 된다. 단맛을 향한 욕망은 본래 적응적이었던 성향이 바뀐 문화적 조건하에서 빗나가는 현상을 잘 보여준다. 영양가 높고 잘 익은 과일을 알려주었던 단맛은 이제 인위적으로 생산되며 해로워졌다. 식량이 희소한 환경에서는 적응적이었지만 풍요로운 사회에서 탐닉할 때 비만을 유발하는 식욕은 또다른 실례다. 좀더 행복한 실례를 들자면, 사람들은 여전히 열심히 성적 만족을 추구하지만 효율적인 피임 덕분에 이런 강박적 활동의 대부분은 그것이 애초에 진화한 이유였던 번식의 성공이라는 측면에서 무의미하다. 하지만 그렇다고 해서 성욕의 충족이 덜 즐겁거나 무가치하거나 비합리적인 일이 된 건 아니다.

사회학 문헌에서 자주 인용되는 마지막 실례는 우리의 주제와 좀더 가깝다. 이것은 변화한 문화적 조건하에서 우리의 친족 식별 메커니즘이 빗나갈 수 있음을 보여준다. 이스라엘의 마을 공동체인 키부츠의 아이들은 출생시부터 자기 가족의 집이 아닌 공동 탁아소에서 함께 양육되었다. 이 아이들은 성장한 뒤에도 좀처럼 로맨틱한 관계를 맺는 일이 드물고 결혼하는 일은 더욱 드물다는 의미에서 서로를 형제자매처럼 대했다. 예기치 않게도 그들은 생물학에 뿌리를 둔 자연의 보편적 터부인 근친상간 금기를 자신의 의사擬似-친족에게 본능적으로 적용했던 것이다.[20] (이 터부 역시 한

낱 인간의 '사회적 구성물'이 아니다. 다른 사회적 포유류들도, 수컷이나 암컷이 성숙기가 되면 근친교배가 자손에 끼칠 유전적 위험을 피하기 위해 집단을 떠나기 때문이다.)

이 모두는 우리가 유전자의 노예이고 문화의 영향을 받지 않는다는 뜻이 아니다. 하지만 여러 세대의 사회과학자와 인문학자들이 훈련받은 대로, 우리의 생물학적 유산을 사회 현실과 무관한 것으로 성급히 무시해버려서는 안 된다. 확실히 급속한 문화 발전은 유사 이래로 전 세계에서 인간행동을 극적으로 변화시키고 다양화했다. 그렇지만 역사적·문화적 발전은 '빈 서판' 위에 작용하지도 않았고 그냥 '무엇이든지' 만들어낼 수도 없다. 대단히 다양하고 다채롭긴 해도, 인간의 문화 형태들은 진화로 형성된 선천적 인간 성향이라는 뚜렷이 알아볼 수 있는 중핵을 중심으로 일정한 범위 안에서 변이를 이루어왔다. 그 과정에서 이런 성향들은 비록 소멸하지는 않았어도 크게 변화하며 새롭고 다양하게 발현되었다. 친족 선호와 종족성과 그 여러 파생물을 포함한 인류 역사는 이런 유전자-문화 상호작용을 재료로 하여 만들어졌다. 유전적 베팅은 역사의 변화와 더불어 모조리 취소된 것이 아니었다. 베팅이 분산된 것이었다.

이 점은 흔히 제기되는 다른 우려를 가라앉히기 위해서라도 강조할 필요가 있다. 바로 인간사에 진화론을 적용하는 것에 대한 우려다. 진화적 논리 그 자체에는 아무런 규범적 함의도 없다. 이것은 우리에게 인간의 자연적 소인을 알려줄 수 있다. 흔히 무시되는 이런 소인의 영향을 고려하는 것이 현명한 일이겠지만, 이것들은 변덕스럽고 심지어 모순되기도 한다. (19세기 말에서 20세기 초의 사회진화론자들과 '빈 서판' 자유주의자들은 바로 이점에서 각각 반대 방향으로 오류를 범했다.) 우리는 자연적 소인을 따를 수도 있고, 혹은 이것을 우리의 변화한 환경에 맞게끔 조정하고자 노력할 수도 있다. 유전자 전달의 극대화에는 신성한 것도 도덕적 강제도 없다. 이것은 자연 진화의 맹목적이고 알고리즘적인 메커니즘일 따름이다. 사람의 뇌— 그 자체로 진화의 산물이자, 맹목적 설계가 아니라 의식적·목적의식적·미래지향적인 설계의 막강한 도구—는 더욱 만족스러운 방안을 내놓을 수 있을 것이다. 종족성과 민족주의의 흔히 폭발적이고 무시무시한 발현을 우려하는 이 분야의 학자들은 기술적인 것과 규범적인 것을 혼동하는 경향이 있다. 규범적 관점은 정당할 뿐 아니라 필수적이지만, 이것이 현실을 보는 시야를 왜곡해서는 안 된다.

'원초주의'라는 딱지가 좀더 깊은 학술적 이해를 몰아내고 그 자리를 차지하는 일은 너무나 흔하다. 특정한 종족과는 달리, 일반 범주로서의 종족은 언제나 우리 생물종을 정의하는 특성이었다는 의미에서 원초적이다. 민족주의는 이런 의미에서 원초적이지는 않은데, 이는 어디까지나 이 특정한 형태의 정치적 종족이 전근대·근대 국가사회의 발흥과 역사적으로 뒤얽혀 있기 때문이다. 온갖 풍부한 형태의 종족성과 민족주의가 문화-역사적 발전과 밀접히 엮여 있는 것은 사실이다. 그럼에도 종족성과 민족주의는, 자신의 친족-문화 집단에 대한 인간의 타고난 선호에 뿌리박지 않은 문화-역사적 발전으로 환원되지 않으며 환원될 수도 없다. 이 점에서 근대주의자의 오류는 숨 막힐 정도로 나이브하다. 민족의 더 오랜 역사적 뿌리를 강조하는 전통주의자도 그리 멀리 나아가지는 못했는데, 인간 본성에 대한 무언가를 암시한다는 것은 금단의 땅에 뛰어들어 학계의 통설을 거스르는 걸 뜻하기 때문이다. 다른 한편으로 종족성과 민족주의에 대한 진화적 연구들은, 문화의 역할을 예민하게 인식하면서도 그것이 우리 생물종에 얼마나 독특하게 각인되어 있는지, 대규모 집단 정체성과 연대의 창출에 있어 그것이 어떻게 친족 연관성을 강화하는지를 깨닫지 못했다. 또 이런 타고난 성향의 시대적 변화를 추적하지도 못했다. 언제나 현명한 이론가였던 앤서니 스미스는 민족 현상의 기반을 진화적으로 설명한 반덴버그의 주장에 대해 판단을 유보했다. 그는 추상적 진화 논리가 설득력을 갖추려면 문화적 경계와 정체성이 변화하는 실제의 역사적 현실에서 그것이 어떻게 작동했고 또 그것이 어떻게 소규모 친족 공동체에서 민족으로 확대되었는지를 보여주어야 한다고 지적했다.[21] 이 책이 탐색하고자 하는 점은 친족, 문화, 정체성 형성의 상호 연계이며, 인간 성향과 역사 발전의 접점이다. 지금까지 우리는 추상적인 논의를 펼쳤다. 이제부터는 실제로 부족, 종족, 인족, 국가, 민족의 세계를 파고들 것이다.

제3장

부족에서
국가로

1만 년 전에서 5천 년 전 사이에 농경과 가축 사육이 서아시아와 동아시아, 중앙아메리카, 안데스, 그 밖의 몇몇 소규모 중심지에서 독립적으로 개척되었다. 이로부터 농경이 전파되어 경작에 적합한 세계의 대부분의 지표면을 덮었다. 그 충격은 심대했다. 부족과 종족 둘 다 깊은 영향을 받았다. 나아가 농경사회가 뿌리내린 곳에서는 수천 년 이내에 기존의 친족-문화 집단을 기반으로 국가들이 출현했고 다음에는 그 집단을 변형시켰다. 국가는 부족 구조를 잠식하고 대체했다. 이와 동시에 친밀감, 정체성, 연대감으로 형성된 종족적 유대는 역사 시대 내내 국가 존재와 정치의 중심으로 남았다. 앞으로 우리는 농경과 가축 사육의 확산에 의한 부족 규모의 확대와 대규모 종족의 형성을 짚어볼 것이다. 그다음에는 친족-문화 유대가 그 부족적 형태를 잃는 한편, 진화하는 국가의 정치와 뒤얽히면서 변형된 과정을 추적할 것이다.

부족의 성장과 종족의 확대

수렵채집에 비해 월등히 높은 농업의 생산성은 인구와 인구밀도의 비약적 증가를 의미했다. 농경이 도래하기 이전의 세계 인구는 500만에서 1500만 명 사이로 추정되는데, 산업화 직전에는 그 100배로 증가해 있었다.[1] 물론 이 증가는 서서히 이루어졌지만, 이는 농경 부족의 규모가 애초부터 수렵채집 광역/부족 집단보다 컸음을 의미했다. 이제는 더 광범위한 친족이 더 가까이 모여서 살게 되었다. 하지만 이때까지만 해도 농경 부족은 보통 2천 명에서 수만 명 사이의 인구로 이루어진 비교적 소규모 사회였다.

부족사회는 대부분 문자 체계가 없는 선사·원사 시대에 속했다. 그들에 대한 좋은 증거는 역사 시대의 전근대·근대 국가사회들이 이웃한 부족에 대해 남긴 기록을 통해서만 얻을 수 있다. 다음에 간략히 검토할 증거들은 부족사회의 형태와 규모를 보여주기 위한 것이다. 고전 시대 그리스·로마의 사료들은 귀중한 정보 출처다. 기원전 1세기 중엽 갈리아 원정 중이던 율리우스 카이사르는, 이미 도시화가 시작되어 부족제로부터의 이행 과정에 놓여 있던 켈트 부족 공동체(키비타스civitas 혹은 포풀루스populus) 약 100개를 언급했다.[2] 기원후 1세기 로마 정복기의 브리튼에서 확인된 주요 부족 집단은 30여 개였다.[3] 타키투스의 『게르마니아』에서는 50여 개의 부족체가 언급되었고, 기원후 2세기의 지리학자 프톨레마이오스는 69개를 기록에 남겼다.[4] 고전 사료들은 트라키아(대체로 오늘날의 불가리아)의 부족들을 50개에서 100개 사이로 언급하고 있다.[5] 선국가 및 초기 국가 시대의 그리스인과 로마인도 거의 비슷한 모습을 띠었다. 아테네는 이오니아 네 부족의 지파 연합에서 비롯되었고, 스파르타는 도리아 세 부족의 지파들로부터, 로마는 세 라틴 부족체와 사비니족과 여타 부족의 혼합으로부터 기원했다.

근대에 유럽인이 전 세계의 다양한 부족사회와 접촉한 기록 또한 귀중한 자료원이다. 북아메리카에서, 업스테이트뉴욕의 다섯 부족 연합체인 이로쿼이 연맹의 인구는 2~3만 명이었을 것으로 추정된다. 그들과 인접한 휴런 부족 연맹, 버지니아의 포우하탄 연맹, 동남부의 체로키족은 그보다 약간 적었을 뿐이다.[6] 대평원에는 27개의 부족 및 부족 연맹이 있었다. 북부 평원을 지배한 네 개의 부족 연맹(다코타, 블랙풋, 크리, 만단-히다차)도 각각 1만 5천 명 내지 2만 5천 명 규모로 추정된다.[7] 중앙아메리카의 아스텍족은 나후아틀어를 쓰며 북쪽에서 멕시코 계곡으로 이주해온 일곱 부족 중 하나였다. 그들이 국가로, 이후에는 제국으로 성장하는 동안에도 14~15세기에 건설된 도시인 테노치티틀란의 구역 분할에는 이 최초의 부족 구성이 뚜렷이 반영되어 있었다.

폴리네시아에서는 한 부족당 수천 명이 표준이었지만 하와이, 통가, 사모아의 부족들은 수만 명에 달했다.[8] 뉴질랜드 토착민 전체 인구 수십만명은 약 40개의 부족으로 나뉘어 자주 전쟁을 벌였다.[9]

아프리카의 경우 20세기 전반기의 선국가 종족에 대한 연구들은 다음과 같은 결과를 기록했다. 수단 남부의 딩카족은 약 90만 명이었고 25개 주요 부족 집단으로 나뉘었다. 그들의 이웃인 누에르족은 총 30만 명이었고 부족 규모는 큰 편차를 보였다. 케냐 서부의 반투족인 로골리족Logoli과 부구수족Vugusu은 약 30만 명으로 구성되었고 약 20개 부족으로 나뉘었다. 토고 북부의 코콤바족은 4만 5천 명으로 이루어졌고 몇 개의 부족으로 나뉘었다. 우간다와 콩고의 루그바라족Lugbara은 인구가 25만 명이었고 약 50개 부족으로 나뉘었다. 골드코스트의 탈렌시족은 총 3만 5천 명으로, 약 17만 명으로 구성된 좀더 큰 언어·종족 집단의 일파다. 줄루 '민족nation' 수십만 명은 예전에 독립되어 있었던 인구 수천 명 규모의 부족 여럿이 19세기 초에 통일을 이루어 성립되었다.[10]

유라시아와 아프리카에서는 대형 동물의 가축화로 목축·반목축 생활 방식이 생겨났다(가축화에 적합한 품종이 희소했던 아메리카와 오세아니아에는 이것이 존재하지 않았다).[11] 농경 공동체 변두리의 건조·반건조 지대를 차지한 목축민들 역시 친족 기반의 부족적 유대로 결속되었다. 이에 대한 민족지 기록 또한 방대하다. 일례로 20세기 중반 아프리카 동부의 목축민인 다토가족Datoga의 인구는 3만 명이었고 몇 개의 부족과 하위부족으로 나뉘었다. 총 25만 명에 가까운 마사이족은 17개 부족으로 나뉘었다.[12] 도도스족Dodoth의 인구는 2만 명이었고[13] 카리모종족Karimojong도 이와 비슷했다.[14] 추정 인구가 1만 6천 명인 이란 남부의 바세리Basseri 부족은 12개 친족 집단으로 나뉘었고 각 친족 집단은 다시 대규모 확대가족들로 나뉘었다.[15] 20세기 초에 시리아 북부 유프라테스강 중류 일대에 거주한 목축민 베두인족은 한 부족이 '천막' 수천 개로 구성되었고 부족 연합의 인구는 최대 1만 명이었다.[16]

기원전 19세기에서 18세기에 이 지역에 존재했던 고대 왕국 '마리Mari'에서 발굴된 기록물은, 고대의 비옥한 초승달 지대 유목민 집단에 관해 우리가 입수한 가장 폭넓은 그림을 보여준다. 마리 영토 내에 있던 아모리인 세 주요 부족 연합 가운데 하네아인 열 부족, 베냐민인 다섯 부족, 수테아인 세 부족의 이름이 언급되어 있으며 이 부족들은 다시 친족별로 나뉘었다.[17] (선사 혹은 원사) 시대에 고대 이스라엘인의 존재는 그들이 열두 부족으로 연합하면서부터 등장하는데, 이 과정의 기원은 거의 알려져 있지 않다. 이들 부족은 그 규모, 내부 씨족 분파, 서로 간의 친밀도가 제각기 달랐고 느슨한 군사-인보 동맹을 이루고 있었다. 초기 이스라엘인 인구의 추정치는 고고학 조사에 비추어 10만 명 미만으로 크게 하향 조정되었다.[18]

이상의 민족지 조사는 부족과 종족에 대해 많은 것을 가르쳐주는데, 그 비교문화적 유사성이 인상적이기 때문이다. 유럽인들은 '발견의 시대'에 자신이 조우한 부족사회들과 자신이 받은 고전 교육을 통해 익숙한 부족사회들 간에 놀랍게도 밀접한 유사성이 있음을 발견했다.[19] 첫째로, 부족 구조가 놀랄 만큼 유사했다. 핵가족과 확대가족은 씨족(그리스의 '게노스genos', 로마의 '겐스gens') 내의 근연 가족들과 연결되었다. 부족사회 내 사회적 상호 작용의 주요 단위인 씨족은 실제로 혹은 추측하건대 같은 시조의 후손이었고, 이 시조는 보통 초자연적이고 영웅적인 기원을 가졌다고 믿었다. 부족 내의 근연 씨족들은 흔히 한 차원 높은 연합체 혹은 포족胞族(그리스의 '프라트리아phratria', 로마의 '쿠리아curia')으로 합쳐졌다. 이처럼 단계적으로 세분된 단위에는 인류학 연구에 따라, 또 사회에 따라 저마다 다른 명칭이 붙지만 그 전체 구조는 상당히 유사하다. 루이스 모건은 이런 친족부족적 하부단위들의 명칭과 일부 기능의 흔적이 그리스와 로마의 폴리스에 잔존해 있으며 비슷한 하부단위들이 아스텍족의 테노치티틀란에는 물론이고 이로쿼이족에도 존재하는 것을 확인했다. 좀더 최근에는 인류학자들이 뉴기니 고지대의 소규모 원시농경 사회에서 비슷한 구조를 살펴본 바 있다.[20]

'분절 사회segmentary society'라는 용어는 이런 사회 구조를 기술하는 데 흔히 쓰인다. 충성심이 우선적으로 미치는 범위는 가족과 씨족이었지만 씨족, 씨족들이 모인 포족, 그리고 전체 부족은 외부 위협에 맞서 상시적으로 동맹을 맺었다. 부족 연합을 결성하여 협력하는 부족들에게도 같은 원칙이 적용된다. 이 모든 단계에서 지원을 요청하기 위해 늘 들먹여진 것이 언어와 친족과 조상이었다. 조상과 계보는 여러 세대 전부터 구전으로 기록되었다. 부족의 융합 과정을 통해 새로운 유대와 동맹이 맺어질 때 공통된 조상이 '날조'되거나 '발명'되는 일은 흔했다. 하지만 이 때문에 더 심층적인 현실을 간과해서는 안 된다. 이 과정에 (이따금 의식적으로) 날조된 요소가 끼어들었을 때에도 부족민들은 이런 상상의 투영을 (흔히 굳게) 믿게 되었다. 이를 만들어내고 유지하고자 하는 경향이 엄존했다는 건 실로 부인할 수 없다. 문화적 융합은 지역 및 공통 문화와 연관된 친족 집단들의 범위를 확대하고 그들을 연결시킴으로써 이 과정을 완성했다. 조상, 결혼, 지역, 언어로 맺어진 유대는 그 밖의 문화적 특질에 의해 공고해졌고, 그중 가장 중요한 것이 의례 네트워크와 인보 동맹이었다.

여기서 착각해서는 안 될 점이 있다. 비록 시간 경과에도 상당한 내구성을 보여주긴 했지만, 부족과 종족은 '원초적'이거나 정적인 것과는 거리가 멀었다. 새로운 부족과 종족이 일정 규모 이상으로 성장하고 그중 일부가 새로운 지역으로 이주하면서 갈라져나와 별개의 실체로 진화해나갔다. 내부 갈등 때문에 분열되기도 하고, 때로는 흩어지거나 소멸하거나 다른 집단에 흡수되기도 했다. 부족 집단의 분절적 성격과 유동성 때문에, 부족 개념에 대한 인류학자들의 확신은 예전만 못하게 되었다. 회의적 입장의 대표적 인류학자 모턴 프리드Morton Fried는, 부족이 그보다 복잡한 사회적 실체(국가)의 압력을 받아 비로소 생겨난 '이차적 현상'이라는 견해를 제시하기까지 했다.[21] 같은 맥락에서, 이전에는 부족 조직이 없었는데 근대 서양 제국 열강들이 식민지에서 만들어낸 것이라는 주장도 제기되었다. 식민 당국이 토착 사회가 그렇게 구성되어 있다고 상상했기 때문에, 좀더 명확히 규정된 국지적 실체를 상대할 필요가 있었기 때문에, 그리고/또는 분할 통치 전략을 추구하는 과정에서 그렇게 했다는 것이다.

이런 관점은 실제 현실을 터무니없이 과장하고 있다. 씨족들이 외부의 압력에 직면하지 않았을 때는 서로 간의 연결이 더 느슨했고 마찰도 더 컸던 것이 사실이다. 외부의 압력이 증가할 때는 그들 사이의 공통된 유대와 정체성을 공유한다는 인식과 연대감이 더 단단해졌다. 그렇지만 이런 압력은 국가의 침략이 시작되기 오래 전부터 흔히 다른 부족 집단에 의해 가해지곤 했다. 일례로, 다섯 부족으로 이루어진 이로쿼이 연맹은 17세기 식민 전쟁과 토착민 간 전쟁에서 맹위를 떨친 군사적 기량으로 유명해졌다. 하지만 고고학 증거와 토착민 전승은 이 연맹이 유럽인의 북아메리카 상륙 이전부터 존재했음을 보여준다. 이 연맹의 부족들은 그전까지 따로따로 존재하며 고질적인 분쟁 상태에 놓여 있었는데, 휴런 연맹과 같은 부족 복합체의 출현에 맞서기 위해 동맹을 결성한 것이었다.[22] 부족 복합체의 형성 과정은 국가와의 접촉이 증가하는 동안에도 계속되었다. 예를 들어 프랑크와 알라마니가 당대의 두 주요 게르만 부족체로서 출현한 것은 기원후 3세기에 들어서였는데, 아마도 그전까지 로마 변경에서 알려져 있던 부족들이 연합하는 과정에서 생겨났을 것이다. 프랑크는 라인강 하류의 느슨하게 연결된 여덟 부족 집단이 뭉쳐서 생겨난 것으로 보인다.[23] 알라마니Alamanni('모든 사람들'이라는 뜻)라는 명칭도 라인강 상류의 부족 집단들 사이에서 비슷한 과정이 이루어졌음을 시사한다. 이와 동일한 잘 알려진 공식이 후대의 민족에도 적용되었다. 외부의 압력은 흔히 서로 갈등 관계에 있던 이질적 공동체들을 한데 모으고 자극함으로써, 이방의 '타자'가 존재할 때에만 두드러지는 친족-문화적 유사성을 의식하게끔 만들었다.

이상의 민족지적 검토들은 부족 공동체들이 더 큰 종족 공간 안에 존재했다는 사실을 보여준다. 이런 종족은 친족-문화적 속성을 공유했지만 부족 집단과 달리 그들을 사회적 실체로 만들어주는 유대가 거의 혹은 전혀 없었다.[24] 이 종족 공간 또한 농경으로의 이행 이후에 규모가 커지는 경향이 있었다. 역사적으로 종족이 확대되는 주요 메커니즘은 세 가지였다. 국가는 종족을 평준화하고 동화시키는 주된 매개체였다. 하지만 국가 자체도 기존의 종족적 실재에 의존하곤 했는데, 국가가 출현하기 훨씬 이전에 이미 농경과 목축의 확대가 종족을 대규모로 확대시키는 경향을 띠었기 때문이다. 이렇게 종족이 확대된 이유는 일찍부터 농경을 시작한 사람들이 흔히 대규모 인구와 영토 확장을 경험했기 때문이다. 농경으로 인구가 크게 증가하면서 미개간지대로 확산된 선구적 농경 집단들은 그 지역의 훨씬 희소한 수렵채집 인구를 대부분의 경우 몰아내거나 혹은 흡수하곤 했다.

이러한 패턴을 인상적으로 보여주며 비교적 후대에 일어나서 특히 뚜렷한 흔적을 남긴 사례는 바로 반투어를 사용하는 농경민의 확대다. 이들은 기원전 제1천년기부터 서아프리카에서 확산되어 아프리카 중부와 동남부를 서서히 개척해나갔다. 그러면서 그전까지 동아프리카 전역에 거주했던 것으로 보이는 코이산족 수렵채집 주민들(오늘날의 부시먼과 코이코이/호텐토트족)을 건조지대로 몰아냈다. 이러한 확장은 반투어족의 존재를 통해 오래전부터 입증되어왔으며 고고학, 좀더 최근에는 집단 유전학이라는 새로운 방법론으로도 뒷받침된다.[25]

증거가 머나먼 과거에 묻혀 있고 훨씬 더 복잡하며 달리 해석할 여지가 많기는 하지만, 가장 오래된 농경 중심지인 서남아시아에서도 비슷한 과정이 일어난 듯 보인다. 유럽은 근동의 농경민들이 이주한 방향 중의 한 곳이었다. 고고학자들은 아나톨리아와 중동의 이주 개척민들이 1년에 평균 1킬로미터의 속도로 이동하며 발칸과 중부 유럽으로 퍼져나갔다는 데 대부분 동의한다. 중부 유럽에서 농경의 시작은 한 균일한 고고학적 문화

(LSB)와 연관되는데, 이 문화는 뚜렷한 자생적 기원이 없이 완전한 상태로 등장했다. 게다가 현대 유럽의 인구 지도에서 가장 주된 유전적 경사는 남동부에서 북서부로 갈수록 기울어지며 신석기 시대 농경민의 식민 이주 양상을 물결 모양으로 기록하고 있다.[26]

물론 반투족은 한 종족이 아니라 500개 이상의 언어로 이루어진 대규모 어족이다. 또 신석기 시대의 농경 전파로 말하자면, 이것이 5천 년 내지 1만 년이라는 장구한 시간에 걸쳐 이루어졌음을 고려할 때 더더욱 다양한 집단들이 참여했을 것이다. 그 발전 과정이 선사 시대의 안개에 덮여 있기에 이에 대한 우리의 지식은 빈약하고 추측에 불과하다. 여기서 두 경우를 들먹인 것은 어디까지나 농경이 종족적으로 확산된 과정의 실례를 보여주기 위해서다. 이 과정 중에서 특정한 선국가 종족의 형성과 좀더 직접적으로 연관된 두 가지 예를 소개한다.

다른 초기 농경 중심지에서도 그랬듯이, 최초의 쌀 재배농들은 동아시아와 동남아시아로 널리 퍼져나갔다.[27] 현재 일본인으로 알려진 집단은 이러한 확산의 한 예로, 기원전 400년경에 수도작 농경과 함께 한반도로부터 도래한 듯 보인다. 농경 촌락의 조밀한 특성 때문에 인구가 더 많았던 그들은 이전에 거주하던 수렵채집인(조몬인)들을 열도 북부로 서서히 밀어냈다. 이 이동 경계선은 두 종족 집단을 수천 년간 분리했고 오늘날에도 뚜렷이 남아 있다. 조몬인의 잔존한 후손으로 홋카이도를 비롯한 북부의 섬들에 거주하는 약 15만 명의 아이누인은 대략 1만 년 전부터 일본에 거주해왔고 현재 일본 국가의 시민이지만, 그들 스스로도 일본인도 그들을 거의 일본인으로 여기지 않는다. 그 방언과 관습의 명백한 국지적 다양성에도 불구하고, 일본 종족은 기원후 500년 이후에 출현하기 시작한 일본 통일 국가에 선행했고 그 기저를 이루었다.[28]

러시아 또한 이 점을 잘 보여주는 사례다. 슬라브족의 광범위한 확산과 분화는 기원후 500년경부터 역사적·고고학적으로 기록되어 있다. 학자들은 그들의 발상지가 어디인지를 놓고 아직 논쟁중이지만 비스와강 상류와 드네프르강 중상류 사이의 어디쯤이라는 데는 대체로 동의하며, 최근에는 후자의 위치를 가리키는 증거들이 늘고 있다. 얼마간 농경의 확대와 함께 이루어진 슬라브족의 놀라운 확산은 주로 로마제국의 멸망과 연관된 대이동의 일환이었다. 서쪽으로 간 일부 슬라브인은 게르만 부족들이 쇠락하는 제국으로 들어가면서 자리를 비운 동-중부 유럽으로 이동했다. 또다른 슬라브인은 남서쪽으로 이동하며 동로마제국의 발칸 주민들을 약탈하고 그들 사이에 정착했고, 동쪽으로 이동한 슬라브인도 있었다. 우크라이나에서는 목축민인 게르만계 고트족과 이란어를 쓰는 사마르탄족이 로마제국 영토로 이동한 빈자리를 슬라브 농경 촌락이 차지한 듯 보인다. 오늘날의 벨라루스와 러시아에는 띄엄띄엄 분포한 핀우그리아어계 수렵채집민 집단과 더불어 발트어계 농경민이 거주하고 있었다고 여겨지는데, 슬라브 정착민들이 이 두 집단을 몰아내거나 흡수한 듯하다.[29]

러시아인과 러시아 민족의 북쪽 경계는 이런 측면을 흥미롭게 보여주고 있다. 천연자원이 더 풍부하고 취락이 더 조밀한 발트해 연안을 꿋꿋이 지킨 발트어족과 핀우그리아어족은 오늘날의 리투아니아와 라트비아(발트어), 에스토니아와 핀란드(핀우그리아어)에서 명맥을 유지하고 있다. 막강한 이웃의 존재와 여러 세기에 걸친 외세의 지배 및 동화 압력에도 불구하고 이들 인족은 언어적·유전적으로 명백히 살아남았다.[30] 오해를 피하기 위해 말하자면, 인성과 문화의 측면에서 봤을 때 발트어족·핀우그리아어족과 인접한 슬라브족의 유전적 차이는 전적으로 무의미하다. 유아기에 한 문화에서 다른 문화로 옮겨간 사람들은 새로운 환경의 문화를 받아들이며 성장하여 문화적으로 구분이 안 된다. 사실 이런 광범위한 주민 혼합은 이 경계(그리고 다른 모든 경계)의 양쪽에서 역사 시대 내내 일어났다. 유전자 빈도의 차이는 인접한 집단들이 먼 옛날 청동기 시대, 심지어는 석기 시대에 따로 갈라져 살았음을 시사할 뿐이다. 이 때문에 그들은 서로 다른 언어-문화 복합체를 발달시켰고 그래서 역사 시대 수천 년간 뚜렷한 차이를 유지할 수 있었다. 현재 그들이 서로 다른 언어와 독립된 정체성을 지닌 것은 유전자 빈도 그 자체의 차이 때문이라기보다 이런 평행한 역사적 경로의 산물이다. 이 경로를 거쳐오면서, 집단들은 저마다의 언어가 크게 변하고 문화가 완전히 바뀌는 와중에도 서로 간의 뚜렷한 차이를 유지하는 데 골몰했다.

일본에서 그러했듯이 여기서도, 후대인 제1천년기에 (노르드인의 지배하에) 러시아 국가들이 출현하고 그들이 결국 정치적으로 결합된 것은 동슬라브어를 쓰는 다양한 부족 집단을 러시아인과 러시아 민족으로 통합시키는 데 중대한 역할을 했다. 물론 이 모든 과정은 사전에 정해진 것이 전혀 아니었으므로, 다른 상황에서 다른 역사적 우연이 작용했다면 종족 분리는 실제로 나타난 차이와는 별도의 양상으로 전개되었을 것이다. 이 책이 쓰인 시점에 동슬라브어계 언어를 쓰는 러시아, 벨라루스, 우크라이나 민족국가들이 존재하는 것은 뒤에서 논의할 다양한 역사 전개에 기인한 것이다. 그렇지만 실제로 일어난 전개와 일어날 수도 있었던 전개 모두는, 슬라브인이 동쪽으로 농경을 확대함으로써 그 기반 위에 형성된 종족적 현실의 제약을 크게 받았다. 서로 가까운 친족-문화적 특성들로 구성된 종족 공간의 형성은 거대한 러시아 민족국가가 빚어질 수 있었던 기반이다. 이러한 확대와 종족 형성의 영향을 전부 아니면 전무의 문제로 취급해서는 안 된다. 한 요소가 모든 걸 결정할 수는 없지만 결정적 영향을 끼칠 수는 있다.

목축은 대규모 종족 확장의 둘째 매개체였다. 학자들은 서로 이웃한 농경민과 목축민 사이의 공생을 강조해왔다. 그들은 식단을 보완하고 일용품을 얻기 위해 서로 교역하고 의존했다. 그럼에도 목축민의 이동성과 농경민의 취약성 때문에 목축민이 군사적으로 더 유리했고, 그래서 흔히 이웃한 정착민을 착취하고 지배하곤 했다.[31] 심지어 유라시아 스텝 지대에서 말이 가축화되어 목축민이 유라시아 대륙 문명들에 공포의 대상이 되기 이전에도 상황은 마찬가지였다. 일례로 동아프리카에는 말이 없었지만 이 지역의 목축민이 이웃한 농경민을 약탈하는 경향이 있었다는 것은 도래한 유럽인에 의해 자주 언급된 사실이다. 제2천년기에 나일어를 쓰는 목축민들은 남수단에서 남서 에티오피아, 케냐, 탄자니아, 우간다, 르완다-부룬디로 꾸준히 확산되며 그 지역의 반투어족 농경민들을 약탈하고 때로는 몰아내고 때로는 지배했다. 이런 패턴이 완전한 정치적 지배로 바뀌는 경우도 흔했다. 가장 유명한 사례는 르완다와 부룬디에서 투치족이 후투족을 지배한 것이다.*[32] 이렇게 이원화된 사회에서 지배 목축 종족은 전체 인구의 약 10~15퍼센트에 불과했다. 노르만 잉글랜드의 정복자들이 결국에는 현지의 게르만어를 다소 변화시켜서 수용한 것처럼, 때로는 목축민 엘리트들도 인구가 훨씬 많은 현지 농경민의 언어를 수용한 것이 사실이다. 일례로 우간다와 부룬디에서는 반투어를 쓴다. 하지만 목축민의 언어가 그 지

---

* 회의론이 대세였던 1960년대에는, 르완다와 부룬디의 이 종족 구분이 실은 벨기에와 독일 식민 열강이 그들의 편견 및 행정적 편의를 반영하여 만들어낸 개념이라는 주장이 제기되기도 했다. 하지만 식민 시대 이전의 이 지역 역사는, 식민 당국의 역할이 실제로 오래전부터 지속되어온 종족사회적 분리와 위계를 기반으로 그것을 공식화하고 때로는 강조하는 선에 머물렀음을 보여준다.

역을 장악하는 경우가 더 많았다.

목축의 발상지인 (원사·선사 시대) 근동에서도 말과 낙타가 도입되기 훨씬 전에 목축민의 영토 장악이 일어났을 수 있다. 수메르 도시국가의 주민들은 근연 관계가 알려지지 않은 고립어를 쓰고 있었는데, 기원전 제3천년기 중반에 동쪽에서 온 셈어족 목축민들의 압박에 직면하기 시작했다. 기원전 23세기에는 셈족의 일원으로 "천막에 살던 이들의 자손"인 아카드의 사르곤이 예전 수메르 영토의 지배자가 되었다. 기원전 제2천년기에 접어들 무렵에는 시리아 북부에서 온 서西셈계 목축 부족들이 대규모 침탈을 벌였다. 이들은 히브리 성서에 나오는 아모리 족속으로, 현지인들은 '서쪽 사람들'이라는 뜻의 아무루인이라고 불렀다. 제2천년기 초반에는 아모리인의 지배 왕조와 지배 엘리트들이 라르사, (그 유명한 함무라비의) 바빌론, 마라드, 시파르, 키시, 마리, 아시리아 등 이 지역 전체를 손에 넣었다.[33] 이와 비슷하게 목축민이 도시 중심지를 장악하는 과정이 좀더 서쪽인 레반트에서도 일어난 듯하지만, 이 지역은 문자 기록이 부재하고 고고학 유적은 말이 없다.[34]

동아프리카에서 일어난 나일어의 대확산이 그러했듯이, 고대 근동에서의 셈어 확산도 이런 목축민의 확산 및 영토 장악과 관련되어 있다는 견해가 제시되었다. 이 지역 전체의 문자 기록이 증가함에 따라 셈어의 광범위한 확산 또한 고스란히 기록으로 남겨졌다. 알려진 가장 오랜 셈계 언어들 사이의 유사성은 당시 이 언어의 확산과 분화가 시작된지 얼마 지나지 않았음을 시사한다.[35] 이런 대규모 어족이 모종의 확산 메커니즘 없이 그저 우연만으로 출현할 수는 없었을 것이다. 땅에 묶여 있는 농경민보다 훨씬 먼 거리를 이동할 수 있으며 기회주의적 공격성을 띤 목축 사회들은 '엘리트 지배' 수단에 의한 언어 확산의 이상적 매개체였다. 실제로 셈어의 확산은 농경 공동체들의 기존 언어를 몰아내는 결과를 초래했을 것이다. 수메르어는 아카드어에 밀려났고 전례용으로만 명맥을 유지했다. 고대 레반트에서 대부분 지명의 어원은 셈어가 아니었는데, 이는 그전까지 이 지역에 다른 언어가 존재했다는 뚜렷한 증거다. 이런 식의 언어 대체는 주민의 대체를 의미하지 않는다. 언어 변화에 가장 큰 영향을 끼친 요소는 목축민이 사회적으로 지배적인 위치를 차지한 것이었고, 이런 언어 변화는 문화와 정체성의 변화를 반영했을 것이다.

인도유럽어족의 확산은 이보다 더 두터운 선사 시대의 어둠에 가려져 있다. 하지만 짐작하건대 셈어의 확산과 비슷한 시기에, 비슷한 행위자에 의해 일어났을 것이다. 18세기 말 인도에서 영국인들이 놀라워하며 언급했듯이, (남부의 드라비다어를 제외한) 인도 아대륙 거의 모든 언어의 모체인 인도의 고대 언어 산스크리트는 라틴어 및 유럽 언어 전반과 많은 유사성을 보였다. 그리고 이 유사성 역시 우연이 아닐 수도 있다. 역사적으로 알려진 모든 인도유럽어 사이의 유사성과 그로부터의 파생 과정을 추적한 언어학자들이나 그 물질적·역사적 증거를 추적한 고고학자들은, 이 확산의 근원이 우크라이나 스텝 지대에서 온 목축민으로 보인다는 데 대체로 동의한다. 이 목축민들은 말을 가축화하고 기원전 3000년경 바퀴 달린 우마차를, 기원전 2000년경 말이 끄는 전차를 발명하면서 장기간에 걸친 점진적이고 고도로 복잡한 팽창 및 확산 과정에 시동을 걸었다.[36]

그 세세한 과정은 많은 부분 선사 시대에 묻혀 소실되었으므로, 여기서 그 과정을 재구성하는 일은 억측에 불과할 것이다. 하지만, 19세기와 20세기 초반 (흔히 인종주의적) 이론가들의 주장처럼 인도유럽어의 확산이 특정 주민이나 인종이 다른 모든 주민을 축출했다는 뜻은 아님을 다시금 강조해야 한다. 인도유럽조어祖語의 최초 사용자들은 아마도 특정한 종족이었겠지만, 그 이후 장기간에 걸쳐 다층적으로 진행된 인도유럽어의 확산은 대부분 토착 주민에 대한 엘리트의 지배를 통해 일어났다. 19세기 이론가들이 금발 아리아인을 찾아 인도에 들어갔다가 확인하고서 실망한 것처럼, 역사적으로 알려진 인도유럽어 사용자들은 하나의 유전적 공동체를 이루지 않았다. 인도유럽어 사용자들이—목축, 말, 전차에 힘입은 우연한 군사적 우위와는 별개로—그들의 확산을 설명해주는 특별한 '천재성'을 지닌 것도 아니었다.

게다가 반투어 사용자가 하나의 종족을 이루지 않듯이, 셈어와 인도유럽어 사용자들도 각각 하나의 종족을 구성하지 않는다. 거듭 말하지만, 우리가 이런 초기의 확산을 들여다보는 목적은 국가 이전에 더 큰 종족 공간을 창출하고 그 형성을 촉진했던 주된 과정을 조명하는 것이다. 목축민 확산의 일부 후대 사례들은 역사적으로 더 잘 기록되어 있을 뿐 아니라 우리의 주제와도 더 직접적으로 관련되어 있다. 일례로 알타이에서 기원한 튀르크어가 중앙아시아와 서아시아로 광범위하게 확산된 것과 아랍어가 아라비아에서 중동과 북아프리카로 확산된 것이 그러하다. 두 언어 모두 기원후 제1천년기 후반기부터 확산되었고 그 정복 엘리트는 숫적으로 아주 적었다. 아나톨리아(심지어 중앙아시아) 주민의 절대다수는 혈통적으로 튀르크인이 아니다. 중동 거주민의 절대다수도 아라비아인 혈통이 아니었다. 두 경우 모두, 대체로 신석기 시대 농경 확산기까지 거슬러올라가는 토착 주민의 다수는 엘리트 지배 과정을 통해 언어, 문화, 정체성이 바뀌었다. (물론 이와 반대되는 경우도 있었다. 알타이족 불가리아 기마 목축민들은 그들이 8세기에 정복한 슬라브족 농경 공동체의 언어를 받아들였다.) 튀르크어 사용자들 사이의 지리-문화적 다양성은 대단히 크다. 이는 (해당 사회의 특수한 역사적 궤적과 더불어) 범튀르크 민족주의의 전망이 성공을 거두지 못한 이유 중 하나이기도 하다. 그럼에도 이런 전망은, 튀르크어권 국가들의 정체성에서 집단적으로는 아니더라도 개인적으로 중심을 차지하는 진정한 친밀감과 정서에 기반하고 있었다. 큰 지역적 다양성에도 불구하고 아랍어 사용자들의 친족-문화 정체성은 더욱 강해서, 아랍 종족 공간이나 심지어 아랍 '민족'(움마ummah)에 대해 말하는 일은 더더욱 의미심장하다. 이것은 범아랍 민족주의와 아랍 국가들의 민족주의의 시금석이었다. 앞으로 보겠지만, 이 둘은 여타 신앙고백적·지역적·부족적 정체성과 경쟁 관계에 있다.

앞에서 열거한 모든 대규모 종족 형성 과정의 중요성을 더 잘 보여주는 사례로서, 목축 사회가 존재하지 않았고 종족 확장의 다른 두 매개체―농경과 국가―가 뒤늦게 발전했던 콜럼버스 이전의 아메리카는 언어적으로 지극히 파편화되어 있었다. 북아메리카에만 23개 어족과 375개 언어(아메리카 전체로 따지면 약 2천 개 언어)가 있어서 유라시아보다 언어적으로 네 배 더 다양했다.[37]

부족에서 국가로

자산이 축적되고 사회적 지위의 격차가 커지면서, 부족사회의 정치권력은 점점 더 집중되었고 이는 결국 국가 권력의 출현으로 이어졌다. 농경으로의 이행과 더불어 가축, 토지, 노예 노동, 금속, 기타 유용한 물품과 사치재가 축적될 수 있었다. 기술과 친족에 기반한 지위의 차이는 비교적 '평등주의적인' 수렵채집 사회에도 팽배해 있었지만 이 과정에서 더욱 확대되었다.[38] 장자크 루소는 이 과정에 최초로 관심을 기울인 사람이었는데, 여기서 그가 제시한 논거는 자신이 원시 상태를 순수하게 묘사한 논거보다 더 확고했다. 사회가 더 풍요로울수록 그 속의 권력 관계는 부유하고 힘 있는 이들에게 더 유리하게 왜곡되었다는 것이다.

처음에는 씨족의 연장자들이 특별한 영향력을 가졌고, 모든 자유민으로 이루어진 부족 회의에서 집단적 결정을 내렸다. 부계의 실제적·허구적 연령 위계에 따라 씨족 간의 등급이 계보적으로 나뉠 때도 있었다. 경제적·사회적 차이가 커지기 시작하면서, 많은 부족사회에서는 두 가지 유형의 차별적 지위가 생겨났다. 폴리네시아에 대한 패러다임적 연구를 통해, 그들에게는 '족장chief'과 '빅맨big man'이라는 명칭이 붙게 되었다.[39] 족장의 '직위'는 매우 제한된 권위를 지녔다. 족장은 공개적으로 선출되기도 했지만, 연장자 씨족 내에서 계승하되 반드시 아버지로부터 아들에게는 아니고 선거를 통해 직위를 이어받는 일이 더 흔했다. 족장은 사회적 중재자 역할을 하고 의례 기능을 수행했으며 때로는 전쟁을 지휘하기도 했다. 이 모든 활동에서 그가 강압적인 권력을 휘두르는 일은 드물었다. 족장과 대조적으로, '빅맨'은 취임해서 재직하지 않았다. 그의 지위는 그의 사회적 수완과 진취성, 카리스마, 기량, 그리고 능숙한 자산 운용에서 나왔다. 그는 자기 씨족은 물론이고 흔히 다른 씨족 출신의 추종자 집단과 복잡한 사회적 관계를 맺고, 그들에게 후원, 보호, 비상시 경제적 지원, 기타 혜택을 제공했다. 그 대가로 추종자들의 충성과 지지를 얻었다.

이 과정이 지속됨에 따라, 자산의 축적으로 '등급' 사회가 '계층' 사회로, 족장과 '빅맨'이 초기 귀족정으로 바뀌면서 지위의 차등이 점점 더 '구체화'되기에 이르렀다. 씨족들이 주기적으로 돌아가며 토지를 소유하는 부족적 공동 소유 형태—마르크스의 '원시 공산주의'—는 사유 재산 형태로 바뀌었다. 부족사회는 변형되었다. 권력과 권력관계가 더이상 친족에만 기반하지 않게 되었다. 새로운 요소가 도입되었다. 족장과 '빅맨'은 이제 사회적 거래에서 자기 사병私兵, 가솔, 부하를 부려 권력을 휘두르게 되었다.

이런 무리는 주로 족장 자신의 씨족이나 그와 가까운 씨족 출신들이었지만 다른 씨족이나 심지어는 아예 부족 바깥에서 온 사람들도 있었다. 그들은 친족을 초월한 경제적·사회적 혜택과 의무의 유대에 의해 후견인과 묶여 있었다. 한몫 잡기를 원하는 젊은 전사들은 유명한 전쟁 지도자들의 사병으로 합류했다. 일부 경우에는 성공한 특정 전쟁 지도자의 추종자들이 새로운 부족을 결성하여 정착하기도 했다. 엘리트 간의 유대 또한 부족과 친족 관계를 가로지를 수 있었다. 서로 다른 부족 공동체 출신의 족장과 '빅맨'들이 때로는 "부족의 이익"에 반하여 그들 사이의 동맹을 다지기도 했다.[40] 고전 시대 저자들이 자기 이웃 부족에 대해 남긴 기록은, 근대 유럽인들이 아메리카, 태평양, 아프리카에서 조우한 부족들의 모습과 놀랄 만큼 유사했다.

기원전 1세기 중반 율리우스 카이사르가 켈트족이나 게르만족 사회를 관찰한 기록과 그로부터 100여 년 뒤 타키투스가 『게르마니아』에 남긴 기록은, 부족사회의 변화에 대한 가장 오래되고 가장 분명한 인류학적 설명을 제시한다. 기원전 1세기 무렵에는 갈리아에서 최초로 도시 중심지 혹은 소도시들(오피다oppida)이 출현했다. 족장과 '빅맨'이 막강한 귀족으로 변모하면서 사회가 고도로 계층화되었다. 옛 부족 회의의 중요성은 줄어들었다. 다수의 가난한 이들은 귀족 가문의 예속민이 되었고, 젊은 전사들은 가문의 사병으로 합류했다. 이런 상황은 이미 옛 부족 형태로부터 벗어난 사회의 특성으로, 이 점은 카이사르(『갈리아 전기』, 특히 6권 11-15)도 잘 인식하고 있었다. 그는 갈리아족을 아직 더 원시적이고 더 평등주의적인 고대의 부족사회가 표준이었던 당대의 게르만족과 비교했다(6권 21-16). 하지만 타키투스의 시대에는 게르만 사회도 상당히 변화해 있었다. 게르마니아에는 아직 어떤 형태의 도시 주거지도 없었고, 기원후 제1천년기 말까지도 없을 터였다. 그러나 이제 게르만족 족장과 '빅맨'들은 자기 주위에 초부족적인 권력 구심점을 형성하여 젊은 전사들을 사병으로 끌어들이고 있었다.[41]

고전 시대 저자들은 자기 문명의 제도 및 직위와 대응되는 부족 제도와 직위의 명칭을 정확히 기술하는 문제에서 자주 혼란을 일으켰다. 타키투스는 사병을 거느린 게르만족 권력자를 프린키페principe라고 불렀는데, 이것은 그런대로 괜찮은 명명이었다('prince'와 'chief'는 둘 다 라틴어에서 파생된 단어인데, 영어의 형용사/명사 'principal'은 'prince'가 아니라 'chief'의 동의어다). 하지만 다른 부분에서는(『게르마니아』 7장) 전통적 부족의 직위를 라틴어 칭호인 렉스rex(복수형은 'reges', 왕)와 둑스dux(복수형은 'duces', 전쟁 지도자)로 기술했다. 전자는 태생이 고귀한 사람이 임명되고, 후자는 용맹에 의해 임명되는 직위였다. 둑스는 전쟁 지도자를 가리키는 중립적인 명칭이었지만 (유럽의 듀크duke와 달리, 이것은 타키투스가 살았던 로마에서 공식적 칭호는 아니었다), 렉스라는 명칭은 문제가 좀더 많았다. 타키투스는 두 직위 모두 권위가 매우 제한적이며 징계 권한은 그보다 더 적고 주로 명성과 좋은 모범을 통해 행사된다는 것을 아주 분명히 했다. 그럼에도 국가사회의 사람들이 부족사회로 와서 접촉할 때는 부족장과 국왕을 혼동하는 일이 흔했다. 실제로 로마 시대부터 근대에 이르는 많은 식민지에서 예속민측의 집중화된 권위를 상대하는 편을 선호한 식민 열강들은, 과거에 족장이 갖지 못했던 권력과 권위를 그들에게 부여하여 왕으로 만들어놓곤 했다.[42]

흥미롭게도, 이해와 명명의 어려움은 신화나 서사시, 전승 속에 희미하게만 기억이 남은 그리스와 로마 자체의 과거, 즉 국가 이전 시대로도 확대되었다. 고대 그리스인에게나 우리에게나, 이 과거에 대한 주된 문헌 출처는 호메로스의 서사시다. 『일리아스』가 당시 멸망한 미케네 세계의 영광에 대한 희미한 기억을 보존하고 있는 반면, 『오디세이아』는 그리스 문명이 다시 출현하고 도시국가들이 발생하기 이전인 암흑기 말기(기원전 8세기)의 사회상을 더 반영하고 있다.[43] 우리가 암흑기 그리스 부족들의 존재를 희미하게나마 인지하는 것은 그들이 역사 시대와 폴리스에 흔적을 남겼기 때문이다. 오디세우스의 세계에서 부족사회들은 고도로 계층화되어 있었고 사병과 예속민을 거느린 부유한 지역 족장과 '빅맨' 집안들의 지배를 받았다. 친족 네트워크는 크게 변화하여 집안이 소유한 영지(오이코스oikos)의 막강한 우두머리들이 자기 씨족(게노스)의 이름을 확장하여 그 예속민과 가솔들에게까지 붙여주게 되었다. 이제 중요한 것은 그의 씨족 이름과 그의 계보뿐이었고, 그만이 신과 반전설적 영웅의 후손이라고 주장할 수 있었다. 암흑기에 이런 족장 우두머리의 칭호였던 '바실레우스basileus'는 그 이전 미케네 국가의 문자 기록에서 띠었던 의미로 볼 때 더 잘 이해할 수 있다. 당시에 이 칭호는 폴리스가 발흥한 후대에 띠게 된 왕이라는 의미가 아니라, 마을 우두머리라는 상대적으로 미천한 직위를 가리켰다. 바실레우스는 힘 있는 부족·지역 족장과 '빅맨'들이었다. 그들은 분절적 부족사회에서 군사 지휘권을 쥐고 공동체의 의례 및 사법 기능을 수행했다.[44] 부족민회의 중요성이 쇠퇴하긴 했어도, 모든 행위 전반에는 주요 씨족 원로들의 조언과 지원이 필요했다. 일부 바실레우스가 그들의 제한된 족장 지위를 좀더 집중화된 권위('족장사회chiefdom')와 진정한 왕권으로 변형시킨 것은 폴리스가 출현한 시대에 이르러서였다.

부족사회에 대한 선구적 연구에서, 모건은 이 과정을 그리스의 바실레우스 및 초기 로마의 렉스와 결부시켜 최초로 개관했다. 전통적으로 기원전 8세기부터로 추정되는 로마 최초의 반전설적 레기스들의 지위는 본질적으로 전쟁 지도자 및 고위 사제 역할을 한 연합 족장들을 의미했다. 이는 산스크리트의 라자raj, 갈리아어의 릭스rix, 고대 아일랜드어의 리ri, 트라키아어의 레소스rhesos, 그리스어의 아레곤/아르콘aregon/archon, 고트어의 레이크스reiks 등 다른 인도유럽어의 선국가 시대 사회 계층에 보존된 족장 칭호들과 동일했다.**45** 로마의 레기스가 현재의 우리가 이해하는 식의 진정한 왕권을 얻고자 시도한 것은 국가가 출현하고 도시화가 시작된 기원전 6세기에 들어서였다. 그 결과로 기원전 510~509년에 최후의 '오만한' 렉스가, 이미 초기 귀족정으로 전환한 옛 부족 실력자들에 의해 로마에서 추방되었다.

이 초기 시대에 대한 후대 로마인의 지식은 매우 빈약했고 신화에 싸여 있었다. 초기 로마에 대해서는 심지어 『일리아스』와 『오디세이아』 같은 서사시도 존재하지 않는다. 그렇지만 여기서도 역사 시대에 들어서서는 이런 귀족 집안들이 그 집안의 씨족(겐스) 이름으로 불리는 가신, 예속민, 가솔 부대를 통해 사회를 지배했다. 그들은 저마다 신성하고 영웅적인 혈통을 내세우며 지배권을 놓고 서로 맹렬히 다투었다. 왕정을 폐지한 뒤 그들은 공화정을 세웠고 이 공화정이라는 수단을 통해 그들 사이의 내부 경쟁을 조정하는 한편, 자신들의 사회 지배를 제도화하는 데 성공할 수 있었다. 일부 초기 로마 전승들은 이 초기 국가 시대가 실제로 어떠했는지에 대한 기억을 간직하고 있다. 일례로 기원전 479년 로마에서 가장 막강한 씨족 중 하나인 파비우스 가문은 에트루리아의 도시 베이와의 전쟁을 "마치 자기 집안 싸움인 것처럼" 떠맡아 수행했다. 리비우스(2.48-9)에 따르면 씨족 성원 306명이 여러 친족cognati 및 친구들sodales과 더불어 이 전투에 가담했다고 한다.

주요 씨족의 지도자가 장악한 이러한 권력은 압도적인 수준에 이를 수도 있었다. 카이사르(『갈리아 전기』 1.4)는 절대 권력을 손에 넣고자 모의한 혐의로 재판에 회부된 헬베티족의 최고 실력자 중 한 명에 대해 쓰고 있다. 그 사람은 "그가 거느린 1만여 명의 가신을 전부 몰고" 왔으며, "그의 예속민과 그에게 은혜를 입은 사람들도 모두 거기 모였는데 그 수가 대단히 많았고, 이러한 수단을 통해 그는 재판을 받지 않고 빠져나올 수 있었다". 카이사르(2,1)는 "더 힘 있고 사람을 고용할 수단을 가진 족장들은 흔히 스스로 왕이 되고자 노력했다"고 언급했다.

실제로 족장의 권력은 단지 사회 내의 우월한 위치에 머무르지 않고 사회를 지배하는 수준으로 성장하는 시점에 다다르는 일이 흔했다. 족장, '빅맨', 전쟁 지휘관들은 자기가 거느린 사병들의 힘에 의지하여 좀더 단순한 부족사회에서는 갖지 못했던 유형의 권위를 확립할 수 있었다. 동료들을 제압하고 넘어선 그들은 인류학자들이 말하는 족장사회chiefdom를 확립했다. 이 과정에서 족장들은 원시적인 자원 착취 시스템을 확립했다. 타키투스의 『게르마니아』(15)와 헤시오도스의 『노동과 나날』(37-39)은 기원전 700년경 그리스에서 "뇌물을 먹는 바실레우스들"과 관련하여 이 과정의 초기 단계를 기술하고 있다. 그들은 마피아 두목처럼 종속민에게 선물과 공물을 요구했다. 심복들을 고용하여 시골 지역을 감독했고, 그가 거느린 하급 족장, 가문, 마을 우두머리들을 통해 권위를 행사했다. 친족·부족의 형제애 비슷한 요소가 유지되긴 했어도, 이처럼 집중화되고 다층화된 '복합적' 족장사회는 일반 부족·족장 사회보다 훨씬 위계적이고 권위적이었다.[46] 스코틀랜드 고지대와 섬들에서는 족장사회가 매클라우드, 맥도널드, 클랜래널드, 캠벨, 맥그리거 같은 씨족 명칭과 결부되어 근대까지 존속했다. 이는 통가, 소사이어티제도, 타히티, 그리고 가장 두드러지게는 하와이 등 폴리네시아에서 아주 큰 몇몇 섬들은 물론이고 콜럼버스 이전의 아메리카와 아프리카의 많은 지역에도 똑같이 적용된다.[47]

가장 집중화되고 복잡한 족장사회로부터 국가까지는 그리 멀지 않았다. 둘의 주된 차이점은 그 부족적 형태와 규모뿐이었다. 부족이 약화되고 국가의 권위가 높아지는 데는 서로 연관된 몇몇 과정이 관여했다. 앞에서 보았듯이, 유산有産 사회 내에서는 부족 네트워크들을 가로지르는 사회경제적 관계가 형성되었다. 계급과 지위 위계가 친족적 친밀감을 대체하지는 않았어도 점점 더 우세해졌다. 이와 더불어, 사람들이 기회를 찾아 고향을 떠나면서 영토 간 이동이 잦아졌다. 젊은 전사들은 힘 있는 지도자의 사병으로 들어갔고, 빈자와 부자는 일자리와 부를 찾아 번영하는 지역으로 이동했으며, 사람들은 시골에서 신생 도시와 소도시로 이주했다. 더 빽빽하게 밀집된 거주지로 이동하면서도 그들은 확대가족으로 계속 뭉쳐 있으면서 부족적 친밀감을 유지했다. 하지만 도시 주거, 자산 소유, 전문 직업의 활력과 제약은 과거의 부족 경계와 정체성을 필연적으로 크게 약화시켰다.

국가의 발흥은 이런 흐름에 힘입어 더 강화되는 동시에 이런 흐름을 더 강화했다. 국가 지도자들은 부족 엘리트를 억압했다가 끌어들이기를 번갈아 했다. 국가 기구는 직무에 대한 보수에 기반한 위계였고, 옛 부족 엘리트들은 그 속으로 흡수되거나 그로부터 배제되었다. 나아가 국가의 법과 제재와 행정은 과거 친족-부족 집합체가 수행했던 기능들을 빼앗아왔다. 가장 초보적인 예로, 부족사회에서는 오로지 친족에 의한 유혈 복수의 위협을 통해서만 신체적 안전을 보장할 수 있었다. 이 점은 더 광범위한 군사 행동과 온갖 집단적 사업에서도 마찬가지였다. 국가가 이런 기능들을 빼앗아오면 빼앗아올수록 사람들은 부족 제도와 부족적 친밀감에 덜 의존하게 되었고, 부족은 점점 더 쇠퇴하고 희미해졌다. 끝으로 부족 영역은 흔히 그 이름만 남은 채 국가 영토-행정 단위로 대체되었는데, 여기에는 앞에서 설명한 사회경제적·정치적 과정이 반영되어 있다.

　이러한 변동은 가장 유명한 고대 도시국가인 아테네와 로마의 형성기에 볼 수 있다. 기원전 6세기의 아테네는 부족사회에서 상업사회, 도시사회, 국가로 변모하면서 사회경제적 격차가 벌어지고 있었다. 그 자신도 귀족이었던 페이시스트라토스는 대귀족 씨족들의 지배에 저항한 평민들의 봉기에 편승하여 스스로 참주, 즉 권위적인 지도자가 되었다. 그는 긴 재임기 동안 옛 부족 엘리트들의 힘을 약화시키고 그중 상당수를 추방했다. 참주정이 무너진 뒤에는 민주적 개혁가인 클레이스테네스가 페이시스트라토스의 정책을 이어받았다. 그의 개혁(기원전 508~507년)은 사회와 국가에 대한 부족 엘리트들의 지배권을 해체하고, 아티카Attica(에게해와 접한 반도 지대로 아테네와 그 주변 지역을 가리킨다―옮긴이) 외부로부터 번영하는 아테네로 이주해왔지만 그 부족 제도의 외부에 머물러 있던 이민자들을 통합시키는 한편, 과거 농촌 주민이었던 이들을 도시 생활로의 변화에 적응시키려는 것이었다. 클레이스테네스는 친족에 기반한 '프라트리아'와 '게노스'로 이루어진 기존 아테네의 네 부족을 해체하지는 않고 그 의례적 기능만을 남겨놓았다. 이와 더불어 명목상으로만 부족이라고 부르는 열 개의 영토 단위를 수립했다. 새로 편성한 부족은 아티카의 세 지역에 속한 마을 및 도시 구역(데모스)들로 구성되었다. 또 클레이스테네스는 이에 맞게 민회를 재편성하여 민회의 구성원이 친족 기반의 옛 부족이 아니라 영토 기반의 새로운 부족에서 뽑히게끔 했다.[*48]

---

* D. Roussel, *Tribu et cité*, Paris: Belles Lettres, 1976은 초기 폴리스의 많은 부족 제도가 인위적으로 발명된 측면이 있었음을 강조했다. 하지만 그렇다고 해서 부족이라는 실재 자체가 순전히 발명되었다는 뜻은 아니며, 오히려 고대 사료들이 명확히 증언하듯이 기존의 부족이 초기 국가에 의해 변형된 것에 가까웠다. 그렇지 않으면 이 부족 개념이 어디서 왔

점점 더 도시화되고 사회적으로 계층화되면서 국가 권력이 커지고 있던 기원전 6세기의 로마에서도 이와 비슷한 과정이 일어났다. 로마 전설상의 왕 세르비우스 툴리우스는 옛 족장 격인 레기스의 지위와 권력 상승의 면모를 잘 보여주는 듯하다. 로마의 전승에 따르면 그는 서로 밀접하게 연관된 여러 개혁을 잇달아 실시했다고 한다. 그는 클레이스테네스처럼 옛 부족 위에 새로운 부족을 수립하는 대신에 기존의 부족 자체를 변형시켰다. 그는 힘 있는 귀족 씨족들의 정치적 친족 기반을 약화시키고 새로 들어온 사람들을 로마 정치체로 통합시키기 위해, 로마의 부족들을 영토 단위로 재구성했다. 또 친족에 기반한 '쿠리아 민회comitia curiata' 대신에 무장 시민들의 총회인 '켄투리아 민회comitia centuriata'를 로마 국가의 주요 제도로서 확립했다.[49] 기원전 510년 왕정이 폐지되고 귀족과 평민이 혼합된 공화정이 수립되었을 때도 로마의 부족들은 영토-정치 단위로 유지되었다. 로마가 여러 세기에 걸친 확장으로 이탈리아 반도를 식민화하고 현지 주민들을 동화시킴에 따라, 처음 3개였던 부족의 수는 순전한 국가 행정 편의상 35개로 늘었다.

끝으로, 도시국가들뿐 아니라 진화하는 큰 국가들도 유사한 과정을 거쳤다. 19세기 초 남아프리카에서 샤카의 지도하에 줄루 왕국이 형성된 과정은 후대에 일어난 덕에 당시 도래한 유럽인에 의해 상세히 기록되었고, 국가 출현의 사례이자[50] 민족 형성 모델로서 널리 연구된다. 줄루 국가는 응구니어를 쓰는 반투족이라는 단일한 종족 범위 내에서 출현했다. 앞에

는지를 설명하기가 불가능해진다. 친족-부족의 증거에 대한 논쟁을 개관한 자료로는 다음을 참조하라. John Fine, *The Ancient Greeks*, Cambridge, MA: Harvard University Press, 1983, 34-36, 56, 59, 183-188; Anthony Snodgrass, *Archaic Greece*, Berkeley, CA: University of California Press, 1980, 25-26.

서도 말했듯이 종족은 정치적 실체가 아니다. 18세기 말까지 응구니족은 개별 부족과 그 하위부족이 포함된 여러 족장사회로 분열되어 있었다. 소규모 친족에 기반한 족장사회의 구조 탓에 정복 전쟁은 불가능했다. 하지만 19세기 초에 딩기스와요라는 족장이 친족의 권력 제약을 깨고 왕권을 수립하는 데 성공했다. 그는 온건과 무력을 겸용하여 다른 족장사회들에 대한 통제권을 서서히 확대해나갔는데, 각 족장사회의 지배 씨족을 존치하되 흔히 예전의 족장을 같은 씨족의 젊은 구성원으로 교체함으로써 새 족장이 그 지위를 자신에게 신세지게 만들었다. 또 그는 씨족에 기반한 옛 민병대를 해체한 뒤 그 자리에 여러 지역 출신으로 상설 부대를 편성하고 그 지휘 장교를 임명했다. 결국 약 30개 부족이 딩기스와요의 지배하에 들어갔다.

1817년 딩기스와요가 살해된 뒤 그의 가장 뛰어난 전쟁 지휘관 중 한 명인 줄루 씨족의 샤카가 이 신생 왕국을 장악하면서 이 새 왕국에는 줄루라는 이름이 붙게 되었다. 샤카는 딩기스와요의 방식을 악명 높은 잔인성과 대규모 정복으로 보완했을 뿐 계속 유지했다. 그는 영토 주위에 군대를 주둔시켰고 군인들이 고향 부족민의 저항에 가담하지 못하도록 각 출신 부족으로부터 멀리 떨어진 곳에 배치했다. 그의 왕국은 확대되어 약 8만 평방마일—영국만한 넓이—에 이르렀고, 인구는 20~30만 명에 이르렀다. 샤카가 자기 왕국을 통합하기 위해 활용한 수단 중 하나는 공동 의례 제도였다. 그 자신이 관여하거나 주재했던 이런 의례는 전통적인 가족 단위의 조상 숭배와 마을 신앙을 보완해주었다. 좀더 온건한 후계자인 음판데는 왕국의 통합 노력을 계속해나갔다. 그는 부족 영역을 국가 영토의 행정 구역으로 바꾸고 일부다처혼으로 얻은 많은 아들들을 행정 요직에 배치했다. 이와 동시에 자기 딸들을 지역 족장들에게 시집보내고 자신은 족장들의 딸과 혼인함으로써 왕좌를 둘러싼 지배 친족 네트워크를 더욱 강화했다. 이런 식으로 줄루의 정체성과 통일성에 대한 의식은 점점 더 강하게 벼려지며 서서히 드러나고 있었다. 하지만 1872년 음판데가 사망하고 얼마 안 되어 영英 제국이 이 지역에 대한 통제권을 확립하면서 줄루 국가의 독립은 종말을 맞았다.

앞으로 보겠지만 줄루의 경우는 유사 이래로 국가와 민족이 형성되어 온 과정의 전형을 보여준다. 그러나 논의를 진전시키기 전에, 이 과정에서 국가, 부족, 친족-문화 정체성이 맺는 상호 관계를 좀더 분명히 요약할 필요가 있다.

국가 형성, 부족 쇠퇴, 종족성

새로 출현하는 국가와 기존의 부족 조직 사이에는 강한 긴장이 존재했다. 씨족 원로와 부족 우두머리는 권력을 강제로 박탈당했다. 예전의 분절 사회는 세금, 강제 노역, 군역을 부과하는 국가 관료제의 명령에 종속되었다. 자기 앞가림만 하면서 살았던 사람들은 이제 멀리 떨어진 이기적인 정부를 위해, 혹은 잘해야 멀리 떨어진 집단적 목표를 위해, 대부분의 경우에는 이 둘 사이의 무언가를 위해 이 모든 짐을 의무적으로 짊어져야 했다. 그런 까닭에 국가의 출현은 힘의 명령에 의한 강압적이고 폭력적인 과정이었다. 국가의 더 크고 집중된 권력 기구는 대내적으로 대체로 더 우월하고 저항을 억누르거나 분쇄하는 데 유능했다. 대외적으로 이는 분절된 부족 사회를 압박하는 타국의 더 큰 힘에 대처하는 데 반드시 필요했다.

이 양대 압박의 추진력에 힘입어 국가들이 급증했다. 하지만 이 과정은 직선과 거리가 멀었다. 첫째로 국가의 출현은 쉽게 뒤집힐 수 있었고 초기 국가들은 해체되기 일쑤였다. 일례로 성서 『사무엘서』와 『열왕기』의 전 승은 사울, 다윗, 솔로몬의 형성기 이스라엘 왕국에서 부족과 국가 사이에 빚어진 전형적 긴장을 묘사하고 있다. 결국 왕국은 북부의 부족들이 남부 유다 부족의 지배자를 받아들이기를 꺼린 탓에 분열되었다고 한다. 둘째 로, 국가의 승리는 불완전할 때가 많았고 부족체는 살아남아 국가 치하나 그 변두리에서 일종의 자율성을 유지했으며, 발전이 덜 된 세계 일부 지역 에서는 아직까지도 그렇다. 유랑하는 목축 부족들은 특히 유연한데, 그들 은 앞에서 기술한 사회적 과정을 훨씬 덜 거쳤으며 국가가 그들을 포착하 여 제압하기가 힘들기 때문이다. 앞에서도 인용한, 기원전 제2천년기 초 메 소포타미아 북부의 도시국가 마리의 기록물을 보면, 정부가 농민과 도시 공동체를 통제하는 데는 성공한 반면에 영토 내의 목축 부족들과는 불안 정한 관계를 유지했음을 알 수 있다. 목축 부족들은 큰 자율성을 누렸고 국가의 종주권에 대한 인식이 희박했다.[51] 그로부터 수천 년 뒤 정치이론 가 이븐 할둔도 『역사서설』(1377)에서 무슬림 북아프리카의 국가와 유목 부족 간에 보인 이와 똑같은 이원성을 조명한 바 있다. 실제로 북아프리카 와 중동에서 러시아 스텝 지대와 중앙아시아를 거쳐 중국에 이르기까지, 목축민이 국가 영토 내에 거주하는 곳이라면 어디든 이와 비슷한 균형이 이루어졌고[52] 일부 지역에서는 아직까지도 그렇다. 발전이 덜 된 농경 부 족 공동체들 또한 국가의 변두리에서 살아남았고, 부족 구역은 역사 시대 의 상당 기간에 걸쳐 많은 국가의 경계 밖까지 이어져 있었다.

하지만 친족에 기반한 부족은 국가의 발흥과 더불어 대체로 쇠퇴와 소 멸의 길을 걸었다. 그렇긴 해도 종족 일반이 전근대 국가의 주요 구성 요 소가 아니었다고 생각한다면 잘못일 것이다. 앞에서 인용한 사례들은 시 사적이다. 아테네 폴리스들이 옛 부족들의 중요성을 약화시키기는 했지만,

이 부족들은 종족적으로 가깝고 친족-문화 속성을 공유하는 아티카 주민들을 기반으로 명맥을 유지했다. 물론 아테네로 많은 이주민이 유입된 것은 사실이고, 상업 제국의 전성기에는 이주민 중에 비그리스인도 포함되었지만, 대부분의 이주민은 종족적으로 그리스인이었다. 게다가 이주민들은 보통 몇 세대 지나지 않은 사이에 아티카의 지방어를 받아들이고 현지 문화에 동화되었다. 또한 기원전 5세기에 도래한 이주민의 다수는 정치적 권리를 갖지 못했고 시민이 아닌 외국인 거주민(메틱스)의 지위를 유지했다. 부모가 둘 다 아테네인인 '토착' 아테네인만이 시민으로서의 자격을 가졌다.[53] 시민권의 확대라는 측면에서 가장 개방적인 정치체 중 하나인 로마에서도 종족은 대단한 중요성을 띠었다. 처음 로마가 확대된 지역인 라티움에는 로마인 자체와 종족적 혈통이 동일한 라틴족이 거주하고 있었고, 그들 중 다수는 로마 국가로 흡수되었다. 뒤이어 로마가 이탈리아 중부로 확장되면서 토착 공동체들은 철저히 로마화되었다. 결국 로마는 이탈리아 전역으로, 나중에는 지중해 제국으로 확대되었다. 그리고 앞으로도 보겠지만, 이런 여러 세기에 걸친 확장의 모든 단계에 로마 시민권과 더불어 확산된 주된 정치 요소는 바로 공통 문화였다.

줄루의 사례는 종족성이 대규모 신생 국가에 끼치는 중대한 영향을 보여준다. 앞에서 언급했듯이 줄루 국가는 응구니어를 쓰는 단일 종족 혈통의 영토 내에서 출현하고 급속히 팽창했다. 바로 이런 이유 때문에, 줄루 영토는 단지 정치적 영역에 그치는 게 아니라 국가 건설 과정에도 대단히 적합하다는 게 입증되었다. 이 종족 공간에 상당한 다양성이 존재한 건 확실하지만, 강한 종족적 특성의 공유는 국가의 일을 비할 수 없이 수월하게 만들어주었다. 과거 독립을 누렸던 족장들에 대한 강압과 회유를 결합하여 중심부 국가 권력을 확대하고, 지배자가 군사·사법·종교의 최고 권위를 장악하고, 종교적 혼효와 합동 군역과 공동의 정체성 형성을 수반한 문화적 융합 과정 및 관료화를 통해 시간이 갈수록 점점 더 통일된 국가로 영토를 결합시키는 것이 일반적 국가 건설 전략인데, 이는 공통된 종족적 기반 위에서 그 효과를 발휘할 수 있었다.

모든 국가가 공통된 종족 공간 안에 한정되어 있지 않았던 것은 확실하다. 충분히 커지면 제국이라고 부르는 이런 많은 국가들은 다른 종족 집단들을 지배했다. 이제 우리는 전근대 정치체―도시국가, 국가, 제국―에서 종족성과 국가성의 상호 관계를 검토할 것이다.

제4장

전근대 세계의
종족, 인족, 국가, 민족

국가의 발흥과 더불어 우리는 (적어도 민족에 대한 논쟁에서의 한쪽 편에게 는) 좀더 익숙한 영역으로 들어간다. 전근대 국가가 민족이나 종족적 토대, 정서, 정체성에 기반하지 않는다고 주장할 때를 제외하면 근대주의자들이 전근대 국가를 다루는 일은 드물다. 이 관점에 따르면, 종족성은 비록 존재 하긴 했어도 정치적 중요성이 거의 없었으며 국가는 지금과는 다른 원칙 에 토대를 두었고 종족을 초월했다. 이에 대응하여 전통주의자들은 민족 과 민족 정서가 근대 이전에도 존재했음을 보여주고자 했다. 학자들은 주 로 근세와 중세 후기의 유럽에 집중했다. 하지만 앤서니 스미스, 스티븐 그 로즈비, 아비엘 로시월드 같은 일부 학자들은 고대 근동과 고전 그리스까 지 거슬러올라갔다. 나는 그들의 시각을 많이 공유하며, 다른 대륙과 문명 과 역사 시대로도 최대한 관점을 넓히고 싶다. 민족주의 연구의 심한 유럽 편중이 충분히 인식되고 있음에도 이를 바로잡으려는 노력은 좀처럼 보이 지 않는다. 이제부터는 전근대 정치체의 유형들―소국, 국가, 제국―을 검 토할 것이다. 이는 중심 종족과 (민족적 형태를 포함한) 정치적 종족이 국가 의 시초부터 국가의 존재와 행동에 어떤 영향을 끼쳤는지를 확실히 하려는 것이다. 혼란을 가중시키는 것은, 국가에 대해서도 국가가 근대의 창조물이라고 주장하는 근대론자들이 있다는 사실이다. 하지만 내 사전을 따르자면 국가는 오래된 것이며 근대 국가는 그것이 발전하여 다다른 새로운 단계일 따름이다.[1]

1. 종족과 도시국가

도시국가는 소국 중에서도 가장 빛나는 유형이었다.[2] 그 도시성은 때때로 상업주의, 광범위한 이익, 상당한 세계시민주의와 결부되어, 우리 주제에서 도시국가를 특히 흥미롭게 만들어준다. 도시국가의 규모가 작았다는 것은, 공통된 종족 공간이 여러 도시국가로 분리되고 한 도시국가는 그중 일부분만을 포괄했다는 뜻이다. 그러므로 겔너와 나의 정의에 따르면 도시국가는 한 국가와 한 문화/종족 전체의 일치(물론 이 일치가 절대 완벽할 수는 없겠지만)에 근접하지는 않는다는 의미에서 민족이 아니다. 그럼에도 일부 학자들이 고대 아테네에 대해 지적한 바대로, 도시국가는 그 국민들이 대개 (다른 많은 정치체들 역시 포괄하는) 같은 종족에 속했다는 의미에서 국가와 문화/종족의 일치를 보여주었다. 실제로 그들은 아테네가 강력히 연대한 친족-문화 정치 공동체를 이루었음을 강조하며, 이것을 민족태로 보아야 한다고 설득력 있게 주장했다.[3] 서로 다른 정의는 의미론의 문제이며 따라서 상당 부분 선택의 문제다. 그러나, 내가 비록 다른 개념망을 택하긴 했어도 개념 이면의 현실에 대해서는 이 학자들의 입장에 동의한다. 즉, 도시국가에 대한 연관된 애국심이 공통된 친족-문화 정체성과 연대감에서 직접 파생되었다는 것이다. 참여 정치적 제도가 (그런 것이 존재한 곳에서는) 애국심의 강도에 크게 기여한 것은 확실하다. 하지만 일부 견해와는 달리, 시민적 제도와 자유의 신념이 애국심의 뿌리는 아니었다. 역사 속에서 애국심은 가장 잔혹한 폭정하에서도 그 모습을 드러내곤 했다.[4] 거의 주목받지 못하는 사실은, 도시국가가 완전히 동질적이지는 않았어도 종족적으로 구성되었다는 것이다. 다른 모든 정치체 유형에서도 그러했듯, 종족성은 철저히 정치적이고 대단히 중요했다.

도시국가가 보통 종족적으로 가까운 주민들로 구성되었다는 것은 놀랄 일이 아니다. 결국 도시국가는 특정 지역의 사람들이 주변 시골에서 도시 중심부로 모여들어 형성된 것이기 때문이다.[5] 게다가 도시국가들은 작은 영토를 서로 맞대고 형성되는 경향이 있어서, 공통된 종족 공간을 나누어가지며 친족-문화 클러스터를 이루었다.[6] 따라서 개별 도시국가뿐 아니라 특정 지역에 모여 있는 여러 도시국가들도 종족적으로 가까운 주민들로 구성되는 게 보통이었지만, 이 현실이 그들 사이의 잦은 적대를 막아주지는 못했다. 이것은 앞에서 인용한 아랍 속담, "나는 내 형제에게 맞서고, 나와 내 형제는 내 사촌에게 맞서고, 나와 내 형제와 내 사촌은 세계에 맞선다"에 포착되어 있는 익숙한 패턴을 따른다. 부족 체계에서 그렇듯, 종족이 같은 도시국가 간의 분쟁과 교전이 가장 흔했다. 이를 간단하게 설명하자면, 분쟁과 전쟁의 대다수는 서로 근접하여 살아가며 인접 영토, 자원, 기타 이해관계의 측면에서 싸울 일이 많은 이웃나라 사이에서 일어난다는 것이다.[7] 그래서 도시국가의 주민들은, 비록 국내적으로 깊이 분열되어 있었지만, 종족적으로 가까운 이웃 도시국가를 가장 위협적인 '타자'로 보았다. 하지만 좀더 확연한 외래의 위협이 닥칠 때면, 종족적 속성을 공유하는 도시국가들은 그 위협에 맞서 대개 공식적인 동맹이나 연맹을 맺어 협력하는 경우가 더 많았다.

확실히 이 패턴은 명백하고 깔끔한 것과는 거리가 멀었고 많은 다른 요소들이 개입되었다. 그럼에도 역사상의 도시국가 체계에 대한 광범위한 연구를 보면 실제로 그러했다고 말하기에 충분하다. 그뿐 아니라, 특히 가장 크고 번영하는 도시국가 내에 때때로 이주민과 외국인이 존재하긴 했지만, 이런 이주민과 외국인의 종족 정체성이 그들의 사회적·시민적·정치적 지위에 압도적인 영향을 끼쳤음을 알 수 있다. 도시국가 체계에 대한 몇몇 탁월한 비교 연구들, 특히 코펜하겐 폴리스센터의 후원으로 모겐스 한센Mogens Hansen이 편집한 저작들은 우리의 일을 더 수월하게 만들어준다.

문명의 요람

이집트와 더불어 가장 오래된 도시국가이자 가장 오래된 문자 문명인 수메르는 앞에서 언급한 많은 특징들을 보여주었다. 기원전 제4천년기 말부터 수십 개의 수메르 도시국가들이 남부 메소포타미아(오늘날의 이라크 남부)에서 출현했다. 그들은 다른 언어와의 연관성이 밝혀지지 않은 수메르어라는 언어를 공유했다. 또한 도시국가마다 수호신이 다르긴 했어도 만신전, 전례문, 경전, 문화 전반을 공유했다. 요컨대 수메르인은 정치적으로 분리되어 있는 한 종족으로서 서로 자주 적대하는 독립된 단위들로 나뉘어 있었다. 이따금 일부 도시국가가 흥성하여 다른 도시국가를 지배하기도 했다.

수메르는 부유하고 장려한 도시 문화로 멀리 떨어진 외국까지 무역로를 개척했다. 하지만 한 학자의 말을 빌리면 "거주하는 외국인의…… 수는 아주 적었던 것으로 보인다".8 당시의 수메르인들이 그저 '땅Land'이라고만 부르던 이곳은 기원전 24세기에 변화를 겪었다. 3장에서 언급했듯이 셈어를 쓰는 목축민들이 북부 메소포타미아와 서부에서 수메르로 침투해 들어오기 시작한 것이다. 그들 중 진취적 지도자인 아카드의 사르곤이 수메르의 이웃 땅을 지배하기에 이르렀다. 수메르의 사실상 모든(51개) 도시국가가 힘을 합쳐 아카드에 대항한 연합군을 결성했지만, 사르곤은 이 연합군을 격파하고 도시들을 하나씩 정복해나갔다. 위에서 인용한 학자는 그들이 사르곤에게 공동으로 저항한 이유를 이렇게 설명한다. "하나는 수메르인들이 사르곤과 그가 이끈 '아카드의 아들들'을 외국인으로 여겼기 때문이고, 또하나는 도시들이 그 상대적 자율성을 상실했기 때문이다."9 종족 정체성과 힘의 균형에 대한 고려 둘 다 명백히 중요했다. 사르곤이 죽자, 수메르 도시국가들은 그를 계승한 리무시에 대항하여 "승리 아니면 죽음을 달라는 봉기를 일으켰다". 봉기가 무참히 진압된 뒤 이 도시들은 성인 남성 인구의 4분의 1 내지 3분의 1을 잃은 것으로 보인다.10 이 봉기는 도시 지배층과 엘리트에만 한정되지 않은 대중적 거사였던 듯하다.

그로부터 50년 뒤, 사르곤의 제국은 다시 외래 침략자들에게 무릎을 꿇었다. 그후로도 셈어를 쓰는 목축민들의 정착과 지배는 수백 년간 지속되면서 이 '땅'의 언어적 특성을 바꾸어놓았다. 특히 언어의 이원적 특성이 오래가지 못하고 일상 구어로서의 수메르어가 아카드어(동東셈어군)에 밀려났다. 메소포타미아—당시의 가장 큰 도시국가들 이후로 이곳은 바빌로니아라 불리게 되었지만—는 다시금 언어, 의례, 문자, 문화 전반을 공유하는 권역이 되었다. 한동안 도시국가들은 그 독립성을 유지할 수 있었지만,

결국에는 고대 근동을 잇달아 장악한 제국 열강들에게 흡수되었다.[11]

도시국가군은 그보다 훨씬 서쪽인 시리아와 레반트에도 거의 메소포타미아만큼이나 일찍이 존재했다. 하지만 이곳은 문자가 뒤늦게 발달한데다 도시국가들이 무너지고 이 지역이 암흑 시대로 빠져들면서 때때로 기록이 소실된 탓에 그 증거를 포착하기가 쉽지 않다. 좀더 명확한 단편들은 기원전 제2천년기와 제1천년기에야 이집트, 히타이트, 아시리아의 문헌과 일부 토착 사료에서 발견된다. 이런 사료를 통해 알려진 도시국가 문화 중의 일부는 히브리 성서에 등장하여 유명해졌다. 언어와 만신전과 물질문화를 공유한 가나안 도시국가들도 그 한 예였다.[12] 그들은 자기네끼리 끊임없이 싸웠고 이따금 일부 도시국가가 이웃나라보다 우위를 점하기도 했다. 하지만 한동안 쇠퇴했던 이집트가 부흥하여 힘을 되찾자, 가나안 도시국가들은 외래 침입자를 물리치기 위한 대연합을 결성했다. 다시금, 막강한 위협에 맞선 이 같은 '균형 조절' 행동에서도 뚜렷한 종족적 차원이 드러났다. 가나안인들은 메기도 전투(기원전 1479년 혹은 1457년)에서 위대한 전사 파라오인 투트모세 3세에게 패하여 이집트의 지배를 받게 되었고, 이집트는 그들 사이의 분열을 활용하여 그들을 지배했다. 이집트가 다시 쇠약해지자, 이제 그들은 '바다 사람들', 즉 필리시테(블레셋)인과 이스라엘인이라는 두 신흥 세력의 틈바구니에 끼이게 되었다.

'바다 사람들'은 에게해 문화권—이 지역의 섬들, 아나톨리아 해안, 그리고 어쩌면 그리스 본토—출신이었다. 그들은 부족 집단, 전투 부대, 그리고 침략과 신흥 국가 권력을 피해 도망친 이들이었던 것 같다. 그들은 기원전 1200년경 레반트 해안을 초토화시켰지만 이집트를 침략했다가 격퇴당했다. 이집트는 성서의 블레셋인을 포함한 그들 중 일부를 가나안 해안 평원에 용병대로 정착시켰다. 이집트 중앙 정부의 힘이 약해지자, 그들은 권력자가 되어 자기들이 주둔했던 지역을 장악했다. 필리시테는 남부 평원에 다섯 개의 도시국가 정치체를 수립했다. 이 도시국가들은 저마다 독립되어 있었음에도 인접 지역을 지배하기 위해 협력했다. 그 동쪽의 구릉지 부족들은 이러한 압박에 직면하여 이스라엘 종교-군사 연맹을 결성했고 나중에는 왕국을 이루었다. 따라서 종족 분열은 뚜렷한 정치적 의미를 띠었다. 실제로 필리스테 정치체 내부에서도 흥미로운 과정이 일어났다. 그들은 현지 주민에 대한 외국인 전사 부대의 엘리트 지배라는 형태로 출발했고, 고고학 유적으로 충분히 입증되었듯이 에게해에서 기원했다. 하지만 노르만 잉글랜드에서도 그랬듯이 지배층과 피지배층의 종족적 차이는 서서히 희석되었고, 두 세기 내로 필리스테인은 가나안의 현지 언어와 문화에 상당 부분 동화되었다.[13]

페니키아, 그리스, 로마

페니키아는 가나안의 또다른 도시국가 문화로 레반트 북쪽 해안에 자리잡고 있었다. 장거리 해상 무역의 전문가였던 그들은 기원전 1200년부터 지중해 전역에 무역 기지와 식민지를 건설했다. 이 확장 과정에서 페니키아인은 처음에는 그리스 도시국가들과, 나중에는 로마 도시국가들과 접촉했다. 이제 이 역사의 주역들을 그들의 상호 작용과 더불어 차례로 살펴보자.

페니키아 도시국가들은 서로 자주 충돌했다. 하지만 대제국들이 일어나 고대 근동을 잇달아 장악하자 독립을 상실하고 패권국의 지배하에 놓였다. 그들은 이 제국들에게 해군 함대를 제공했는데, 페르시아가 그리스를 침공했다가 실패했을 때 동원된 사례가 가장 유명하다. 그들은 그리스와의 해전이라는 부담을 계속 짊어졌고, 이는 마케도니아의 알렉산드로스가 페르시아 제국을 정복할 때까지, 그가 티레를 함락시키고(기원전 332년) 다른 모든 페니키아 도시들을 정복할 때까지 이어졌다. 하지만 주목할 것은, 페니키아와 그리스 사이에 빚어진 경쟁이 순전히 종주국이 요구한 봉사 때문만은 아니었다는 것이다. 적대감이 커진 것은 그리스 스스로 기원전 8세기부터 지중해 전역에 식민지를 건설하고 무역을 확대하기 시작하면서였다. 지중해 서부는 둘의 식민권과 무역권이 충돌하는 한 영역이었다. 페니키아는 북아프리카, 스페인, 시칠리아 서부, 사르데냐의 해안을 따라 수십 개의 식민지를 건설했다. 그리스는 '마그나 그라이키아Magna Graecia'—시칠리아, 남부 이탈리아, 사르데냐, 코르시카—와 프랑스 남해안, 스페인 북동해안에 더 많은 식민지를 건설했다. 페니키아 식민지였던 도시국가들 사이에서는 경쟁이 일어났고, 그중의 하나로 현재의 튀니지에 위치한 카르타고가 그들에 대한 지배권을 확립하는 데 성공했다. 이와 비슷하게 마그나 그라이키아의 도시국가들 사이에서도 고질적인 분쟁과 치열한 전쟁이 벌어졌고, 그중 일부가 커져서 나머지를 지배하게 되었다. 시칠리아에서는 대체로 시라쿠사가 다른 그리스 도시국가들을 무력으로 지배했다. 그럼에도 시칠리아(그리고 사르데냐와 코르시카)의 그리스 도시국가들과 카르타고 사이에 수백 년간 벌어진 간헐적 분쟁에서 그리스 도시국가들이 페니키아와 동맹을 맺는 경우는 매우 드물었다.

우리가 앞서의 사례들에서 본—오직 힘의 균형만을 고려하여 대규모 외부 침입자에 맞서 시스템의 연합이 이루어지는—논리가 여기서는 거의 적용되지 않는다. 확실히 페니키아 도시국가들 입장에서는 카르타고의 패권이 마냥 흡족하지 않았고, 시칠리아의 그리스 도시국가들은 시라쿠사의 지배에 저항했다. 그렇지만 외래의 위협에 직면했을 때는 뚜렷이 종족 경계를 따라 전선이 그어졌다(선주민인 시쿨리족[시칠리아인]은 양대 세력 사이에 낀 셋째 범주였다). 실제로 시라쿠사의 참주들은 범그리스적 대의를 효과적으로 선전하여 시칠리아 내 그리스인들의 여론을 자기편으로 돌려놓았다. 카르타고와 그리스의 본격적인 연합은 셋째 세력인 로마의 위협으로 둘 사이의 경쟁이 무색해졌을 때 비로소 출현하게 된다.[14]

고대 그리스는 종족성의 정치적 역할을 전형적으로 보여주는 사례다.[15] 역사 시대에 그들은 혈연 유대, 언어, 만신전, 신화, 전승 문헌(호메로스와 헤시오도스), 문화적 중심지(델포이), 그리고 올림픽 게임을 공유하는 한 종족이라는 강한 의식을 지니고 있었다. 이와 동시에, 그리스어는 이오니아, 도리스, 아이올리스, 아르카디아의 네 주요 방언으로 나뉘어 있었다(그리고 각각의 방언은 다시 하위 범주로 세분되었다). 이처럼 서로 약간씩 다르지만 의사소통이 가능한 방언들이 문자와 폴리스의 등장 이전에 어떻게 발전했는지를 보여주는 명확한 증거는 없다.[16] 하지만 각 방언 집단은 대체로 뚜렷한 친족 의식을 지녔고, 같은 방언 집단에 속한 여러 도시국가들은 비슷한 부족 명칭의 유산을 여전히 공유하고 있었다.[17] 개별 도시국가로의 분리는 그리스가 지닌 복합적 종족 정체성의 셋째 차원이었다. 이 친족-문화-시민 공동체들이 정치적으로 월등히 중요했음은 의문의 여지가 없다. 그렇지만 그리스 종족 정체성의 다른 차원들도 정치적으로 상당히 중요했다.

우리는 그리스의 하위 집단 정체성부터 시작할 것이다. 도리스부터 살펴보자. 스파르타에서 종족 정체성이 폴리스를 뒷받침하는 방식은 다른 도시국가들에 비해 독보적이었다. 국내적으로, 스파르타는 독특하게도 소수의 스파르타인이 다수의 헤일로타이(스파르타에서 공유 재산으로 국가에 소속되어 있던 비자유 신분의 명칭―옮긴이)를 노예로 지배하는 억압적인 군사 정권으로서 수립되었다. 이런 구조의 근원은 원사 시대로 거슬러올라가며 신화로 덮여 있지만, 도리스인이 침략하여 아카이아인 토착민을 예속시킨 결과로 널리 여겨진다. 스파르타 영토 내의 비스파르타계 도리스인인 페리오이코이는 노예가 아니었고 경제적 자유를 비롯한 자유와 어느 정도의 집단적 자율성을 누렸다. 따라서, 경제적 착취가 스파르타의 고유한 특성의 뿌리에 놓여 있긴 했지만 이는 종족에 따라 전혀 다르게 해석되었다.

대외 관계에서도 거의 같은 원칙이 적용되었다. 펠로폰네소스의 도리스 도시국가들은 서로 자주 전쟁을 벌였다. 일례로 스파르타와 아르고스의 대립은 그리스 역사에서 가장 길고도 쓰라렸다. 그럼에도 도리스 정체성을 공유한다는 의식은 뚜렷했고 정치적 힘을 발휘했다. 기원전 6세기에 스파르타는 펠로폰네소스의 대부분을 자국의 주도하에 하나의 정치-군사 연맹으로 통합시키는 데 성공했다. 이 연맹이 형성되는 데는 스파르타의 군사적 우위와 강압이 주효했지만 도리스 친족 감정 또한 중요했다. 이 연맹은 도리스의 영웅 헤라클레스에 대한 숭배를 장려했고, 도리스 도시국가인 엘리스에서 올림픽 게임 같은 종교 축제를 개최했다. 올림픽 게임은 모든 그리스인에게(만) 열려 있었지만 도리스인의 공동체 의식을 기념하는 행사였다. 항상 그렇듯이 이런 현실은 외부의 '타자'가 개입했을 때 가장 인상적으로 드러났다.

아테네는 스파르타의 군사 개입으로 참주 히피아스를 축출함으로써 수혜를 입었다. 그렇긴 하지만, 비록 멀지는 않았어도 아테네는 펠로폰네소스에 있지도 않았고 도리스계도 아니었다. 아시아, 즉 아나톨리아의 해안과 섬들에 살던 이오니아계 그리스인들이 자신들을 지배한 페르시아 제국에 대항하여 봉기했을 때 그들을 도우러 온 것은 스파르타가 아닌 아테네였다. 이오니아인들의 구원 요청에 대한 아테네의 반응에서 가장 중시된 것은 같은 혈통이라는 친족 감정이었다. 그들은 이오니아인들이 이주하여 아티카를 비롯한 그리스 남동부 해안 지방부터 시작해서 에게해 전역에 식민지를 건설했던 기억을 공유하고 있었다. 아테네의 개입은 실패로 돌아 갔고, 이는 그리스 자체에 대한 페르시아의 군사 공격을 촉발했으며 그중 하나가 전면 침공(기원전 480~479년)이었다.

그리스인은 역사상 최초로 해외 제국 열강에게 정복당할 위기에 직면 했고, 침공군을 물리치기 위해 닥치는 대로 동맹을 맺었다. 페르시아의 대 침공에 가장 많이 노출된 그리스 북부 도시국가들은 절멸의 위험을 감수 하기보다 항복하여 침공군에 협력하는 편을 택했다. 그리스 내부의 경쟁, 개별 참주들의 이해관계, 동방과의 관계 또한 그들이 협력한 요인이었다. 하지만 주목할 것은, 스파르타와 그 동맹국과 아테네 등 저항한 도시국가 들이 이 협력자들을 페르시아에 부역(Medism, 당시 그리스인이 페르시아를 지 칭한 'Mede'에서 유래했다)한 죄인이나 그리스적 대의의 배신자로 낙인찍었 다는 사실이다.[18] 헤로도토스에 따르면 아테네인들은 공통의 대의에 굳게 충성할 것을 스파르타에 확언하면서, 이를 "피와 언어로 맺어진 모든 그리 스인 친족, 우리가 공유하는 신전과 제물, 우리 생활방식의 유사성" 때문으 로 돌리고 "이 모두를 배신하는 일은 아테네인답지 않은 것"이라고 말했다 고 한다.[19] 여기서도 힘의 균형에 대한 고려는 종족 정체성, 친밀감, 연대감 으로부터 절대 분리되어 있지 않았다.

페르시아를 무찌른 다음 세기에, 그리스의 세 도시국가는 자신의 지역 동맹 패권을 강압적·착취적인 제국을 수립하는 수단으로 바꾸고자 거듭 시도했다. 페르시아로부터 이오니아를 해방시키기 위해 결성되었던, 에게해 에 걸친 아테네의 아티카-델로스 동맹, 스파르타의 펠로폰네소스 동맹, 그 리스 중부에 있는 테베의 보이오티아 동맹이 그들이었다.[20] 그리스인은 이 싸움에 국력을 소진하여 페르시아 제국이 다시금 힘을 발휘할 여지를 허용했다. 페르시아 왕은 그리스 정치의 중재자가 되어 적대국 간에 평화 교섭을 하고, 이오니아의 그리스 도시들을 다시 자국의 치하로 가져왔다(기원전 387년). 연설가 이소크라테스가 페르시아에 대항하여 그리스인의 단결을 호소하며 제창한 범그리스주의가 퍼진 것은 바로 이런 상황에서였다. 이런 정서는 마케도니아의 필리포스 2세에 의해 받아들여졌고, 그의 아들 알렉산드로스가 이어받았다. 마케도니아 자체는 양가적인 사례였다. 그리스와 국경을 맞대고 있으며 왕가와 엘리트가 그리스화되었음에도, 그리스인들은 마케도니아를 진정한 그리스로 여기지 않았다. 그리스의 저항은 필리포스와 알렉산드로스에 의해 분쇄되었다. 하지만 동시에, 범그리스주의의 수사를 앞세우고 페르시아 제국을 상대로 한 대원정에 실제로 마케도니아-그리스 군대를 동원한 것은 마케도니아 패권을 정당화하는 기반을 이루었다.

알렉산드로스가 동방을 정복하면서 그리스는 더이상 독립된 도시국가들이 지배하는 세계가 아니게 되었다. 그럼에도 그리스 정체성은 이 세계와 그 정치를 규정하는 특징으로 남아 있었다. 이 점에 관해서는 제국에 대해 논의하면서 다시 다룰 것이다. 결국 잔존한 그리스 도시국가 연맹들과 헬레니즘 제국은 둘 다 로마에 굴복하게 된다.

로마는 역사상 가장 성공한 도시국가였다. 이는 주로 도시국가 규모의 태생적 한계를 초월하고 시민의 수를 크게 확대시키는 능력 덕분이었다[21]. 그렇지만, 3장에서 언급한 대로 로마가 외부인의 통합에서 이례적인 개방성을 드러냈음에도, 이 엄청난 확대 과정은 종족적 현실과 동떨어지지 않고 긴밀히 얽혀 있었다. 그리스와 달리 이탈리아는 한 종족으로 구성되어 있지 않았고 심지어 하나의 우세한 종족이 존재하지도 않았다. 선사 시대의 어둠이 걷힐 무렵 이탈리아 반도는 서로 다른 30여 이탈리아계 언어/종족뿐 아니라 에트루리아, 그리스, 켈트계 종족의 보금자리였다. 종족이 같거나 다른 도시국가 간, 부족 간에는 충돌과 전쟁이 빈발했다. 하지만 이런 종족 중 상당수는 외세에 맞서 협력하기 위해 자기 종족 차원의 동맹이나 연맹을 결성했고, 이는 종족 정체성이 정치에서 얼마나 큰 중심축이었는지를 보여준다. 로마는 이런 동맹 중 하나인, 중서부 이탈리아에 자리잡은 라틴 종족 동맹의 리더로서 출발했다. 라틴 도시국가들은 로마와 동일한 종족에 속하고, 라틴어라는 같은 언어를 쓰고, 한 문화를 공유했다. 이 동맹은 기원전 6세기에서 4세기 사이, 북쪽에서 에트루리아인, 동쪽에서 고지 사벨린인, 그리고 켈트인의 공격에 대항한 기나긴 쟁투 속에서 형성되었다.

로마의 군사 지배력이 커지면서 중부 이탈리아는 점점 더 로마화되었다. 우선 첫째로, 패배한 공동체들은 자기 땅의 일부를 로마와 그 라틴 동맹들에게 양도해야 했다. 이 땅에 로마인들이 정착하면서 로마 내의 시민 인구가 점진적으로 증가할 수 있게 되었다. 둘째로, 최종적으로 로마는 라틴 종족의 상당수를 직접 병합하고 나머지에게는 더 엄격한 패권을 확립함으로써 그들과의 패권적 동맹을 변형시켰다(기원전 338년). 실은 도시국가 연맹의 아주 많은 패권국들이 그렇게 했고 로마는 더욱 성공했을 뿐이다. 셋째로, 같은 과정이 라티움 너머로—처음에는 중부 이탈리아, 나중에는 반도 전역으로—점점 더 확대되었다.

로마는 명시적인 문화 동화 정책을 펴지는 않았지만, 로마의 존재와 위신과 수 세기에 걸친 패권은 처음에는 이탈리아 엘리트들 사이에서, 다음에는 일반 민중 사이에서 동화 과정을 촉진했다. 선별된 공동체로의 점진적인 시민권 확대(실제로 처음에는 정치적 권리는 주어지지 않았지만)와 로마 문화로의 동화는 더불어 공생적으로 진행되었다. (그런 위성 '동맹국'을 제외한) 로마 국가 자체의 영토와 시민의 인구는 이런 식으로 서서히 증가했다. 제

1차 포에니 전쟁이 발발한 기원전 264년에 로마의 면적은 2만 6천 평방킬로미터, 인구는 90만 명이었던 것으로 추산된다.[22] 로마 시민 인구는 그리스의 가장 큰 폴리스인 아테네보다 4~5배가량 더 많았다.

로마 동맹은 남부 이탈리아의 막강한 삼니움 부족과 도시국가 연맹을 무찔렀다. 또 이 지역의 많은 그리스계 도시국가들 또한 로마 동맹의 패권 아래 놓이게 되었다. 평소 분열되어 있던 이 그리스계 도시국가들은 자유를 얻기 위해 헬레니즘 시대 에페이로스의 왕이자 장군이자 모험가인 피로스와 열성적으로 동맹을 맺었고, 그는 제국을 세울 야심으로 이탈리아에 상륙했으나 결국 로마에 의해 격퇴당했다(기원전 280~275년). 이 모든 동맹에서 종족 정체성이 중요한 역할을 수행한 것은 분명하다. 이 점은 로마의 가장 중대한 시련, 즉 카르타고와의 제2차 포에니 전쟁에서 인상적으로 드러났다. 이 전쟁에서 카르타고의 장군 한니발은 이탈리아를 침공하여 로마 군대를 차례로 격파하고 로마 패권의 기반을 뒤흔들었다.

제국은 침입자가 제국 영토에서 종속민들의 봉기를 자극하는 데 취약한 경우가 많다. 실제로 한니발은 칸나이에서 대승(기원전 216년)을 거둔 이후 로마 패권하의 동맹을 분쇄하는 데 성공했다. 삼니움족과 다수의 그리스인과 (시칠리아의 그리스계 시라쿠사를 포함한) 남부 이탈리아의 여타 인족들은 자유를 되찾고자 로마를 버리고 한니발에 합류했다. 이탈리아 북부의 켈트족과 에트루리아족은 노골적이거나 조용한 반란을 일으켰다. 여전히 로마에 충성하는 이들은 라틴족과 여타 이탈리아 중부의 철저히 로마화된 공동체들뿐이었다(하지만 전쟁으로 힘을 소모한 그들 중 일부는 결국 더이상의 부대 파견을 거부했다). 물론 로마 바로 인근에서는 로마의 존재와 공포에 의한 억지력이 가장 강했지만, 한니발 군대의 위협도 그 못지않게 강했다. 서로 경쟁하는 두 패권국이 결부되었을 때, 이는 힘의 균형이 갖는 효과를 약화시키거나 '통제하는' 구실을 한다. 결국 중부 이탈리아의 공동체들은 외부 종족보다 자기 종족 출신의 패권국을 더 선호했다. 카르타고인의 제국에도 거의 같은 원칙이 적용되었다. 길고 지긋지긋한 싸움 끝에, 로마는 북아프리카의 카르타고 본토를 침공함으로써 전세를 역전시켰다(기원전 205~202년). 여기서도 카르타고의 종속국들, 특히 누미디아는 이 기회를 놓치지 않고 배신하여 침공군에 합류했다. 군대가 격파되고 전쟁에서 패할 때까지 카르타고에 계속 충성한 것은 페니키아계 도시국가들뿐이었다. 로마제국 확장의 후기 단계에 관해서는 뒤에서 다시 논의할 것이다.

전근대 아메리카, 아프리카, 아시아, 유럽

이제 유사 이래로 전 세계에 존재한 다른 도시국가 체계들을 검토해나갈 텐데, 비슷한 이야기를 지루하게 반복하는 폐단을 피하기 어려울 것이다. 그래서 나는 논의를 간략하게 유지하면서 도시국가 체계 내의 친연성과 분열을 둘 다 조명하고자 한다. 친족-문화 클러스터를 이루긴 했어도 그들은 흔히 서로 적대하는 단위들로 정치적으로 분열되어 있었다. 외부로부터의 도전은 그들 사이에 협력이 이루어진 가장 중요한 동기였고, 패권을 쥔 도시국가의 지나친 행동은 그와 반대되는 효과를 내는 경향이 있었다.

콜럼버스 이전의 아메리카에는 많은 도시국가 문화가 존재했다. 그중 중앙아메리카 유카탄의 마야 문명은 가장 찬란한―문헌이 존재하고 따라서 문자 기록을 보유한―문화 중 하나였다. 문명 전성기인 기원후 3~9세기의 마야는 약 60개의 도시국가로 갈라져 있었다. 그들은 상당한 지역적 다양성에도 불구하고 문화, 종교, 문헌의 측면에서 많은 것을 공유했다. 다른 도시국가 문화들이 그렇듯 마야의 정치체들 사이에서도 치열한 전쟁이 벌어졌다. 아마도 생태적 과부하 탓이었을 것으로 보이는 그들의 수수께끼 같은 몰락 때문에, 그들이 외부 위협에 직면하여 무엇을 했는지에 대한 증거는 거의 남아 있지 않다. 스페인인이 침입한 뒤로는 마야인 공동체들의 필사적이지만 비조직적인 저항이 넓은 영토에 걸쳐 수백 년간 지속되었다.

좀더 북쪽에 위치한 아스텍 혹은 멕시카족은 나후아틀어를 쓰는 몇몇 부족 중 하나로, 스페인인 도래 이전에 멕시코 계곡의 도시국가들 대부분을 지배했다. 14세기 초에 건설된 아스텍 도시국가 테노치티틀란은 나후아틀어를 쓰는 이웃 도시국가인 텍스코코, 틀라코판과 함께 삼각동맹을 맺었고, 아스텍족이 점차 이 동맹을 지배하게 되었다. 이 동맹은 멕시코 계곡의 약 50개 도시국가에 대한 지배를 확립했고, 멕시코 중부 전역으로 지배권을 확장하여 콜럼버스 이전의 아메리카에서 가장 큰 다종족 제국 중 하나를 수립했다.[23] 아스텍족이 종속국과 적대국에 취한 행동은 그 가혹함과 잔인성으로 악명을 떨치게 되었다. 실제로 스페인인의 침입 경로 주변에 위치한 아스텍의 적국(주로 틀락스칼라)과 일부 종속국이 자신들의 해방을 얻기 위해 침략자들 편에 합류한 것은, 스페인인 정복자 수백 명이 도착하기도 전에 이 제국이 무너진 주된 요인 중 하나였다. 멕시코 계곡 내에서도 변절이 일어났고, 그중에는 삼각동맹의 한 축인 텍스코코도 포함되었다. 스페인인은 왕위를 둘러싼 두 왕족 형제간의 경쟁을 이용하여 그중 한 명을 스페인의 피후견인으로 세웠다. 그럼에도 도시 주민의 일부는 아스텍에 대한 충성을 유지했다.[24]

사하라 이남 아프리카에서 가장 도시화된 도시국가 체계는 오늘날의 나이지리아 서부에 위치한 요루바족의 도시국가로 19세기까지 수백 년간 지속되었다.[25] 요루바족은 한 언어와 문화를 공유하는 같은 종족이(었)지만 서로 적대하는 독립된 도시국가들로 분열되어 있었다. 그중 하나인 옛 오요는 17~18세기에 여타 도시국가들에 대한 제국적 패권을 손에 넣었다. 하지만 옛 오요의 힘이 쇠퇴하면서 독립을 되찾은 도시국가들은 자기네끼리 늘 싸움을 벌였고, 북부의 기마 목축민인 풀라니족의 대규모 습격을 물리칠 때에만 어느 정도의 협력을 보여주었다. 다른 주요 도시국가 체계들도 같은 시기 서아프리카에 등장했다. 언어와 문화가 유사한 하우사 종족의 도시국가들은 나이지리아 북부와 니제르에서 15세기부터 19세기 초까지 번성했다.[26] 황금 해안(가나 남부)의—또다른 종족·언어·문화인—판테족도 서로 간에 분쟁이 잦았지만, 18세기에는 이웃 종족들을 상대로 스스로를 방어하고 정복하기 위한 연합을 결성하여 대서양 노예무역에 능동적으로 참여했다.[27] 니제르 델타 동부에 있는 이조Ijo 종족의 도시국가들도 비슷하게 노예무역으로 번성했다.[28] 19세기 차드호 남서부의 코토코 종족 도시국가 정치체들은 서로 구분되는 방언을 쓰는 별개의 두—남부와 북부—연합을 결성했다.[29]

흔히 서로 경쟁 관계였던 아라비아의 카라반 도시국가들은 기원후 7세기에 주목할 만한 발전을 이루었다. 신생 종교인 이슬람의 무장 선지자 무함마드에 의해 통일된 것이다. 이후 그는 아랍 목축 부족들을 자기 휘하로 불러모았다. 이 통일은 막강한 교리와 공통된 종족성을 통해서뿐만 아니라 외세의 도전을 통해서도 공고해졌는데, 다만 이 경우의 도전은 위협에 대한 방어적 반응이라기보다는 부유한 문명이 북부에 제시하는 공세적 기회의 형태로 나타났다. 이 대원정의 결과로 아랍족은 중동 전역을 지배하는 엘리트가 되었다. 공식적으로 이슬람 교리는 종족 구분을 인정하지 않는다. 하지만 중동 주민 대다수를 서서히 동화시켜나간 아랍인과 아랍어는 이슬람에서 특별한 위상을 차지하고 있다.

오늘날의 말레이시아와 인도네시아를 포함한 동남아시아제도는 서유럽만한 면적을 아우르고 있다. 15~16세기에 이 권역에서는 무역망이 번창하고 무수한 도시국가 정치체들이 번영을 누렸다. 이 드넓은 지역에는 다양한 종족들이 이웃하여 존재했고 그중 두드러진 것은 말레이인, 타이인, 자바인, 마카사르인이었다. 이런 종족 구분이 도시국가 정치에서 얼마나 중요했는가는 흥미로운 질문이다. 그들 각각의 주요 언어와 문화가 어떠했든, 이 상업 도시들은 중국과 일본 무역상을 비롯하여 상당히 많은 외래 요소들을 포함하고 있었다. 특히 그 지배 엘리트들은 범세계적 사고방식을 갖추었다고 알려져 있다. 내가 예외 없이 모든 도시국가 체계에서 종족성이 비슷하게 강했고 정치적으로 중요했다고 주장하는 건 분명히 아니다. 그럼에도 말레이인에 대한 합리적이고 상세한 연구에 따르면, "말레이족은 말레이 반도와 수마트라를 포함한 서쪽 군도의 초기 국가들 대부분과 연관되어 있는 듯 보인다.…… 비록 정치적으로 파편화되긴 했어도…… 이들 정치체의 주민들은 크게 보아 '말레이인'으로 정체화되었다". 이 모든 말레이인은 하나의 언어와 인도계 문화와 힌두 종교를 공유했고, 이 종교는 15~16세기에 이슬람으로 대체되었다. "말레이인이 스스로를 무슬림 자바인이나 아체인과 차별화할 필요성이 생겼을 때 주로 의지한 것은 방사 bangsa(말레이어로 민족, 국민 등을 뜻한다―옮긴이)―다른 사회적 계통으로부터 내려온 모든 후손들―라는 개념이었을 것이다." 이 개념에는 "문화의 공유도 함축되어 있지만, 공통된 혈통이나 기원을 통해 획득한 연대에 비하면 기능적 관점에서 부차적이다."[30]

이런 친족, 공통의 정체성, 연대의 정서가 정치적으로 중요했음을 보여주는 강력한 방증이 있다. 대단히 신중한 또 한 명의 학자는, 가장 국제적이고 번영했던 말라카 같은 말레이 도시국가에 대해 16~17세기 포르투갈

관찰자들의 말을 인용하여 이렇게 썼다. 그들은 "그 다원성 때문에 군사적으로 고통을 겪었다. 충성이 이리저리로 분산되었고, 왕의 편에서 싸우리라고 믿을 수 있는 이들은 소수인 '말라요스(말레이인)'뿐이었기 때문이다."[31] 실제로 왕 자신은 예외 없이 말레이인이었는데 이러한 정치적 사실은 우연이 아니었다.

끝으로 유럽의 중세와 근세를 살펴보자. 이탈리아 북부에는 11세기부터 수백 개의 도시국가들이 출현하여 서로 치열하게 경쟁했다. 하지만 독일 황제 프리드리히 1세 바르바로사가 막 싹트기 시작한 이 도시국가들의 독립을 위협하자, 그들은 롬바르디아 동맹을 결성하여 레냐노에서 그를 무찔렀다(1176년). 국지적 시민 정체성이 이탈리아나 심지어는 롬바르디아 정체성보다 훨씬 더 중시되었음은 의문의 여지가 없다. 이 도시국가들의 행동을 결정한 가장 중요한 요인은 압도적인 제국의 위협에 맞서 힘의 균형을 잡는 것이었다. 그렇지만 이 위협은 외세의 위협이기도 했으며 황제의 '이탈리아 탄압'은 시민 연설가들이 언급한 요소 중 하나였다.[32] 제국 왕조의 정당성이 신성한 원칙이었던 시대에, 주권이 지방의 관습, 자유, 특권을 침해한다는 주장은 외세의 지배에 맞서 봉기하라는 외침을 규범에 맞게 표현하는 유일한 방식이었다.

나중에 제국 침략의 위협이 잦아들면서, 도시 내의 파벌과 도시 간 경쟁은 이탈리아 도시국가들을 교황파(구엘프)와 황제파(기벨린)라는 두 적대 진영으로 쪼개놓았다. 나아가 피렌체, 밀라노, 베네치아, 제노바가 각각 주변 지역의 다른 도시국가들에 대한 지배를 확립하고 독자적인 정책을 추구하면서, 그들은 1500년 전후에 새로 생겨난 프랑스·스페인 민족국가에 맞서 통일되지 못하고 분열되었다. 기원전 4세기 그리스에서 그랬듯이, 외세에 의한 모욕과 점령은 민족 통일과 해방의 외침을 자극했다. 그중 가장 유명한 것은 이탈리아를 — 심지어 자국 독재자의 손을 빌려서라도 — 야만인들로부터 해방시키자는 마키아벨리 『군주론』 결론 부분의 호소였다. 마키아벨리의 호소는 외세에 대항하는 힘을 각성시키려는 의도가 뚜렷했으며 그 힘을 너무도 과소평가한 것이었다. 하지만 이탈리아의 크나큰 지역적 다양성과 깊은 분열에도 불구하고, 외세를 이질적인 존재로 취급하는 시각이 폭넓은 정서적 호소력을 띠었음은 의문의 여지가 없다.

> 이탈리아에 해방자를 제공할 기회를…… 놓쳐서는 안 된다. 나는 외세의 침입이 밀어닥친 모든 지역들이 그에게 크나큰 애정과 더불어 복수를 향한 크나큰 갈증, 절대적 신뢰, 헌신과 감사의 눈물을 바칠 것임을 믿어 의심치 않는다. 누가 그에게 문을 닫아걸 것인가? 누가 그에게 복종하지 않을 것인가? 누가 그를 질시하여 적대할 것인가? 어떤 이탈리아인이 그에게 경의를 표하기를 거부할 것인가? 모두가 이 외세의 지배를 혐오하고 있다.[33]

북독일과 발트해 연안의 한자동맹(13~17세기)에는 수십 개의 상업 도시국가들이 포함되었다. 그들은 상업적 이익을 증진하고 북부 유럽의 무역을 효과적으로 독점하기 위해 동맹을 맺었다. 그러나 이 철저히 상업적인 동맹은 대놓고 독일계 도시국가들만을 가입시켰다. 심지어 그들이 외국의 도시와 국가에 설치한 상업 기지들도 그들 종족만의 폐쇄적인 월경지로 운영되었다. 하지만 이 막강한 도시국가 동맹도 결국에 가서는 스웨덴, 덴마크, 폴란드, 잉글랜드, 네덜란드 같은 신생 유럽 민족국가들에 맞서지 못했고, 이런 민족국가들의 부상은 한자동맹의 종말을 예고했다.

스위스 연방은 또다른 흥미로운 사례다. 이 연방은 14~15세기에 독일

알프스 지방의 농민 공동체들이 그들을 예속시키려는 독일 귀족들에 대항하여 이웃한 독일 도시국가들과 동맹을 맺으면서 수립되었다. 사회경제적 투쟁은 이렇게 독일어를 쓰는 독립된 정치체를 낳았고, 이 정치체는 결국 독립된 민족으로 진화했다. 연방이 확대되어 프랑스어와 이탈리아어를 쓰는 칸톤까지 포함하게 된 뒤에도 독일어권이 연방에서 우위를 점했고 이탈리아어권을 사실상 지배했다. 앞으로 보겠지만, 스위스가 세계에서 매우 드문 진정한 다종족 민족 중 하나로 발전하게 된 것은 19세기에 들어서였다.

요컨대, 도시국가들은 친족-문화 공동체였고 예외 없이 한 종족 공간을 공유하는 도시국가 클러스터에 속했으며, 이 두 가지 특성은 깊은 정치적 함의를 띠었다. 내부적으로, 도시국가 주민의 압도적 대다수는 같은 종족에 속했다. 외국인의 경우에는 흔히 그들의 시민적·법적 지위가 그들의 정체성에 영향을 끼쳤고 문화 변용 및 동화 과정이 정치적 통합을 촉진했다. 또한 외부적으로도, 유사한 종족의 도시국가들은 비록 서로 사납게 적대할 때도 많았지만 외부 세력과 맞설 때는 전형적으로 동맹이나 연맹을 결성하여 협력하는 경향을 띠었다. 물론 다른 중요한 요소들도 많이 작용했지만 종족 정체성과 연대는 결코 사소한 요소가 아니었다.

같은 종족 공간 내에 존재하는 정체성과 연대의 다양한 차원들 중에서 한 도시국가 공동체 자체의 정체성과 연대가 무엇보다도 월등하게 강했다는 데는 논란의 여지가 없다. 도시국가는 효율적인 정치 단위였으므로 도시국가 사이의 협력은 본질적으로 허약했다. 심지어 연합한 도시국가들도 대규모 국가와 제국을 상대로 끝까지 버틸 수 없었던 것은 도시국가의 작은 규모 때문이기도 했지만 바로 이 때문이기도 했다. 이런 이유로 인해 도시국가는 정치의 진화에서 특히 일시적인 현상이었다. 도시국가의 전성기 영광은 어느 지역의 도시국가도 수백 년 이상 존속하지 못했다는 사실을 은폐하는 경향이 있다.[34] 네덜란드 상업 도시들의 연합체인 네덜란드연합공화국은 예외였지만 이는 주로 수방벽 뒤에 은신할 수 있는 능력 덕택이었다. 산성으로 보호되는 스위스 연방 또한 존속에 성공했다. 하지만 이 과정에서 두 연방 자체는 점차 민족국가의 형태를 취하게 되었다.

2. 전근대 민족국가

도시국가는 정치체 형성의 한 경로였고 결국에는 국가와 제국으로 흡수되었다. 하지만 대규모 국가는 도시국가만큼이나 일찍이 등장했고, 부족과 족장사회, 농촌 소규모 정치체로 이루어진 환경에서 곧바로 발생하여 평행한 국가 형성 경로를 밟았다.[35] 앞에서 언급했듯이, 국가들은 친족-문화 속성을 공유하는 종족 공간에서 출현하는 경향이 있었다. 이런 공간의 존재는 그 영역의 통일을 크게 촉진했으며 국가의 존속과 정치에 깊고도 지속적인 영향을 끼쳤다.

앞에서 보았듯이 선국가 종족 공간은 흔했으며 이런 종족 공간은 특히 농경·목축민의 시원적 확산에 의해 만들어졌다. 확실히, 일단 존재하게 된 국가 주권은 그 영역의 종족을 크게 평준화시켰고 흔히 종족 융합과 다양한 종족 집단의 동화를 촉발했다. 종족이 국가를 형성한 것처럼 국가도 종족을 형성했다. 실제로 이는 종족의 중대한 정치적 의미 또한 증언한다. 그럼에도, 너무나 흔한 관점과는 반대로, 이미 존재하는 종족 공간에서의 국가 건설은 종족 건설보다 훨씬 더 쉬웠다. 대부분의 국가들은 같은 종족 주민을 토대로 건설되었고 그들의 정체성, 친밀감, 연대 의식에 의존했다. 그리고 특정한 다수 '슈타츠폴크'를 중심으로 형성되었다. 이런 국가들은 정확히 이 점에서 제국과 달랐다. 전자는 대체로 특정 인족에 한정되어 있었던 반면(물론 주로 그러했다는 것이고 순수한 하나의 인족이었던 적은 없지만), 후자는 핵심 종족 너머로 확장되어 더 큰 다종족 영역을 지배했다.

역사사회학자들은 전근대 국가를 '영토국가territorial state'로 지칭한다. 모든 국가는 영토를 지녔기 때문에 이는 부자연스러운 명칭이다. 물론 이는 도시국가나 여타 소국보다 규모가 크다는 뜻으로 붙인 이름이다. 사회학자들은 흔히 '왕조국가dynastic kingdom'라는 명칭을 써서 전근대 국가를 지칭한다. 이 명칭에는 이런 국가들이 오로지 국가 권력과 군주 정통성만으로 결합되었다는 암시가 들어 있다. 하지만 여기서 주장하듯이, 근대 국가뿐만 아니라 전근대 국가도 민족국가의 경향을 띠었다. 절대다수의 경우에 '영토국가'나 '왕조국가'는 사실상 종족/인족과 국가가 수렴되는 국민 군주국이었다. 나는 전근대 민족국가의 국민이 근대 민족국가의 국민처럼 긴밀히 통합되고 높은 수준으로 동원되었다고 주장하는 것이 전혀 아니다. 근대성은 변화를, 실로 거대한 변화를 일으켰다. 그럼에도 전근대 국가는 종족과 국가태 사이의 대체적 일치를 보여준 만큼—이는 전혀 우연이 아니라 친밀감, 연대감, 상호 협력이라는 종족적 유대가 낳은 결과였다—민족국가의 정의에 의거할 때 그들은 민족국가였다.[36] 비슷하게, 이러한 국가들이 의도적·비의도적으로 촉발한 종족 평준화 및 공동의 정체성 형성 과정은 민족 형성nation-building이라고밖에는 묘사할 수 없다.

3장에서 기술한 줄루 국가 건설과 민족 형성은 놀라운 동시에 전형적이다. 나는 그 세부 사정을 거듭 기술하는 대신에, 줄루 국가와 민족이 종족적으로 가깝고 응구니어를 쓰는 반투족을 기반으로 형성되었다는 점만을 다시 지적하겠다. 이들은 통일 국가 기구의 지배하에, 그다음에는 종교적 혼효, 여러 부족의 합동 군역, 공동의 정체성 형성을 수반한 문화적 융합 과정에 종속되었다. 이 모두는 19세기의 초·중반 75년 사이에 일어났지만 여기에는 근대적 요소가 없었다. 실제로 국가 건설과 민족 형성에 대한 인류학 문헌에서 줄루족 사례가 지니는 획기적 중요성은, 이 모든 과정이 문맹의, 도시 이전의, 철기 시대 사회에서 펼쳐졌다는 데 있다. 이곳은 이따금 방문하여 이 과정을 관찰하고 기록할 수 있었던 사람들을 빼고는 유럽인의 손길이 사실상 닿지 않았다. 대개 (그 자체가 국가의 산물인) 문해文解 이전에 일어난 원사 시대의 국가 형성이 그 본질상 어둠에 가려져 있기 때문에 줄루의 사례는 특히 많은 것을 알려준다. 그중에서도 이는, 적어도 엘리트들 사이에서는 문해가 민족 정체성 의식 형성의 필수 조건이라는, 심지어 전통주의자들도 공유하고 있는 시각이 틀렸음을 보여준다. 끝으로 이론적 관점에서, 줄루 사회는 국가 건설 및 민족 형성 과정이 유럽의 조건으로부터 상상할 수 있는 한 가장 멀리 떨어진 곳에서 이루어졌다는 점에서도 이점을 띠고 있다.

실제로 전근대 민족국가의 존재를 둘러싼 학술적 논쟁은 대체로 유럽의 중세 후기와 근세만을 중심으로 이루어져온 만큼, 이 절에서 우리는 유럽을 완전히 피하여 다른 지역과 다른 시대로 눈을 돌릴 것이다. 본 장의 서두에서 인용한 일부 학자들을 제외하면, 이들은 민족에 대한 연구에서 이상하게 무시되어왔다. 유럽의 전근대 민족국가에 대해서는 다음 장에서 따로 검토할 것이다.

고대 이집트: 최초의 국가이자 최초의 민족국가

전근대 민족국가에 대한 조사를 시작할 경우, 최초의 대규모 국가인 고대 이집트보다 더 알맞은 사례는 거의 없을 것이다. 이 점은 앤서니 스미스에 의해 같은 맥락에서 이미 조명된 바 있다. 기원전 3000년 전후의 고대 이집트는 수메르와 더불어 세계 최초의 문자 문명이었다. 하지만 정치적으로 여러 도시국가로 분열되어 있던 수메르와 달리 이집트는 아주 일찍부터—종족성을 공유한 하나의 뚜렷한 인족과 일치하는—통일국가로 등장했다. 국가와 인족, 그리고 양자 사이의 일치는 3천 년 가까이 지속되었다. 이집트는 고대 근동의 기준으로 볼 때 아주 큰 국가이자 인족이었던 만큼 주로 레반트의 몇몇 이웃나라를 상대로 제국적 패권을 행사했을 것이다. 그러나 이 제국이 고유의 뚜렷한 문화와 문명을 지닌 이집트 국가와 인족의 변두리에 불과하다는 데는 거의 의문의 여지가 없었다. 또 주기적으로 레반트, 리비아, 누비아(수단)에서 온 외래 침입자들이 이 나라를 장악했을 때도 이집트의 정체성에는 의문의 여지가 없었다. 나아가 고왕국, 중왕국, 신왕국 사이의 소위 '중간기'에 중앙 집권이 해체될 때마다, 이 나라의 종족적 통일성과 이런 통일성에 대한 뿌리 깊은 의식이 재통일을 촉진하곤 했다.

이집트의 통일 왕국은 처음부터 완전히 발달한 상태로 등장하지 않았다. 그것은 여러 소국으로부터 원사 시대의, 문자 이전의 과정을 거쳐 창조되고 통일되어야 했다. 이 과정은 전승과 고고학을 통해 어렴풋이만 전해온다.[37] 고고학 기록이 시사하는 바에 따르면, 기원전 제4천년기에 나일강 유역의 농경 부족/족장 사회들이 소규모 광역 정치체들로 결합된 것으로 보인다. 이집트학 전문가들은 후대 이집트의 행정 구역인 노모스nomos

가—영국과 유럽 대륙 상당 부분의 주 또는 지방 이름들처럼—이런 옛 소ﬁ정치체들의 초기 윤곽을 보존하고 있다고 믿곤 한다. 이어서 고고학은 남부의 상이집트와 북부의 삼각주 지대, 이렇게 두 문화권이 형성되었음을 밝혀냈다. 둘 중에 전자는 히에라콘폴리스의 성벽 도시를 중심지로 한, 더 중앙집권화되고 위계적인 국가였던 것으로 보인다. 이집트를 포함한 원사 시대의 모든 것이 부분적인 짐작이긴 하지만 고고학적 발견은 후대 이집 트 전승의 대체적 윤곽을 점점 더 확증해주고 있다. 이에 따르면 나일강 유 역은 상이집트의 왕들이 하이집트를 정복하면서 통일되었다.

나일강 수로 그리고 사막과 바다가 사방으로 제공하는 천연 방벽은 새 로운 통일을 촉진하고 유지해주었다. 이 나라의 막강한 귀족 통치자들은 굳건한 관료제와 성직자들의 도움을 받아 국가 건설과 민족 형성을 성공 리에 추구할 수 있었다. 스미스는 이 과정의 주된 개요를 훌륭하게 기술했 다.[38] 하지만 민족의 종족적 기원이 그의 가장 큰 주제였음에도 그는 다음 의 측면을 다루지 않고 넘어갔다. 통일 이전의 나일강 유역 주민들은 얼마 나 한 종족에 가까웠을까? 스미스가 이 점을 다루지 않은 데는 이유가 있 었던 것이, 이 질문에 대한 짧은 답변은 '모른다'이기 때문이다. 하지만 그 들이 한 종족이었다는 건 이치에 닿는다. 나일강 유역의 주민들은 신석기 시대의 농경 확대 과정에서 출현한 듯하며 같은 종류의 작물과 가축을 길 렀다. 서로 다른 방언들이, 특히 상이집트와 하이집트 사이에 존재한 건 확 실하지만, 이집트 문헌에서는 그 영토 내에 중요한 언어적·종족적 차이가 있었음을 드러내는 증거를 찾을 수 없다. 또 통일 이전의 차이가 그토록 빨리 흔적도 없이 해소되었을 가능성 역시 희박하다. 정부가 그런 차이를 드러내는 증거를 억누르는 데 심혈을 기울였을 수도 있다는 주장 또한 타 당하다. 그러나 여타 문자 문명에 대한 우리의 지식에 비추어 볼 때, 언어와 종족의 차이는 그것이 존재하는 곳에서는 눈에 잘 띄기 때문에 기록에 남기 마련이다. 실제로 이집트의 문자·시각 재현물들은 이집트인과 외국인의 차이를 전형적인 외모와 옷차림으로 묘사하며 극명하게 강조하고 있다.[39] 끝으로, 우리가 도시국가 문화와 관련하여 보았듯이 심지어 통일 국가가 부재할 때에도 큰 종족 공간들은 늘 존재했다. 또한 선국가 부족과 이웃한 문자 문명은 이런 종족 공간에 대한 광범위한 기록을 남겼는데, 유럽에서는 그리스-로마 북쪽 변경의 트라키아족, 일리리아족, 켈트족, 게르만족 등을 예로 들 수 있다. 따라서 통일 이전 나일강 유역의 주민들이 한 종족을 이룰 수 없었다거나 이루지 않았다고 볼 납득할 만한 이유는 없다.

이는 초기 파라오들이 이룩한 종족 평준화와 민족 형성을 폄하하는 것이 아니라, 단지 이를 올바른 맥락에 놓고 보려는 것이다. 종족성과 국가 행위는 서로 영향을 주고받는다. 통일과 더불어 과거 상이집트와 하이집트의 경계에 있던 멤피스에 새로운 수도가 건설되었다. 권력의 상징들—이전 왕국들의 칭호, 왕관, 왕조 상징—도 결합되었다. 옛 지방신들의 종교적 혼효가 상층부로부터 시작되어, 신성한 왕이 그 중심에 자리한 국가 종교가 창시되었다. 지역 방언들은 공식(상이집트) 국가 언어 아래 포섭되었다. 왕의 행정, 조세, 사법, 군사 체계가 도입되었다. 기념비적 국가 건물, 국가 예술, 국가 문해가 급속히 진화하여 방대한 국정을 기록하고 처리했다.

회의주의자들은 이집트가 민족국가였다는 상식적 진술에 대해 온갖 습관적 반박을 제기할 수 있다. 일례로 국가와 종교 당국이 선전한 엘리트 문화를 주민의 절대다수를 구성한 농민들이 정말로 공유했을까? 그들이 전제적이고 착취적인 국가와의 동질감을 실제로 느꼈을까? 여기서도 우리는 문맹 대중에 대한 사료가 거의 존재하지 않는다는 고질적인 문제에 부딪친다. 그렇지만, 앞의 질문에 대한 대답은 항상 단서가 붙어야 하며 어디까지나 정도의 문제로 보아야 함에도, 대체로 긍정적인 대답이 가능해 보인다. 이집트의 국가, 종교, 문명이 불가분하게 연결되어 있었으며 실제로 놀랄 만큼 서로 일치했다는 것은 널리 받아들여지는 통설이다. 모든 증거들은 이집트 대중이 다른 어떤 전근대인보다도 숭배와 의례에 몰두했으며 자신들의 전통을 소중히 여겼음을 보여주고 있다. 사람들의 정신세계를 형성한 숭배와 의례의 영구한 주기 속에서 사원과 그 성직자들이 전달한 강한 종교적·문화적·정치적 메시지는 심지어 가장 외딴 농촌 공동체까지 가닿았다. 이것은 베네딕트 앤더슨이 고려하지 못한 전근대의 '상상된 공동체' 만들기였다. 이집트의 국가, 종교, 문명은 모두 민족적이었다. 또 언제나 그렇듯 외세의 위협은 이를 더욱 뚜렷하게 만들었다.

물론 전제 국가인 이집트의 백성이 국가의 요구에 종속된 신민으로서 밖에는 공공 영역에 참여할 수 없었고 수동성에 길들여진 것도 사실이다. 농민들은 생존을 위한 고투 속에서 일상의 중노동에 시달리고 있었고, 자신의 마을 공동체가 주된 생활 영역이어서, 일상과 동떨어진 정치적 사건에 영향을 끼치고 싶어도 그럴 힘이 없었다. 하지만 민족 정체성은 전부 아니면 전무의 명제가 아니었다. 근대에 비해 느슨한 의미의 민족 정체성과 약한 대중 동원은, 정확히 말하면 강도만 덜할 뿐이지 유사한 애착이었다. 이집트 사람들은, 특히 이집트 정체성이 위협에 처했을 때는, 외국인은 엄연히 외국인이며 그들 역시 자신들을 똑같이 경원한다는 것을 아주 잘 알았다. 이집트 통치자들은 절박한 상황에서 민족주의적 메시지로 대중 정서에 호소하는 데 거리낌이 없었다. 그들이 이러한 호소의 잠재적 효과를 믿지 않았다면 그랬을 리 없다. 이런 상황은, 일례로 아시아계 셈족인 힉소스인—이집트어로 '외국에서 온 족장들'이라는 뜻—이 이집트 중앙 권력의 약화를 기화로 기원전 17세기 중반부터 16세기 중반까지 나일 삼각주를 포함한 이집트의 넓은 지역에 지배권을 확립했을 때 벌어졌다. 테베의 군주가 힉소스인과 남쪽의 침입자에 대항하여 봉기의 깃발을 올렸을 때, 그가 내세운 수사는 오해의 여지가 없이 명확했다.

> 한 군주가 아바리스에서, 또다른 군주가 에티오피아에서 다스리며, 나는 여기서 한 아시아인 그리고 한 흑인과 제휴하고 있다니! 이들이 나와 더불어 이집트를 한 조각씩 나눠 가지고 있다.…… 모두가 아시아인 우두머리에게 약탈당하는 지금은 아무도 평화롭게 쉴 수 없다. 나는 그들과 싸워서…… 이집트를 구하고 아시아인을 타도할 것이다.[40]

이 군주는 이방인을 몰아내고 신왕국에서 이집트의 통일과 독립과 영토 보전을 재확립하는 데 성공했다. 우리는 이 전쟁의 경과에 대해 거의 알지 못하지만, 확실히 그의 승리는 대중적이고 민족적인(달리 표현할 단어가 없다) 지지와 정당성에 호소하고 그것을 동원하는 능력과 무관하지 않았다. 백성의 입장에서 자신이 섬기는 전제 군주가 외국인인지 아니면 자국인인지 여부는 분명히 중요했다.

자국인에 의한 통치가 거의 중단 없이 2천 년간 지속된 뒤, 기원전 제1천년기 초반의 이집트는 리비아와 누비아의 침입자들에게 연달아 정복당했고 그 지도자들은 스스로 파라오가 되었다. 그후로 이 나라는 아시리아와 페르시아 제국에 정복, 병탄되면서 독립을 완전히 상실했다. 알렉산드로스의 동방 정복 이후 이집트는 프톨레마이오스 왕조가 지배하는 헬레니즘 왕국의 중심지가 되었다. 주목할 것은, 이방인 지배자들이 조심스럽게도 스스로를 파라오처럼 꾸미고 이집트 전통, 종교, 문명의 수호자 구실을 자임했다는 점이다. 이는 주로 이집트 엘리트, 특히 막강한 종교 기득권층을 회유하고 끌어들이기 위한 것이었다. 그러나 나중에 보겠지만, 대중 봉기에 대한 두려움도 그 못지않게 컸다. 이집트 민족의 고유한 정체성 의식―한 인족과 한 문화의 일치, 그리고 그 정치적 함의―은 이집트 자국민에 의한 국가 통치가 불가능해진 이후에도 여전히 존속했다. 이는 기독교에 의해 한 차례 변화를 겪었고, 결국에는 이슬람과 아랍어를 받아들이면서 급변했다.

고대 근동의 초기 민족국가들

고대 근동에서 우리가 다음으로 주목할 지역은 이집트와 경계를 맞대고 있는 레반트다. 앞에서 보았듯이 기원전 제3천년기와 제2천년기에 이곳은 도시국가들이 지배하고 있었다. 하지만 기원전 제1천년기 전반에 이 지역이 겪은 과정의 중요성은 그로즈비에 의해 잘 조명된 바 있다.[41] 오늘날의 시리아에 해당하는 레반트 북부는 아람인 지역 정치체들의 보금자리였다. 그리스인이 그랬듯이, 아람인도 언어, 만신전, 경전, 문화 일반을 공유함은 물론, 친족과 정체성을 공유한다는 의식을 지닌 한 종족이었지만 정치적으로 분열되어 있었다. 아람 국가들은 떠오르는 아시리아의 위협에 맞서 협력했지만 결국에는 그들에게 굴복했다. 레반트 남부에서도 상황이 엇비슷하게 전개되었지만 한 가지 중대한 요소가 달랐다. 이곳에 출현한 국가의 인족들―이스라엘인, 암몬인, 모압인, 에돔인―은 서로 아주 가까워서 상호 의사소통이 가능한 방언을 썼지만(현대 히브리어 사용자인 나는 여전히 별다른 훈련 없이도 이들 방언을 이해할 수 있다), 그럼에도 그들은 각각 고유의 문화, 정체성 의식, 국가를 지닌 별개의 인족들로 발달했던 것이다. 히브리 성서는 (모든 인류의 계보 중 일부로서) 그들 사이의 허구적인 친족 계보를

134

제시하고 있지만 그들이 별개의 인족이라는 인식을 공유한다.

이 인족들의 초기 진화는 원사 시대의 안개에 덮여 있어서, 다양한 국가들이 등장하기 전에 어떤 실재가 선행했는지, 무엇이 그들을 별개의 경로로 이끌었는지, 나아가 일단 국가들이 생겨난 뒤에 각 국가들의 활동에 의해 무엇이 생겨났는지는 알기 힘들다.[42] 관련 인족들 간의 문화와 정체성 의식의 차이는 주로 종교를 기반으로 했고, 그중 일부는 국가 시대 이전부터 발달했다. 이스라엘 부족들은 국가 시대 이전에 여호와 숭배와 실로의 여호와 성전을 중심으로 한 인보-군사 동맹에 다양하게 참여했다. 모압의 그모스 숭배, 에돔의 코스 숭배, 암몬의 밀곰(가나안 만신전의 몰레크) 숭배에서도 같은 일이 일어났다는 증거는 거의 없다. 이 인족들 사이에 서로 크게 겹치는 신들에 대한 다양한 숭배가 존재한 것은 명백하다. 또 새로 등장한 국가들 모두가 주요 민족신을 중심으로 국가 종교를 제도화하려는 의식적 노력을 기울인 것도 확실하다. 여기서도, 기존의 종족적 차이가 이 소규모 민족국가들의 성장에 기여했으며 다시 국가의 성장에 의해 이런 차이가 더더욱 공고해진 것으로 보인다.

고대 이스라엘이 전근대 민족의 한 예였다는 생각은, 고대 이스라엘이 특별한 예는 아닐지언정 희귀한 예라고 믿는 (근대주의의 아버지인 한스 콘을 비롯한) 이들 사이에서도 통용되었다.[43] 심지어는 이 모델이 (성서를 통해 투영되어) 근세 유럽 민족의식을 불붙이는 데 결정적 역할을 수행했다는 주장도 제기되었다(물론 이스라엘 인족과 민족이 매우 강한 특색을 띤 건 의문의 여지가 없지만, 나는 이 주장이 너무 과장되었다고 본다).[44] 고대 이스라엘을 연구하는 학자들은 이스라엘 국가 형성이 언제 일어났는가, 어떤 형태를 취했는가, 이스라엘인이라는 관념이 언제, 얼마나 깊고 넓게 뿌리내렸는가 하는 질문을 놓고 치열하게 논쟁해왔다. 기원전 10세기 다윗과 솔로몬 치하의 통일 왕국이 존재했는가에 대한 논쟁도 있다. 이스라엘과 유다라는 두 독립된 왕국이 기원전 9세기부터 8세기 후반까지 존재했는데, 그때 북부의 더 강한 왕국인 이스라엘이 아시리아에 의해 멸망했다. 나중에 히브리 성서로 통합되는 가장 주요한 역사서들은 기원전 7세기에 집필된 것으로 추정된다. 이런 역사서는 통일된 민족사와 신과 특별한 관계를 맺은 통일된 이스라엘인의 전망에서 영감을 얻어 집필되었다. 또 이런 역사서 집필은 이스라엘에서 온 난민들과 자국민을 하나로 융합시켜 이들에게 아시리아의 멍에에서 벗어나기 위한 투쟁을 준비시키려는 유다 왕들의 노력의 일환으로 진행되었다. 이런 맥락에서 왕조의 프로파간다와 고대 신화, 구비 전승, 역사를 따로 분리해내기란 힘들다.[45]

그럼에도, 이 과정의 연대를 바빌론 유수 및 귀환 이전으로 보든 이후로 보든 간에, 유대인이 한 민족이라는 자아 정체성 의식이 매우 강하고 깊이 스며들게 되었다는 사실은 부인되지 않으며 부인할 수도 없다. 고대 유대인의 사례는 여기에 어쩌면 근대적 속성을 부여하는 드문 요소를 지니고 있다. 일례로 민족-역사적 서사시인 토라Torah는 종교 경전이기도 한데, 신도들이 이를 정규 예배에서 일 년 내내 낭송함으로써 대중적으로 널리 체득되었다. 토라를 습득하기 위해, 유대인은 일반적인 전근대 사회에 비해 훨씬 높은 문해율을 달성해야 했다. 그리고 문맹자들도 구두 낭송에 속속들이 노출되었다. 히브리 성서는 인류를 으레 족속(암am, 고이goi)들로 분류하며 그들을 "세상의 모든 족속"이라는 친족적 관점에서 본다. 일부 학자들은 이것이 성서의 이스라엘 인족과 민족 개념으로부터 특수하게 파생되고 투영된 것이라고 믿는다. 하지만 이러한 관점이 성서 특유의 것이라고 여겨야 할 이유는 없다. 이스라엘 주변의 암몬, 모압, 에돔 또한 소규모 민족국가들이 구체화된 사례로, 국가와 종족 혹은 인족태의 일치를 보여주었다. 이 모든 소규모 민족국가들은 이후 아시리아 제국과 그 계승자들에 의해 정복, 흡수된다. 한 인족이자 한 민족으로서의 유대 정체성이 띤 유난히 강한 특징은 일신교적 국가 종교와 문자 문화에 뿌리를 두고 있으며, 정치적 자치의 상실과 수천 년에 걸친 디아스포라에도 불구하고 유대 정체성이 어떻게 해서 독특하게 존속해왔는지를 설명해줄 수 있을 따름이다.

토착민의 봉기를 영구히 분쇄하기 위해, 아시리아와 그 뒤를 이은 바빌로니아는 전 영토에서 대규모 추방 정책을 시행했다.[46] 그들은 저항 거점이었던 요새 도시의 엘리트와 주민들에게 특별한 주의를 기울였다. 이런 곳의 사람들은 저항을 분쇄한 뒤에 일제히 잡아들이기도 더 쉬웠다. 하지만 주민 전체를 그들의 고향에서 뿌리째 뽑아 제국의 다른 곳으로 강제 이주시키기도 했다. 자신이 나고 자란 땅에 거주하는 종족정치 공동체의 자생적 저항이 끈질기고 실제로 많은 주민을 포괄했다는 사실이 없었다면, 확실히 그들은 이런 엄청난 수고를 감당하지 않았을 것이다.

민족국가의 등장은 고대 근동의 좀더 동쪽과 북쪽에서도 일어났다. 바빌로니아와 아시리아 자체는 물론이고 엘람, 메디아-페르시아, 어쩌면 우라르투(아라랏), 리디아는 그중 주요 사례다. 일례로 오늘날의 이란 남서부에 위치했고 거의 수메르 문명만큼이나 오래된 엘람은 사료의 결핍 때문에 덜 알려져 있다. 그럼에도 이는 기원전 제3천년기의 선사 시대부터 다른 어떤 언어와도 무관한 고유의 언어와 문자(나중에는 아카드어로 대체된다)를 지닌 뚜렷한 문화로서 출현했다. 엘람에서는 왕조들이 흥망을 거듭했지만, 이 나라의 내부 구성과 경계의 변동에 대한 정확한 정보는 거의 없다. 그럼에도, 기원전 제3천년기의 어느 시점부터 7세기까지의 대부분—거의 2천 년에 가까운—기간에 엘람이 국가와 문화가 수렴되는 통일된 영토를 유지했다는 건 아주 분명해 보인다.[47] 이 기간은 이집트 국가가 유지된 기

간보다 그리 짧지 않다. 게다가 엘람은 이집트처럼 지리적으로 고립되기는
커녕 사방이 노출되고 불안정한 지역에 자리잡고 있었다. 분명 유대감을
형성하는 어떤 강하고 탄력 있는 요소가 엘람을 이토록 오랜 기간의 부단
한 역사적 격변 와중에도 하나로 묶어주었을 것이다.

메소포타미아는 이보다 더 심하게 노출되어 있었고, 그 민족국가 형성
의 단초는 더 취약하고 더 불확실했다. 아카드의 멸망 이후 우르 제3왕조
는 수메르 문화를 부흥시키고 '땅'을 통일했다(기원전 21~20세기). 메소포타
미아 남부의 도시국가 체제를 대체한 중앙 국가 권력은 국가와 문화가 수
렴되는 권역을 창출했다. (근대주의 가설의 영향을 받지 않은 게 명백한) 당대의
한 선도적 역사학자가 썼듯이, "우르 제3왕조는…… 새로운 통치 개념—
최초의 관료제 민족국가—을 확립한 공로를 인정받아야 한다."**48** 이 국가
건설과 민족 형성 과정은 엘람에 패하면서 갑자기 중단되었다. 하지만 기
원전 17세기에 메소포타미아는 바빌론의 함무라비에 의해 다시금 통일되
었다. 이 왕국은 그다음 세기에 히타이트의 침입으로 멸망했다. 그럼에도
이 영역은 이후로도 바빌로니아라는 이름으로 단일한 언어권과 문화권을
유지했고 이는 거듭된 통일을 촉진했다. 바빌로니아가 자그로스산맥에서
온 외래 부족 카시트에 의해 통일되어 단일한 나라-국가country-state가 되면
서 이곳의 도시국가들은 자율성을 영구히 상실했다(기원전 16~12세기).**49**
이 나라는 다시금 엘람에 의해 멸망했지만, 바빌로니아는 얼마 안 있어 자
국인 왕에 의해 재통일되었다. 그들의 권력 성쇠는 아시리아 제국의 발흥
으로 종말을 맞았다.

기원전 제2천년기에 메소포타미아 북부에서 도시국가 아슈르로부터
초기 민족국가로 발전한 아시리아는, 기원전 8~7세기에는 고대 근동 전역
의 다른 민족국가들을 비롯한 모든 정치체들을 집어삼키며 거대 제국으

로 확장되었다. 새로운 시대를 연 아시리아는 이후로 20세기까지 수천 년 간 서남아시아에서 줄줄이 이어진 제국들의 원형이 되었다. 아시리아는 다시 바빌로니아로, 그다음에는 페르시아로 대체되었는데, 둘 다 민족국가로 시작해서 성장한 제국이었다. 이렇게 서남아시아에서 민족국가의 존재와 증식은 제국 확장에 의해—외세가 각 지역의 독립을 짓밟으면서, 혹은 민족국가 스스로 확장하여 다른 민족국가들을 지배하면서—차단되었다. 국가와 민족에 대한 문헌에서 제국들이 이 지역과 동일시된 것은 이러한 이유 때문이었다. 이 과정에 대한 더이상의 논의는 제국을 다루는 본 장의 뒷부분으로 미룬다. 여기서는 대륙을 건너 또다른 초기 문명의 요람인 동아시아로 옮겨간다.

중국: 가장 크고 가장 오래 지속된 고대 인족과 국가

중국은 세계에서 가장 오래된 문명이자 국가 중 하나이며, 탄생 이후로 사실상 중단 없는 문화적·정치적 연속체를 유지해왔다는 점에서 독보적이다. 또한 중국은 수천 년간 지속적으로 세계에서 가장 인구가 많았던 문명이자 국가이기도 하다. 나아가 중국은 동아시아 전역에서 그 이웃나라들의 발전에 심대한 영향을 끼쳤다. 따라서 전근대 중국을 민족국가로 보아야 하는가에 대한 질문은 민족을 둘러싼 논쟁의 중심이 되어야 했다. 그럼에도 이 질문은 유럽을 중심으로 한 논쟁의 변두리에서 미미한 관심만 받았을 뿐이다. 이런 주변화의 책임이 비단 근대주의 계율에만 있는 것은 아니다. 중국인들 자신도 여기에 기여했다. 19세기 말과 20세기 초에 중국은 서양 열강과 일본에 지배당하며 쓰라린 수모를 겪었다. 중국의 지식인, 애국자, 정치 지도자들은 이 열강들이 산업-기술적 우위와 더불어 중국에서는 찾아볼 수 없는 수준의 민족적 단결과 열의를 보여준다는 것을 뼈저리게 느꼈다. 그들은 중국이 살아남으려면 근대식 민족주의의 창출이 급선무라고 보았다. 근대적 민족이 아니면 민족은 없다는 이분법적 시각이 중국에 대한 담론에 뿌리내렸다. 이미 강조했듯이, 근대의 민족태는 의문의 여지 없이 크게 변화했고 전근대의 민족 형태에 비해 훨씬 더 발전했다. 하지만 중국 국가와 문화의 일치—다른 말로 하자면 민족태—가 정체성, 친밀감, 연대감의 관점에서 무의미했을까? 이것이 이 나라 특유의 수천 년에 걸친 문화적·정치적 연속성과 무관했을까? 이런 생각은 확실히 괴상하게 들리지만 무척 만연해 있다. 다행히도, 중국 민족을 보는 순전히 근대적인 개념에 대한 반발이 학자들 사이에서 힘을 얻고 있다.[50]

전근대 중국이 민족이 아니라 '문명'이었다는 주장은 널리 제시되어왔다. 하지만 고대 이집트의 경우에 그랬듯이 이 주장 역시 질문을 회피할 뿐이다. 문명이란 다양한 민족 문화, 독립된 인족들, 독립된 국가들을 포괄하는 좀더 넓은 문화적 틀을 의미한다. 서양, 무슬림, 힌두 문명은 이런 다양한 문화 단위의 사례 중 일부다. 하지만 위의 문명들과 달리, 중국 문명은 통일된 중국 국가 및 중국 인족과 근본적으로 일치했다. 물론 거의 모든 민족국가가 그렇듯 중국 국내에도 소수민족들이 존재했다. 또 중국은 정치적으로 분열된 시기들을 경험했다. 중국 문명은 동아시아 전역의 비중국인들 사이에서 엄청난 위신과 영향력을 누렸다. 그러나 그 무엇도 중국이 수천 년간 문화-정치적으로 놀라운 통일성을 유지해온 사실을 바꿀 수는 없다.

물론 중국에는 크나큰 언어적 다양성이 존재하는 게 사실이다. 중국 문명은 북부의 황하 유역에서 출현했다. 신석기 시대의 농경 확대가 이루어진 이 권역은 기원전 제2천년기 중국 최초의 왕조들에 의해 통일되었다.

그들은 한자를 도입했고 북방어의 먼 조상인 그들의 언어는 북부 전역을 포괄하며 남쪽으로 확대되고 있었다. 기원전 제1천년기에는 남부의 양쯔 강 분지가 문화적·정치적으로 북부에 흡수되었다. 중국의 정치적 지배는 토착 주민의 철저한 중국화뿐만 아니라 북부로부터의(주로 현지 여성과 결혼하여 정착한 남성 이주민의) 대규모 식민을 동반했다. 이 점은 역사적·유전적 증거로도 입증된다.[51] 이 과정에서 남부로 전파된 언어는 몇몇 자매 언어로 분화되었다. 하지만 이 분화의 중요성을 과장해서는 안 된다. 오늘날 중국인의 70퍼센트 이상은 모어가 북방어 방언이고 기타 여섯 개 중국어가 약 20퍼센트를 이루고 있다. 근대 국가 교육의 평준화 노력에도 불구하고 이 비율은 아마 과거의 현실로부터 크게 달라지지 않았을 것이다. 이들 모두—중국 종족—를 일컬어, 통일 중국을 최초로 장기간 지배한 왕조의 이름을 따서 흔히 한족이라고 한다. 실제로 중국어를 모어로 받아들이지 않은 것은 남부와 북동부의 벽지에서 명맥을 이어온 (다 합쳐서 인구의 7퍼센트를 차지하는) 55개 소수 종족과 민족의 전형적 특징 중 하나다. 또한 마지막으로 언급하지만 중요한 사실 하나는 중국의 상형·표의 문자가 방언과 언어의 차이를 초월한다는 것이다.

문자 문화, 대중 교육, 보편 군역이 근대적 민족 정체성을 빚어낸 도구로 간주된다는 건 유명하다. 그러나 인류의 5분의 1—중국의 인구는 항상 이 정도 비중을 유지했다—에게는 이 모두가 근대 이전에도 상당 부분 존재했다. 당나라(618~907) 때 이래로 중국을 독특하게 지배한 것은 문해력을 갖춘 유교 관료 집단, 북방어, 그리고 모든 지방에서 치러지며 모든 계층의 후보자가 응시할 수 있는 시험을 통해 치열한 경쟁을 거쳐 관료를 선발하는 능력주의였다. 중앙 정부는 백성들에게 시험을 준비시키기 위해 도시와 마을에 학교를 세웠다. 비록 극소수만이 이런 학교에 입학할 수 있었지만, 나라의 가장 외딴 벽지까지 침투하여 학교를 세운 것과 그 균일한 문화적·정치적 메시지의 중요성은 어렵지 않게 이해할 수 있다. 나아가 중앙 정부는, 전국적 중요성을 띤 포고문을 모든 마을에서 정기적으로 열리는 공공 집회 때 의무적으로 낭독하도록 규정했다. 따라서, 비록 지방 농민들이 제국 지배층에 대한 수동적 복종에 길들여지기는 했어도, 그들은 멀리서 일어난 사건에 전연 무지하지 않았고 자기가 사는 지방을 초월한 민족 문화로부터 완전히 단절되어 있지도 않았다. '고급' 문화와 '하급' 문화는 확실히 존재했지만 그 둘의 접점은 겔너가 주장하는 것보다 훨씬 더 컸다. 중국의 민족태를 연구하는 한 선도적 역사학자의 말을 빌리면,

> 근대 사회를 정치적 자의식을 창출할 수 있는 유일한 사회 형태로 특권화함으로써, 겔너와 앤더슨은 민족 정체성을 근대 특유의 의식 형태로만 간주하고 있다.…… 근대와 전근대의 양극성을 이처럼 강하게 주장하는 진술은 실증적 기록으로 뒷받침되지 않는다.[52]

중국처럼 복잡한 문명의 긴 역사는, 고립된 공동체들이라든가 수직으로 분리되었지만 (수평적으로는) 통일되어 있는 문인 지배층의 도식에 잘 맞아떨어지지 않는다. 무역, 순례, 이주, 체류의 복잡한 연결망에 대한 많은 연구들은 촌락들이 더 넓은 공동체 및 정치 구조와 연결되어 있었음을 보여준다.…… 공동 운명체라는 상상과 동시성 개념을 가능케 해준 매개체로서 인쇄 자본주의만을 배타적으로 강조하는 것은 문어와 구어 사이의 복잡한 관계를 무시하는 처사다. 농업 문명에서 이 둘의 상호 관계는 문화 전반에 걸친 의사소통의 지극히 풍부하고 미묘한 맥락을 제공한다.[53]

중국을 연구하는 또다른 주도적 학자도 비슷한 견해를 표명했다.

> 중국이 이룩한 놀라운 통일성을 설명하려는 예전의 시도들은 (어쩌면 불가피하게도) 초엘리트 학자-관료에 초점을 맞추었다.…… 하지만 통일된 문화의 건설에 참여한…… 일반 백성들, 즉 농민, 장인, 장사꾼, 산파, 길쌈꾼, 인부 등의 역할을 고려해야 한다.…… 이런 관점에서 볼 때 농민은 혹자의 주장처럼 "이념적으로 손쉽게 빚어낼 수 있는 재료"가 아니다. 그들은 우리가 중국 문화라고 부르는 공연의 주역이다.[54]

두 학자는 국가에 의해 면밀히 통제된 범중국적 대중 신화와 의례의 역할을 조명하며 이를 전근대 중국 민족 정체성의 강력한 구성 요소로 지목했다.

'고급' 문화와 '하급' 문화 사이 접점의 한 예는 황제의 이미지다. 중국의 국가 이념인 유교는 황제를―엄하면서도 자애로운―최고 가부장의 자리에 앉혔다. 백성은 황제에게 복종할 뿐 아니라 헌신과 애정을 바쳐야 했다. 하지만 이런 이미지가 부자연스럽거나 백성들의 공감 없이 일방적으로 주입된 것은 아니다. 이런 이미지는 다른 대규모의 전제적 민족국가(이를테면 차르의 러시아)에서도 일반적이었지만, 다종족 제국에서는 드물었다.

한나라 치하로 통일된 중국은 23세의 모든 남성에 대한 보편 징집을 도입했다. 징집된 사람은 자기가 사는 지방에서 1년간 훈련을 받고 그다음 1년은 주둔지나 국경 지대나 수군으로 가서 복무했다. 제대한 뒤에는 65세(나중에는 56세로 낮추었다)까지 8개월에 한 번씩 소집 훈련을 받았다.[55] 19세기 이전까지 중국은 주요 열강 중에서 이런 포괄적 징집 및 예비군 훈련 체제를 시행한 유일한 나라였다. 그리고 근대적 보편 징집 군대가 수행하는 '국민의 학교school of the nation' 기능의 적어도 일부는 이 사례에도 확실히 적용되었다. 자기가 사는 지방에서 멀리 떨어진 곳으로 이동하여 복무함으로써 얻게 되는 광범위한 민족적 관점, 다른 지방에서 온 전우들과의 접촉과 우애, 황제와 국가에 대한 봉사 정신의 주입 등이다. 긴 분열의 시대 끝에 기원전 221년 중국을 통일한 진나라는 가혹한 전제 국가였고 그 뒤를 이은 한나라는 좀더 온건하고 계몽적이었지만, 두 나라 모두 소규모 자작농을 국가의 경제적·군사적 대들보로 여겨 보호했다. 후한대에 들어 대토지 축적이 소농의 몰락을 초래했고 이는 다시 징집군-민병군의 쇠퇴에 기여했다. 이러한 군대가 다시 수립된 것은 중국의 둘째 황금기인 수나라와 당나라 때였다.[56]

중국을 민족이 아닌 문명으로 보는 이분법적 시각은 다른 방식으로도 전체상을 교란시킨다. 이방의 '타자'가 존재하여 가까운 종족 집단 내의 차이보다 유사성이 더 조명될 때 비로소 종족과 민족에 대한 소속감이 구체화, 가시화된다는 것은 널리 받아들여지는 진부한 통념이다. 그래서 정체성을 위협받지 않아 자신감에 찬 패권 인족은 흔히 민족적 자의식을 거의 드러내지 않는 것처럼 보인다. 그들의 집단적 정체성과 자부심은 그들 자신에게 투명하고 당연한 것으로 받아들여지는 경향이 있다. 일례로 영국의 전성기인 19세기의 대부분과 20세기 초반의 영국인들, 특히 영국의 작가들에게는 민족주의가 부재한다고 여겨졌다. 다른 국가 체제들과 달리 중국 국가는 동아시아의 농경 지대를 거의 독점했다. 그들의 인족과 국가를 일컫는 뚜렷한 명칭이 너무나 보편적으로 거의 부재했다는 건 유명한 사실이다. 한나라 같은 일반적인 국명은 거의 쓰이지 않았다. 영어로는 '차이나'라고 부르지만 그 국민들에게는 세상의 중심에 있는 왕국이라는 뜻의 '중국中國'이었다. 중국에는 대적할 세력이 없었고 그 황제는 명목상 '천하天下'를 다스렸다. 중국의 작은 이웃나라들은 흔히 미천한 종속국 또는 위성국이거나 어쨌든 그렇게 간주되었다. 중국은 보편적 문명을 의미했고, (자신 있고 도전받지 않는) 중국인의 정체성이란 본질적으로 인류 그 자체를 뜻했다.

하지만 인류 전체는 아니었다. 심지어 제국 통일 이전에도 야만 부족들이 사방에서 중국을 괴롭히고 위협했다. 일찍이 기원전 제1천년기에도 중국의 저자들은 중국인의 우월성과 외국인의 야만성을 늘 대비했다. 학자들은 이런 저자들 중 일부가 외국인을 다른 인종은커녕 인간에도 거의 못 미치는 '생물학적' 존재로 취급했다는 사실을 지적했다. 어떤 저자들은 이 차이가 근본적으로 문화적인 것이므로 오랑캐도 중국 문명에 동화되면 이를 극복할 수 있다고 보았다.[57] 어떤 방식이든, 두 관점 모두 문화와 친족 의식이 다양한 정도로 상호 작용하는 우리의 종족성 개념에 부합된다. 앞에서 보았듯이, 중국 그 자체의 상당 부분은 비중국인이 중국화되는 문화적 동화 과정에서 창조되었다.

풍부하고 다양한 사료에 근거한 한 헌신적 연구는, 심지어 중국의 자신감과 패권이 최고조에 달한 당나라 때에도 중국인이 자신들과 비중국인의 종족적 차이를―인종적으로나 문화적으로나―강하게 의식했음을 보여주었다. 이 연구의 저자는 "지극히 협소한 근거에 기반한, 정치화되거나 시대착오적인 이론, 암묵적이거나 입증된 바 없는 전제, 중국사에서 종족성의 역할을 분리하거나 단순화하는 경향"에 대해 실망을 표한다.[58] 그리고 중국 정체성은 중국의 힘이 절정에 달했을 때도 엄연히 존재했지만, 그 힘이 쇠퇴하면서 외세의 도전이 날로 거세지자 더더욱 극명히 드러났다. 중국으로서는 북쪽의 스텝 지대에서 말 타고 활 쏘는 인족들의 위협에 맞설 효과적인 대비책이 없었다. 말기의 이집트가 그랬듯이, 중국도 기원후 906년 당이 멸망한 이후로 역사의 대부분을 이민족의 지배하에서 보내게 된다.

특히 만주에서 온 민족들은 중국이나 그 북부 지역을 여러 차례 장악하여, 선비족 탁발부의 북위(기원후 386~556), 거란족의 요와 여진족의 금(기원후 907~1234), 만주족의 청(기원후 1616~1912)을 통해 잇따라 지배를 확립했다. 북위, 요, 금, 청은 이 이민족 정복자들이 취한 중국식 왕조 명칭이다. 1211년 칭기스칸 치하에서 시작되어 그의 손자인 쿠빌라이의 치세에 완료된 몽골의 정복은 원이라는 중국식 왕조 이름을 취하여 1368년까지 이어졌다. 중국을 정복한 모든 만주인과 몽골인은 자신과 피정복민의 차이에 대해서도 비슷한 양가감정을 드러냈다. 한편으로 그들은 자기 고유의 정체성과 문화를 보존하고자 노력했다. 그것이 자기 것이기 때문이기도 했지만, 중국에 대한 그들의 우위와 지배가 기마 목축민으로서의 독특한 문화와 전사 계층으로서의 지위 덕분이었기 때문이다. 다른 한편으로, 정복민들이 중국식 왕조 명칭을 택한 것은 공적 정당성을 획득하기 위해 문화적으로 중국인처럼 보이려고 기울인 많은 노력 중 한 측면에 불과했다.[59] 이집트에서와 마찬가지로, 그들이 기울인 노력은 이것이 굉장히 중요한 요소였음을 시사한다. 나아가 정복민들은 시간이 지날수록 중국 문화에 저항할 수 없이 이끌리고 동화되었다. 그럼에도 많은 중국인에게 그들은 여전히 이방인 정복자였고 그래서 못마땅한 존재였다. 이 점을 드러내는 정치적 표현들은 아주 많았다.

일례로 학자들은 송나라(969~1279) 때에 중국의 애국적 민족주의가 일어난 사실을 지적했다. 송나라는 화북 지방을 여진족에게 빼앗겼지만 남부에서 명맥을 유지할 수 있었다.[60] 무엇보다 주목할 것은, 여진족에게 저항하기 위한 민간인 부대인 '충의사忠義社'와 '민병'이, 중앙 정부가 그들의 반항을 우려해 불신했음에도 불구하고 각 지방에서 자발적으로 일어났다는 점이다. 그래서 일례로 "산동성 양산박의 장영이라는 어부는 배로 무장한 200~300명을 규합하여 '금나라를 줄기차게 공격했다'". 한 장군이 조정에 올린 보고대로 "충의사는 이 지역 곳곳에 여러 해 전부터 존재했다."[61] 오늘날의 연구에 따르면, 사료에는 "민병의 용맹함에 대한 이야기, 이런 군대가 정규군보다 우수함을 인정하는 관리들의 말이 무수히 실려 있다.…… 송나라의 대다수 중국인들 사이에서는 금에 대한 증오가 그들 내부의 온갖 사회적 긴장을 무색케 만들었다고 말해야 공정할 것이다.…… 종족 모순이 계급 모순을 압도했다."[62] 실제로, "방랍의 난에 대한 문헌은 (조정이 극도로 불신한) 반란군의 '충성심'이 더이상 지배자나 왕조에 대한 충성이 아니라 국가에 대한 직접적 충성으로 해석되었음을 시사한다". "1120~1122년 방랍이 동료들 앞에서 했다는 연설 중 하나에는 송나라가 야만국에 바치는 공물에 대한 격한 불만이 드러나 있다."[63] 대중의 목소리를 문헌에서 접할 수 있는 이런 드문 사례를 비롯한 현실의 정치 행동들은, 애국적-민족적 대의를 향한 대중의 헌신이 지배층과 엘리트의 좀더 계산적인 태도보다 더 강하고 진심에서 우러난 경우가 많았음을 예상대로 확증해준다. 게다가, 전근대사에서 농민 봉기가 흔하기는 했지만 외세 통치에 대항한 대중(혹은 대중의 지지를 업은) 봉기도 흔했다. 두 가지 동기—사회경제적 동기와 종족민족적 동기—가 흔히 서로를 강화하긴 했지만, 반란자들이 구사한 수사를 통해 충분히 알 수 있듯이 그 둘을 하나로 합칠 이유는 없다.

이후 여진과 송은 둘 다 몽골의 정복으로 무너졌다. 하지만 몽골 자신도 결국에는 한족에 의해 쫓겨났다. 거듭된 기근이 원나라 쇠퇴기의 대중

소요와 혼란을 촉발하긴 했지만, 이를 최대한 활용한 것은 민족주의를 전면에 내세운 반란군 수장 주원장이었다. 빈농 출신인 그는 원에 대항하여 일어난 무장 반군 중 하나의 우두머리가 되었다. 유교의 수호자라는 망토를 두른 그는 민족적 지배력을 행사할 수 있는 지위에 올랐다. 여기서도, (심지어 외세가 세운 왕조라 해도) 왕조의 정당성이 신성한 원리였던 나라와 그 시대에, 지배자가 현지 문화와 관습을 침해한 탓에 그 권한을 상실했다는 주장은 민족주의 봉기의 외침을 규범적으로 표명하는 방식이었다. 기타 반군 세력과 원을 굴복시킨 주원장은 1368년 스스로 황제의 자리에 올랐다. 그는 한족만을 관리에 등용하고 한족의 관습과 관례를 복원하며 몽골과 이방의 것을 모조리 일소하는 데 특별한 주의를 기울였다. 그가 세운 새 왕조인 명나라는, 특히 팽창 위주의 민족주의적 대외 정책으로 표현되는 중국의 새로운 황금시대를 열었다.

명나라는 중국을 지배한 마지막 한족 왕조였는데, 결국 또다른 만주족이 중국을 장악한 1644년에 막을 내렸다. 만주족의 정복 왕조인 청나라는 전통적 중국 관료제를 통해 철권으로 통치했다. 하지만 1720~1730년대의—그 자체로는 중요치 않은 사건인—민족주의 반란 기도 이야기는 여러 면에서 시사적이다. 그 주모자인 증정曾靜은 봉기를 계획한 편지에서 선대 중국 작가들, 특히 명/청 교체기에 이방인을 짐승으로 보는 시각을 부활시킨 왕부지王夫之(1619~1692)의 사상에 의존하여, "오랑캐는 우리와 달리 금수에 가까운 종이다. 이 땅에 머물러야 하는 건 중국인이고, 쫓겨나야 하는 건 오랑캐"라고 썼다.**64** 이 모의는 발각되었고 증정은 체포되었다. 그러나 만주족 황제인 옹정제는 그를 처형하지 않기로 한다. 상당히 기이하고도 상세히 기록된 일화에서, 그는 이 모반자의 주장에 대한 답변을 작성했고 이후로도 그와 서신을 주고받았다. 이로써 모반자는 자신의 오류를 깨달았고, 만주족이 금수가 아니고 중국인의 방식에 따라 중국을 통치하고 있으며 중국의 유일한 희망임을 인정하게 되었다. 나아가 황제는 이를 나라의 모든 사람이 읽을 수 있게끔 모반자와의 서신을 수록한 책을 펴내도록 명했다. 그러지 않는다면 "어떻게 내가 궁정과 지방의 신하들, 그리고 시골에 사는 이들의 얼굴을 마주볼 수 있겠는가?"라고 황제는 설명했다.[65] 그는 북경의 모든 관료를 모아놓고 그 앞에서 이 책을 낭독하게 한 뒤 그 사본을 대량으로 배포하여 중국 전역의 모든 학교와 과거 시험에 반영토록 의무화했다. 중국을 운영하는 지식인 관료들 사이에서의 견해와 그 정당성은 확실히 크나큰 중요성을 띠었다. 하지만 황제는 여기서 그치지 않고 중국 모든 향촌의 공공 집회에서 이 책을 낭독할 것을 명했다.

전근대사회의 대중으로부터 흘러나온 메아리가 극히 희귀하다는 사실을 감안할 때, 이 일화는 외세의 지배를 둘러싼 (청나라 지배자들이 끊임없이 불안해한) 심대한 민감성과 중국 전역을 포괄하는 놀라운 소통 채널의 존재를 인상적으로 보여준다. 게다가, 이 모두는 분명 상당히 이례적인 사건이었지만, 이런 식의 소통 관행은 아주 보편적인 것이었다. 예를 들어 1724년에 옹정제는 백성들의 행실을 교화하기 위한 유교 지침서(『성유광훈 聖諭廣訓』―옮긴이)를 반포했다. 이 지침을 속어俗語로 풀어 "매달 초하루와 보름에 전국의 아문衙門(관아)에서 큰 소리로 낭독"하게 했다.[66] 목판 및 석판 인쇄가 중국에서 발명되었고(유럽의 금속활자보다는 덜 발달했지만) 정부의 서적과 칙령을 배포하는 데 활용된 것이 사실이다. 하지만 실제로는, 서력기원이 시작될 무렵인 한대에 이미 등장했고 당나라 때에 널리 활용된 이런 소통 수단이 전근대 중국사 전체를 사실상 아우르고 있다. 일례로, 14세기 명나라의 태조 주원장은 관리들의 학대로부터 백성들을 보호하고자 했다.

강력한 통치를 옹호하고 범법에 대한 중형을 정당화한 그의 담론은『대고大誥』라는 책으로 편찬되어, 집집마다 이 책자를 한 부씩 비치하도록 했다.…… 모든 향촌에 정자를 두 채씩 세웠다.…… 해당 지역 주민들의 선행과 악행이…… 이 정자에 게시되었다. 매년 두 차례, 정월과 10월에 마을마다 잔치를 열었다. 모든 가정이 의무적으로 참석해야 했다. 우선 노래를 부르고, 강연을 하고, 정부 법률을 낭독하고, 마을에서 비행을 저지른 자들을 꾸짖은 연후에야 술과 음식이 나왔다.**67**

선행을 권면하는 유교 교리는 "모든 마을의 모든 학교에서 거듭 낭송되었고 심지어 글을 모르는 이들에게까지 전해졌다."**68**

중국의 대중이 정치적 권리를 박탈당한 채 일상의 중노동에 매몰되어 있었음은 의문의 여지가 없다. 시골에 흩어져 있는 그들은 대개의 경우 (더 우세한 외국 군대를 거느린 이방인 지배자를 포함한) 중앙 정부의 명령에 저항할 힘이 없었다. 국지적·지방적 정체성은 강하고 다채로웠다. 민족적 정체성, 친밀감, 연대감으로 맺어진 유대는 근대에 비하면 훨씬 약했다. 그럼에도, 근대 이전에 (특히 외세의 지배와 관련하여) 그것이 존재하지 않았다거나 정치적으로 무의미했다는 주장은 사실과는 전혀 다르다. 한 학자는 전근대 중국이 민족이 아니라 문화였다는 관념에 대응하여 다음과 같은 상식적 결론에 도달했다.

〔주민들〕 대다수에게 〔문화주의는〕…… 주된 종족 정체성보다 덜 중요했을 것이다. 대다수 중국인은 그들의 문화·정치 공동체—그들의 민족—를 중국 민족으로 여겼을 가능성이 높으며, (그들이 이해한 범주 내에서

의) 문화주의는 천하가 사실상 중국의 천하라는 의식을 더 강화했다.[69]

또다른 중요한 연구서인 『중국 제국의 발흥The Rise of the Chinese Empire』의 저자는 그 제1권의 제목을 태연하게도 『초기 중국의 민족, 국가, 제국, BC 1600~AD 8Nation, State and Imperialism in Early China, c. 1600 BC~AD 8』이라고 붙였다. 나아가 그는 중국의 국가, 민족, 문명이 제국의 지배와 팽창에 의해 서로 떼려야 뗄 수 없이 융합되었다고 본다. 일찍이 중국 최초로 장기간 지속된 제국 왕조인 한나라 때에 유행했던 한 시가는 이렇게 선언했다.

사해 안은 모두 형제다.
서로 관련 없는 사람이 어디 있으랴![70]

만주족의 중국에 대한 또다른 방대한 학술 연구서의 저자는, "역사적 분석에서 종족성이 중요한 역할을 하며, 단지 근대적 관심사나 주변적 관심사로만 국한되지 않음을 보여주는 것"이 이 연구의 목적이었다고 밝혔다.[71] 태평천국의 난(1850~1864년)은 만주족에게 대항한 가장 큰 대중 봉기이자 19세기의 가장 치명적이고 파괴적인 분쟁으로서 약 2천 500만 명이 사망한 것으로 추정된다. 당시의 중국은 완전히 전근대적인 사회였고 그 백성들은 유럽 열강 침략의 영향을 거의 받지 않았다. 그럼에도 태평천국군이 내세운 기치는 중국 역사를 통틀어 우리가 마주친 바로 그 테마를 재천명하고 있었다.

백성들이여, 우리의 말을 들으라. 생각건대, 천하는 중국의 천하이지 호로의 천하가 아니다.…… 아아! 명나라의 실정 이후로 만주족은 중국을 혼란에 빠뜨릴 기회를 놓치지 않았다. 그들은 중국의 천하를 빼앗았고 중국의 식량과 의복을 가로챘으며 중국의 아들딸을 능욕했다.……

중국에는 중국의 모습이 있다. 그러나 지금 만주는 머리 주변을 깎고 길게 땋은 뒷머리만 남기는 변발을 강요하고 있다. 이는 중국인을 금수로 만드는 처사다. 중국에는 중국의 의관이 있다. 그러나 지금 만주는…… 우리 선대 왕조의…… 의복을 버리게 하였다.…… 이는 중국인으로 하여금 그 근본을 잊게 하는 처사다.…… 중국에는 중국의 말이 있다. 그러나 지금 만주는 수도의 속어를 도입하고 중국어의 성조를 바꾸었다.…… 이는 오랑캐의 말과 오랑캐의 표현으로 중국을 혼란에 빠뜨리기 위한 것이다.

타타르의 기원을 자세히 조사한 결과, 그들의 시조는 백여우 한 마리와 붉은 개 한 마리가 교접해서 나왔으며 그것으로부터 이 같은 요괴의 인종이 만들어졌음을 알게 되었다.[72]

그러니까 수 세기에 걸친 만주족의 제국주의적 선전도 반외세 대중 봉기를 통한 강력한 대중 감정의 재부상을 막지는 못했던 것이다.

거인의 그림자 밑에서: 중국 주변의 민족국가들

중국인에게는 중국 문명이 인류 그 자체를 의미할 정도로 보편적이라고 주장함으로써 세계에서 가장 오래되고 가장 면면히 이어내려온 중국의 민족태를 무시할 수 있다 쳐도, 중국의 이웃들에 대해서는 분명 같은 말을 적용할 수 없을 것이다. 거인의 그림자 밑에 있다는 것은, 이웃한 종족 공동체들이 중국의 군사적 압력과 압도적인 문화적 헤게모니를 이겨내기 위해 스스로를 정치적으로 확립하고자 노력하게 만든 주된 촉매였다. 그리고 그들이 중국 문화를 어느 정도나 받아들이려 했는지는 중요하지 않거나 한편으로는 변증법적 중요성을 띠었다. 물론 앞에서 언급한 대로, 많은 종족 공동체들은 초기 '중국'이 팽창하는 과정에서 중국에 흡수, 동화되었다. 하지만 역사적 중국 영토의 변두리, 거리와 지형이 방어막 구실을 해주는 지역에서는 고유한 인족과 문화로 구성된 민족국가들이 — 주로 중국에 대한 반작용으로서 — 등장했다.

몽골과 (그보다 정도는 덜했지만) 만주의 주민들은 유목·부족 사회를 이루고 있었다. 하지만 이곳의 더 큰 정치적 복합체들 역시 민족적이라고 간주될 수 있는 것으로 전환되고 있었음에도, (인정하건대 산발적인) 증거들을 보면 그들은 (놀라운 일도 아니지만) 종족과 국가 사이의 연관성을 보여주었다. 몽골에서는 알타이어족에 속한 서로 다른 두 언어 — 몽골어와 튀르크어 — 가 쓰였다. 아마 둘 다 기마의 도입을 수반한 목축민의 초기 확장으로부터 발생했을 것이다. 기원전 221년 중국이 통일 제국이 되었을 때 그 북쪽 변경에서는 중국측 사료에 흉노로 알려진 거대 부족 연합이 형성되었다. 그들이 튀르크어(조어)를 썼는지 몽골어(조어)를 썼는지, 아니면 둘 다 썼는지는 알 수 없다. 후대에 중국의 수나라와 당나라는 스텝 지대에 등장한 대규모 튀르크족 연합과 마주하게 되었다. 다른 여러 종족민족적 통합과는 달리, 스텝 지대의 이 대규모 연합을 추동한 자극제는 방어가 아닌 공격이었다. 그들은 중국과 맞붙어 그 부를 약탈하기 위해 복합체를 이루었다.[73] 스텝 지대의 모든 인족들을 통일시킨 능력과 광대한 영토의 정복이라는 면에서 특출한 면모를 보인 칭기스칸의 몽골 제국에 관해서는 뒷부분의 제국에 대한 논의로 돌린다.

선사·원사 시대 만주의 정확한 종족적·언어적 구성은 알려져 있지 않다. 하지만 그 대부분의 땅이 여진족에 의해 통일되면서, 동시베리아의 퉁구스어족에 속한 여진어가 이곳의 표준어가 되었다. 처음에는 중국을 점령하고, 그후 몽골의 종주권하에 들어가고, 명나라에 대항하여 독립을 지킨 여진은 17세기에 만주족으로서 다시금 중국을 장악했다. 뒤이은 중국 문화로의 자발적·비자발적 동화는 만주족의 고유한 정체성을 크게 소거했다.

만주와 경계를 맞대고 있지만 황해를 사이에 두고 중국과 좀더 안전하게 떨어져 있는 한국은 우리 주제에 걸맞은 고전적 사례다. 원사 시대 한반도에서는 기원후 제1천년기에 세 개의 독립된 왕국이 등장했다. 중국의 침략을 이겨낸 그들은 한자(15세기에는 고유의 문자를 창안했다), 불교, 국가 유교를 비롯한 중국 문화의 많은 특징들을 흡수했다. 7세기에 신라가 이 땅을 통일하면서 신라어가 표준어가 된 것으로 보인다. 936년에 고려가 신라를 대체했고, 이때부터 근대까지 한국은 중국, 몽골, 일본의 침략과 지배를 겪으면서도 대체로 통일과 독립을 꾸준히 유지해왔다. 한국의 문화와 정체성과 국가태는 1천 년이 넘게 일치된 상태로 이어져왔다. 여기서도 의문은, 외견상 엘리트 지배와 계급 분열로 규정되는 전근대 국가사회에서, 집단 정체성이 정치적으로 중요하지 않았다면 어째서 이런 놀라운 일치가 이토록 오랫동안, 강대한 이웃나라들을 이겨내고 끈질기게 지속되었는가 하는 점이다. 한국의 민족태를 다루는 근대주의 이론가들은 이 수수께끼를 깨닫지 못하는 듯 보인다. 하지만 전통주의자들이 조심스레 제시하듯이, "정체성을 공유한다는 인식을 지닌 동질적 집합성이─'근대주의' 학술 모델을 제공한 서유럽의 여러 나라에서 일어난 것보다 훨씬 이른 시기에─국가의 조직적 활동에 의해 창출되었을 수도 있다"[74] 이와 더불어 한국 국가의 (인정하건대 거의 알려지지 않은) 공통된 종족적 토대가 일찍이 존재했음을 고려해야 하며, 이러한 토대는 다시금 국가의 활동으로 강화되었다. 어찌됐든 한국인은 스스로 독특하고 고유한 종족 또는 '인종', 인족, 문화라는 의식을 오래전부터 지니고 있었다.[75] 근대주의 이론가-역사학자인 홉스봄도 인정했듯이, 중국과 한국, 일본은 "종족적으로 거의 또는 완전히 동질적인 주민으로 구성된 역사적 국가의 극히 희귀한 사례다".[76] 이것이 희귀한 사례라는 주장에 대해서는 나중에 다시 논의하겠지만, 우선은 여기서 홉스봄이 거론한 일본의 사례를 살펴보겠다.

한국 못지않게 중국 문명의 큰 영향을 받았지만 중국과 대륙으로부터 바다로 더 안전하게 격리되어 있으며 자신들의 개별성과 독특성에 대한 의식으로 부풀어 있는 일본은 전근대 민족주의 연구에서 모범 사례가 되어야 마땅함에도 거의 고려되지 않는다. 중국과 마찬가지로 일본의 일부 학자들도 서구의 근대주의 관념을 받아들였는데, 일본에서는 전근대로부터 근대로의 변화가 중국보다도 더 급격했기 때문이다.[77] 서구 열강의 압력에 직면한 일본은 메이지 유신(1868년)으로 스스로를 대혁신했다. 메이지 개혁가들은 강력한 중앙 정부를 제도화하고, 급속한 산업화를 추진하고, 강한 민족주의 정신을 함양하고, 보편 교육과 여타 온갖 수단을 동원해 이를 전파했다. 다시금, 아무도 근대화가 일본(그리고 다른 지역)에 끼친 충격을 부인하지 않는다. 하지만 그렇다고 해서 강한 민족의식이 전근대 일본에 부재했다거나 일본 정치에서 중추적 역할을 하지 않았다는 뜻은 아니다. 과연 메이지 유신의 '책사'들이, 그들 스스로 그토록 열정적으로 고취했던 민족주의 에토스를 (일본 전통의 중심 교의로부터 채택한 것이 아니라) 발명해낸 것일까? 일본의 친족-문화적 고유성과 천황의 신성성을 중심에 놓은 이 에토스가 문화, 인족, 나라에 대한 그들 자신의 의식과 긴밀히 상응하지 않았다면, 그것을 민중이 그토록 강도 높게 수용했을까? 신화적·역사적 기억이 닿는 범위에서 이 세 가지가 일치하지 않았던가?

기원후 제1천년기 중반에 통일 일본 국가가 등장한 이후로 일본의 주민들은 종족이라는 면에서 중국보다 훨씬 더 동질적이었다.[78] 3장에서 보았듯이 한반도에서 건너가 벼농사를 지은 식민 정착민으로부터 기원한 것으로 보이는 일본적 에토스는 일본 열도 전역으로 확대되었고 통일 일본 국가에 선행하며 그 기층을 이루었다. 이어서 국가의 성장은 영토를 더욱 동질화시켰다. 야마토 국가는 기원후 3세기부터 나라-오사카 평야의 중심지에서 점진적으로 팽창하여 영토를 공고히 확립했다. 그리고 6세기 말부터 농업 집약화가 진행되고 중국의 영향이 증대되면서, 중국을 모델로 삼은 종교, 문학, 건축, 도시, 그리고 중앙집권적 관료 국가가 일본의 역사 시대를 열게 된다. 이와 더불어 농민들이 훈련받고 고향으로부터 멀리 떨어진 곳에서 복무하는 식의, 국민개병에 토대한 국가 군대도 출현했다.[79]

5세기에는 일본이 봉건적 분열을 겪으며 때로는 무정부 상태나 장기 내전 상태로 퇴보하기도 한 것이 사실이다. 그럼에도 군사 지배자(쇼군)들—가마쿠라 막부(1185~1333), 무로마치 막부(1336~1573), 끝으로 도쿠가와 막부(1603~1868)—에 의해 중앙 정부가 거듭 수립되었다. 무로마치 막부의 중앙 정부는 허약했고 말기에는 허울만 남았지만, 도쿠가와 막부는 가장 강력하고 중앙집권적인 국가 통치를 선보였다. 막부는 군사력에도 의존했지만, 이 나라에 깊이 뿌리박은 단일 종족 의식에도 크게 의존했다. 의미심장한 사실은, 중앙 정부에 대해 자치나 심지어 반역을 꾀한 봉건 영주들도 이런 단일 종족 의식에는 절대로 도전하지 않았다는 것이다. 나아가, 비록 천황의 실질적 권위를 박탈하긴 했어도, 쇼군들은 천황이 자진해서 위임한 통치 권한을 자신의 정통성을 뒷받침하는 근거로 삼았다. 실제로 정권을 잡은 쇼군들은 감히 천황의 칭호 자체를 찬탈하려 들지 않았다. 일본의 왕가는 1천 500년 전까지 거슬러올라가며 세계에서 가장 오래되었다. 신이자 민족 상징으로서의 천황을 둘러싼 경외는 근대와 더불어 시작된 것이 아니라, 그 본질상 그야말로 전근대적인 것이었다.

중국과 비슷하게, 일본도 '타자'에 대한 의식이 부재했고 따라서 민족적 자의식이 없었다는 주장이 제기된다. 이는 배타성 때문이라기보다는 섬으로 고립된 데서 기인한다고들 한다. 하지만 광범위한 문화 수입과 더불어 당나라의 침략 위협은 일본인에게 자신들의 타자성을 아주 잘 인식시켜주었다. 그리고 1274년과 1281년 쿠빌라이 칸이 개시한 몽골의 침략을 물리치는 데는 민족적 규모의 동원이 필요했다. 이 동원이 주로 사무라이 전사 계층을 대상으로 이루어진 것은 사실이다. 봉건 일본에서 대중의 정치적 배제는 서서히 진행되었고, 도쿠가와 막부하에서 완전히 제도화되었다. 하지만 1540년 이후 일본에서 서양인의 존재감이 점점 크게 느껴지고 기독교로 개종하는 귀족과 평민이 많아지자, 도쿠가와 막부의 지배자들은 모든 외국인을 추방하고 외부인에 대한 문호를 철저히 닫아걸었다. 외국인이 현지의 관습과 충성심에 체제 전복적 영향을 끼칠까봐 두려웠던 것이다. 그러니까 일본의 고립에 기여한 것은 일본이 받은 외래의 충격이지 그것의 부재가 아니었다.[80] 오늘날 선진국 가운데 가장 엄격한 이민 정책과 가장 낮은 외국인 이주민 비율로 표현되는 일본의 각별한 문화적 고립 의식은 근대와 더불어 시작된 것이 아니었다.

중국을 사이에 두고 일본의 반대편에 있는 베트남은 민족국가 형성의 또다른 전형적 사례를 제시한다. 중국의 초기 팽창은 현재의 중국 남부에 살던 주민의 대부분을 흡수하고 동화시켰다. 그래서 중국의 남쪽 경계가 어디냐는 질문은 기본적으로 거리, 산악 지형, 정치적·군사적 힘을 투사할 수 있는 한계, 종족성 등을 수반한 균형 조절에 의해 결정되었다. 초기의 베트남어 화자들은 현재의 베트남 북부인 홍강 분지에 거주했다. 신석기 시대에 소위 오스트로아시아어를 쓰며 수도작 농경을 하는 사람들이 동남아시아 전역으로 확산되었는데 이들은 그중 일부였다. 그후 강대한 한나라와 당나라가 이 지역을 침략하여 1천 년간(기원전 111~기원후 938) 복속시켰다. 그럼에도 현지 지도자들이 영토를 통일하여 중국과 별개의 독립된 민족국가로 통합시킬 수 있었던 것은, 중국으로부터의 광범위한 문화 차용에도 불구하고 토착어와 정체성이 존속한 덕분이었다. 베트남은 단지 혼란기에 중국으로부터 떨어져나갔다가 중국 왕조 부흥기에 재통합되는 여러 지방 중 한 곳이 아니었다. 중국의 거듭된 침략과 지배에도 불구하고, 베트남의 고유한 종족성은 유지되었고 끈질긴 정치적 독립성에 의해 보호되었다.[81] 일본(또는 티베트)처럼 베트남의 통치자들도 자신이 중국의 주권에 종속되어 있지 않고 동등함을 강조하기 위해 황제를 자칭했다. 11세기부터 18세기까지, 베트남은 메콩 삼각주까지 이르는 해안 평야의 남부와 중부 지역을 정복하고 농민을 이주 정착시켜 외딴 산악 고립 영토의 극소수를 제외한 현지 주민을 동화시킴으로써 국가, 언어, 인족을 확대했다. 베트남의 국가, 인족, 문화는 19세기 프랑스의 식민 점령을 당하기 훨씬 전부터 존재했고 서로 일치했다.

여기에 베네딕트 앤더슨이 제기한 질문―왜 프랑스령 인도차이나나 네덜란드령 인도네시아처럼 단일 영토가 되지 않고 탈식민과 더불어 별개의 민족국가들로 해체되었는가―에 대한 답이 놓여 있다. 이는 인도차이나의 여러 신생 국가들이 단지 식민 이전의 국가 또는 종족에만 의존한 것이 아니라 둘이 결합된 전근대 민족국가에 의존했기 때문이다.[82] 이 전근대 민족국가들은 모두 긴 역사를 지녔고, 국가와 동일시되는 핵심 종족, 즉 슈타츠폴크를 여러 세기에 걸쳐 보유하고 있었다. 이들 모두는 왕조 교체, 영토 확장과 수축, 주기적인 정치적 분열에도 불구하고 존속하면서 자신의 문화를 제도화하고 확산시켰다.[83] 이 민족국가들 중에는 기원전 6세기부터 존재한 캄보디아-크메르 국가(오늘날 크메르인이 인구의 90퍼센트를 이루고 있다), 14세기부터 거의 통일된 상태로 존재해온 샴-타이 국가(오늘날 타이인이 인구의 85퍼센트를 이루고 있다), 10세기부터 존재한 미얀마-버마 국가(오늘날 버마인이 인구의 68퍼센트를 이루고 있다) 등이 있다. 이 지역의 인족들 중에서 가장 강했던 베트남인이 탈식민 이후 인도차이나 연합보다 독립을 선택한 것은 바로 자신들의 고유한 정체성을 지키기 위해서였다. 그리고 확실히 다른 인족들도 베트남인이 지배하는 국가에 들어가고 싶어하지 않았다.[84] 베트남 종족은 베트남 인구의 86퍼센트를 차지한다. 홉스봄이 중국, 한국, 일본을 가리켜 종족적으로 거의 혹은 완전히 동질적인 주민으로 구성된 역사적 국가의 극히 희귀한 사례라고 한 것은 명백한 과장이다.[85]

말할 필요도 없겠지만, 위의 모든 사례들은 심각한 소수민족 문제를 안고 있다. 게다가 위의 모든 사례에서는 근대 민족주의자와 국가 권력이 기존의 전통, 기억, 신화를 광범위하게 '창의적으로' 개조하여 소위 '만들어진 전통'을 구축했다. 그럼에도 학자들은 이 보편적인 과정에 과도하게 깊은 인상을 받았다. 그들은 전통적 소재의 끊임없는 각색―여기에는 날조와 조작도 포함된다―이 민족주의적 주장을 완전히 무효화한다고 일률적으로 가정했는데, 사실 이런 각색은 전통의 변천에서 본질적인 과정이며 진짜 실제의 색조를 바꾸는 선에서 그칠 때가 많다. "19세기 만주족 왕조가 멸칭으로 고안한 '베트남〔越南〕'이라는 이름을 오늘날의 베트남인들이 자랑스럽게 옹호하는 것은…… 민족주의가 지닌 상상의 힘을 우리에게 일깨운다"는 앤더슨의 말은 민족 전통을 짐짓 세련되게 해체하는 전형적 사례다.[86] 사전 지식이 없는 독자들은 비엣Viet이라는 명칭과 독특한 정체성이 1802년에 만들어진 게 아니라 1천 년 전에서 2천 년 전 사이로 거슬러 올라간다는 사실을 끝끝내 알 길이 없다.* 실제로 위에서 기술한 모든 사례에서 국가, 인족, 문화의 일치는 국가가 존재한 역사의 초기부터 지배적인 경향이었고 이는 절대 우연이 아니었다. 이런 전근대 민족국가들이 그토록 수월하게 통일을 이루고 그 통일을 유지하고 독립을 지키는 동시에 공통의 정체성을 강화하고 영토를 동질화할 수 있었던 것은 바로 그들이 지닌 친밀감, 정체성, 연대감의 유대 덕분이었다.

여기서 지리가 주된 변수로 등장한다. 종족성이 흔히 인식되는 것보다 더 오래되고 더 깊숙이 뿌리박혀 있긴 하지만, 이는 또한 쉽게 변화하며 동화 및 개조 과정에 종속된다. 지리적 장벽은 힘의 투사와 소통의 한계를—따라서 종족·정치 공동체의 존속과 경계를—결정짓는 데 중요한 구실을 했다. 전근대의 정치적 경계라는 주제를 둘러싼 크나큰 몰이해는 그로즈비에 의해 이미 비판된 바 있다. 전근대 국가 간의 경계가 분명하게 정의되지 않았다는 것은 민족주의에 관한 여러 논저에서 되풀이되는 전제다. 아마도 이 전제의 근거는 유럽 봉건제의 겹치는 관할권과 파편적 성격일 텐데, 이 분야에서의 유럽 편향을 보여주는 또하나의 예다. 하지만 전 세계적으로는 더 다양한 증거들이 기록되어 있다. 많은 국가 체계와 선국가사회 간의 경계는 분명하게 표시되고 엄격히 준수되었으며 상호 배타적이었다. 뉴기니의 원시농경민인 엥가족을 연구한 인류학자들이 보고한 바에 따르면, 그들은 씨족의 영토를 "말 그대로 최후의 1야드까지 사수한다"

* 앤더슨 자신도 썼듯이, 사실 중국과의 마찰은 이 왕국을 '남비엣Nam Viet(남월)'이라고 부를지, 아니면 '비엣남Viet Nam(월남)'이라고 부를지에 대한 것이었다. '남월'은 월越의 남부 지방이라는 뜻으로 중국 남부의 일부 지방들이 베트남의 영토라는 주장이 함축되어 있는 반면, 월남은 월의 남쪽이라는 뜻으로 그런 영토권 주장의 가능성이 배제되어 있다.

고 한다.[87] 또 아프리카 부족사회들에 대한 연구도, 영토 경계가 흔히 뚜렷하게 정의되고 인지되며 배타적이라는 점을 비슷하게 강조하고 있다.[88] 부족 경계에 대해 최근 수행된 또다른 연구는 이 경계가 놀랄 만큼 '견고하다'는 것을 발견했다.[89] 그리고 최초의 국가 체계인 고대 근동의 국경 패턴 또한 그러했음이 밝혀졌다.[90]

지루한 반복을 피하기 위해, 여기서 유럽 이외의 전근대 민족국가에 대한 사례를 추가로 소개하지는 않겠다. 위의 사례들만으로도 민족주의와 민족국가가 아시아에서 낯선 것이었다는 주장을 반박하기에는 충분할 것이다. 엘리 케두리가 처음 제시하여 널리 수용되고 있는 이 주장은[91] 시대와 지역의 편향적 선별에 기반한 것이다. 앤더슨도 자신의 전공 지역이자 전근대 민족국가가 뿌리내리는 데 실패한 동남아시아제도(오늘날의 인도네시아와 말레이시아)의 사례를 일반화했고, 동아시아와 동남아시아 기타 지역의 근대 민족 정체성 형성에서 민족국가가 띠는 명백한 중요성을 과소평가했다.[92] 물론 그 반대쪽으로의 편향 또한 삼가야 한다. 민족국가는 전근대 국가 중의 일부였지 전부가 아니었고 심지어 대부분도 아니었다. 나머지는 더 넓은 종족 공간을 여럿이 나누어 가진 소국들이었다. 하지만 제국들도 있었는데, 한 인족이나 종족이 팽창해서 다른 인족이나 종족들을 지배하는 경우가 가장 전형적이었다.

3. 제국들은 종족에 무심했을까?

／

제국이 무엇인가에 대해 널리 수용되는 하나의 정의는 없다. 하지만 일반적으로는 종속된 인족들(그리고 그 이웃들)을 지배하는 아주 큰 국가를 가리킨다. 중국은 문화와 정체성이라는 측면에서 그 영토의 대부분을 동화시키는 데 성공한 제국의 사례다. 그래서 중국은 국가, 인족, 문화가 수렴되는 거대한 민족국가로 팽창했다. 고대 이집트에서도 이집트 민족국가가 제국 변경 지방의 비이집트인들을 크게 압도했다. 그러나 대부분의 제국은 이 두 나라 같지 않았다. 민족태를 정치적 종족성의 특정한 형태로 보는 이 책에서 제국이 우리의 관심을 끄는 건 두 가지 이유에서다. 첫째로 제국은, 국가 형성 과정에서 일찍부터 어디에나 싹트고 있던 민족국가들을 우세한 무력으로 파괴한 강력한 엔진이었다. 많은 민족국가들이 제국이라는 '블랙홀'로 빨려들어가 사라졌다. 이는 전근대에 민족국가가 부재했다는 시각적 환상이 팽배하게 된 주된 원인이다. 또한 역으로, 제국의 압력은 때로 그 주변에 민족국가들이 형성되는 촉매 구실을 하기도 했다.

여기서 제국이 우리의 관심을 끄는 둘째 이유는, 비록 많은 역사사회학자들이 제국을 순수한 엘리트·계급 권력 구조로 묘사하긴 해도 제국의 구성에서 종족이 최소한 그 못지않은 중요성을 띠었기 때문이다. 거의 모든 제국은 (명시적 혹은 암묵적으로) 특정 인족이나 종족의 제국이었다. 그 인족-종족의 군사력과 정치적 지배력이 제국의 주춧돌이었다. 제국의 통치자와 엘리트의 대다수가 그 종족 출신이었다. 제국은 이 핵심 종족의 충성과 헌신에 의지하여 존속했다. 그리고 국가 상징과 공식 문화는, 심지어 문화적 관용과 다양성이 팽배할 때에도 제국 주류 인족/종족의 그것을 반영하는 경향이 있었다. 물론 핵심 인족/종족이 변경의 미개척지에서 들어와 부유하고 세련된 문명을 정복했을 때는 정복자가 피정복 문화에 문화적으로 동화되는 과정도 일어나곤 했다. 때때로 제국은 핵심 종족의 특성을 억누르고, 모두를 아우르는 이미지와 이데올로기를 의식적으로 투영하고, 영토 내 다른 인족과 종족의 엘리트 일부를 충성스런 신하로 끌어들이기도 했다. 그렇게 하지 않으면 제국의 자멸까진 아니더라도 흔히 역효과가 초래되었기 때문이다. 하지만 그래봤자 이는 실제 권력과 혜택이 분배되는 현실의 얕은 눈가림에 불과했다.

아시리아에서 페르시아까지

앞에서 보았듯이, 문명의 요람인 서남아시아는 급증하는 민족국가들을 제국이 집어삼키는 가장 전형적인 과정을 보여준다. 우리는 근동을 정복하고 지배한 제국들의 기나긴 행렬 중 아시리아가 등장하는 첫 대목에서 논의를 중단했다. 아슈르라는 도시국가로 출발한 아시리아는 기원전

제2천년기에 초기 형태의 민족국가로 발전하여, 북부 메소포타미아 종족 공간의 동東셈족 주민들에게 자국의 국가 문화와 그 후견 신들을 각인시 켰다. 이 영토 확장과 국가·민족 형성 과정에 기여한 것은 외부 압력이었 다. 아시리아는 기원전 제2천년기 중반에 이따금씩 미탄니와 히타이트라 는 두 강력한 제국의 종주권 밑으로 들어가곤 했다. 사료 증거가 부족하긴 하지만, 이 두 나라 자체도 지배 엘리트 종족이 사회정치 계급을 겸했던 제국의 초기 사례라는 점에서 가치를 띤다.

미탄니 제국(기원전 16~14세기)에 대한 정보는 아주 드물다. 아나톨리 아 동부에서 아시리아 북부에 걸쳐 있던 이 나라의 백성들은 후르리인으 로, 셈어도 인도유럽어도 아닌 고유한 언어를 지닌 고유한 종족이었다. 하 지만 미탄니를 지배한 왕과 전차를 모는 봉건-군사 귀족(마리야누mariyannu) 은 인도유럽어족이었음이 확실하다. 북쪽에서 이란을 거쳐 도래한 것으로 보이는 이들은 당대의 큰 혁신인 전차를 도입하여 이란, 인도, 고대 근동으 로 이동한 부족 전사 집단의 일부였다. 이 엘리트 정복 과정은 남동쪽으로 의 인도유럽어 확산을 촉발한 엔진이었다고 여겨진다. 미탄니의 정복 엘리 트인 아리아인과 토착민인 후르리인의 관계가 어떠했는지는 불분명하다.[93] 그러나 비록 민족국가는 명백히 아니었어도 미탄니의 사회·정치 구조는 종족성과 무관하지 않았다.

히타이트 제국에 대한 사료 증거는 좀더 풍부하지만, 이 제국에서 종 족성이 어떤 역할을 했는지에 대해서는 거의 알려진 바가 없다. 미탄니와 비슷하게, '하티의 땅', 즉 아나톨리아 중부의 원래 거주민인 비인도유럽어 족 주민들은 네사어Nesili라는 인도유럽어를 쓰는 왕가와 엘리트의 지배를 받았다. 제국이 아나톨리아 전역으로 팽창하면서 가까운 인도유럽어인 루 비아어와 팔라어 사용자들까지 포괄하게 되었다. 전성기인 기원전

14~12세기의 히타이트는 반봉건 제국이었고 그 엘리트들은 전차를 몰았다.[94] 하지만 종족성이 제국의 사회적·정치적 지위에 얼마나 반영되었는지는 알려진 바 없다. 미탄니와 히타이트 제국이 둘 다 기원전 12세기에 급작스럽게 완전히 무너진 것은 그들이 협소한 사회군사적(어쩌면 종족적) 엘리트에 기반했기 때문이라는 가설도 있다. 이와 달리 아시리아가 존속한 것은 그들이 농민 대중으로 보병대를 육성한 민족국가였기 때문이라는 것이다.[95]

이러한 수단에 힘입어 아시리아는 최초로 고대 근동 전역을 복속시킬 수 있었다. 아시리아 군주정은 자유농민을 군역에 동원하는 데 성공했고, 그럼으로써 전차 부대에 일급 보병대를 추가하여 무적의 군사 조직을 만들 수 있었다. 이는 아시리아의 자영농이, 비록 심하게 계층화된 사회에 살며 국가의 명령에 종속되긴 했어도, 역내 다른 정치체들의 통례에 비해 높은 사회적 지위를 보유했다는 뜻이다. 이 군대가 전리품을 얻기 위해 싸운 건 분명하지만, 그들은 문화나 여러 신, 강토에 대한 애국심으로 한데 뭉친 국민군이기도 했다.

제국이 근동 전역으로 팽창하면서 아시리아 민족의 핵심부도 필연적으로 변화했다. 처음에 이 제국은 패권적 지배 전략을 추구했다. 즉, 기존의 국가와 통치자들을 거의 그대로 놔두고 공물만 과도하게 징수했다. 하지만 티글라트-필레세르 3세(재위 기원전 744~727) 때부터는 패권적 통치에서 제국 직접 통치로 시스템이 바뀌었다. 예전의 종속국들은 절반의 독립과 자치권마저 잃었고, 그들의 영토는 아시리아 지방관과 제국 관료제에 의해 직접 관리되는 행정구역으로 바뀌었다. 이 왕은 또 반항적인 인족들의 대규모 강제 이주를 추진하여 전 영토에 걸쳐 종족들을 뒤섞었다.[96] 이 잔혹한 과정에서 기존의 종족정치체들은 무자비하게 분쇄되었지만, 아시리아도 깊은 영향을 받았다. 제국에 의해 고향에서 쫓겨난, 주로 아람인으로 구성된 망명자들이 주요 도시로 유입되었다. 점점 더 직업 군인으로 대체되고 있던 군대에는 다양한 외인부대들이 진입했고, 역시 아람인이 그 대다수를 차지했다. 아시리아의 중추를 이루었던 자영농 대중은, 전쟁이나 엄청난 부의 유입으로 아시리아의 사회적 양극화가 심해지면서 점점 무너져갔다.[97]

그러니까 어떤 의미에서 아시리아 제국은—아시리아의 무자비한 잔혹성을 감안할 때 이런 용어를 쓰는 게 적절할지 모르겠으나—좀더 코즈모폴리턴적이 되었다. 특히 아람인은 제국의 하급 파트너로 통합되었다. 알파벳 자모를 배우기가 훨씬 쉬운 아람어는 그로부터 이슬람이 등장하고 아랍어가 도입되기까지 1천 년 넘게 근동 지역의 공용어로 쓰이게 된다. 그럼에도 그 충성심, 귀족층, 그리고 그 중추를 이루는 백성들이 아시리아인이었다는 점에서, 이 제국이 아시리아인의 것임을 누구도 의심하지 않았다. 기원전 7세기 말 바빌론과 메디아의 연합군이 아시리아 핵심 종족, 국토, 도시들을 철저히 파괴하면서 아시리아 제국은 막을 내렸다.

칼데아 왕조와 바빌로니아 남부에서 온 부족민들이 통치한 바빌론은 아시리아를 몰아내고 근동 전역의 패자가 되었다. 하지만 그들도 곧 페르시아에 패하여(기원전 539년) 자리를 내주었다. 페르시아는 아시리아보다도 더 크고 오래 지속된 제국이며 우리가 다루는 주제와 특별히 깊은 관련이 있다. 고대 왕국 엘람의 북동쪽에 위치한 이란 고원에서의 국가 건설 과정은 아시리아의 지배하에서 오히려 더욱 가속화되었다. 이란은 다양한 부족 형성체와 소국들의 보금자리였는데, 이곳 사람들은 인도유럽어족 내 인도이란어파에 속한 서로 가까운 언어와 방언을 썼다. 이미 언급했듯이, 이 종족 공간은 기원전 제2천년기에 이 언어의 사용자들이 유라시아 스텝 지대에서 이란을 거쳐 인도까지 휩쓸고 지나간 과정에서 형성된 것이었다. 메디아는 이란 고원에 등장한 최초의 대규모 국가로, 기원전 7세기에 아시리아의 압박에 대한 대응으로 여섯 부족과 수십 개 소국이 왕조 지배하에 통일되어 만들어졌다. 헤로도토스에 따르면, "데이오케스는 메디아인들을 하나의 민족〔종족〕으로 모아 그들을 혼자서 다스렸다. 이 부족들은 부사이, 파레타케노이, 스트루카테스, 아리잔토이, 부디오이, 마고이로 구성되었다."[98] 여기에 인용한 판본은 1946년에 번역된 권위 있는 정본(하버드대 뢰브Loeb 총서)인데, 이 맥락에서 민족이라는 용어를 쓰는 데 확실히 거리낌이 없었다. 나아가 메디아의 초기 역사에 대한 헤로도토스 서술의 진위를 둘러싼 논쟁에서도 양 진영의 역사학자들이 민족적이라는 용어를 사용했다.[99] 바빌론과 연합하여 아시리아를 멸망시킨 메디아는 그 종주권을 이란과 동부 아나톨리아의 다양한 인족들로 확대했다. 하지만 메디아 귀족층은 자신들의 권력을 억제하려 한 군주 아스티아게스에게 불만을 품고 그의 손자에게로 충성을 돌렸다(기원전 550년). 이 손자가 바로 메디아의 이웃나라이자 그때까지 메디아에 의존했고 메디아와 가까운 인도이란어족의 종족성을 띤 페르시아의 아케메네스 가문의 키루스인데, 그는 페르시아-메디아 통합 제국의 지배자가 되었다.[100]

키루스는 특정 인족이 지배한 또다른 제국인 서부 아나톨리아의 리디아(헤로도토스, 1.28)를 무찔러 정복했다. 그런 다음 바빌론과 싸워 이겨 바빌론의 근동 제국을 장악했다. 그의 후계자들은 아케메네스 제국을 더욱 확장시켜서 그 영토가 인도 초입으로부터 이집트와 에게해까지 이르렀다. 이 제국은 정복한 현지의 종족, 관습, 문화에 관용적이었던 것으로 유명하다. 하지만 그렇다고 종족에 무심했던 것은 전혀 아니다. 페르시아-이란 민족국가─그리고 막 시작된 그 문화적·언어적 핵심부와 민족종교(조로아스터교) ― 의 형성은 제국의 확장으로 대체되었다. 그러나 이것이 누구의 제 국이었는가는 거의 확실했다. 여기에는 명확한 위계가 있었다. 메디아인은 제국의 공동 파트너로서 페르시아인에 버금가는 지위였고, 여타 이란 인 족들은 나머지 인족들과 확실히 구분되는 그다음 층위를 이루었다. 이는 추상적인 문제가 아니었다. 왕족뿐 아니라 최고위 지방관(사트라프satrap), 장 군, 최고위 관료들은 페르시아-메디아인이었고, 그다음 순위가 그 밖의 이 란인이었다. 현지인들은 주로 하급 행정직에 동원되었다.[101] 나아가 다리우 스 1세는 제국을 관료화하면서 페르시아 정체성을 제국 공식 문화의 중심 으로 더욱 공고히 다져놓았다.[102] 이 모두는 페르시아인, 메디아인, 여타 이 란계 인족이 제국의 주된 수혜자이자(물론 그들은 엘리트 간의 개인적 야심에 서 자유롭지 못했고 이런 야심은 반역으로 이어질 수 있었지만) 단연코 가장 신 뢰받는 집단이었음을 의미했다.

제국을 수립하고 유지하는 기구인 군대에도 같은 논리가 적용되었다. 제국 내 다양한 인족 출신으로부터 징집한 부대들이 대규모 전투에 소집 되었다. 페르시아 제국의 대군은 그리스 역사가들을 통해 역사의 기억에 새겨졌다(이 역사가들은 제국군의 수를 크게 과장하기도 했다).[103] "채찍으로 전 장에 내몰린" 그들이 진지한 전투를 벌이리라 믿을 수도 없었고 아무도 그 런 기대를 하지 않았다. 그들은 군의 핵심 부대를 위한 보조군이자 총알받 이 구실을 했다. 핵심 부대는 첫째로 총 2만 명의 중앙상비군과 (헤로도토 스가 '불사부대'라고 오역한) 황제 친위대로 구성되었는데, 그중 반수는 기병, 반수는 보병이었으며 페르시아인과 메디아인으로만 충원되었다. 둘째로 작전 때마다 소집되는 페르시아-메디아인과 이란인 기병대가 있었다. 그들 은 크세르크세스의 그리스 침공과 알렉산드로스의 페르시아 제국 침공 때 공히 제국의 주력 전투 부대로 여겨졌다. 셋째로 페르시아 보병이 그리스 중장보병을 당해낼 수 없음이 드러나자, 제국은 보병의 경우 심지어 그리스와 싸울 때조차 점점 더 그리스인 용병에 의존하게 되었다. 실제로 페르시아군의 첫 두 부대가 제국 핵심 종족의 중요성을 드러낸다면, 그리스인 부대는 종족적 충성심뿐 아니라 물질적 이득 또한 사람들을 움직이는 동기임을 일깨워준다.

알렉산드로스 대왕은 아케메네스 제국을 정복하고 페르시아와 이란을 점령했다. 그리고 그를 계승한 셀레우코스 왕조가 다음 세기까지 이 지역을 지배했다. 그러나 광대한 아케메네스 제국이 멸망한 뒤에도 페르시아-이란 핵심 종족은 고스란히 남았다. 실제로 이란은 정치적 독립과 통일을 곧 되찾았고, 그 국가태와 페르시아 문화권은 긴밀히 중첩되었다. 이란의 전 영토를 아우른 파르티아 국가와 사산 국가(각각 기원전 247~기원후 224, 기원후 224~651)는 둘 다 제국으로 널리 일컬어지며, 정도의 차이는 있을지언정 저마다 이란 고원 너머로 영토를 확장했다. 하지만 그들의 영토와 인구는 물론이고 언어, 문화, 그리고 국교인 조로아스터교도 압도적으로 이란의 것이었다.[104] 그들의 권역은 민족국가라는 지칭에 값하기에는 너무 이질적이었던 듯하지만 민족국가로부터 그리 멀리 떨어져 있지는 않았다. 이 국가들의 이중 구조는 아직까지도 현대 이란의 특징으로 남아 있다. 이는 페르시아어 사용자가 다수를 이루고 페르시아 문화가 헤게모니를 쥐며, 여타 이란계 종족들이 여기에 대체로 참여하고 부분적으로 흡수되는 구조를 말한다.[105]

7세기 아랍-이슬람의 정복은 이란 역사의 전환점이었고 이후 수세기에 걸친 이슬람 개종으로 이어졌다. 하지만 중동과 북아프리카의 여타 지역과 달리 아랍어와 아랍 정체성은 이란을 장악하지 못했고, 이란 문화권은 이슬람 치하에서도 매우 독자적인 문화권으로 유지되었다. 중동 연구의 원로인 버나드 루이스는 자신의 초기 대작 『역사 속의 아랍인들The Arabs in History』 개정판에서 다음과 같은 시사적인 말을 했다.

> 자유주의와 민족주의의 시대인 19세기에는, 초기 칼리프조들의 힘겨운 투쟁이 기본적으로 민족주의적 성격을 띠었다는 것이 학자들의 일반적 가정이었다. 특히 아랍의 지배에 맞서 봉기한 페르시아 민족주의가 그러했다. 내가 이 책을 집필하던 당시에는 이런 생각이 거의 폐기되어, 민족성이 그렇게까지 중요하지 않고 종족성이 부차적 중요성을 띠며 진짜로 중요한 건 경제적·사회적 요인이라는 게 우리 모두의 확신이었다.…… 1992년의 세계를 보면서, 누가 종족성이 중요치 않다고 말할 것인가?[106]

위의 말에서 도출되는 것은 상대주의적·탈근대적 교훈이 아닌, 다음의 명백하고 상식적인 결론이다. 종족민족적 요인과 사회경제적 요인은 둘 다 대단히 중요했고 서로 겹치는 경우도 많았지만 어느 하나로 환원되지는 않았고 환원될 수도 없다는 것이다.

제1천년기 후반에 튀르크와 몽골의 유목민 집단과 왕조들은 군사적 우위를 바탕으로 (중동과 아시아의 다른 지역에서처럼) 이란에 대한 지배를 확립했다. 그런 왕조 중 하나인 사파비 왕조(1501~1736)는 이 나라를 다시금 통일했고 카자르 왕조(1794~1925)가 그 뒤를 이었다. 하지만 중국에서와 거의 비슷하게, 튀르크 왕조들은 독자적인 페르시아-이란 문화권을 지배하며 이 문화권에 크게 동화되었다. 이란에는 항상 소수민족들이 대규모로 존재했고 오늘날에도 인구의 거의 절반을 이루고 있는 게 사실이다. 게다가 이란이라는 곳의 영토는 줄곧 팽창과 수축을 거듭해왔다. 다른 나라와 마찬가지로 이란도 대체로 국가 권력에 의해 규정되었다. 그러나 이란의 국가태 그 자체를 규정한 것은 종족적 실재였다. 2천 500여 년간의 끊임없는 방해에도 불구하고 페르시아-이란의 종족 권역과 국가태가 유지되어온 것은 바로 이런 상호 관계 때문이었다.

인구밀도가 매우 낮은 반건조 경관과 목축 위주의 경제를 지닌 이란은 유사 이래로 말 탄 사람들의 지배를 받았다. 그 덕에 힘을 키운 반봉건 귀족층은 메디아와 아케메네스 시대부터 20세기까지 이란 국가들을 대대로 지배했다.[107] 많은 학자들은 엘리트 지배를 민족주의와 상반되는 것으로 여긴다. 그들은 정치체body politic에 참여한 엘리트만이 (겔너에 따르면 그들이 사실상 코즈모폴리턴적 세계관을 갖지 않았다는 전제에서) 더 광범위한 국가 관념을 공유했다고 믿는다. 하지만, 비록 대중 참여가 민족 및 민족적 에너지와의 동일시를 엄청나게 증진시키긴 했어도, 위의 구분은 역사적으로 볼 때 과도한 단순 논리다. 5장에서 논의할 전근대 제정 러시아는 민족주의 정서가 강했던 전제 국가의 대표적인 예다. 부족 정체성이 존재한 이란 같은 곳에서는 전제정과 엘리트 지배보다 부족 정체성이 민족 정체성 형성의 훨씬 큰 장애물이었다.

아니나 다를까, 아케메네스 제국과 싸워 이긴 헬레니즘 세계에는 훨씬 높은 수준의 평등과 정치 참여 의식이 존재했다. 이 점은 고전적인 그리스 폴리스뿐만 아니라 (역시 5장에서 논의할) 유럽 최초의 민족국가인 고대 마케도니아도 마찬가지였다. 그렇다면 알렉산드로스의 정복 이후 페르시아를 대신하여 동방을 지배한 헬레니즘 제국들은 어땠을까?

헬레니즘 제국과 로마제국

헬레니즘 문명은 이성적이고 계몽적이며 그 영향권에 드는 이들을 끌어들이는 흡인력을 지녔던 것으로 유명하다. 그럼에도 헬레니즘 제국들—서남아시아를 차지한 셀레우코스 제국, 이집트와 그 변두리를 차지한 프톨레마이오스 제국—은 그리스-마케도니아인에 의한, 그리스-마케도니아인의 제국이었다. 전하는 바에 따르면, 알렉산드로스는 페르시아 엘리트들을 자기 제국의 구조에 통합시키려 했지만 자국민들의 강한 반대에 직면했다고 한다. 알렉산드로스의 계획이 정확히 어떤 성격을 띠었든 간에, 이 계획은 그의 사후에 거의 흐지부지되었다. 전반적으로 셀레우코스 제국과 프톨레마이오스 제국은 둘 다 군주가 거의 마음대로 주무르는 전제 국가였다. 하지만 두 제국의 주축은 영토 전역의 식민지에 이주 정착하여 자신의 폴리스 내에서 시민권과 부분적 자치권을 누린 그리스-마케도니아계 주민들이었다. 그들은 그리스 법률에 따라 살고 그리스 법원에서 재판을 받고 그리스 학교에서 교육받았다. 한 학자는 이 다종족 제국에서 그들이 점했던 지위를 기술하며 '종족 분리ethnic segregation'라는 표현을 쓰기도 했다.[108] 그리스인들 사이에서는 문해가 광범위하게 확산되어 있었던 듯한데, 문해력과 학교 교육이 근대 민족주의의 발전에서 수행했다고 여겨지는 역할을 감안할 때 의미심장한 사실이다. 군대 역시 '국민의 학교'로서 비슷한 구실을 했다고 여겨지는데, 그리스-마케도니아계 주민은 충성스러운 성분으로서 군대를 육성하는 자원이 되었다. 물론 그리스인 용병대나 호전적인 비그리스계 종족 출신으로 구성된 몇몇 보조군도 있었다. 그러나 대체로 헬레니즘 제국의 피정복 토착민들은 군대에서 배제되었고, 여기에는 이유가 있었다.

토착 이집트인의 봉기를 항상 우려했던 프톨레마이오스 이집트의 경우는 특히 더 그랬다. 어쨌든 이 왕국은 세계에서 가장 오랜 민족 중 하나를 중심으로 이루어진 나라였다. 앞에서 보았듯이, 프톨레마이오스 왕조의 지배자들은 특별히 심혈을 기울여 스스로를 파라오의 모습으로 꾸몄고 자신을 전통 이집트 종교·문화의 수호자이자 후원자로 내세웠다. 하지만 이집트인은 이 나라에서 누구보다도 혜택을 못 받는 집단이었다. 심지어 다른 비그리스계 종족 집단들도 이집트인보다는 신뢰할 만한 부류로 취급되며 더 우대받았다. 이집트인의 법적 지위는―특히 조세에서―열등했다.[109] 물론 경제적 착취가 체제의 기반인 건 분명했지만, 이는 종족에 따라 두드러지게 다른 방식으로 구조화되었다. 프톨레마이오스 왕국의 문제는 다음의 중요한 역사적 일화를 통해 인상적으로 드러난다. 셀레우코스가 시리아와 팔레스타인 해안의 자국 영토를 침략하면서 심한 압박에 직면한 프톨레마이오스의 지배자들은 궁여지책을 짜냈다. 토착 이집트인으로 부대를 편성하여 군대를 증강한 것인데, 전례 없는 조치였다. 셀레우코스 침략군은 패퇴했다(기원전 217년). 그러나 이 승리 이후, 이제 전투 훈련을 받은 토착 이집트인들의 광범위한 반란이 프톨레마이오스 왕국을 휩쓸었다. 왕국의 남부가 성직자들의 지지 속에 이집트인 토착 왕조를 세워 분리독립했다. 이 반란은 한 세대 동안이나 지속되고서야 겨우 진압되었다. 그후로 토착 이집트인 부대는 다시는 징집되지 않았다.

헬레니즘 왕국들의 관료와 고위 행정직도 그리스-마케도니아인으로 충원되었다. 그리스인과 비그리스인 범주 간의 경계가 그다지 경직되어 있지 않았다는 역사학자들의 지적은 옳다. 비그리스인도 국가가 그들을 우대하고자 마음먹으면 그리스인과 동일한 특권적 지위에 오를 수 있었다. 더욱 중요한 사실은, 사람들이 통혼에 의한 문화 동화 과정을 통해 자기 정체성을 바꿀 수 있었다는 점이다.[110] 헬레니즘화, 그리스 언어·문화·정체성의 수용은 헬레니즘 동방 전역에서, 특히 대도시에서 진행되었지만 시골에서는 훨씬 덜했다. 혈통은 그리스인이 되는 데 중요한 요소였지만 배타적인 요소는 아니었다. 이 모두를 인정하더라도, 헬레니즘 제국은 깊은 정치적 의미에서 그리스 제국이었다. 그리고 정치적 성격을 띤 토착 이집트인의 정체성과 정서도 엄연히 존재했다.

로마가 그리스 폴리스들과 헬레니즘 제국들을 상대로 승리하는 데 기여한 주된 강점 중 하나는 그 시민의 규모가 계속 증가했다는 것이다. 앞에서 우리는 로마가 이탈리아 반도의 정복을 완료하고 지중해 연안 전역을 포괄하는 제국으로 팽창하려는 시점에서 논의를 멈췄다. 이미 지적했듯이 로마는 시민권을 부여하는 데 가장 개방적인 정치체 중의 하나였다. 하지만 이는 수 세기에 걸쳐 이루어졌으며 로마로의 문화적 동화와 긴밀히 얽힌 매우 장기적인 과정이었다.[111] 로마의 팽창 과정에서 승리를 거둔 것은 종족 정체성의 문화적 구성 요소였다.

이탈리아는 이 과정의 첫 단계였다. 기원전 5~3세기에 '동맹' 자격으로 로마의 헤게모니 아래 놓인 이탈리아 반도의 다양한 종족 공동체들은 반독립적 지위와 내부 자치권을 보유하길 원했다. 하지만 기원전 1세기가 되자 상황이 바뀌었다. 앞에서 언급했듯이 로마에는 문화 동화 정책이 없었다. 그럼에도 로마 문화로의 동화는, 로마인과 라틴인 거주지, 엘리트와의 연줄, 군역, 로마 국가에 소속되려는 열망을 통해 이탈리아 전역에서 꾸준히 진행되었다. 실제로 제국이 성장함에 따라, 로마 시민이 된다는 건 대단한 혜택이 되었다. 시민권을 달라는 요구가 거부당하자 동맹들은 무장봉기하여 이른바 동맹시 전쟁(기원전 91~88년)을 일으켰고 결국 로마 국가로 편입되었다. 그리고 기원전 1세기 초반까지만 해도 여전히 눈에 띄었던 이탈리아 내의 종족적 차이는 1세기 말엽에 이르자 사실상 소멸했다. 아우구스투스 시대에는 로마인과 이탈리아인이 사실상 동일한 개념이 되었다. 라틴어를 쓰는 이탈리아인의 창조 과정에서, 로마 문화로의 동화와 로마의 정치적 통합은 서로를 강화했다. 일찍이 1776년에 에드워드 기번이 그의 고전인 『로마제국 쇠망사』(1.ii.2)에 썼듯이,

알프스 산록에서 최남단의 칼라브리아까지, 이탈리아에서 태어난 사람들은 모두 로마 시민권을 얻었다. 불공평한 차별은 사라졌고, 그들은 언어, 풍습, 제도에 의해 통일된 하나의 큰 민족으로 아주 서서히 결합되었다.[강조는 필자] ⋯⋯ 베르길리우스는 만투아 출신이었고, 호라티우스는 자신을 아풀리아인이라고 해야 할지 루카니아인이라고 해야 할지 확신하지 못하곤 했다. 로마의 위대한 승리들을 기록할 적임자인 한 역사가[리비우스]는 파두아 출신이었고, 애국심이 강했던 카토 가문의 본향은 투스쿨룸이었다. 그리고 아르피눔이라는 소도시는 마리우스와 키케로를 배출하는 이중의 영예를 안았다.

프랑스혁명과 산업혁명 이전에 이 책을 집필한 기번은 "언어, 태도, 시민 제도에 의해 통일된" 민족이 두 혁명에 의해 비로소 탄생하기로 예정되어 있음을 명백히 인식하지 못했다. 로마의 시민권을 연구한 오늘날의 한 역사학자는 기번과 똑같은 용어를 써서 자신의 견해를 다음과 같이 독자적으로 표현했다. "이탈리아는 곧 로마 국가와 동일했다. 문화적·사회적 융합의 시기를 거친 뒤의 로마 국가는 공통어와 단일한 지방 정부 체계와 민법을 갖추었고, 이는 고대에서 찾아볼 수 있는 사례 중 근대적 의미의 대규모 민족국가와 가장 유사한 것이었다."[112] 민족의 연원을 둘러싼 논쟁에 확실

히 익숙한 또 한 명의 독보적 역사학자도 자신의 저서에『공화정 로마의 문화와 민족 정체성Culture and National Identity in Republican Rome』이라는 제목을 붙이는 데 거리낌이 없었다.[113] 공화정 시대의 자주적이고 정치적으로 능동적인 행위자로서의 '로마 인민populus Romanus'이라는 개념은 이와 유사한 근대의 개념을 강화한다. 로마 시민권의 이런 측면은 제정 시대에 상당 부분 소실되었다.

그럼에도 제국 전역, 특히 서부 지역에서는 로마 문화로의 동화와 시민권 확대라는 이원적 과정이 거의 비슷한 양상으로 일어나 수 세기에 걸쳐 진행되었다. 이들 지역의 로마화는 너무나 철저하여, 갈리아와 이베리아에서는―도시와 성읍뿐 아니라 시골 구석구석까지―라틴어가 현지어를 완전히 대체했다. 로마제국의 멸망 이후 라틴어에서 파생되어 발달한 프랑스어, 프로방스어, 이베리아어에는 켈트어의 잔재가 거의 남아 있지 않다. 심지어 로마의 지배가 약 150년밖에 지속되지 않은 다키아(오늘날의 루마니아)조차도 라틴어가 장악했다(그래서 루마니아어로 진화했다). 이 주제에 대한 어느 대표적 전문가의 말을 빌리면, "제국의 서부에서 라틴어는 수많은 지방어들과 충돌했고 결국 그것들의 소멸을 초래했다."[114] 서유럽 전역에 걸쳐 언어가 완전히 대체된 이 사례들은, 민족주의에 대한 근대주의적 논저들에서 상정하는 고립된 시골의 상과 어긋난다. 이 상에서는 국가 공식 언어가 권력 중심지에만 한정되고 시골로 침투하지 않았다고 여겨졌다. 다른 사례에서도 보겠지만, 이 모델은 편향적으로 선별되어 전형성을 부여받은 사례들에 기반하고 있으며 전근대 세계에 전혀 보편적으로 적용되지 않는다. 물론 모든 언어가 그렇듯, 라틴어 구어의 억양과 표현은 이탈리아 안에서건 밖에서건 사회적 지위와 지역에 따라 확실히 뚜렷한 차이를 보였다.[115] 하지만 라틴어 사용자가 다른 라틴어 사용자의 말을 이해하는 데 어려움을 겪었다는 증거는 고전 사료에 없다. 이런 면에서 로마제국 내의 라틴어 변이는, 흔히 상호 의사소통이 힘든 현대 독일어나 이탈리아어의 방언들보다는 현대 영어나 스페인어의 변이와 더 비슷했다.

로마 문화로의 동화와 더불어, 시민권 또한 지방 엘리트에게로, 시민 공동체 전체로, 로마 군단과 함께 보조군으로 장기 복무한 뒤 전역한 군인들에게로 점점 더 확대되었다. 끝으로 212년에는 제국의 모든 자유민에게 시민권이 부여되었다. 제국의 기독교화와 외부의 압력은 더 광범위한 로마인 정체성의 형성에 기여했다. 로마에 대한 야만인의 위협이 매우 커진 3~5세기에 겁에 질린 속주들은 로마 정체성에 더 열성적으로 매달렸다. 야만인들이 갈리아를 장악한 뒤, 이 땅에서는 게르만 침략자와 이제는 '로마인'으로 불리게 된 갈리아인 사이에 큰 구분선이 그어지게 되었다. 만일 로마가 중국처럼 존속했다면, 서로마제국 전역에 거주하는 로마인의 형성 과정도 순조롭게 진행되어 결국 완전한 현실이 되었을 것이다. 기번(I.ii.2)이 요약한 대로, "속주들에서도 로마 민족이 서서히 형성되었다.…… 알레시아에서 율리우스 카이사르를 포위했던 갈리아족의 후손들이 군단을 지휘하고 속주를 다스렸으며 원로원에도 받아들여졌다".

로마제국 동부의 현실은 조금 달랐다. 그리스의 문화적 중요성과 위신에 힘입어, 제국 동부에서는 그리스어가 라틴어와 더불어 학계와 정부에서 쓰는 엘리트 언어로 존속했다. 실제로 고대 문명의 기층이 남아 있고 헬레니즘 시대 내내 다중 정체성이 규범이었던 로마제국 동부에서는 언어·종족 다양성이 훨씬 컸고 혼합 정체성이 일반적이었다. 그리스어와 라틴어 밑으로는 아시리아·바빌로니아·페르시아 시대 이래로 레반트와 메소포타미아의 공용어였던 아람어도 있었다. 그리고 추가로 여러 지역어들도 있었는데, 그중 이집트어(민용어Demotic, 후대에 콥트어로 발전한다)와 히브리어 등 다수는 구어일 뿐 아니라 문어이기도 했다. 따라서 동부는 로마이기보다 그리스에 더 가까웠지만, 이곳 사람들은 정도는 저마다 다를지언정 몇 가지 언어 수단과 다양한 지역 정체성을 공유했다.[116] 이런 현실은 후대에 로마 제국이 라틴어를 쓰는 서로마와 그리스어를 쓰는 동로마로 분리되는 데 한 몫했다. 또 이는, 기독교의 확산에도 불구하고 아랍-무슬림이 7세기에 이 지역을 정복한 만큼 동로마의 공통 정체성이 더 약했다는 뜻이기도 하다.

아랍, 오스만, 무굴 제국

이미 지적한 대로, 이슬람은 신도들 간의 종족 구분을 인정하지 않는 보편 종교를 표방한다. 실제로 이슬람의 움마ummah(아랍어로 '민족'이라는 뜻)라는 강력한 이상은 모든 신자를 포괄하며 이슬람 신봉자들은 이것을 민족·종족 분리와 상반되는 개념으로 내세운다. 하지만 현실은 훨씬 더 복잡하다. 이슬람 신앙은 처음부터 선지자의 인족인 아랍인의 정체성과 긴밀히 얽혀 있었다. 이 새로운 종교는 아랍인들 사이에서 창시되었고, 쿠란과 후대의 이슬람 종교 문헌들도 아랍어로 쓰였다. 7세기에 중동과 북아프리카를 정복한 아랍인들은 이 지역의 지배 엘리트를 자처했다. 물론 이슬람으로 개종하면 누구나 (면세를 포함한) 특권적 지위를 얻을 수 있었던 게 사실이다. 그러나 실제로 이러한 개종은 종교와 정부의 언어인 아랍어의 사실상 수용을 의미했다. 여러 세기에 걸쳐 진행된 이 과정을 통해 아랍어는 문명의 요람에 존재하던 언어들을 대체해나갔고, 살아남은 언어들은 아랍어권 사회 변두리의 소수적 지위로 밀려났다.* 이런 변화는 동방에서는 그

---

* 전통 문어체 아랍어는 현대의 구어체 변이형들과 상당히 다르지만, 이 변이형들끼리는

리스 문명도 로마 문명도 이루지 못했던 것이었고, 이와 더불어 정체성에도 심대한 변화가 일어났다. 중동의 아랍인 정복자들이 지배한 사회에서 그들의 인구 비중은 적었지만 그들의 정체성은 주류가 되었다. 아랍어와 이슬람 창건 설화는 둘 다 아라비아에서 비롯되었고 그 발전 과정에서도 아랍인이 주된 역할을 했다. 대체로 신석기 시대부터 이 지역에 거주해온 중동의 토착 주민들은, 종교와 언어뿐 아니라 자신들이 아랍 혈통이라는 믿음 또한 일부분 받아들였다.

물론 이상의 설명은 전체상에 턱없이 못 미친다. 아랍이 지배하는 중동 전역에는 소수 종교·종족 공동체들이 존속했고, 자생적 뿌리에 대한 고유의 기억, 아랍 정체성과 경쟁하는 독자적 정체성 역시 유지되었다. 아랍인들 내에서도 지역 정체성은 큰 다양성과 중요성을 띠었다. 게다가 이슬람은 중동을 넘어 이란, 중앙아시아, 남아시아, 동남아시아, 발칸, 사하라 이남 아프리카까지 멀리 퍼져나갔다. 그리고 이 모든 지역의 토착민들은 아랍어와 아랍 정체성을 받아들이지 않고 실제로 고유한 종족정치적 정체성을 유지했다. 끝으로, 아시아의 모든 큰 문명들처럼 아랍 중동도 중앙아시아 스텝 지대에서 온 군사적으로 우월한 유목 기마족에게 정복당했다. 튀르크 부족민과 전사대는 8세기부터 아랍 칼리프조의 군대를 이루었다. 하지만 그들은 중국에서의 만주족보다 훨씬 굳건히 자리잡았다. 만주족처럼 튀르크족도 현지 문화를 대거 수용하는 한편, 자신들의 언어와 정체성을 유지했다. 또한 튀르크인은 이슬람으로 개종했는데, 포괄적인 대중 신앙으로서의 이슬람은 만주족이 신봉한 유교보다 훨씬 강력한 정당성과

서로 매우 유사하며 마그레브인, 특히 모로코인을 제외하면 오늘날 아랍어 사용자 간의 의사소통에는 별다른 장애가 없다.

공통 정체성을 제공했다. 나아가 튀르크인이 아나톨리아에 정착하여 이 지역을 지배하면서, 훨씬 많은 무수한 토착민이 튀르크어와 튀르크 정체성을 점차 수용하게 되었다. 이 과정은 15세기부터 20세기 초까지 중동을 지배한 오스만 제국 시대에 정점에 이르렀다.

오스만 제국에서는 술탄이 모든 믿는 자들의 칼리프를 겸임하며 이슬람 보편주의를 명백히 표방했다. 아나톨리아, 발칸, 메소포타미아, 시리아를 비롯한 전 영토의 무슬림 엘리트들이 제국의 고위 공직에 선임되고 제국 군대에 통합되었다. 또한 이 제국은 비무슬림에 대해 큰 관용을 보여주었다. 그러니까 오스만 제국은 관용적인 다종족 제국이었던 동시에 종교적 정체성을 그 독보적인 기본 원칙으로 삼았다. 하지만 오스만 제국이 띠었던 다종족성의 한계도 기억해야 한다. 모든 제국이 그렇듯 오스만도 강제적인 억압에 의존했고, 이 강압은 궁극적으로 튀르크인 집단의 군사적 우위에 의존했다. 튀르크인은 제국에서 단연 가장 막강한―그리고 가장 충성스러운―집단이었고 다른 모든 집단들도 이 사실을 인정했다. 튀르크인은 상비 근위 기병대와 제국이 조직한 반봉건 기사 집단(스파히sipahi)의 대부분을 구성했다. 상비 엘리트 보병대인 예니체리janissaries는 납치한 기독교도 소년들을 이슬람 전사로 훈련시켜 육성한 군대로 유명했지만, 그들은 튀르크 정체성을 갖게끔 튀르크인으로 길러졌다. 비튀르크인 부대는 대부분 변경 지역의 비정규군이었다.[117]

종족민족적 정체성은 다른 방식으로도 발현되었다. 오스만은 제국 영토 내의 이교도 공동체(밀레트millet)에 폭넓은 법적·행정적 자치권을 부여하여 그들 고유의 법과 관습에 따라 공동체를 운영할 수 있게 허용했다. 그러나 이런 이교도 공동체들―그리스 정교도, 시리아 정교도, 아르메니아인, 유대인―은 종교 공동체인 동시에 종족 공동체이기도 했다.[118] 끝으로 옛 민족 정체성들이 아시리아 시대 이후 근동을 잇달아 지배한 제국들에 의해 제거된 상황에서, 초국가적 부족·지역 정체성은 사람들의 충성심이 향하는 주된 초점이 되었다.[119] 종합해서 볼 때, 민족태가 중동에서는 낯선 개념이었고 서구에 의해 인위적으로 도입된 것이라는 케두리의 주장을 뒷받침한 것은 전제적 제국의 군림, 종족을 초월한 종교적 정체성, 국지적 친족 연대였다. 하지만 부족주의를 비롯한 전통 사회의 특징들이 약화된 상황에서 고도로 강압적인 정권 없이도 비민족주의적 중동이 존속할 수 있을지는 전혀 다른 질문이며, 가까운 미래와 아주 긴밀히 연관된 질문이 될 가능성이 크다.

인도는 우리가 마지막으로 다룰 가장 흥미로운 사례다. 유럽처럼 인도 아대륙의 사람들도 다종족·다국가 문명을 이루었고, 이 두 가지 특징은 서로 연관되어 있다. 중국과 달리 인도의 통일 제국—가장 주목할 만한 것만 꼽자면 마우리아 왕조(기원전 322~185)와 굽타 왕조(기원후 320~550)—은 지속되지 못했다. 그 결과 기원전 제2천년기에 아대륙의 대부분을 장악한 아리아인 침입자들의 언어인 산스크리트는 인도아리아어군의 언어들로 중국어보다 더 심하게 분화되었다. 또 국가가 주도한 대규모 종족 평준화보다는 각 지방 차원의 종족 분화가 이루어졌다. 힌두교의 수많은 종파들은 다신교적 성격이 강했고 그래서 유럽의 기독교보다도 통일성이 약했다. 인도 문화에는 확실히 공통된 요소가 많이 있지만, 인도는 공통의 정체성 의식이 기독교 세계에 비해 약했다. 하지만 흔히 그렇듯 이방인 침입자의 위협에 대한 위기감은 '그들'과 '우리'를 구별짓는 의식을 낳았다.

8세기부터 침입하기 시작한 이 이방인들은 무슬림이었으므로 종족 및 종교의 차이가 정체성의 충돌을 부채질했다. 이 두 차이는 각각 독립적으로 존재했고 하나로 융합될 수 없었지만 그렇다고 완전히 별개의 것도 아니었다. 무슬림 침입자와 지배자들은 아랍인, 페르시아인, 아프간인, 몽골-튀르크인 등이었다. 이와 대조적으로, 인도에서는 이슬람으로의 개종이 상당히 많이 일어났음에도 (또 시크교도와 불교도도 상당수였지만) 인도인의 절대다수는 힌두교도로 남았다. 여기서도 인도 북서쪽에서 온 기마 부족민의 군사적 우위가 그들의 엘리트 지배의 기반을 이루었다. 따라서 종교·종족 정체성과 더불어 군사 문화와 엘리트 정치도 각각 일정한 역할을 수행했고 이 모든 요소들은 서로 맞물렸다. 아프가니스탄에서 온 부족 전사 집단이 수립한 델리 술탄 왕조는 13세기부터 16세기 초까지 인도 북부를 지배했다. 아프간인 혹은 튀르크인이었던 델리 술탄조의 지배자들은 이슬람화 정책을 추진하며 힌두교도인 피종속민을 심하게 차별했다. 그들의 이슬람·종족 정체성은 외국 문화 한복판에서 외국을 지배하는 군사 엘리트라는 그들의 위치와 결부되어 있었다. 이후 북서쪽에서 온 다른 침략자들이 델리 술탄조를 멸망시켰고, 아대륙 대부분을 통일한 찬란한 무굴 제국을 건설했다.

무굴 제국은 델리 술탄조보다 종족적으로 더 다양하면서 더 관용적이었는데, 이는 그 성공의 비결 중 하나였다. 무굴 제국은 진정한 다종족성의 모범으로 제시되곤 하며, 실제로 제국들의 연대기에서 무굴의 사례는 동시대의 오스만 제국보다도 훨씬 더 독보적이다. 아크바르 황제(1542~1605)는 이슬람 분파주의를 멀리하며 새로 건설한 제국에 힌두교도 유력자들을 등용했다. 사실 그로서는 선택의 여지가 별로 없었다. 이 왕조의 힘은 아시아 내륙에서 온 튀르크-몽골계 전사 집단에 기반하고 있었다. 이 전사 집단은 먼저 아프가니스탄의 카불을 장악한 뒤 북인도를 침략하여 이곳의 아프간계 지배자들을 몰아냈다. 패배한 아프간계 족장들은 승자 편에 붙었지만, 이들에 대한 과도한 의존을 피하고 지지 기반을 최대한 확대하는 게 관건이었다. 이 점을 유념한 아크바르는 북인도의 힌두교도 전사 족장들인 라지푸트Rajput를 제국의 지배 엘리트와 군대로 통합시켰다. 또 제국은 현지의 힌두교도 실력자들이 시골에서 징집한 인도인 보병대에 의존하기도 했다. 무굴과 라지푸트의 결연은 권력과 지위와 이득에 기반을 두었지만 이는 가족 차원의 친족 유대를 통해 공고해졌다. 라지푸트 엘리트는 노골적인 정치 행위의 일환으로 자기 딸들을 술탄과 무굴 고위 귀족에게 시집보내는 식으로 광범위하게 통혼했다. 학문과 예술과 국정 운영 능력으로 이름을 떨친 무굴 궁정의 페르시아인들은 무굴 제국의 코즈모폴리턴적 이미지를 완성했다.

나는 이러한 이미지를 반박하려는 것도 아니고, 종족성이 모든 제국에서 똑같은 강도로 기저를 이루었다고 주장하는 것도 아니다. 이미 지적했듯이 무굴 제국은 다종족 통합 수준의 스펙트럼에서 맨 끝에 있었고 그런 측면에서 실로 드문 사례였다. 하지만 오스만 제국처럼 무굴 제국도 종족 간의 동등한 파트너십과는 거리가 멀었음을 인식하는 게 중요하다. 무굴의 통치는 고도로 강압적인 군사 제국 내에서 뚜렷한 종족적 기반을 지닌 비대칭적 권력 균형에 의존했다. 궁극적으로 이 제국은 튀르크-몽골 기마족의 군사적 우위에 기반했고, 아프간계 기마 부족이 무굴 제국 편에 붙은 것은 그들 스스로 과거에 다스렸던 제국을 대신한 차선책이었다. 힌두계 라지푸트는 없어선 안 될, 그러나 하급의 파트너였다. 그들이 나눠 가진 제국의 풍요로운 혜택 또한 과거에 독립 통치자로서 누렸던 지위를 박탈당한 대가였다.

이런 현실은 몇몇 수치에서 인상적으로 드러난다. 제국 인구의 소수에 불과한 무슬림이 무굴 귀족층의 80퍼센트를 차지했고 20퍼센트만이 힌두교도였다. 비인도인은 전체 인구의 극히 일부였는데도, 이 80퍼센트의 무슬림 귀족 중에서 23.3퍼센트는 튀르크-몽골인, 28.4퍼센트는 페르시아인 (그중 대다수는 페르시아 사파비 왕조의 튀르크계 지배 엘리트 출신이었을 것이다), 5.9퍼센트는 아프간인, 14.7퍼센트는 인도계 무슬림(6.6퍼센트는 기타 무슬림)이었다. 힌두교도인 라지푸트는 16.5퍼센트를 차지했다. 게다가 그들 중 다수는 자기 영지에서 아주 높은 직위에 있었음에도 "최고위급 라지푸트는…… 대귀족 중에서 3위 서열의…… 관직을 차지했다.…… 지방관으로 재직한 라지푸트는 사실상 한 명도 없었다."[120] 무굴 제국이 아무리 관용적이고 포용적이었어도, 그 종족적 현실을 이보다 더 뚜렷하게 보여주는 사례도 없을 것이다.

무굴 제국은, 제국들이 종족을 뚜렷이 의식했으며 모든 제국에는 대개 '지배 지분'을 확보한 지배 인족 혹은 종족이 존재했다는 나의 주장을 적용하기에 가장 까다로운 사례일 것이다. 그러므로 이쯤 해서 유럽 외부의 제국들에 대한 우리의 검토를 끝내는 게 좋겠다. 우리는 국가가 존재한 무대 중에서 가장 오래되고 가장 크고 가장 다양한 지역인 아시아에 집중했다. 하지만 콜럼버스 이전의 아메리카에서 가장 크고 상세히 기록된 '영토' 제국인 잉카 제국의 잉카인에게도 같은 주장이 적용될 수 있다. 사하라 이남 아프리카도 마찬가지다. 아프리카에 존재했던 큰 제국들의 경우, 만데 종족의 하위 분파인 소닌케족은 가나 제국(기원후 750~1240)의 중추였다. 만데 종족의 또다른 분파인 만딩카족은 가나 제국을 계승한 말리 제국(1230~1600)에서 비슷한 역할을 했다. 그 동쪽으로 나일사하라어를 쓰는 송가이족은 말리 제국에서 떨어져나와 그들만의 제국(1340~1591)을 세웠다.

맺음말

평등한 시민권과 대중 주권과 대중 정치 참여를 민족 개념의 구성 요소로 보는 정의를 따르는 이들에게는 본 장이 (아마도 로마 공화정 후기의 이탈리아를 제외하면) 사실상 무의미할 것이다. 그들은 내가 전근대 민족국가라고 기술한 것에 대해 다른—이를테면 종족국가 같은—명칭을 붙일 것이다. 구분은 얼마든지 할 수 있으며 정의는 갖가지 논리적인 방식으로 쪼개질 수 있기 때문에 나는 이러한 입장에 딱히 반대하지 않는다. 하지만 민족태가 얼마나 오래됐는가를 둘러싼 논쟁에 참여하는 다수(어쩌면 대다수)에게 이는 의미론이 아니라 현실이 걸린 문제다. 내가 문제삼는 것은, 전근대 정치체들이 근본적으로 엘리트 권력 구조였으며 여기서 정체성을 공유한다는 대중 정서가 아무런 중요한 역할도 하지 않았다는 시각이다. 나아가, 나는 종족과 국가의 대체적 일치—민족에 대한 겔너의 정의—가 근대 이전에 거의 존재하지 않았다는 주장에 반대한다.

이미 보았듯이, 개별 도시국가들은 종족이 같은 사람들로 구성되는 게 통례였고 (이방인이 존재하는 곳에서는) 이방인을 별개의 범주로 취급했다. 이방인이 시민으로 받아들여질 경우 이는 보통 사회적·문화적 동화와 연관되었다. 그리고 종족이 같은 도시국가들은 흔히 서로 심하게 적대했지만 외부의 적에 직면했을 때는 동맹이나 영구적 연맹을 결성하는 경향이 뚜렷했다. 게다가 도시국가들은 초기 국가 형성으로 가는 유일한 경로가 아니었다. 큰 '영토' 국가들은 도시국가만큼이나 오래되었고, 국가와 종족이 겹치는 민족국가의 경향이 있었다. 주된 종족의 형성이 일찍이 신석기 시대의 농경·목축 확대 과정에서 이루어졌을 경우, 언어나 문화, 친족감정을 공유하는 공통된 종족 공간 내에서 큰 국가를 만들고 유지하기는 훨씬 더 쉬웠다. 국가 형성 자체는 다시 영토 내의 종족 평준화를 크게 진전시켰고 흔히 이방인 집단들을 동화시켰다. 어떤 경로든, 요는 민족국가들이 일찍이 국가 형성 과정 그 자체와 동시에, 더불어 생겨났다는 것이다. 민족국가는 국가 자체만큼이나 오래되었고, '영토' 국가가 존재한 곳이라면 대체로 어디서나 찾아볼 수 있다.

대부분의 경우 민족 군주제인 '영토국가' 혹은 '왕조국가'가 특정한 인족이나 슈타츠폴크를 중심으로 형성되는—본 장에서 광범위하게 서술한—이토록 강한 경향성은 너무나 명백하고도 뚜렷한 정치적 현실이다. 이는 역사 기록에서의 대중의 침묵이라는 문제를 극복하는 데 도움을 준다. 실제로, 만약에 전근대 국가들이 순수한 엘리트 권력 구조였고 깊숙이 배인 친족-문화 공동체 의식으로부터 그들의 정당성과 연대감을 끌어오지 않았다면, 왜 그들의 정치적 경계와 종족적 경계는 그토록 자주 일정하게 수렴되었을까? 대중이 외세의 지배에 맞서 자기 생명과 재산을 송두리째 희생해가며 거듭 봉기하는 현상은 인상적이리만치 같은 방향을 가리키고 있다. 비록 문맹인 대중의 목소리를 기록해줄 사람은 드물었어도, 현실은 많은 것을 말해준다. 일례로, 중국에서 여진족의 지배에 맞서 자발적으로 불붙은 애국-대중 반란군에 대해 송나라 조정의 관료들이 남긴 기록은 이 어두운 곳을 비춰주는 희귀한 문자 사료 중의 하나다. 엘리트 지배와 계급적 억압은 확실히 민족 단결과 대중 참여에 악영향을 끼쳤지만 깊숙이 자리잡은 친족-문화 정체성 의식과 연대감을 없애지는 못했다. 사람들은 경제적·사회적·정치적으로 굴종적 위치에 있으면서도 외세에 직면했을 때는 자신의 종족민족적 집단과 자신을 동일시할 수 있었고 실제로 그렇게 했다. 1차대전 전야에 제2인터내셔널의 사회주의 지도자들이 미처 깨닫지 못했던 이 단순한 현실은, 그때보다 훨씬 이전 시대부터—심지어 사람들이 소위 고립된 농촌 공동체에 흩어져 살던 시절부터―진실이었다.

물론 부족·지역 공동체들은 민족국가를 밑으로부터 위협하곤 했다. 특히 국가 형성 초기 단계에는 이것이 원심력으로 작용할 때가 많았고, 정치적 해체는 이렇게 쪼개진 조각들을 가끔 별개의 종족민족적 경로로 이끌기도 했다. 친족-문화 정체성에는 흔히 등급이 있었고 역사적 융합과 분열 과정을 겪었다. 또한 민족국가들은 강한 제국에 의한 정복이라는 외부 위협에 취약했고 이런 제국들에게 독립을 빼앗겼다. 실제로 이 과정은 흔히 필사적인 저항과 거듭된 봉기로 이어졌고, 제국의 관점에서 '평정'이라고 완곡하게 표현되는 유혈 과정으로만 진압될 수 있었다. 다른 한편으로, 장기간 제국의 지배를 받은 민족은 엘리트와 대중 모두 고유한 정체성을 상실하는 경우가 많았고 때로는 제국으로의 문화적 동화와 통합을 겪기도 했다. 제국의 힘과 영향력은 민족국가와 종족민족적 일반 정서가 전근대사에서 중요한 측면이 아니었다는 시각적 환상에 크게 기여했다. 하지만 실제로 이런 국가와 이런 정서는 흔히 더 우세한 세력에 굴복했을 뿐이지 매우 널리 스며들어 있었다.

로마의 분봉왕으로서 갈릴리의 작은 공국을 다스린 헤로데 아그리파 2세는 기원후 66년 로마제국에 반란을 일으키려는 예루살렘과 유대의 흥분한 유대인 동족을 만류하는 연설을 했다. 이 연설에서 그는 로마제국의 모든 사람들에게는 명백했지만 근대론자들은 간과하는 사실을 지적했다. 즉, 제국의 모든 인족들이 로마 지배로부터의 독립과 자유를 얻고자 필사적으로 싸웠다는 사실이다. 아그리파는 사람들의 "자유를 향한 열정"〔엘레우테리아eleutheria〕에 대해, "예속은 고통스러운 경험이며 이를 단호히 피하려는 몸부림은 정당함"을 수긍했다. 이런 관념이 까마득한 고대에도 엄연히 존재했음은 분명하다. 게다가 아그리파가 연설을 한 대상은 노예가 아니었으므로 그는 개인적 자유와는 명백히 구분되는 집단적 자유를 말하고 있었다. 하지만 로마는 유대인들이 도전하기에는 그야말로 너무나 강했다. "더 큰 자부심에 부풀어 자유[엘레우테리아]를 부르짖었던 다른 무수한 민족들[종족들]이 무릎을 꿇었다:…… 그대들은 갈리아인보다 더 부유한가? 게르만인보다 더 힘이 센가? 그리스인보다 더 총명한가? 세계의 모든 인족들보다 더 수효가 많은가?" 유대인은 아그리파의 말을 듣지 않았고 필사적인 전쟁 끝에 짓밟혔으며, 예루살렘과 사원은 파괴되었다. 실제로 외래 제국의 통치에 맞선 대규모 대중 봉기—실제로는 민족 독립 전쟁—를 촉발한 것은 (때때로 제국에 부역했던) 엘리트의 계산보다는 대중의 감정과 열정일 때가 더 많았다.[121] 정치 행동의 영역에서, '대중의 정치화'가 이보다 더 구체적으로, 대규모로 표현되는 사례를 떠올리기란 힘들다.

물론 종족민족적 정체성은, 비록 중요하긴 했지만 역사에서 유일한 힘도, 심지어 가장 중요한 힘도 아니었다. 나는 이것이 전능한 힘이었다고 주장하는 게 아니다. 친족 연대의 중심인 가족과 부족, 강한 형태의 문화 정체성인 종교는 종족민족적 충성심을 강화해줄 때가 많았지만 때로는 그것과 경쟁하기도 했다. 게다가 권력과 지위와 물질적 이득은, 흔히 다른 모든 것을 짓밟는 가장 강력한 유인이었다. 그럼에도 종족민족적 정체성과 감정은 다소나마 강도의 차이는 있을지언정 정치적으로 중추적 중요성을 띤 주된 요인으로서 항상 존재했다. 정치적 종족성은—이와 더불어 민족 현상의 전형적 특징인 대중의 정치화는—근대의 발명품이 전혀 아니었다.

어째서 그랬을까? 서론에서 지적했듯이, 바로 이것이 겔너가 예시한 "민족주의는 인간 심리에 아주 깊이 뿌리내리지 않았다"는 통념에서 내가 문제삼는 점이다. 비록 매우 다양하긴 해도 민족이나 기타 형태의 정치적 종족이 국가의 시초부터 인류 현실에서 이처럼 보편적이고 강력한 특징이었던 것은 사람들이 자신의 친족-문화 공동체로서 동일시하는 집단을 늘 심하게 편애했기 때문이다. 물론 진화로 형성된 인간의 타고난 성향들은 역사 속에서 다양한 형태를 취했고 변화무쌍한 현실 속에서 다른 요인들과 광범위하게 상호 작용했다. 하지만 역사적 현실에서 그것의 존재와 중요성을 못 보고 지나치기란 지극히 힘들다.

이러한 현실을 그토록 많은 사람들이 실제로 못 보고 지나치는 데는 몇 가지 이유가 있다. 그중 하나는 유럽이 걸어온 특이한 경로와, 민족의 역사에서 유럽이 획득한 특수한 역할에 있다. 중세 봉건 사회의 극단적인 분열도, 근대화와 고도로 발전한 민족국가로의 선구적인 도약도 모두 유럽 특유의 것이었다.

제5장

전근대 유럽과
민족국가

유럽은 민족과 민족주의에 대한 연구를 지배하고 있으며 민족국가의 유일한 온상으로 여겨진다. 유럽 민족국가가 등장한 시기―프랑스혁명·산업혁명과 더불어 등장했는지, 근세에 등장했는지, 중세에 등장했는지―에 대해 견해를 달리하는 근대주의자와 대다수의 전통주의자들도 이 점에서는 동의한다. 앞에서 보았듯이 이처럼 유럽을 독특하게 취급하는 관점은 근본적으로 사실과 다르다. 민족국가는 수천 년간 전 세계에 걸쳐 존재해 왔고, 실제로 국가의 한 형태로서 민족국가의 출현은 어디서든 국가 그 자체의 출현과 긴밀히 얽혀 있었다. 따라서 국가가 최초로 진화한 아시아(그리고 그에 인접한 이집트)는 가장 오래된 고대 민족국가를 찾아볼 수 있는 곳이기도 하다. 다만 이 현실을 뚜렷하게 인식할 수 없는 것은, (동아시아는 아니지만) 특히 서남아시아에서 민족국가적 정치 조직 모델이 아시리아 시대 이래로 제국 모델에 의해 파괴되고 대체되었기 때문이다. 물론 유럽의 경우는 독특한 점이 있긴 했지만 흔히 이해되는 양상과는 조금 달랐다. 유럽의 경험이 어디가 독특하고 어디가 그렇지 않은지를 깨닫지 못한 데서 빚어진 오해는 민족 현상에 대한 학술적 논의를 비틀고 왜곡했다. 다음은 우리 주제와 관련하여 유럽의 발전이 띠었던 주된 특징들이다. 그중에는 유럽에만 한정된 특징도 있고 그렇지 않은 것도 있다.

- 세계 다른 지역에서처럼, 지중해 북쪽 유럽에서도 (한 종족 또는 인족〔슈타츠폴크〕과 한 국가가 수렴되는) 민족국가는 국가 형성 자체와 바짝 붙어서 출현했다. 이 이원적 과정은 태동기 유럽 문명에서 기원후 제1천년기의 후반기부터 일어났다. 이 민족국가들은 주로 이미 존재하는 종족적 실체 위에 건설되었고 전반적으로 볼 때 그 여파는 놀랄 만큼 오래도록 지속되었다.
- 뒤에서 논의할 지정학적 이유로, 태동기 유럽 문명의 전형적 국가 모델은 애초부터 민족국가 모델의 경향이 세계 다른 지역보다도 더 뚜렷했다. 이는 제국에 의한 정복에 직면했을 때 특히 탄력성 있는 모델로 입증되었다. 하지만 태동기 유럽의 민족국가들은 사회경제 발전과 행정 인프라 측면의 전반적 후진성 탓에 봉건적 분열을 겪었고 이는 국가와 민족 모두의 응집력을 약화시켰다.[1]
- 유럽의 민족국가들이 봉건주의를 밀어내고 통일과 중앙 집권을 되찾기 시작하고 얼마 안 지나서 유럽은 세계 문명 중 최초로 근대에 진입했다. 근대화 과정에서 발생한, 봉건적 분열로부터 대규모 응집으로의 이 급격한 이행은 유럽 민족과 민족국가의 성장에 특별히 가파른 궤적과 완전히 새로워 보이는 외관을 부여했다.* 유럽이 산업화와 세계 지배를 향해 전진함에 따라, 유럽의 근대적 민족국가들은 다른 모든

---

* 바로 이러한 이유 때문에, 민족국가뿐 아니라 국가 그 자체가—유사 이래 전 세계적으로 이어져온 긴 역사를 무시한 채—완전히 새롭고 근대적이고 유럽적인 현상이라는 주장이 흔히 제기되곤 한다. 4장 주-1 참조.

민족국가들을 압도하며 유럽 안팎에서 전근대 민족국가들이 띠었던 보편성과 중요성을 무색하게 만들었다.

4장에서 검토한 전 세계적 사례들에 덧붙여 유럽의 전근대 민족국가에만 전적으로 할애한 본 장이 필요해진 것은, 바로 민족 및 민족주의에 대한 학술 문헌에서 유럽이 차지하는 특별한 역할과 더불어 유럽의 이러한 독특성 때문이다. 민족국가가 유럽에서 시작된 것은 전혀 아니지만, 유럽에서 두각을 나타낸 것은 사실이다.

지정학: 고전 지중해와 태동기 유럽에서의 국가

우선 유럽사에서 볼 수 있는 가장 뚜렷한 사실로부터 시작하자. 이 대륙에서는 국가 시스템을 압도한 패권적 제국이 거의 부재했다는 사실이다. 유라시아의 큰 문명을 통틀어 내부 세력에 의해 통일되지도, 외부 세력에 의해 정복되지도 않은 건 오직 유럽뿐이다. 그 유일한 예외라 할 수 있는 로마는 근본적으로 유럽 제국이라기보다는 남유럽을 중심으로 한 지중해 제국이었다. 게다가 비록 로마가 여러 세기 동안 지속되었고 지대한 영향력을 떨치긴 했어도 유럽사 전체에서 그것이 존속한 기간은 짧았다. 통일을 시도한 다른 모든─카롤루스, 오스만, 합스부르크, 나폴레옹─제국들은 로마보다도 더 한정된 영역에 머물렀고 단명했다. 제국의 지배가 없었기에 서구의 자유 전통이 더 커졌다는 지적은 오래전부터 있어왔다. 작은 정치 규모는, 귀족과 평민 둘 다 희생시키고 독재 권력에 집중하는 소위 동양적 전제군주제에 대체로 불리했기 때문이다.[2] 유럽의 이러한 독특성을 처음으로 포착한 몽테스키외는 그 정치적 결과를 지적하고 그것이 유럽 특유의 지리와 생태에 크게 기인한다는 점을 인식했다.

> 아시아에는 늘 대규모 제국들이 있었지만 유럽에서는 한 번도 지속적으로 존재하지 못했다. 이는 우리가 아는 아시아가 더 넓은 평원들을 지녔기 때문이다. 이곳은 바다로 나뉜 땅덩이들이 훨씬 더 크다. 그리고 유럽보다 더 남쪽에 위치해 있기 때문에 강물이 더 쉽게 마르고 험준한 산맥이 적으며, 강들의 규모가 작아서 더 얕은 장벽을 이룬다. 그래서 아시아에서의 권력은 항상 전제적이다.…… 유럽에서는 자연적 분리 때문에 다수의 중간 크기 국가들이 형성되며, 이런 국가에서는 법치가 국가의 존속과 양립 불가능하지 않다.…… 바로 이런 조건이, 각 부분을 외세의 통치에 예속시키기 어렵게 만드는 자유의 재능을 키워냈다.[3]

서남아시아, 동아시아, 인도 아대륙 북부의 넓고 탁 트인 평원들은 빠른 부대 이동 및 제국 내 의사소통을 촉진했다. 이와 달리 남-서-중부 유럽은 산맥으로 철저히 갈라진데다 그 구성 부분들 사이사이에 깊숙이 침투한 바다로 둘러싸여 있다. 이처럼 파편화된 경관에서 태동한 많은 소규모 정치 단위들은 자연 장벽 뒤에 몸을 숨기고 저마다 바다로 접근할 수 있는 입지 덕에 대개는 혜택을 누렸고, 아시아의 소국들보다 더 성공적으로 자신의 독립을 지킬 수 있었다. 다른 지리-생태적 요인들도 유럽의 독특한 정치적 발전에 기여했다. 동부를 제외하면, 유럽은 아시아의 문명들처럼 광활한 변경 스텝 지대의 목축민들에게 노출되지 않았다. 또 온화한 기후와 심지어 적당한 강수량 덕분에, 유럽 내부는 중동과 북아프리카처럼 경작지대와 좀더 건조한 목축지대로 잘게 분리되지 않았다. 이런 조건 때문에 목축 부족의 형성은 이슬람권의 변함없는 특징이었고, 국가와도 민족과도 경쟁하는 별개의 정체성들이 이런 목축 부족을 중심으로 형성되었다. 그에 반해 유럽의 부족체들은 국가 권력의 수립, 더 발달한 농경 정착지, 도시의 성장에 직면하여 더이상 버티지 못하고 소멸했다.

이 모두는 지리적·생태적 '결정론'을 시사하는 게 아니다. 다만 유럽사의 두드러진 특징들이 순전한 우연이 아니라 물리적·생태적 조건의 영향을 크게 받았으며, 이런 조건들이 유럽에서 대제국의 공고화를 훨씬 더 어렵게 만들고 부족 사회가 특정 단계를 넘어서 존속할 가능성을 낮추었다는 말이다. 물론 유럽은 단일하지 않았고 유럽 내의 지리적·생태적 조건은 아주 다양했다. 그래서 지중해 고전 문명과, 로마 멸망 이후 그 북쪽에서 태동한 유럽 문명 사이에는 지리적 환경에서 상당한 차이가 있었다. 실제로 이 차이는, 지중해 북쪽 유럽에서 처음부터 가장 전형적인 정치 조직 형태로 여겨진 것이 세계 어디서나 출현한 세 가지 유형의 정치체—소국, 국가, 제국—중에서 더 작거나 큰 모델이 아니라 중간 규모의 국가였던 이유를 설명하는 데 도움을 준다.[4]

유럽 최초의 문명인 고전 시대 그리스는 여러 면에서 전형적이다. 어지럽게 교차하는 산맥과 바다로 가로막혀 유럽에서 가장 파편화된 반도인 그리스는, 이 반도와 기복이 심한 대륙 전체의 정치적 파편화를 축소판으로 예견하고 있었다. 우연과 기억과 문화적 전승 이외의 뭔가가 그리스인을 후대의 유럽사와 연결해준 것이다. 게다가, 그리스 다음으로 문명이 전파된 지리 영역은 우연찮게도 유럽에서 둘째로 기복이 심한 반도이자 제도인 이탈리아였다.* 따라서 그리스와 이탈리아에서는 파편화된 경관을 다

---

* 내가 여기서 노르웨이를 제외시킨 이유는 이곳이 고대 근동의 문명 요람에서 가장 멀리 떨어진 유럽 지역이었기 때문이다. 그래서 북서쪽으로 서서히 전진한 문명이 마지막으로 다다른 지역이 되었다.

수의 도시국가들이 지배했다. (이탈리아와 달리) 적어도 그리스에 거주하는 사람들은 스스로를 단일한 종족으로 여겼지만 말이다. 하지만 그리스를 비롯한 지중해 정치체들을 방어해주는 동시에 탁 트인 해양으로의 진출을 열어주었던 바로 그 바다가, 그 제해권을 획득한 장래 제국의 (아시아의 탁 트인 평원과 비견되는) 통신 고속도로 구실을 할 수도 있었음에 주목해야 한다. 로마는 기원전 3세기에 이러한 제해권을 손에 넣었고, 우리가 로마를 지중해 제국이라고 일컫는 것은 이런 의미에서다. 로마제국의 방대한 규모를 가능케 한 것은 바로 로마인들이 '우리 바다mare nostrum'라고 일컬은 지중해의 통신·물류 고속도로였다.

한편으로는 지중해 해안에서 멀찍이 떨어진 북쪽에 정치체들이 수립됨에 따라 지리적 환경도 확연히 변했다. 유럽 알프스산맥의 주요 능선들 사이와 그 북쪽에는 더 탁 트인 평지들이 자리잡고 있다. 게다가 심지어 바다와 면한 땅에서도 바다로 둘러싸인 부분이 그리스와 이탈리아보다 훨씬 더 적었다. 그러므로 유럽의 이 지역에서 도시국가보다 큰 규모로 통합된 정치체가 처음부터 표준으로 떠오른 것은 우연이 아니다. 실제로, 유럽 최초의 민족국가가 중세나 근세에 출현한 것이 아니라 사실 고대 마케도니아였다는 사실은 거의 인식되지 않았다. 마케도니아의 등장을 연구한 어느 역사학자가 조심스럽게 썼듯이,

나는 마케도니아가 유럽 최초의 민족국가가 아니었을까 하는 생각을 해본 적이 있다.…… 마케도니아인은 선조인 마케도네스인으로부터 파생된 종족 집단이었고, 유사 이래로 그들의 왕을 섬기는지 여부로 정의되었다.…… 이런 의미에서 그들은 같은 충성심과 역사적 경험을 공유한 한 인족 혹은 종족이었다.[5]

학자들은 그리스의 반야만적인 북쪽 변경에서 마케도니아 부족들이 쓴 언어가 그리스어의 아이올리스 방언이었는지 아니면 별개의 언어였는지 명확하게 알지 못한다. 어느 쪽이든, 그리스와의 경제적 접촉과 그리스로부터의 문화 수입은 신흥 마케도니아 국가의 왕실과 엘리트에게 큰 영향을 끼쳤을 것이다. 전승에 따르면 기원전 7세기에 트라키아와 일리리아 종족에 속한 이웃 부족들과의 고질적인 전쟁 압력에 대응하여 수립된 이 군주정은, 인구가 희소하고 거의가 목축민인 마케도니아인 주민을 느슨하게 지배했다. 하지만 기원전 4세기경에는 정착 농경이 이 나라의 남부에 뿌리내렸고 군주의 적극적 지원하에 도시가 성장, 확대되었다. 이런 발전을 토대로 군주는 권력을 집중시키고 중세 후기 유럽의 민족 군주제를 연상시키는 국가·민족 건설 과정을 공고히 다질 수 있었다. 전통적으로는 기마 귀족들이 마케도니아 군대의 중추를 이루었다. 필리포스 2세는 그들을 자기 궁정으로 불러들였다. 궁정에서 교육받은 귀족의 자제들은 국가의 최정예 '전우' 기병대(헤타이로이)를 구성했다. 더 중요한 사실은 필리포스 2세가 농민들의 팔랑크스 보병대를 창설하여 귀족 기병대를 보완한 것이었다. 마케도니아 농민-군인의 자유는 마케도니아의 힘과 군주의 권위에 힘입어 증진되었고 다시 그 시금석이 되었다. 그래서 왕은 이 귀족 '전우'들의 바람뿐만 아니라 병사 민회의 목소리에도 귀를 기울여야 했다.[6]

바로 이것이 마케도니아 민족국가의 형성이었다. 필리포스는 마케도니아 지중해 해안의 그리스 도시들뿐 아니라 트라키아인과 일리리아인의 일부 부족까지 강제 통합시키며 서서히 영토를 확장했다. 필리포스는 그들 모두를 어엿한 마케도니아인의 일원으로 대우하며, 정치적으로는 물론이고 문화적으로도 왕국을 동질화하려는 의식적인 노력을 기울였다.[7] 하지만 필리포스의 군사적 승리가 멀리 떨어진 곳에서까지 줄줄이 이어지면서 트라키아, 에페이로스, 테살리아, 그리고 그리스 자체에서 그의 패권적 제국에 영입되거나 굴복한 '동맹들'은 마케도니아 국가로 통합되지 않고 형식적인 독립과 자치권을 유지했다. 마케도니아 국가가 마케도니아의 군주와 귀족과 평민에게 의존한다는 사실은 마케도니아인에게든 비마케도니아인에게든 분명 의문의 여지가 없었다. 나머지 모두는―비마케도니아인 집단이 자주 반란을 일으켰던 만큼―그들의 의지와 상관없이 종속국이거나 위성 동맹국이었다.

우리는 마케도니아를 마케도니아로 만들었을 뿐 아니라 놀랄 만큼 평등하고 참여적이며 거의 시민 국가로 만들어준 정치적 현실에 대해 이미 살펴보았다. 전통과 권력 관계에 속박된 군주는 그를 둘러싼 마케도니아 군사 귀족들의 조언을 들어야 했다. 게다가 주요 결정을 내릴 때는 모든 마케도니아인이 모인 민회에 자문을 구하고 그 승인을 얻어야 했다. 또 왕국 내 여러 지역의 지방 회의체들도 있었다. 하지만 필리포스와 그의 아들 알렉산드로스의 재위기에는 사실상 모든 마케도니아인 남성이 거의 지속적으로 군대에 복무했으므로, 군대는 (로마의 켄투리아 민회comitia centuriata와 비슷한) 무장 인민들의 총회 역할도 겸했다. 대개 소규모 도시국가와 결부되는 대중 직접 참여가 이 상황에서는 국가 규모로 실현될 수 있었던 것이다. 모든 마케도니아인은 회의에서 발언권을 가졌고, 왕을 자신들이 지명한 전쟁 지도자로서 놀랄 만큼 평등한 태도로 대했다. 이 회의에서는 왕위 계승자들 중에서 새로운 왕을 선임하는 안건이나 전쟁 및 평화 사안에 대한 결정까지 논의되고 승인되었다. 또 이 회의는 해외 사절단의 보고를 듣고 조약을 비준했으며 (특히 사형죄에 대한) 사법권을 지녔다.[8] 이 회의를 주재한 왕은 보통 자기가 원하는 방향으로 안건을 이끌 수 있었지만, 그렇다고 결론이 미리 정해져 있었던 건 전혀 아니다. 일례로 고전 사료를 보면, 알렉산드로스가 아시아 깊숙이까지 원정을 계속하고 싶어했지만 군 회의의 반대에 부딪혔음을 알 수 있다. 인도 초입에 다다른 회의 성원들은 이만 하면 충분하다고 판단했고, 불만에 찬 알렉산드로스는 발길을 돌려야 했다. 또 마케도니아인들은 알렉산드로스가 비마케도니아인에게 점점 더 의존하는 것에 대한 원망을 대놓고 표출하기도 했다.[9] 따라서, 전근대 대규모 사회의 사람들에게 강한 공통의 정체성 의식과 정치 참여가 두루 부재했다는 근대주의적 관념은 마케도니아의 사례에서는 근거가 없다.

주목할 것은, 알렉산드로스가 동방에서 획득한 제국의 힘과 어마어마한 자원이 정복자의 권력을 엄청나게 강화해주어 그가 지닌 권위의 전통적 한계를 넘어서게끔 촉발했다는 점이다. 그는 귀족 동료와 병사 회의의 반대에 불만을 표하고 때로는 격렬히 반발하곤 했는데, 이는 급기야 상황이 바뀌면서 과거의 권력 균형이나 관습이 변화했음을 알리는 신호였다.[10] 그의 후계자들이 동방에 세운 헬레니즘 제국들은 그 전후로 이 지역에 존재한 전제적 제국들과 비슷한 특징을 많이 띠었다. 알렉산드로스 사후 새로운 왕가 치하에서 별개의 제국적 민족국가로 재구성된 마케도니아 자체는 예전의 정체성을 상당 부분 보존했다. 하지만 전쟁과 동방으로의 대이주로 인한 인구 손실을 끝내 온전히 복구하지 못한 마케도니아는 결국 로마에 패배하여 그 제국으로 흡수되었고, 독립과 정체성을 둘 다 상실했다.

그럼에도 후대의 역사 전개를 보면, 종족-부족 공간이 파편화된 도시국가 체계가 아니라 유럽 최초의 민족국가로 통합된 마케도니아의 진화 경로가 별개의 특별한 사례가 아니었음을 알 수 있다. 기복이 심한 그리스·이탈리아 반도의 북쪽과 서쪽 지역에서는, 이 광대한 야만족의 권역이 서서히 문명과 접촉함에 따라 마케도니아 모델이 좀더 전형적인 표준을 이루게 된다. 일례로 기원전 1세기에서 기원후 1세기 사이 다뉴브강 하류 평원 (오늘날의 루마니아 영토)에 다키아라는 대규모 민족국가가 등장했다. 다뉴브 강 북쪽에 거주하는 트라키아인 부족들로 구성된 이 나라의 백성들은 점점 더 강해진 군주정에 의해 결합되었고, 그 덕에 남부의 동족들처럼 일찌감치 헬레니즘 제국과 로마제국에 흡수, 동화되는 운명을 면할 수 있었다. 하지만 다키아 국가와 민족도 결국에는 오래가지 못했다. 기원후 106년 트라야누스 황제에 의해 로마제국에 병합되어 완전히 라틴화된 것이다. 그러나 로마가 그 북쪽 야만족 변경에서 여타 대규모 국가 건설이 시도되는 족족 사전에 차단하고 방해했던 만큼, 로마의 멸망은 유럽 전역에 걸친 민족국가 확산의 신호탄이 되었다.

1. 태동기 유럽에서의 민족국가 확산

서로마제국의 막을 내린 야만족의 침입은 (고전-기독교 유산에 큰 빚을 진) 새로운 유럽 문명의 출발점이자 유럽 민족국가 역사의 출발점이었다. 유럽의 많은 인족들이 소위 중세에 형성기를 거쳤으며 신생 유럽 국가들이 이 현실을 반영하는 동시에 강화했다는 생각은 새로운 것이 아니다. 근 대주의자들은 이러한 생각에 유독 동조하지 않았고 종족 형성과 민족 건설 과정을 둘러싼 신화 만들기를 폭로함으로써 그 신빙성을 떨어뜨리는 데 전력을 다했다. 이는 너무나 쉬운 일이었는데, 신화 만들기는 몇 가지 상호 연관된 이유로 인해 정말로 이러한 과정의 중심에 있기 때문이다. 첫째 로 종족 형성과 초기 민족 건설은 대개 문자 이전의 원사 시대 사회에서 일어나며, 따라서 서사시나 전설 같은 구비 전승 형태에 반영된다. 둘째로 민족 전통은 항상 친족, 친족 연대, 집단을 위한 영웅적 희생을 강조한 수사로 표현된다. 셋째로 민족 전통은 그 시초부터 국가·민족 행위자의 동원에 의한 선전, 조작, 노골적인 날조의 대상이었고 이 과정은 근대 민족주의와 더불어 더더욱 강화되었다. 넷째로 자칫 이 모두가 지배층과 엘리트의 냉소적 조작으로 환원될 수 있다고 여길까봐 지적하자면, 민족 전통은 민중뿐만 아니라 지도자들에게도 강한 감정적 힘을 발휘한다. 이처럼 민족 전통은 양자 모두에게 유사종교적이고 편향된 방식으로 여겨지기 십상이다.

하지만 위에서 지적한 것들을 모두 인정하고서 다시 묻건대, 과연 유럽의 인족들이 긴 역사를 지녔고 유럽에서 국가가 형성되기 시작할 때부터 국가와 인족이 긴밀히 중첩되었다는 생각이 단지 19세기 민족주의자들의 맹신이자 시대착오에 불과했을까? 전근대 사회를 거의 연구하지 않은 근대주의자들과는 달리, 휴 시턴-왓슨Hugh Seton-Watson이나 존 암스트롱John Armstrong, 에이드리언 헤이스팅스Adrian Hastings 같은 전통주의자들은 많은 유럽 민족들이 근대에 선행했음을 보여주고자 했다.[11] 게다가 중세 사회를 연구하는 일부 역사학자들은 이 논쟁을 그들의 전문 분야로 가져가서 이에 대응했다. 앞으로 보겠지만, 이 주제를 다루는 절대다수의 역사학자들은 중세 유럽 민족이라는 관념을 지지하는 경향이 있다. 회의적인 시각은 (자연스럽게도) 야만족의 침입과 정착과 국가 형성이 이루어진 중세 초기에만 국한된다.

이 문제를 좀더 깊이 파고들기 전에, 흔히 통용되는 잘못된 이분법의 양극단을 피할 필요성을 다시금 강조해야겠다. 어떤 종족 정체성이나 인족도 원초적이지 않으며, 변함없는 본질을 간직한 채 깔끔히 포장된 상태로 도래하지도 않는다. 종족 형성, 종족·민족의 분열과 융합, 정체성의 변화, 문화의 변모는 여러 가지 요인에 대응하는 과정에서 늘 일어난다. 이 모두를 인식한다는 점에서 우리는 때로 순진했던 이전 세대의 민족주의 관념으로부터 한 걸음 진보한 셈이다. 다른 한편으로, 종족·민족 정체성이 인류 역사에서 아주 강하게 표출되어온 무척 강고한 현실임을 유념하는 일역시 똑같이 중요하다. 그것들은 순전히 임의적인 것이 아니라 인간 성향깊숙이 뿌리내리고 있으며, 늘 유동적일지언정 가장 지속적인 문화 형태중 하나인 친족-문화적 형성물에 깊숙이 뿌리내리고 있다. 이런 의미에서볼 때 전통적인 종족·민족 관념은 그 유효성을 전혀 잃지 않았다.

주로 게르만인·슬라브인으로 구성된 야만 부족과 전사 집단의 로마제국 침입은 유럽의 태동에서 중요한 사건이었고 유럽의 인족 및 국가 지도에 중대하고도 지속적인 영향을 끼쳤다. 침입 이전에 게르만인과 슬라브인은 부족 형태를 띤 별개의 종족이었고, 그들 사이에서는 국가 조직이 아직진화하지 않았거나 막 출현하는 중이었다. 두 종족 모두 지리, 생태, 역사에 의해 하위집단으로의 분화를 겪었다. 게르만족의 확산은 그들이 로마로 침입하기 전의 수백 년 동안에도 이미 방언의 상당한 분화를 낳았다. 스칸디나비아의 고대 노르드어, 북해 해안과 그 내륙 지방의 서게르만어(이는 내부적으로 다시 분화되고 있었다), 우크라이나 스텝 지대로 이동하여 그곳의 생활방식을 받아들인 고트족(그리고 여타 종족)의 동게르만어 등이었다. 슬라브어도 로마제국으로의 침입 이후 지리적 확산과 더불어 비슷한분화를 겪었다. 게르만어와 슬라브어 사용자들은 자신이 속한 부족 복합체를 초월한 게르만족 또는 슬라브족의 종족 정체성을 공유한다는 관념이 희박했다. 이는 타자와의 접촉을 통해 비로소 널리 각인되었고, 그들에게 공통된 종족 명칭을 붙여준 이들 역시 타他종족이었다. 로마제국으로침입하는 동안 옛 부족체들과 새로 형성된 전사 집단이 섞이면서 게르만족과 슬라브족 무리들은 모두 숱한 융합과 분열을 겪었다.

이 모두를 고려하여, 인류학에 해박한 역사학자들은 대이동 시기의 종족 범주에 유동적 측면이 있었음을 강조하는 경향이 있으며 이는 타당한 지적이다.[12] 하지만 그들 중 종족성 이론에 최신 도구를 적용할 것을 주장하는 몇몇은 과도하게 회의적인 접근 방식을 취했다. 게르만과 슬라브라는 종족 명칭이 실체와 무관하게 그리스인·로마인의 상상으로—'타자들'에게 그 정의를 덮어씌워서—구성된 산물이라는 주장이다. 이런 기조에 속하는 가장 이상한 주장 중 하나는 동로마제국 다뉴브강 변경의 슬라브인을 연구한 어느 역사학자가 제기한 것으로, 기록에 따르면 일부 슬라브인이 라틴어나 그리스어를 배워서 쓸 수 있었기 때문에 이 사람들이 썼던 슬라브 공통어는 슬라브 정체성의 표지로 볼 수 없다는 주장이다.[13] 대체로 이런 학자들은 종족성의 유동적 측면에 과도하게 깊은 인상을 받은 나머지 동전의 반대쪽을 못 보고 지나치는 듯하다. 그 변동하는 특성과 내부적·국지적 변이에도 불구하고, 게르만이나 슬라브 같은 종족은 공통된 언어 공간, 만신전과 종교 의식, 그 밖의 중요한 문화적 특징들을 공유했다.[14]

패트릭 기어리Patrick Geary 또한 이런 덫에 걸린 역사학자 중 한 사람이다. 유럽에서 새롭게 발현하는 종족민족주의에 위기감을 느낀 자유주의자를 자처하는 그는 『민족의 신화, 그 위험한 유산The Myth of Nations: The Medieval Origins of Europe』(2002)을 폭로하는 작업에 착수한다. 이 과정에서 그는 스스로를 모종의 이상한 곤경에 옭아맨다. 위에서 인용한 모든 종족회의론적 주장들을 과감히 제기하면서도, 그는 야만족의 대이동기에 인족들이 사실상 씨족-부족을 기반으로 하여(비록 변동하는 기반이었지만) 존재했고, 종족적 민족주의가 (비록 근대적 민족주의와는 달랐지만) 새로운 현상이 아니었으며, 심지어 중세 초기 유럽에서도 종족민족적 정체성이 (비록 유일한 형태의 정체성은 아니었지만) 매우 강력했음을 인정한다.[15] 그의 책은 유럽 민족들이 중세에 기원했음을 딱히 부인하지 않으며, 근대 유럽 민족들이 형성되기 시작한 것이 대이동기 때가 아니라(사실상 이는 허수아비 때리기다) 제1천년기 후반임을—비록 대놓고 말하지는 않지만—시사한다. 이는 중세 사학자의 절대다수가 지지하며 전통주의자들도 흡족히 받아들일 만한 명제다.

극단적 형태를 띤 종족회의론으로부터의 후퇴도 관찰되고 있다. 로마제국으로의, 또 로마제국 내에서의 대이동 시기에 다양한 출신 성분의 기회주의자들이 게르만 침입자들과 합류하여 계층 상승을 이루었다는 학자들의 지적은 옳다. 게르만계 고트족을 연구한 어느 역사학자의 고백에 따르면, 처음에 그는 종족성 연구를 지배하는 분위기에 이끌려 이 외견상 게르만족처럼 보이는 집단이 실은 진취적 지도자와 엘리트에 의해 한데 섞인 다종족 복합체였다는 관점을 취했다. 하지만 나중에는 그럼에도 불구하고 고트족의 종족 핵심이 중요하다는 결론에 도달했다.[16] 게다가, 각각의 게르만 종족부족 복합체들이 그 본거지에서는 훨씬 더 동질적이었고 그중 일부가 로마 영토에 들어간 이후에 좀더 이질적으로 변화했음을 덧붙여야 할 것이다.

실제로, 로마의 옛 국경은 유럽의 종족민족 지도에 중대하고도 지속적인 영향을 끼치게 된다. 우선, 게르만인이 로마제국을 장악한 후에도 게르만어 사용자와 라틴어 사용자 사이의 언어적 경계가 다뉴브강 남쪽으로 약 200킬로미터, 라인강 서쪽으로 약 100킬로미터밖에 이동하지 않았다는 것은 예전부터 지적되어왔다. 게다가 민족주의 연구는 옛 로마 영토 내에 수립된 후속 국가들에 초점을 맞추는 경향이 있다. 이 국가들은 정복민과 피정복민을 뒤섞었고 그 결과는 복잡하고도 장기간에 걸친 종족·민족 통합 및 정체성 형성 과정이었다. 하지만 옛 로마 국경 북쪽의 유럽에서는 상황이 달랐다. 여기서는 게르만족과 슬라브족의 확산 및 분화가 처음부

터 강한 종족 정체성을 띤 민족국가들의 이른 성장을 촉발했다.[17]

따라서 우리는 상대적으로 무시되어온 유럽 북부로 주의를 돌리자. 우리는 주로 게르만인과 슬라브인으로 이루어진 부족 공간 전역에서 민족국가들이 우후죽순 등장한 과정을 짚어보고, 막 시작된 이 종족정치적 통합체들이 이후로도 놀랄 만큼 오랫동안 굳건히 지속되었음을 관찰할 것이다. 우리의 검토는 브리튼제도諸島부터 시작해서 시계 방향으로 진행하여 결국에는 유럽 전역을 포괄할 것이다. 개별 민족과 민족국가들에 대한 광범위한 검토를 마무리한 뒤에는 이를 종합하는 이론적 논의와 요약으로 본 장을 끝맺을 것이다.

브리튼제도: 네 민족의 역사

잉글랜드 민족 정체성은 민족주의 연구에서 특별한 위치를 차지한다. 잉글랜드인은 중세 후기까지는 아니더라도 16세기에는 등장하는데, 몇몇 이론가들은 이들을 유럽 최초의 민족으로 여기기도 했다.[18] 하지만 사실 이때 잉글랜드 민족은 두번째로 등장했다. 그보다 앞선 10세기에 앵글로색슨 민족의 형성이 선행했고, 이는 다시 1066년의 노르만 정복에 의해 교란되고 변모했다.

5세기부터 브리튼의 옛 로마 식민지 대부분을 장악한 앵글족, 색슨족, 주트족은 브리튼과 이웃한 게르만 부족 복합체들로, 프리지아-덴마크 해안에서 건너왔고 저지 독일어의 조상인 서로 유사한 게르만어 방언들을 썼다. 북해를 건너 브리튼에 상륙한 그들은 상인, 해적, 용병, 현지 권력 찬탈자, 그리고 점점 더 늘어난 이주 정착민이었다. 그들이 현지의 브리튼인(켈트족)을 대체해나간 정확한 과정은 — 물리적으로 대체했는지, 아니면 엘리트 지배를 통해 그저 강압적으로 동화시켰는지는─원사 시대의 안개에 덮여 오랫동안 풀리지 않은 의문이었다. 두 과정이 모두 작용했지만, 인류학적 모델로 암시되고 유전적 증거로 확인되는 바에 따르면 후자가 훨씬 더 중요했던 것으로 보인다.[19] 이 시대의 주된 사료인 비드Bede(672/3~735)의 연대기는 노섬브리아의 앵글족 왕인 에델프리드Ethelfrith(593~616)의 행적을 기술하면서, 그가 "영국의 어떤 군주보다도 많은 브리튼족을 제거했다.…… 토착민을 나라 밖으로 몰아내거나, 그들을 억누르거나, 속국으로 삼거나, 그들이 살던 땅에 앵글족을 이식했다"고 전한다.[20] 브리튼족은 나라의 제일 변두리인 브리튼 남서부와 웨일스에서만 겨우 이방인의 지배를 피하고 자신들의 언어와 정체성을 보존할 수 있었다. 침략 집단의 지도자들과 전사 무리들도 정복한 영토의 지배권을 놓고 서로 치열하게 경쟁했다. 7세기경에는 이런 싸움 끝에 몇몇 소왕국─켄트, 서색슨(웨식스), 남색슨(서식스), 동색슨(에식스), 머시아, 동앵글(이스트앵글리아), 노섬브리아─이 일어났다.[21] 하지만 앵글족, 색슨족, 주트족이 서로 소통 가능한 방언을 쓰며 종족적으로 매우 가깝다는 사실은 그들 사이의 더 큰 정치적 통일을 촉진했다. 이따금씩 한 소왕국의 지배자가 다른 소왕국에 대한 종주권을 수립하는 데 성공하기도 했지만 대개는 그의 사후에 종주권이 붕괴하고 주인이 바뀌었다.

비드가 라틴어로 집필한 『영국민의 교회사Ecclesiastical History of the English People』는 이 과정을 반영하고 있으며, 그가 브리튼제도의 종족적 현실과 그 정치적 의미를 바라본 시각이 명백히 드러나 있다. 비드는 노섬브리아 왕국에 살았지만, 모든 앵글로색슨 소국들의 백성들이 한 인족─그의 책 제목에 나오는 '잉글랜드인gens Anglorum'─으로 이루어져 있음을 당연시했다. 여러 국가를 아우르는 단일한 종주권이 일시적으로나마 거듭 형성된 것이 이런 공통 정체성 의식에 기여한 건 분명하다. 실은 바로 이것이야말로 공통된 종족성과 정치적 통일이 서로를 누적적으로 강화하는 과정의 본질이다. 실제로 비드의 이야기에서 누가 '잉글랜드인'에 속하지 않았는가—누가 그 이야기의 주된 '타자'였는가—는 명백하다. 그는 (당시 아직 이교도였던) 앵글로색슨인이 토착 (기독교도) 브리튼인을 정복하고 몰아낸 과정을 기록하면서, 자기 인족에 대한 감정이입을 거의 감추지 않았다. 앞에 나온 에델프리드의 브리튼인 정복과 관련하여 그는 이렇게 썼다. "그가 하느님의 종교에 무지했다는 점만 제외하면, 그는 옛 이스라엘 민족의 왕이었던 사울에 비견될 수 있을 것이다."[22] 민족적이지 않고 주로 종교적이었다는 중세에, 그것도 브리튼을 기독교로 개종시키는 일을 대단히 중시한 수도사에게조차 종족민족적 친밀감이 종교를 눌렀던 것이다.*

앵글로색슨족이 이 땅 전역에서 벌인 분쟁들에 대한 비드의 서술도 같은 태도를 보인다. 이 땅은 브리튼인 이외에 또다른 '타자들'의 보금자리이기도 했다. 그는 브리튼제도의 다양한 언어들을 명시한다. 잉글랜드인, 브

---

* 이 모두는 비드의 서술 내용의 신빙성에 의문을 제기하고자 한 근대주의 이론가 존 브루이John Breuilly의 시도와 충돌한다. 그는 비드가 말한 '잉글랜드인'이 종족이 아니라 주로 기독교도를 의미한 것이라고 주장하며, "비드에게서는 (예를 들어 잉글랜드인 대 브리튼인, 기독교도 대 이교도, 야만인 대 문명인 등) 문화적 고정관념을 찾아볼 수 없다"고 단언한다. John Breuilly, "Dating the Nation: How Old is an Old Nation?," in A. Ichijo and G. Uzelac (eds.), *When is the Nation: Towards an Understanding of Theories of Nationalism*, London: Routledge, 2005, 15-39, 특히 19, 21. 뒤에 가서 보겠지만, 존 브루이의 근대론적 관점은 이 시대를 연구하는 역사학자 압도적 다수의 관점과 (그 자신은 부합한다고 암시하고 있음에도) 충돌한다. 이 점은 앞의 것과 유사한 다음의 논문에서—그의 관점이 이 훌륭한 책에 실린 다른 역사학자들의 관점과 충돌한다는 점에서—더욱 명백히 드러난다. "Changes in the Political Uses of the Nation: Continuity or Discontinuity?," in L. Scales and O. Zimmer (eds.), *Power and the Nation in European History*, Cambridge University Press, 2005, 67-101.

리튼인(P-켈트어, 나중까지 살아남은 대표적 언어가 웨일스어다), 스코트인(아일랜드에서 건너와 정착하면서 확산된 Q-켈트어 혹은 게일어), 픽트인(스코틀랜드에서 P-켈트어를 썼을 것으로 추정되지만 게일어의 확산과 더불어 북쪽으로 밀려나 소멸했다)의 언어와 라틴어 문어가 그것이다. 그리고 이런 여러 어족의 사회·정치 조직이 비록 다양하긴 했어도, 잉글랜드인과 타종족이 충돌했을 때 비드가 누구 편에 섰을지는 다시금 의문의 여지가 없다.[23] 의미심장한 것은, 앞에서 소개한 언어-종족 구분이 (픽트어가 빠지고 게일어를 쓰는 아일랜드가 포함되었을 뿐) 비드의 시대로부터 현재까지 놀랄 만큼 변함없이 유지되었다는 점이다. 이 구분은 대대로 줄곧 브리튼의 정치적 경계의 기저를 이루었다. 그리고 부단한 역사적 변화, 여러 세기에 걸친 독립 상실, 심지어 영어의 채택과 나머지 토착어의 쇠퇴를 겪으면서도 브리튼의 다양한 인족들이라는 형태로 존속했다. 종족 정체성과 정치사의 이런 인상적인 사실들이 순전한 우연이 아님은 확실하다.

앞에서 언급했듯이, 당시 그들은 아직 여러 소정치체들로 분열되어 있었고 어쩌다 간헐적으로만 한 정치체의 종주권하에 놓였음에도, 비드는 앵글족, 색슨족, 주트족의 혈통을 받은 사람들을 하나의 인족으로 취급했다. 8세기 말에는 머시아의 왕이 남부의 모든 소왕국과 북부의 일부 소왕국을 지배하여 좀더 안정된 연합을 결성했다. 하지만 연합왕국은 그로부터 한 세기 뒤, 노섬브리아와 머시아가 바이킹에 의해 파괴된 뒤 웨식스의 왕들에 의해 비로소 수립되었다. 이제 잉글랜드 민족 정체성이 대립하며 공고해질, 새롭고 더 위협적인 '타자'가 생겨난 것이다. 노르웨이와 덴마크에서 건너온 이 바이킹 혹은 노르드인은 이제 단순 습격에 머물지 않고 잉글랜드에서 정복과 정착을 벌였다. 최초로 앵글로색슨족의 왕을 자처한 앨프레드 대왕(재위 871~899)은 이제 통일된 인족의 대표이자 구원자이자 유일한 군주로 떠올랐다. 그는 전 영토에 걸친 수비 활동을 지휘하고 군대를 소집하고 전함을 건조하고 요새 도시를 세우는 한편, 이 모든 자금을 대기 위해 세금을 부과하고 법전을 제정했다.[24] 10세기에 그의 계승자들은 스코틀랜드 국경까지 이르는 모든 영토의 지배권을 되찾아 잉글랜드 왕의 칭호를 얻을 수 있었다. 게다가 앨프레드의 시대부터 잉글랜드는 구어—고대영어—가 문어 구실도 하게 된 유럽 몇몇 지역 중의 한 곳이 되었다. 토착어로 작성된 행정, 법률, 성직, 시, 역사, 과학, 철학 문헌들이 폭발적으로 등장했다. 뒤에 가서 다시 보겠지만, 유럽에서 라틴어 문헌이 지방어로 대체되기 시작한 것이 13세기부터라는 통념은 매우 선별적인 사례들에 근거하고 있다.

영어로 몸소 많은 글을 집필하고 번역했던 앨프레드는 교회의 광범위한 네트워크를 전 영토에 걸친 효율적 보급로로 활용했다. 『케임브리지 영어사Cambridge History of the English Language』(1992)에 따르면,

정복 이후 14세기까지의 산문은 거의 그렇지 않았던 데 비해, 고대영어로 된 산문 저술의 다수는 공식 문서였다. 앨프레드 왕은 자신의 첫 저작을 심사숙고하여 수립한 국민 교육 계획의 시작으로서 내놓았고, 그것의 공식 보급과 보존에 만전을 기하게끔 했다.[25]

고대영어 문헌의 홍수를 이끈 선도자 중 한 명이었던 엔셤의 수도원장 앨프릭Abbot Ælfric of Eynsham(950경~1010경)도 "비슷하게 자신의 첫 저작을 국민적 문제에 대한 대응으로서 내놓았다.…… 그것이 아마도 캔터베리로부터 즉시 광범위하게 보급된 사실 역시 의도적이고 공식적인 활동을 시사한다."[26] 또한 앨프레드 재위기부터 왕실 지원하에 성직자들이 "잉글랜드

민족의식의 부흥"을 반영하여 영어로 집대성한 국사책인 『앵글로색슨 연대기Anglo-Saxon Chronicles』도 이 나라 교회 조직의 주요 중심지들에 소장되었다.[27] 중세사학자 수전 레이놀즈Susan Reynolds가 유럽 전체와 관련하여 지적한 대로, "10~11세기의 가장 큰 성과 중 하나는 지방 교회들의 엄청난 급증, 즉 교회를 실질적으로 민중에게 가져다준 방대한 교구 패치워크의 형성이었다."[28] 가장 외딴 시골 외곽에까지 이식된 교구와 그 사제들의 격자망은, "농업 문명에서…… 문어와 구어 사이의 복잡한 관계"가 "문화 전반에 걸친 의사소통의 지극히 풍부하고 미묘한 맥락을 제공"한다는 두아라Duara의 말을 다시금 상기시킨다.[29] 권력과 배움의 중심지에서 나온 문서들의 메시지는 영토 전역에 걸쳐 다양한 대중적 형태로 울려퍼졌다.[30] 농민 대중은 글을 읽을 수 없었지만 설교는 들을 수 있었다. 이미 언급했듯이 이는 근대주의자들이 까맣게 간과한 점이다. 따라서 농민 대중은 소위 고립된 농촌 공동체 바깥의 모든 것에 깜깜하지도 않았고 그로부터 완전히 격리되지도 않았다. 정치적 통합, 국가와 교회의 활동, 종족적 공통 기반이 서로를 강화했다. 전체적으로 볼 때, 한 인족으로서의 정치적 통일과 정체성 강화 과정에 민감한 곳은 브리튼제도 내에서도 앵글로색슨·영어권에만 국한되었다.

이 시대에 관한 대표적 권위자인 패트릭 워몰드Patrick Wormald가 썼듯이, "10세기에 잉글랜드는—스페인, 이탈리아, 독일은 말할 것도 없고 프랑스보다도 훨씬 일찍—정치적·행정적으로 영구히 통일되었다."[31] 나아가 워몰드는 문헌 기록의 내용과 맥락을 토대로 하여, 비드와 앨프레드가 정치가·성직자 엘리트의 국가·민족 건설 프로파간다를 대변했을 뿐이라는 근대주의자들의 주장을 부인한다.[32] 그의 결론은 이렇다. "공통된 '잉글랜드 정체성Englishness'에 대한 놀랄 만큼 조숙한 의식이 존재했다는 증거가 있다. 그리고 이런 의식은 단지 정치적 이해 집단 내에만 존재한 것이 아니었다."[33] 이 시대에 관한 또다른 권위자인 제임스 캠벨James Campbell도 이에 동의한다. 그는 1066년 이전 이 나라가 띠었던 근본적 통일성에 대해 기술하면서 이렇게 썼다. "초기 잉글랜드를 '민족국가nation-state'로 기술하는 것이 자칫 과하게 들릴지도 모른다. 하지만 그러지 않을 도리가 없다."[34] 이와 비슷하게, 중세 초기에 관해 최근 나온 가장 방대하고 권위 있는 역사서를 집필한 크리스 위컴Chris Wickham은 이렇게 썼다. "10세기 잉글랜드의 정치 구조는 이 시대 유럽 기준에서 이례적으로 응집성이 컸던 만큼, 우리는 잉글랜드 '민족국가'를 말하기 시작할 수 있을 것이다."[35] 지금까지 인용한 모든 역사학자들은 중세에 민족과 민족국가가 부재했다거나 성립 불가능했다는 관념에 별 영향을 받지 않은 듯 보인다.

물론 10~11세기에 등장한 앵글로색슨 민족국가를 지나치게 통일적인 관점에서 보아서는 안 될 것이다. 이런 관점은 전근대 민족국가는 물론이고 근대 민족국가에도 들어맞지 않는다. 중세 잉글랜드에서 "우리가 다루는 대상은 근대에 들어 취하게 된 것과 비슷한 형태의 민족 정체성이 아니다"라는 브루이의 결론은 철저한 부정이라기보다는 암묵적 인정처럼 읽힌다.[36] 근대의 민족 현상이 전근대의 그것과 크게 달랐다는 사실을 부정하는 사람은 없기 때문이다. 잉글랜드 북부에서는 웨식스의 지배에 대한 저항이 이따금 일어났다. 귀족과 왕위 도전자들의 반란이나 반역은 정치에서 핵심적인 부분을 차지했다. 더 높은 귀족들은 지방을 지배했다. 게다가 덴마크인이 지배하는 땅인 '데인로Danelaw'가 북쪽에 여전히 남아 있었다.[37] 이는 지방 문화에 흔적을 남기고 고대영어의 변화를 촉발했으며, 이 변화는 나중에 노르만인의 정복으로 더더욱 심해져서 중세영어를 낳게 된다. 게다가 10세기 후반에 덴마크인의 위협이 다시금 대두했고, 11세기 초에 덴마크 왕 크누트가 잉글랜드를 정복하여 한 세대에 걸친 덴마크 통치 시대를 열었다. 그럼에도 1066년 노르만 정복 무렵의 잉글랜드는 여전히 문화, 정체성, 정부의 측면에서 철저히 앵글로색슨적이었다.

노르만인의 정복은 잉글랜드를 심대하게 바꾸어놓았다. 정복자들은 무력으로 통치하고 앵글로색슨 귀족층을 말살했으며 프랑스어를 쓰는 엘리트 문화를 도입했다. 그럼에도 피정복민과 정복민을 혼합한 새로운 잉글랜드 민족 정체성이 13세기나 그 이전은 아니라 해도 14세기에 이르러서는 이론의 여지 없는 현실이 되었는데, 이는 옛 앵글로색슨 정체성의 내구성과 민족 발생 과정의 힘을 두루 보여주는 놀라운 증거다.[38] 이것을 '본질주의적' 명제로 오해해서는 안 된다. 나는 이 새로운 잉글랜드 문화와 정체성이—옛 정체성의 영향을 크게 받은 게 명백하지만—옛것과 같았다고 주장하는 게 아니다. 문화와 정체성은 지속성과 변화를 둘 다 보여주며, 노르만 정복은 확실히 새로운 잉글랜드 민족 정체성의 출발점으로 볼 수 있는 엄청난 단절이었다. 이 주제에 대해 어떤 분류법을 택하건 간에, 요점은 중세 잉글랜드가 문화와 국가가 겹치는 민족국가의 형성을 10~11세기에 경험했고 13~14세기에 또 한 번 경험했다는 것이다.

노르만 엘리트의 구어로서 프랑스어가 쇠퇴한 것은 노르만인과 앵글로색슨인의 구분을 지우고 새로운 잉글랜드 정체성·인족·민족을 형성시킨 한 요소였다. 1362년에는 왕의 의회 연설과 공판 기록처럼 가장 공식적이고 보수적인 국가 행사에 쓰이는 언어까지도 영어로 되돌아갔다. 그래머 스쿨에서 가르치는 언어도 영어가 되었다.[39] 잉글랜드가 프랑스에 소유하고 있던 영토의 상실이 튜더 시대 잉글랜드 국가의 잉글랜드 정체성에 기여한 것은 분명하다. 하지만 제국이 존속한 브리튼제도 내의 지역들—웨일스, 스코틀랜드, 아일랜드—은 잉글랜드가 지배하는 제국이었다. 이 제국 내의 여타 종족민족 정체성들은 "그럼에도 불구하고 스스로가 고유한 인족이라는 의식을 반항적으로 유지"[40]했으며 온갖 역경을 딛고 살아남았다. 실제로, 비드에 의해 기록되었고 또 널리 알려져 있듯이 브리튼은 하나가 아니라 네 민족의 이야기이며 그들 모두가 중세로 거슬러올라간다.[41]

나는 아주 잘 알려진, 혹은 그래야 마땅한 윤곽을 아주 간략하게만 개괄할 것이다. 몇몇 소공국으로 분열되어 있었고 이따금씩만 한 지배자의 종주권 아래 모이기는 했어도, 웨일스인들은 한 언어와 문화를 공유했고 이것이 그들을 더 힘 센 동쪽의 이웃과 뚜렷이 구분해주었다. 이러한 차이를 근거로 웨일스는 앵글로색슨 잉글랜드와 노르만 잉글랜드로부터 그들의 정치적 개별성을 끈질기게 지켜냈다. 잉글랜드의 에드워드 1세는 1283년 마침내 웨일스를 정복하는 데 성공했고, 그때 이후로 잉글랜드의 왕위 계승권자에게는 웨일스 공의 작위가 수여되었다. 14세기에 잉글랜드 지배에 저항하여 거듭 일어난 봉기는 실패로 돌아갔고, 웨일스는 1535~1542년, 1707년, 1801년 반포된 법령에 의해 각각 잉글랜드, 그레이트브리튼, 연합왕국United Kingdom에 차례로 공식 병합되었다. 웨일스는 19~20세기까지 별개의 언어와 문화를 유지해오다가 근대화로 웨일스어가 급속히 쇠퇴하고 영어가 채택되기에 이른다. 같은 시기의 자유화와 민주화는 영국으로의 온전하고 평등한 통합을 가져다주었다. 하지만 이는 독립적인 웨일스 정체성을 재확립하려는 대중적·정치적 요구를 촉발하기도 했다. 웨일스어 교육이 부활했으며, 영국 의회에서 관련법을 제정하고 웨일스에서 주민투표를 거친 후 1999년 독립적인 웨일스 의회가 탄생했다. 잉글랜드/영국에 800년간이나 병합되어 있었고 영어가 웨일스의 언어이며 영국 나머지 지역과의 문화적 차이도 미미하지만, 친족-문화적 웨일스 정체성 의식은 여전히 뚜렷한 현실이다. 웨일스 정체성이 더 광범위한 영국

민족 정체성 내에서 계속 머무를지, 아니면 그로부터 점점 더 떨어져나올지는 두고 볼 문제다.

스코틀랜드 민족 정체성은 그보다 더 강하다. 웨일스처럼 스코틀랜드도 앵글로색슨 잉글랜드와 노르만 잉글랜드의 바깥에 머물러 있었는데, 종족 발생과 국가 출현이라는 형성 과정이 일어났을 때 스코틀랜드인은 잉글랜드인이 아니었고 동시에 자신들의 독자성을 방어할 수 있었기 때문이다. 비드가 기록한 대로, 앵글로색슨 영토의 북쪽에 거주하는 사람들은 스코틀랜드어(게일어)와 픽트어를 썼다. 11세기 초반에는 스코틀랜드 왕국이 이전의 소왕국들을 통일하여 뿌리를 내린 뒤였다. 이 과정에서 게일어가 픽트어를 몰아냈고 라틴어와 더불어 문자 언어가 되었다. 잉글랜드와의 영토 분쟁은 고질적이었지만, 그 유명한 '보더border'가 역시 11세기에 거의 현재의 위치로 안정되었다. 또한 스코틀랜드는 고대영어의 북부 방언을 쓰는 일부 지방을 보유할 수 있었고, 그래서 오늘날 스코트어로 알려진 이 방언들은 13세기부터 스코틀랜드 저지대의 주된 구어가 되었다. 게일어는 주로 고지대에서 존속했다. 하지만 스코틀랜드인과 잉글랜드인은 스코틀랜드에서든 잉글랜드에서든 같은 인족으로 여겨진 적이 없었다. 웨일스를 정복한 잉글랜드의 에드워드 1세는 1290년대에 스코틀랜드를 장악하는 데도 성공했다. 그러나 스코틀랜드는 웨일스보다 더 강했고 더 멀리 떨어져 있었던 덕에, 웨일스와는 달리 저항에 성공할 수 있었다.

외세의 지배에 대한 대부분의 봉기가 그렇듯, 근대론자들에게 무가치한 요소로 치부되는 대중은 스코틀랜드의 저항에서도 결정적인 역할을 했다. 스코틀랜드 귀족들의 반란은 1296년에 분쇄되었지만, 윌리엄 월리스William Wallace가 이끈 반란은 훨씬 큰 도전을 제기했다. "그때까지 정치에 참여하지 못했던 자유 토지 소유자―하급 기사, 자영농, 부농―들이……

이제 귀족의 영도 없이 '우리 스스로를 지키고 우리 왕국을 해방시키기 위해' 자발적으로 궐기했다."[42] 윌리스는 "몸 성한 모든 성인 남성들이 군대에 복무할 것을 촉구했다……. 지금까지 알려진 것만으로 보더라도, 1297~1298년은 농민의 봉기였고 따라서 사회 변화의 신호였음을 시사하기에 충분하다"[43]

대중 참여는 성공의 충분조건이 아니었기에 윌리스는 결국 패배하여 처형되었지만, 그것이 필요조건임은 분명했다. 로버트 1세 브루스Robert the Bruce가 다시금 반란의 깃발을 올렸고, 그는 귀족과 대중의 지원을 결합해내는 데 성공했다.

> 1309~1314년의 믿을 만한 사료들은 포퍼 성이 소지주인 플래턴의 필립 포레스터에게, 린리스고 성이 농부인 윌리엄 버눅에게, 덤버턴 성이 목수인 올리버에게 점령되었다고 전한다. 그리고 사회적 지위가 변변치 않은 이들이 에든버러와 록스버러 성으로 들어가는 길을 안내했다고 한다. 이 전쟁의 토대는 소극적이었던 전통적 '공동체' 지도자들을 건너뛰어 '민족' 내 다른 사회 계층의 견해에 호소하고 그것을 휘어잡은 역량이었다……. 이런 의미에서 민족의 대두는 자영농 및 농부들의 광범위한 지지와 그들이 띠었던 중요성의 증대를 반영한다.[44]

여기서 민족이라는 단어는 근대 역사학자들이 고안해낸 용어가 아니다. 배넉번에서 잉글랜드를 격파한(1314년) 스코틀랜드는 그들만의 군주와 (성직자, 귀족, 시민의—옮긴이) 3부 의회를 지닌 독립 국가로서 재탄생했다. 교황에게 보낸 공식 청원서인 「아브로스 선언Declaration of Arbroath」(1320)에서 스코틀랜드 정부는 '스코틀랜드 민족Scottorum nacio'이 외국인 잉글랜드의 지배로부터 독립할 권리를 천명했다. 실제로, 이 선언문에 서명한 영주들과 "여타 귀족들, 자유 토지 보유농과 스코틀랜드 왕국의 전체 공동체"는 왕조를 정당화하는 표현 대신에, 수천 년 전의 (신화적) 공통 기원으로 거슬러 올라가는 고유한 혈통, 유구한 자치와 스코틀랜드 토착 왕들의 역사, 사방에서 오는 외세의 위협에 맞서 지켜낸 독립―이 모두를 장황하게 설명하며 이것에 기반한 권리를 주장했다.[45]

잉글랜드와 스코틀랜드는 1603년 스코틀랜드 왕 제임스 6세가 잉글랜드 왕위를 물려받아 잉글랜드 왕 제임스 1세로 즉위하면서 (비록 다른 면에서는 별개의 왕국이었지만) 왕조가 통합되었다. 스튜어트 왕조가 가톨릭에 동조했으므로, 프로테스탄트인 스코틀랜드인 다수는 1648년과 1688년 혁명에서 (스튜어트 왕조를 옹위하는―옮긴이) 재커바이트Jacobite의 대의에 반발했다. 하지만 1707년 잉글랜드와 스코틀랜드를 (사법 체계만 제외하고) 병합하는 내용의 달갑잖은 연합법Act of Union이 통과된 뒤에는 스튜어트 왕조에 대한 애국적 지지가 강해졌다. 1715년과 1745년에 스튜어트 가문의 계승자들이 영국 왕위를 요구하며 스코틀랜드에 상륙했을 때 그들은 열광적인 환대를 받았고, 특히 고지대 씨족민들은 그 깃발 아래로 모여들었다. 그 결과로, 컬로든에서 재커바이트가 패배한(1746년) 뒤 고지대는 그들 고유의 문화와 관습을 말살하려는 무자비한 유혈 압제하에 놓이게 된다. 이후 스코틀랜드인들은, 가톨릭 프랑스(그리고 스페인)와의 전쟁으로 벼려진 세계 최강의 영국 상업·산업 제국이 주는 혜택과 영화를―18세기에, 그리고 19~20세기 초에는 더더욱―나눠 가지게 되었다.[46] 스코틀랜드인은 이 제국의―하급일지언정―온전한 파트너였고 실제로 제국의 주도적 옹호 세력 중 하나였다. 하지만 권력 균형과 경제적 이해관계가 변화하면서― 산업이 쇠퇴하고, 북해 유전이 발견되고, 해외 열강의 위협이 사실상 소멸하고, 유럽연합이 결성되면서―스코틀랜드 독립 운동에 탄력이 붙었다. 1999년 영국 의회로부터 권한을 위임받은 스코틀랜드 의회가 창설되어, 완전 독립을 지지하는 스코틀랜드민족당SNP이 소수 여당으로 집권하면서 출범했다. 그러나 이 정당이 2011년 5월 스코틀랜드 총선에서 절대다수표를 획득했음에도 스코틀랜드의 독립 여론은 아직 엇비슷하게 양분된 상태다.

한편으로, 역사적 조건은 아일랜드의 정체성과 분리주의를 가장 강하게 만들었다. 웨일스와 비슷하게, 또 스코틀랜드와 달리, 영국 지배기 이전의 아일랜드에는 통일 국가가 없었다. 라틴어와 게일어로 기록된 방대한 문헌을 자랑하는 풍부한 게일·기독교 문화를 지녔음에도, 5세기부터 12세기까지의 아일랜드는 지방 족장과 소국들로 분열되어 있었다.47 12세기부터는 잉글랜드 왕을 등에 업은 귀족층을 수반한 노르만인의 침투와 지배가 시작되었다. 잉글랜드의 지배권을 공고히 확립하고자 한 헨리 8세는 1541년 독자적 의회를 갖춘 아일랜드 왕국을 수립하고 스스로 그 왕이 되었다. 그가 노렸던 목표를 고려할 때, 그가 이런 조치를 취했다는 건 아일랜드가 잉글랜드는 아니었으며 아일랜드를 정치적으로 잉글랜드에 통합시키는 것도 실현 불가능한 일이었음을 더없이 뚜렷하게 드러낸다.

아일랜드인은 프로테스탄트를 받아들이지 않았으므로 그들의 가톨릭 신앙은 잉글랜드인·스코틀랜드인 정착민과 아일랜드인을 구분짓는 고유한 정체성의 표지이자 압제를 심화시키는 명분이 되었고, 이 두 요소는 서로를 더더욱 강화했다. 튜더 왕조의 정복과 억압도 1648년 혁명 이후 올리버 크롬웰이 벌인 학살과 살육에 비하면 새 발의 피에 불과했다. 구교도들은 아일랜드 의회 진출을 금지당했다. 정치적·종교적 억압은 경제적 착취와 짝을 이루어 토지 소유권이 잉글랜드인·스코틀랜드인 지주들의 손에 넘어갔다. 아일랜드 농민들이 겪은 비참한 가난과 파멸적인 기근은 유럽

농업 사회 대부분의 '표준'을 벗어났고 인종주의적 토대로부터 자유롭지
못했다. 1798년의 봉기가 다시금 무참히 진압된 뒤 아일랜드 의회가 폐지
되고 아일랜드는 그레이트브리튼·아일랜드 연합왕국으로 병합되었다
(1801년). 하지만 19세기 말 영국에 자유화와 민주화 물결이 일면서 더이상
아일랜드인의 요구를 예전처럼 억누를 수 없게 되었다. 글래드스턴이 이끈
자유당 내각은 경제 개선, 좀더 평등한 시민권, 더 큰 관용과 자치Home Rule
라는 전면적인 자유주의적 해법을 제안했다. 그럼에도 연합왕국 내에서의
자결은 아일랜드인을 만족시킬 수 없었고, 이 과정은 한 세대 후에 아일랜
드 국가의 독립(1922년)으로 이어졌다. 연합왕국 내에 머무른 북아일랜드
의 6개 주는 깊은 종파 간 분열과 폭력의 현장이 되었지만, 현재는 이를 억
누르는 데 어느 정도 성공한 편이다.

　브리튼제도 내 종족, 인족, 민족의 이러한 역사는 우리에게 무엇을 말
해주고 있을까? 이는 종족성과 정치적 종족성의 크나큰 중요성, 그리고 그
것에 기반한 인족과 민족의 긴 역사와 놀라운 내구성을 뚜렷이 보여준다.
모든 지배 인족이 그렇듯이 잉글랜드 종족이라는 관념은 흔히 통용되지
않으며, 종족이라는 용어는 브리튼 내 다른 세 인족의 소수자적 정체성에
좀더 자연스럽게 적용된다.[48] 하지만 이런 차이가 발생하는 객관적인 이유
는 없다. 오늘날 브리튼제도의 종족민족 구분은 그 기원이 비드의 시대까
지 거슬러올라가며, 그 직후에 잉글랜드와 스코틀랜드에서 민족국가들의
기반을 이루었고, 잉글랜드의 지배하에 여러 세기에 걸쳐 존속했다. 예를
들어 픽트 정체성은 스코틀랜드 정체성에 동화된 한편으로 잉글랜드의
북쪽 경계를 확정하는 데 기여했다. 민주화와 자유화는 영국이라는 연합
국가와 민족으로의 더 큰 통합을 유도한 동시에 개별 민족주의의 부활을
유도했다. 실제로 영국의 네 가지 민족 정체성에 더하여 영국 민족이라는

복합적 초정체성이 생겨났다. 이를 촉진한 것은 (심지어 아일랜드에서도, 독립 이후 게일어를 부활시키려는 범국가적 노력에도 불구하고) 영어의 승리와 여타 민족 언어들의 사멸,[49] 영국 공통 문화의 확산, 정치 공동체로서의 유구한 상호 협력 전통이었다. 게다가, 비록 영국 정체성이 위에서 열거한 대로 친족적 의미를 넘어선 요소들에 기반하긴 해도, 관련 인족들에게 영국 정체성은 (복합적이고 초월적일지언정) 초민족적 정체성이 아닌 **민족적** 정체성으로 인지된다. 영국에는 더 폭넓은 (잉글랜드가 지배하는) 영국 민족 정체성을 띠는 네 가지 민족 정체성이 존재한다. 이 영국 민족 정체성이 (아일랜드가 그랬듯이) 그 민족적 구성 부분들로 쪼개지느냐 혹은 존속하느냐는 각 층위의 민족 정서가 얼마나 강한가, 또 이 층위들이 얼마나 성공적으로 결합되고 균형을 유지하는가에 달려 있다.

스칸디나비아 정체성과 민족 정체성

브리튼제도에서 나머지 세 인족/민족과 구분되는 잉글랜드 인족 및 민족이 형성되는 데 가장 중요한 구실을 한 것은 종족적 차이였다. 하지만 종족 구분을 형성하는 데 지리가 수행하는 중요한 역할은 특별한 주목을 요한다. 공동체들이 지리적 거리나 큰 장벽으로 분리되어 폭넓은 상호 작용이 끊기고 국지적 차이를 발전시키면서 종족의 '종種분화'를 추동하는 역사적 동력이 발생하는 것이다. 이는 국지적 변이들을 설명해주며, 지리적 분리가 독자적 사회·문화·정치 공동체와 정체성을 창출할 정도로 현저할 때 더더욱 중요해진다. 영어는 몇 세기 만에 그 친족인 대륙의 저지 게르만어로부터 분리되었다. 마찬가지로 선사 시대 브리튼제도의 켈트 종족도 훨씬 이른 시기에 브리튼의 P-켈트어파와 아일랜드의 Q-켈트어파로 분리되었다. P-켈트어파는 게르만족의 침입에 의해 다시 웨일스어, 콘월어, 브르타뉴어 등으로 갈라졌고, Q-켈트어파는 아일랜드해 너머로의 이주를 통해 아일랜드 게일어와 스코틀랜드 게일어로 언어와 정체성이 분화되었다. 이제 우리가 살펴보려는 노르드 국가들이 지리와 영토 단절의 이러한 원동력을 가장 잘 보여주는 사례인 것은 바로 그들 간의 종족적 차이가 미미하기 때문이다.

앞에서 언급했듯이, 북서 유럽의 종족 발생과 민족 건설 과정은 주로 게르만족이 로마제국에 침입하기도 전부터 선사 시대 게르만 종족 공간이 이주, 거리, 생태적 이유로 쪼개지고 분화해온 내력이다. 제1천년기 후반 스칸디나비아의 북게르만어, 즉 고대 노르드어 방언 사용자들은, 그 남쪽의 다른 게르만인들과는 말과 관습에서 이미 뚜렷이 구분되었지만 자기네끼리는 매우 가까웠다. 6세기 비잔티움 제국의 저술가인 요르다네스Jordanes의 『게티카Getica』(III.23)에 따르면, '스칸드자섬'(스칸디나비아)의 인족들 중에는 서로 같은 계열에 속하는 억센 다니족(데인족)과 수에티디족이 있었다고 한다. 서게르만어(저지 게르만어의 조어)를 쓰는 주트족과 앵글족은 브리튼으로 이주했고, 노르드어를 쓰는 데인족은 오늘날의 덴마크 섬들과 스웨덴 최남단의 스코네로부터 유틀란트(오늘날 덴마크가 위치하는 반도―옮긴이)로 확산되었다. 노르드인들이 파괴적인 습격과 대담한 원양 항해로 유명해진 바이킹 시대에 덴마크, 노르웨이, 스웨덴에서는 국가 건설 과정이 개시되었다. 기원후 1000년을 전후로 이 세 나라에서 이전의 소왕국들이 거의 영구적인 통일 국가로 통합되었다.[50]

그중 인구가 더 많고 프랑크 왕국의 영토와 더 가까운데다 더 발전한 덴마크가 최초로―어쩌면 일찍이 8세기, 확실하게는 10세기에―통일되었다. 덴마크 왕들은 이따금 노르웨이의 지방들을 상대로 종주권을 행사하기도 했다. 하지만 노르웨이도 그들만의 왕인 올라프 하랄손Olaf Haraldsson(재위 1015~1028)의 영도하에 거의 온전히 통일되었다. 그러나 새로 형성된 영토는 원심력에 취약했다. 왕과 사이가 틀어진 노르웨이 귀족들이, 잉글랜드 또한 지배했던 덴마크의 크누트 대왕에게 왕국을 넘겨버린 것이다. 하지만 이 북해 제국은 크누트 사후에 해체되었고, 잉글랜드에서처럼 토착민 왕(올라프의 아들인 망누스)이 노르웨이 왕위를 되찾았다(1035년). 이로써 350년간의 노르웨이 독립 국가 시대가 열렸다. 스웨덴 왕국도 10세기 말에 비슷하게 출현하여, 11세기부터 14세기까지 예탈란드와 스베알란드의 지방들을 서서히 통합해나갔다.

이런 사건들이 담긴 주된 사료는 12~13세기에 좀더 오래된 전승들을 기초로 집필된 노르드 사가와 연대기들이다. 잉글랜드의 비드처럼, 이들 사료에도 각 민족에 대한 투철한 애국심이 생생히 녹아 있다. 이들 텍스트가 저자가 기술하는―반전설적인 신화 속에 가려진―과거를 반영한 것인지, 저자 당대를 반영한 것인지는 끝없는 논쟁의 주제다. 하지만 온전히 후자의 시각을 취한다 해도, 12~13세기 무렵 각국에 강한 토착 민족주의 의식이 존재했다는 사실은 여전히 남는다. 삭소 그라마티쿠스Saxo Grammaticus가 13세기 초에 집필한 덴마크 역사서 『게스타 다노룸Gesta Danorum, '데인인의 사적'』에서 기술한 것처럼, "민족들(nationes)은 스스로 세운 업적의 명성과 선조들을 회고하는 기쁨을 과시하는 버릇이 있다". 그런 과업을 짊어진 그는 "조국(파트리아patria)을 찬양하려는 격정적 열의로 불탔다."[51] 근대 이전에는 이러한 동일시가 알려진 바 없다는 근대주의자들의 주장과는 반대로, 여기서 민족과 파트리아가 당연하게 동일시되고 있음에 유의하자. 또한 역사 기록에서 문맹 대중이 침묵하고 있음을 고려한 근대주의자들은 이런 텍스트에 발현된 민족정신도 단지 식자층이 전파한 왕실 프로파간나를 반영할 뿐이라고 주장한다. 실제로 삭소 그라마티쿠스의 저작은 왕실의 후원을 받았다. 하지만 노르웨이의 다양한 사가와 연대기들은 실제로 유럽에서 가장 자유롭고 거의 무정부적이며 통제가 미치지 않는 벽촌이었던 아이슬란드에서 집필되었다.

아이슬란드는 바이킹 시대인 9세기에 노르웨이인들이 들어가 정착했다. 바이킹의 대양 탐험 기지였던 아이슬란드의 지리적으로 멀리 떨어진 위치와 희소한 인구와 개척자적 심성은, 이곳의 무정부적 자유에도 기여했지만 후대에 지방어로 기록된 고대 노르드어 구비 전승 및 사가의 수원지로서의 역할에도 기여했을 공산이 크다. 따라서 아이슬란드는 우리의 주제에 특별한 관점을 제공한다. 막강한 지방 족장들이 지배한 이 나라는 유럽에서 가장 오래된 의회를 가졌으며 멀리 떨어진 노르웨이 군주정과는 최소한의 연계만 유지한 '자유국' 혹은 '자치주'였다. 그럼에도 13세기에 가장 오래된 노르웨이 왕들의 연대기가 집필된 곳은 바로 아이슬란드였다. 이 연대기들의 서술에서 특별히 눈에 띄는 것은 두 가지다. 첫째로, 그들은 노르웨이인, 덴마크인, 스웨덴인, 러시아인, 잉글랜드인의 차이를 당연하게 받아들였다. 둘째로, 연대기에서 이는 한낱 왕과 왕국, 나라와 영토의 차이만이 아니라 뚜렷한 인족 간의 차이이기도 했다. 저자들의 공감과 충성심은 명백히 노르웨이(그리고 이에 속한 아이슬란드)를 향하고 있으며, 위에 언급한 다른 나라의 사람들도 자국에 대해 같은 태도를 취하고 있다. 토착 민족적 애국주의의 대중적 측면은 텍스트에서 거듭 드러난다.

현존하는 가장 오래된 연대기인 『모르킨스킨나Morkinskinna』(1220경)는 의미심장하게도 7년간의 데인인 지배가 끝나고 망누스에 의해 노르웨이 군주정이 재확립된 시점(1035년)부터 시작된다. 이 사건과 관련된 모든 당사자들이 채택한 수사는 오해의 여지가 없다.

망누스 왕은 그의 부친의 권력이 미쳤던 전 지역에서 지배를 확립했다. 그는 한 번도 전투를 치르지 않고, 부자와 빈자를 망라한 모든 사람의 동의와 합의 아래 이 땅을 복속시켰다. 그들 모두는 더이상 데인인의 압제에 시달리지 않고 망누스 왕 치하에서 자유로워지기를 갈망했다.[52]

노르웨이의 공적 생활에 대중적 측면이 있었음은 연대기의 도처에서 입증된다. '농부들'은 법적 권리가 보장되는 힘있는 신분이었다. 그들은 군주·귀족과 나란히 정치권력의 중심을 이루었고, 때로는 군주와 귀족을 상대로 자신들의 의지를 관철시키기도 했다.[53] 노르웨이의 민족 군주제는 군주와 엘리트에만 한정되지 않았다.

덴마크측에서도 상황은 그리 다르지 않았다. 수년 뒤에 상황이 역전되어 노르웨이 왕 하랄 3세는 덴마크 왕위를 요구했는데(1049~1064년), 당시 "그는 군대에 전투 준비를 명하고, 만약에 그들이 그 땅을 정복하면 노르웨이인은 이후로 영원히 덴마크의 주인이 될 것이라고 선언했다".[54] 이미 스스로를 왕으로 선언한 덴마크의 스벤 백작은 "노르웨이의 침입에 대응하여 베보르(비보르)에서 의회를 소집했다. 이 자리에서 덴마크인의 염원에 따라 그에게 왕위가 수여되었다".[55] 하랄의 덴마크 왕위 요구는 실패로 돌아갔고, 잉글랜드 왕위를 노리던 시도 역시 스탬퍼드 다리 전투(1066년)에서 전사하면서 실패로 끝났다. 노르웨이와 덴마크(그리고 스웨덴)는 서로 분리된 채로 남았다.

이 대목에서 내가 덴마크, 노르웨이, 스웨덴이라는 말을 쓴 것이 어떤 구체화된 기정사실을 뜻하는 게 아님을 확실히 해두어야겠다. 그 민족적 내용물이 채워지기만을 기다리고 있는 본연의 나라 같은 것은 없다. 스칸디나비아의 노르드인 부족민들은 다른 조건하에서 별도의 역사적 경로를 밟았다면 전혀 다른 국가적·문화적·민족적 실체가 될 수도 있었다.[56] 그렇지만 제1천년기 말과 제2천년기 초에 실제로 일어난 일은, 지리가 서로 구분되는 세 인족과 민족국가를 생성하는 데 결정적 구실을 한 것이었다. 생계 수단과 인구가 연안 평야와 해안에 집중된 추운 스칸디나비아의 땅덩어리에서, 훗날 노르웨이로 알려지게 된 곳을 정의한 것은 북해와 북대서양을 향한 서쪽 해안이었다. 스웨덴은 발트해를 향한 동쪽 해안에서 출현했는데, 이곳은 먼 거리와 높은 산맥으로 노르웨이와 분리되어 있었다. 한편, 덴마크를 정의한 것은 발트해 입구 스카게라크 해협과 카테가트 해협 사이에 위치한 제도들이었다. 여기에는 오늘날 스웨덴의 최남단으로 남쪽과 서쪽을 향하고 있는 스코네, 할란드, 블레킹에 지방들도 포함되었다. 이곳은 거리로나 종족으로나 초기의 스웨덴보다는 덴마크에 훨씬 더 가까웠다. 후대인 17세기에 덴마크는 이 지방들을 스웨덴에 빼앗겼다.

　나머지는 잘 알려진 역사이지만, 지리가 유의미하지 않은 적은 한 번도 없었다. 서로 구분되는 세 인족의 이른 형성, 장기간에 걸친 정치적 통일, 독립된 국가의 성립, 11세기부터 14세기까지 점점 벌어진 언어적 차이는 향후 역사 전개에 깊고도 지속적인 각인을 남기게 된다. 하지만 역사 전개가 이런 각인을 변화시킬 수 없는 건 아니었다. 1397년부터 1521년까지 덴마크, 스웨덴, 노르웨이의 세 왕국은 칼마르 동맹을 맺고 덴마크 왕실의 지배하에 연합을 이루었다. 이와 동시에 그들 각각은 공식적으로 별개의 국가로 유지되며 별도의 제도와 사법 체제를 보유했다. 하지만 곧 마찰이 빚어졌는데, 특히 스웨덴의 이익이 덴마크에 종속되었다고 여긴 스웨덴 귀족층의 반발이 심했다. 연합에서 점점 더 떨어져나오던 스웨덴은 결국 1521년 공식적으로 독립을 선언하고 스웨덴인인 바사Vasa를 그들의 왕으로 선출했다. 17세기에는 발트해와 북독일까지 아우르는 스웨덴 제국이 세워졌다. 그러나 18세기에 제국이 멸망한 뒤 스웨덴은 다시금 그 본토로 한정되었다.

노르웨이는 고유한 제도를 유지하면서도 덴마크와의 통합 왕조로 남았다. 연합의 문화적 중심지이자 대학교육의 요람인 코펜하겐과의 연계는 18세기 들어 더 강해졌지만, 노르웨이에서는 이 사실에 대한 적개심 또한 쌓여갔다.[57] 덴마크-노르웨이 연합왕국이 이후로도 자발적으로 존속했을지는 알 수 없는 문제다. 1814년 승전한 유럽 열강들이 나폴레옹의 동맹국이었던 덴마크로부터 노르웨이를 떼어내어 스웨덴 치하로 넘겼기 때문이다. 하지만 스웨덴 왕 역시 노르웨이의 헌법, 자치, 독자적 제도를 보장한 연후에야 노르웨이에 대한 지배권을 확보할 수 있었다. 그럼에도 노르웨이는 1905년 독립을 선언했다.[58] 1000년 무렵에 확립된 인족 및 국가 지도는 놀랄 만큼 변함없이 우세했고, 그 이래로 두드러진 정치적 중요성을 띠지 않은 적이 없었다.

스칸디나비아를 떠나기 전에 마지막으로 갚아야 할 빚이 하나 남았다. 19세기 이전까지는 핀란드 민족의식이 출현하지 않았던 까닭에 핀란드는 민족의 근대성을 입증하는 사례로 흔히 인용된다. 하지만 스칸디나비아에 인족, 국가, 민족이 형성된 제2천년기 초에 핀족에게는 기초적인 정치 조직조차 없었다는 바로 그 점에서 핀란드는 덴마크, 스웨덴, 노르웨이와 달랐다. 스칸디나비아 모든 나라의 최북단을 여전히 차지하고 있던 사미족(라프족)과 비슷하게 핀족도 부족 집단으로 띄엄띄엄 분포했다. 그들은 스칸디나비아의 나머지 언어와는 전혀 다른 핀우그리아어를 썼다. 스웨덴인이 핀란드에 대규모로 이주 정착하고 13세기에 스웨덴으로 병합되고 도시 엘리트와 행정을 스웨덴인이 독점한 상황에서, 핀란드는 어쩌면 스웨덴의 웨일스가 될 수도 있었다. 그러나 1809년 러시아가 이곳을 스웨덴으로부터 빼앗아 러시아 제국 내의 자치 대공국으로 만들었고, 1917년 핀란드는 독립을 선언할 기회를 잡았다.

중세 독일과 민족 제국

지금까지 우리는 게르만 종족 공간이 확장된 변두리에 위치한 두 영토를 다루었다. 브리튼과 스칸디나비아에서는 지리적 장벽과 역사적 분화 과정에 의해 초기 단계의 인족과 민족들이 제각기 형성되었다. 게르만 부족 복합체와 전사 무리들은 로마제국의 영토로도 집단 이주하여 라틴어를 받아들였다. 하지만 다수는 옛 게르마니아에 남았다. 이들의 종족정치적 역사는 아주 많은 편향적 해석의 대상이 되었는데, 첫째는 19세기와 20세기 초반 독일 민족주의자들에 의해서였고 결국에는 나치와 더불어 지극히 왜곡되고 무시무시한 형태로 종말을 맞았다. 그러나 이에 대한 충분히 이해할 만한 반작용으로, 독일의 정치적 종족성과 민족 정체성이 근대 이전 역사에서 모종의 역할을 했다는 걸 부인하는 경향이 존재해왔다. 그리고 이런 관점 또한 현실과는 거리가 멀다.

우리는 게르마니아의 게르만 부족체들이 국가태의 울타리 안으로 들어온 역사적 시기로부터 시작한다. 이는 가장 성공한 게르만 신생 국가인 메로빙거 및 카롤링거 왕조 치하의 프랑크 왕국이 확장되면서 일어났다. 이 왕국은 과거 로마 영토였고 로마화된 주민들이 거주하는 갈리아 지방과 그 밖의 게르만족 승계국들뿐 아니라 독일 중부 및 동부까지 아울렀다. 이 확장 과정은 8세기 말에 샤를마뉴가 프리지아인, 작센인, 바이에른인을 복속시키면서 완료되었다. 이탈리아까지 정복한 그는 로마제국이라는 명망 높은 칭호를 부활시켰고 교황에게 황제의 관을 수여받았다(800년). 하지만 왕조의 관습과 행정상 이유로, 제국은 그의 상속을 놓고 끊임없이 다투던 후계자들에게 분할되었다. 베르됭 조약(843년)은 남북으로 기다란 세 지리 영역—서프랑크, 중프랑크, 동프랑크 영토—으로 제국을 분할했다. 하지만 여기에는 더 강력한 다른 현실이 도사리고 있었다. 그 전해에, 왕들이 합의한 문서인 이른바 스트라스부르 서약이 그곳에서 대치중이던 두 프랑크 왕국의 군대 앞에서 서로 다른 두 가지 언어로 낭독된 것이다. 서프랑크의 (라틴어에서 파생된 언어로 고대 프랑스어의 조상인) 갈로-로망스어Gallo-Romance와 동프랑크의 고대 고지 독일어Old High German였다. 이를 근거로 역사학자들은, 프랑크 왕국 권역을 양분하는 두 지역이 더이상 같은 지방어를 쓰지 않았고 따라서 서로 의사소통이 불가능했다고 추론한다. 베르됭 조약으로부터 한 세대 뒤, 서프랑크와 동프랑크의 왕들은 메르센 조약(870년)과 리베몽 조약(880년)에 서명했다. 이 조약에서 둘 사이에 놓인 중프랑크 왕국 영토의 일부를 분할한 선은 로망스어와 게르만어 사용자 간의 언어 분리를 놀랄 만큼 정확히 반영하고 있었다. 이때부터 양측은 각자의 길을 걸어 각각 프랑스와 독일로 발전하게 된다.

이는 중세 독일이 민족국가였다거나 하나의 독일이 기정사실이었다는 말이 아니다. 여기서도 실제 상황은 좀더 복잡하다. 독일의 민족 정체성은 서로 반대되는 두 방향으로의 압력 아래 놓여 있었다. 첫째로, 영광스러운 로마의 모델을 따르고자 하는 제국적 야심이 존재했다. 황제의 칭호는 샤를마뉴의 후계자들에게 넘겨진 뒤 한동안 단절되었다가, 오토 왕조의 오토 1세에 의해 독일에서 계승되었다. 아헨에서 왕으로 즉위하고 결혼을 통해 이탈리아에 대한 지배권을 획득한 그가 로마에서 교황에게 황제의 관을 수여받은 것이다. 11세기에 그의 후계자들은 공식적으로 신성로마제국 황제를 자칭했다. 이후 수백 년간 황제들이 이탈리아에서의 원정과 분규에 골몰하느라 정작 독일 내에서의 입지가 약화되었다는 것은 유명하다. 하지만 이 나라가 제국이라는 보편적 외피를 둘렀고 비독일 변경 지역이 슬라브족의 땅인 동쪽으로 확대되긴 했지만, 이 제국이 근본적으로 독일 제국이라는 데는 의문의 여지가 없었다. 황제들의 권력은 주로 독일 땅과 독일인 신민들에게 의존했다. 비록 황제가 선출직이었고 황위가 왕조를 바꿔가며 계승되긴 했어도, 선출된 황제 중 극소수를 제외하고는 모두 독일인이었다. 또 보헤미아 국왕(그도 1310년 이후로는 독일인으로 바뀌었다)을 제외한 모든 성직제후와 세속제후 역시 독일인이었다. 게다가 슬라브인이 거주하는 동쪽으로의 팽창은 독일인 제후들과 여타 독일 정치체들 및 독일인 정착민들의 이익을 위한 것이었고, 여기에는 슬라브인 주민의 문화적 독일화가 대규모로 수반되었다. 늦어도 12세기에는 독일 왕국regnum Teutonicorum과 나머지 제국 간의 구분이 뚜렷해졌다.[59] 1512년 제국이 '독일 민족의 신성로마제국'Heiliges Römisches Reich Deutscher Nation'으로 공식 국호를 바꾼 것은 오래된 현실을 인정한 것에 지나지 않았다. 그로부터 8년 뒤 마르틴 루터도 이와 비슷하게 「독일 민족의 그리스도인 귀족에게 고함」이라는 선언문을 집필했다.

역사학자 레너드 크리거Leonard Krieger는 이렇게 썼다.

신성로마제국의 연대기 저자들은 작센, 잘리어, 호엔슈타우펜 왕조 치하의 신성로마제국을 독일에 기반한 정치 질서로 간주했다. 그 독일적 토대는 발터 폰 데어 포겔바이데Walter von der Vogelweide 같은 음유시인들에 의해 대중적으로 칭송되었다. 오토 폰 프라이징Otto von Freising과 알렉산더 폰 뢰스Alexander von Roes 같은 정사 역사학자들도 제국 역사를 독일

역사와 동일하게 취급했다.[60]

최근의 다른 역사학자들도 중세의 이처럼 강한 독일 정체성 의식을 광범위한 기록으로 뒷받침했다.[61] 이 같은 정서는 중세 독일 시에서도 뚜렷이 드러난다. 그중 다수는 조신과 성직자들의 이른바 엘리트 관념보다는 대중 감정을 더 잘 보여주는 통속 시였다. 중세 초기부터 독일인들은 스스로를 공통된 친족 용어로 일컬었다. 중세 전성기에는 방언 간의 차이가 컸음에도 불구하고―또 루터가 성서 번역을 통해 공통된 대중 문어를 창출해내기 오래 전부터도― 언어의 공유가 점점 더 강조되었다.[62] 볼테르의 재담에 따르면 신성로마제국은 신성하지도 않고 로마도 아니며 제국도 아니었지만, 그럼에도 그것은 독일이었다. 볼테르의 시대에는 아니었을지라도 특히 중세에는 그랬다.

독일 제국의 민족적 특성에 대해 제기된 둘째의 좀더 중요한 도전은 아래로부터 왔다. 선국가 게르만 부족체들과 흔히 서로 거의 알아들을 수 없는 방언들의 고유한 유산이 끈질기게 유지되고, 왕권의 약화와 동시에 더욱 강화되었던 것이다.[63] 독일 통치자는 선거군주라는 성격상 영토 제후들에게 점점 더 많은 양보를 할 수밖에 없었다. 황제들이 이탈리아 정세에 몰두한 것은 그들의 권력을 더욱 약화시켰다. 그 결과로 독일에서의 역사 전개는, 봉건적 파편화 시기를 거친 후 왕이 권위를 재정립할 수 있었던 다른 유럽 군주정들과는 반대의 경로를 따랐다. 9세기 중반부터 12세기 중반까지 프랑스보다 더 중앙집권적 국가였던 독일에서, 결국 영토 제후들이 사실상의 독립을 누릴 수 있게 된 것이다. 그래서 근세 독일은 중세 독일 제국보다 민족국가적 성격이 약해졌다.[64] 황제의 실질적 지배권은 1806년 제국이 공식적으로 해체되기 오래 전부터 그의 상속 영지에 국한되어 있었다. 영토의 정치적 파편화는 고대 서게르만어군이 서로 다른 어계들과 다양한 국지 방언들로 더 잘게 분화하게끔 촉진하기도 했다. 여기서도 종족성과 정치는 상호적·호혜적으로 영향을 주고받았다.

따라서 통일된 독일 국가가 근대에 형성된 것은 필연적인 결과가 아니었다. 또 독일 국가의 형성 시초까지 거슬러올라가는 전근대 역사의 종족 정치적·민족적 현실과 무관한 순전히 근대적인 발전도 아니었다. 확실히 분화도 수렴만큼이나 자주 일어났다. 스위스의 독일어권 주민들은 중세 후기에 신성로마제국에 대항하여 정치적으로 조직되며 독자적 민족 형성 과정을 밟았다. 네덜란드 역시 16세기부터, 카를 5세의 영토 일부가 펠리페 2세에게 상속됨과 더불어 신성로마제국으로부터 떨어져나오고 다음에는 스페인으로부터 독립을 쟁취하면서 독자적 민족 형성 과정을 밟았다. 1860년대 프로이센의 군사적 승리들은 여러 독일계 국가들의 통일을 이룩하는 데 결정적 구실을 했다. 하지만 이 통일은 오스트리아 제국의 독일인 주민들을 배제한 것이었고, 이 분리는 양차 대전을 겪고도 끝까지 유지되었다. 1945년 이후 독일의 동서 분단은, 소련 체제의 정치적·경제적 파산이 없었다면 시간이 갈수록 더욱 견고히 자리잡았을 수도 있다. 어떤 방향으로의 전개라도 미리 예정된 것은 없으며, 다른 장소와 상황에서는 다른 일이 벌어졌을 수도 있다. 그럼에도 독일 정체성과 정체성들은 많은 변화를 겪는 와중에도 그 시초부터 심대한 정치적 중요성을 띠었던 주된 요인이었다.

체코

게르만 종족 공간에서 벌어진 것과 비슷하게, 좀더 동쪽에 있던 슬라브족 사이에서도 지리적 확장, 종족 분화, 개별적 민족국가의 공고화가 일어났다. 3장에서 보았듯이, 슬라브 부족의 선사 시대 상황과 그 확산은 그리스·로마 시대의 사료와 고고학이 희미한 빛을 비춰줄 뿐 문자 이전의 베일에 싸여 있다. 그럼에도 충분히 뚜렷해 보이는 사실은, 슬라브족이 처음에는 상당히 한정된 지역—아마도 드네프르강 중상류 유역—에 거주했다는 것, 슬라브어라는 공통된 언어를 썼다는 것, 만신전 같은 정신문화의 측면들과 더불어 투박한 물질문화를 공유했다는 것, 로마제국으로의 게르만족 대이동에 뒤이어 500년 무렵부터 사방으로 확산되었다는 것이다.[65] 이미 언급했듯이, 서쪽으로 이동한 슬라브족은 게르만족이 그전에 거주했다가 떠난 땅으로 들어갔다. 남쪽으로는 다뉴브강을 건너 동로마제국의 발칸 지방으로 들어갔다. 그리고 동쪽으로는 인구가 희소한 드네프르강 남북 지역과 프리페트 습지대로 들어갔다. 이처럼 광범위한 지리적 확산은 슬라브어 내에서 첫 언어 분화를 촉발하여 제1천년기 후반에 서슬라브어, 동슬라브어, 남슬라브어 방언들이 생겨났다. 또 지리적 분열과 정치적 통합의 익숙한 상호 작용의 결과로 추가 분화가 뒤따랐다.

서슬라브족부터 시작하자. 원래 서로 매우 가까웠던 슬라브 부족체들 사이에서 분화가 진행된 것은 거대한 지형적 장벽 때문이었다. 그들 중 일부는 탁 트인 북유럽 평원을 따라 엘베강까지 이르는 지역에 정착했다. 또 일부는 카르파티아산맥의 남쪽이나 그 능선들 사이에 정착했다. 카르파티아에서 최초로 등장한 제법 안정된 국가는 830년경 모라비아강 유역의 슬라브 부족들과 소국들을 통일한 모라비아 왕국이었다. 전성기에 크게 팽창했던 이 왕국은 마자르족(헝가리족)의 침공으로 멸망했다(906년). 그 핵심 영토와 인족은 결국 좀더 서쪽의 보헤미아 분지에 새로 등장한 국가로 통합되었다. 이 국가는 프르셰미슬Přemyslid이라는 토착 왕조가 (체코인을 포함하여) 서로 가까운 슬라브 부족들을 그러모아 세웠고, 수도인 프라하에서 9세기 말부터 1306년까지 400여 년간 단절 없이 나라를 다스렸다. 마자르족의 위협과 독일 신성제국 사이에 끼인 프르셰미슬 왕조의 통치자들은 후자의 종주권을 인정하는 한편, 지략을 발휘해서 실질적인 자치와 영토 내의 통합을 유지할 수 있었다. 1198년 왕의 칭호를 획득하면서 이러한 실질적 지위는 공식적 지위가 되었다.

프르셰미슬 왕조가 끊기자, 체코 귀족들은 룩셈부르크 왕가의 한 독일인 제후에게 보헤미아의 왕위를 제안했다. 이렇게 외국인 왕조가 통치하는 관습에 대해서는 본 장의 결론에 해당하는 이론적인 부분에서 일정 분량을 할애하여 논의할 것이다. 코즈모폴리턴이었던 카를 4세는 신성로마제국의 황제(재위 1342~1378)로도 선출되었는데, 제국 내에서 보헤미아 왕국의 독자적 지위를 더욱 공식화하고 체코어에 대한 연구를 지원하는 한편, 번창하는 도시 프라하에 코즈모폴리턴적 성격을 띤 대학을 설립했다. 보헤미아와 모라비아의 독일인 정착민들은 특히 도시와 소도시에서 오래전부터 상당한 입지를 다져놓고 있었다. 하지만 카를의 치세가 끝난 직후 후스 전쟁이 맹렬하게 터졌고, 민족주의적 요소가 이 전쟁의 중요한 측면을 이루었다.

잉글랜드의 종교개혁가 존 위클리프John Wycliffe의 가르침에 영향을 받은 얀 후스Jan Hus는 마르틴 루터보다 한 세기 전에 보헤미아와 모라비아에서 프로테스탄트 개혁에 착수했다. 가톨릭교회가 콘스탄츠 공의회에서 그를 처형하면서(1415년) 본격적으로 불붙은 운동은 나라 전체를 집어삼켰고, 제국군의 거듭된 침략을 극적으로 물리쳤다(1420~1434년). 후스 운동의 민족주의적 특징은 체코 민족주의자들뿐만 아니라 학자들에 의해서도 강조되었다. 물론 그 주된 쟁점은 종교적인 것이었지만, 동시에 이는 대체로 체코인들만의 운동이었고 체코의 귀족층과 도시·농촌을 모두 포괄했으며 그 주적은 비체코인이었다. 일부 학자들은 이 운동이 비체코인에게도 얼마간 영향을 끼쳤고 모든 체코인이 후스주의자는 아니었음을 지적하며 이상의 사실들에 조심스럽게 단서를 단다.[66] 실제로 후스 전쟁은 보헤미아와 모라비아의 독일인들뿐 아니라 이 운동에 반대하는 체코인을 상대로도 수행되었다는 점에서 내전의 성격도 일부 띤다. 하지만 이 점은 거의 모든 근대 민족주의 운동들도 마찬가지였다. 전체적으로 볼 때 후스 운동은 체코인의 운동이자 대중 운동이었고 이는 민족주의 운동의 정의에 정확히 부합된다. 이 운동의 말과 행동 모두가 이 점을 뚜렷이 드러내고 있다.

체코 귀족들은 후스의 처형을 전후로 황제와 콘스탄츠 공의회에 보낸 (체코어로 쓰고 최종적으로 452명이 서명한) 서한에서 "우리 민족과 보헤미아 땅의 치욕"에 강하게 항의했다.[67] 갈등이 악화됨에 따라, 프라하대학의 체코인 교수들은 독일인 시민들이 체코인 전도사를 처형한 것에 항의하며 살인자들을 "우리 보헤미아와 모라비아 인종(겐스gens) 그리고 모든 슬라브 민족(링구아lingua)에게 씻을 수 없는 치욕을 주는 데 여념이 없는" "명백한 우리 민족(링구아lingua)의 적"이라고 비난하기도 했다.[68] 이제 부글부글 끓기 시작한 혁명의 지도자들은 종교적 요구 외에도 많은 세속적 요구를 했는데, 그중에는 자격을 갖춘 체코인이 가질 수 있는 공직에 외국인을 앉히지 말 것, 재판 절차에서 체코어를 사용할 것, 영토 전역에서 체코인에게 '우선 발언권'을 줄 것 등이 있었다.[69] 1420년 체코 귀족들이 프라하 성에 모여 발표한 선언문에서는 지기스문트 황제를 "체코 왕국과 언어의 크고 악랄한 적"으로 규정하고, 종교적 요구 외에 "왕국과 체코어의 복리福利"를 추가로 요구했다.[70] 후스 전쟁이 끝나고 오랜 시간이 흐른 1469년에도, 보헤미아 왕으로 선출된 체코인을 교황이 파문한 것에 대응하여 "모든 독실한 체코인과 모라비아인에게, 하느님의 진리를 진심으로 사랑하는 이들과 우리 고유한 체코어의 사도들에게" 바치는 호소문이 발표되었다. 이 호소문은 교황과 그의 동맹 세력이야말로 "체코 언어를 파괴하고 일소하고 완전히 금지하길" 바라고 있으며 교황이 "주변 땅의 모든 민족과 언어들을 부채질하여 우리와 적대하게끔 선동한다"며 규탄했다.[71] 이 선언문을 인용한 오늘날의 한 역사학자는 이렇게 쓴다. "이 대목은 상당히 놀랍지만, 그 시대와 장소로서는 아주 전형적인 것이었다. 1420년 이후 발표된 사실상 모든 후스주의 선언문들이 같은 정서를 띠고 있다." 계속해서 그는, 이 대목이 "진리와 미덕을 한 영토, 한 인족, 그들의 언어와 동일시한다는 점에서 당혹스러울 정도로 근대적—혹은 우리가 익히 근대적이라고 여기는 것이다.…… 이 모두가 인쇄기의 도움 없이 일어났다"고 말한다.[72]

중세 문헌에서 많이 사용되었음을 우리가 이미 확인한 바 있는 '겐스gens'(종족적 의미에서의 인족)와 '나티오natio' 개념 외에도, 앞의 인용문에서 '링구아lingua'가 자주 사용된 것은 특별한 주목을 요한다. 체코어는 그 종교적 의미 때문에 확실히 중요했다. 성서가 체코 지방어로 번역된 것은 루터가 성서를 독일어로 번역하기 150년 전인 1370~1380년대였다. 그리고 종교개혁 시기에 이는 글로든 말로든 대중에게 가닿는 가장 강력한 도구였다. 하지만 그 못지않게 중요한 것은, 보헤미아와 모라비아의 맥락에서 '링구아'가 '겐스'나 '나티오'의 동의어로도 사용되었다는 사실이다. '링구아'는 이 나라의 독일인 주민들과 대비되는 체코인을 분명히 가리킨다는 점에서 '겐스'나 '나티오'보다 더 명확한 단어였다. 실제로 '링구아'는 종족적 민족주의를 의미했다.

이미 언급했듯이, 후스 반란은 선언으로서뿐만 아니라 실제로도 체코인의 반란이자 전 사회 계층이 참여한 반란이었다. 이는 민족주의 반란의 근대적 정의에서 가장 중요한 부분이다. 이 반란은 체코 지식인으로부터 시작되어 체코 귀족, 도시 중산계급, 도시 대중에게로 이어졌고 다음에는 체코 농촌 주민들을 동원했다. 코즈모폴리턴적 기관으로 설립되었던 프라하대학은 곧 체코인 교수진과 (대부분이 독일인인) 외국인 교수진 사이의 전쟁터가 되었다. 1409년에는 많은 외국인 교수진이 자신들의 지위를 제한한 조치에 반발하여 이 대학을 떠나 라이프치히대학과 에르푸르트대학 설립에 참여했다. 후스의 처형 뒤 폭력 사태가 터졌을 때 프라하 등 도시 중심지의 체코인 군중은 독일계 주민이나 사업체를 공격했다. 하지만 후스 전쟁의 아마도 가장 중요한 측면은 체코 농민들 사이에서 소집된 대중 군대 mass army일 것이다. 그들은 얀 지슈카Jan Žižka 장군의 지휘하에 제국 기사단을 거듭 무찌르고 주변 나라들 깊숙이까지 쳐들어가 보복 공습을 행함으로써 유럽에 충격을 주었다. 여기서 체코 대중은 분명히 정치적으로 동원되었으며, 이 운동의 언어에서 드러나듯이 그들의 종교적 열정과 민족적 열정은 서로 불가분하게 얽혀 있었다.

물론 후스 전쟁 시기에 일어난 것 같은 광범위한 민족 동원 사례는 봉건 유럽의 스펙트럼에서 맨 끝에 위치했다. 하지만 정치적 민족주의의 좀 더 일상적인 발현은, 비역사적 근대주의 도식으로 추측할 수 있는 것보다 중세 유럽에서 훨씬 더 흔히 볼 수 있는 특징이었다. 후스 반란은 극단파와 온건파로 분열되어 결국에는 진압되었다. 그러나 체코의 독립성과 자치 제도, 그리고 이 나라 영지와 법정과 문화 전반에서의 공식 언어로서 체코어의 절대적 우위를 보장받았다.[73] 하지만 30년전쟁 초반의 유명한 백산 전투battle of the White Mountain(1620년)에서 패배한 피비린내 나는 여파로 체코 민족주의가 분쇄되고 체코는 독립을 상실하게 된다. 일부 학자들은 19세기와 20세기 초반 체코 민족주의자들이 이 사건을 신화화한 데 대한 반작용으로 그 의미를 폄하하는 경향이 있었다.[74] 그러나 실제로 체코의 패배는 매우 중대한 결과를 낳았다. 이 나라는 자치 제도를 잃고 합스부르크의 직접 통치 아래 놓이게 되었다. 프로테스탄트 귀족의 상당수가 추방되었고 그들의 영지는 외국인의 수중에 들어갔다. 독일인의 존재감이 커져서 도시와 문화생활을 지배했다. 체코 언어와 정체성은 퇴조하여 주로 시골에서 명맥을 유지했다. 이런 역사적 궤적을 고려할 때, 전근대 보헤미아와 모라비아가 비민족주의적이었다는 겔너의 기술은 크게 빗나갔다. 17~18세기에 민족 독립과 민족 정체성의 상당 부분을 상실하기 이전의 체코는 확연히 민족주의적이었다는 것이 사건의 진실이다.[75]

폴란드 민족국가와 제국

카르파티아산맥 북쪽의 탁 트인 평원에서도 정치적 통합이 일어났다. 10세기 후반기에 진취적 지도자인 미에슈코Mieszko는 이 지역의 (폴란드의 이름이 유래한 폴라니에 부족을 포함하여) 종족적으로 가까운 부족들과 신생 소국들을 폴란드 왕국으로 통일했다. 보헤미아의 프르셰미슬 왕조처럼, 그가 세운 피아스트 왕조도 400년간 통치했다. 놀랍게도 미에슈코가 찾아내어 정치적으로 공고해진 종족 구분은 제한적 변화만을 겪었을 뿐 그가 세운 왕조보다도 더 오래 지속되었다. 이 변화는 북유럽 평원에서 슬라브족이 정착한 맨 서쪽의 영토와 연관되어 있었다. 우선 1000년경부터 동쪽으로 이주한 독일인들이 이 영토를 차지했다. 폴라브계와 소르브계 슬라브인 주민들은 독일 문화에 서서히 동화되었고, 이 과정은 근대까지도 지속되었다. 동서 축을 따라 그다음에 위치한 포메라니아와 실레시아의 슬라브계 지방들은 미에슈코의 직속 후계자들이 폴란드로 병합시켰지만 오래지 않아 상실했고 비슷한 독일화 과정을 겪었다. 폴란드 북쪽에서 발트어를 쓰는 프루센인 부족민들도 같은 운명을 겪었다. 하지만 폴란드의 서슬라브 족 심장부는 거의 변함없이 유지되었다. 게다가 폴란드가 동쪽에 대제국을 소유하게 되었을 때도 이 제국 내 폴란드인과 비폴란드인 간의 종족적 차이는 여러 세기에 걸친 찬란한 지배에도 불구하고 소멸하지 않았다. 실제로 이 차이는 항상 어디에서나 정치적으로 매우 두드러졌다.

폴란드의 모든 종족 관계가 적대적이거나 불공평했던 건 아니다. 피아스트 왕조가 끊긴 뒤, 폴란드는 발트 연안 지역을 장악한 독일 튜턴 기사단의 심각한 위협을 물리치기 위해 이웃한 리투아니아와 긴밀한 동맹을 맺었다. 리투아니아의 왕 야기에우워Jagietto는 폴란드의 왕으로도 즉위했는데(1386년) 그의 왕조는 1572년까지 두 세기 동안 다스렸다. 1569년 이 연합 왕조는 양국의 합의하에 폴란드-리투아니아 연방으로 대체되었다. 리투아니아어는 발트어파였으므로 리투아니아인은 심지어 슬라브인도 아니었다. 리투아니아 귀족층이 시간이 지나면서 폴란드로의 문화적 동화를 겪긴 했어도 리투아니아는 연방 내에서 독자적 위상, 제도, 정체성을 유지했다. 그래도 두 인족의 제휴는 매우 성공적이었는데 여기에는 이유가 있었다. 폴란드인과 리투아니아인은 막강한 공통의 적을 방어할 뿐만 아니라 타他인족들을 지배하는 데도 힘을 모았다. 리투아니아는 연방에 방대한 지참금을 가져왔는데, 그들이 동쪽에서 타타르에 승리를 거두고 정복한 루스의 땅('루스의 땅'은 원래 키예프 대공국[키예프 루스]의 옛 영토를 일컫던 말이었다. 이 땅은 현재의 러시아, 벨라루스, 우크라이나에 느슨하게 걸쳐 있었다. '루테니아'는 '루스'를 라틴어로 표기한 것이다. 후대에 '루테니아'는 폴란드나 차르 러시아에 속하지 않은 동슬라브의 여러 지역이나 인족을 가리키는 말이 되었다—옮긴이)이었다. 폴란드 스스로는 14세기에 우크라이나 서부 혹은 루테니아를 병합한 터였다. 1569년 연방 창설과 더불어 루스의 땅은 북부는 리투아니아 치하에 머물고 남부는 폴란드 치하로 들어가면서 갈라지게 되었다. 이들 영토의 동슬라브어 사용자들 내에서 일어난 언어-종족 분화에는 이런 배경이 있었다. 리투아니아와 폴란드가 지배하는 영토에서 각각 벨라루스어와 우크라이나어가 진화한 것이다. 동슬라브어에서 셋째로 큰 러시아어는 폴란드-리투아니아 연방 바깥의 더 동쪽에서 발전했다.[76]

폴란드와 리투아니아의 마그나트magnate(대토지 귀족 — 옮긴이)들은 자신의 광대한 영지에서 동부의 토착 농민들을 농노로 전락시켜 경제적으로 착취하며 철권을 휘둘렀다. 하지만 폴란드인과 리투아니아인 농민들도 착취당한 건 매한가지였다. 유럽에서 귀족이 이렇게 큰 지배권을 장악한 나라는 달리 없었다. 폴란드-리투아니아 연방이 귀족 공화국이었다는 건 유명하다. 왕은 선출직이었다. 나라의 전권을 장악한 의회인 세임Sejm에서는, 유럽 대부분의 나라에서는 의회에 대표를 파견하는 신분이었던 시민이 배제되었다. 초기 폴란드 국가의 자유농민들은 중세 후기를 거치며 서서히 종속되었고, 그리하여 16세기 중반에는 농노가 인구의 60퍼센트를 이루었다. 이는 (러시아를 제외하고) 유럽 최고 기록이었다.[77] 이런 극단적인 조건의 귀족 지배하에서 과연 포괄적인 폴란드 민족 같은 것이 존재했을까? 폴란드 귀족층은 그들이 극도로 멸시했던 폴란드 농민들을 과연 같은 집단의 일부로 여겼을까? 문맹이어서 사료에 목소리를 남기지 못한 폴란드 농민들은, 과연 스스로를 폴란드인의 일부로 여기고 귀족 '공화국'에 일말의 친밀감이나 연대감을 느꼈을까? 많은 역사학자들은 이에 대해 매우 회의적이었다. 그들은 연방 내에서 민족이라는 개념이 귀족층에게만 한정되어 있었으며 종족적 범주는 거의 고려되지 않았다고 주장했다.[78]

나는 위에서 기술한 내용을 반박하거나, 폴란드·리투아니아 귀족들이 영주이자 개인으로서 가졌던 이기심을 과소평가하려는 게 아니다. 결국 그들의 행동은 연방을 통치 불능에 빠뜨렸고, 한때 강대했던 국가가 18세기 말에는 이웃나라들에게 분할되어 멸망하는 원인을 제공했다. 하지만, 비록 귀족의 이익이 연방의 최우선 원칙이긴 했어도 그것만이 유일한 원칙은 아니었다. 폴란드-리투아니아 연방에서 귀족 지배는 민족적 요인을 압도했지만 그것을 제거해버리지는 않았다. 이는 외국인 및 지방민들과의 관계에서 뚜렷이 드러난다. 실제로 폴란드 역사 서술의 최근 추세는 근대주의를 뒤집고 있다. 근대 민족주의자들에게 붙이던 시대착오적이라는 딱지를 오히려 근대주의자들에게 붙이고 있는 것이다. 16~17세기 폴란드 사료에 대한 어느 방대한 연구는, 현대 역사학자들이 '귀족 민족noble nation'으로 번역하며 귀족들이 자신만을 민족의 배타적 성원으로 인지했음을 의미하는 증거로서 강조하는 '나루트 슐라헤츠키Naród szlachecki'라는 개념이 실은 좀처럼 쓰이지 않았음을 광범위하게 보여준다. 게다가, 근세 폴란드에서 이 말이 드물게라도 쓰이는 경우 이는 언제나 해당 인물의 귀족 가문 출신이나 혈통(즉 귀족 민족이 아니라 귀족 혈통. 여기서 어근인 루트ród는 슬라브어에서 친족이라는 좀더 폭넓은 의미를 띤다)을 의미했다.[79] 또다른 연구도 다음과 같이 비슷한 논지를 따르고 있다.

> 폴란드 '귀족 민족'의 이미지는 사실 근대[19세기]의 창조물이다.……
> 16세기 폴란드인들은 자신의 민족을(그리고 민족 일반을) 정치적 실체가
> 아닌 언어적·문화적 실체로 상상했다. 또 귀족만이 민족에 참여할 자
> 격이 있다고 믿지도 않았다. 적어도 근대까지는 그런 생각이 정립되지
> 않았다.[80]

나아가 또다른 역사학자도 충분히 보여주듯이, 폴란드 민족 정체성이 실제로 더 뚜렷했고 더 포괄적이었던 건 16세기 이전의 중세 후기와 르네상스 시대였다.

16세기까지도 폴란드 민족은 같은 영토에 거주하며 같은 관습과 역사와 언어를 공유한 주민 집단을 포괄하는 공동체로 상상되었다. 귀족들 사이에서 민족의식에 상당한 변화가 일어난 건 16세기 말부터였다.

아울러 폴란드 영토가 크게 확대되어 다수의 비폴란드인 주민을 포함하게 된 것도 이때부터였다.[81] 이 역사학자는 계속해서 이렇게 말한다.

르네상스 시대에 민족을 구분하는 주된 특징은 언어였다. 따라서 농민이 하나의 공통된 언어에 기반한 민족의 일부임을 드고우시Długosz[폴란드 사제이자 연대기 작가, 1415~1480―옮긴이]부터 안제이 프리치 모제프스키Andrzej Frycz Modrzewski[폴란드 인문주의자·신학자, 1503~1572―옮긴이]에 이르기까지 아무도 부인하지 않았다. 저명한 사전 편찬자인 얀 몬친스키Jan Mączyński[1520~1587]는 자신의 폴란드어-라틴어 사전에서 '나티오natio'라는 단어를 '같은 언어를 쓰는 민족'이라고 정의했다.……〔합스부르크 왕가가 아닌―옮긴이〕 피아스트 왕가 출신을 폴란드 왕으로 선출해야 한다고 주장한 이들도 민족 언어를 보호할 필요성을 강조했다.[82]

사실 이는, 군주의 아들들이 영토를 분할 상속하는 관습 탓에 12~13세기에 심하게 분열되었던 폴란드가 재통일된 14세기 초반까지 거슬러올라갈 수 있다. 통일 과정에서 체코와 독일의 심한 간섭에 직면하면서 이 투쟁의 민족주의적 측면이 명백히 드러났다. "체코인들은 외국인, '독일' 황제의 신하, 프로이센 '독일' 기사들의 협력자, 실레시아 '독일' 피아스트 공작의 협력자로 비난받았다." 독일인들의 반란을 지원한 주교에게는 "폴란드인의 적"이라는 비난이 쏟아졌다. 이 "크라쿠프〔의 독일인 시민들이 일으킨〕 반란을 조사할 때는 약식 언어 시험이 치러졌다. 혐의자 중에 〔폴란드어 네 단어를〕 올바른 발음으로 따라할 수 있는 사람은 충성스러운 사람으로 판정되었고, 더듬거리는 이들은 유죄로 판정되었다."[83]

농민 대중에 대한 증거는 대개 그렇듯이 간접적으로 추론해야 한다. 아마 이런 증거를 찾아보기에 걸맞은 시대는 17세기일 것이다. 이때는 연방이 예기치 않은 국내적 격변과 외세의 침략으로 고통당한 '대홍수Deluge'의 시대였다. 격변은 1648년 보흐단 흐멜니츠키Bohdan Khmelnytsky가 이끈 카자크인의 반란과 더불어 시작되었다. 이 반란은 우크라이나 농민 대중이 합류하면서 대화재로 번졌고, 이로써 연방은 결국 그 우크라이나 영토의 상당 부분을 잃게 된다. 물론 우크라이나 반란에는 계급적·경제적·종교적 요인이 두루 작용했다. 예로부터 연방에 충성을 바치고 그 혜택을 누리는 전통을 이어온 (흐멜니츠키 자신과 같은) 카자크인과 우크라이나인(루테니아) 귀족들은 이 특권을 박탈당했다고 믿었다. 우크라이나 농민들은 가혹하게 착취당했다. 또 폴란드는 주로 가톨릭이었는 데 비해 우크라이나 동부 지역은 정교회였다. 하지만 이 모든 요소는 종족민족적 요인과 떼어놓을 수 없었다. 반란에 가담한 루테니아 귀족들은 자신의 종족 정체성 때문에 폴란드·리투아니아 귀족들과 동등한 대우를 받지 못한다고 믿었다. 우크라이나 농민들은 자신을 압제하는 이들을 외국인으로 여겼다. 실제로, 폴란드 귀족들은 모든 농민을 거의 인간으로 취급하지 않았는데 우크라이나 농노들을 특히 더 천시했고 폴란드 본토에서와는 비교도 안 될 정도로 난폭히게 대하곤 했다. 정교회 신앙도 우크라이나의 고유한 종족민족적 정체성 의식에 기여했다. 흔히 소요나 내전으로 번졌을 법한 이런 원한이 파국으로 치달아 결국 분리독립을 초래한 것은 이런 중요한 종족민족적 이유 때문이었다.[84] 근세 우크라이나의 민족 정체성을 연구한 어느 역사학자는 이를 단순하게, 누구나 명확히 이해할 수 있는 상식적인 방식으로 표현했다. "한 사람의 일차적 정체성으로서의 민족은 19~20세기의 개념이지만, 17세기 사람들은 같은 조국에 거주하거나 같은 혈통과 문화와 역사적 전통을 가진 것을 중요한 문제로 여겼다."[85]

독립을 유지할 수 없었던 우크라이나 반란자들은 하는 수 없이 자신들의 땅을 러시아의 보호 아래 두었는데(1654년), 나중에 우크라이나는 차르제국에 흡수되었다. 국가태를 이루지 못한 우크라이나인의 민족의식은 미약했고 아직까지도 그렇다. 그럼에도 그들의 종족적 개별성은 중세 후기에는 이미 피치 못할 현실이 되어 있었고 외부인에게나 내부인에게나 명확했으며, 항상 정치적 함의를 띠었다. 이에 대해서는 잠시 뒤에 다시 살펴볼 것이다.

우크라이나 봉기와 대조적인 사례는 폴란드인 자신이었다. 일부에서 폴란드 농민들을 선동하려는 시도가 있었지만, 흐멜니츠키의 폴란드 침입으로 반란이 문전에 당도했을 때 자신들도 귀족에게 농노로서 착취당하던 폴란드인 농민들은 이에 가담하지 않았다. 흐멜니츠키 자신도 이 점을 충분히 예상했다. 폴란드측 대표단에게 그는,

> 루테니아 종족 영토의 경계를 자기 '땅과 공국'의 서쪽 한계로 규정했다.…… 대표단에게 그는, 자신이 루블린과 크라쿠프까지 이르는 지역

의 농민들이 보내는 지지에 의지하고 있으며 폴란드의 속박으로부터 모든 루스 민족을 해방시키는 것이 자신의 목표라고 말했다.[86]

이는 우크라이나 봉기가 사회 문제에 관심이 많은 일부 학자들이 단언하듯이 비단 다종족 귀족 제국 내의 계급-경제적 사건만은 아니었음을 보여준다. 게다가 우크라이나 봉기 직후에 폴란드는 스웨덴의 침입을 받아 점령당했다(1655~1656년). 폴란드·리투아니아의 가장 유력한 일부 마그나트들은 스웨덴 군주의 연방 왕위 요구를 지지하며 침입자에게 문을 열어주었다. 하지만 곧 스웨덴에 대항한 민족 봉기가 뒤따랐고, 이에 맞서서 나라를 유지할 가망은 희박했다. 외국인에 대항하여 최초로 일어난 이들은 농민이었다. 일부 귀족과 정규군이 합류한 이 봉기는 수많은 대중의 지지를 받는 광범위한 게릴라전의 형태를 띠었다. 실제로 망명했던 왕인 얀 2세 카지미에시Kazimierz가 귀국했을 때, 이런 대중 참여에 감동받은 그는 리비우에서 농민의 지위 향상을 지원하겠다고 선언하기도 했다.

놀랄 일은 아니지만 그의 선언은 실현되지 않았다. 하지만 외국의 첨예한 위협으로 민족적 비상사태가 초래된 상황에서 지배자와 엘리트가 민중의 지원에 의지하길 꺼리지 않았다는 사실에는 변함이 없다. 그리고 민중 측의 대응 방식은 오해의 여지가 없이 명백했다. 게다가, 민족 엘리트의 일부가 때때로 자기 이익을 위해 외국 정복자와 협력하긴 했지만, 전근대 민족의 민중이―자민족 착취자에게 종종 그랬듯이―외국 점령자를 해방자로 환영하며 맞이한 사례는 거의 찾아볼 수 없다. 민중이 흔히 자국의 상층 계급을 미워하긴 했어도 '잔학한 외국인'보다 선호했다는 데는 의문의 여지가 없다. 물론 농민들이 주로 유대감을 느낀 대상은 자기 마을이나 지역이었다. 그러나 이는 그들이 소속된 좀더 넓은 집단의 일부로 여겨졌고,

이 점은 이방인 침략자들이 자기 시역 인근으로 들어왔을 때 분명히 드러난다.[87] 이는 스웨덴의 최초 침공으로부터 반세기 뒤인 대북방전쟁 때 다시금 드러났다. 스웨덴의 칼 12세가 폴란드에서 벌인 전쟁과 러시아 침공(1708~1709년)은 폴타바에서 스웨덴의 대패로 끝났는데, 여기서 "스웨덴 군대에 시달린 폴란드 농민들이…… 두드러진 역할을 수행했다."[88] 1794년에는 타데우시 코시치우슈코Tadeusz Kościuszko가 (러시아, 프로이센, 오스트리아에 의해―옮긴이) 분할된 폴란드의 부흥을 위한 대중 민족 봉기를 이끌었다. 미국혁명과 프랑스혁명으로 열린 새 시대의 정신에 고취된 그는 농민의 자유와 시민의 권리를 약속하는 선언문을 발표했다. 하지만 농민의 태도와 반응은 이미 수백 년 전에 그보다 더 암울한 사회적 조건하에서도 이미 드러난 바 있었다.

끝으로 리투아니아에 대해 짧게 언급하겠다. 중세 리투아니아의 민족 정체성에 대한 연구에서 인용한 다음의 대목은 이제는 아주 익숙해진 구도를 보여준다.

> 리투아니아 민족은 초기 봉건 리투아니아 국가가 생겨난 13~14세기에 형성되었다.…… 수많은 '땅들', 즉 부족 영토들로 분열되어 있던 리투아니아 종족 집단은…… 오랫동안 같은 농경문화를 공유했고 언어적으로 매우 가까웠다. 9세기부터 11세기까지 그들은 문화적으로도 통일되었다. 한 명의 통치자 아래 결합된 이 집단들은 서서히 그 부족 다양성을 잃고 공통된 민족의식을 발전시키기 시작했다.[89]

14세기에 루스 지역으로 팽창하면서 생겨난 리투아니아 제국은 제국의 지배 인족이었던 리투아니아인의 민족 자부심을 더욱 강화했다. 정복한 영토가 문화적으로 더 발전했고 리투아니아 국가의 공공 기관에서 사용하는 공식 문자 언어를 제공했음에도 이런 자부심은 쇠퇴하지 않았다. 또 폴란드와의 왕조 결합에도 리투아니아 정체성은 약화되지 않았고 중세 후기 내내 소중하게 지켜졌다. 1420년 비타우타스Vytautas 대공은 리투아니아의 진정한 영토를 "하나의 언어와 하나의 인족"으로 정의했고, 15세기 말에서 16세기 초에는 리투아니아의 신화적 기원과 역사를 기록한 연대기들이 급증했다. 리투아니아 마그나트들이 점점 더 폴란드화된 것은 1569년 폴란드와 더욱 긴밀히 결합되고 리투아니아 마그나트들이 귀족 공화국의 창설에 참여한 이후부터였다.[90]

이 주제를 다룬 〈하버드 우크라이나 연구Harvard Ukrainian Studies〉(1986) 특별호에서 리투아니아를 비롯한 중세·근세 동유럽 민족들을 묘사한 방식은 여러 면에서 교훈적이다. 여기에 실린 논문들은 민족·민족주의에 대한 근대주의적 저작들이 새롭게 쏟아져나온 1980년대에 집필되었는데 태연하게도 그 물결에 휘둘리지 않았다.* 실제로 폴란드와 관련하여 이미 확인했고 앞으로 다른 사례에서도 확인하겠지만, 이 논문들은 근세에 농노제의 심화와 제국 팽창이라는 두 과정이 펼쳐지기 이전인 중세 동유럽에서 민족 정체성이 흔히 더 강했음을 시사한다. 중세 유럽의 민족들은 근대론자들이 주장하는 것처럼 19세기 민족주의자들의 날조가 아니라 진짜이며, 민족태라는 연구 주제와의 관련성이—실제로 근대론자들이 기준으로 상정하는 전근대 말기의 유럽 민족보다 더더욱—깊다.

---

* 혹자는 대부분이 동유럽 출신인 필자들이 당시 소련 제국의 일부였던 자국에 대한 민족주의적 편향을 드러낸다고 주장할 수도 있겠다. 하지만 여기 수록된 논문들의 다양성과 높은 질을 고려할 때 그런 주장은 대체로 공허하다.

러시아 민족과 러시아 제국

우리가 동슬라브에서 자세히 살펴볼 마지막 민족 통합은 루스의 땅에서 일어났다. 이 나라에서 최초로 조직된 정치체가 외부인에 의해 수립되었다는 건 러시아사의 공공연한 비밀이다. 루스인은 750년경에 볼가강과 드네프르강의 지류로 배를 타고 내려와 동로마제국, 이슬람 칼리프국, 볼가강 유역의 하자르·불가리아와 교역했던 스베아인(스웨덴인)들을 가리키는 핀란드어·에스토니아어 명칭이다. 그들은 요새화된 거주지에서 발트어·슬라브어를 쓰는 부족들이 띄엄띄엄 흩어진 주변 시골 지역으로 지배권을 확대했다. 하지만 스칸디나비아 엘리트 전사와 상인들은 곧 현지인이 쓰는 동슬라브어를 받아들였고, 이교 혼효 과정이 진행되다가 10세기 말에는 기독교를 받아들였다. 이때쯤에는 키예프의 대공들이 이전의 소국들을 통일하여 광대하고 탁 트인 우크라이나와 그 북부의 평원으로 지배권을 확대한 뒤였다. 주목할 것은 이 키예프 국가가 강한 시민 의회와 시민 제도 전통 또한 지녔다는 점이다.[91] 영토를 왕자들이 나누어 상속받는 류리크 왕조의 관습 때문에, 그 영토는 11세기 중반부터 사실상 독립적인 공국들로 다시금 분열되었다. 그럼에도 루스 땅은 그 중심 도시인 키예프와 더불어 공통의 언어, 풍요로운 문자 문화, 키예프의 공식적 종주권, 동일한 정교회 신앙을 유지했다. 그러나 1220년대와 1240년대에 몽골이 동유럽을 휩쓸었다. 키예프는 파괴되었고, 루스의 공국들은 남쪽 스텝 지대에 몽골/타타르족이 세운 킵차크 칸국에 세금을 바치는 속국이 되었다.

몽골 대군주의 속국으로 미천하게 출발한 모스크바 공국은 러시아 중부에서 서서히 세력을 키우기 시작했다. 킵차크 칸국의 힘이 쇠하자 이반 3세 대공(재위 1462~1505)은 몽골에 공물을 바치던 것을 중단하는 한편,

주요 러시아 공국 중 일부를 병합하고 나머지 공국들에 대한 지배권을 확립했다. 또한 모스크바 대공국의 지배자들은 정교회의 총본산이 모스크바로 옮겨진 것을 이용하기도 했다. 그들은 키예프의 적법한 후계자를 자처했고, 1453년 비잔티움이 함락된 뒤에는 동로마제국의 후계자 또한 자처했다.[92] 이것이 그 성격상 참도 아니고 거짓도 아닌 이데올로기적 주장임은 확실했다. 모스크바의 발흥과 러시아의 통일이 미리 정해진 운명도 아니었다. 그럼에도 모스크바 대공국이 통일에 성공하고 가장 막강한 도전에 직면하여 이후 수백 년간 존속한 것은 이 땅의 구체적 현실에 크게 기인했다. 의사소통을 촉진하는 광대하고 탁 트인 땅에서 모스크바가 장악한 공국들은 모두 러시아인의 나라였고, 언어·종교·문화와 더불어 친족 의식을 공유했다. 1200년경부터―키예프가 파괴된 무렵에, 정치적 분열과 외세에의 종속에도 불구하고―서사시와 이야기들은 '러시아 땅'이라는 말을 하나의 인족이 공유하는 사랑하는 모국의 명칭으로 감정을 담아 사용했다.[93] 주변의 이웃들―몽골인, 독일 튜턴 기사단, 리투아니아인, 폴란드인, 나중에는 스웨덴과 오스만 튀르크인―은 뚜렷한 외국인이었고 그들 각각이 가해오는 위협은 러시아 정체성을 자극했다. 이반 3세 시대부터 모스크바의 팽창은 "러시아 땅을 모은다"는 정당화 슬로건 아래 수행되었다. 실제로 이 슬로건이 러시아 공국의 민중에게 강한 공명을 불러일으키리라는 계산이 없었다면, 모스크바의 통치자들은 그런 슬로건으로 대의를 추구하지는 않았을 것이다. 여기서도, 민중에게서 나온 직접적인 증거가 희박할 때는 민중을 겨냥한 지배층의 행동이야말로 민중의 태도가 어떠한지에 대한 지배층의 생각을 보여주는 확실한 지표다. 레닌의 말을 비틀어서 인용하자면, 중요한 것은 그들이 하는 행동에 대해 그들이 하는 말이다.(레닌이 원래 한 말은 "중요한 것은 그들의 말이 아니라 그들의 행동이다"이다―옮긴이) 여기서 '그들'에는 지배자와 민중이 모두 해당된다.

이반 4세 '뇌제'(재위 1547~1584)는 러시아의 차르라는 칭호를 공식적으로 사용했다. 그가 보야르boyar 귀족(봉건 시대 동유럽의 최고위 귀족—옮긴이)의 힘과 독립성을 가차없이 분쇄함에 따라 그의 치하에서 폭정은 이 나라의 특징이 되었다. 이와 동시에 러시아 농민은 농노제에 점점 더 종속되어, 심지어 폴란드 농민들보다 더 심하게 권리를 빼앗기고 궁핍해졌다. 실제로 폴란드 귀족 공화정과 러시아 귀족정은 둘 다 대중의 자유와 권리를 박탈한 극단적—따라서 가장 명확한—시범 케이스였다. 민족적 비상 시기의 폴란드 농민과 관련하여 이미 보았듯이, 러시아 농민이 노예 상태였다고 해서 러시아적인 것에 대한 의식이 없었다거나 러시아 국가가 외세의 위협에 처했을 때 그들 스스로를 러시아 국가와 동일시하지 않았는가 하면 그렇지 않았다. 일찍이 16세기에 당대인들의 증언으로 알 수 있듯이 평범한 러시아인들이 차르를 향한 경애를 널리 표현했다는 사실은, 그가 이방의 폭군이 아니라 러시아 민족의 아버지이자 상징으로 인식되었다는 것과 직접 연관되어 있었다.[94]

외세의 위협에 맞선 대중 동원의 가장 두드러진 사례는 이반 4세의 사망 이후 체제 불안, 내전, 외세의 간섭에 시달린 '동란 시대Times of Troubles'에 등장한다. 폴란드의 왕 지그문트 3세가 러시아의 왕위를 차지하려 들자 외국인 침략자에 대한 전면적 봉기가 전국을 휩쓸었다(1612년). 학자들은 이를 습관적으로 또 매우 자연스럽게도 민족 봉기라고 일컫는다. 의용군이 거의 자연발생적으로 출현했다. 그들은 모스크바와 여타 도시의 시민들, 카자크 자유 전사대, 농민 등으로 구성되었고, 농민 중 다수는 그 상전들의 의심을 무릅쓰고 도주해서 반란에 가담한 농노들이었다. 이분법적 사고에 익숙한 이들을 위해 덧붙이자면, 이 농노들이 개인적 자유를 추구한 건 명백하지만 이는 민족의 자유라는 대의를 몰아내고 그 자리를 차지한 것이 아니라 그것과 결합되어 있었다. "드높은 애국심, 사람들의 분별을 일깨우는 능력, 조직력과 그 밖의 실용적 재능을 겸비한 푸주한"[95]인 니즈니 노브고로드시 출신의 쿠지마 미닌Kuzma Minin과 드미트리 포자르스키Dmitry Pozharsky 공작이 함께 지휘한 의용군은 모스크바에서 폴란드군을 물리쳤다. 자유농민이 포함된 젬스키 소보르zemsky sobor('전국회의')가 모스크바에서 소집되어 차르를 선출했다(1613년). 이 의회는 우선 새로운 통치자가 러시아인이자 정교회 신자여야 한다고 규정한 뒤 미하일 로마노프를 택함으로써 1917년까지 러시아를 통치한 로마노프 왕조 시대를 열었다.

러시아 민족의식을 연구하는 일부 역사학자들은, 18세기를 표트르 대제와 근대 서구적 개념들의 침투에 뒤이어 러시아 민족의식이 시작된 시점으로 본다.[96] 하지만 로마노프 왕조를 출범시킨 대중 반란이 인상적으로 보여주듯이, 한 인족이자 국가로서의 전근대적 러시아 의식, 정체성, 연대 개념은 그보다 훨씬 이른 시기부터 매우 뚜렷하고 강렬했다. 실제로 표트르 대제에 맞선 저항의 대부분은 그가 서구에서 들여온, 전통 러시아의 세계관 및 관습과 상반되는 수입 문물들을 겨냥한 것이었다. 일찍이 16세기부터 러시아인들은 스스로를 유일하고 진정한 인족으로—모든 이방 민족의 도덕적 타락으로부터 순수하고 거룩한 인족으로—여겼다.

예일대학의 러시아 근세사 교수인 폴 부시코비치Paul Bushkovitch는 이에 대한 학술적 오해를 아주 적절히 지적한다.

가장 흔한 방법은 두 가지다. 근대적 형태의 민족의식을 과거에 투영하거나(모든 19세기 저자들의 접근 방식), 이런 접근 방식으로 빚어진 왜곡에 절망하여 18세기 이전 러시아에서 민족의식의 존재 자체를 부인하는 것이다. 하지만 꼭 둘 중 하나를 취할 필요는 없다. 16~17세기 러시아인들은 뚜렷한 민족의식을 지니고 있었다. 다만 푸시킨, 알렉산드르 3세, 레닌의 그것과 같은 형태의 민족의식이 아니었을 뿐이다.[97]

계속해서 부시코비치는, 16~17세기의 러시아 국가가 종족적으로 더 뚜렷하게 러시아적이었기 때문에 실은 그 시대의 러시아 민족의식이 후대보다 더 뚜렷했다고 말한다. 그는 당대 문헌에 대한 광범위한 독해를 기반으로, 당대 러시아의 연대기를 지배한 것은—근대의 관찰자들이 러시아의 과거에서 핵심적이었다고 추측한—'제3의 로마'나 귀족정이나 제국이 아니라 바로 러시아 정체성이었다고 결론짓는다.[98] 제프리 호스킹Geoffrey Hosking에 따르면,

> 러시아의 사례는 민족태에 대한 근대주의적 설명을 반증하는 듯한데, 실은 근대화가 민족 정체성을 약화시켰기 때문이다. 16~17세기에 모스크바 루스의 엘리트와 아마도 다수 민중은 자신의 종족 정체성과 세계에서의 역할을 생생히 의식하고 있었다. 17세기 중반에 알렉세이 1세가 개시하고 18세기 초에 표트르 대제가 강화한 근대화는 실제로 이러한 정체성을 잠식했다.[99]

여기서 두드러지는 두 가지 쟁점을 분명히 할 필요가 있다. 첫째는 종교다. 폴란드에 맞선 봉기는 민족 봉기였을까, 아니면 가톨릭 지배자가 들어서리라 예상하고 반발한 정교회의 반동이었을까? 어쨌든 봉기의 깃발을 올린 주체는 모스크바 총대주교였다. 하지만 차르를 선출한 의회의 규정이 시사하듯이, 여기서도 민족적 대의와 종교적 대의는 상호 배타적이지 않고

보완적이었다. 러시아 교회와 러시아 국가는 서로 뗄 수 없었고, 정교회 신앙은 러시아 정체성의 본질적 일부였다.[100] 실제로 둘의 영향을 분리해놓고 보려면, 종교적 차이와는 무관하고 민족적 차이하고만 결부된 대조 사례가 필요하다. 1654년 이후 러시아의 우크라이나 병합은 이러한 사례를 제시해준다. 앞에서 언급했듯이, 폴란드-리투아니아와 맞서 싸운 흐멜니츠키의 우크라니아 반란 세력은 러시아 보호령으로 들어갈 필요성을 느끼게 되었다. 그러면서 흐멜니츠키는 러시아인과 우크라이나인이 정교회 신앙을 공유한다는 점과 더불어 동슬라브계인 두 인족의 형제애를 강조했다. 이렇게 유대를 강조한 데 대해 차르 러시아측 역시 무척 흡족해했다. 그럼에도 흐멜니츠키의 동포들은 그들의 민족적 자유와 개인적 자유를 둘 다 상실한 데 대해 깊이 우려했다. 러시아인과 우크라이나인은 동슬라브계의 서로 다른 언어를 쓰는 별개의 두 인족이었고, 전제 국가인 러시아는 개개인의 권리와 자유를 거의 존중하지 않았기 때문이다. 이런 이유로 흐멜니츠키와 그의 부하들은 러시아 제국과의 관계에서 자신들의 자치와 자유를 보장하는 조약만 인정했다.[101] 하지만 현실에서는 둘 다 오래가지 못했다. 17세기 후반기에는 "우크라이나 나로드narod(민족)"를 찬양하는 내용의, "'민족사'라고밖에는 말할 수 없는" 우크라이나 연대기들이 줄줄이 쏟아져나왔다.[102] 하지만 18세기 초 대북방전쟁 때 카자크인들이 스웨덴 왕 칼 12세와 동맹을 맺자 표트르 대제는 반란군을 분쇄하고 우크라이나의 자치권을 대폭 축소했다. 18세기 후반에 예카테리나 2세는 그나마 남은 자치권마저 철폐했고, 우크라이나에서 농노제를 확대하는 한편, 우크라이나 언어와 문화를 규제했다. 이미 언급했듯이 우크라이나 민족 정체성은 근대 이전까지 제대로 형성되지 못했고 미약했는데, 이는 우크라이나가 독립의 역사를 갖지 못했고 러시아의 철권통치에 짓눌렸으며 우크라이나 엘리트가 러시아 제국의 국가 기구에 성공적으로 통합되었기 때문이다.[103] 그럼에도 고유한 우크라이나 정체성은 존속했으며, 그것이 범러시아 정체성으로 흡수되느냐 아니면 별개의 민족 형태를 띠느냐는 19세기에 다시금 불확실해졌다.[104]

이로써 우리는 둘째 쟁점에 도달하게 된다. 바로 제국이다. 우크라이나인과 벨라루스인은 모두 동슬라브인이고 정교회 신자였다. 대러시아인Great Russian(러시아 본토의 러시아인을 가리키던 말―옮긴이)들은 그들을 범러시아 가족의 형제들이라고 습관적으로 지칭했다. 하지만 러시아 제국은 일찍이 16세기부터 비러시아인과 비기독교인 집단들을 병합한 터였다. 이반 4세는 볼가강 중류의 무슬림 타타르를 정복하고 병탄했으며, 17~18세기에도 러시아는 계속해서 동쪽의 우랄과 시베리아, 남서쪽의 크림, 카자흐스탄, 캅카스로 팽창했다. 일부 학자들은 이 제국의 다종족적 구성을 러시아 민족태의 부재로 간주한다.[105] 그러나 우리가 다종족 제국 전반과 관련하여 보았듯이, 실제로는 그렇지 않았다. 후대에도 그랬지만, 당시의 러시아 제국은 차르가 추진한 팽창주의의 표현이었던 만큼이나 러시아 민족주의의 발현이자 자부심이기도 했다.[106] 때때로 비러시아인들이 폴란드나 더 광범위하게는 오스만 튀르크 같은 더 큰 위협을 피하고자 러시아 제국의 보호를 택하기도 했다. 또한 그들은 제국의 충성스러운 신민이 될 수 있었고, 그중 야심적인 개인들은 제국에 봉사하여 그 관료 기구의 상층부로 올라갈 수도 있었으며, 실제로 많은 이들이 그랬다. 잉글랜드인이 지배한 근세의 그레이트브리튼과 연합왕국처럼, 확대된 다종족 영토를 지칭하기 위해 특수한 명칭이 도입되었다. 그래서 루스키Russkii는 종족적 러시아인을, 로시스키Rossiiskii는 종족적으로 러시아인이든 아니든 간에 러시아에 속한 모두를 지칭한다. 우크라이나에서 그랬듯이 후자는 러시아로의 동화(그리고 정교회로의 개종) 압력을 받았다. 이런 압력은 은근할 때도 있었고 노골적일 때도 있었으며 그 정도는 저마다 달랐지만, 소련 시기에 존재했던 압력과 그리 다르지 않았다. 제정 러시아는 "〔소수—옮긴이〕 민족들의 감옥"이라는 평판을 얻었는데, 이는 제국 내 러시아인과 다른 인족들 간의 차별을 전제한 것이었다. 러시아인은 체제 변화와 개인의 자유를 원할지 몰라도 러시아 국가와 어쩌면 러시아 제국의 존속에 관심이 있었던 반면, 다른 인족들은 다른 무엇보다도 집단적 자유를 열망했다.

자발적 러시아화가 대대적으로 이루어진 것은 확실하다. 여기에는 러시아에 와서 정착한 외국인 엘리트들도 포함된다. 일찍이 16세기에 리투아니아인·폴란드인 귀족들은 러시아에서 기회를 찾았다. 표트르 대제 때부터 시작하여 18세기에는 공무에 채용된 서구인—대부분 독일인—전문 인력이 유입되었다. 그들의 유입이 러시아 엘리트들의 공분을 사지 않은 건 아니었지만 그들 모두는 몇 세대 내에 러시아화되었다. 이 점은 예카테리나 '대제'를 포함한 차르의 독일인 배우자들에게도 똑같이 적용되었다. 그들은 전력을 다해 러시아 언어와 정체성을 받아들였다. 대체로 러시아 제국에 대한 러시아의 자신감은, 다른 많은 제국들과 달리 러시아인이 영토 내에서 단연 최대의 종족 공동체로서 확고한 '지배 지분'을 쥐고 있다는 사실에서 유래했다. 알렉산더 야콥슨Alexander Yakobson의 말을 빌리면, 투표로 표출되는 소수민족의 반대 의사를 크게 염려할 필요가 없는 강압적 제국은 지배 인족이 아닌 인족·민족에 대해 어떤 면에서 좀더 포용적이 될 수 있다. 하지만 심지어 제정 시대 말기의 러시아 제국 최대 강역 내에서도 대러시아인이 인구의 43퍼센트를 이루었다는 사실은 이를 더욱 든든하게 뒷받침했다.[107] 이웃한 합스부르크 제국이나 오스만 제국과 달리 이 제국이 러시아(공식적으로는 '로시스카야Rossiyskaya') 제국으로 알려진 데는 매우 타당한 이유가 있었다. 18세기 초에 폴란드에 맞선 민족 봉기 이후 주기적으로, 국가는 외세의 심각한 위협이 닥칠 때마다 러시아인의 충성심을 불러일으킬 필요가 있음을 깨달았다.

표트르 대제가 전문적으로 새롭게 육성한 농민 징집 군대가 칼 12세의 스웨덴 침략군을 궤멸시킨 운명적인 폴타바 전투(1709년)의 전야에, 차르는 전군을 상대로 이렇게 선언했다.

> 전사들이여! 이제 조국의 운명을 결정할 시간이 왔다.…… 그대들은 표트르를 위해서가 아니라 표트르에게 위임된 국가를 위해, 그대들의 친족을 위해, 조국을 위해…… 〔신앙과 교회를 위해……〕 싸운다고 생각하라. 그리고 표트르는 스스로의 목숨을 심려하지 않으며 오로지 그대들의 안녕을 위해 러시아가 축복과 영광 속에 사는 것만을 심려함을 알라.[108]

운명적 순간의 효과를 위해 신중하게 선별된 이 단어들은, 차르가 지배자에 대한 충성심이나 군인 특유의 자부심에 대한 호소보다는 거룩한 러시아 조국이라는 관념이 농민 군대에 가장 큰 반향을 불러일으키리라고 믿었음을 뚜렷이 보여준다.

그로부터 한 세기 후인 1812년에 러시아는 나폴레옹 대군의 침략이라는 더 심대한 시련을 경험했다. 유럽에서 가장 후진적이고 전근대적인 열강이 혁명 프랑스가 소집한 국민군과 맞닥뜨린 것이다. 게다가 프랑스군은 러시아 못지않은 민족적 열정에 부풀어 있었고, 그 민족적 열정의 상당 부분은 국가가 의도적으로 주입한 것이었지만 상당 부분은 자발적이었다.

1812년 4월, 육군 소장 추이케비치Chuikevich는 임박한 전투에 대비한 분석 보고서에서, 러시아의 가장 큰 자산 중에서도 "그분〔차르〕에 대한 인민의 충성"을 강조하며 "성직자의 조력을 얻어 스페인에서처럼 인민을 무장시키고 고취시켜야 한다"고 썼다.[109] 전쟁 장관이었던 바클라이 드 톨리Barclay de Tolly는 지방관들에게 보낸 서신에서, 충성스러운 주민들이 일어나 "거룩한 신앙과 조국의 변경"을 수비할 것이라고 썼다.[110] 차르 알렉산드르 1세는 "100여 년 만에 처음으로 그들 모국(로디나rodina)의 영토에서 전쟁을 수행함으로써 인민이 전쟁에 관심을 갖게끔 만드는 것이 반드시 필요하다"고 자신의 입장을 피력했다.[111] 명백히 그는 표트르 대제 시절 스웨덴이 침공했을 때의 민족적 위기를 넌지시 암시하고 있었다. 나폴레옹의 침공 이후 신민들에게 발표한 선언문에서, 차르는 더 오래 전인 동란 시대에 폴란드에 대항하여 일어난 민족 동원을 언급했다. 이 선언문에는 "이제 우리는 모든 신분과 모든 정신적·육체적 조건을 막론한 충성스러운 신민들에게, 전원이 단결된 자세로 우리와 함께 일어날 것을 호소한다"고 쓰여 있었다.[112] 그 이전의 전쟁에서 이미 나폴레옹을 파문한 바 있던 정교회는 이에 열렬히 반응하여 "7월 27일 주교회의 명의로 맹렬한 선언문을 발표"했고, 여기서 "정교회와 군주와 조국의 방어를 위해 주민에게 단결, 순종, 용기를 고취하는 것이 모든 사제의 의무"라고 선언했다.[113] 인상적이게도 여기에는 전근대 민족주의의 모든 요소가 들어 있었다. 민족적 비상사태가 닥쳤다는 소식과 애국적 호소가 러시아의 외딴 농촌 공동체까지 가닿은 것은 주로 조밀한 촌락 교회 네트워크를 통해서였다.

러시아 농노들―1812년 당시 인구의 58퍼센트를 차지했던―에게는 프랑스가 자신들을 해방시켜줄 거라는 (채워지지 않은) 기대감이 있었고 이후에는 차르가 그렇게 해줄 거라는 희망이 얼마간 있었던 것으로 보인다. 하지만 농민들이 조직한 광범위한 게릴라 부대와 지역 민병대는 어쨌든 러시아를 구하기 위해 프랑스군을 괴롭혔다. 카자크 기병대는 고통스럽게 퇴각하는 프랑스군에게 피해를 입히는 데 중요한 구실을 했지만, 그들은 어디서나 러시아 농민의 동정과 지원에 의존했다. 러시아 정부는 러시아 민중에게 침략군에 저항할 것을 호소하면서도 실제로는 농민-농노들의 자발적 행동을 우려하고 이를 제한하려 했다.[114] 그럼에도 1812년의 조국전쟁―러시아에서는 이 전쟁을 '조국전쟁'이라고 부르며 당시에도 이미 그렇게 불렀다―에서 차르 정권은 러시아를 향한 대규모의 대중적 헌신에 의존할 필요성을 깨달았다. 실제로 이는 대조국전쟁―러시아에서 2차대전을 일컫는 명칭―때 소련 정권이 가장 효과적으로 대중을 일으켜 세울 무기로서 (공식적으로 다민족국가인 소련에서) 러시아 민족주의를 고취할 필요성을 깨달은 것과 그리 다르지 않았다.* 이미 살펴본 다른 사례에서와 마찬가지로, 전근대 러시아 민족주의―특정한 인족의 자기 집단에 대한 국가 규모의 애국적 헌신―도 통일 러시아 국가와 인족 자체가 일찍이 공고해진 시대로 거슬러올라간다.

맺음말

P. M. 바퍼드Barford는 자신의 저서 『초기 슬라브족The Early Slavs』(2001)에

---

* 실제로 이는 넬슨이 트라팔가르 해전 당일 아침에 군의 사기를 북돋기 위해 전달한 호소문―"잉글랜드는 그대들 모두가 각자의 임무를 완수할 것을 기대한다"―과도 다르지 않았다. 그의 함대에는 분명 스코틀랜드인, 웨일스인, 아일랜드인도 포함되었고 그의 나라는 공식적으로 연합왕국 혹은 적어도 그레이트브리튼이라고 불리고 있었는데도 그는 굳이 이 '잉글랜드'를 택했다. 2차대전 당시 처칠이 연설을 하면서 청중의 감정을 자극하고자―간간이 '브리튼', '이 제도', '연합왕국'을 끼워넣어가며―의식적으로 '잉글랜드'를 입에 올린 것 역시 마찬가지다. 이 점을 내게 상기시켜준 사람은 알렉산더 야콥슨이다. Kumar, *The Making of English National Identity*, 2, 7-8 참조.

서—이론적으로 순진하고 세련되지 못하다는 의심을 사지 않기 위한 학자의 의무로서—근대주의의 계율들을 충실히 열거한다. 하지만 그의 결론은 전혀 모호하지 않다. 슬라브 부족들은 1000년 이전에 이미 국가로 통합되었고, 민족적이라고밖에는 기술할 길이 없는 이 국가들은 대체로 현재까지도 명맥을 유지하고 있다.

> 슬라브인의 확산과 이후의 인구학적·종족적 통합에 의해 시작된 복잡한 과정은 부족 집단의 형성에서 절정에 이르렀는데, 이 부족 집단들은 서로 결합하여 국가를 만들었고, 이 국가들은 근대 동유럽 종족 구성의 기틀을 형성했다.[115]

나아가,

> 근세의 지배자들 대다수는…… 분권화를 향한 움직임을 막기 위해 일정한 형태의 통일성을 부과하고 영토 내의 사람들 사이에서 '민족 감정'을 북돋는 것의 중요성을…… 인식한 듯하다. 다시 말해서 국가는 국지적으로 고르지 못한 부분들을 마치 거대한 롤러처럼 평평하게 다듬어야 했다. 이러한 발전은 무력에 의해 강제되거나, 모종의 공통된 이데올로기(그리고 프로파간다)를 통해 권장되거나, 혹은 자연스럽게 이루어질 수도 있었다. 이러한 요인들에는 공통의 종교, 언어적 통일, 집단이 공유하는 이상과 전통의 발명, 공동의 적, 혹은 통일된 물질문화의 확립 등이 포함될 수 있다.[116]

민족 건설은 근대 훨씬 이전에 이미 일반적인 것이었다.

현대 역사학자들의 요약보나 월등히 중요한 것은 당대의 서술이다. 슬라브족에 대한 최초의 중세 연대기 작가 중 한 명인 12세기 독일 보자우의 사제 헬몰트Helmold는, 발트해 연안과 독일 영토 변두리의 국가 및 선국가 부족들에 대해 다음과 같이 기술한다.

> 이 바다 주변에는 많은 민족들(naciones)이 자리잡고 있다. 우리가 북방인Northman이라고 일컫는 데인인과 스웨덴인이 그 북쪽 해안과 모든 섬들을 차지하고 있다. 남쪽 해안에는 슬라브 민족들(naciones)이 거주하는데, 동쪽부터 시작해서 먼저 러시아인(Ruci), 다음으로 폴란드인이 있으며, 폴란드인의 북쪽으로는 프루센인Prussians,* 그 남쪽으로는 보헤미아인, 모라비아인이라 불리는 이들, 카린티아인,** 소르브인Sorbs***이 있다.[117]

이는 그 시대의 상황이 후대의 관점이 아닌 당대의 언어로 어떻게 인지되고 표현되었는지를 보여준다.

우리는 옛 로마 변경 북쪽의 유럽에서, 이 광대한 영토 전역에 걸쳐 국가 통합이 시작된 직후에 이 정치적 통합의 가장 전형적인 형태가 민족국가였음을 보여주기 위해 아주 넓은 범위를 다루었다. 브리튼제도에서 러시아에 이르기까지, 종족적 현실은 신생 국가들의 토대를 형성했다. 물론 이렇게 해서 생겨난 국가들은 다시 영토를 동질화하고 거기에 공동의 정체성을 불어넣는 데 지대한 효과를 발휘했다. 그럼에도 영토 내 이방 종족

---

* 발트어계 부족민으로 후대에 독일인에 의해 소멸되거나 동화되었다.
** 슬로베니아인.
*** 슬라브계 부족민으로, 후대에 독일인으로 동화되었다.

들—특히 뚜렷한 영토를 차지한 큰 종족들—을 동화시키는 데는, 비록 그런 예가 없지는 않지만 여러 세기에 걸친 국가 지배에도 불구하고 흔히 놀랄 만큼 제한된 성과만을 거두었다. 게다가 국가 내의 이런 종족 간 차이는 항상 정치적으로 중요했다. 19~20세기의 민족주의 신화 만들기에도 불구하고, 종족-민족적 정체성이 전근대 초기부터 놀랄 만한 내구성과 복원력을 과시한 건 사실이었다. 아이러니하게도 이에 대해 역사적이지 않은 시대착오를 드러낸 건 근대주의자들이었다. 그들의 치우친 사례 선별과 잘못된 이해는 서로 연관된 많은 편향들 때문이었다.

- 근대주의자들은 북유럽 전역에서 흔히 이루어진 초기 민족국가 통합을 무시했다. 대신에 그들은 20세기까지 정치적 독립의 역사가 부재했던 핀란드, 에스토니아, 라트비아, 슬로바키아 같은 사례들을 인용했다. 그럼으로써 이런 사례들이 예외가 아니라 일반을 대표한다는 그릇된 인상을 빚어냈다.
- 근대주의자들은 지리 면에서도 선별적이었지만, 전근대 유럽이 처한 조건을 기술하는 데도 역사적으로 너무 짧은 기간만을 조명했다. 근세에 서유럽에서는 봉건적 분열이 퇴조하고 일부 국가의 민족 정체성이 강화된 데 반해, 동-중부 유럽은 제국의 팽창과 농노제의 심화로 인해 중세에 이루어진 국가의 민족적 응집이 다소 약화되었다.
- 동-중부 유럽에서 근대주의자들은 합스부르크 제국에 의해 가장 극단적으로 예시된 다종족·다민족 제국 모델에 과도하게 깊은 인상을 받았다.

이런저런 오해들에 대해서는 뒤에 가서 더 자세히 검토할 것이다.

지금은 북유럽으로부터 옛 로마 국경 남쪽의 유럽 땅으로 눈길을 돌려보자.

2. 남유럽 대 북유럽

동남부 유럽의 중세 민족국가들과 제국들의 마수

동남부 유럽으로 눈길을 돌리면서, 이제 중세 민족 형성에 대한 더이상의 상세한 설명은 생략하기로 한다. 지금쯤은 전체상이 충분히 뚜렷해졌을 것이다. 따라서 아주 간략한 개요로 갈음한 뒤 곧 일반적인 논의로 넘어가겠다.

6세기부터 다뉴브강에서 로마 국경을 넘어 발칸으로 들어온 슬라브 부족 복합체와 전사 집단들은 결국 동로마제국의 종주권 아래에 있는 일리리아의 산악 지대에 정착했다. 그리고 제1천년기 말에는 서로 매우 가까운 남슬라브어군 방언들을 쓰는 여러 신생 민족국가들로 통합되어 있었다. 『프랑크 왕국 연대기The Royal Frankish Annals』(822년도 항목)에 보면, "달마티아의 상당수 지역에 거주하고 있다는 민족natio인 세르비아인"에 대해 언급하고 있다. 9~10세기에는 세르비아의 여러 공국들이 불가리아의 침입을 막기 위해 한 군주 밑에 모였다. 13세기에는 세르비아의 통치자들에게 왕의 칭호가 수여되었다. 이 왕국은 14세기에 발칸 제국으로 확장되었고 그 우두머리는 스스로를 차르라고 선언했지만, 이후 봉건적 분열을 겪었다. 유명한 코소보 전투(1389년)에서 세르비아의 통치자와 군대는 오스만에 처참하게 패배했고, 1459년에는 독립을 잃고 오스만 제국에 병합되었다. 7세기 일리리아에 정착한 크로아티아인은 역시 주로 불가리아의 압박에 맞선 대응으로 10세기에 통합하여 통일 왕국을 이루었다. 12세기 초부터 크로아티아는 막강한 헝가리와 왕조 연합을 이루어 헝가리의 지배를 받았지만 자치적인 제도와 법률을 유지했다. 모하치에서 헝가리 군대가 완패한(1526년) 뒤 헝가리와 크로아티아의 대부분은 오스만의 수중에 떨어졌다. 두 나라의 나머지 영토는 합스부르크의 보호 아래로 들어가는 수밖에 없었다. 수백 년간 크로아티아는 합스부르크 제국과 오스만 제국 간 경계의 분쟁 영토가 되었다. 남슬라브족 권역의 맨 북서쪽, 프랑크족·게르만족의 권역과 가까운 지역에는 헬몰트가 카린티아인이라고 부른 슬로베니아인이 있었다. 그들은 아주 일찍부터 신성로마제국의 종주권 아래로 들어왔고 그후에는 합스부르크 제국의 종주권 아래에 머물렀다. 하지만 막강한 독일의 영향을 1천 년 넘게 받았음에도 이곳은 슬라브 종족의 땅으로 유지되었다.

불가르족은 튀르크어계 반유목 기마 부족으로, 7세기 우크라이나 남부 스텝 지대에 큰 제국을 세웠다. 이 제국이 하자르에 의해 멸망한 뒤 불가르 부족의 일부는 동족들과 합류하여 다뉴브강을 건너 동로마제국으로 이동했다. 그래서 7세기 말 이곳에 불가리아 국가를 세우고 처음에는 칸을, 나중에는 차르를 우두머리로 삼아 현지의 남슬라브어계 주민들을 지배했다. 그들은 이후 수백 년간 비잔티움 제국과 고질적인 전쟁을 벌였다. 그들은 발칸 권역에서 가장 큰 위협이 되었고, 한때는 이 권역의 대부분을 지배하는 제국을 이루기도 했다. 11~12세기에는 군세가 역전되어 비잔티움 제국에 점령당했다가, 13~14세기에는 독립을 되찾아 부활했다. 하지만 14세기 말 오스만에 패배하면서 불가리아는 이후 500년간 오스만 제국의 일부가 되었다.

한편, 발칸의 남슬라브족과 북부 유럽의 서슬라브족 사이에 끼인 두 비슬라브어계 집단이 다뉴브강 북쪽에서 정치적으로 통합되었다. 하나는 로망스어를 쓰는 오늘날의 루마니아인이었다. 로마제국이 고대 다키아 지역을 지배한 기간은 150년이 채 안 되었지만, 로마의 강도 높은 식민 노력은 이곳의 언어를 라틴어로 바꾸는 데 중요한 역할을 했다. 이러한 언어적 특성은 여러 스텝 유목 인족들이 제2천년기 초까지 계속해서 이 땅을 통과하고 이 땅에 정착하고 이 땅을 지배하는 와중에도 유지되었다. 중세 후기에는 로망스어를 쓰는 별개의 세 공국—왈라키아, 몰다비아, 트란실바니아—이 출현했다. 그중 왈라키아와 몰다비아는 오스만의 종주권하에서 자치권을 유지했고, 트란실바니아는 처음에는 헝가리, 나중에는 합스부르크의 지배와 영향력 아래에 놓였다. 마자르-헝가리인은 우랄 지역에서 카르파티아산맥을 넘어 중부 유럽 평원으로 들어온 핀우그리아어계 유목 부족으로, 9세기 말 아르파드Árpád에 의해 통일되었다. 10세기에 그들은 잇따른 습격으로 중서부 유럽을 공포에 몰아넣었다. 1000년 무렵부터 이제 기독교 국가가 된 왕국은 중세에 제국으로 팽창했다. 이 제국은 크로아티아, 트란실바니아, 슬로바키아 등 이웃 나라들을 지배하고 그보다 멀리까지 종주권을 확대했다. 헝가리의 유력한 마그나트들은 그중 많은 지역의 농촌 시골에서 봉건적 지배권을 행사했다. 오스만의 압박을 수백 년간 견려낸 헝가리는 모하치 전투 이후 결국 무너졌고 그 영토의 대부분이 16세기 중반까지 오스만 제국의 수중에 들어갔다. 자투리 영토만 남은 왕국은 합스부르크에 왕위를 넘기는 수밖에 없었다.

이제 간추린 역사로부터 좀더 폭넓은 개설과 이론적 함의로 넘어가보자. 첫째로, 부족들이 띄엄띄엄 분포한 북부 유럽에서의 초기 민족국가 통합 과정과, 인구가 밀집한 옛 로마제국 속주에서 정복자와 피정복자가 뒤섞이며 일어난 과정 사이의 중요한 차이점에 주목할 필요가 있다. 예를 들어, 급속히 발전하는 유전학 연구에 따르면 북부 유럽의 폴란드인은 뚜렷한 유전적 동질성을 보인다. 서슬라브족은 수가 적은 게르만 부족민이 이동하여 생긴 빈 땅에 정착한 것으로 보이므로 이는 예상할 수 있는 결과다. 동시에 폴란드인은 다른 서슬라브인·동슬라브인과 유전적으로 매우 가깝다. 최근의 어느 광범위한 유전학 연구는 이렇게 결론짓는다. "유럽 북부 슬라브인 부계 혈통의 동질성은 알프스에서 볼가강 상류까지 뻗어 있는 양상을 보이며, 여기에는 슬라브어 내에서 서로 완전히 다른 어군에 속하는 종족들까지도 포함된다."[118] 이에 비해, 유전학적 발견은 오늘날 (슬로베니아인을 제외한) 대부분의 남슬라브어계 주민(마케도니아인, 세르비아인, 보스니아인, 북부 크로아티아인)이 북쪽의 서슬라브인·동슬라브인과 유전적으로 상당히 다름을 보여준다.[119] 이 발견에 대해 연구자들이 제시하는 설명은 우리가 이미 살펴본 종족 발생 패턴과 일치한다. 즉, 남동부 유럽에서 야만인의 침입과 지속적인 전쟁은 대체로 신석기 시대부터 터 잡고 살아온 옛 로마 속주의 조밀한 인구를 대거 학살했지만 좀처럼 말살하지는 못했다. 그러나 침입한 슬라브인의 머릿수가 그들이 정착한 발칸 지방의 토착민 인구에 어쩌면 훨씬 못 미쳤음에도 불구하고, 피정복민들은 겨우 수세기 만에 정복민의 언어와 정체성을 받아들였다. 공유된 민족 정체성들이 급속히 출현한 것이다.

이 같은 과정이 헝가리에서도 일어났다. 여기서도 유전적 증거는 소수의 침입자가 엘리트 지배를 통해 자신들의 언어와 정체성을 현지 토착민에게 전해주었음을 시사한다. 그래서 "고대 헝가리인의 유전자 샘플을 그 부장품으로 판단한 사회 계층에 따라 분석했을 때 큰 차이가 나타난다. 평민들은 유라시아 서부에 흔한 미토콘드리아 DNA 하플로타입과 하플로그룹(H, R, T)의 우세를 보여주는 반면, 헝가리인 정복민으로 추정되는 지체 높은 개인들은" 현재는 거의 소멸한 아시아인의 형질을 보여준다.[120] 물론 그 반대의 과정도 가능하다. 슬라브화한 지 얼마 안 된 영토에 정착한 튀르크계 불가리아인은 남슬라브어를 받아들였다. 셋째 경로는 수많은 격동을 겪으면서도 계속 로망스계 방언을 사용해온 현재의 루마니아인들이 보여준다. 말할 필요도 없겠지만, 우리가 다루는 주제에서 유전적 역사가 중요한 건 그것이 종족 발생 과정을 조명해주기 때문이다. 여기서 중요한 것은 유전자 지도 그 자체가 아니라, 해당 집단이 친족-문화적으로 가깝다는 주관적 의식과 전통의 진화다.

이런 종족민족 집단들이 놀라운 지속성을 보이며 심지어 수백 년간 정치적 독립을 잃고서도 존속했다는 것 또한 분명하다. 19~20세기 민족주의자들의 신화 만들기도, 근대주의자들의 이른바 탈신화화도 이 현실을 가릴 수는 없다. 세르비아인, 크로아티아인, 불가리아인, 헝가리인, 그리고 그보다 정도는 덜하지만 슬로베니아인과 루마니아인은 근대의 발명품이기는커녕 그들의 초기 역사에 해당하는 중세에 이미 고유한 종족민족적·정치적 정체성을 형성했다. 물론 역사의 전개는 끊임없이 종족들을 변화시키고 종족 경계를 옮겨놓았다. 일부 종족 구분(예를 들어 보스니아, 코소보, 마케도니아)은 후대의 역사 전개를 통해 출현했고 최근 들어서야 비로소 정치적으로 표출되었다. 게다가 발칸의 많은 지역에서 종족성들이 서로 혼합되었다는 것은 널리 알려진 바다. 수많은 종족 긴장과 분쟁의 불씨가 된 이 혼합은 많은 요인이 작용한 결과다. 첫째로 산악 경관은 대개 종족 다양성을 높인 변수로서 인식된다(또다른 유명한 예로는 캅카스를 들 수 있다). 둘째 변수는, 민족국가의 행동은 그 영토를 동질화하는 경향이 있는데 발칸에서는 중세 후기 이후로 민족국가가 부재했다는 사실이다. 이는 다시 셋째 요인과 연관되는데, 바로 오스만 또는 합스부르크 제국의 장기 지배가 끼친 영향이다.

이미 전 세계적으로 보았듯이 제국이라는 거대한 수레바퀴는 그 우월한 힘으로 초기 민족국가들을 압살했다. 통념과는 반대로, 민족국가는 대규모 국가를 형성한 기본 단위였다. 자기 인족이나 종족에 대한 지배를 수립하는 편이 훨씬 더 쉬웠고, 그런 다음에 그 힘을 토대로 더 멀리 팽창하는 데 매진할 수 있었다. 북동부 유럽에서는 폴란드·리투아니아·러시아 민족국가가 폴란드·리투아니아·러시아 제국에 선행했다. 그리고 남동부 유럽에서도 중세 민족국가 형성이 제국 팽창에 선행했다. 하지만 발칸 지역에서의 제국 팽창은 궁극적으로 외부에서 들어온 것이었고 이 지역의 민족국가들을 토대로 삼기보다는 제거해버렸다. 강대한 오스만 제국은 이 과정의 주역이었다. 그러나 오스만 제국의 진군은 동-중부 유럽에서 합스부르크 제국의 탄생을 자극했다. 합스부르크 제국은 대다수 제국의 전형에서 벗어난 전혀 다른 동물이었는데, 그럼에도 민족 현상을 다루는 학자들에게는 전형적인 사례로 간주된다.

우리는 1440년부터 합스부르크 왕가가 다스린 신성로마제국을 보통 하나의 연속체로 보지만, 이는 아주 상이한 두 역사적 단계로 나뉜다. 앞에서 보았듯이 중세의 신성로마제국은 근본적으로 독일 국가였다. 이 제국은 사실상 모든 독일어권 주민을 포괄했고 독일인이 그 주민의 핵심—이탈리아 대부분의 지역에 대한 황제의 종주권은 거의 유명무실했으므로 아마도 다수—을 이루었다. 물론 이 제국에는 비독일계 지역들도 있었고 독일계 공국들 사이에도 상당한 다양성이 있었지만, 실제로 중세의 신성로마제국은 19세기까지 독일 민족국가에 가장 가까운 나라였다. 그런데 역설적이게도 공식 국호를 '독일 민족의 신성로마제국'으로 바꾼 직후에, 병행된 두 과정이 이 발전 경로를 틀어 제국의 특성을 완전히 바꾸어놓았다. 한편으로는 독일 귀족들의 분열이 다른 나라들에 비해 더욱 심화되었다. 16~17세기의 독일 공국들은 텅 빈 뼈대만 남은 제국에 명목상의 충성만을 바치는 사실상의 독립 국가들로 바뀌었다. 다른 한편으로는 오스만이 유럽 동남부로 진입하면서, 이 지역에 있던 과거의 독립 국가들—특히 대헝가리와 그 주변부의 크로아티아·슬로바키아—은 이제 자투리 영토만 남은 국가에 대해 합스부르크의 보호를 구해야 하는 처지가 되었다. 이 이중의 과정을 통해 근본적으로 독일 국가였던 신성로마제국은 중-동부 유럽의 다종족·다민족 합스부르크 제국으로 변모했고, 이 제국은 신성로마제국이 공식적으로 해체된 1806년 이후로도 지속되어 1918년까지 존재했다.

합스부르크 제국의 특수성은 그 다종족적·다민족적 특성이 아니라 이 다민족 제국을 유지시킨 요인에 있었다. 우리가 보았듯이 제국의 주축은 대체로 그 지배 인족이나 종족 집단이었다. 그들은 머릿수가 많거나 군사적으로 우월하거나 혹은 둘 다였다. 하지만 합스부르크 제국의 핵심부인 오스트리아의 독일계 영토와 그 주변부는 이런 조건에 딱히 들어맞지 않았다. 오스만의 팽창이 이들 기독교 영토에 가하는 더 큰 위협이 없었다면, 합스부르크는 그 자체만으로 유럽 동남부에서 새로운 영토를 획득하거나 유지할 수 없었을 것이나. 그러니까 합스부르크는 방어 세력으로서 생겨난 제국이었다. 동남부 유럽인들은 두 악 중의 차악으로서 어쩔 수 없이 합스부르크를 택했다.

이런 조건하에서 합스부르크 제국에 대한 태도는 매우 양가적이었다. 특히 과거 위대했던 헝가리 왕국의 왕위를 이제 합스부르크 군주에게 넘겨준 헝가리인들은 더더욱 그랬다. 17세기에 합스부르크의 절대군주제가 심화되면서 왕실이 헝가리의 헌법, 관습, 특권을 노골적으로 무시하는 데 대해 분개한 헝가리 마그나트들은 심지어 오스만에게로 충성을 돌리려는 생각을 품기까지 했다. 17세기에 농민층을 포괄한 반反합스부르크 봉기가 주기적으로 발생한 것은 구교인 합스부르크와 대부분이 신교도인 헝가리 간의 종교적 갈등 탓도 있었다. 하지만 잇따른 반反합스부르크 반란을 이끈 귀족 지도자들이 거듭해서 자극한 것은 민족 감정이었다. 1604년 반란의 지도자였던 보치커이 이슈트반Bocskai István은 잠재적인 주요 병력 자원으로서 농민에게 손을 뻗었다. 그의 선언문은 이러했다. "나라와 조국을 사랑하는 모든 사람에게, 민족의 편에 서서 우리 공동의 적에 시급히 맞설 것을 요구한다." 이슈트반 편에 합류한 농민 무장대(허이두크haiduk)의 우두머리들도 비슷한 선언문을 발표했다. "다 같이 일어나 다 같이 살든지 죽든지 하는 것이야말로…… 소중한 나라와 민족에 대한 우리의 의무다."[121] 이 선언문을 인용한 역사학자는 이렇게 결론짓는다.

이런 사례는 얼마든지 있지만 이 두 사례만으로도 다음을 보여주기에 충분할 것이다. 즉, 귀족이나 도시인, 허이두크에게 공통된 조국이 이 시대—혹은 적어도 이 선언문을 쓴 사람들 — 의 정신에 존재했고, 그들은 같은 민족의 일원이었고, 이러한 연대가 동족과 나라의 적에 맞서 무기를 들어야 한다는 의무감을 불러일으켰다는 것이다. [헝가리가 오스만으로부터의 생존 위협에 최초로 직면한] 15세기 이래로, 헝가리 귀족들은 '파트리아patria'의 개념과 이와 관련하여 지위고하를 막론한 이 나라 모든 주민의 방어 의무라는 개념을 널리 퍼뜨려오던 터였다.**122**

이것은 의미심장하다. 헝가리에서 귀족의 위세는 거의 폴란드만큼이나 대단했고, 많은 학자들은 이 귀족들이 민족을 자신들만의 배타적 전유물로 상상했다고 믿기 때문이다.

위에 인용한 선언은 특별한 에피소드나 정서가 아니었다. 무장 반군 지도자이자 귀족인 페트로치 이슈트반 Petróczy István이 1673년에 발표한 성명을 살펴보자. 이 성명의 절절한 어조는 19세기 민족주의자들도 기꺼이 인정했을 것이다.

> 스러지는 조국과 민족의 일몰을 볼 때 우리의 눈에는 눈물이 고인다.…… 오, 헝가리! 헝가리여! 그대들의 제국은 12개 주로 이루어졌었으나…… 이제 그대들은 잃어버린 12개 주를 애도하며, 그 열두째 주에서도 일부분으로 밀려났다.…… 진정한 헝가리인이여, 독일인이 종교의 구분 없이 모든 헝가리 민족을 증오함을 알라.……
>
> 대주교와 고위 성직자들은 자산을 빼앗겼고, 궁궐의 시종들은 자리를 보전했지만 독일인에게 굴종하게 되었다.…… 국경 지대의 성을 수비하는 헝가리인들은 급료도 존중도 받지 못한다. 독일인은 손에 넣을 수 있는 온갖 수단을 동원하여, 기상천외한…… [신종 세금을 매겨] 가난한 헝가리 민족의 영혼과 육신을 도마에 올려 토막 낸다.…… 그러므로 그

대에게 헝가리인의 감성이 조금이라도, 헝가리인의 피가 단 한 방울이라도 있다면, 사랑하는 민족이여, 깨어나 네 형제들을 사랑하라.[123]

이 문헌을 인용한 또다른 현대 역사학자가 지적하듯이, 이 성명은 농민을 포함한 모든 신분에 호소하기 위해 의식적인 노력을 기울이고 있다. 이 성명은 "독일이 새로 부과한 세금에 반발했다. 이것은 농노들의 가장 심각한 불만이었다. 사료들이 증언하듯이, 이 대목은 농민들의 공감을 불러일으키는 데 실패하지 않았다."[124] 이 성명 그리고 이와 유사한 문헌들은 "선한 헝가리인", "진정한 헝가리인", "진짜 헝가리인의 피", "헝가리인의 피가 끓다" 같은 구절들을 거듭 사용한 반면, 독일인에 대해서는 으레 '이민족'으로 지칭했다. 이런 구절들은 "종족적 단결 의식이 당대의 민족의식에서 가장 큰 역할을 수행했음을 확실하게 보여준다."[125] 이 역사학자는 이렇게 결론짓는다.

다만, 사회적 차별을 두지 않는 종족적 특성을 띤 이 이데올로기가 귀족 계층에서 비롯되었다는 외견상의 모순이 존재한다.…… 내가 보기에 이 둘 사이에는 불가피한 관련이 있다. 지배 계급이 절대군주제와의 투쟁에 대중의 공감과 지지를 필요로 하는 상황에서 민족 이데올로기는 대중을 동원하는 매력적인 수단으로 조작되었다.[126]

실제로 우리가 여러 차례 보았듯이, 민족적 위기가 닥쳤을 때 엘리트는 대중의 잠재된 민족 감정에 호소하고 이를 자극하는 데 주저하지 않았다. 물론 둘의 사회경제적 이해관계는 달랐고, 귀족이 농민의 대의를 옹호하는 시늉을 위기를 넘기고서도 계속하는 일은 거의 없었지만 말이다. 요컨대,

이 나라의 이중적 압제 아래 전반적으로 16~17세기, 특히 17세기 말의 헝가리 민족주의는 매우 강한 형태를 취했고 방어적 이데올로기로서 빈곤 대중 계층 속으로 깊숙이 침투했다.[127]

이 모두를 고려할 때, 오스만의 위협이 약해지고 오스만 제국이 후퇴하여 17세기 말부터 헝가리 영토가 해방되면서 헝가리인의 소요가 증가한 것은 놀랄 일이 아니다. 라코치 페렌츠 2세Rákóczi Ferenc II는 합스부르크에 대항한 독립 전쟁(1703~1711년)을 이끌면서, "지난날 우리나라가 누렸던 찬란한 자유를 추구하는 모든 진실한 애국자들, 모든 평신도와 성직자, 귀족과 평민, 문장紋章이 있는 자와 없는 자"를 상대로 호소했다.[128] 헝가리 귀족들의 깊은 우려에도 불구하고 그는 자신의 말을 행동으로 옮겨, 봉기에 가담한 농노들을 봉건적 의무에서 면해주었다. 그 결과로 근세 최대의 대중 게릴라전 중 하나가 펼쳐졌다. 또다른 현대 역사학자의 말을 빌리면 이는 "광범위한 민족 봉기"였고, "1789년 이전의 유럽에서 '민족' 감정을 말하는 건 유행에 뒤떨어진 일이지만, 쿠루츠 전쟁Kuruc War(헝가리인이 합스부르크에 대항하여 1671년 일으킨 무장 봉기와 1711년의 독립 전쟁을 말한다—옮긴이) 이전부터 빚어진 외국인 혐오 반응은 근대 세계의 민족·식민지 해방 전쟁들과 거의 비슷한 재료로 채워져 있었다".[129] 이 봉기의 현저한 민족주의적 특성은 헝가리 왕국 내의 세르비아인, 크로아티아인, 독일인, 루마니아인이 이 봉기에 가담하지 않았다는 사실로 더더욱 두드러진다.[130] 또다른 학자는 이렇게 결론짓는다. "투쟁이 진화하면서, 혁명 프랑스 이외의 유럽에서는 유례가 없는 수준의 민족적 단결이 출현했다. 정치적·경제적 고려가 이 전쟁에서 큰 역할을 했지만, 귀족층이 합류한 뒤로는 민족 독립을 위한 싸움이 그 지배적 요인이었다."[131]

　이 봉기는 결국 실패했고 헝가리는 강압과 회유의 결합에 의해 제국 내에 머물렀다. 지속적인 압력을 통해 제국 내 헝가리인의 지위는 점차 독일인의 지위와 동등해졌다. 오스트리아 왕위 계승 전쟁(1740~1745년)에서 마리아 테레지아의 왕위를 지켜낸 것은 헝가리 의회를 향한 마리아 테레지아 여제의 호소와 그녀의 대의를 옹호한 헝가리 귀족들의 응답이었다. 이후로 헝가리 귀족들은 점점 더 빈의 궁정에 편입되고 독일 문화에 동화되었다. 독일인 지주들이 체코와 그 밖의 다양한 슬라브 시골 지방을 지배하는 한편, 헝가리 지주들은 슬로바키아, 트란실바니아, 그리고 크로아티아의 많은 지역을 지배하는 등 전리품도 분배되었다. 19세기에는 광범위한 부르주아 민족주의가 도래했고 헝가리어가 헝가리 왕국의 배타적 공식 언어로 인정받게 되었다. 하지만 1867년 합스부르크 제국이 오스트리아–헝가리 이중 군주국으로 재편된 것은 '민족주의 시대'보다 훨씬 오래 전에 시작된 과정의 마지막 단계에 지나지 않았다. 오스만의 위협이 수그러들자, 합스부르크 제국은 독일인과 헝가리인이라는 두 제국 인족의 연합 지배 권력에 기반해야만 존속할 수 있게 되었다. 애초부터 합스부르크 제국을 떠받친 것은 단지 왕조·절대군주제·귀족 요인만이 아닌 종족민족적 현실과 종족민족적 권력 관계였다.

　이런 쟁점들 중 일부는 본 장의 결론을 맺는 이론적인 대목에서 다시 논의할 것이다. 그전에 유럽 남서부를 살펴보면서 유럽에 대한 이 시계 방향의 검토를 마무리하자.

유럽 남서부 로망스어권의 국가, 지리, 민족 통합

이탈리아·이베리아 반도와 갈리아는 로마제국에서도 언어와 문화가 가장 철저히 로마화된 지역이었다. 이 영토로 들어온 야만인 침입자들은 예외 없이 로마 언어lingua romana와 기독교를 받아들였고 결국에는 현지인과 융합하여 공통된 정체성을 형성했다. 하지만 서로마제국의 정치적 해체는 언어-문화적 분열을 낳았고, 불과 수 세기 만에 수많은 로망스계 언어와 방언이 분화, 진화했다.[132] 위에서 언급한 각각의 영토들은 서로 다른 경로로 발전했다. 하지만 종족 형성과 정치체 형성의 관계가 매우 긴밀했고 지리적 환경이 전부는 아니어도 주된 역할을 했다는 점에서는 모두가 동일했다. 우선 예로부터 숱하게 오용되어온 개념인 '자연 경계natural frontiers'는, 높은 산맥과 바다로 분리된 로망스어권이 그들 간의 무수한 침략과 간섭, 문화적 영향에도 불구하고 별개의 세 정치-문화 블록으로 갈라진 이유를 설명하는 데 도움을 준다.

이탈리아 반도는 19세기까지 정치적으로 파편화되어 있었다. 그 원인으로 흔히 제시되는 설명은 이탈리아가 프랑크 왕국과 뒤이어 독일 황제들의 지배하에 있었다는 것이다. 일찍이 마키아벨리가 불평했듯이, 이탈리아 자체를 통일할 능력은 없지만 다른 누군가가 통일하지는 못하게 방해했던 교황도 여기에 한몫했다. 중세 후기와 르네상스 시대를 주도한 도시국가들의 엄청난 부와 영화 역시 그들의 고유한 정체성을 강화하고 그들 간의 경쟁을 부각시켰다. 하지만 도시국가들의 출현과 이탈리아의 정치적 분열 이면에는 더 깊은 지정학적 이유가 있었다. 이미 보았듯이, 유럽에서 가장 기복이 심한 반도인 고대 그리스와 이탈리아에서는 도시국가가 초기 정치조직의 전형적 형태였다. 좀더 탁 트인 북부 유럽의 곳곳에서 형성기 민족

국가들이 출현한 것과는 대비되는 발전 경로다.*

중세 그리스는—처음에는 비잔티움, 다음에는 오스만—제국의 울타리 안에 머물러 있었다. 하지만 로마제국이 사라진 뒤 이탈리아 반도에서는, 이 기복이 심한 경관이 독립을 선언하고 고유한 정체성을 형성할 수 있는 소규모 정치체들의 발생에 지극히 적합한 조건을 다시금 제공했다. 이처럼 같은 무대에서 도시국가들이 거듭 발생한 것은 결코 순전한 우연이 아니었다.

4장에서 보았듯이, 도시국가 체계는 종족적 현실과 무관하지 않았다. 같은 친족–문화 공동체의 일원이라는 의식이 국지적 정치체들 간의 정치적 협력을 뒷받침했다. 나아가 정치적 다원성에는 언어의 분화가 뒤따랐다. 뚜렷이 구분되고 흔히 서로 알아들을 수 없는 수많은 국지적 방언들, 사실상 별개의 언어들이 이탈리아 반도 전역에서 출현했다. 국지적·지역적 정체성이 정치 상황을 지배했다. 이와 동시에, 앞에서 인용했듯이 범이탈리아 정체성 또한 존재했다는 마키아벨리의 증언을 의심할 이유도 없다.[133] 항상 그렇듯이 이를 자극한 것은 독일이나 프랑스나 스페인 같은 외국의 위협에 대한 인식이었다. 게다가 통일 이탈리아 국가가 없었는데도 불구하고, 프랑스에서 그랬던 것처럼 르네상스 시대에 피렌체 방언이 반도 전역에서 표준 이탈리아어 문어로 채택되었고 이는 고유한 이탈리아 정체성을 반영하는 동시에 강화했다. 또 외국에서도 이탈리아 출신들을 이탈리아인으로 취급했는데, 여기에는 지리적인 것 이상의 의미가 있었다. 물론 이는 범이탈리아 정체성이 존재했다는 내 주장에는 그야말로 불필요한 것이다.

---

* 앞에서도 지적했듯이, 노르웨이도 기복이 심한 반도이지만 인구가 아주 희박했고 의미 있는 도시국가 체계가 등장할 만큼 거주에 적합한 내륙 영토도 없었다.

내 주장은 단일한 종족정치적 정체성이 지리적 개념의 이탈리아 전역에 팽배했다는 것이 아니기 때문이다. 하지만 비록 부차적이고 불필요할지언 정, 지역을 초월한 모종의 이탈리아 정체성과 정서가 정말로 존재했다는 건 단순한 역사적 사실이다.

이베리아 반도는 이탈리아보다 정치적으로 더 통일되었고 종족민족적 으로 더 분열되었다. 제1천년기 후반기에 게르만족의 침입에 뒤이어 무어 인 무슬림이 반도 대부분을 정복했고 북부에는 여러 기독교 정치체들이 다시금 출현했다. 이들 정치체에서는 여러 로망스 방언들이 더더욱 진화하 여 몇 개의 독립된 언어와 고유한 정체성으로 발전했다. 서쪽부터 시작해 서 동쪽 방향으로 갈리시아포르투갈어, 레온어, 카스티야어, 아라곤어, 카 탈루냐어, 그리고 비로망스어이자 비인도유럽어인 바스크어 등이 여기에 포함된다. 비록 기독교-스페인계 국가들이 서로 자주 싸우긴 했지만 그들 과 알안달루스Al Andalus의 무어인들 간에는 그보다 훨씬 더 깊은 골이 존 재했다. 이것은 수백 년에 걸친 재정복Reconquista 과정을 촉발했고 결국 1492년 최후의 무어인 국가인 그라나다의 멸망으로 끝이 났다.

가장 눈에 띄는 '타자'인 유대인과 모리스코Morisco(기독교 스페인 내의 무 슬림—옮긴이)가 이베리아에서 추방되었다. 이는 확실히 종교적 이유에서였 고 유대인의 경우는 경제적 이유도 있었지만, 그들이 종족적 이방인으로 인지된 탓도 있었다. 심지어 기독교로 개종한 유대인과 무슬림까지 겨냥하 여 "피의 순수성limpieza de sangre"이라는 개념이 고안되어 법으로 성문화되 었다. 피의 순수성이라는 인종주의적 개념은 19세기 말과 20세기 초에 발 명된 것이 아니었다.

또한 재정복은 기독교 왕국들 간의 정치적 응집 과정을 강화했다. 11세기에서 13세기 사이에 일어난 카스티야의 레온 병합과 아라곤의 카탈루냐 병합이 그 예다. 1469년 카스티야의 이사벨과 아라곤의 페르난도가 혼인하면서 두 왕위가 결합되어 스페인 왕국이 탄생했다. 이러한 과정에서 폭력이 동원되었는지 여부와 상관없이 ― 실은 자주 동원되었다 ― 위의 모든 사례들은 왕조 연합으로, 다양한 공국들이 저마다 독자적인 정부, 법률, 화폐 체계를 보장받았다. 그럼에도 카스티야는 이 연합에서 가장 크고 강한 구성 요소였고 곧 이 연합을 지배하게 되었다. 스페인 민족 정체성의 형성에서 카스티야가 수행한 역할은 브리튼 혹은 연합왕국에서 잉글랜드가 수행한 역할과 다소 비슷하다. 수백 년간 카스티야인과 잉글랜드인 사이에서는 자기 나라 안의 모두가 결국에는 자신들과 비슷해질 것이라는 기대가 있었다.

　스페인 통합의 성공과 실패는 시사점을 준다. 갈리시아어, 레온어, 아라곤어는 근대 훨씬 이전부터 카스티야어의 확산과 더불어 위축되었고 카스티야어가 스페인어의 위상을 획득했다. 이 지역에서는 (카스티야가 지배하는) 연합 스페인 정체성으로의 흡수가 가장 큰 성공을 거두었다. 하지만 서부, 동부, 북부에서는 사정이 달랐다. 포르투갈과 카탈루냐는 뚜렷한 차이에도 불구하고 이 점에서만은 인상적인 유사성을 보인다. 포르투갈은 11~12세기에 카스티야-레온에서 떨어져나온, 갈리시아어를 쓰는 지방들에서 별개의 국가로 출현했다. 왕국이 무어인을 밀어내며 남쪽으로 확장되면서 그 언어와 정체성은 점점 더 독자성을 띠게 되었다. 1580년 왕위 계승을 둘러싼 내전 끝에 스페인의 펠리페 2세가 포르투갈의 왕위를 차지함으로써 두 나라를 그 광대한 해외 제국과 더불어 통합했다. 하지만 스페인이 이 왕조 연합을 통일 영토로 만들고 포르투갈에서 징수하는 세금을 카스티야 수준으로 인상하려 시도하자, "카스티야와의 연합이 항상 주민 대중의 혐오를 샀던" 포르투갈에서는 대중 민족 봉기가 일어났다(1640년).[134]

이 봉기는, 우리가 이미 보았듯이 일찍이 이베리아에서 국가태가 시작된 이래로 거의 1천 년간 훼손되지 않았던 포르투갈의 독립을 재확립하고 방어하는 데 성공했다. 포르투갈은 처음부터 그 문화와 국가태의 뚜렷한, 우연하지 않은 일치를 보여준 민족국가였다.

이미 지적했듯이 스페인은 모두에게 같은 방식으로 해석되지 않았고, 카스티야 통합이라는 프로젝트는 한 번도 완성된 적이 없다. 가장 주목할 점은, 스페인 영토 내에서 카스티야와 카탈루냐가 누린 별개의 지위가 그저 형식적인 수준에 그치지 않았다는 것이다. 일례로 스페인령 아메리카 제국은 카스티야인들이 독점했고 카탈루냐인은 여기서 배제되었다. 또 카탈루냐인은 세금을 더 적게 부담했다. 스페인의 개혁 총신인 올리바레스 Olivares 백작-공작이 스페인 영토를 완전히 통합하고 그 행정 구역들의 세금 부담을 평준화하려 하자 카탈루냐는 포르투갈과 더불어 반란을 일으켰다. 카스티야에서와는 달리 카탈루냐에서는 농민이건 도시민이건 예로부터 자유와 권리를 누려온 터였고,[135] 이 사실은 일명 '추수꾼의 전쟁Reapers' War'이라고도 하는 이 반란(1640~1652년)을 농민과 귀족이 동참하는 대중 민족 봉기로 바꾸어놓았다. 첨언하자면, 이 반란의 발발은 전근대 사회에서 전 지역에 걸친 전통적 의사소통 수단을 폄하하는 이들에게 인상적인 교훈을 준다.

특히 카탈루냐에서는 마을에 도움이 필요할 때면 교회 종을 울리는 게 일반적인 관습이었기 때문에, 반란의 소식이 한 마을에서 다른 마을로 전해지는 데는 약간의 시간이 걸렸다. 5월 첫째 주에는 산 펠리우에서 토르데라까지의 모든 마을에서 종이 울렸다. 시골 사람들은 무장한 채 대기하고 있었다.[136]

그들은 독립 카탈루냐 공화국을 선포하고 프랑스의 보호를 구했다. 하지만 포르투갈에서와는 달리, 카스티야 군대는 카탈루냐를 정복하면서 바르셀로나를 점령하고(1652년) 반란군을 진압했다. 카탈루냐는 그로부터 반세기 뒤인 스페인 왕위 계승 전쟁 때 또다시 카스티야에 반기를 들었고 다시금 패배했다. 바르셀로나 함락(1714년) 이후 카탈루냐의 자치 헌법과 제도는 폐지되었고 카탈루냐는 스페인에 강제로 병합되었다. 처음에는 행정부와 대학에서, 나중에는 모든 학교에서 카탈루냐어가 금지되었다. 따라서 이러한 상태는, 프랑코 총통이 다시금 카탈루냐의 저항을 압살하고 카탈루냐 정체성의 표출을 금지하기 오래 전부터 수백 년간 지속되었다. 요컨대 전근대 스페인 군주정에서 종족민족적 정체성과 충성이 정치적 의미가 없었다고는 말할 수 없다.

지금으로서 카탈루냐의 미래가 스페인 안에 있을지 밖에 있을지 아직 불확실한 상태다. 이 점은 스페인 북단의 바스크에도 똑같이 적용된다. 근대 이전에 카탈루냐보다 훨씬 힘이 약했고 스페인을 덜 괴롭히긴 했지만, 바스크는 인도유럽어 도래 이전의 독특한 비로망스계 언어와 고유한 정체성을 보유해왔다. 바스크인들은 중세에 팜플로나(나바라) 왕국에서 표출했던 독립된 정치적 실체를 상실한 후로도 거의 1천 년 가까이 존속해왔다.

프랑스의 전형적 사례

전근대 유럽의 민족 통합에 대한 우리의 검토는 프랑스로 끝맺어야 적절할 것이다. 프랑스의 민족 건설 기획은 다양한 정체성을 지니고 갖가지 언어와 방언을 쓰는 다양한 주민들을 동화시키는 데 가장 큰 성공을 거두었다. 노골적인 폭력, 좀더 미묘한 강압, 성공적인 회유, 자국 문화의 널리 알려진 위신과 매력을 결합한 국가의 영향력이 여러 세기에 걸쳐 발휘된 프랑스의 경우는 민족과 민족주의 연구에서 전형적인 사례가 되었다. 실제로 민족이라는 개념 자체가 프랑스에서 프랑스혁명과 더불어 선언되었다고 여겨진다. 하지만 프랑스의 민족 건설 과정을 현상 기술적 모델로, 프랑스의 ('종족적' 민족이 아닌) '시민적' 민족태 개념을 규범적 모델로 취급한 학자들은 두 가지 기본적인 것을 간과했다. 그들은 역사적으로 볼 때 프랑스의 민족 발전 모델이—어떤 결정적 측면에서—규범이 아니라 예외라는 것을 깨닫지 못했다. 그리고 프랑스 모델의 주된 규범적 측면과 함의를 무시하는 경향이 있었다. 이러한 이유로 프랑스의 사례를 다소 길게 분석할 필요가 있다.

프랑스의 독특한 점은, 종족적으로 이질적인 다른 국가의 지배 민족들—영국의 잉글랜드인이나 스페인의 카스티야인 등—이 제대로 해내지 못한 일을 프랑스인은 놀랄 만큼 성공적으로 해냈다는 데 있다. 영토 내의 다른 모든 종족 집단들이 프랑스 문화와 정체성을 받아들이게끔 만든 것이다. 프랑스 국가는 프랑스에서 프랑스인 이외의 다른 종족이나 민족을 인정한 적이 없다. 더 중요한 것은, 이런 유사한 상황에서 대개 독자적 지위를 열망하는 집단들이 그러한 요구를 거의 제기하지 않았다는 점이다.

프랑스 북부에서 종족정치적 핵심 정체성이 형성된 과정은 이러한 역사적 발전의 중심을 이루었다. 샤를마뉴 전후로 프랑크 왕국의 영토가 복수의 왕위 후계자들에게 여러 차례 분할되었음에도 이러한 분할은 거의 지속되지 못했고 영토가 거듭 재통일되었다. 샤를마뉴의 제국이 게르만어권과 로망스어권으로 분할된 것만이 유일한 예외로, 그중 게르만어권은 나중에 로마/독일 신성제국이 되었고 로망스어권은 서프랑크/프랑스가 되었다. 9세기경에는 언어의 분리가 확실히 굳어졌음을 고려할 때, 이 분리는 1천여 년에 걸친 굵직굵직한 분쟁과 국경 이동에도 불구하고 놀랄 만큼 적은 변화만을 겪었을 뿐 계속 유지되었다. 물론 이러한 언어적 분열의 뚜렷한 안정성은 필연적인 운명이 아니지만 확실히 순전한 우연도 아니었다.

서프랑크/프랑스 자체는 심하게 분열된 권역이었다. 언어상으로 볼 때 북부의 랑그도일langues d'oïl 혹은 고대 프랑스어와, 옛 서고트족의 영토인 남부의 랑그도크langue d'oc 혹은 옥시타니아어Occitan라는 두 신생 로망스어 사이에는 큰 지리적 장벽이 있었다. 이 두 언어 공간은 방언과 국지적 정체성들로 더 잘게 나뉘었고, 서프랑크 왕국의 봉건적 분열은 이 분화 과정을 더욱 촉진했다. 10~12세기에 후기 카롤링거 왕조와 그들을 대체하여 프랑스 국왕이 된 카페 왕조는 지방 공작들에 대한 권한을 상실하여 가장 강한 공작들보다도 힘이 약해졌다. 12세기 말에서 14세기 초에 가서야 '존엄왕' 필리프 2세에서 '미남왕' 필리프 4세에 이르는 일련의 프랑스 군주들이 비로소 중앙 권력 아래에서 영토를 재통일하기에 이르렀다. 그들은 프랑스 왕국을 유럽에서 가장 강하고 번영하는 국가 중 하나로 만들었고, 파리 주변 지역 방언이었던 랑그도일의 위상을 프랑스 국가의 권위 있는 언어로 격상시켰다.

이 과정 또한 (물론 필연적으로 예정된 과정은 아니었지만) 그야말로 피부에 와닿는 현실과 작용력에 의존했다. 이는 프랑스 군주가 영토 통합을 막는 세 가지 주된 장애물―봉건적 분열, 앙주-노르만 잉글랜드, 프랑스어와 옥시타니아어의 분리―을 극복하는 데 성공한 이유를 설명해준다. 유럽 왕국 대부분의 군주들이 최고조에 이른 봉건적 분열을 역행시키는 데 성공할 수 있었던 데는 사회경제적 발전, 중앙과 지방의 복잡한 권력 균형과 연관된 여러 요인들이 있었다. 하지만 이런 요인들 중 하나는 바로 해당

나라의 인족이 근본적으로 공동의 정체성 의식을 지녔다는 것이었다. 봉건적 분열이 극에 달한 시기인 1100년 전후에 지어진 대중 무훈시 『롤랑의 노래』는 쓰러진 영웅이 마지막으로 품는 생각으로서 "위대한 프랑스 douce France"의 기억을 감정적으로 찬미한다. 이는 실체이자 정체성으로서의 프랑스에 대한 대중적 관념, 로마-프랑크 시대로부터 단일한 정치 영역이었던 전통과 이에 대한 감정적 애착이 왕조의 일시적 부침을 초월했고 그 회복을 가능케 했음을 시사한다. 프랑스 왕권이 여전히 밑바닥이던 12세기 중반 이전에, 수도원장이자 역사학자인 쉬제Sugar는 다음과 같은 생각을 썼다.

> 프랑스는 "우리의 땅"…… 왕과 평민을 막론한 우리 모두의 어머니이다. 이 땅은 우리에게 생명과 그에 연관된 모든 것을 준다. 우리 모두는 프랑스의 프랑스인으로, 모두가 "같은 자궁에서", 이 땅과 하늘의 보호를 받는 한 살붙이로 태어났다. 그러므로 우리 모두는 우리의 사랑과 도움을 프랑스에 빚지고 있다.[137]

프랑스의 통일에 특히 힘겨운 도전을 제기한 것은 앙주-플랜태저넷이라는 한 공작 가문이었다. 그들은 헨리 2세(재위 1154~1189) 때부터 왕가 상속을 통해 잉글랜드 왕국·노르망디 공국과 앙주 백국·아키텐 공국을 통합시켰다. 이른바 앙주 제국의 프랑스 내 영토만 해도 프랑스 서부 전역을 포괄했고 프랑스 왕 자신의 영토보다도 컸다. 필리프 2세(재위 1180~1223)는 프랑스 내의 앙주 제국을 해체하여 그 영토의 지배권을 획득하기로 결심하고 재위 말년에 가서 결국 성공을 거두었다. 그가 성공한 데는 영국의 전사 왕인 '사자심왕' 리처드 1세가 죽고 '실지왕' 존 1세가 그 뒤를 이은 것 등 여러 요인들이 작용했다. 하지만 정당성과 권력이라는 측면에서 프랑스 국왕으로서의 그의 지위라는 지렛대를 과소평가해서는 안되며, 이는 순전히 왕조적인 요소 이상을 포괄했다. 이 시대와 장소에 민족적이라는 용어를 적용하는 게 꺼려질지라도―나는 그렇지 않지만―필리프는 **토착** 프랑스 국왕이었다. 이 사실이 모든 걸 설명해주지 않는 건 확실하지만―다른 요인들도 그 못지않게 컸다―이는 대단히 중요했다.[138] 물론 플랜태저넷 왕가도 프랑스인이었고 그들의 잉글랜드 왕국은 프랑스어를 쓰는 노르만 엘리트들이 지배했다. 그럼에도 잉글랜드는 별개의 왕국이었을 뿐 아니라 다른 나라였다. 그들이 프랑스에 소유한 넓은 영토와 프랑스의 정치적 통합에 가한 위협은 주종 관계를 초월한 정당성의 문제를 일으켰다. 이것이 1200년 전후의 상황이었고, 이는 14세기 중반부터 15세기 중반까지 프랑스에 세워진 두번째 영국 제국의 흥망과 더불어 더더욱 심해졌다.

이 에피소드와 백년전쟁으로 들어가기 전에, 프랑스 왕국의 통일을 가로막은 또다른 잠재적 장애물, 즉 프랑스어를 쓰는 북부와 옥시타니아어를 쓰는 남부의 언어-문화적 분리를 살펴볼 필요가 있다. 남부에 지중해와 면해 있으며 거의가 툴루즈 백작령에 포함되는 이 지역은 11~12세기에 북부 못지않은 번영을 누렸다. 이곳에서는 문화·문예 르네상스가 용솟았는데 옥시타니아어 문어는 이 풍부한 흐름을 실어나른 수단이었다. 남부 옥시타니아가 완전히 프랑스 밖으로 나가든 아니면 프랑스 내에서 독립된 정체성을 유지하며 불안한 공존을 지속하든, 이 지역이 독자적인 길을 걸을지 여부는 아무도 확실히 모른다. 아마도 이는 스페인과의 관계에서 카탈루냐가 점한 위치나 영국에서 아일랜드인·스코틀랜드인의 위치와 비슷할 것이다. 사실 랑그도크와 카탈루냐는 언어적·지리적·역사적으로 가까우며 상상하건대 어쩌면 한 국가와 민족으로 발전할 수 있었을지도 모른다. 하지만 공교롭게도, 1209~1229년에 랑그도크는 남부에 깊이 뿌리내린 카타리-알비파 이단을 상대로 교황이 선포한 십자군에 토벌당했다. 이는 남부의 주민들을 섬멸하는 피비린내 나는 대학살로 바뀌어 그 도시 중심지들의 엄청난 파괴를 몰고 왔으며 이 지역의 고유한 문필 문화에 치명적인 타격을 입혔다. 처음에는 교황의 촉구에 심드렁했던 필리프 2세는 곧 그 상황에서 잡을 수 있는 정치적 기회를 인식하게 되었고, 그와 그의 후계자들은 랑그도크에 대한 프랑스 왕의 지배권을 강화하기 위해 이 싸움에 가담했다. 20세기까지 지속된 과정을 통해, 남부는 좀더 미묘하고 매력적인 수단에 의해 서서히 프랑스와 프랑스 민족으로 끌려들어가게 된다. 그럼에도 불구하고 13세기 초에 벌어진 끔찍한 사건들의 유산은 충분히 역사적 교차로가 될 잠재성이 있다.

오해를 피하기 위해, 랑그도크가 프랑스 민족의 일부가 된 것이 필연적인 일이 아니었음을 강조하는 게 중요하다. 이러한 과정이 진행되려면, 우선 옥시타니아의 문화·전통·정체성이 진군해오는 프랑스에—처음에는 주로 엘리트 사이에서, 다음에는 풀뿌리 수준에서—굴복하는 것이 전제조건이었다. 나는 이러한 결과가 좋은지 나쁜지를 놓고 가치 판단을 하려는 것이 아니다. 이 책은 규범적이 아니라 서술적이다. 만일 이러한 과정이 없었다면 남부에서 독자적 민족 정체성이 존속했을 가능성이 높다고 제시하는 것일 뿐이다.

앙주 제국에도 거의 같은 논리가 적용된다. 상상하건대 어쩌면 플랜태저넷 왕조가 프랑스의 영토를 유지하고 프랑스가 분단되게끔 영향력을 발휘했을 수도 있다. 하지만 그러려면 우선 프랑스가 하나의 프랑스라는 팽배한 인식을 극복해야 했을 것이다. 둘째로, 잉글랜드인이 프랑스 문화에 동화되거나(노르만 지배하에서 이런 일은 일어나지 않았다) 앙주 프랑스 영토의 프랑스인이 잉글랜드 문화에 동화되지(그걸 가능성은 아주 낮았다) 않는 한 앙주 제국은 다종족·다민족 제국으로 남았을 것이다. 또 프랑스 영토의 규모와 비중이 크고 해외에 위치했음을 감안할 때, 장기간 왕국에 묶어두기가 웨일스, 아일랜드, 스코틀랜드보다 훨씬 힘들었을 것이다. 셋째로, 앙주 제국의 프랑스 영토가 프랑스 서쪽에 위치한 하나 혹은 다수의 독립된 민족국가로 발전할 가능성도 있었다. 프랑스어를 쓰는 북쪽의 플랑드르도 결국 프랑스 외부에 머물렀고, 동쪽의 부르고뉴도 독립에 거의 성공할 뻔했기 때문이다. 요는, 일례로 독일어권 스위스와 오스트리아가 보여주듯이 서로 비슷한 언어를 쓰며 경계를 맞대고 사는 주민들도 별개의 국가, 별개의 민족으로 발전할 수 있다는 것이다. 서로 언어와 문화가 다른 주민들이 한 민족을 이루는 일은 그보다 더 드물다. 두 사례 모두 존재하긴 하지만, 연대와 상호 협력으로 맺어진 친족-문화 애착의 힘은 항상―특히 중세에―비록 유일하진 않아도 대단히 강한 작용력이었다.

프랑스 국가와 초기 단계의 프랑스 민족이 다시금 직면한 가장 심각한 도전은 백년전쟁(1337~1453년) 때 잉글랜드로부터 닥쳐왔다. 과거 잉글랜드와 빚어진 충돌들과 백년전쟁 사이에는 많은 차이가 있었는데, 이 차이는 우리의 주제를 이해하는 데 유용하다. 첫째로, 이제 잉글랜드의 왕들은 그들의 프랑스 내 영토가 프랑스 왕으로부터 실질적으로 독립하는 것뿐 아니라 프랑스 왕위 자체를 열망하게 되었다. 중세의 정통성 규범에 따라 그들은 반란을 일으킨 봉신이 아닌 왕위 요구자가 되었다. 1328년 카페 왕조가 뚜렷한 후사 없이 끊겼을 때, 가장 가까운 친척이 왕위를 계승한다는 원칙에 따르면 잉글랜드 국왕의 프랑스 왕위 요구가 가장 적실했다. 하지만 프랑스 귀족들은 프랑스인 중에서 가장 가까운 친척인 후보를 선출하여 발루아 왕조를 개창함으로써 계승 위기에 대응했다. 그들이 법적인 왕위 계승 절차를 일그러뜨린 것은 외국인인데다 잉글랜드 국왕인 후보자를 원치 않았기 때문이다.

그로부터 100년 뒤, 기나긴 전쟁 속에서 프랑스의 명분이 최악의 위기에 봉착한 상황에서도 같은 원칙이 재천명되었다. 군사적으로 대승을 거둔 잉글랜드 군주는 프랑스 왕위를 향한 자신의 야심을 거의 실현시켜줄 조약을 받아냈다. 이에 대응하여, 아직 왕위에 오르지 못한 프랑스 황태자와 그의 남은 충신들은 발루아 왕가의 양도할 수 없는 권리를 상술한 성명을 발표했다(1421년). 하지만 이 성명은 이어서, 프랑스의 명예와 왕위는 비단 왕가뿐만 아니라 "보다 광범위하게 다양한 지위와 의무에 의거한 프랑스의 3계급 모두에" 속한다는 것을 강조했다.[139] 이는 프랑스의 3계급―귀족, 성직자, 평민―모두를 아우른 공통 의지common will의 개념이었다. 이것은 왕조적·사회적 위계에 의거한 정통성 규범과 공존했다는 점에서 유일하거나 지배적인 원리가 아니었고 프랑스 국왕의 모든 신민에게 동등하게 적용되지도 않았다. 그럼에도 중세 후기에는 통치 권위의 궁극적 원천으로서의 인민이 (비록 이름뿐일지언정) 특히 로마법의 권위에 의해 뒷받침된다고 널리 인정되었다.[140] 민족적 위기 상황에서 공식적으로 천명된 이 개념은 실제로―뻣뻣한 왕실 어투로 드러나는 것보다 훨씬 더―중요한 역할을 했다. 이 점에 대한 좀더 일반적인 논의는 뒤에 가서 다시 할 것이다.

실제로 잉글랜드가 군사적으로 우월하여 압도적 승리들을 거두었고 프랑스에서 넓은 영토를 점령했는데도 궁극적으로 패배한 주된 이유는 그들이 잉글랜드인이기 때문이었다. 다시 말해서 1200년 무렵보다 더욱 뚜렷이 외국인으로 인식되었기 때문이다. 비록 잉글랜드 엘리트들은 여전히 프랑스어를 유창하게 구사했지만, 일반적인 잉글랜드인의 이질적인 민족 특성에는 의문의 여지가 없었다. 많이 인용된 학술서 『프랑스 민족의 탄생 Naissance de la nation France』(1985)의 저자인 콜레트 본Colette Beaune은 프랑스 민족 프로파간다의 성공을 다음과 같이 훌륭하게 설명한다.

> 어떤 형태이든 간에 효과적인 프로파간다는 깊숙이 자리잡은 **공통 정서** **와의 연결고리**를 반드시 가지고 있으며, 이러한 프랑스 프로파간다의 성공은 일찍부터 드러났다. 백년전쟁에서 잉글랜드가 1338~1360년과 1415년에 군사적으로 승리하긴 했어도 적의 마음을 얻고 정신을 이기지 는 못했다.[141]

본은 이렇게 덧붙인다.

> 여기서 프로파간다라는 용어를 경멸적인 뜻으로 해석해서는 안 된다. 중세의 정부들은 여론을 조작하는 법을 아주 잘 알았다. 하지만 나는 프 로파간다를—그것이 진실과 진정성으로 가득차 있는지, 그것을 만들 어내기 위해 민중이 대가를 치렀는지 여부와 무관하게—프랑스가 스 스로를 투영한 모든 것을 가리키는 뜻으로 사용하기로 했다. 그것은 무 의식적 투영인 경우도 있었고 다 같이 공유한 믿음인 경우도 있었다. 14~15세기에 이런 믿음은 불안정한 국가 구조를 떠받치는 데 그 어 떤 제도보다도 큰 역할을 했다.[142]

프랑스 엘리트들은 대체로 프랑스 왕에게 충성했지만 그중 일부는 때 에 따라 잉글랜드와 동맹을 맺기도 했다. 가장 의미심장한 사례는 프랑스 왕실의 두 파벌 간에 벌어진 유혈 충돌이다. 그 결과로 부르고뉴파는

1419년부터 1435년까지 잉글랜드와 동맹을 맺었고, 이는 잉글랜드와의 전쟁을 프랑스의 내전으로 변질시키는 동시에 프랑스를 최악의 위기로 몰아넣었다. 하지만 엘리트들이 민족적 대의와 충돌하는 이해관계, 야심, 연줄로 인해 때때로 '배신'하는 일은 어디에나 있었어도, 대중 정서가 그렇게 되는 일은 훨씬 적었다. 프랑스의 경우에도 문맹 대중으로부터의 메아리가 극히 드물기는 하지만 전혀 없는 건 아니다. 예를 들어 귀족을 상대로 일어난 유혈 농민 반란인 자크리의 난(1358년)은, 일부분 프랑스 귀족들이 푸아티에 전투(1356년)에서 완패하고 그 이후 농민을 지켜내지 못한 데 대한 대중의 분노로 촉발된 것이었다. 게다가 농민 폭도들은 프랑스 국왕의 깃발을 올리고 국왕에 대한 충성을 소리 높여 표출했다. 농민 봉기에서 널리 거듭된 이런 현상은 대개 사회경제적 측면에서만 해석되어왔고, 실제로 그런 측면이 가장 중요했다. 그러나 귀족의 수탈로부터의 보호를—항상 '선하신' 임금님으로 고결하게 인식된—군주에게 호소하는 것은 그가 나라의 통치자일 뿐만 아니라 백성의 아버지라는 관념에 기반하고 있었다. 이런 관념은 민족국가에서 매우 흔했고 더 큰 국가 내에서 외부 위협으로부터의 보호를 구하는 소수 특권 계급이나 소수 인족들 사이에도 간혹 존재했지만, 의미심장하게도 외국인 정복자에게는 거의 적용되지 않았다. 물론 프랑스에서건 다른 어디서건 이런 농민들의 희망은 군주가 귀족과 손잡고 봉기를 진압하면서 짓밟히기 일쑤였다. 하지만 민족의 가장이자 모국의 상징으로서의 통치자에 대한 사랑과 헌신의 정서는 엄연히 존재했고 널리 표출되었다. 또한 이는 잔다르크와 더불어 가장 인상적으로 표출되었다.

잔다르크가 특별한 점은, 문맹에 가까운 농민이자 여성이었던 그에게 상위 정치 무대에 자신의 존재감을 각인시키고 프랑스를 수렁에서 건져낼 기회가 주어졌다는 사실이다. 사망 당시 나이가 19세가량이었고 다른 면으로는 평범하기 그지없던 이 농민 소녀에게는 분명 대단히 놀라운 개인적 자질이 있었을 것이다. 또한 극도로 절박한 상황이었기에 비로소 그에게 기회가 주어질 수 있었을 것이다. 이 모두는 대단히 특별하다. 이와 대조적으로, 잔다르크가 표출한 정서가 일반 민중의 정서에서 크게 벗어난 것이었다고 여길 만한 이유는 없다. 그들은 자기 집과 재산에 대한 파괴적 유린이 끝나기를 바랐지만, 이를 어떻게 성취할 것인가 하는 질문에 무심하지도 않았다. 그들은 잉글랜드인을 몰아내길 원했다. 여느 농민들과는 달리 잔다르크는 잉글랜드측이 주재한 이단 재판(1431년) 기록과 서류에 자신의 목소리를 뚜렷이 남겼다. 잔다르크가 그로부터 2년쯤 전 오를레앙을 해방시키러 출전하기 전에 써서 잉글랜드 국왕과 그 수하들에게 부친 편지는, "하늘의 왕이신 하느님께서 너희 모두를 프랑스에서 쫓아내기 위해 나를 보내셨다"고 거듭 밝히고 있다.[143] 잔다르크의 재판에서,

> 하느님께서 잉글랜드를 미워하시느냐고 묻자 그녀가 답하기를, 자신은 잉글랜드에 대한 하느님의 사랑에 대해서도, 그분이 잉글랜드인의 영혼을 어떻게 하실지에 대해서도 아는 게 없다, 하지만 잉글랜드인이 프랑스에서 쫓겨날 것이며 남은 이들은 죽으리라는 것만은 확실히 안다고 했다.……[144]

여기서 핵심적 역할을 하는 것은 종교, 신, 그리고 신의 이름으로 잔다르크와 이야기를 나눈 성인들이다. 프랑스와 프랑스 군주는, 클로비스가 세례를 받고 프랑크 왕들이 가톨릭교회와 교황의 수호자 구실을 해온 이래로 여러 세기에 걸쳐 주의 깊게 구축된 기독교의 거룩한 아우라에 둘러싸여 있었다. 성 드니는 왕국과 군주의 수호성인이었고 성 미카엘은 그 수

호천사였다. 프랑스의 백합은 그리스도의 정결을 표현했고 13세기의 루이 9세는 시성되어 또 한 명의 성왕聖王이 되었다. 프랑스 국왕과 군주제는 "가장 기독교적"이었고 프랑스인은 하느님이 두번째로 선택한 백성이었다.[145] 하지만 그렇다면 잔다르크가 표출한 정서는 진짜로 민족주의적인 것이었을까, 아니면 실제로 종교적이고 참으로 전근대적인 것이었을까? 이것이 지극히 허구적인 이분법임은 지금쯤 명백해졌을 것이다. 전근대적 현상으로서의 중세 프랑스 민족 정서는 다른 정서들과 마찬가지로 종교적 세계관에 푹 잠겨 있었고 일부분 종교적 관용구로 표현되었다. 둘은 서로 모순되지 않고 양립했다. 사실 기독교가 보편 종교로 여겨진다는 사실은 이 점을 더욱 부각시킬 뿐이다. 본이 예리하게 지적하듯이,

민족은 배타적이고 기독교는 보편적이다. 혹자는 기독교 자체가 민족주의의 성장을 누그러뜨릴 것으로 기대할지도 모른다. 하지만 그런 일은 일어나지 않았다. 중세 유럽의 대다수 민족들은 종교적 관점에서 민족의식을 투영하는 데 별 어려움을 겪지 않았다. 유독 일찍부터 민족태를 취한 프랑스의 경우는 특히 더 그랬다.[146]

나아가 종교의 핵심적 역할은 민족의식이 어떻게 시골로 전파되었는지에 대한 수수께끼를 해명해준다. 우리가 다른 전근대 민족국가에서 이미 보았던 것이 프랑스에도 똑같이 적용된다. 이 모든 국가들을 떠받친 것은 그 시대의 가장 강력한 프로파간다 기관, 즉 시골의 가장 외딴 마을까지 촘촘하게 심어져 있고 하급 성직자들이 영구적인 전례와 강론 주기 속에 봉직한 교구 네트워크였다. 상층 귀족들처럼 고위 사제들도, 특히 기독교의 경우에는 때때로 민족 경계를 넘나드는 다양한 이해관계와 타산을 품고

있었다. 하지만 민중과 가까운 배경을 지닌 동시에 교육과 교회 정보 채널을 통해 더 넓은 세계와 연결된 하급 성직자들은 대체로 종교적 의미가 강하게 실린 민족 감정을 대중 사이에 가장 효과적으로 증폭시킨 주체였다.

본의 쓸쓸한 논평에 따르면 "'민족'의 기원이라는 주제는 우리에게 다양한 이론을 베풀었지만 정보는 거의 베풀어주지 않았다."[147] 실제로 자신의 개념을 전근대의 현실에 비추어 검증하려는 노력을 거의 기울이지 않은 근대주의 이론가들과는 달리, 중세 후기 프랑스를 연구하는 역사학자들은 이 시대에 프랑스 민족의식이 구체화되었음을 거의 의심하지 않는다. 여기에는 19~20세기 민족주의 역사학자들뿐만 아니라, 민족과 민족주의 이데올로기의 과잉에 대한 비판적 회의론으로 단련된 최근의 역사학자들도 포함된다. 일례로 프랑스 농촌 공동체에 대한 연구로 유명한 주도적 역사학자 에마뉘엘 르 루아 라뒤리Emmanuel Le Roy Ladurie는 중세 후기와 근세에 프랑스 민족의식이 널리 존재했음을 지적하는 데 거리낌이 없다. "민족 정체성 의식과 국가 의식이 프랑스 왕국의 엘리트뿐만 아니라 (어느 정도는) 농촌 주민을 포함한 일반 민중 사이에도 널리 퍼지게 되었다."[148] 그의 책에서 「민족 정체성」 장은 본과 견해를 완전히 같이한다. 민족 감정이 엘리트와 중산층에서 더 두드러지긴 했지만, 라뒤리는 "백년전쟁 말기 노르망디에서 잉글랜드를 상대로 벌어진 저항"에 주목한다. "그들의 행동으로 볼 때 이 시기에 많은 촌락민들이 '민족' 감정을 드러낸 것은 분명하다."[149] 실제로 문자 기록이 드문 것을 고려할 때 농민의 태도를 알 수 있는 증거의 주된 출처는 바로 그들의 행동이다.

본의 연구는 이렇게 결론짓는다.

중세 후기의 프랑스는 무엇이었을까? 그 주민들이 프랑스에 대해 품은

"불가사의하고 타고난 사랑"의 원천은 무엇이었을까? 프랑스인이 고유의 기원과 역사를 지닌 특별한 인간 공동체라는 인식, 자신들이 이 특별하고 소중한 땅과 영원히 이어져 있다는 상상이었다. 그들은 너무나도 외국인 혐오적이었기 때문에 외국인과의 차이를 곧 우위로 상상했다. 그들은 스스로를 선으로 여기기 위해 악을 자기 외부에 투영해야 했다. 그러한 역할을 맡은 것이 잉글랜드인이었다. 프랑스 민족 감정은 종족적인 동시에 영토적이었다. 그것은 특정 인족과 특정 시골 지역의 접점에서 발생했다.[150]

15세기 말 이전까지는 프랑스 민족French nation이라는 말이 드물게 쓰였다. 12세기 말부터는 라틴어인 파트리아patria가 사용되었고 16세기 중반에는 그 프랑스어형인 파트리patrie가 도입되었다. 대부분은 '프랑스', '왕국', 또는 '나라 사랑amour du pays'이라는 표현에서 보듯이 '나라'라고 지칭했다.[151] 하지만 이 모두는 본질적으로 같은 것을 의미했다. 자기 나라와의 동일시, 자기 나라에 대한 충성과 사랑, 풀뿌리에까지 닿은 애국심은 민족에 대한 소속감 및 연대 의식과 다른 의미가 아니다.

물론 중세 후기에 아주 뚜렷하고 뿌리 깊은 프랑스 민족 정체성이 생겨났다고 해서 그것이 환경의 변화에 대응하여 역사적으로 부단히 변형되지 않았다는 뜻은 아니다. 또한 그중 일부는 엄청나게 큰 변형이었다. 『근세 유럽의 민족의식, 역사, 정치 문화History and Political Culture in Early-Modern Europe』(1975)는 당시 몇몇 주도적 역사학자들의 논문을 오레스트 라눔Orest Ranum이 편저한 책으로, 1980년대 근대주의 물결의 자장 속에서 되돌아볼 때 형용모순처럼 들리는 제목을 달고 있다. 그중 윌리엄 처치William Church는 프랑스에 대한 장을 집필했는데 근세의 인식 변화에 대한 그의 요약은 더 덧붙일 것이 없다. 그는 16세기의 프랑스 정체성이 어느 면에서는 17세기보다 더 광범위한 기반 위에 있었음을 시사한다.

프랑스 군주와 애국적 정서의 관계를 검토해보면, 후자가 군주정 자체의 운, 정책, 평판에 따라 상당히 심하게 출렁였음을 알 수 있다. 16세기의 프랑스 애국주의는 군주를 포함한 민족 생활의 많은 요소를 이상화한 것에 광범위하게 기반한 형태를 띠었다. 하지만 절대군주제로 크게 선회한 17세기에는 이러한 정서가 점점 더 왕권—심지어는 왕 개인—을 중심으로 쏠리게 되었다. 절대주의가 이론적·실제적으로 승리하면서 군주가 민족을 상징하며 애국심의 초점이 되는 것이 당연한 일로 받아들여지게 된 것이다. 그러나 루이 14세 때부터 애국심을 부르봉 왕조에 대한 충성과 동일시하는 것에 대한 반감이 표출되기 시작했다. 또 계몽주의를 훨씬 더 포괄적인 시각으로 보는—애국주의의 기반을 민중의 삶에 두며 궁극적으로는 프랑스혁명의 거대하고 강건한 민족주의로 이어지는—길이 열리게 되었다.[152]

부분적으로는 혁명적이었던 역사적 변화들을 고려할 때, 서로 다른 시대를 다루는 역사학자들이 프랑스 민족 정체성의 출현을 자기가 연구하는 시대로 소급하는 경향을 띠는 것은 놀랄 일이 아니다. 역사 기술에서 거듭되어온 이러한 경향은 이전 세대의 역사학자들 사이에서도 이미 나타난 바 있지만, 그럼에도 그들은 프랑스 민족 정서의 연원이 아주 오래 전으로 거슬러올라간다는 데 동의했다. 이러한 정서가

J. 하위징아의 주장대로 중세 내내 존재했을까? 아니면 H. 하우저가 제

시했듯이 14세기 후반에 백년전쟁이 끝날 무렵에야 기원했을까? 아니면 F. 카보드Chabod의 견해대로 더 나중에 16세기에 와서야 틀림없이 알아볼 수 있는 형태를 취하게 되었을까?[153]

이 같은 모순은 좀더 최근의 역사학자들 사이에도 팽배해 있다. 우리는 중세학자들이 프랑스 민족 정체성을 중세로 소급하는 것을 이미 확인한 바 있다. 위그노 전쟁(1559~1598년) 당시의 프랑스 민족의식을 연구한 책에서 미리암 야르데니Myriam Yardeni는 이 의식이 네 개의 대들보―군주와 군주제, 나라와 동포, 프랑스어, 공통된 프랑스 역사의식―에 기반한 "중요하고 독립된 현상"이었다고 단호히 밝힌다.[154] 『프랑스의 민족 숭배: 1680~1800 민족주의의 발명The Cult of the Nation in France: Inventing Nationalism 1680~1800』 (2001)에서 데이비드 벨David Bell은 절대주의와 계몽주의 시대에 프랑스 사회의 다양한 부문에서 프랑스 민족 정체성이 어떻게 "구성되었는지"를 상세히 기록하고 있다. 하지만 그럼에도 민족의 탄생은 프랑스혁명 및 그로 인한 대중 주권의 도입과 동일시되는 게 보통이다. 그런데 유진 웨버Eugen Weber가 쓴 탁월한 저서의 제목('농민을 프랑스인으로'―옮긴이)처럼 농민들이 19세기 말에야 프랑스인이 되었다는 견해 또한 거의 보편적으로 받아들여진다.[155] 이때서야 비로소 학교와 철도가 프랑스 시골 구석구석까지 들어가고 농민들이 도시로 이주했으며, 그 결과로 혁명기까지만 해도 프랑스인의 대다수가 쓰지 않았던 프랑스어가 표준어가 되었기 때문이다. 그렇다면 프랑스 민족이 출범한 건 19세기 말인가, 프랑스혁명 때인가? 아니면 더 오래 전인가? 언뜻 서로 모순되어 보이는 이 입장들이 전부 다 옳을 수 있을까?

너무나 명백하게도 그렇다. 이는 프랑스 민족 정체성이 변함없고 '본질적인' 현실이라는 뜻이 아니다. 중세 말부터 굳건히 자리잡게 된 매우 뚜렷한 정체성이 지속적으로 진화하고 확장되어왔다는 뜻이다. 프랑스혁명의 대중 주권 개념은 프랑스 민족을 탄생시킨 것이 아니라, 그 민족의 정당성의 근거를 군주가 아닌 인민에게 두었다는 점에서 의미가 있다. 이것이 (법 앞에서의 만인의 평등과 더불어) 프랑스의 대중 참여 의식을 높이고 프랑스혁명의 대중 징병에 기여했다는 건 논란의 여지가 없다. 마찬가지로 19세기 말 대중 도시 사회의 발생과 지역 간 차이의 평준화 역시 프랑스 민족 정체성을 더더욱 강화했다. 특히 이로써 프랑스 내에서 원래 비프랑스어를 사용하던 집단들의 프랑스 민족으로의 통합이 완성되었다. 이 과정은 프랑스어와 옥시타니아어, 그리고 프랑스어와 상당히 차이 나는 많은 구어 방언들의 구분에도 적용되었다. 일례로 백년전쟁에서 잉글랜드와 동맹을 맺었던 가스코뉴인은 근세에 들어서야 프랑스 민족으로 통합되었고, 20세기에 와서는 가스코뉴어 대신에 프랑스어를 점점 더 받아들였다. 켈트어를 쓰는 브르타뉴인, 독일어를 쓰는 알자스인, 바스크인, 플랑드르인도 비슷한 과정을 거쳤다.

도입부에서 말했듯이, 프랑스는 다른 나라였다면 고유한 정체성으로 취급되었을 종족민족 정체성들을 프랑스 민족 정체성으로 완전히 통합하는 데 성공했다는 점에서 독특했다. 영국과 스페인이 영국·스페인 민족이라는 초정체성을 만들어내는 데 성공하긴 했어도 그 내부에는 이와 다르고 여러 면에서 더 강한 민족 정체성들이 남아 있으며 그 결과로 상당한 긴장과 분리독립의 전망이 항시 도사리고 있다. 독자적 잠재성을 띤 프랑스 내의 정체성 공동체들이 프랑스 문화와 프랑스 민족으로의 통합을 수용했다는 이 매우 이례적인 사실은 프랑스 국가의 조치와 프랑스 문화의 위신이나 매력에 기인한다. 루이 16세가 벌인 전쟁으로 프랑스에 병합된 알자스의 독일어 사용자들은 이러한 성공의 유명한 사례다. 보불전쟁에서 프랑스가 패함으로써 1871년 알자스가 신생 독일국에 할양되자, 그들은 저항하며 프랑스에 대한 영원한 사랑과 헌신을 천명했다. 그리고 1차대전 이후 프랑스로 되돌아올 때까지 독일 병합에 계속 저항했다. 에르네스트 르낭이 자유 의지에 의한 행동으로서의 민족 개념을 정립한 배경에는 이와 같은 상당히 이례적인 현상에 대한 고려가 있었다.[156] 오늘날의 프랑스에서 고유한 정체성과 독립에 대한 열망이 실제로 존재하는 지역은 코르시카 한 곳뿐이다.

크고 성공적이고 자신만만하며 패권적 영향력을 행사하는 민족 문화들은 자문화를 진심으로 보편적 관점에서 인식하는 경향이 있다. 이 점은 영국―과거에는 제국, 아니 세계―속에서의 잉글랜드와 관련하여 지적한 바 있다.[157] 이 점은 프랑스에도―그리고 프랑스 내의 프랑스 문화에는 더더욱―적용된다. 프랑스는 '종족적' 개념의 민족과 대비되는 '시민적' 민족으로 흔히 인정된다. 하지만 이는 여기서의 '종족적'이 혈통으로만 정의된다는 전제하에서만 유효하다. 프랑스 민족에 가입한다는 것은 정부와 법률 등 공통된 시민 제도의 수용에만 한정되는 게 전혀 아니다. 오히려 다른 일체의 민족 정체성은 물론이고 다른 일체의 문화적 정체성까지 버리고 프랑스 문화에 완전히 동화되는 걸 의미한다.[158] 프랑스가 이 과정에서 아주 성공적이었기 때문에 프랑스의 현실은 바람직한 모델로 격상되었다. 그러나 이 '시민적' 모델을 다른 지역―특히 종족적으로 이질적이고 민족이 완전히 형성되지 않은 지역―에 이식하려는 이들은 프랑스에서 실제로 이 모델에 무엇이 수반되었는지를 망각하는 경향이 있다. 바로 국가 차원의 대대적인 조치를 통해 지배 문화를 제외한 다른 모든 문화를 국가 안에서 제거하는 것이다. 이 과정은 아름답지 않을 개연성이 크다. 실제로 오늘날 이것을 실행하려는 이들은 규범에 의해 심각한 탄압이라는 맹렬한 비난을 사게 된다. 게다가 절대다수의 경우에 이런 노력은 프랑스에서처럼 성공하지 못할 확률이 높다. 바로 이 부분이 카를 도이치가 주로 프랑스 패러다임을 근거로 제창한 국가 건설로서의 민족 건설 개념이 심각하게 오도하는 점이다.[159] 뚜렷이 지배적인 핵심 종족 혹은 슈타츠폴크가 부재한─오래된 경우도 있지만 대체로 신생의─국가에서 그 문화적 이질성을 보유한 다종족 민족이 형성될 수 있는지 여부 또한 문제다. 그런 경우는 극소수이고, 프랑스가 그중의 하나가 아님은 확실하다.

말할 필요도 없겠지만, 현재 프랑스 자신도 최근세사에서 유례가 없는 도전에 직면해 있다. 자기 고유의 정체성과 문화를 버리고 프랑스 문화에 동화되는 데 저항하는 아랍-무슬림 북아프리카 출신의 대규모 이주민 공동체다. 그들이 결국 동화될 것인지, 아니면 프랑스의 민족태와 시민권 개념을 기어이 변화시킬 것인지는 앞으로 두고 볼 문제다. 이 주제에 대해서는 뒤에 가서 다시 다룰 것이다.

3. 전근대 유럽에서는 종교, 제국, 왕조 지배, 불평등, 방언의 분열 때문에 민족 형성이 불가능했을까?

지금까지 전근대 유럽의 국가, 종족, 민족국가를 검토했으니 그중 몇몇 중요한 쟁점들을 들여다보며 좀더 일반적이고 이론적인 결론을 맺는 게 수순일 것이다. 이미 보았듯이 민족국가들은 기존의 종족적 형성물들을 기반으로 하여 건설되었고 이 종족들은 다시 민족국가에 의해 한층 더 동질화되었다. 이런 민족국가들은 유럽 대륙 전역에서 국가 통합 과정 그 자체에 바싹 뒤이어 출현했다. 실제로 민족국가는 국가 통합의 지배적인 형태였다. 다만 유일한 형태라고 할 수 없는 이유는, 일부 종족은 여러 소국들로 분열되었고 어떤 경우에는 민족국가가 다른 종족과 인족으로 지배를 확대하여 제국을 이루기도 했기 때문이다. 최초의 국가 통합이 기존의 종족적 현실과 대체로 일치했고 초기 단계의 민족국가를 일으키는 방향으로 진행된 것은 지극히 당연한 일이었다. 간단히 말해서, 같은 문화라는 유대감·친밀감과, 같은 친족이라는 집단의식이 존재하며 그것을 불러일으키고 활용할 수 있는 곳에서 국가를 만들고 유지하는 편이 월등히 쉬웠다. 나아가 종족적으로 가까우면서도 서로 적대하는 부족 집단들은 이웃한 이방인 집단의 도전과 압박에 직면하고서야 비로소 공동의 정체성 의식을 획득하고 이를 민족과 국가로 구체화시키는 경우가 많았고, 때로는 그들 집단을 가리키는 명칭도 이방인 이웃들이 붙여준 것이었다.

이 모든 면에서 유럽은 세계의 다른 지역과 다르지 않았다. 다른 지역에서처럼 유럽에서도 민족국가는 국가 그 자체만큼이나 오래되었다. 심지어 민족 현상에 대한 전통주의적 논의마저도 전체 역사에서 늦은 시기인 중세부터 시작되는 게 보통인 이유는, 옛 로마 국경 북쪽의 유럽이 문명의 울타리 안으로 들어와서 국가가 생겨난 것이 역사적으로 비교적 후대이기 때문이다. 유럽의 문명, 국가, 민족 모두가 전체 역사의 관점에서 볼 때 뒤늦게 도래했기 때문에 유럽 중심적 세계관은 매우 그릇된 시각적 환상을 빚어낸다. 4장에서 보았듯이, 세계 다른 지역의 국가와 민족국가는 그보다 수천 년이나 일찍 등장했다. 유럽이 세계의 다른 일부 지역과 다른 점은 다만 유럽의 지정학적 형세가 중간 규모 민족국가의 통합과 존속에 더 유리했다는 데 있다. 이러한 생존 패턴의 부분적 예외인 중-동부 유럽에서는 근세에 제국 건설 과정이 상당히 진척되어, 그 이전인 중세에 이 공간 전역에 걸쳐 등장했던 민족국가들을 집어삼켰다. 따라서 통념과는 반대로, 초기 국가 통합의 주된 형태로서의 민족국가는 적어도 중-동부 유럽에서는 근대(근세)보다 이전 시대에 더 뚜렷한 현실로 존재했다.

이 모두는, 역사적 진화에 대한 그들의 추상적 도식을 전근대의 실제 경험에 비추어 거의 검증해보지 않은 근대론자들에게는 무시되었다. 하지만 앞에서 서술한 전개는 해당 사회를 연구하며 이 질문과 씨름해온 압도적 다수의 역사학자들에 의해 확인된 바 있다. 여기서 나는 이전 세대의 민족주의 역사학자들을 말하는 게 아니라 좀더 최근의, 근대주의 가설을 인식하고 이에 대응해온 우리 자유주의·회의주의 시대의 역사학자들을 말하는 것이다. 이 주제에 대한 그들의 현장 지식은 쟁점을 판단하는 데 있어 명백히 최고의 중요성을 띠며, 특히 그들은 이 질문에 대해 어느 쪽으로든 특수한 이해관계가 걸려 있지 않기 때문에 더더욱 그렇다. 여느 역사학자들처럼 그들도 자신이 택한 시대를 자신의 특정한 관점으로 이해할 필요성을 강조한다. 또 전근대적 형태의 민족태·민족주의와 근대적 형태의 그것 사이에 크나큰 차이가 있음을 옳게 지적한다. 그럼에도 이미 보았듯이 이들 역사학자의 압도적 다수는 민족 정체성과 민족적 친연성과 민족국가를 중세·근세 세계의 두드러진 요소로서 의식적으로 꼽기를 주저하지 않는다. 이 점은 라눔의 『근세 유럽의 민족의식, 역사, 정치 문화』 (1975),**160** 포드Forde · 존슨Johnson · 머리Murray의 『중세의 민족 정체성 개념 Concepts of National Identity in the Middle Ages』(1995), 스케일스Scales · 짐머Zimmer의 『유럽사의 권력과 민족Power and the Nation in European History』(2005) 등 앞에서 인용한 주도적 역사학자들의 일급 연구 논문집에서도 분명히 드러난다. 이 가운데 마지막 것은 이 주제로 열린 학술대회의 성과물을 엮은 탁월한 책으로, 그 편저자들은 "정치적 민족을 근대 사회에 국한된 현상으로 보는 '근대주의적' 시각과, 산업화 이전 세계를 주로 연구하며 민족이 전근대 민족 생활에서도 핵심적 위치를 차지했다고— 흔히 맹렬히— 주장하는 학자들의 관점을 여전히 분리하고 있는 깊은 균열"을 강조했다.**161** 말할 필요도 없겠지만, 이 문제와 관련하여 양측이 해당 시대와 사회에 대해 갖는 권위는 동등하지 않다. 이어서 스케일스와 짐머는 이 논쟁이 "청각 장애인과의 대화와 비슷할 때가 많다"고 지적하면서도, 이 학술대회가 일부 근대주의자들 사이에서 얼마간의 변화를 이끌어냈다는 어쩌면 너무 낙관적인 결론

을 내린다.[162]

전근대의 민족 현실을 알려주는 증거는 전근대 사료 자체에서 찾아볼 수 있다. 본 장에서 우리는 민족이라는 개념이 당대 문헌의 매우 유의미한 맥락에서―라틴어인 겐스gens, 나티오/나키오natio/nacio와 여기서 파생된 지방어의 형태로―두드러지게 활용된 예를 거듭 인용한 바 있다. 이 사례들을 본 장에서 인용한 순서대로 열거하면 다음과 같다. 7세기에 비드는 '잉글랜드인gens anglorum'을 말했다. 스코틀랜드가 교황에게 보낸 공식 청원서인 「아브로스 선언」(1320)은 고유한 혈통과 독자적 자치를 일구어온 역사를 근거로 '스코틀랜드 민족Scottorum nacio'이 잉글랜드로부터 독립할 권리를 주장했다. 삭소 그라마티쿠스가 기술한 13세기 데인인들은 여느 '민족들(nationes)'처럼 "자신들이 세운 업적의 명성과 자기 조상을 회고하는 기쁨을 과시하는 버릇이 있었다". 16세기 초 신성로마제국의 공식 국호와 루터의 선언문 제목에는 독일 민족Nation이라는 말이 들어 있었다. 15세기의 광범위한 후스주의 문헌에서 현저히 종족민족적인 의미의 체코 겐스gens가 차지한 중요성은, 보헤미아·모라비아의 체코인과 독일인을 구분하기 위해 링구아lingua를 겐스의 동의어로 사용한 사실을 고려할 때 명확하게 두드러진다. 15~16세기 폴란드에서는 같은 언어를 쓰는 사람들을 모두 포괄한 광범위한 문화적 관점에서 민족을 정의했다. 12세기의 헬몰트는 발트해 연안의 "많은 민족들(naciones)", 북쪽의 "데인인과 스웨덴인", 남쪽의 "슬라브 민족들(naciones)"에 대해 기술했다. 『프랑크 왕국 연대기』의 822년도 항목은 세르비아 민족(natio)을 언급했다. 17세기 헝가리에서는 종족적 민족(natio)에 대한 열렬한 수사가 통용되었다. 이상의 인용이 비록 소규모 표본에 불과하지만, 이 모든 사례에 등장하는 민족 개념의 맥락과 의미와 중요성만은 더없이 분명하다.

이상으로도 민족 현상에 대한 논저들이 견지하는 이상한 관념을 마침내 폐기하기에는 충분할 것이다. 바로 '민족'이라는 단어 자체가 새로운 것이며 그 이전에 라틴어형이나 중세어형으로 쓰인 '민족'은 실은 다른 무언가를 의미했다는 관념이다. 중세의 '나티오_natio'가 주로 파리대학에서 출신 지역이 같은 학생들의 조합을 가리키는 용어였다는 주장은 비非중세학자들 사이에서 제기되고 널리 수용되었다.[163] 물론 개념들은 의미가 변할 수 있고 시간이 지나면서 새로운 의미를 띨 수 있으며 고정된 용어는 없다. 하지만 대체적으로 볼 때 나티오의 개념에는 공교롭게도 그것이 적용되지 않는다. 이 사실은 오래전부터 근대주의 가설에 도전해온 중세사학자 수전 레이놀즈에 의해 최근 지적된 바 있다. 전근대 사회를 전공한 역사학자가 자신이 연구하는 특정 사회와 관련하여 비슷한 지적을 하는 경우는 흔하지만, 그의 문제 제기는 어느 특수한 사례에 한정되지 않는다. 그는 이렇게 썼다.

중세에 '나티오'라는 말이 대학생들을 '나티오'별로 구분할 때를 빼고는 거의 사용되지 않았다는 믿음은 근대 민족주의를 연구하는 학자들 사이에서 흔한데, 전혀 근거가 없다. 이 말은 그보다 훨씬 널리, 흔히 '겐스'의 동의어로 사용되었다.…… '겐스'나 '나티오'와 비슷하게, '포풀루스 populus'도 관습과 혈통과 통치의 공동체—다시 말해서 인족—로 여겨졌다.[164]

중세의 저자들이 '겐스', '나티오', '포풀루스'라고 부른 집단은, 중세에 그랬듯이 19세기에도 실제로…… 공통된 문화와…… 공통된 생물학적 혈통의 단위로 여겨졌다.[165]

중세사학자 줄리아 스미스Julia Smith도 기본적으로 같은 말을 하고 있다.

중세 초기의 라틴어와 다양한 지방어에서 핵심을 이룬 것은, 그 구성원
들이 다음 중 하나 이상을 공유하는 집단을 무차별적으로 뜻하는 단어
들이었다. 같은 조상으로부터 이어져내려왔다고 추정되는 혈통, 같은
문화적 특질들, 단일한 정치체로의 조직…… 등이 그것이다.…… 906
년에서 913년 사이에 프륌의 레기노Regino of Prüm가 쓴 다음의 선언은 천
년간 내려온 전통을 반향反響하며 이런 단어에 내재된 전제를 압축하고
있다. "다양한 민족과 인족들은 혈통, 관습, 언어, 법률에 의해 서로 구
분된다."[166]

이 가운데 새로운 것은 하나도 없다. 중세사학의 거두인 요한 하위징아
Johan Huizinga도 일찍이 1940년대에 같은 점을 지적한 바 있다.

'나티오'라는 말은 항상 '파트리아'에 비해 거의 낡지 않은 채로 유지되
어왔다. 실제로 이 단어에 함축된 의미는 고전 시대 이래로 거의 변하지
않았다. '나투스natus', '나투라natura'와 긴밀히 연결된 이 단어는 '겐스'나
'포풀루스'보다 더 넓은 맥락을 막연히 암시했지만 세 단어를 구분하는
정해진 기준은 없었다. 불가타 성서는 구약의 민족들을 지칭할 때 '겐
스', '포풀루스', '나티오'를 호환해가며 사용했고 한동안 이 성서의 용례
가 '나티오'의 의미를 규정했다.[167]

하위징아는 이렇게 덧붙인다.

장장 600여 년에 걸쳐 점진적으로, 라틴 기독교 세계는 민족과 (아직은) 대체로 상응하는 많은 왕국들 안에 놓이게 되었다.…… 1150년경에는 프랑스, 잉글랜드, 스코틀랜드, 세 스칸디나비아 왕국, 아라곤, 카스티야, 포르투갈, 시칠리아, 헝가리, 폴란드가 모두 라틴 기독교 세계의 단위들로 자리잡게 되었다.[168]

부연하자면, 하위징아는 이 모든 정서들의 더 깊은 뿌리—"인간 사회의 원시적 본능"—에 대해서도 의심하지 않았다.[169]

끝으로 거의 동의어에 가까운 라틴어 '겐스'와 '나티오'가 로마 시대까지 거슬러올라가며 그 의미가 거의 바뀌지 않았다는 사실은, 근세 폴란드 민족 정체성에 대한 탁월한 논문에 실린 데이비드 얼턴David Althoen의 비길 데 없는 학술적 요약에 잘 설명되어 있다. 이 부분은 길게 인용할 가치가 있다.

두 용어〔겐스, 나티오〕가 '민족'이라는 일반적 의미를 띠기 시작한 로마 시대 이래로 둘의 의미는 거의 동일했다. 이 용어들의 어원은 초기의 미묘한 의미 차이를 밝히는 데 도움을 준다. 예를 들어 '겐스'라는 말은 처음에는 '씨족clan'이라는 뜻이었지만 곧 '가족', '후손', 나아가 '인종', '민족', '인족'이라는 의미까지 포함하는 뜻으로 확장되었다. 로마제국 전성기에 '겐스'라는 말은 주로 복수형을 취하여 '민족들' 혹은 '인족들'이라는 뜻으로, 대개 로마인populus Romanus과 대비되는 이민족을 가리키는 말로 쓰였다. '나티오'라는 단어도 비슷한 어원을 가진다. 로마 시대의 아주 초기에 이 말은 '출생birth'이라는 뜻이었고, 공통어로 "한 배에서 난

새끼들litter"을 뜻하게 되었다. 이 말의 뜻이 같은 장소에서 같은 조상으로부터 태어난 개인들을 나타내는 '민족'에 가깝게 확장된 것은 이런 의미에서였다. 기원후 1세기경에는 '나티오'의 뜻이 '겐스'의 뜻과 아주 비슷해졌다. 로마 교회의 언어로 ('나티오'의 복수형인—옮긴이) '나티오네스nationes'는 ('겐스'의 복수형인—옮긴이) '겐테스gentes'와 비슷하게 "하느님의 백성"과 대비되는 "이교도 민족들"의 번역어로 쓰였다.…… 8세기에 세비야의 이시도르Isidore of Seville가 써서 큰 영향을 끼친『어원학』에서는 '나티오'와 '겐스'를 동의어로 규정했다. 이러한 의미 결합은 근세까지도 지속되었다.……

'겐스'와 '나티오'의 미세한 차이에 대한 검토는 '나티오'가 좀더 협소하고 제한적인—'부족'의 뜻에 더 가까운—의미를 띠었음을 보여준다. '나티오'는 혈통이 한 조상에게로 거슬러올라가며 그들의 신화적 기원이 시작된 땅에 거주하는 민족이나 인족을 지칭한 반면, '겐스'는—같은 조상이나 발상지와는 무관하게—더 넓은 의미의 '인족'이나 '민족'을 지칭했다.…… 타키투스는 모든 게르만족을 통틀어 한 '겐스'라고 말한 뒤 그들을 여러 '나티오네스'로 나누어 살펴보았고, 키케로는 같은 혈통을 강조할 때 '나티오'라는 단어를 썼다.

하지만 모든 저자들이 이런 차이를 이해하거나 용어의 명료성을 일관되게 유지한 건 전혀 아니었다.…… 게다가 '나티오'와 '겐스'가 함께 쓰일 때에도 두 단어 사이에는 암묵적 위계가 존재하지 않았다. 두 단어를 혼용하는 건 주로 수사적 효과를 위해서였다.[170]

이 장에서 인용한 중세 사료들은 이상의 일반적인 설명과 완벽하게 일치한다.

민족 문제와 관련하여 내가 마주친 가장 놀라운—그리고 현대의 논쟁에서는 거의 지적되지 않는—중세 문헌은 콘스탄츠 공의회(1416년)에서 민족 문제를 심의한 기록이었다. 가톨릭교회의 공의회는 교회의 불가분한 통일성을 구현하는 것으로 여겨졌다. 하지만 실제로 유럽의 민족 왕국들이 형체를 갖추게 되면서, 13세기부터는 민족 및 민족 블록의 투표에 의한 대의제가 공의회에 도입되었다. 비엔 공의회(1311~1312년)에서는 이탈리아, 스페인, 독일, 덴마크, 잉글랜드, 스코틀랜드, 아일랜드, 프랑스 '민족nation'이 제각기 투표했다. 서방 교회 대분열의 종식을 목적으로 열린 피사 공의회(1409년)에서는 열강들의 비중이 커져서 대의권과 투표권이 이탈리아, 프랑스, 독일, 잉글랜드(스페인은 불참) 대표들에게 쏠렸다. 이런 구도는 지속되었고 몇 년 뒤 콘스탄츠 공의회(1415년)의 심의를 시작하면서 공식적으로 채택되었다. 여기서 헝가리, 체코, 폴란드, 덴마크, 스웨덴은 독일 '민족'에, (나중에 가입한 스페인을 제외한) 지중해 주변부는 이탈리아 '민족'에, 프랑스 주변부는 프랑스 '민족'에, 브리튼제도는 잉글랜드 '민족'에 포함되었다. 하지만 머잖아 언어와 주권에 기반한 좀더 작은 민족들의 독자적 대의권 주장이 제기되었다.

놀랄 일은 아니지만 권력정치의 현실은 그중 어떤 주장이 인정되었는지를 판단하는 데 도움을 준다. 헝가리의 주장은 무시되었지만, 연합 스페인 대표단에 소속되기를 거부하는 아라곤의 주장은 프랑스 내의 잉글랜드 위임 통치령에 대항할 무기로서 프랑스의 지지를 받았다. 당시 잉글랜드와 프랑스는 백년전쟁의 가장 쓰라린 국면으로 들어서고 있던 차였으므로, 프랑스 대표단장은 인구와 영토가 다른 나라에 비해 작은 잉글랜드가 브리튼제도와 그 주변부를 포괄하는 '보편 민족general nation'으로 대접받아서는 안 되며(즉, 다른 민족 집단들을 포괄하지 않는 '개별 민족particular nation'으로 취급되어야 한다는 말이다—옮긴이) 옛 교회 행정 분할에 따라 독일 민족에 포함되어야 한다고 주장했다. 만일 그러지 않고 개별 민족에게 대표권을 주는 원칙을 보편적으로 적용한다면, 다른 유럽 민족들의 주장도 모두 수용해야 하며 그런 경우에는 잉글랜드 대표단 자체도 그 구성 부분들로 쪼개져야 한다는 것이었다. 그 구성 부분인 스코틀랜드, 웨일스, 아일랜드 등은 거의 대표권을 갖지 못했지만 잉글랜드 대표단은 자신들이 그들을 대표한다고 주장하던 터였다.[171]

예상대로 잉글랜드 대표단도 반론을 제기했다. 잉글랜드는 한 개별 '민족'만이 아니라 그 주변부까지 모두 포괄하는 보편 민족을 이룬다는 주장이었다. 중세 유럽의 가장 큰 공의회에서 민족 및 민족 대표권을 둘러싸고 충격적이리만치 근대적으로 보이는 논쟁이 벌어졌고, 이 논쟁 과정에서 대표들은 민족에 대해 가장 근대적으로 보이는 정의를 도출해냈다. 잉글랜드 대표의 주장에 따르면 잉글랜드는 민족의 모든 특성을 충족했다.

> 민족(나티오)을 혈연관계와 단일한 관습에 의해 다른 인족과 구별되는 인족(겐스)으로 이해하든, 혹은 신법과 인간법에서 민족(나티오)의 가장 확실하고 결정적인 표시이자 본질인 독특한 언어에 의해 다른 인족과 구별되는 인족으로 이해하든,…… 혹은 민족(나티오)을 프랑스 민족(나티오)의 영토와 응당하게도 동등한 영토로 이해하든 간에, 잉글랜드는 진정한 민족이다.[172]

나아가 잉글랜드측 대표는, 왕조 지배의 경계를 초월하는 언뜻 충격적이리만치 근대적인 민족 개념을 자명한 진리로 내세운다.

> 한 민족이 한 군주에게 복종하느냐 여러 군주에게 복종하느냐가 중요치 않다는 것쯤은 누구나 안다. 스페인 민족에게는 스페인의 최고 지배자인 카스티야 국왕에게 조공을 바치지 않는 많은 왕국이 있지 않은가? 하지만 그렇다고 해서 그들이 스페인 민족의 일부가 아닌 것은 아니다. 우리의 적국 프랑스와 아무런 관계도 없는 프로방스, 도피네, 사부아, 부르고뉴, 로렌 등의 많은 지역들이, 그럼에도 불구하고 프랑스 혹은 갈리아 민족에 포함되지 않던가?[173]

중세 유럽의 민족을 둘러싼 의문에 대해 이보다 더 인상적인 증거를 상상하기란 어려울 것이다. 여기에 대륙 전역에서 모여든 대표들이 저마다 독립된 민족으로서의 지위를 인정받고자 애쓰며, 이해관계로 얽힌 민족 블록에서 투표하고 민족 개념의 의미에 대해 논쟁하고 있었다. 이 논쟁에서 그들은 한편으로는 혈연, 언어, 공통된 관습, 역사의 공유를, 다른 한편으로는 영토, 정부 체계, 법, 자발적 참여를 거론했다. 심지어 잉글랜드 대표단은 "공의회에서의 민족들은 동등하게 취급되어야 하며 저마다 동일한 권리를 가져야 한다"고 주장하기까지 했다.[174] 대안적 민족 개념에 대한 콘스탄츠 공의회의 숙의를 "민족의 개념The Concept of the Nation"에 대한 유럽평의회 의회회의의 권고(2006)와 비교해보면 놀랄 만큼 비슷하다.

> 본 회의에서 확인한 바에 따르면, 유럽평의회의 일부 회원국에서 '민족' 개념은 개인의 종족문화적 출신과 무관하게 국가와 개인의 법적 연결고리(관계)인 시민권을 가리키는 데 사용되는 반면, 다른 회원국에서의

'민족'이라는 단어는 특정한 언어를 쓰며 비슷한 문화적 · 역사적 전통, 과거에 대한 비슷한 인식, 현재에 대한 비슷한 열망, 미래에 대한 비슷한 전망으로 규정되는 유기적 공동체를 가리키는 데 사용된다.*

아주 명백하게도, 전근대인, 정확히 중세 유럽인에게 민족 개념이 알려지지 않았고 중요하지 않았으며 정치적 의미가 없었다는 주장은 근대 사회 이론이 범한 가장 큰 오류 중의 하나다. 나는 그 반대쪽으로의 단순 논리에 의한 오류를 조장하는 것이 아니다. 콘스탄츠 공의회의 세계는 21세기 유럽평의회의 세계와 매우 달랐다. 이제 우리는 흔히들 민족을 불가능하게 만들었다고 주장하는 전근대 사회의 몇 가지 주된 특징을 검토하고, 이것들과 민족 현상의 진정한 상호 관계가 실제로 어떠했는지를 좀더 면밀히 규명하고자 시도할 것이다.

종교와 민족

콘스탄츠 공의회에서의 민족 논쟁은 이 논의를 종교라는 요인으로부터 시작하기에 좋은 구실이다. 전근대 사회에서의 좀더 광범위한 공통 정체성과 애착이 주로 종교의 형태를 띠었다는 주장이 많다. 특히 기독교와 이슬람 같은 보편 종교의 경우, 종교는 특정한 민족 정체성의 성장과 직접 경합하며 이를 방해한다고 널리 여겨져왔다. 이 주장에도 일리는 있다. 종

---

* Recommendation 1735 (2006), "The Concept of the 'Nation,'" Parliamentary Assembly, Council of Europe at http://assembly.coe.int/main.asp?Link=/documents/adoptedtext/ ta06/erec1735.htm. 같은 문화나 집단적 소속감과 무관하며 시민권과 동의어인 민족 개념이 과연 실제로 현실적 근거가 있는지 여부는 여기서 중요치 않다.

교는 구제와 구원을 강렬히 약속할 뿐만 아니라 그 신도들에게 생물학적 친족 관계와 다소 유사한 영적 형제애를 선사한다. 또한 공유문화에서 최고로 중요하지는 않더라도 중요한 요소를 이루며, 이는 상호 협력의 기반이 된다. 보편 종교의 경우에는 이렇게 형제애와 문화를 공유한다는 의식이 민족 경계를 훌쩍 넘어선다. 하지만 이는 종교와 민족 간 관계의 한 측면일 따름이다. 이 장에서 여러 차례 확인했듯이, 심지어 외견상 보편적인 종교라도 민족을 추동하는 힘이자 민족을 통합시키는 주된 요소로서 어느 것 못지않은 역할을 했다.

종교 자체가 민족 종교인 경우에는 더더욱 명백히 그러했다. 일례로 고대 이집트와 관련하여 이미 보았듯이, 이집트 종교, 문명, 국가태, 민족 정체성 간의 구분은 순전히 인위적인 것이다. 실은 이 모두가 하나였고 이집트인들도 그렇게 인식했는데, 가장 외딴 농촌 공동체의 사람들도 영구히 순환되는 의례, 의식, 축제에 습관적으로 참여했기 때문이다. 실제로 전국 규모의 종교 융합과 사원을 기반으로 한 프로파간다는 이집트 국가·민족 건설의 가장 강력한 도구 중 하나였다. 물론 국가 지도자와 종교 권위자들 간에는 흔히 다양한 긴장이 조성되었고 때때로 심각해지기도 했다. 하지만 양쪽 다 자신이 이집트를 대변한다고 주장했다. 다른 민족 종교들도 마찬가지였다. 일례로 고대 메소포타미아나 그리스 고전 세계처럼 여러 개별 정치체들을 포괄하는 큰 문명이 같은 만신전을 공유한 곳에서도 각 정치체마다 고유의 수호신이 있었고 그 성직자들은 애국적 대의에 열정적으로 헌신했다. 전시에 신들은 자신의 정치체를 지원하기 위해 보편적으로 동원되었다. 유교와 같은 좀더 보편적인 정신 체계들은 비록 뿌리 깊이 중국적이었지만 그 어떤 국가에 대한 봉사에도 생래적으로 적합했고 실제로 동아시아 전역의 민족국가에서 그러한 구실을 했다. 유교는 중국, 한국, 일본,

베트남에서 민족국가 공동체 관념을 공고히 다지는 데 기여했다. 철저히 비세속적인 교리를 지닌 불교도 실제로는 이들 국가에서 같은 작용을 했다. 디아스포라 시대의 유대인이 인족이 아니라 종교였다는 주장이 유행하지만 근대 이전에는 전혀 무의미한 주장이다. 알렉산더 야콥슨은 이 점을 다음과 같이 아주 설득력 있게 표현한다. 유대교 경전을 펼쳐본 사람이라면 곧바로 명백히 알 수 있듯이, 유대인이 단일한—그리고 선택된, 거룩한—인족이라는 관념은 이 종교의 절대적 핵심이다.[175]

종교와 민족의 강한 연결은 심지어 보편 종교에도 적용된다. 기독교에서 이는 종교적 본산의 존재 여부와 거의 상관없이 참이었다. 동방 기독교에서는 정교회 신앙을 지닌 불가리아, 세르비아, 그리스, 러시아 등의 민족교회national church들이 심지어 그 총본산인 비잔티움의 멸망 이전부터 (그리고 멸망 이후에는 더더욱) 종족문화적·정치적(합해서 민족적)으로 최고의 중요성을 띤 현실이 되었다. 보편 신앙은 그 공식 교리가 어떻든 간에 명백히 민족 문화(그리고 흔히 언어), 정체성, 연대의 관점에서 스스로를 표현했다. 실제로 다른 곳에서처럼 여기서도 종교는 통치자와 성직자의 협력 아래 국가·민족 통합의 주된 도구 역할을 했다. 게다가 오스만에 의한 정복의 결과로 그리스·불가리아·세르비아 국가태가 소멸했을 때 그 민족 정체성을 수백 년간 유지하고 열심히 보호하고 구현한 것은 다른 무엇보다도 민족교회들이었다. 이 점은 그리스 정교회 밖에서도 마찬가지였다. 가장 오래된 기독교 민족교회인 아르메니아 정교회, 민족적 근거로 아르메니아 정교회로부터 떨어져나간 조지아 정교회가 그 예다. 키예프와 모스크바의 러시아 정교회는 러시아 민족 정체성 통합의 결정적 요소였고, 이러한 현실은 비잔티움 멸망 이후 모스크바가 제3의 로마 역할을 자임하면서 더욱 강화되었다. 러시아 민족은 가장 깊이 신성한 민족이었다. 폴란드-리투아니아 연방 내의 가톨릭과 정교회 간 적대는 우크라이나 민족 정체성의 형성과 떼놓을 수 없었다. 마이클 페트로비치는 중세 이래 동유럽의 종교와 민족주의에 대한 광범위하고 예리한 연구에서 이렇게 지적했다.

> 동유럽의 대다수 민족들이 정체성 의식을 획득하고 이 정체성을 어느 정도 정치적으로 표현해낸 건 '민족주의 시대'보다 훨씬 이른 중세 무렵이었다.…… 동유럽에서 종교는 민족 건설의 역군이었고 정치적 독립을 상실한 이들에게 대리 국가 구실을 했다.…… 중세부터 현재까지 동유럽에서 교회는 종족 생존을 위한 운동과 민족 독립을 위한 전쟁에 말 그대로 전투적으로 참여했다.[176]

이 모든 사례에서의 규칙은 쌍방향이다. 인족 내의 강한 친족-문화 정체성, 친밀감, 연대 의식이라는 관점에서 볼 때, 심지어 보편 신앙도 스스로를 당파적인 민족교회로 표현했다. 그리고 전근대 사회에서 종교의 핵심적 역할이라는 관점에서 볼 때, 전근대 민족주의는 본질적으로 대단히 종교적이었다. 전근대 민족주의가 종교적 어법으로 표현되었다는 것은 페트로비치, 코너 크루즈 오브라이언, 에이드리언 헤이스팅스, 스티븐 그로즈비, 필립 고어스키, 앤서니 막스 모두가 근대주의를 비판하면서 제시했던 점이다.[177] 정체성의 민족적 원천과 종교적 원천은 서로 근본적으로 모순되기보다 서로를 보완하고 강화하는 일이 더 많았다.* 그리고 종교가 정체성의 핵

---

* 앤서니 막스와 앤서니 스미스는 이 점을 보여주는 데 중요하게 기여했음에도 엇비슷한 오류를 범했다. 막스는 중세와 근세 서유럽에서 종교가 유일하게 널리 퍼진 대중 정서였으며 초기 민족주의의 접합재이자 도장재 기능을 했다고 가정했다. 이 가정은 '타자'가 비기독교인이었던 스페인 민족주의에는 들어맞는다(하지만 스페인을 구성하는 일부 특정한

심을 차지할수록 그 종교는 문화에서도, 따라서 종족성과 민족주의에서도 본질적인 요소였다. 우리는 이 상호 관계를 연구한 저명한 학자인 콜레트 본의 다음과 같은 말을 이미 인용한 바 있다. "민족은 배타적이고 기독교는 보편적이다. 혹자는 기독교 자체가 민족주의의 성장을 누그러뜨릴 것으로 기대할지도 모른다. 하지만 그런 일은 일어나지 않았다. 중세 유럽의 대다수 민족들은 종교적 관점에서 민족의식을 투영하는 데 별 어려움을 겪지 않았다."[178] 게다가 종교는 풀뿌리 수준까지 침투하고 가장 외딴 시골 지역까지 전파된 가장 강한 형태의 광범위한 문화였다. 바로 이러한 이유로 촌락 성직자 네트워크와 끝없이 순환되는 전례·강론 주기는 통通문화적 메시지의 가장 강한 발신 장치였고 이 메시지는 거의 예외 없이 민족적이었다. 비상시에 마을 내부와 마을 사이의 소통 수단으로 교회 종을 활용한 것은 그 생생한 실례다. 바로 여기에, 베네딕트 앤더슨이 전혀 파악하지 못한 전근대적 '상상된 공동체'의 틀이 있었다. 실제로 민족은—하느님께 선택받은 신성한 무엇으로—널리 상상되었다. 근대 민족주의는 흔히 종교에 빗대어 묘사된다. 하지만 전근대 민족주의는 은유가 아니라 말 그대로 철저히 종교적이었다. 실제로 시골 성직자 네트워크는 어디에서나 민족 건

민족성에는 들어맞지 않는다). 그러나 잉글랜드, 심지어 막스가 또다른 주된 사례로 드는 프랑스, 그 밖에 우리가 검토한 다른 초기 유럽 민족국가들에는 이 가정이 들어맞지 않는다. 앤서니 스미스도 그의 저서인 『선택된 민족들Chosen Peoples』, vii-viii, 5에서 종교를 민족의식에 대한 초기의 정서적 도장재이자 원천으로 제시한다. 하지만 서론에서 이미 지적했듯이, 종교가 같다는 것 자체만으로 언어적 차이를 극복하고 같은 종족·민족 정체성이 생겨나는 일은 드물었다. 종교의 효과는 종족·민족 공동체를 만들어내기보다는 (종교가 같은 경우) 그것을 강화하거나 (종교가 같지 않은 경우) 이따금 약화시키는 데 있었다. 물론 스미스 자신은 '민족의 종족적 기원The Ethnic Origins of Nations'을 강조하는 데 주도적인 역할을 했지만, (앞의 2장에서 설명한 바 있는) 종족민족적 정서의 깊은 뿌리와 힘에 대해서는 설명하지 않았다.

설의 주된 행위자 역할을 했고, 심지어 국가 자체가 붕괴된 곳에서도 민족 건설을 줄기차게 추진했다.

오브라이언, 헤이스팅스, 막스, 본이 제시했고 우리가 본 장에서 줄곧 확인했듯이, 이는 중세 유럽의 동방 정교회(그리고 가톨릭) 지역뿐만 아니라 서방 가톨릭 지역에서도 마찬가지였다. 브루이의 주장과는 반대로, 성 비드는 브리튼의 기독교 개종에만 관심을 쏟은 게 아니라 잉글랜드인gens Anglorum의 기독교 개종과 그들의 브리튼 정복에 관심을 쏟았다. 그의 역사서는 신성한 민족사였다. 그는 당시 아직 이교도였던 자민족에게 공격받고 쫓겨나는 기독교도 브리튼인에게 아무런 동정도 표하지 않았다. 마찬가지로, 앨프레드 대왕이 성직자들과 협력하여 민족 건설을 추진한 것은 학자들이 널리 인정하는 사실이다. 이는 1300년경 잉글랜드에 종속되지 않기 위해 투쟁한 스코틀랜드에도 적용된다. 이 시대를 연구한 어느 역사학자가 썼듯이, "이 시기 스코틀랜드 교회의 태도 또한 의미심장했다. 그 주교들 대다수가 확고한 민족주의자였고 자기 교구를 뜻이 맞는 친척과 가신들로 채웠다."[179] 이것이 교회의 농촌 침투라는 관점에서 무엇을 의미했는지를 제대로 파악하기 위해 몇 가지 놀라운 수치를 소개한다. 중세 후기 스코틀랜드는 인구가 약 100만 명이었는데 교구는 1천 개가 넘었다. 한 교구당 평균 1천 명 미만꼴이다. 그리고 대수도원이 30개, 소수도원이 27개, 수녀원이 9개, 탁발 수도회가 약 20개였다.[180] 이미 보았듯이 다른 나라들도 사정은 다르지 않았다. 스칸디나비아 나라들, 독일, 체코, 폴란드도 그랬고, 특히 폴란드는 독립을 잃고 거의 비가톨릭 국가인 열강들에 의해 영토가 분할된 이후로 더더욱 그랬다. 러시아 정교회와 그 방대한 마을 사제 네트워크는 폴란드와 프랑스가 침략했을 때 핵심적인 구실을 했다. (카탈루냐인을 포함한) 이베리아 반도의 민족들도 마찬가지였다. 농민 소녀 잔다르크는 여느 주변 사람들처럼 프랑키아/프랑스 신성왕국의 시골 교회를 다녔다. 이들 사례는 대부분 가톨릭 세력 간의 충돌이었지만, 그럼에도 각국의 교회들은 거의 예외 없이 민족적 대의를 옹호했다.

미로슬라프 흐로흐Miroslav Hroch는 19세기 유럽의 일부 소규모 국가에서 활동한 민족주의 운동가들의 직업 구성과 배경을 분석하는 중요한 연구를 수행했다. 그가 조사한 대부분의 나라에서 19세기 초에 민족주의 운동가 집단을 지배한 직군은 성직자였다. 그들은 보헤미아, 슬로바키아, 핀란드, 그리고 벨기에 내 플란데런 공동체의 민족주의 운동가 중에서 가장 큰—3분의 1이나 그 이상을 차지하는— 집단이었고 그다음이 학생, 공무원, 자유직, 일반 시민이었다. 한편, 노르웨이와 리투아니아에서는 비록 두드러지긴 했지만(10~20퍼센트) 지배적인 집단은 아니었다(그리고 에스토니아와 슐레스비히-홀슈타인〔원래 슐레스비히는 덴마크 내의 공국이었고 홀슈타인은 독일 내의 공국이었다. 이 영토를 둘러싸고 19~20세기에 덴마크와 독일 사이에 충돌이 빚어졌고 슐레스비히에서 덴마크 민족주의 운동이 일어났다. 현재 북부 슐레스비히는 덴마크 영토, 남부 슐레스비히와 홀슈타인은 독일 영토다—옮긴이〕의 덴마크인들 사이에서는 그보다 더 비중이 낮았다). 19세기를 거치면서 그들의 비중은 다소 줄어들었고 한편으로 다른 사회 집단의 비중은 늘어났다.[181] 실제로 이 역학은 19세기 초까지만 해도 존재했던 전근대/산업화 이전 사회가 19세기를 거치면서 근대/산업 사회로 변모한 과정을 충분히 반영하고 있다. 확실히 전근대 단계에는 시골 전역에 대거 자리잡고 있던 성직자들이 민족적 대의의 주된 지지자였다. 당연한 일이지만, 이 수치는 19세기 초의 민족-문인 단체에서 농민이 거의 대표되지 않았음을 보여준다. 하지만 늘 농민을 상대로 강론하고 설교했던 사제와 목사들은 무척 과잉 대표되었다.

나는 이탈리아의 통계는 살펴보지 못했다. 하지만 마키아벨리가 불평했듯이 이탈리아는 교황의 본거지라는 점에서 (적어도 최고위 성직자 계층과 관련지어서 보았을 때) 예외였다. 교황들은 자칫 자신의 자율권을 침해할 수도 있는 통일 민족국가를 바라지 않았다. 프랑스의 봉건적 분열과 독일 제국이 빠져든 이탈리아의 수렁은 11~12세기 프랑스·독일 국가를 약화시켜서 교황에게 전무후무한 보편적 세속 권력의 이미지를 부여할 정도가 되었다. 하지만 교황의 보편적 권위는 많은 문헌에서 묘사된 것처럼 중세를 지배하며 민족국가와 경합한 대안적 현실이라기보다는 신기루에 가까웠다. 이는 유럽 민족 군주정들의 성장에 일시적으로 경고등이 켜졌을 때 기독교 문헌들에 잠시 등장했을 뿐이다.

이슬람 신도들의 움마ummah(아랍어로 민족이라는 뜻)는 배타적 민족국가들과 경합하는 정체성의 원천이라고 주장할 만한 근거가 기독교보다 더 두터웠다. 하지만 기독교 세계와 이슬람 세계의 민족국가 형성이 차이를 보인 데는 다른 요인들이 더 크게 작용했다.[182] 이에 대해서는 4장에서 이미 살펴보았으니 간략하게만 짚고 넘어가겠다. 우선 서남아시아의 지리경관은 유럽과 달리 탁 트여 있어서 제국 팽창에 유리했다. 이러한 제국들은 아시리아 시대부터 시작해서 20세기 초 오스만 제국이 멸망할 때까지 이 지역의 초기 민족국가들을 파괴하고 신생 민족국가가 뿌리내리지 못하게 방해했다. 둘째로 제국에 의한 정복과 더불어 확산된 아랍어와 아랍 정체성이 존재했고, 로마제국 멸망 이후의 라틴어가 유럽에서 그랬던 것과는 달리 개별 언어와 민족 정체성들로 분화되지 않았다. 그래서 범아랍 정체성이 국지적 잠재성을 띤 민족 정체성들과 경쟁했다. 셋째로 제국과 아랍 정체성이 중동의 민족국가 성장을 가로막은 결과로 확대가족과 부족 같은 소규모 친족 집단들에 대한 충성심이 계속 유지되었다. 온화한 중서부 유럽에는 없었던 목축 부족이 이슬람 반건조 지대에서는 핵심 요소였다는 사실도 이 점을 더욱 강화했다. 이슬람권과 비교하여 유럽이 걸어온 특수한 경로는 무엇보다도 이런 차이들로 설명할 수 있으며, 종교는 이러한 차이를 결정했다기보다는 그럴 여지를 열어주었을 뿐이다. 의미심장하게도, 앞에서 열거한 조건들이 (맨 마지막 것만 제외하고) 거의 존재하지 않았던 이란에는 강한 민족의식이 존재했다. 실제로 이란의 민족의식은 시아파 이슬람과 긴밀히 동일시되었고, 그 방식은 이를테면 정교회가 러시아 민족주의에서 수행한 역할과 별로 다르지 않았다.

제국

로마 모델에 의거한 보편 제국universal empire의 이상理想이 보편 종교와 더불어 중세를 지배하며 배타적인 민족 정체성의 발생에 불리하게 작용했다는 것은 오래된 주장이다. 하지만 실제로 이런 이상이 그 실질적인 힘을 잃은 건 중세 후기 신성독일 황제의 힘이 약화되면서가 아니라, 9세기 서유럽에서 샤를마뉴의 제국이 해체되고 그보다도 먼저 발칸에서 비잔티움의 힘이 붕괴되면서였다. 아시아와 달리 지중해 북쪽 유럽의 지정학은 국가 형성의 초기 형태로서의 민족국가들이 성장하고 존속하는 데 유리한 조건이었다. 이미 보았듯이 제국이라는 칭호의 위신 그리고 정치적으로 분열된 이탈리아에서 추구한 제국적 야심을 제외하면, 신성로마제국은 본질적으로 독일제국이었고 그 이웃나라들은 신성로마제국을 그저 유럽의 여러 열강 중의 하나로만 여겼다. 수전 레이놀즈의 말대로, "보편 제국이라는 낡은 교과서적 개념은 잊자. 이 개념이 교황과 황제의 논쟁에서 쓰인 것은 사실이지만, 정치 공동체의 원형으로서든 지배자와 왕국의 원형으로서든 왕의 패권에 심각한 위협을 제기한 적은 없었다."**183**

4장에서 전 세계의 제국에 대해 상당히 길게 논의했으므로, 여기서는 유럽의 맥락에서, 종족적·민족적 요인과 관련하여 간략하게만 짚고 넘어 갈 것이다. 이미 지적했듯이, 거의 모든 제국의 중심에는 스스로는 물론이고 다른 모든 이들도 제국과 동일시하는 제국 인족 혹은 종족이 존재했다. 이 제국 인족은 제국의 주축으로, 모든 제국의 존속은 다른 무엇보다도 이들의 기량과 충성심에 달려 있었다. 이는 본 장에서 소개한 거의 모든 제국과 소제국과 단명한 제국들―덴마크, 독일, 폴란드-리투아니아, 러시아, 불가리아, 세르비아, 헝가리, 카스티야-스페인, 잉글랜드 제국―에도 적용되었다.

제국이 베푸는 대부분의 혜택을 받아 챙기고 제국 정부의 최고위직 대다수를 차지한 이들은 다른 누구보다도 이 제국 인족/종족의 엘리트들이었다. 하지만 평민들도 때로는 물질적 혜택을 입었다. 그 대표적인 예가 로마 시민이다. 제국에 부가 유입되면서 기원전 167년부터 로마 시민에게는 직접세(트리부툼tributum) 납부가 면제되었다. 스페인-카스티야, 포르투갈, 네덜란드, 잉글랜드를 비롯한 모든 식민 무역 제국의 본국인들은 다양한 방식과 정도로 번영의 혜택을 누렸다. 이는 제국 인족이 군역은 물론이고 조세 부담과 같은 제국의 부담을 여타 인족들보다 더 많이 짊어지는 일이 아주 흔했다는 사실을 이해하는 데 도움을 준다. 제국의 핵심 민족은 주변 민족보다 더 무거운 세금을 내는 것이 보통이었다. 카스티야는 국내외를 막론한 모든 스페인 왕령들보다 더 무거운 조세(그리고 군역)를 부담했다. 실제로 무거운 조세를 제국 전역에 분담시키려는 시도는 저지대 국가(스페인령 네덜란드―옮긴이), 카탈루냐, 나폴리, 시칠리아, 포르투갈에서 봉기를 촉발했고, 그 결과로 스페인 제국은 저지대 국가와 포르투갈을 잃었다. 이보다 더 유명한 사례로는 18세기에 영英 제국이 북아메리카 식민지에서 세금을 징수함으로써 제국의 국방비 부담을 평준화하려 한 시도를 들 수 있다(20세기 초의 영 제국 또한 같은 문제에 사로잡혔다). 러시아 제국에서도 핵심 민족인 러시아인이 주변 민족인 비러시아인들보다 더 무거운 세금을 부담했고, 오스만 제국에서도 아나톨리아 지방의 조세(그리고 군역) 부담이 가장 심했다.[184]

제국의 핵심 인족이 더 큰 부담을 짊어진 데는 다른 요인들도 있었다. 일례로 카스티야에서는 다른 스페인 영토보다 군주의 권위가 더 절대적이었고 대의제 의회와 지방 특권층의 제지를 덜 받았다.[185] 그렇기는 해도 지배자의 정통성은 자민족 사이에서 월등히 강했고 그들이 제국을 자기 민족의 것으로 인식하며 제국과 자신을 강하게 동일시했기 때문에, 지배자는 이를 근거로 제국의 핵심 인족 사이에서 더 강한 권력을 행사할 수 있었다. 극심한 빈곤과 압제에 시달린 러시아 농민들의 예에서 볼 수 있듯이, 이런 논리는 심지어 제국이 재정적으로 고갈되거나 제국 인족에게 뚜렷한 혜택을 주지 못할 때에도 유지되었다. 역사학자들의 지적에 따르면, 제국 변경의 비러시아인들은 러시아 농민들보다 "항상 더 적은 세금을 내고 다양한 면제권을 누렸다. 그 배후의 논리는 비러시아인이 러시아인보다 더 쉽게 분란을 일으킬 수 있다는 정부의 시각이었다". 하지만 어째서 러시아 정부가 수백 년간이나 그런 확신을 가지고 행동할 수 있었는가 하는 질문에는 아직 답이 나오지 않았다.[186] 실제로 경제 논리와 상반되는 이러한 현실이 믿기지 않아 보인다면, 소위 '민족주의 시대'의 나폴레옹 치하 프랑스 제국도 사정이 거의 다르지 않았음을 상기해야 한다. 나폴레옹이 제국 유지 비용을 프랑스 지배하의 유럽 전역에 분담시키는 기술을 완성하긴 했지만, 그럼에도 제국의 부담을 대부분 짊어진 건 프랑스였다. 그리고 프랑스군의 원수들이 엄청난 부와 영예를 두루 누렸고 병참 장교들은 큰 부를 획득했지만, 일반 사병들이 얻은 건 (프랑스의) 영예뿐이었다.

절대다수의 제국은 민족 제국인 동시에 다민족 제국이었고 둘은 반드시 모순되지 않았다. 제국의 다민족주의는 포괄적이기만 한 것이 아니라 등급과 위계가 매겨져 있었으며 제국 인족/종족이 그 중심을 차지했다. 제국에 협력하고 흡수된 다른 모든 인족들은 이러한 사실과 그 근저를 이루는 권력 균형을 인식하고 있었다. 물론 제국의 비장의 카드는 군사적 우위였지만 그것만이 유일한 카드는 아니었다. 지방 엘리트들도 흔히 제국의 혜택을 나누어 가지고 제국을 위해 일하며 경력을 쌓고 제국의 충성스러운 신하가 되었다. 보편적인 이미지와 이데올로기를 투영하는 것은 제국의 이익에 더없이 부합했다. 게다가 약한 소수 인족들도 폭력적인 세계에서의 압도적 위협에 맞선 최선의 선택지로서 때때로 제국의 보호를 구하곤 했다. 일례로 캅카스의 기독교도들이 오스만 제국보다 러시아 제국을 훨씬 더 선호한 건 사실이었다. 그리고 앞에서 보았듯이, 이 사실은 합스부르크 제국을 실질적으로 지배하는 인족이 거의 없다시피 했는데도 16~17세기 중-동부 유럽에서 합스부르크 제국이 성립된 이유 또한 설명해준다.* 게다가 제국 정부는 다양한 지역과 인족의 관습, 법, 제도를 보장하고 존중하는 경우가 많았다. 제국이라는 틀은 이런 방식으로 서로 다른 종족민족 정

---

* "Justifying Political Power in 19th Century Europe: The Habsburg Monarchy and Beyond," in Miller and Rieber (eds.), *Imperial Rule*, 69-82에서 역사학자 마치에이 야노프스키Maciej Janowski는, 합스부르크 제국이 민족적 원리를 내세우길 꺼린 것이 그의 당초 예상과는 달리 특이한 예가 아니었음을 발견했다. 그의 연구에 따르면, 유럽의 모든 제국에는 대규모의 소수민족이 있었고 따라서 정통성의 민족적 근거와 (다양성 및 다종족성을 강조하는―옮긴이) 제국적 근거 사이에서 신중하게 균형을 잡아야 했다. 하지만 실제로 이렇게 두 가지 이상의 원칙을 결합하고 균형을 잡는 것이 모든 제국의 규범이긴 했어도, 합스부르크는 제국을 실질적으로 지배하며 제국이 의존할 수 있는 민족적 인족이 부재했다는 점에서 특이했다.

체성들을 수용하고 포괄했다.

그럼에도 종족민족 요인이 정치적으로 두드러진 건 유화적 수단만으로는 전혀 충분치 않았음을 의미한다. 상황에 따라, 그리고 성공 가능성에 따라, 제국은 영토 내의 다른 종족민족 정체성에 대한 관용과 그들을 패권 민족의 문화에 동화시키려는 비공식적 압박 사이를 오갔다. 어느 쪽이든 여기에는 제국 인족/종족에 속하지 않은 이들의 충성심이 훨씬 더 불안정하다는 전제가 깔려 있었다. 종족민족적 저항과 분리주의 압력이 강할 때 지방 문화를 그 화근으로 간주하고 가혹한 탄압의 표적으로 삼은 것은 이러한 이유에서였다. 카스티야가 카탈루냐 지방의 반란을 폭력으로 진압한 뒤 카탈루냐 공공 영역에서 지방어와 문화를 금지한 것은 잉글랜드가 웨일스, 아일랜드, 스코틀랜드 고지대에서 한 일이나 합스부르크가 옛 체코 영토에서 한 일과 그리 다르지 않았다. 프랑스의 현실은 단지 그보다 조금 더 온화했을 뿐이다. 이 모두가 시사하듯이, 전근대 유럽에서 종족민족 관념이 정치적으로 거의 중요하지 않았다는 관념은 근거 없는 믿음이다. 유럽에 이따금 등장한 제국들도 이 점에서는 마찬가지였고, 그 대부분은 특정 민족이 지배하는 제국이었다는 점에서 더더욱 그랬다.

왕조 민족국가

왕조국가 또한 민족 관념과 양립하지 않는 것으로 흔히 제시된다. 지배자들의 계승에 따라 지방이나 왕국 전체의 주인이 바뀐다면 민족국가의 실체와 지속성이 어떻게 유지될 것인가? 하지만 현실에서는 유럽 왕조 군주국의 대다수까지는 아니더라도 다수가 민족 군주국national monarchy이었다. 이 개념은 이 사실을 인정하는 학자들에 의해 오래전부터 도입되어 쓰여왔다. 이러한 군주국은 정치적 경계와 친족-문화 정체성이 대체로 일치했으며, 실제로 이 공통된 정체성 의식을 집단적 지지와 정통성의 기반으로 삼았고 이는 다시금 공통된 정체성 의식을 강화했다. 그 예외들, 특히 16세기부터의 합스부르크 제국이나 그 사촌뻘인 스페인 제국이 역시 16세기의 전성기에 취한 이례적인 형태는 일반적 패턴을 대표하는 예로 잘못 인용되면서 학계의 인식을 왜곡해왔다.

이는 왕조적 원리가 보편적 기본 원리였음을 부정하는 게 아니다. 왕조 원리는 확실히 보편적 기본 원리였다. 여기에는 지배자와 관련된 이유도 있고 피지배자와 관련된 이유도 있었는데, 그중 피지배자의 관점에 대한 인식과 이해가 부족하므로 우선 이와 관련된 이유부터 짚어보자. 전근대의 대규모 국가에서는 1인 지배만이 유일한 선택지였다. 일부 소규모 정치체에는 민주정이나 순수 귀족정 체제가 존재했지만, 대규모 국가에서는 먼 거리라는 넘지 못할 장애물이 정치적 소통과 대의제를 방해했기 때문에 둘 다 존속하지 못했다. 선택 가능한 유일한 체제가 1인 지배인 상황에서는 계승 과정이 최대한 순탄하게 진행되는 게 대단히 중요했다. 경험칙상 엄격한 승계 서열이 없으면 통치자가 바뀔 때마다 왕위를 다투는 후계자들이 서로 싸움을 벌여 파괴적인 무정부 상태가 빚어질 수 있었다. 때때로 통치자가 다른 아들들을 제치고 특정한 아들에게 왕위를 물려주고 싶어할 수도 있었기 때문에, 엄격한 승계 절차는 정치 공동체 자체의 최우선 관심사였다. 자질이 부족한 후계자 때문에 치러야 할 대가가 승계 불확실성과 무정부 상태와 내전의 망령으로 빚어질 폐해보다 그나마 덜하다고 여긴 것이다.

물론 고위 귀족이나 귀족층 전체가 군주를 선출하는 방법도 있었다. 이는 원래 고대의 관습이었고 후대에 신성로마제국과 폴란드-리투아니아 연방에서 수립되었을 때도 충분히 안정적으로 작동했다. 두 경우 모두 선거 군주제는 귀족이 군주와의 지속적인 권력 투쟁 끝에 획득해낸 크나큰 성과였다. 하지만 이와 같은 이유로, 군주들은 자기 직계 자손에 대한 권력 상속을 보장할 왕조적 원리를 유지하는 데 가장 큰 관심을 기울였다. 그래서 자연스럽게도 왕조 정통성의 언어가 왕가와 국가가 구사하는 수사뿐만 아니라 궁중에서 나오는 중세 법률 언어까지 지배하게 되었다. 그러나 왕조적 원리가 정치적으로 중요하고 공식적으로 가장 중시되긴 했어도 그것만이 유일하게 작동하는 원리는 아니었다. 민족성의 원리는 항상 실질적으로, 그리고 많은 경우 공식적으로 존재했다.

우선 대부분의 시대에 대다수 왕국의 군주들은 자국인이었고 이 사실을 자기 정통성의 근거로 삼았다. 물론 외국인 정복자들도 스스로를 왕으로 세울 수 있었지만 그들은 토착 지배자들보다 총검에 더 크게 의존했다. 크누트는 무력을 앞세워 잉글랜드 왕위에 올랐지만 데인인은 이방인으로 인식되었기 때문에 그들의 지배는 오래가지 못했다. 노르만 정복자들은 훨씬 더 효과적으로 폭력을 동원하여 나라를 억누르기를 100~200년간 계속한 끝에 더이상 이방인이 아니게 되었다. 앞에서 보았듯이, 1200년경 프랑스에서 플랜태저넷 제국과의 투쟁이 벌어졌을 때는 자국인 변수가 왕조 변수보다 우세했다. 나중에 카페 왕조의 직계가 끊기자(1328년) 프랑스 귀족들은 왕위 계승법을 조작하여 잉글랜드 국왕이 프랑스 왕으로 즉위하지 못하게 차단하고 그 대신 자국인 발루아 가문을 왕으로 선출함으로써 백년전쟁의 불씨를 당겼다. 1421년 프랑스 황태자 옹위파는 왕위 계승 문제에서 왕조 원리와 더불어 "다양한 지위와 의무에 의거한 프랑스의 3계급 모두"의 지분을 강조했다. 앞에서 지적했듯이, 왕조 원리와 구분되는 이 민족적 공통 의지라는 개념을 평시에 군주들이 (당연하게도) 선뜻 들먹이지는 않았지만 민족적 비상시에는 공식적으로 천명했다. 이는 인민을 (형식적으로나마) 통치자 권위의 궁극적 원천으로 보는 로마법의 중심 교의와도 부합되었다. 이렇게 민족적 공통 의지에 의존한 사례는 14세기 초 스코틀랜드가 이방인인 잉글랜드 군주로부터 독립하고자 한 투쟁에서도 확인한 바 있다. 「아브로스 선언」은 (잉글랜드 국왕에게 강력한 빌미를 제공할) 왕조 정통성이 아니라 같은 혈통과 독자적 자치를 일구어온 역사에 의거하여 '스코틀랜드 민족Scottorum nacio'이 독립할 권리를 천명했다. 이 선언문은 여기에 서명한 영주들과 "기타 귀족들, 자유토지보유농과 스코틀랜드 왕국의 전체 공동체"를 대변하고 있었다.

초기 스칸디나비아 왕국들은 토착 군주들이 다스렸으며, 칼마르 왕조 연합이 해체되고 스웨덴이 자국인인 바사를 왕으로 선출하게 된 원인도 민족 감정이었다. 신성독일제국에서는 황제가 선출직이었음에도 거의 모든 황제가 독일인이었다. 러시아에서 전면적인 민족 투쟁으로 폴란드 군주를 쫓아낸 뒤, 전국의회는 새로운 군주가 러시아인이자 정교회 신자여야 한다고 규정하고 러시아인인 미하일 로마노프를 차르로 선출했다(1613년). 헝가리와 불가리아·세르비아 등의 남슬라브 왕국들은 오스만에 정복되기 전까지 토착 왕조가 다스렸다. 카스티야가 우세해지기 전의 이베리아 반도와, 포르투갈처럼 카스티야로부터 독립을 되찾을 수 있었던 나라들도 마찬가지였다.

유럽 대부분의 왕조 군주 국가가 민족 군주정이었고 토착 왕조가 다스렸다는 단순한 사실이 잘 보이지 않는 까닭은 예외 사례가 대표적 사례처럼 인용되어왔기 때문이다. 물론 합스부르크 영토나 외세에 의한 정복 사례말고도, 때때로 왕조 계승 원칙에 따라 외국인이 군주가 되기도 했다. 나아가 민족 왕국의 엘리트들이 외국 왕실의 일원을 데려다 자기 나라의 왕위에 앉히는 일도 있었다. 하지만 이런 일은 언제, 어디서, 어떤 조건하에서 일어났는가를 주의 깊게 분석해야 한다. 우선 이름난 강국 출신의 외국인 지배자와 왕실이, 강한 이웃나라의 변경에서 간신히 존재하며 외국의 연줄과 동맹과 위신을 절실히 필요로 하는 소국의 왕위를 제안받는 경우가 가장 많았다. 14세기의 보헤미아와 모라비아, 16세기에 자투리 영토만 남은 헝가리가 그 전형적인 예다. 이런 일반적인 처세술은 19세기에 오스만 지배의 해체와 더불어 독립을 되찾은 발칸 국가들—그리스, 불가리아, 루마니아—에서도 찾아볼 수 있다.

　더 큰 나라들도 때때로 중대한 위협에 직면하여 연합을 다지기 위해 외국인 지배자를 받아들이곤 했다. 폴란드가 14세기 말에 리투아니아와, 18세기에 작센과 맺은 동맹도 이런 목적이었고 외국인 군주 아래서의 개인적인 왕조 연합이 수반되었다. 하지만 폴란드는 강한 외세의 도전에 직면한 부침의 시기뿐만 아니라 전성기에도 외국인 통치자를 받아들였다. 1573년부터 군주가 선출직이 되면서 (특히 스웨덴 바사 왕실의) 외국인 후보자들이 폴란드 귀족들에 의해 왕으로 선출되었다. 실은 폴란드 귀족층이 '공화국'의 지배권을 쥐었던 것이 그 주된 원인이었다. 우선 귀족들은 그들 중의 누군가, 최고 귀족 중의 한 명이 나머지보다 높이 올라 우위를 점하는 꼴을 보기 싫어했다. 외국인 군주는 그들 간의 미묘한 권력 균형을 뒤엎지 않을 훌륭한 타협안이었다. 같은 이유로, 권력 기반이 없는 외국인 군주는 귀족들의 자유와 특권과 우위를 위협할 능력 역시 덜했다. 이것이 연방의 점진적인 약화 또한 초래했다는 것은 또다른 문제였다.

　나아가 군주가 외국 출신인 경우에도 나라 자체는 고유한 민족적 특색을 너무나도 명확하게 유지했고, 군주는 나라 고유의 관습과 법률을 존중하고 보호할 것을 맹세했다. 실제로 군주 자신이 곧 외국 국적을 포기했고 이것이 왕으로 즉위하기 위한 조건인 경우도 많았다. 때로는 그 왕국에서 보편화된 종교나 특정 기독교 종파로의 개종을 요구받기도 했으며, 군주와 그 자손과 후계자들은 현지 문화로의 동화 과정을 거쳤다. 리투아니아의 야기에우워는 폴란드 왕이 되면서 기독교로 개종했고, 이후로 거의 200년 간 이 나라를 통치한 야기에우워 왕조의 왕들은 의문의 여지 없는 폴란드 인이었다. 이와 마찬가지로, 그보다 후대인 17세기 전반 바사 왕가 출신의 폴란드 왕들 또한 뿌리와 연고가 스웨덴에 있었지만 무엇보다도 우선시된 것은 폴란드인 정체성이었다. 18세기 러시아에서는 차르의 독일인 황후 자신이 황실 근위대를 동원하여 궁정 쿠데타를 일으켜 차르 예카테리나 2세 가 되었다. 이 비범한 즉위에서 결정적 구실을 한 것은 그가 러시아에 오 자마자 정교회로 개종했고 러시아어를 유창하게 구사했으며(그는 러시아어 로 집필도 활발히 했다) 제2의 조국의 이익에 열렬히 공명했고 가능한 모든 수단을 동원하여 이를 널리 알렸다는 사실이다. 한편, 유럽의 반대편에 있 는 잉글랜드에서 스튜어트 왕조가 약화된 이유 중 하나는 이 왕조가 스코 틀랜드 출신이라는 데 있었다. 1714년 왕위 계승법에 의거하여 하노버 가 문의 일원이 영국 국왕 조지 1세가 되었을 때는 그의 독일 정체성과 연고 에 대한 의혹과 거부감이 매우 강했다. 하지만 당시 영국에는 이미 의원내 각제가 잘 확립되어 있었고, 외국인 군주가 허약했기 때문에 더 깊이 뿌리 내리게 되었다. 두말할 필요도 없겠지만 독일 정체성은 하노버 왕조의 첫 두 군주를 거치기도 전에 거의 사라졌다. 그 자손과 계승자들은 왕가의 공 식 명칭이 윈저로 바뀌기 오래 전에 완전히 영국인이 되었다.

근대주의 이론가 존 브루이는 중세 정치사상에 민족과 민족주의가 부 재한다고 주장하며 이 사례를 그것이 존재하지 않았다는 증거로 간주했 다.[187] 그러나 왕조의 정통성이 최우선시되고 궁정 사회가 정치 교의와 법리의 형성을 지배했음을 감안할 때 민족주의 담론이 부차적 역할을 수행한 것은 놀랄 일이 아니다. 정치철학자 마이클 왈저Michael Walzer가 썼듯이,

> 그리스 시대부터 대다수의 정치이론가들은 그들이 다루는 공동체의 민족적·종족적 동질성을 가정해왔다. 루소의 저작이 쓰이기 전부터, 이론이 비록 명시적으로 민족주의를 표방한 적은 없었지만 정치 관행과 제도에 대한 언급의 밑바탕에는 대개 공동된 언어, 역사, 혹은 종교에 대한 가정이 깔려 있었다.[188]

중세사학자 수전 레이놀즈는 『서유럽의 왕국과 공동체들, 900~1300년 Kingdoms and Communities in Western Europe, 900~1300』에서 이 점을 다음과 같이 요약했다.

> 왕국이 그저 어쩌다 왕의 지배를 받게 된 영토라고만 여겨진 적은 한 번도 없었다. 왕국은 '백성'(겐스, 나티오, 포풀루스)으로 구성되었고 그들과 상응했다.…… 이는 너무나 당연하게 받아들여졌기에 학식 있는 저자들이 정치적 주제를 논하면서 이를 놓고 직접적인 논쟁을 벌이는 일은 거의 없었다. 이것이 자신의 정치적 주장 밑에 깔린 비논리적 전제임을 암시하는 언급만 했을 뿐이다.…… 이 모두[민족에 대한 근대적 이론화]가 중세사학자들에게 제기하는 난점은 민족주의를 연구하는 너무나 많은 역사학자들이 가정하듯이 영구하고 객관적인 진짜 민족의 관념이 중세인에게 낯설었다는 것이 아니라, 이것이 왕국에 대한 중세의 관념과 매우 흡사하다는 데 있다.……[189]

사회정치적 불평등

　　절대다수의 전근대 사회에는 귀족 지배, 법적 불평등, 농민 대중의 예속과 정치적 권리 박탈이 팽배해 있었다. 근대주의자들은 이것이 이들 사회에 민족 정체성, 친밀감, 연대 의식이 부재했던 이유 중 하나라고 주장했다. 이 주장에 따르면 엘리트도 농민도 스스로를 같은 집단의 일부로 여기지 않았다. 본 장은 그것이 사실이 아님을 보여주었다. 첫째로, 모든 전근대 국가사회들이 지위, 권리, 사회정치적 권력 분배의 측면에서 똑같은 정도로 양극화되었던 건 아니다. 근대주의자들이 간과해온 크나큰 다양성이 존재했고, 중요한 건 이 다양성이었다. 우리가 보았듯이, 고대 마케도니아 민족국가는 대규모 보병대에 의존했기 때문에 군주와 귀족 모두에 대하여 평민과 그들의 민회가 힘을 가질 수 있었다. 1300년경 잉글랜드 지배에 맞서 일어난 스코틀랜드 봉기가 성공한 것은 어디까지나 모든 계급을 포괄한 광범위한 대중적 기반 덕분이었다. 중세 노르웨이와 스웨덴의 농민 계급도 비록 귀족의 지배를 받았지만 나름의 입지를 고수했고 자신들의 목소리를 당시 유럽의 다른 대부분의 국가들보다 훨씬 크게 국정에 반영해냈다. 이 점은 카탈루냐도 (카스티야에 비하면) 마찬가지였다. 체코를 집어삼킨 후스 운동은 대중적인 사건이었다. 대체로 많은—특히 동유럽의—국가사회들은 농민의 농노화가 진행되면서 중세보다 근세에 오히려 더 억압적으로 바뀌었고 사회적으로 양극화되었다.

　　둘째로, 비록 전근대 사회의 문맹 대중이 문자 기록에서 침묵하고 있지만, 우리는 넘기 힘들어 보이는 이 장애물을 극복하고 그들의 정서와 태도를 엿볼 수 있는 방법을 제시한 바 있다. 그들의 말 대신에 행동을 보아야 한다는 것이다. 확실히 이는 그들이 어디에 서 있었는지를 더 잘 나타내는 지표다. 이 테스트의 결과는 명확하다. 심지어 가장 전제적이고 억압적인 국가사회에서도 농민 대중은 자기 나라·동족과 자신을 동일시했고 특히 외세의 중대한 위협으로 민족적 위기가 닥쳤을 때는 더더욱 그랬다는 것이다. 이런 극단적 상황에서, 평시에 대중의 권리를 박탈하고 무시하던 국가 권력은 공통의 형제애, 문화, 모국을 들먹이며 그들에게 호소했다. 분명 국가 권력은 이런 호소가 국민들에게 효과를 발휘하리라 기대했을 것이다. 그리고 실제로 대중 쪽에서도 흔히 자기 목숨을 비롯한 숱한 위험을 무릅써가며 이에 호응했다. 유사 이래로 모든 인민은 그들의 자유를 수호하거나 되찾기 위해 습관적으로 무기를 들고 일어섰다. 그들의 사회 중 압도적 다수는 민주적이지 않았고 개인의 자유를 거의 인정하지 않았으므로, 그들이 절실히 갈망하며 피와 재산을 기꺼이 바치고자 했던 집단적 자유는 명백히 외세의 지배로부터의 자유였다. 자신들의 지배자―흔히 압제자―가 동족인가 아닌가는 인민에게 대단히 중요했다.

4장에서 우리는―이를테면 힉소스 치하의 고대 이집트나, 여진과 몽골의 지배에 직면한 중국에서―이런 일이 일어난 것을 확인했다. 심지어 유럽의 가장 억압적인 민족국가들에서도 같은 일이 일어났다. 일례로 러시아는 언제나 거룩한 러시아 조국에 대한 인민의 뿌리 깊은 헌신에 의존할 수 있었다. 17세기 초 폴란드, 18세기 초 스웨덴, 19세기 초 프랑스의 위협이 닥친 비상시기에, 특히 첫째와 셋째 사례에서 외국 침략자들을 물리치는 데는 대규모의 대중 참여가 핵심적 구실을 했다. 실제로 이 두 사례에서의 대중 동원은 국가가 유도했다기보다 자발적인 것에 더 가까웠는데, 정부는 대중적 민족 감정의 분출이 기존 사회 질서를 위협할까봐 다소 우려했기 때문이다. 이는 중국 송나라의 사례에서도 마찬가지였다. 어느 쪽이든, 이런 대중적 민족 감정은 지극히 뚜렷하게 존재했다. 17세기 중반과

18세기 초에 스웨덴에 대한 대중 저항이 발현된 '대홍수' 시기의 폴란드에서도 사정은 다르지 않았다. 여기서도 농민을 그 누구보다 가혹하게 예속시켰던 이 나라의 왕과 귀족들은, 반드시 물리쳐야 할 외국 침략자를 물리치는 데 기여한 대중의 이러한 행동에 어떻게 대응해야 할지 몰라 불안해했다. 또다른 전형적 대귀족 사회인 헝가리에서는 17세기 후반기에 합스부르크 지배에 대한 불만이 비등점에 이르자, 귀족들이 대중적 민족 정서에 가장 강하게 감정적으로 호소했다.

따라서 인민은 근대주의의 도식과는 반대로—그리고 상식적 클리셰에 따라—언제나 자기 동족과 나라를—심지어 자기 생명을 포함한 숱한 위험을 무릅쓸 정도로—사랑하고 그들을 자신과 동일시했다. 심대한 사회정치적 불평등과 억압은 분명히 이런 정서의 걸림돌이었고 공적 영역에 이런 정서가 끼어들 여지를 거의 남기지 않았다. 하지만 심지어 가장 양극화된 민족국가 사회에서도, 전국 규모의 대중적 종족애국주의는 민족에 위기가 닥칠 때마다 자발적으로 강렬하게 표면화되었다. 과거의 농민들에게도—1914년 유럽의 프롤레타리아들 못지않게—엄연히 조국이 있었던 것이다.

방언의 분열은 얼마나 깊었을까?

전근대 민족 군주정의 왕조 원리와 사회정치적 계층화가 민족 감정을 무효화한 게 아니라 제한하는 선에서 그쳤다 할지라도, 이런 왕국들은 같은 문화와 같은 집단이라는 의식을 가로막는 방언의 차이가 너무 큰 나머지 속수무책으로 분열되지 않았던가? 이에 대한 근대주의적 주장 또한, 표면적으로는 설득력 있어 보이지만 사례를 매우 선별적으로 취사선택하고 있으며 그만큼 오도의 소지가 크다.

　분명히 일부 나라에서는 언어적 다양성이 상당히 컸다. 독일에서 이는 지역 간 상호 이해를 진짜로 가로막는 장벽이 되었다. 이탈리아에서는 사실상 서로 다른 언어들이 생겨났다. 이는 중세 이베리아에서도 마찬가지였다. 프랑스에는 랑그도일과 랑그도크라는 별개의 두 언어 공간 안에 다양한 지역 방언들이 존재했다. 정치적 통합과 언어적 통합 사이에는 분명히 상호 작용이 이루어졌다. 중세 독일제국의 해체와 통일 이탈리아 국가의 부재는 언어적 분열 과정을 강화했다. 스페인은 그 반대 방향으로 나아갔다. 저마다 고유한 로망스계 언어를 지녔던 별개의 소규모 중세 국가들이, 팽창하는 카스티야와 카스티야어에 점점 더 포섭된 것이다. 이와 비슷하게 프랑스에서도 정치적 통합이 프랑스어의 확대로 이어지며 엘리트 계층에 프랑스어가 도입되었다. 하지만 주목할 것은, 독일과 이탈리아에서 문어文語의 공유가 각각 문화민족Kultur Nationen으로서의 공통된 정체성 의식을 강화했다는 점이다. 그리고 앞에서 보았듯이, 문해 계층의 고급문화와 문맹 대중의 하급문화 사이의 접점은 겔너가 상상한 것보다 훨씬 더 중요했다. 게다가, 일례로 정치적 단일성의 의식이 강하고 전통이 오래된 프랑스에서는 언어의 다양성이 중세 프랑스 민족 정체성의 통합을 가로막지 못했다.

　하지만 근대주의적 주장의 주된 결함은, 앞의 사례들을 전형적 지위로 격상시켜 이것이 전근대 국가사회의 표준을 반영한다고 가정하는 데 있다. 사실 이 사례들은 스펙트럼의 한쪽 극단만을 나타낼 뿐이다. 일부 나라에서는 방언의 차이가 아주 근소하고 무의미했다. 어떤 나라에서는 조금 더 두드러졌지만 그래도 위에 인용한 사례들과는 비슷하지도 않았고 상호 의사소통이나 민족적 집단의식을 가로막는 의미 있는 장애물이 되지도 않았다. 예를 들어, 이미 보았듯이 아랍어 구어는 상당한 현지 억양과 관용 표현에도 불구하고 (마그레브 지역을 제외하면) 광활한 중동 전역에 걸쳐 의사소통이 가능하다. 라틴어는 지역에 따라 주로 억양의 미미한 차이가 있었을 뿐 서로마제국 전역에서 통용되었으며, 이탈리아나 스페인, 갈리아에서 옛 현지어를 완전히 몰아내고 그 자리를 차지했다. 또 전근대 유럽의 일부 지역에서도 상황은 그리 다르지 않았다.

방언dialect이라는 용어는 숨은 가정과 모호함이 가득 담긴 개념으로 유명하다. 서로 다른 방언과 별개의 언어를 구분하는 선이 때때로 흐릿하고 정치적으로 결정되기 때문이다. 극단적인 경우 외견상 같은 언어 공간의 방언들끼리 소통이 안 될 때도 있다. 따라서 "언어란 육군과 해군을 갖춘 방언"이라는 재담은 정곡을 찌른 영리한 과장이다. 심지어 전문 언어학자들도 방언이라는 용어를 억양(음운론), 단어(어휘), 문법(형태론), 혹은 이들이 결합된 크고 작은 변이를 모두 포괄하는 느슨한 뜻으로 사용한다. 이 분야의 학술적인 언어학 연구들은 이런 변이들의 세세한 기록에만 거의 완전히 전념하고 있다. 이런 변이들이 사회적 소통에 어떤 영향을 끼치는지는 말할 것도 없고, 역사학자와 사회과학자와 일반인의 흥미를 끄는 질문들, 예를 들어 이런 변이들이 상호 이해의 측면에서 어떤 의미를 띠는지 등에는 거의 관심을 쏟지 않는다. 그럼에도 가끔 이런 연구를 통해, 어떤 경우에는 '방언'의 차이가 현실적으로 아주 미미하다는 것이 명백해지기도 한다. 이런 사례에는 대규모 국가사회들도 많이 포함된다.

기복이 심한 산악 지형과 반대로 이동하기 수월한 탁 트인 평원과 (정치적 분열과 반대로) 통일된 국가의 통제는 언어적 변이를 감소시키는 요인이다. 유럽에서 가장 탁 트인 평원은 유럽에서 가장 크고 오래된 민족국가―폴란드와 러시아―의 보금자리이기도 한데, 이 두 가지 요인의 영향을 잘 보여준다. 폴란드부터 시작하자. 북부(카슈비인)와 남부 카르파티아의 극소수 인구를 제외한 폴란드인은 폴란드어를 쓰며 스스로를 폴란드어와 긴밀히 동일시해왔다. 과거 폴란드가 지배한 영토에는 다른 언어 사용자들―우크라이나인, 벨라루스인, 유대인, 독일인―도 존재했지만 그들이 폴란드인으로 여겨진 적은 없으며 어쨌든 여기서 우리의 관심사는 폴란드어 사용자다. 언어학자들은 폴란드어 사용자를 대폴란드, 소폴란드, 마조프셰, 폴란드령 실레시아의 네 주요 방언 영역으로 구분한다. 하지만 이 맥락에서의 방언이란 실제로 아주 미미한 차이를 뜻한다. 일찍이 중세 후기와 근세에도 "폴란드에서 방언의 변이는 미약했고 전 지역에 공통된 많은 특징들이 몇몇 차이점을 압도했다."[190] 이는 심지어 전근대 사회의 가장 기본적인 구분―농민들이 흔히 쓰는 언어와 엘리트의 '세련된' 말투―에도 적용되었다. "심지어 16세기(그리고 아마도 17세기)에도 귀족의 발음과 농민들의 발음은 차이가 없었다."[191] 엘리트가 좀더 '세련된' 발음을 채택한 건 나중에 가서였다. 폴란드어 문어체는 11~12세기부터, 공식적 문어는 16세기부터 존재해왔다. 그러나 폴란드어 사용자라면 누구나 이 모두가 폴란드어임을 뚜렷이 알아볼 수 있었다. 우리는 르네상스 시대의 공통 언어와 민족 정체성의 관계에 대한 다음의 단락을 이미 인용한 바 있다.

> 르네상스 시대에 민족을 구분하는 주된 특징은 언어였다. 따라서 농민이 하나의 공통된 언어에 기반한 민족의 일부임을 드고우시부터 안제이 프리치 모제프스키에 이르기까지 아무도 부인하지 않았다. 저명한 사전 편찬자인 얀 몽친스키는 자신의 폴란드어-라틴어 사전에서 '나티오natio'라는 단어를 '같은 언어를 쓰는 민족'이라고 정의했다.[192]

물론 폴란드에서 1945년 이후 동부로부터의 대규모 이주, 산업화, 도시화, 보편 교육과 더불어 언어가 대폭 표준화되고 국지적 변이가 감소한 것은 확실하다.[193] 하지만 1945년 이전 폴란드에 퍼져 있던 국지적 변이들은, (전형적인 사례로 간주되는 독일과 비교하자면) 독일에 존재했고 아직까지도 존재하는 방언 차이와는 질적으로 달랐다. 여기서의 진짜 장애물은 방언이라는 용어 자체가 너무 큰 범위를 포괄한다는 데 있다. 나의 아버지와 장인어른은 2차대전 전에 폴란드에서 태어났고 홀로코스트를 피해 전국을 떠돌아다녔는데, 두 분의 증언은 일화적인 것으로 볼 수도 있지만 우리가 앞에서 확인한 내용과 완전히 일치한다. 두 분의 주장에 따르면 폴란드의 어떤 지방이나 마을에서도 알아듣기 힘든 폴란드어를 쓰는 사람을 만나보지 못했다고 한다.

러시아어 사용자들에게서도 똑같은 증언을 들을 수 있다. 언어학자들이 북부, 중부, 남부로 지도화한 러시아어 '방언'들 사이에는 발음과 어휘의 근소하고 표피적인 차이밖에 없다. 공통된 러시아어는 키예프 대공국 시대 이래로 존재했고, 모스크바 공국의 통일은 이 나라의 언어 통합을 유지했다. 16세기부터는 교회 슬라브어가 공문서 러시아어와 더불어 문어로 쓰였고, 18세기에는 문학적 러시아어 문체가 형성되었다.[194] 하지만 분명히 말해서 러시아어는 계속 러시아어였다. 여기서도 20세기 특히 1930년대부터 근대화와 더불어 표준화가 증대되었지만 이것이 러시아어를 만들어낸 건 아니었다. 19세기 초부터 거의 보편적인 초등교육 체제가 시행되는 등 이보다 훨씬 전에 더 철저한 근대화 과정을 겪고도 기존에 깊이 뿌리내린 광역·국지 방언들이 사라지지 않은 독일어와 비교해보자.

유럽의 여타 나라 방언들의 변이 폭은 천차만별이었다. 중세 보헤미아에서는 프라하 지방어가 표준 문어가 되었지만 보헤미아와 모라비아의 언어적 변이는 아주 미미했다.[195] 체코의 체코어를 언급한 후스 시대의 방대한 문헌들은 뚜렷하고 구체적인 대상을 가리키고 있다. 그에 비해 정치적 통일과 독립을 결여했고 산지가 더 많은 이웃 슬로바키아에서는 방언의 변이가 상당히 두드러졌다. 중부 유럽 평원에 자리잡은 중세 헝가리 왕국의 헝가리인들은 매우 동질적이었다. 그 후대에 생겨난 모든 (미미한) 변이들은, 제국이 해체되어 그 옛 영토와 헝가리어 공동체들이 여러 나라로 분단된 결과였다. 크로아티아, 세르비아, 불가리아, 루마니아의 방언 변이 폭은 그보다 조금 더 컸고 독립과 정치적 통일을 상실하면서 더 심화되었다. 스칸디나비아에서는 산지가 많은 노르웨이의 방언 차이가 (덴마크어에 더 가까운 말을 쓰는 스웨덴 서남부를 제외하면) 스웨덴이나 덴마크보다 한결 더 두드러졌다. 이베리아는 다양한 로망스계 언어들로 분열되어 있었지만 카스티야어 내의 변이는 미미했다. 카스티야의 규모가 컸음에도 카스티야어의 변이가 카탈루냐어의 변이보다 훨씬 적었던 것이다. 유럽 포르투갈어의 국지적 변이도 미미했다. 앵글로색슨 잉글랜드와 중세 후기 잉글랜드의 영어에는 국지적 변이가 있었고, 북부는 덴마크어의 영향이 특히 강했다. 그럼에도 앞의 모든 사례와 비슷하게, 또 독일·이탈리아·프랑스의 큰 방언/언어 다양성과는 달리, 이 변이들은 서로 알아들을 수 없을 정도로 커진 적이 없었다. 또 (특히 통일 국가가 존재할 때는) 같은 인족이라는 의식을 방해하지도 않았다. 민족 및 민족주의 연구에서 모든 방언이 파편화되어 있었다는 시각에는 허점이 있다. 영주와 농민들이 흔히 서로 다른 언어를 썼다는 겔너의 주장은 주로 합스부르크와 발트 동부 등 일부 지역에 한정되는 것으로 전혀 대표성이 없다. 전근대/근대의 언어 다양성 차이와 그것이 전근대 민족/근대 민족 간 대비와 관련하여 띠는 중요성은, 비록 상당히 크긴 했어도 겔너 등이 주장한 것처럼 일률적이거나 이분법적이지 않았다.

맺음말

근대화가 인간 사회의 모든 측면을 전폭적으로 변화시켰다는 데는 근대주의자와 전통주의자 사이에 이견이 없다. 아무도 근대화가 민족 현상에 지대한 영향을 끼쳤음을 부인하지 않는다. 논란이 되는 문제는, 전근대세계에 집단적 친족 의식과 공유 문화 의식에 근거한 나라-국가 규모의 공통 정체성과 연대 의식이 존재했는지, 또 그런 집단 정서가 풀뿌리 수준과 농촌 전체까지 확대되어 중요한 정치적 역할을 했는지 여부다. 근대주의 이론과는 반대로, 우리는 한 종족 또는 인족과 초기 국가의 일치가 실제로 매우 강했으며 이는 초기 국가들이 친족-문화를 공유한다는 친밀감과 연대를 바탕으로 세워졌기 때문임을 확인했다. 옛 로마 국경 북쪽의 유럽은 그 지정학적 형세 때문에 이러한 국가의 발생과 존속에 특히 유리했다. 시턴-왓슨이 유럽의 '오래된' 민족들이라고 부른 대다수 유럽 인족과 민족들의 기나긴 역사와 복원력은 여기서 유래했다. 민족주의 신화를 걷어내고 난 뒤에 드러나는 사실은, 일찍이 종족이 형성되었고 이를 토대로 중세에 국가사회가 통합되기 시작했으며 절대다수의 유럽 인족과 민족들이 이때로 거슬러올라간다는 것이다. 앤서니 스미스가 근대 민족에 대해 주장한 것은 전근대 세계에도 적용되었다. 실제로 중세는, 특히 제국들이 성장하고 농민의 농노화가 심화되기 전인 중-동부 유럽의 중세는 어느 면에서 근세보다도 더 민족주의적인 특성을 띠었다.

물론 전근대 유럽의 모든 국가가 민족국가는 아니었다. 더 큰 종족 공간의 일부만을 차지한 소국들이 다수 존재했고, 잠시나마 외국인 정복 전사 계급의 지배를 받은 국가들도 일부 있었다. 또 본격적인 제국들도 있었는데, 실질적으로는 한 종족이나 인족이 지배하는 민족 제국이었다. 물론 탄생한 모든 민족국가들이 살아남지는 못했다. 초기에 출현한 종족민족 정체성의 다수는 소멸하거나 알아볼 수 없을 정도로 변형된 반면, 어떤 종족민족 정체성은 수 세기 뒤에 출현하기도 했다. 그럼에도 유럽의 종족민족 지도를 보면, 이런 정체성들이 중세에 처음 형성된 이래로 여러 세기에 걸쳐—흔히 1천 년 넘게—복원력을 유지해왔음이 인상적으로 드러난다. 유럽에서 1500년에 500개 정도였던 정치 단위의 수가 이후 25개 정도로 줄어들었다는 지적도 있다.[196] 하지만 이 과정에서 '희생된' 사실상 모든 정치 단위들은 반독립적인 봉토들, 갖가지 소국들, 그리고 몇몇 다종족 제국이었음을 덧붙여야 한다. 민족국가들은 크든 작든 간에 놀라운 복원력을 드러냈다.

이는 전근대 유럽의 민족/민족주의와 근대 유럽의 민족/민족주의 사이에 큰 차이가 없다는 말이 아니다. 오히려 그 반대였다. 전근대적 형태의 민족은 전근대 세계의 모든 속성을 지니고 있었다. 일례로 전근대 민족주의는 종교적 세계관 안에 깊이 매몰되어 있었다. 사실 종교는 종족민족 감정을 온 나라에 전파한 주된 매개체이자 국가·민족 건설의 주된 도구였다. 민족 정체성의 이런 전근대적 특성이 근대적 형태의 민족태와 다르기 때문에 진정한 민족 정체성이 아니라는 주장은 논점을 회피하고 있다. 인정하건대, 전근대의 민족 정서는 근대에 비해 정치에서 덜 지배적인 변수였다. 이는 (적어도 공식적으로는) 정통성 기반으로서의 군주-왕조 원리 뒤로 밀렸고, 강한 지역 정체성들과 경쟁했으며, 사회정치적 불평등 때문에 위태로워지기도 했다. 하지만 그렇다고 해서 민족적 친밀감, 정체성, 연대감이 충성과 정치적 정통성의 경계를 형성하는 매우 의미 있는 정치적 힘으로서 존재하지 않았다고 주장하는 것은 근대주의적·이분법적 이론화의 근본적 오류다.

수전 레이놀즈도 똑같은 견해를 밝혔다.

오늘날 일부 학자들은—아마도 한 집단과의 연대가 다른 모든 집단을
배제한다는 루소의 믿음에서 영향을 받아—중세인들이 자기 영주나 지
역 공동체말고는 누구에게도 충성심을 느끼지 못했다고 믿었다. 한 가
족, 한 도시, 한 대학, 한 민족국가에 동시에 소속된 사람이라면…… 이
런 생각이 이상하다는 것을 알아차려야 마땅하다.…… 통치는 여러 층
위로 구성되었고, 충성은 이에 따라 각각의 층위를 향했다. 왕국은 백성
그 자체로 인식되는 통치 단위였다. 통치와 연대는 둘 다 본질적인 요소
였다.[197]

본 장에서 이미 인용한 단순하고 상식적인 진리를 재차 인용하더라도 지
나친 일은 아닐 것이다. 근세 우크라이나를 연구하는 한 역사가가 썼듯이,
"한 사람의 일차적 정체성으로서의 민족은 19~20세기의 개념이지만,
17세기인들은 같은 조국에 거주하거나 같은 혈통과 문화와 역사적 전통을
가지는 것을 중요한 문제로 여겼다."[198] 근세 러시아를 연구하는 또다른 역
사학자에 따르면,

가장 흔한 방법은 두 가지다. 근대적 형태의 민족의식을 과거에 투영하
거나(모든 19세기 저자들의 접근 방식), 이런 접근 방식으로 빚어진 왜곡
에 절망하여 18세기 이전 러시아에서 민족의식의 존재 자체를 부인하
는 것이다. 하지만 꼭 둘 중 하나를 취할 필요는 없다. 16~17세기 러시
아인들은 뚜렷한 민족의식을 지니고 있었다. 다만 푸시킨, 알렉산드르 3
세, 레닌의 그것과 같은 형태의 민족의식이 아니었을 뿐이다.[199]

많은 이들이 지적했듯이, 민족현상에 큰 힘을 부여하여 이를 의미 있는 정치 변수에서 '민족주의 시대'의 핵심에 위치한 지배적 정치 변수로 바꾸어놓은 것은 대중 주권, 시민권, 시민적-법적 평등, 민주화, 그리고 지역 정체성의 약화라는 교의였다. 이 모두는 이제부터 우리가 살펴볼 근대화 과정과 긴밀히 얽혀 있었다.

제6장

근대:
해방되고 변형되고 강화된
민족주의

근대화는 농업의 도입 이후 인간사회가 겪은 가장 심대한 변화였고 민족현상에 큰 영향을 끼쳤다. 이 근대화 과정은 수백 년간 유럽과 서양이 개척하고 이끌었지만 세계의 다른 지역들도 따라잡아왔다. 근세에 몇 가지 중요한 발전이 민족주의를 진전시켰다. 인쇄 기술은 책, 잡지, 신문 매체의 지속적 확장을 통해 공유되는 언어-민족적 '상상의 공동체'를 강화했다.[1] 떠오르는 상업자본주의는 국가·국제 규모의 경제를 창조하고 지역의 자급자족을 약화시켰다. 절대군주제는 왕국에 대한 중앙 정부의 통제를 강화했지만, (18세기에 네덜란드, 영국, 미국, 그리고 혁명 프랑스에서 점진적으로 출현중이던) 나라-국가 규모의 대의에 의한 통치는 더 큰 평준화 및 통합 효과를 발휘했다. 1800년 전후로 상업자본주의가 산업화와 그 다양한 결과를 초래하면서 본격적이고 폭발적인 근대가 시작되었다. 농촌 위주가 아닌 도시 위주의 사회가 되었다. 통신·거래망의 확대가 기하급수적으로 가속화되었다. 대규모 교육 제도가 표준이 되면서 전체 인구가 문맹에서 벗어났다. 근대주의자들은 민족주의 시대 배후의 주된 요인으로 때로는 통신의 발달을, 때로는 산업화를, 때로는 대중정치를 강조했다. 하지만 이 모두가 영향을 끼쳤으며 이 모두가 상호 연관을 맺고 서로를 강화했다.

사실 이러한 변화에 대해서나, 민족현상을 포함한 근대화 과정이 삶의 모든 측면을 철저히 변화시킨 사실에 대해서는 전통주의자와 근대주의자 간에 별다른 이견이 없다. 하지만 민족과 민족주의가 근대성에 의해 변형되고 크게 강화되었을까, 아니면 근대성과 더불어 실제로 비롯되었을까? 이 책에서 지금까지 보았듯이, 나라-국가 규모의 친족-문화 정체성, 친밀감, 연대 의식은 근대 훨씬 이전부터 엄연히 존재해왔다. 게다가 정치적으로 매우 강력했고, 충성을 강화함으로써 정치 공동체 사이의 경계와 그 내부의 권력 관계까지 뒷받침했다. 종족 간 차이의 정치화는 정치 자체의 시초까지 거슬러올라간다. 이제 근대가 몰고 온 변화를 좀더 면밀히 검토해보자.

1. 인민의 의지와 민족: 무엇이 무엇을 가능케 했는가?

／

대중 주권이라는 개념에는 많은 것이 걸려 있다. 많은 근대주의자들은 대중 주권을 민족의 필수 요소로—이것 없이는 민족이 존재할 수 없다고—보았다. 과거에는 일부 도시국가와 그 밖의 소규모 정치 공동체에만 한정되었던 대중 주권은 근대에 들어서야 나라-국가 규모로 도입되어 규범이 되었고, 인민에게 힘을 부여하여 본격적인 정치 주체로 변모시켰다. 이 심대한 변화는 앞에서 언급한 근대화 과정에 견고히 뿌리박고 있었다. 근세에는 정치에 능동적으로 참여할 권리를 요구하는 압박이 주로 시골 신사와 도시민burgher으로부터 왔다. 그들은 신흥 자본주의 경제의 대변인 이자 인쇄를 통해 크게 향상된 정보 흐름의 주된 수혜자였다. 영국, 미국, 프랑스 혁명의 주도층도 이 사람들이었다. 이 시기의 도시 팽창 또한 일정한 영향을 끼쳤고, 특히 전형적인 파리의 경우에는 '군중mob'이—그들을 향한 계몽 자유주의자들의 양가감정에도 불구하고—구체제를 무너뜨리는 데 결정적 구실을 했다. 그럼에도 훨씬 더 전면적인 변화는 19세기에 대중사회의 성장과 더불어 일어났다.

'대중mass'이라는 단어는 대중의 머릿수가 아닌 집중, 상호 작용, 동원을 의미한다. 전근대의 대규모 국가에는 항상 다수의 농민이 존재했고 인구의 85~95퍼센트를 이루는 게 보통이었기 때문이다. 하지만 문제는 그들이 시골 전역에—마르크스의 표현을 빌리면 "자루 속의 감자"처럼—무력하게 흩어져 있어서 제 몫을 찾아먹을 능력이 없다는 것이었다. 앞에서도 보았지만, 많은 역사사회학자들이 추측하듯이 전근대 대규모 국가의 모든 농민이 똑같은 정도로 종속되고 권리를 박탈당한 건 아니었다. 그들의 종족민족적 정체성과 충성심 또한 대단히 중요했다. 그렇긴 해도 산업화와 도시화가 일으킨 변화는 혁명이나 다름없었다. 도시로의 대이동은 농촌 위주의 사회를 도시 위주의 사회로 바꾸어놓았다. 근대화 시기는 나라마다 제각기 달랐다. 일례로 영국은 1850년경, 독일은 1900년경, 중국은 2008년경에 도시 인구가 50퍼센트를 넘어섰다.[2] 민족적 대의의 선봉장인 중산층이 그 인구와 중요성 면에서 중대한 성장을 이루었다. 게다가 도시로 몰려든 서민들이 힘과 정치권력의 심장부 주위에 자리잡으면서 누구도 그들을 더이상 무시할 수 없게 되었다. 이제 인민은 분산된 다수가 아니라 응집된 대중을 이루었고, 언제라도 수도 중심가에 바리케이드를 치거나 궁궐로 행진할 수 있었다. 따라서 모든 정권은 모종의 대중적 동의로부터 그 정당성을 이끌어낸다는 의미에서 '대중적popular'이 되어야 했다. 19세기에 선거권이 점진적으로 확대되면서 기존의 자유주의적 의회제는 민주적 의회제가 되었다. 나폴레옹 1세와 나폴레옹 3세는 투표를 통한 대중 독재를 국가 규모에서 최초로 선도했는데, 여기에는 보나파르트주의 혹은 카이사르주의라는 딱지가 붙었다. 20세기 초에는 좌파와 우파 양쪽에서 전체주의 정권들이 출현하여 대중영합적인 모토를 내걸고 대중을 선동하는 한편, 일체의 반대파를 가혹하게 탄압했다.

그 밖의 발전들도 대중에 기반한 체제를 강화하는 데 일정한 역할을 했다. 철도의 확산은 도시로의 대이동과는 반대 방향으로 작용하여, 자신이 나고 자란 마을을 좀처럼 떠나지 않던 농촌 주민들을 더 넓은 세계와 연결해주었다.[3] 학교 체제와 의무 병역의 확대는 (그것이 존재하는 곳에서는) 국민 사회화의 첨병 구실을 했고 민족정신을 고취했다(하지만 이 두 제도는 민족국가에서만 이러한 효과를 발휘했고 다종족·다민족 제국에서는 거의 전혀 그러지 못했다). 문해의 확산으로 생겨난 대중지들은 새로운 대량 판매 시장의 물꼬를 텄고 거의 예외 없이 민족주의적 성향을 띠었다. 19세기의 전신電信에 이어 20세기에는 또다른 획기적 통신 기술이 도입되면서 심지어 도시화에 뒤처졌던 나라들에서도 대중사회가 더욱 강화되었다. 그중 영화나 뉴스 릴 등은 기존의 대중지와 더불어―또 1920년경부터는 라디오가, 1950년경부터는 텔레비전이―나라의 외딴 벽지까지 도달했다. 자동차 또한 철도를 보완하며 같은 효과를 발휘했다.

이 모두는 근대 이전의 대규모 국가에서는 유례가 없던 수준의 광범위한 대중 통합 및 정치화를 의미했다. 대중 주권과 '민족주의 시대'는 밀접한 관련이 있었다. 그렇다면 둘의 관계는 정확히 어떤 것이었을까? 많은 근대주의자들은 대중 주권을 민족 개념과 떼놓을 수 없는 것으로 상정하지만, 이 융합은 그들이 실은 후자가 아니라 전자를 정의하고 있음을 의미하는 것일 수도 있다. 두 현상 사이의 연관과 상호 작용을 설명할 필요가 있다.

인과관계의 방향부터 시작하자. 근대에 민족주의가 원칙적으로나 현실적으로나 지배적이 되었음을 부인하는 사람은 아무도 없다. 문제는 왜 그랬는가다. 산업화와 도시화로 인한 변화가 결정적 역할을 한 건 분명하다.

종족적으로 가까운 인구가 뒤섞여 접촉하는 과정에서 과거에 존재했던 방언과 관습의 국지적 다양성이 소멸했다. 또 긴밀히 맺어진 소규모 마을 공동체들이 사라진 자리에는 이동하는 '원자적' 대중사회가 새롭게 들어섰다. 게마인샤프트(공동사회)가 게젤샤프트(이익사회)에 자리를 내주면서, 일차적 정체성의 중간—지방적, 어떤 지역에서는 부족적—구심점이 약화되거나 완전히 사라졌다. 이렇게 훨씬 더 통합되고 균질화된 사회에서 민족은 핵가족을 초월한 친족-문화적 정체성을 주로 의탁하는 대상이 되었다. 나아가 민족주의의 물결은, 어느 정도는 근대의 엄청난 전환기에 사람들이 겪은 혼란, 방향 상실, 소외에 대한 외상 반응으로 볼 수도 있다. 하지만 이게 전부일까? 이 가운데 많은 것이 맞는 말일 수 있고, 내 견해로는 정말로 맞다. 그러나 이 모두를 긍정하면서도 인과관계의 실마리를 하나 더 추가할 수 있다. 대중의 정치화, 인민의 권리 강화, 대중 주권은 이제 인민이 자신의 선호를 정치적으로 표출할 수 있게 되었다는 뜻이며, 이 인민은 아주 많은 경우에 민족적 정체성 및 연대 감정을 품고 있었다는 것이다. 민족주의 시대를 부채질하는 데는 상호 보완적인 두 가지 과정이 작용했다. 즉, 대중사회와 대중 주권은 민족적 결속과 민족에 대한 인민의 지분을 크게 강화했고, 바로 그러한 이유로 예로부터 품어온 대중적 민족주의 정서가 해방될 길을 열어젖혔다.

강조하건대, 나는 민족주의가 기정사실이라거나 상수라거나 불변의 무엇이라고 말하려는 게 아니다. 전근대 민족주의는 비록 정치적으로 매우 강력할 때도 있었지만 근대의 현상에 비하면 응집력과 힘이 약했다. 더구나 전근대 왕조국가가 실제로 민족 군주정이었고 종족정치 공동체 전체를 포괄하긴 했어도, 민족주의가 국가체의 지배적 언어가 되는 경우는 어디까지나 기존의 정통성 원리들—무엇보다도 왕조 원리—이 퇴조할 때에 한

해서였다. 프랑스혁명은 프랑스 민족을 만들어낸 게 아니라 민족의 주권자를 군주에서 인민으로 교체한 과정이었고, 이 과정에서 민족에 대중적 에너지와 충성심을 불어넣은 건 덤이었다. 이는 실로 엄청난 변화였지만 근대주의자들이 생각하는 것만큼 극단적인 변화는 아니었다. 근대주의자들은 매우 인상적인 근대적 변화에 지나치게 깊은 인상을 받았다. 여기서 제시하는 좀더 복잡한 구도에 따르면, 전면적 근대화 과정은 민족주의를 출범시킨 게 아니라 해방시키고 변화시키고 강화하는 동시에 그 정당성을 크게 높여주었다.

그러니까 대중 주권은 민족주의에 기여하는 동시에 민족주의가 해방될 출구를 제공했다. 하지만 이 두 현상의 관계에는 흔히 망각되는 또다른 측면이 있었다. 대부분의 경우 역사적으로 뿌리내린 민족 정체성은 그 나라에서 대중 정치의 선결 조건이었지 그 반대가 아니었다는 것이다. 일찍이 1861년에 J. S. 밀은, "서로 다른 민족들로 구성된 나라에서는 자유 제도가 거의 불가능하다"고 지적한 바 있다.[4] 19세기 유럽에서 자유주의의 대의와 민족주의의 대의가 거의 불가분한 관계였다는 건 잘 알려져 있다. 미국 대통령 우드로 윌슨도 1차대전 이후의 세계에서 민주주의와 민족자결을 같이 옹호했다. 한 나라의 자유 정부가 국민이 공유하는 민족 정서의 존재에 의존하는 이유는 명백하다. 일단 인민이 무력에 의한 강압에서 풀려나 그들의 의지를 표현하고 실행에 옮길 자유를 갖게 되면 그들은 거의 예외 없이 그들만의 민족국가에서 살기를 택하기 때문이다. 인민의 의지는—그것이 표출된 경우에는—어김없이 민족주의적인 성격을 띠었다. 특기할 점은, 자유 정부가 없는 민족국가는 상당수 존재했지만 민족 공동체가 부재한 상황에서 자유 정부가 존재한 경우는 거의 없었다는 것이다.

다종족 제국들이 유럽을 비롯하여 다른 지역에서도 완전하게 해체된 것은 시사하는 바가 크다. 이미 보았듯이 전근대 제국들은 종족민족적 토대에 크게 의지했다. 즉, 제국 핵심 종족·인족의 권력과 충성심에 의존하여 소수 종족·인족을 강제로 지배했다. 그리고 소수 종족·인족이 대체로 외세 지배에 순응한 것은 어디까지나 힘의 열세라는 현실 때문이었다. 제국 내에서 종속민의 광범위한 저항과 대규모 반란은 언제든 일어날 수 있는 일이었고 많은 경우 유혈 사태로 번졌다. 이런 독립 투쟁이 대중적 규모로 자주 일어났다는 사실을 부인하기란 불가능하다. 한 인족의 집단적 자유를 향한 충동을 민족주의적 충동이 아닌 다른 무엇으로 기술하는 건 부자연스럽기 때문이다. 그 인족이 사회에서 종속적 위치에 있었고 흔히 개인적 자유가 없었다는 건 그리 중요치 않았다. 대부분의 제국에서는 주류 인족도 개인적 자유를 인정받지 못했지만, 소수 인족은 개인적 자유와 집단적 자유 둘 다 인정받지 못했다. 이 두 가지 형태의 자유를 혼동하지 말아야 한다. 그렇다면 이런 의문이 떠오른다. 오스만, 합스부르크, 러시아 제국은 왜 그 이전이 아닌 19세기부터야 종속민에게서 민족주의적 압박을 받기 시작했을까? 그 이전에 종속민의 독립 압력이 부재했기 때문이 아님은 확실하다. 근대화와 더불어 일어난 일은 민족주의의 강화만이 아니었다. 꼭 민족주의와 관련된 것만은 아닌 여러 가지 이유로 제국의 압제 또한 쇠퇴했다. 그래서 종속민이 독립해 나올 수 있는 힘이 더 커지게 되었다. 근대 민족주의와, 제국 압제의 쇠퇴로 인한 정치적 선택의 자유는 서로 긴밀한 관계였다. 하지만 완벽한 상관관계는 아니었는데, 이는 전자 못지않게 후자도 민족주의적 분리주의의 물결을 설명하는 중요한 요인이었음을 보여준다.

세 제국 중에서 가장 덜 근대적인 오스만 제국부터 시작하자. 겔너는 그리스 독립전쟁(1821~1833년) 등 발칸 민족들이 오스만 제국에 대항하여 일으킨 독립 운동이 민족주의가 산업화의 결과로 탄생했다는 자신의 가설에 중대한 도전을 제기한다는 걸 잘 인식했다.[5] 그리스가 근대에 시작된 몇몇 발전의 영향을 전혀 받지 않은 건 아니었다. 서구 사상과 미국·프랑스 혁명의 영향을 받은 소수 핵심부 지식인은 책과 팸플릿을 통해 민족주의의 대의를 옹호했고 고학력 상인 계층은 봉기의 촉발에 중요한 구실을 했다. 그러나 한편으로 그리스 사회 전반은 아주 전통적이었고 전적으로 산업화 이전 단계에 머물러 있었다. 도시화 수준과 문해율은 지극히 낮았다. 제국 전역에 흩어진 그리스인들이 제국 내에서 그나마 상업적이고 진취적인 집단에 속했지만, 그리스 본토 전역을 연결하는 상업-자본주의 경제는 거의 없었고 통일된 중앙정부도 없었다. 민족주의 비밀결사—특히 '필리키 헤타이리아(우호 형제단)'와 같은—들은 전국 규모의 공모 네트워크를 결성했다. 하지만 봉기는 시골 지방의 도적 집단들(클레프테스, 아르마톨로이, 카피)에게 의존했다. 이런 집단 중 일부는 준공식 민병대의 지위를 획득했으며, 성직자가 선동하고 많은 경우 직접 지휘한 문맹 농민 대중의 열성적인 가담에 좌우되었다.[6] 그리스인의 투쟁에 대한 어느 권위 있는 연구는 근대화의 영향을 마땅히 고려하면서도, "모든 계급에 걸친 그리스인들의 강렬한 민족 감정, 그리고 같은 언어에서, 그들의 교회 전통에서…… 이방의 지배하에 있다는 의식에서…… 유래한 감정"을 의심치 않는다.[7] 앞에서도 보았듯이 그리스 민족주의의 강한 종교적 특성은 이 반란이 민족적이 아닌 종교적 동기에서 비롯되었음을 시사하는 게 아니라, 그리스 정교회가 그리스 민족 정체성의 불가분한 핵심임을 의미했다. 특히 이스탄불 총대주교청(이곳의 무기력한 지도자들은 반란이 터지자마자 처형당했다)의 고위 정치에서 멀리 떨어진 시골에 둥지를 튼 하급 성직자들은 민족주의적 열정에 부풀어 있었다. 그리스 독립전쟁은 외국인의 지배에 (외국인과 같은 종교를 믿든

안 믿든 간에) 저항한 그 밖의 전근대 대중 민족 봉기들과 크게 다르지 않았다. 이 봉기들은 반란군에 대한 제국의 상대적 힘에 따라 일부는 무력으로 진압되었고 일부는 성공을 거두었다. 과거에 그리스가 일으킨 반란들은 실패했으나 그리스 독립전쟁이 성공을 거둔 이유는, 근대화가 그리스 민족주의의 시작을 알렸기 때문이 아니라 오스만의 힘이 크게 쇠퇴했기 때문이다.

실제로 오스만과 그 동맹인 이집트가 여전히 그리스보다 더 강했고 반란 진압에 필요한 폭력을 쓰는 데 주저하지 않았음에도 이 국면을 전환시켜 궁극적으로 승패를 가른 건 영국, 프랑스, 러시아의 개입이었다. 프랑스 혁명 이후와 1815년 반동 이후의 유럽 협조체제(빈 체제)는 민족자결이라는 위험한 생각에 반대했지만, 그리스 친화적(그리고 기독교적) 정서는 개입을 불러오기에 충분히 강했다. 그래서 비록 일부 엘리트들 사이의 초보적인 근대적 발전이 이를 촉진하긴 했지만, 그리스가 독립을 쟁취하는 데 성공한 주된 이유는 대중의 의지를 전혀 수용하지 않는 제국 내에서 근본적으로 전근대적인 인민의 열망이 외부의 지원을 받았기 때문이다. 겔너가 인정했듯이, "발칸 산지의 도적 반란군은 자신들이 싸우는 대상과 문화적으로 차별화될 뿐만 아니라—신앙에 의해, 또는 신앙의 상실에 의해—특별히 막강한 신흥 문명과 연결되어 있음을 알았고, 그리하여 이데올로기적 성향을 띤 도적—다시 말해서 민족주의자—이 되었다."[8] 또다른 역사학자의 말을 빌리면 "그리스의 봉기는 계몽주의의 잿더미에서 탄생했다기보다는, 러시아로부터 영감을 받고 전통적 농민운동에 토대를 둔 범그리스주의의 꿈에서 좀더 직접적으로 탄생했다."[9]

발칸 반도의 다른 지역에서도 사정은 그리 다르지 않았다. 겔너가 결국 인정한 대로, "발칸이 산업화와 근대성의 기준에 비추어 뒤떨어졌음을 고려할 때 그리스뿐만 아니라 발칸의 여타 민족주의들 또한 이 이론의 주된 난점으로 비칠 수 있다"[10] 19세기 세르비아에서는 오스만에 맞선 대중 봉기가 거의 시삭되지도 못했다. 세르비아 귀족들이 오스만의 정복으로 사실상 전멸한 뒤였다. 그럼에도 일례로 1594년 바나트에서 일어난 봉기는, 한 유행가의 가사를 빌리면 성직자와 지방 유력자들의 지휘 아래 "전국이 봉기하고 600개 마을이 들고일어난" 민족적 성전이었다[11] 18세기 오스만의 힘이 쇠퇴할 때까지 행해진 모든 시도들이 그랬듯이 이 반란도 진압되었다. 역시 실패로 돌아간 1727년 봉기의 반란 세력은 2만 명에 이르렀다고 전해지는데, 당시 세르비아 전체 인구가 약 50만 명으로 추정되는 것을 감안하면 매우 큰 규모였다[12] 세르비아에서는 음유시인이 부르는 애국적인 노래(페스메Pesme)들이 큰 인기를 누렸는데, 대부분이 문맹인 사회에서 농민 대중의 동원을 촉발하는 데 교회의 영향력과 더불어 핵심적인 역할을 했다[13] 합스부르크의 지원을 받은 코치나 크라이나Kočiné krajina 봉기 (1788년) 역시 프랑스혁명과 그것이 내건 대중 주권의 메시지에 선행했다.

1804~1815년 오스만에 맞선 세르비아의 투쟁이 재개되었을 때, 이는 새로운 혁명 시대의 정신에 발맞춰 봉건제와 농노제의 폐지를 약속하며(이는 1835년에야 실현되었다) 다시금 농민 대중을 사로잡았다. 경제적 착취가 이 봉기의 핵심이었음은 분명하다. 하지만 오스만 제국의 핵심 민족들과 비교해보면, 경제적 착취는 민족적 대의와 맞서기보다는 결합되며 그것을 더 강화해주었음을 알 수 있다. 겔너가 솔직하게 인정했듯이, "발칸의 반란 세력은—이를테면 다른 무슬림 제국 내의 베르베르인 반란 세력과 달리—그냥 반란군이 아니라 민족주의자이기도 했다"[14] 세르비아가 제국으로부터 자국 군주 치하의 공식적 자치와 사실상의 독립을 쟁취하는 데 성공한 것은 주로 오스만의 약화와 (다른 면에서는 반동적 질서를 보장하는 세력

이었던) 러시아의 개입에 대한 우려 때문이었다. 요컨대 서구 자유·세속주의 사상의 메아리는 세르비아 민족의 자유를 가능케 했다기보다는 그것과 공명한 것에 더 가까웠다.

루마니아와 불가리아에서 민족국가가 수립되는 등 발칸의 나머지 민족들이 오스만 제국에서 분리되어 나온 건 그로부터 반세기가 더 경과한 1870년대였다. 근대화의 모든 기준에 비추어 여전히 유럽에서 가장 뒤떨어진 지역이었지만, 이 시기의 발칸은 대부분의 기준에서 진보를 이루었다.[15] 추가로, 이 지역의 다양한 종족과 인족은 서유럽의 민족주의 사상에 더 많이 노출되었다. 나아가 인민의 의지의 표현으로서의 민족주의 열망이 외국의 공감을 얻고 상호 연관된 이들 원칙의 정당성이 서구 여론의 인정을 받으면서 수혜를 입은 측면도 있었다. 이는 열강의 정책을 그들에게 유리한 쪽으로 이끌었다. 러시아가 군사적으로 개입한 동기는 해묵은 제국주의적 의도와 정교회-슬라브 연대였다. 한편, 영국은 러시아의 팽창에 맞설 방파제로서 오스만 제국의 붕괴를 막으려는 정책을 예로부터 견지해왔지만, 영국이 이 정책의 철저한 추구를 삼간 배경에는 새롭게 일어난 대중 정서의 영향이 컸다.[16] 여기서도, 오스만 제국의 약화로 비로소 가능해진 열강의 군사 개입이 아니었다면 루마니아와 불가리아의 민족 해방은 성공하지 못했을 것이다.

여기서의 요지는 발칸의 초기 근대화 과정이 역내의 다양한 종족과 인족의 민족의식에 흔적을 남기고 큰 영향을 끼치고 진전을 불러왔으며 민족 독립을 촉진했음을 부인하는 게 아니다. 단지 문제의 대다수 나라에서 과거 오스만의 힘에 짓눌려 있던 전근대적 민족 정체성과 열망이 근대화에 의해 변형되고 해방되었다는 것이다. 초기 단계의 근대화가 이들 중 많은 나라에 새로 들여온 것은 민족주의가 아니라 근대적 민족주의였다.

숱한 봉기가 실패로 돌아가는 와중에도 오스만의 진군에 맞서 필사적으로 독립을 방어했던 과거의 전근대 민족국가와 인족들은 오스만의 힘이 쇠퇴하자 다시금 일어났다. 이는 세르비아와 불가리아에 적용되며, 그보다 일찍이 헝가리에, 또 방식은 다르지만 그리스와 루마니아에도 적용된다. 15세기부터 18세기까지 오스만을 괴롭힌 불가리아의 도적단들은 서사시를 통해 찬미되었고 농촌 주민과 불가리아 성직자들의 공감대를 이끌어냈다. 하이두크haiduk 운동으로 알려진 이 운동의 관련 사료들을 세밀히 조사한 한 연구는 이렇게 결론짓는다. "오스만측 문헌들은 드문드문 흩어져 있고 편견에 물들어 있지만, 오스만이 지배한 유럽에서 하이두크나 이와 유사한 운동에 민족주의적 내용이나 의도가 부재했다는 주장이 틀렸음을 밝혀준다.……"**17**

5장에서도 언급했지만, 어디서나 그렇듯이 발칸 반도의 종족 정체성과 종족 경계도 끊임없이 변화했다. 보스니아, 코소보, 마케도니아 등의 일부 종족 정체성은 뒤늦게야 출현했고, 소수 종족 공동체들은 발칸 전역에 흩어져 있었으며 대개는 아직까지도 그렇다. 게다가 발칸 국가들이 독립한 후에는 각국 정부들이 민족 건설을 강력하게 추진하는 과정에서 민족주의 이데올로기를 선전하여 지배적 이념으로 만들었다. 하지만 이런 강렬한 형태의 근대적 민족주의는 전근대적 종족·민족 정체성, 친밀감, 연대의 깊은 정서가 없이는 좀처럼―아니 거의 절대로―성공할 수 없었다. 19세기 민족주의자들이 신화를 만들어낸 것은 사실이지만, 민족 및 민족주의 연구에 팽배한 근대주의적 허구의 힘 역시 대체로 그 못지않게 신비화된 것이라 할 수 있다.

우리가 발칸 반도의 독립 민족국가 창설을 자세히 짚은 것은, 인민이 제국의 강제와 억압에서 해방되었을 때 그 인민의 의지의 영향으로부터 근대화의 영향을 분리해놓고 볼 수 있는 좋은 사례이기 때문이다. 전근대 세계에 대한 우리의 연구들에 더하여, 특히 19세기 초의 세르비아와 그리스는 심지어 근대화가 거의 진전되지 않았어도 대중적 열망이 있으면 생사를 건 민족 독립 투쟁이 충분히 일어날 수 있음을 보여준다. 러시아 제국과 그 뒤를 이은 소련은 그 반대 방향에서 유사한 구도를 보여준다. 여기서는 광범위한 근대화에도 불구하고 제국의 억압 체제가 깨지기 전까지는 대중의 민족자결 열망이 실현되지 못했다.

러시아 제국은 다양한 종족과 인족을 그 지배하에 묶어두기 위해 강제적 억압책과 엘리트 계층으로의 흡수책을 병용했다. 폴란드의 거듭된 봉기(1831~1832년, 1863~1864년)를 분쇄하고 공공 영역에서 우크라이나어와 벨라루스어 금지를 강화하는 한편, 가능한 모든 곳에서 러시아화 정책을 강력하게 추진했다.[18] 19세기 말부터 제국이 겪은 산업화와 근대화 과정은 민족주의적 정서와 불만을 고조시켰고 러시아 제국에 "소수민족들의 감옥"이라는 악명을 선사했다. 그럼에도 이런 민족적 열망들이 실현될 기회는 좀처럼 오지 않았고, 1차대전이 제국의 등골을 부러뜨리고서야 그 감옥의 일부 죄수들—핀란드, 발트해 연안 나라들, 폴란드—이 겨우 탈옥할 수 있었다. 나머지 죄수들—특히 우크라이나와 캅카스의 인족들—의 탈옥 기도는 소련이 무자비한 폭력을 통해 지배를 확립하면서 실패로 돌아갔다.

소련은 민족을 초월한 노동자들의 연대에 기반함을 표방했지만, 민족적 원리를 인정했고 그 다양한 인족과 종족 집단에게 표면적으로 연방제 틀 안에서의 자율적인 문화적·정치적 자결을 허용했다.[19] 그럼에도 2차대전에서 소련이 무너질 위험에 처했을 때 (최근 점령당한) 발트 연안국과 우크라이나 등지의 많은 민족들은 이를 다시금 민족 해방의 기회로 보았다. 물론 달갑잖은 공산 체제와 집단화에서 벗어나고픈 바람도 있었다. 하지만 러시아인은, 역시 체제에 대해 매우 양가적이었음에도 확고부동한 애국적 용맹성을 보여주었다. 실제로 소련 지도층은 단연코 가장 효과적인 슬로건이었던 민족주의의 동원력에 절박하게 의존했다. 이는 우선 무엇보다도 러시아인에게 적용되었다. 그들은 과거 역사에서도 그랬듯이 거룩한 러시아 조국을 침략자로부터 구해야 한다는 사명감을 느꼈다. 그러나 여기에는 소련의 다른 인족들도 포함되었다. 특히 그들은 슬라브인에 대한 나치 독일의 살인적인 인종 정책 때문에 소련의 대안으로서의 나치 독일에 덜 이끌리게 되었다. 전쟁이 끝남과 더불어 우크라이나, 발트 연안, 그리고 제국에 새로 편입된 동유럽 나라들의 민족주의 열망에 대한 소련의 철저하고 잔혹한 탄압이 찾아왔다. 그중에는 폴란드와 헝가리 등 가장 오래되고 열렬한 민족주의 전통을 지닌 나라들도 포함되었다. 이 탄압은 소련이 존속하는 내내 계속되었고, 이 모든 사회에서 근대화—산업화, 도시화, 문해율—의 수준이 매우 높았다는 사실은 아무런 영향도 끼치지 못했다. 물론 소련 자체 내에서 지속된 러시아화 과정은 소련 민족이라는 초정체성의 출현을 촉진한 것이 사실이다. 잉글랜드가 지배적인 영국에서의 영국인 정체성과 유사하게, 소련인 정체성 또한 종족적 러시아인을 뜻하는 '루스키'와 러시아에 속한 모두를 뜻하는 '로시스키' 개념 사이의 오래된 상호작용을 기반으로 구축되었다. 그럼에도, 소련의 억압 체제가 1980년대 말 (민족적인 이유가 아닌 경제적인 이유로) 해체되자 동유럽 나라들뿐만 아니라 소련 내의 인족들도 민족 독립을 택했다.

19세기 발칸 반도는 근대화가 부재한 상황에서도 제국의 강압이 쇠퇴했을 때 민족주의가 위력을 발휘함을 보여준 반면, 러시아-소련 제국은 심지어 근대화 이후에도 제국의 강압이 건재하는 한 민족주의가 무력함을 보여주었다. 그러니까 이 두 사례는 민족주의 및 민족 독립 성공의 관건이 근대화가 아니라 민족주의 열망의 해방임을 보여주는 대조 실험인 셈이다. 한편, 근대화가 자유를 증진시켰고 근대화와 자유가 둘 다 민족주의를 해방, 증진시킨 합스부르크 제국의 경우는 다양한 요인이 좀더 밀접하게 얽혀 있어서 경험적으로 떼어놓고 보기 힘들다. 일찍이 1830년에 오스트리아의 극작가 프란츠 그릴파르처Franz Grillparzer는, 합스부르크 왕국에서의 민족주의 대두에 근대화와 제국 억압 쇠퇴의 상호 작용이 존재함을 지적한 바 있다. 그는 제국 내의 다양한 민족들을 "마구를 채워 억지로 묶어놓은 말들"에 비유하며, "시대정신의 전진이 이 속박을 약화시키고 깨뜨리는 순간 [말들이] 사방으로 흩어져버릴 것"이라고 말했다.[20] 19세기 후반의 합스부르크 제국은 산업화, 도시화, 통신 발달, 문해율 증진을 경험했다. 이 모두는 민주화를 통한 대중의 정치 참여 압력을 높이는 동시에 제국 내 많은 인족·종족들의 민족주의를 강화했다. 5장에서 보았듯이, 러시아와 달리 합스부르크 제국에는 '지배 지분'을 가진 지배 인족, 즉 슈타츠폴크가 없었다. 합스부르크 제국을 오스트리아-헝가리 제국으로 바꾸어 독일인과 헝가리인이 제국의 지배권을 나누어가진 1867년의 대타협도 대세를 오랫동안 저지하지는 못했다. 1907년 (헝가리를 뺀) 오스트리아 왕국에 보편적 남성 참정권이 도입되자 주요 민족들이 자민족 파벌의 정당에 투표하면서 오스트리아 의회는 종족민족 노선에 따라 분열되었다. 심지어 사회주의자들도 같은 노선에 따라 분열되었다.[21] 합스부르크 옛 지배층과 제국 전통에 대한 동조도 일부 존재했지만, 민주화는 인민의 의지가 예외 없이 민족주의적임을 곧 드러냈다.

대부분의 민족주의 운동은 완전한 독립보다는 제국의 틀 안에서의 자치와 평등을 요구하면서 시작되었다. 왜냐하면 독립 요구가 정치적으로 정당하고도 합법적인 선을 넘어선 것인데다 황제에 대한 불충에 해당했고,

초기에는 비현실적이었으며, 여전히 매우 강하고 억압적인 제국 정부의 억센 힘에 부딪힐 것이 뻔했기 때문이다. 나아가 민족주의자들은 다종족 왕국의 해체가 여러 명백한 난점을 내포하고 있고 제국이라는 틀이 이런 난점을 완화해준다는 점을 고려하여 때때로 필요를 미덕으로 전환한 정치적 발언과 프로그램을 내놓기도 했다. 과연 제국은 이론상 각 민족이 언어적·문화적·교육적 자율성을 가지는 민주적 다민족 연방으로 전환될 수도 있었다. 소수민족 영토 내에 또 소수민족 영토가 존재하는 식으로 복잡하게 얽힌 중-동부 유럽의 악명 높은 소수민족 문제를 고려할 때, 이 해법은 외견상 호소력이 있었다. 사회민주주의자인 오토 바우어Otto Bauer는 그의 놀라우리만치 신선한 저서인 『민족문제와 사회민주주의The Question of Nationalities and Social Democracy』(1907)에서, 모든 개인이 자기가 (주로 교육적·문화적 목적을 위해) 소속되고픈 민족 공동체를 거주지와 상관없이 자유롭게 선택하게끔 허용할 것을 제안했다. 이런 식으로 개개인의 선택과 민족·소수민족의 권리를 결합시키는 것이 바우어가 품은 구상이었다. 하지만 1차 대전이 제국에 최후의 치명타를 가하여 다양한 민족이 (저마다 소수민족 문제를 잔뜩 안은) 독립 국가를 선포할 수 있게 되면서, 이 구상이 얼마나 현실적일지는 결국 미해결의 의문으로 남았다.

제국의 거의 보편적인 해체 과정은 엘리트의 대중 조작을 민족주의의 원인으로 상정하는 이른바 도구주의 가설이 틀렸음을 보여준다. 제국들은 조작과 민족 건설의 주된 도구들—학교, 보편 군역, 그리고 전체주의 제국의 경우에는 미디어—을 엄격히 통제했지만, 이런 제국의 지배가 여러 세기에 걸쳐 지속된 후에도 제국 민족은 단 하나도 출현하지 않았다. 합스부르크 영토에서는 전혀 나타나지 않았고 러시아-소련 국가에서는 극히 미미하게만 나타났을 뿐이다. 이와 대조적으로 제국의 억압이라는 벽에 아주 작은 금만 가더라도, 또 민족주의 운동의 지도자들이 앞에서 열거한 온갖 국가 권력 도구들을 갖지 못했어도 민족주의의 분출과 정치적 분리주의를 촉발하기에는 충분했다. 물론 소련과 유고슬라비아의 공산 체제 붕괴 이후 소련과 유고슬라비아 공화국의 지역 정당 보스들과 국가 기구가 각각의 종족민족 영토를 분리주의와 독립으로 몰고 가는 데 결정적 구실을 한 것은 사실이다. 이는 조작 이론의 새로운 급증을 불러왔다.[22] 하지만 조작 이론의 지지자들은, 여러 세대나 때로는 여러 세기에 걸친 그 반대 방향으로의 국가적 세뇌에도 불구하고 제국이 대단히 수월하게 신생 종족민족 국가들로 승계되었다는 걸 깨닫지 못했다. 그리고 이러한 후속 국가들이 민족국가 전통의 부재나 소수민족 문제와 같은 숱한 문제들에도 불구하고 놀랄 만한 안정성을 입증했다는 것 또한 인식하지 못했다. 물론 정치 지도자들이 민족 감정을 포함한 대중적 감정을 조작하는 일은 정치의 핵심이다. 그러나 간단히 말해서, 지도자들은 조작 가능한 것만을 조작할 수 있다. 그들은 자기 유권자들이 어떤 강렬한 감정을 지녔음을 알고서 그것을 활용할 수 있고 실제로 활용하기도 하지만, 애초에 존재하지도 않는 감정을 활용할 수는 없다. 게다가 자기 유권자들과 강하게 공명하는 감정을 활용하지 못하면 이를 활용하는 다른 정치 지도자에게 권력을 빼앗기기 십상이다. 일례로 여러 소비에트 공화국의 공산당 당수들은 자신이 손색없는 민족주의자임을 인민들에게 납득시키기 위해 열심히 노력해야 했다. 사실 도구주의는 민족주의가 대중 주권 및 대중의 의지와 긴밀히 연결되어 있다는 근대주의의 논지와 모순된다. 냉소와 조작은 항상 존재하지만, 인민들 사이에 팽배한 민족 감정을 지도자들도 공유하는 경향이 있으며 실제로 그런 감정을 대변함으로써 지도자가 되고 그 자리를 유지하는 것이 현실이다.

동유럽의 세 제국뿐만 아니라 영국과 프랑스의 해외 제국도 제국의 강제력이 와해되면서 해체되었다. 이 경우 제국을 해체시키는 데 훨씬 큰 역할을 한 것은 제국 중심부 자체의 자유화와 민주화였다. 경제적 자유주의의 규정에 따르면 제국주의는 채산이 맞지 않았다. 또 정치적 자유화와 민주화는 토착민의 동의 없는 외세 지배의 정당성을 약화시켰고, 유사 이래로 제국 지배의 필수 요소였던 무자비한 탄압과 대량 학살 위협도 더이상 용인될 수 없었다. 제국의 일부였다가 독립한 영토들이 근대화의 영향을 어느 정도나 받았는지는 여기서 중요치 않았다. 근대화의 영향은 거의 미치지 못한 곳부터 조금 미친 곳에 이르기까지 천차만별이었고 주로 식민지 엘리트들을 변화시켰다. 따라서 1945년 이후 독립 민족국가가 전 세계적으로 크게 확산된 것은 옛 식민 영토 자체에서 일어난 근대화 과정의 결과인 측면도 있지만 민주주의 제국 열강에서 자유화가 증진된—제국의 지반을 잠식하고 그 정당성을 약화시킨—과정의 결과이기도 했다.* 자유주의적 제국들을 무너뜨린 것은 근본적으로 힘의 상실이 아니라, 경제 논리의 변화와 (특히 과거에 효과를 발휘했던 무자비한 방식으로 힘을 휘두를) 정당성의 상실이었다. 여기서도 과거와 같은 잔인한 탄압 방식을 고수한 권위주의·전체주의 제국들은 제국의 강압이 어떤 효과를 내는지 보여주는 대조 사례 구실을 한다. 독일과 일본 제국은 토착민의 독립 투쟁에 의해서가

---

* 이는 Andreas Wimmer and Yuval Feinstein, "The Rise of the Nation-State across the World, 1816~2001," *American Sociological Review*, 75 (2010), 764-790에서 제시된 통계적 발견의 참된 해석이기도 하다. 저자들은 "겔너, 앤더슨, 틸리Tilly, 헤치터Hechter의 근대화 이론과 결부된 산업화, 대중 문해의 도래, 혹은 직접 통치의 강화가 끼친 영향을 보여주는 증거를 찾지 못했다". 그리고 제국 해체—라틴아메리카의 스페인 제국 붕괴, 1차 대전 이후의 합스부르크·러시아 제국 붕괴, 1945년 이후 서구 제국들의 대대적인 자유주의적 탈식민화—의 중요성 또한 올바로 강조했다. 하지만 이 모든 것을 올바로 연결 짓는 데까지는 나아가지 못했다.

아니라 1·2차대전에서 다른 열강들의 손에 패배함으로써 비로소 해체되었다. 이 제국들이 제국이었던 시기에 저지른 무자비한 행동, 소련이 20세기 거의 내내 겪은 일, 그리고 오늘날 권위주의 중국이 티베트·신장의 분리주의적 민족주의에 가하는 탄압 등으로 판단할 때, 그들에 대항하여 이런 투쟁이 성공을 거두었으리라고 믿을 만한 근거는 희박하다. 이 핵심 주제에 대해서는 본 장의 뒷부분에서 다시 다룰 것이다.

제국 강압의 붕괴와 근대화가 근대 민족주의의 물결에서 차지하는 상대적 비중에 대한 내 논의가 많은 근대주의자들에게는 무의미하게 들릴지도 모르겠다. 근대주의 학파의 창시자와 주도자들—헤이즈, 콘, 도이치, 겔너, 앤더슨, 홉스봄—이 통신 기술, 도시화, 산업화로 발생한 혁명적 변화를 강조한 것과는 달리, 근대주의의 최근 추세는 민족의 전형적 특징으로서 주로 대중 주권에만 집중하고 있다. 사회과학자들이 이데올로기적 혹은 관념적 요소에—물론 매우 중요한 요소이긴 하지만—그토록 초점을 맞추고 그 새로운 이데올로기의 승리를 가능케 해준 구체적 현실을 무시하는 것은 다소 의아한 일이다. 더 중요한 것은, 대중 주권 개념과 민족 개념의 이러한 융합이 주된 쟁점들을 흐린다는 데 있다. 근대 이전에 대중의 의지가 매우 의미 있는 종족민족적 성격을 띠었는지, 또 이 요인이 다른 동력이나 원리들—특히 제국의 강압과 왕조 지배—과 역동적 균형을 유지하며 국내에서 또 국가 사이에서 충성심의 정치적 경계에 큰 영향을 끼쳤는지 등이 그것이다.

다시 말해, 대중 주권 원리가 정치적 지배에 정당성을 부여하는 다른 원리들과의 경쟁에서 승리를 거둔 것은 근대적 발전 덕분이었으며 민족주의가 이데올로기이자 현실로서 승리를 거둔 것과 밀접한 연관이 있다는 데는 의문의 여지가 없다. 하지만 대중 주권이 민족주의를 낳은 것일까, 아니면 전근대에 국가 구성을 결정하는 중요한 힘이었던 민족주의를 해방시켜 근대의 지배적인 힘으로 바꾸어놓은 것일까? 여기서의 증거들이 시사하듯이, 근대화는 민족주의를 출범시킨 것이 아니라 해방시킨 동시에 변형시키고 강화했으며 그 정당성을 크게 높였다.

2. 시민적 민족인가, 종족적 민족인가?
─ 유럽, 영어권 이민 국가,
라틴아메리카, 아프리카, 아시아

시민적 민족주의와 종족적 민족주의는 기존에 에르네스트 르낭과 프리드리히 마이네케Friedrich Meinecke가 제시한 개념을 토대로 한스 콘이 구분한 것으로 현재까지 흔히 쓰이고 있다. 표면적으로 시민적 민족주의는 같은 정치 공동체, 국가, 영토에 소속된다는 개념으로 정의되는 반면, 종족적 민족주의는 서로 혈연관계이며 같은 혈통이라는 인식에 바탕을 두고 있다. 시민적 민족은 영국과 프랑스로 대표되는 온건한 서유럽 자유주의 모델과 동일시되는 반면, 외국인 혐오의 성격을 띤 종족적 민족주의는 중-동부 유럽의 특징으로 취급되었다. 나아가 서유럽에서는 국가가 먼저 성립되고 민족이 형성된 반면에 중-동부 유럽에서는 반대로 민족이 먼저 형성되고 그들이 국가를 만들었다는 사실에서 이러한 차이가 비롯되었다는 견해가 제시되기도 했다. 중-동부 유럽의 민족들은 스스로를 정치적으로 정의할 수 없는 상황이었으므로 종족적 관점에서 정의할 수밖에 없었다는 것이다.[23] 앞에서도 지적했지만, 유럽에 관해서든 다른 지역에 관해서든 이러한 설명은 오도의 소지가 있다. 앞으로 19~20세기 유럽, 앵글로색슨계 이민 국가들, 라틴아메리카, 아프리카, 그리고 남아시아와 동남아시아에서의 민족 정체성 형성 과정을 살펴볼 것이다. 그리고 이를 통해, 그 시민적 특성과 무관하게 민족 정체성은 종족 정체성과 좀처럼 결별한 적이 없음을 밝힐 것이다.

유럽의 민족 모델

유럽의 시민적 민족주의의 역사적 전형이라 할 수 있는 사례인 영국과 프랑스부터 시작하자. 5장에서 보았듯이 둘 다 그야말로 강력한 핵심 종족—잉글랜드인과 프랑스 북부의 랑그도일어 사용자—에 기반한 국가의 사례다. 두 핵심 종족은 강압과 우위의 결합을 통해 아주 일찍부터 수 세기에 걸쳐 그들의 지배와 문화를 성공적으로 확대했다. 이 과정을 통해 영국에서는 브리튼제도의 네 가지 민족 정체성 외에도 영어를 쓰는 영국 민족의 정체성이 추가로 형성되었다. 한편, 프랑스로 말하자면 이 국가 내의 다른 모든 종족·민족 정체성들이 프랑스 문화로의 동화와 프랑스 민족 정체성을 수용했다는 점에서 독특한 성공을 거두었다. 사실 '시민적' 민족의 전형인 프랑스는 그 시민적 관용과 개방성에 대한 통념과는 반대로 국내의 다른 종족 정체성과 문화를 전혀 용납하지 않았다. 그에 반해 소수민족을 허용하며 그들에게 광범위한 문화적 자율성과 심지어는 정치적 자치까지 인정하기를 덜 주저하는 '종족적' 민족들도 많이 있다.[24] 나아가 프랑스 민족 정체성에는 종족의 문화적 요소 외에도 친족적 요소가 엄연히 존재했다. 파트리patrie 혹은 파트리아라는 유명한 단어는 말 그대로 선조들의 땅, 즉 조국을 의미한다. 인민의 의지와 공통된 법에 기반한 근대적 프랑스 민족 개념을 출범시킨 프랑스혁명 또한 프랑스 민중이 (프랑크인 정복자의 혈통을 이어받았다고 여겨지는 귀족들과는 달리) 갈리아인과 로마인의 후손으로 같은 기원에서 비롯되었음을 주장했고, 아베 시에예스Abbé Sieyès가 지은 『제3신분이란 무엇인가』는 이 주장을 표현한 가장 유명한 문헌이다. 이러한 생각은 프랑스의 학교에서 여러 세대에 걸쳐 가르쳐온 내용이기도 하다. 프랑스의 알자스와 로렌 지방이 인민의 의지에 반하여 독일에 병탄된 뒤 르낭은 "매일매일의 국민투표"로서의 자발적 민족 개념을 제시했다. 그럼에도 프랑스 제5공화국의 헌법은 이전의 헌법들과 마찬가지로 프랑스의 불가분성indivisibility을 주장하며 분리독립을 허용하지 않는다.[25]

프랑스와 영국이 여타 사례들과 다른 점은, 다양한 종족으로 구성된 주민을 오랫동안 성공적으로 지배해온 전통을 지닌 여느 패권 인족들처럼 프랑스인과 영국인도 자신들의 정체성을 당연한 것으로, 특정 종족의 정체성이 아닌 실로 보편적인 정체성으로 여기는 데 익숙해졌다는 사실에 있다. 그들은 외부인을 흡수하는 스스로의 능력을 거만하게 자신했다. 외부인은 그들의 영역에 진입을 허가받는 특권만으로도 감지덕지해야 했다. 프랑스 문화로의 동화는 국가 이데올로기이자 헌법 정신이 되었고, 영국 문화로의 동화는 무언의 무분별한 전제에 더 가까웠다. 그래서 두 나라는 외국인을 민족이라는 가족의 '양자'로—프랑스는 자랑스럽고 당당하게, 영국은 훨씬 더 업신여기면서—받아들이는 데 좀더 개방적이었다.[26] 하지만 두 사례 모두 신참자가 조만간에는 '우리처럼' 된다는 것이 공식적 요건(프랑스) 또는 무언의 전제(영국)였다. 특히 이질적으로 간주되는 이주민이 대규모로 유입되었을 때는 이런 일반적 태도에 압박이 가해지면서 여론이 적대적으로 변하고 이주민 정책이 더 엄격해졌다. 이때 두 나라에 유입된 이주민들은 결국 완전히 동화되었다. 하지만 무슬림 국가에서 더 큰 규모로 유입된 이주민들이 통합되지 않고 고유한 정체성을 유지하면서 대중의 위협 인식이 급격히 고조되었고, 전통적 입장은 더 큰 긴장 아래 놓이게 되었다.

여기서 몇 가지 점을 분명히 해야겠다. 나는 유럽의 무슬림 공동체가 그들이 입양된 나라에 과거의 이주민들처럼 성공적으로 통합될지, 또 어느 정도로 통합될지를 섣불리 예단하는 것이 아니다. 매우 실질적인 통합 및 동화 과정이 특히 언어와 관련하여 명백히 일어나고 있지만, 기타 분야의 통합이나 앞으로의 전개 방향은 아직 추측의 영역에 속한다. 또 나는 통합 과정의 결함이 국가 탓이라거나 혹은 이주민 탓이라며 누구를 '비난' 하는 것이 아니다. 나아가, 신규 이민자들이 유럽의 민족 문화에 동화되어야 한다는 의견을 제시하는 것도 아니다. 첫째로 문화의 통합 과정에는 융합이 수반되며 신규 이민자뿐만 아니라 현지 문화에도 크고 작은 영향을 끼치곤 한다. 문화는 정해진 것도, 불변의 것도 아니다. 둘째로 이것은 규범적인 책이 아니라 기술적인 책이다. 내 목표는 그 자체로 매우 강한 힘인 종족적·민족적 감정과 범주가 현실에서 어떻게 발현되는지를 지적하는 것이다. 확실히 문화는 단일체가 아니라 다양하고 풍부한 모자이크이며 타 문화와 소수자의 권리에 대한 관용과 존중은 자유민주사회의 토대다. 이와 동시에, 민족 정체성은 두터운 공유 문화의 모체에 거의 전적으로 기반하며 그 핵심에 대한 도전은 제한된 수준으로만 유지된다.

따라서 유럽 내 다양한 민족국가의 대중이 주로 무슬림 이주민의 통합에 따르는 어려움과 관련하여 자신들의 문화적 정체성에 대한 도전을 예민하게 느꼈을 때, 통념상 민족주의에 대해 서로 다른 개념을 지녔다고 여겨지는 이 나라들의 반응은 매우 유사했다. '시민적' 민족의 나라인 영국의 총리 데이비드 캐머런과, 전통적으로 '종족적' 민족의 나라인 독일의 총리 앙겔라 메르켈은 다문화주의가 효과가 없었다고 각기 다른 자리에서 말한 바 있다. 다문화주의를 절대 인정하지 않는 프랑스 국가는 공화국의 "세속적 특성"에 위배되는 문화적 관습을 법으로 금지했는데, 여기서 "세속적 특성"이란 사실상 기독교가 지배적인 역사-문화 유산을 지녔지만 공식적으로는 세속 민족으로서의 프랑스 문화를 뜻한다. 네덜란드는 언어와 가치관 시험을 이민 조건으로 내걸었다. 이런 엄격한 요구 조건은 공식적으로는 "시민적 공존 가능성"을 따져보는 시험으로 신설되었지만, 언어는 예로부터 종족민족 정체성의 주된 객관적 특징이었고 가치관 또한 본질적인 문화 요소다. 시민적 민족이지만 매우 독특한 종족적 특성 또한 지닌 덴마크는 문화적 친연성에 따라 조건부로 시민권을 부여하는 더욱 엄격한 이민법을 통과시켰다. 그리고 전형적인 시민적 다언어 국가인 스위스는 외국인 거주민의 귀화를 항상 멸시의 눈초리로 바라보았으며 가장 엄격한 이민 정책을 고수하고 있다. 시민적 국가들이 순전히 시민성과 정치 제도의 공유에 기반한다는 순진한 이데올로기적 허구는, 좋게 말하면 관용에 대한 열망과 편견에 대한 거부의 이데올로기적 표현이고 나쁘게 말하면 '허위의식'에 깊이 물든 상태다. 물론 모든 민족에는 강한 시민적 요소가 있으며 거기에는 다양한 혼합과 균형이 존재하지만, 시민적 협력의 토대로서 친족-문화 정체성을 공유한다는 의식에 의존하지 않는 민족은 드물다.[27]

그 밖에도 종족적 민족과 대비되는 이른바 시민적 민족의 목록에는 더욱 면밀한 검토를 요하는 전형적 사례들이 많이 포함되어 있다. 일례로 프로테스탄트 네덜란드에 잠시 병합되었다가 1830~1831년에 독립한 가톨릭 벨기에에는, 프랑스어를 쓰는 남부의 왈롱인과 네덜란드어를 쓰는 북부의 플라밍인이라는 두 종족 집단이 거주하고 있었다. 하지만 실제로 벨기에 국가를 지배한 건 왈롱인이었다. 플라밍인이 좀더 정치적으로 조직화되자 그들은 언어적 평등을, 그다음에는 나라를 두 종족 집단으로 사실상 분리할 것을 요구하게 되었다.[28] 벨기에 중앙 정부의 실권은 1970년부터 추진된 일련의 '국가개혁'을 통해 두 지방에 양도되었다. 실제로 강한 종족적 범주와 제도가 이른바 시민적 국가인 벨기에를 분열시킨 동시에 정치적으로 지배하고 있는 셈이다. 그래서 벨기에는 민주적 이중민족국가라는 희귀한 사례가 되었지만, 벨기에를 구성하는 종족적 민족들(특히 플라밍인)은 명백히 결별을 선호할 터이므로 이 나라의 미래가 어느 쪽으로 갈지는 불확실하다. 이 결별에 제약을 가하는 것은 현실적인 문제들, 특히 두 종족이 갈라진 채로 공존하며 플란데런에 고립 영토처럼 놓여 있는 수도 브뤼셀을 어떻게 할 것인가의 문제다.

시민적 민족주의에 대한 논저에서 스위스는 벨기에보다도 더 두드러진 전형적 위상을 획득했다. 이는 다종족/다언어 민족도 스위스처럼 오래 지속되고 안정과 성공을 이룩할 수 있음을 보여준다. 그러나 스위스의 사례가 바람직하고 부럽게 여겨질지는 몰라도, 그 극단적인 희귀성이나 스위스가 생겨난 특수한 상황을 고려할 때 그것이 전형적 사례라는 가정에는 큰 의문의 여지가 있다. 민족과 민족주의에 대한 연구에서 흔히 그러하듯, 이 분야에서도 합스부르크 제국, 프랑스, 스위스와 같은 예외들이 전형으로 간주되어왔다. 스위스 연방은 중세에 독일어를 쓰는 산악 지역의 칸톤들과 평원 도시국가들 사이의 군사 동맹으로 탄생했다. 근세에는 좀더 서쪽에 위치한 프랑스어권 도시국가와 칸톤들이 여기에 느슨하게 합류했다. 이 동맹은 자유를 위하여, 즉 독일 귀족 및 제국, 부르고뉴, 프랑스에 의한 봉건적·군주적 예속에 저항하여 농민과 시민의 자유를 지키기 위해서, 민족적 토대가 아닌 사회정치적 토대 위에 결성되었다. 중앙정부가 사실상 부재한 이 동맹이 성공을 거둔 것은 주로 스위스의 지리가 천연 산성이 되어준 덕분이었다. 정치권력은 뚜렷한 종족적 성격을 띤 칸톤 단위에 머물러 있었다. 정복을 통해 스위스에 추가된 일부 이탈리아어권 지역들은 19세기까지 독일어권 칸톤들의 지배를 받았다. 스위스 연방의 근대적 재편과 좀더 완전한 민주화는 1848년에 일어났고 여기에는 중앙정부의 수립도 포함되었다.[29]

스위스의 민족 정체성은 외부로부터 자유를 지키기 위해 독립했고 칸톤과 연방의 두 층위에서 민주적 협력에 성공한 오랜 전통에 기반하고 있다. 이는 스위스가 20세기에 유럽 대륙을 집어삼킨 혼란과 대전으로부터 거리를 두고 그 와중에도 안정을 유지함으로써 더욱 발전해왔다(그럼에도 1차대전 때 스위스가 언어권에 따라 친독일파와 친프랑스파로 양분되었다는 사실에 유의해야 한다). 또다른 주된 요인은 이 나라의 경제적 번영이었다. 스위스 민족 정체성이 독일, 프랑스, 이탈리아 등 인접한 민족국가들과 결부된 분리주의적 대안보다 더 매력적으로 다가온 것은 이런 온갖 요인들 덕분이었다. 좀더 최근에는 이런 요인 중 일부가 그 효력을 상실했고 스위스의 언어 집단들이 서로 멀어지고 있다는 우려가 제기되어왔다. 유럽연합은 스위스 민족 정체성에 대한 새로운 도전을 제기했다. 프랑스어권은 가입에 더 호의적인 반면, 독일어권은 대체로 반대하고 있는 것이다.[30]

유럽연합

유럽연합이 민족주의에 대한 논의의 초점이 된 것은, 이것이 민족 원리를 초월하며 종족적 범주보다 시민적 범주에 기반한 시민권과 정치적 통합을 지향한다고 여겨지기 때문이다. 실제로 국가 간 전쟁으로 얼룩진 대류이었던 유럽이 평화로운 경제·정치 연합으로 변모한 것은 2차대전 이후의 세계에서 가장 괄목할 발전 중 하나였다. 이런 변모에 대한 열광은 이해할 만한 것이며 정당하다. 유럽의 순조로운 평화 협력은, 경제 발전과 경제적 상호 의존과 민주국가 간 평화의 결합에서 비롯된 부유한 세계의 좀더 일반적인 현상이 가장 인상적으로 발현된 예일 뿐이다.[31] 유럽공동체 창설자들의 우려와는 달리, 선진 민주주의 세계에서는 심지어 정치적 통일 없이도 이러한 효과가 달성되었다. 그럼에도 이 대륙을 특별하게 만들어주는 것은 바로 유럽의 정치적 연합이다. 이 글을 쓰고 있는 지금, 유럽연합은 유럽의 부채 문제와 공동 통화의 위기로 발생한 사상 최대의 도전과 이로 인한 연합 회원국들 간의 긴장에 직면해 있다. 환희의 시기가 불경기의 시련으로 바뀌면서 논평가들은 유럽연합의 실태와 바람직한 발전 방향에 대해 상반된 의견을 내놓고 있다. 유럽은 세계 다른 곳에서 참조할 만한 원리이자 이상이자 모델로 선언되어왔으므로, 이 모델에 실제로 무엇이 포함되는지, 그리고 이 모델의 어떤 부분이 다른 곳에서도 유의미할지를 설명할 필요가 있다.

국가의 권한과 주권이 유럽연합으로 일부분 이전된 사건이 새롭고 유례없는 무엇을 만들어낸 건 확실하다. 그럼에도 유럽연합은 여전히 국가들, 아니 민족국가들의 연합이다. 이 민족국가들은 여전히 모든 영역의 최고 행위자일 뿐 아니라 어느 면에서는 전보다 더 종족적으로 규정된다. 유럽의 이른바 종족적 부흥ethnic revival은 유럽연합이라는 틀과 긴밀히 결부되어 있다. 과거 더 큰 국가의 지붕 아래 있던 소규모 인족들과 특정 영토에 모여 사는 종족 집단들이, 이제 국가로부터 떨어져나와 유럽연합이라는 더 넓은 정치적·경제적 틀 안에서 민족 독립을 수립하는 선택지에 끌리고 있는 것이다. 스코틀랜드, 플란데런, 바스크, 카탈루냐, 그리고 어쩌면 웨일스, 코르시카, 롬바르디아도 이 선택지를 염두에 두거나 최소한 정치적 자치의 확대를 꾀하고 있다.[32] 과거 동유럽의 현상으로 여겨졌던 종족 파편화 과정은 '시민적' 서유럽에서도 뚜렷하다.

더구나 유럽연합 자체도, 순수한 시민적 관점에서 기술되곤 하지만 실제로는 고유한 문화-문명적 정체성을 띠며 이 정체성은 유럽의 인족들이 공유하는 친밀감과 연대감의 바탕을 이룬다. 같은 유럽 문명이라는 의식은 중세로 거슬러올라가며 또 그보다 더 오래된 고전 유산에 뿌리를 두고 있다. 이는 과거에 '기독교 세계Christendom'로 알려졌고 현재는 주로 세속적·문화역사적 정체성으로 존재하는 것과 사실상 동일하다.[33] 이 공유 정체성은 민족적인 것이 아니라 초민족적 정체성으로, 친밀감과 연대의 구심점이라는 면에서 현재 유럽의 다양한 특정 민족 정체성들에 비해 훨씬 약하다. 그럼에도 불구하고 이 광범위한 가족적-문명적 정체성은 누가 유럽연합의 자연스러운 구성원이고 누가 그렇지 않은지에 대한 판단에 잠재되어 있다.

이 점에서 터키는 가장 두드러진 사례였다. 한편으로는 유럽이 순수하게 시민적 관념이라는 그들 자신의 수사에 얽매이고 다른 한편으로는 터키의 변화 가능성을 불신한 유럽연합 회원국들은, 1999년 이후 터키가 연합에 가입하는 조건으로 수행해야 할 개혁 목록을 제시했다. 그 개혁 내용의 방대함에 경악한 터키는 유럽연합의 문이 여전히 굳게 닫혀 있음을 깨달았다. 이 사례는 루마니아·불가리아의 사례와 현저한 대조를 이룬다. 두 나라의 정부와 경제 운영은 여전히 의심스러운 수준이었지만 이것이 2007년 그들을 유럽연합에 받아들이는 데 장애물이 되지는 않았다. 유럽의 일부 지도자들은 터키를 배제한 이유로 문화적 정체성의 차이를 들먹이기 시작했다. 하지만 다른 지도자들은 유럽연합의 자연 경계로서의 유럽 지형에 대해 이야기하는 편이 더 편리함을 깨달았다. 이 자연 경계는 (부분적으로 유럽에 걸쳐 있는) 터키뿐만 아니라 지중해 너머 북아프리카의 아랍-무슬림 국가에도 적용된다고 간주된다. 편리하게도 유럽의 지형과 유럽 기독교 세계의 경계는 발칸 반도에서 그 변경이 열려 있을 뿐 꽤 깔끔하게 수렴된다. 물론 종교는 전반적인 문화·정체성 분열의 (비록 중요한 측면이긴 하지만) 한 측면일 따름이다. 발칸에서 보스니아, 코소보, 알바니아의 무슬림 주민들은 (크로아티아와 세르비아의 기독교도와 더불어) 아마 장래에 유럽연합으로 흡수될 자격이 있을 만큼 충분히 유럽인인 동시에 충분히 소수로 여겨질 것이다. 사실 유럽연합은, 터키와 북아프리카 나라들이 실제로 연합에 가입하여 연합 내 민족국가들로의 자유 이주권을 행사하지 않는 선에서 그들에게 모든 형태의 경제 협력과 그 밖의 협력을 제공하는 데까지 나아갔다.

따라서 오늘날의 유럽은 과거 유럽의 팽창주의나 호전적 민족주의와는 달리 평화롭고 주로 방어적인 민족주의의 모범이지만, 그럼에도 민족주의임에는 변함이 없다. 사람들은 일상에서 민족주의를 거의 인식하지 못하며, 구시대나 소련의 위협이 아직 존재했던 시절에 그랬듯이 이를 위한 희생을 요구받는 일도 드물다. 이런 이유로 민족주의는 그들 대다수의 눈에 띄지 않으며 학자들에게도 투명해 보일 수 있다. 이처럼 민족주의가 눈에 띄지 않게 배어든 상태를 적절하게도 '일상적banal' 민족주의라고 부른다.[34] 실제로 인민의 주된 충성심과 연대감은 여전히 유럽연합 전체가 아닌 자민족과 민족국가를 향해 놓여 있다. 유럽의 국가 부채 위기는 이를 수면으로 끌어올렸고, 다른 한편으로 유럽연합 내 여러 국민들의 운명이 얼마나 서로 깊이 얽혀 있는지도 보여주었다. 실제로 약화되어온 것은 민족주의가 아니라 주권이다. 자국 내에서 (이를테면 잘 통합되지 않는 이주민 밀집 공동체의) 도전에 직면했을 때 인민이 정치적으로 표출하는 반응은 오해의 여지 없이 뚜렷하다.

유럽연합의 초민족적 정체성은 기존의 배타적 유럽 민족 정체성들을 대체한 (혹은 좀더 현실적으로 통합된) 민족 정체성으로 성장할 것인가? 유럽 정체성이 정치적으로 최상위를 차지하는 위계적 복합 정체성 구조로 발전할 것인가? 일부 유럽연합 옹호자들은 그렇게 되길 바라며, 시간이 흐르면 유럽연합이 이런 의미에서 유럽의 미국이 될 수 있으리라 믿는다. 나는 미래 예측을 시도하기보다 이에 수반되는 과정에 대한 몇 가지 생각을 제시하고 싶다. 첫째로 유럽 정체성이 지배적인 정체성이 된다면, 이는 유럽연합의 정치적·경제적 성공 못지않게 유럽의 문화·역사 전통을 공유한다는 의식과 더욱 깊이 뿌리내린 가족적 친밀감에 기반하게 될 것이다. 이런 정서는, 비록 의도적으로 배양될 수 있지만, 단순한 '조작'이 아닌 현실이다. 둘째로 유럽연합을 구성하는 민족국가들은 미국의 주와 조금도 닮지 않았기 때문에 연합이 유럽의 미국이 되려면 먼길을 가야 한다. 미국의 주들은 언어와 (대체로) 문화를 공유하며 별개의 역사와 별개의 독립 전통이 부재한 반면, 유럽의 국가들은 방금 말한 모든 측면에서 서로 뚜렷이 구분된다. 유럽연합은 언어와 종족이 파편화되어 있다는 점에서 인도와 더 유사하지만, 인도의 주들은 거의 200년간 영국의 식민 통치하에 통일되어 있었고 그 이전에도 개별적 독립 전통이 훨씬 약했다는 점에서 차이가 있다. 미국과 인도에 대해서는 이른바 시민적 민족에 대해 검토하는 과정에서 다시 논의할 것이다.

영어권 이민 국가들은 순수한 시민적 민족일까?

오늘날의 세계에서 가장 크고 중요한 일부 국가들은 대체로 이주민과 그 후손들만으로 이루어져 있다. 예를 들어 미국, 캐나다, 오스트레일리아, 뉴질랜드는 최근 몇 세기 사이에 도착한 이주민에 의해 세워졌다. 여전히 이주는 그들의 경험과 기풍과 정체성의 핵심을 이루고 있다. 이들 나라의 국민은 자타공인 한 민족으로 간주된다(여기서 캐나다는 제외된다. 이에 대해서는 뒤에서 논의할 것이다). 하지만 어떤 종류의 민족일까? 많은 이론가들은 그들을 시민적 민족의 전형으로 상정한다. 그 국민들이 명백히 서로 다른 출신국과 다양한 문화로부터 왔고, 다종족적 성격을 띤 것으로 간주되며, 새로운 나라에 충성하고 그 법률과 제도를 준수한다는 점에서만 통일되기 때문이다. 그러나 실제로 그보다 훨씬 더 중요한 것은 바로 이민 국가의 공통된 민족 정체성이다.[35] 다양한 이주민 공동체는 (특히 이민 1세대는) 그들의 출신과 문화에 대한 뚜렷한 의식을 유지하면서도, 언어를 바꾸는 등 훨씬 많은 문화적 부담을 떠안는다. 그들은 새로운 공유·혼합 문화에 점점 더 융합되는 동시에 언제나 기여한다. 보통 이민 3세대부터는 이주민 종족 집단 간의 통혼이 대폭 증가하면서 문화와 정체성의 차이가 희미해지고 공통분모가 훨씬 더 강한 현실이 된다. 이렇게 생겨난 새로운 인족은 스스로를 문화 공동체이자 어느 정도는 (결혼이나 입양을 통한) 친족 공동체로서 매우 뚜렷이 인식하게 된다. 이는 적어도 상호 협력 틀로서의 자기 국가에 대한 인식만큼이나 강하며 다시금 그것을 강화한다. 종족을 소수자와 동일시하는 언어 습관만 제외하면, 이 새로운 친족-문화적 민족 공동체들을 종족적 용어로 지칭할 이유는 충분하다. 어떤 경우든, 그들은 새롭고 뚜렷이 구별되는 인족으로 널리 일컬어지며 그렇게 지칭되기에 적절하다.

이 점에서 미국은 가장 두드러진 사례다. 확실히 미국은, 헌법에 기반하며 또 이 대단히 성공한 사회의 일원이 되려는 이주민들의 수 세기에 걸친 열망에 기반하고 있다는 점에서 더없이 시민적이다. 하지만 이는 더 큰 구도의 일부분일 뿐이다. 미국에 대한 이 대목을 쓰기 전에, 나는 마이클 린드Michael Lind의 『미래의 미국The Next American Nation』(1995)을 읽고 미국 민족 정체성의 발전에 대한 나의 견해가 그의 견해와 상당히 유사한 데 충격을 받았다(여기서 나는 린드가—기술적이라기보다 규범적으로—제시한 미래 해결책이 아니라 그가 미국 역사를 재구성한 부분을 가리키고 있다). 그를 비롯한 몇몇 학자들이 지적했듯이 미국은 잉글랜드인의 나라로 출발했다. 그들은 잉글랜드인으로서의 자신들의 자유가 침해되고 있다고 느끼고 모국으로부터 독립을 선언해야 함을 깨달았다. 독립선언문(1776)에 따르면,

> 우리는 영국의 형제들에게 주의를 환기시키는 데도 부족함이 없었다. 우리는 영국 의회가 우리에게 부당한 권한을 확대하려 드는 것에 대해 수시로 경고했다. 또 우리가 여기로 이주, 정착한 제반 상황에 대해서도 주지시켰다. 우리는 그들의 선천적 정의와 아량에 호소했고, 우리의 연결과 소통을 필연적으로 단절시킬 이러한 강탈을 거부해줄 것을 우리 공통의 혈연적 유대를 통해 탄원했다. 그래도 그들은 정의의 소리와 동포의 소리에 귀기울이지 않았다.

독립선언문에서 영국인의 권리와, 모국과 식민지 간의 형제적, 혈통적, 친족적, 그리고 실로 (피를 나눈) 동포적 유대는 서로 뗄 수 없는 것이었다.

영국과의 정치적 유대는 독립과 더불어 단절되었지만, 이 공통된 뿌리의 일부는 새로운 땅의 새로운 민족이 되고서도 여전히 같은 혈통, 친족,

그리고 영어와 프로테스탄트 종교를 포함한 문화의 강한 유대에 의해 하나로 묶여 있었다. 존 제이John Jay는 알렉산더 해밀턴Alexander Hamilton, 제임스 매디슨James Madison과 함께 집필한 『연방주의자 논집The Federalist Papers』(1787)의 둘째 논문에서 이렇게 썼다.

신의 섭리는 하나로 단결한 국민people에게 하나로 연결된 나라를 기쁘게 내려주셨다—같은 조상의 후손이고 같은 언어를 쓰고 같은 종교에 속하고 같은 정부 원리를 따르며 풍속과 관습이 매우 비슷한 이 국민은 공동의 협의와 무기와 노력을 통해 길고 피비린내 나는 전쟁에서 함께 싸워 보편적 자유와 독립을 당당히 수립했다.

여기에 13개 식민지 각각의 정체성과 제도들을 훌쩍 능가하는, "가장 강한 유대에 의해 서로 단결한 한 형제들"이 있었다. 심지어 더 느슨한 연방 구조로서의 미국을 옹호한 제퍼슨주의 공화파도 이 형제들이 앵글로색슨 프로테스탄트 민족이라는 인식을 공유했다.

물론 이 신생 공화국에는 영국계 혈통이 아닌 사람들도 있었으며, (미국 원주민과 흑인 노예 인구는 말할 것도 없고) 공화국 탄생 후 첫 100년간 주로 서유럽과 북유럽의 다양한 나라에서 더 많은 비영국인이 도착했다. 그럼에도 이 새롭고 아주 독특한 미국의 민족과 문화와 정체성은 뚜렷이 앵글로색슨, 영어 사용자, 프로테스탄트의 그것이었으며, 여타 이주민 집단들은 주로 여기에 동화되고 부분적으로 그 핵심부 바깥에 머물러 있었다. 19세기 중반 가톨릭계 아일랜드인의 도래는 부정적인 반응을 촉발했다. 하지만 미국 민족 정체성에 가해진 가장 중대한 도전은, 노예를 소유한 플랜테이션 위주의 남부 사회·문화와 비앵글로색슨계 이주민이 모여든 공업

위주의 양키 북부 사이에 빚어진 분열과 상호 불화였다. 만약에 남부의 분리 운동이 성공했다면, 영국과 미국처럼 같은 언어를 쓰면서도 서로 구분되는 별개의 두 민족 공동체가 출현할 수 있었을 것이다.

그다음으로 중요한 변화는 19세기 말과 20세기 초에 남유럽과 동유럽 국가로부터 가톨릭, 정교회, 유대교 신자들의 새로운 이민 물결이 도래하면서 찾아왔다. 하지만 많은 미국인의 눈에 더 위협적으로 비친 이주민의 일부는 동아시아에서 온 비백인들이었다. 일찍이 1882년에 중국인 배척법이 통과되었고, 1921년과 1924년에는 더 엄격한 이민법이 제정되어 (백인에게는) 사실상 무제한적이던 이민 역사에 종지부를 찍었다. 이들 법은 미국의 기존 종족 구성을 유지하려는 의도로 당시 미국 인구에서의 비중에 비례하여 출신국별 이민 허용 쿼터를 제한했다. 그럼에도 불구하고 1900년 미국 인구의 60퍼센트였던 앵글로색슨계 혈통이 1920년 40퍼센트로 감소하면서 다수자의 지위를 상실함에 따라[36] 미국인 정체성은 변모했다. 린드의 적절한 표현을 빌리면, 앵글로아메리칸/프로테스탄트에서 유로아메리칸/'유대'-기독교 정체성으로 더 확대되었다. 이에 상응하여 모든 이민자가 영어를 쓰는 미국 문화에 동화된다고 상정한 '용광로' 이데올로기와 정책이 우세해졌다. 전반적으로 이민자들 스스로가 "미국인이 되고자" 열망했고 이는 미국 문화로의 통합을 의미했다.

미국의 자유화가 증진되고 1950~1960년대에 민권 운동이 일어나면서 미국의 민족 정체성에는 또다른 변화와 확대가 찾아왔다. 1965년에는 종족에 따른 차별을 막기 위해 출신국별 이민 쿼터가 폐지되었다. '용광로' 이데올로기의 평판도 비슷하게 하락했고 문화와 출신지의 종족적·인종적 다양성이 찬양되었다. 20세기 이후 유례없는 규모의 새로운 이민 물결이, 유럽보다는 주로 라틴아메리카와 동아시아에서 밀려왔다. 그러나 이 모든 변화들이 광범위하고 대단히 중요하긴 해도 그 정확한 의미를 면밀히 이해할 필요가 있다. 확실히 미국은 앵글로색슨은 고사하고 더이상 백인 국가도 아니며, 공공 영역에서 미국을 지배했던 기독교 정체성은 모종의 더 보편화된 종교성(린드가 말하는 '무관심주의적 유신론indifferentist theism'³⁷〔신의 존재를 인정하지만 모든 종교는 똑같이 진리라는 믿음—옮긴이〕)에 자리를 내주었다. 하지만 다문화주의와 다종족주의의 수사가 공공 영역에서 다양한 집단의 유산과 관련된 새로운 규범을 표현한다는 점에서 정당하고 칭송할 만한 것이긴 해도, 그것이 좀더 근본적인 현실을 가려서는 안 된다. 바로 미국인 대다수가 널리 공유하며 공통된 미국 영어와 널리 퍼진 풍속을 특징으로 하는 특유의 미국 문화가 존재한다는 현실이다. 여기에는 도덕관·상징·사회 관습·세간의 상식, 대중적 입맛·이미지·영웅, 음악·스포츠·요리·공휴일·사회적 의례 등이 포함된다. 19세기 양키(당시 북동부 뉴잉글랜드에 살던 청교도인들의 문화를 가리킴—옮긴이)로 대표되는 특유의 미국 문화는 20세기부터 미디어와 엔터테인먼트 산업—특히 언론, 할리우드, 텔레비전—에 의해 강고하게 형성되었다.³⁸

이것이 이민자들의 다양한 출신지와 전통에서 유래한 융합 문화라는 사실은 논란의 여지가 없으며 풍요와 창의성의 원천으로 크게 찬양받는다. 하지만 요지는 여느 문화처럼 끊임없이 변화하는 이 융합이 미국인에게 널리 공유되며 미국 국경 너머로도 미국 특유의 것으로 투영되는, 철저히 미국적인 융합이라는 것이다. 실제로 전 세계인이 미국 문화의 미국성Americanism을 긍정적으로든 부정적으로든 간에 깊이 느끼고 있으며 미국인은 외부 세계와 대면할 때마다 이를 크게 의식하게 된다. 이런 공통의 미국 문화는 여러 이론가들이 미국 민족을 결합시키는 배타적 요소로 순진하게 제시하는 정치-시민적 문화를 훌쩍 뛰어넘는다. 또 영국계가 미국 인구에서 적은 비중을 차지한다(1981년에 15퍼센트였고 계속 감소중이다)는 사실을 감안하여 미국에는 다수 종족이 없으므로 이주민 종족들에게 '소수민족'이라는 꼬리표를 붙이지 말아야 한다는 주장에도 의문의 여지가 있다. 미국의 다수 정체성은 사실 미국인American이라고 주장할 수 있다.[39] 이주민 공동체에는 종족성을 부여하면서 대다수 미국인이 공동으로 창조한 산물에는 그러지 않는 것을 볼 때, 우리는 미네소타 악센트를 묻는 질문에 자기 고향에는 악센트가 없다고 대답하는 미네소타 사람을 떠올리게 된다. 자문화, 특히 크고 지배적인 자문화는 투명해 보인다. 타문화만이 종족성을 띤다.

확실히 미국의 많은 이민자와 그 후손들은 자신의 출신지와 전통에 대한 뚜렷한—때로는 강렬한—의식을 지니고 있다. 이민 1세대에서 이는 똘똘 뭉친 종족 공동체들의 모자이크로 표현되곤 했다. 종교적 정체성이 결부될 때 이 공동체들은 더욱 견고히 자리잡았다. 이는 선진 세계에서 미국이 가지는 '변칙성'을 상당 부분 설명해준다. 즉, 상대적으로 많은 사람들이 예배 기관에 출석하고 있으며 종족 공동체의 중심지에서는 그 인원수가 두 배가 된다는 사실이다. 나아가 미국 역사를 통틀어 종족 공동체들은 출신국 및 그 국민들과의 유대를 유지해왔다. 그들 중 일부는—특히 친족에게 도움이 필요하다고 여길 때는—워싱턴에서 출신국을 위한 로비 활동을 벌이기도 한다.[40] 게다가 1970년대 이후 주로 이민 3세대 이상 미국인들 사이에서 자신의 뿌리, 특히 출신지와 전통을 찾으려는 움직임이 급증했고 심지어 칭송되기도 했다.

그럼에도 이민 1세대와 2세대를 넘긴 이른바 '외국계 미국인hyphenated American'들의 문화적 정체성은 압도적으로 미국인이며, 자신의 뿌리와 전통을 찾는 일은 상징적으로나 중요할 뿐 대체로 부차적인 구실을 한다.[41]

아프리카계 미국인의 노예제 경험처럼 예외적인 사례들도 있기는 하지만, 미국의 역사와 전통은 곧 그들의 역사와 전통이 되고 적어도 그들 고유의 뿌리 의식만큼 중요하며 대부분의 경우에는 그보다 훨씬 더 중요하다. 미국인이라면 으레 '우리 미국이 독립전쟁이나 2차대전에서 승리했다'고 말할 것이다. 그런 역사적 사건이 일어났을 때 자기 선조가 아직 미국에 도착하지 않았다 하더라도 마찬가지다. 이민 2세대나 3세대에서는 영어를 주 언어이자 유일한 모어로 구사하게 되면서 언어적 구분이 사라지지만, 사실 이런 언어 대체는 보편화된 미국 문화·전통·정체성으로의 더 광범위한 통합에서 가장 눈에 띄는 요소일 따름이다.[42] 미국에서 이탈리아 이민자의 아들로 태어난 가수 겸 배우 프랭크 시나트라는 이탈리아계 이주민 공동체와 평생 유대를 맺었고 소문에 따르면 여기에는 마피아와의 친분도 포함되었는데, 그렇다면 그는 종족적으로 미국인보다 이탈리아인에 더 가까웠을까? 또 인기 텔레비전 드라마 시리즈 〈프렌즈〉의 배우 제니퍼 애니스턴은 미국 태생이지만 아버지는 그리스계이고 어머니는 스코틀랜드·이탈리아 혈통인데 이 경우는 어떨까?

원 종족 공동체들 간의 통혼 비율은 이러한 과정을 가장 구체적이고 견고하게 보여주는 지표다. 이민 1세대와 2세대에서는 타종족과의 결혼이 미미하지만 이후부터는 대폭 증가한다. 관련 연구들은 대개 인종 간 결혼과 종교 간 결혼이라는 두 범주에 집중되어 있다. 백인, 아시아계, 라틴계, 아프리카계 미국인, 미국 원주민 간의 결혼에서는 문화적 차이가 사라진 뒤에도 외모의 크고 작은 차이가 여전히 남아 있지만, 그럼에도 인종 간 결혼이 모든 범주에서 꾸준히 증가하고 있다. 미국 원주민의 절반 이상이 집단 밖에서 결혼하며, 미국에서 태어난 아시아계와 라틴계의 3분의 1 내지 2분의 1도 마찬가지다(주로 백인과 결혼한다).[43] 종교 간 결혼 비율도 50퍼센트 안팎인데, 프로테스탄트, 가톨릭, 유대교 안의 족내혼 패턴이 여전히 존재해서 별개의 세 용광로가 있다는 이론이 생겨난 1950년대와 비교하면 엄청난 변화다.[44] 게다가 인종·종교 간 결혼에만 초점을 맞추는 것은 일부분 오도의 소지가 있다. 출신국과 출신 인족에 기반한 진짜 원 종족 공동체들, 이를테면 유럽계 인족들 사이의 장벽이 종족 간 결혼과 미국 문화로의 동화를 통해 한층 더 전면적으로 무너지고 있기 때문이다.*

따라서 자기 가족이 여러 세대에 걸쳐 미국에 거주했을수록, 서로 다른 여러 출신 국가와 공동체의 혈통을 '4분의 1', '8분의 1', '16분의 1'씩 이어받았을수록 그는 종족적으로 더 전형적인 미국인에 가까워진다. 이는 토박이 미국인 간의 친족의식 증대에 기여했고, 친족의식 증대는 다시 미국 민족 정체성 안에서의 공통된 문화와 사회적 상호 협력을 강화했다. 한 연구에서 언급했듯이, "문화 동화와 종족 간 결혼 사이의 이러한 연관은, 과거 서로 별개였던 인족들이 하나의 혈통—말 그대로 한 가족의 일원—이 되는 과정을 나타낸다고 말할 수 있다."[45] 비교적 젊고 이민자가 계속 유입중인 미국 민족에게 친족 공유라는 요소는 다른 민족보다 약할지 몰라

---

* Richard Alba, *Ethnic Identity: The Transformation of White America*, New Haven, CT: Yale University Press, 1990은 이 과정을 방대한 기록으로 뒷받침하며, 이 과정에서 새롭게 창조된 유럽계 미국인의 공동 종족 정체성이 옛 출신국의 종족 정체성을 거의 대체했다는 견해를 제시한다. 알바는 유럽계 미국인과 미국 종족 정체성으로 단순 취급될 수 있는 것이 서로 크게 수렴된다는 데 동의한다(pp. 203, 312, 315). Eric P. Kaufmann, *The Rise and Fall of Anglo-America*에서도 같은 식으로 기술하고 있다. 카우프만의 주장에 따르면, 미국의 핵심 종족은 원래 앵글로-프로테스탄트 종족이었고 1960년부터는 단순히 백인 종족이었는데 최근 비백인 이민자들이 도래하면서 우위를 점차 상실해왔다고 한다. 하지만 내가 보기에 알바와 카우프만은 한 다리를 헛짚었다. 어쩌다보니 유럽계 미국인들이 먼저 이주해오긴 했지만, 미국 사회와 미국인 정체성으로의 문화적 통합 및 종족 간 결혼이라는 부단한 과정은 동아시아와 라틴아메리카에서 새로 도착한 이민자들에게도 일어나고 있는 듯 보인다.

도 엄연히 존재한다. 불필요한 트집의 여지를 제거하기 위해 첨언하자면, 종족에 대한 나의 정의를 수용하고 이 정의가 미국인—특히 토박이 미국인—에게 상당히 들어맞는다는 데 동의하는지 여부는 이 문제와 전혀 무관하다. 요는 헌법과 정치사회에 대한 시민적 충성심보다는 짙은 공통의 민족문화와 인종·종족 간 혼합의 증대가 미국 민족의식의 훨씬 큰 밑바탕을 이루고 있다는 것이다.*

이 모두가 동질성이나 조화가 아니라 역동적이고 매우 가변적인 과정을 뜻한다는 걸 강조하더라도 사족은 아닐 것이다. 무엇보다도, 일부 종족 집단과 범주는 미국 민족에 그렇게 성공적으로 통합되지 않으며 이 점은 사회적 현실과 (자기 인식을 포함한) 인식에 둘 다 반영된다.[46] 일례로 미국 원주민은 타종족과의 결혼 비율이 높은데도 불구하고 미국 민족 정체성의 다소 외부에 머물러 있으며, 실제로 자신들의 보호구역 내에서 독자적 '민족nation'으로서의 권리를 인식해왔다. 그리고 비록 지난 수십 년간 큰 진전을 이루긴 했지만 아프리카계 미국인 또한 타종족과의 결혼 비율과 사회 통합에서 다른 집단에 비해 뒤처져 있다. 게다가 1960년 이래로 아프리카계 미국인 사이에는 스스로를 독자적 종족으로뿐만 아니라 독자적 민족

---

* 마이클 왈저는 (조금 뒤에 언급할) 윌 킴리카Will Kymlicka의 비판에 대응하여 이전의 입장에서 한 발 물러나, 미국이—가장 두드러지게 영어와 관련하여—종족적으로 중립적이지 않음을 사실상 인정하고 있다. 하지만 그는 미국의 종족적 요소가 비이민 국가들에 비해 희박하다고 주장한다(그리고 킴리카도 이에 동의한다). Michael Walzer, "Nation-States and Immigrant Societies," in Kymlicka and Opalski (eds.), *Can Liberal Pluralism be Exported?*, 150–153. 이러한 시각은 명백히 상당 부분 옳지만, 나는 이 시각이 미국에서 조상의 종족 정체성이 갖는 (뚜렷할 때도 있지만 대개는 상징적인) 의미를 여전히 과대평가하고 있다—즉, 이런 정체성이 특히 강하게 드러난 사례들을 일반화하는 한편, 미국 문화의 깊이와 여러 세대에 걸친 종족 간 결혼 및 문화 통합의 정도를 과소평가했다—고 믿는다.

으로 정의하려는 경향이 일부분 존재해왔다. 혹자는 이런 경향이 미국 사회와 정체성으로의 좀더 일반적인 통합 과정에서 미미한 흐름으로만 남을 것이라고 과감히 예측하기도 한다. 이런 면에서 2008년 버락 오바마의 미국 대통령 선출은 역사적 이정표다. 케냐와 아일랜드의 혈통을 이어받았고 어느 정도 아프리카계 미국인으로서의 자아 정체감을 지닌 그의 정체성은 확실히 그 무엇보다도 미국적이다.

이민은 여전히 미국의 주된 특성이므로, 이민자들의 미국 문화 적응과 사회 통합 문제는 지속적인 관심의 초점으로 항시 존재하고 있다. 이민이 최고조에 달했을 때도 이민 1세대는 미국 인구의 15퍼센트 미만이었지만, 그들의 자녀(이민 2세대)까지 합치면 이따금 그 수치의 두 배에 이르기도 했다. 게다가 새로운 이민 물결은 이미 미국 주류로 흡수된 과거의 이민 물결들을 대체한다.*

오늘날 라틴계의 대규모 이민은 논쟁의 중심에 있다. 이 논쟁에는 이민이 경제나 복지 정책에 끼치는 영향 등 다양한 측면들이 있지만, 우리는 미국의 종족·민족 정체성이라는 측면에서 본 이민의 중요성에 논의를 국한할 것이다.

새뮤얼 헌팅턴은 『미국, 우리는 누구인가Who Are We? The Challenges to America's National Identity』(2005)라는 저서에서, 널리 확산된 우려를 표명한 바

---

* 윌 킴리카는 이주민 공동체가 문화 통합을 통해 줄어들거나 소멸하기는커녕 오히려 성장하고 있다고 주장한다. "Liberal Multiculturalism: Western Models, Global Trends, and Asian Debates," in W. Kymlicka and B. He (eds.), *Multiculturalism in Asia*, Oxford University Press, 2005, 31-32. 비록 새로운 이민자의 지속적 유입으로 전 세계의 이주민 인구가 늘고 있는 건 사실이지만, 실제로 앞 세대의 이민자들은 킴리카의 기본 가설과는 반대로 시간이 흐르면서 사회에 문화적으로 통합되고 흡수되며, 이는 미국뿐 아니라 다른 많은 곳에서도 마찬가지다. 대부분의 나라에는 이민자들을 부단히 통합시키고 있는 '컨베이어 벨트' 과정이 존재한다.

있다. 이 책은 현재 라틴아메리카, 특히 멕시코에서 밀려드는 이민 물결이 과거 미국으로 밀려든 이민 물결들과 모종의 중요한 측면에서 다르다고 주장한다. 이 이민자들은 머릿수가 많을 뿐만 아니라 미국에 인접한 나라들로부터 넘어오며 주로 미국의 남쪽 국경과 면해 있는 주들에 정착한다. 그래서 라틴아메리카 국가들 및 문화권과 매우 근접한, 사실상 영토가 이어져 있는 지역에 밀집하게 된다. 과거 미국의 이주민 공동체들은 먼 거리에 의해 모국으로부터 실질적으로 단절되었다. 이와 달리 라틴계 공동체들은, 헌팅턴에 따르면 국경 너머 모국과의 긴밀한 연계와 더불어 그들 고유의 문화, 언어, 정체성을 유지할 가능성이 더욱 높다. 극단적인 시나리오에서, 이는 결국 남서부 일부 주의 다수 인구를 차지한 라틴계들이 멕시코로의 병합을 요구하는 실지失地 회복주의로 이어질 수도 있다(미국-멕시코 전쟁을 종결한 1848년 강화조약 이전에는 이들 영토의 대부분이 멕시코에 속했다). 좀더 현실적인 (하지만 헌팅턴의 시각에서는 그 못지않게 문제적인) 시나리오에서는 라틴계 이주민의 많은 머릿수, 특정 지역에의 밀집, 모국과의 강한 유대로 인해 미국의 언어, 문화, 정체성이 둘로 쪼개질 수 있다. 미국의 민족 통합에 이 정도의 위협이 제기된 적은 남북전쟁 때를 빼면 역사상 한 번도 없었다.

헌팅턴을 비판하는 이들은 라틴계 이민자들이 미국에 대한 자긍심과 정체성 의식을 압도적으로 공유하며, 미국의 핵심 가치들을 수용하고, 영어만 쓰는 세대로의 교체가 과거 이민자들보다 조금 더디긴 하지만 뚜렷이 일어나고 있음을 드러내는 데이터를 인용한다.[47] 그렇다면 라틴계 이민자들은 미국 문화로의 점진적 동화라는 면에서 이전의 이민 물결들과 근본적으로 다르지 않다. 중요한 경험적 질문과 장래 흐름에 대한 추측이 혼재된 이 문제에서 누가 옳은가를 판단하는 일은 우리의 몫이 아니다. 또

다문화주의와 민족에 대한 규범적-이데올로기적 질문도 우리의 관심사가 아니다. 이 책의 주제는 문화, 종족성, 민족태에 대한 좀더 일반적이고 이론 적인 질문이다. 라틴계 이민자의 미국 문화 적응(혹은 부적응)에 대한 헌팅 턴의 예측이 장차 오류로 밝혀진다 하더라도, 그는 민족 현상에 대한 연구 에 있어 핵심적으로 중요한 질문을 건드리고 있다. 그는 너무나 많은 이들 이 간과한 점, 즉 이민자들이 공통 언어를 수용하고 공유 문화에 통합되는 것이 미국 민족 정체성의 기반이라는 점을 지적하고 있다.* 비록 영어가 미 국의 공식 언어로 선언된 적은 없지만, 아무튼 실질적으로 그러한 위상을 차지하고 있으며 사실상 도전받지 않았기에 그럴 필요가 없었을 뿐이다. 미국의 많은 주들이 영어를 공식 언어로 공표한 건 최근 수십 년 사이의 일이었다.

18세기에는 독일계 정착민들이 밀집한 펜실베이니아(그리고 19세기에는 위스콘신)에 독일어가 뿌리내릴 것이라는 전망이 대두된 바 있다. 벤저민 프랭클린은 이러한 전망에 불안감을 품었고 문화적·인종적 이유로 독일인 의 미국 이민이 중단되기를 바랐다.[48] 이 독일계 미국인들은 오래지 않아 언어를 영어로 바꾸고 양키 정체성에 융합되었으며 이후에 도착한 독일계 및 여타 이민자들도 그러했다. 하지만 그러지 않았다면 어떻게 되었을까? 미국에 이민자 공동체가 그들만의 언어·문화 정체성을 유지하며 모여 사 는 지역이 존재했다면? 그들이 이를테면 중서부 북쪽 지역의 스칸디나비아 계 정착민들이나, 도시에 집중된 이탈리아·폴란드·우크라이나·유대계 이 민자들보다 더 큰 규모로 유지되면서 미국 문화로의 동화에 저항했다면?

---

* 헌팅턴에게는 이 문화가 앵글로색슨·프로테스탄트 위주로 유지되는 게 지극히 중요했 다. 하지만 이 문제가 다른 측면에서 아무리 중요하더라도, 같은 민족 정체성 의식의 존재 자체만을 놓고 본다면 공유 문화의 내용이 무엇인가는 별로 중요치 않다.

그랬다면 미국은 진정한 다종족, 어쩌면 다민족 국가가 되거나 아니면 개별 민족국가들로 분열되었을까? 헌팅턴이 시사하듯이 캐나다처럼 되었을까?

실제로 캐나다는 민족 건설과 민족 정체성이라는 관점에서, 아니 적어도 한 가지 결정적 측면에서 미국과 유용한 대조를 이룬다(이는 캐나다의 정체성이 미국 아닌 것들로 이루어졌다는 풍자에 새로운 의미를 부여한다). 캐나다의 영어권 지역에서 펼쳐진 과정은 미국에서 일어난 과정과 다르지 않았다. 원래 앵글로색슨계 영국인 위주였던 사회를 다양한 이민 공동체들이 변화시켰다. 그들은 풍요롭고 다양한 문화적 전통을 들여왔으며 특히 이민 1세대는 그들 사이의 *끈끈한* 종족공동체적 유대를 유지했다. 동시에 이민자와 그 후손들은 세대가 거듭될수록 영어를 쓰는 캐나다 민족 정체성에 점점 더 통합되며 공동의 캐나다 문화를 융합시켜왔다.[49] 캐나다는 여전히 이민 국가이므로 이 과정은 계속해서 새롭게 일어난다. 하지만 이 전체 구도에는 두 가지 예외가 있다. 캐나다 북부에 소수 존재하는 이누이트인은 미국의 원주민이 그렇듯이 캐나다 사회와 정체성에 매우 불완전하게 통합되었고, 지난 수십 년간 다문화주의와 소수민족 권리에 대한 논의에서 큰 주목을 받아왔다. 퀘벡의 프랑스어권 주민들은 수적으로나 사회경제적 발전 및 영향력 면에서, 따라서 정치적으로 훨씬 큰 중요성을 띤다. 프랑스 식민지에 정착한 프랑스인의 후손인 그들은 1759년 영국에 정복된 후에도 수백 년간 고유의 언어와 정체성을 유지해왔다. 자유화의 진전과 더불어 영어권 캐나다의 지배력이 약해지자, 퀘벡인들은 1960년대부터 고유한 정체성을 재천명하며 스스로가 별개의 인족이자 민족임을 주장해왔다. 그들은 이 지방에서 프랑스 언어와 문화의 우위를 법제화했고 2006년에는 캐나다 하원에서 캐나다 내의 민족nation으로 공식 인정받음으로써 캐나다를 일종의 '두 민족binational' 국가로 변모시켰다. 퀘벡의 분리독립을 위한 주민투표는 1980년과 (가장 근소한 차이로) 1995년에 부결되었지만, 언젠가 퀘벡이 캐나다에서 이탈할지도 모른다는 전망은 여전히 어렴풋이 도사리고 있다.

그러므로 캐나다는 전체 인구에서 상당한 비중을 차지하는 퀘벡인이 지배 언어와 문화로 통합되지 않았고, 한 지역에 집중되어 있고, 강한 정체성 의식을 지녔으며, 이 모두가 고유한 인족·민족 의식을 낳았다는 점에서 미국과 다르다. 이는 미국의 경험과 캐나다의 경험 중에 무엇이 더 낫다고 말하려는 것이 아니다. 다시 말하지만 이 책은 규범적인 주장을 담고 있지 않다. 캐나다의 퀘벡 문제는 우리가 사실에 기반해서 지금까지 해온 주장을 더욱 강조할 따름이다. 즉, 미국의 민족태는 비단 시민적 토대에만 의존하는 게 아니라, 뿌리 깊고 널리 공유되고 자랑스럽게 표현되는 미국 문화—사실상 진정한 미국 종족 정체성—에 바탕을 두고 있다는 것이다. 이 공통의 정체성은 미국의 다종족/다문화적 특성에 의해 형성되고 풍요로워지지만, 시간이 갈수록 살아 있는 현실로서 그보다 훨씬 더 깊이 뿌리내리게 된다.

오스트레일리아와 뉴질랜드는 규모가 작다뿐이지 이 점에서 미국과 아주 비슷하고 캐나다와 다르다. 영국과의 연계가 훨씬 더 강하다는 점만 빼면 두 나라의 이민사와 종족사는 미국의 그것을 닮았다. 여기서는 그 간략한 개요만을 압축해서 보겠다. 18세기 말과 19세기에 브리튼제도에서 온 이민자들이 오스트레일리아와 뉴질랜드에 정착하면서 그들의 언어와 문화적 모델을 두 나라에 이식했다. 두 나라는 19세기에 유럽 북서부, 20세기에는 유럽 여타 지역에서 온 이민자들 또한 흡수했다. 또 둘 다 아시아로부터의 이민을 금지하고 백인 이민만을 허용하는 정책을 유지했다.

20세기 후반기부터 인종차별이 철폐되고 다문화 이데올로기가 패권을 잡게 되었다. 그럼에도 두 나라의 이민자들은 언어를 영어로 바꾸고 오스트레일리아와 뉴질랜드의 뚜렷한 민족 문화와 역사적 전통을 수용하는 식으로 사회에 통합되었다(다른 한편으로 사회에 그들의 문화를 보탰다). 오스트레일리아인과 뉴질랜드인은 자국의 식민 정착 역사와 더불어 호주-뉴질랜드 연합군ANZAC의 1차대전 참전과 갈리폴리 전투를 그들의 민족적·역사적 이정표로 기념한다. 두 나라에 거주하는 대다수 국민들의 조상이 심지어 그중 후대의 사건들이 일어났을 때에도 아직 이 나라에 상륙하지 않았다는 사실은 여기서 전혀 문제가 되지 않는다. 이민 2세대와 3세대부터 인종·종교·종족 간 결혼이 급증하는 현상은 통합 과정의 촉진제인 동시에 이를 강하게 보여주는 지표이기도 하다. 오스트레일리아 애버리지니와 뉴질랜드 마오리인 같은 원주민 집단은 두 나라의 공통 문화와 민족 정체성의 변두리에 머물러 있다. 하지만 여기서도 사회적 통합의 증대는 타종족과의 결혼 증가와 맞물려 있으며 두 나라 원주민 인구의 절반가량이 타종족과 결혼하고 있다.[50] 미국에서도 그랬지만, 오스트레일리아와 뉴질랜드의 민족태를 항상 뒷받침해온 것은 단지 시민적 충성심만이 아니라, 핵심 인족으로부터 신규 집단으로의 친족 의식 확대와 공유 문화였다.

다문화주의를 연구하는 자유주의 철학자이자 캐나다 시민인 윌 킴리카는, 자유주의 국가가 종족에 대해 중립적이라는 흔한 오해에 대응하여 다음과 같은 중요한 점을 지적했다. 실제로 모든 자유주의 국가들은 특정 종족—그들 자신의 종족—을 선호하며 이 사실은 그 나라의 표준어에 가장 두드러지게 반영된다. 또 모든 자유주의 국가들이 민족 건설에 참여한다.[51]

라틴아메리카의 종족성과 민족 건설

민족 건설과 종족적 현실의 관계가 더더욱 흥미로운 건 라틴아메리카 국가들의 경우다. 이들은 스페인계(브라질은 포르투갈계) 위주의 이민에 의해 형성되었지만 몇몇 나라는 원주민(인디오) 인구가 많(았)다(현재 원주민은 볼리비아 인구의 대다수를 차지하며 페루에서 가장 큰 인구 집단이다). 대부분의 나라에서는 원주민이 소수민족으로 존재하고 스페인어를 쓰는 유럽-인디오 혼혈이 다수를 이루고 있으며, (과거 노예로 들어온) 흑인 인구와 백인-흑인-인디오 혼혈 인구가 많은 나라들도 몇몇 있다(브라질과 카리브해 나라들). 범라틴아메리카 정체성, 개별 국가들의 정체성, 토착 인디오 정체성, 이 모두가 라틴아메리카에서 민족 개념을 놓고 서로 경합하며 이에 도전해왔다. 따라서 유럽, 영어권 이민 국가들, 동아시아의 대부분과 비교할 때 라틴아메리카의 민족 건설은 아직 현재진행형의 기획이다. 세계 여느 지역과 마찬가지로 라틴아메리카 나라들도 굉장히 다양하며 단일 민족과 거리가 멀다. 여기에서는 이들 간의 공통된 패턴과 주된 차이를 조명하고자 한다.

유럽 정복 이전 메소아메리카(멕시코와 그 주변)와 안데스에는 인구가 밀집된 농업 문명들이 존재했다. 토착민이 자연 면역을 갖추지 못한 구대륙 질병의 유입으로 정복 이후 첫 세기에 토착민 인구가 90퍼센트나 격감한 것으로 추정된다. 하지만 토착민 인구는 그 이후로 회복되어 1800년경에는 멕시코와 페루 인구의 절반 이상을 이루었다.[52] 토착민 인구가 많았던 나라에서 그들이 민족 형태를 취하지 않은 데는 두 가지 이유가 있었다. 우선 무엇보다도 라틴아메리카는 토착 종족과 언어들의 모자이크였다. 오늘날에도 이곳에는 400여 개나 되는 토착 언어가 존재한다. 멕시코와 콜롬비아의 소규모 종족 공동체에서 쓰이는 언어는 각각 60가지가 넘고 볼

리비아는 그 절반 정도다.[53] 이 다양한 집단들을 이어주는 매개체는 거의 없었고, 대부분의 지역에는 공통된 정체성 의식이나 그러한 정체성 의식을 형성시킬 만한 요소가—스페인 식민주의자들에 대한 그들의 상대적 위치를 빼면—부재했다. 콜럼버스 이전 아메리카의 제국들, 특히 (나우아틀어를 쓰는) 메소아메리카의 아스텍 제국과 (케추아어를 쓰는) 안데스의 잉카 제국에는 구대륙의 고대 국가와 제국에서 그랬듯이 대규모의 종족적 평준화 과정을 일으킬 잠재력이 있었다. 마야와 같은 대규모 도시국가 체계들에도 비슷한 잠재력이 있었다. 하지만 페루 케추아어 사용자들이 대규모 언어 집단으로 존속한 사례와 같은 부분적 예외를 빼면, 이러한 자생적 경로는 정복에 의해 단절되었다. 실제로 정복자들이 강제로 부과한 질서는, 라틴아메리카의 토착민들이 심지어 다수를 차지한 곳에서도 스스로를 민족적으로 표출하지 못한 둘째 이유였다. 훗날 독립 국가들의 기반이 된 스페인령 식민지들을 지배한 스페인계(크리오요Criollo, 즉 크레올) 엘리트와 인민은 농업·광업·공업 단지(아시엔다hacienda)에서 토착민을 가혹하게 부리며 경제적으로 착취했다.

자신들의 이익이 날이 갈수록 스페인의 이익과 어긋나며 자신들의 관점이 아메리카라는 새 보금자리의 관점과 거의 일치함을 인식한 크레올 엘리트들과 인민은 독립을 택하여 쟁취했다. 스페인과의 전투(1808년경부터 1820년대 중반까지)는 대개 각 지방에서 국지적으로 수행되었지만 반란군 사이의 협력도 어느 정도 이루어졌다. 시몬 볼리바르Simón Bolívar와 호세 데 산 마르틴José de San Martín은 대륙 규모의 군사 작전을 지휘했고 스페인령 라틴아메리카의 정치적 통일을 옹호하기도 했다. 하지만 히스패닉 아메리카합중국이 세워지고 볼리바르가 이 합중국의 조지 워싱턴으로 취임하는 일은 실현될 수 없었다. 이는 단지 스페인령 아메리카의 영토가 독립 당시의 미국 영토보다 일곱 배나 (그리고 스페인 본토보다는 30배나) 더 컸고 지리적으로도 더 분산되어 있었기 때문이다. 심지어 1820년대에 갓 해방된 라틴아메리카에 세워진 광역 연방들마저 오래가지 못했다. 크레올 엘리트들은 옛 스페인 제국의 부왕령, 총독령, 지방들을 접수하여 독립 국가를 선포했다.*

이들 나라에서는 유럽 신생 국가(그리고 나중에는 미국) 엘리트들과의 상업적·문화적 교류가 라틴아메리카 국가들 간의 교류보다 더 중요해지면서 범라틴아메리카 정체성을 한층 더 잠식하게 된다. 다른 한편으로, 각 나라마다 지방 지주와 군벌(카우디요caudillo)들이 수도로부터의 실질적 자율권을 확보하고 있었으므로 국가 통제와 국가 정체성도 미약했다.[54] 크레올, 특히 도시 중심지의 크레올 사이에서는 개인적 차원의 애국심이 얼마간 싹텄다. 이러한 요소를 감안하는 한에서는 이것을 민족주의라고 지칭할 수 있다(또 그들 자신도 그렇게 여겼다). 하지만 이러한 지칭을 라틴아메리카 국가들의 대다수 주민에게 적용하면 문제가 있는 것이, 혼혈 인종(메스티소)을 사이에 둔 크레올과 인디오의 분열은 단지 사회적·경제적·정치적 분열이 아니라 종족적 분열이기도 했기 때문이다. 크레올과 인디오는 자신들이 같은 인족에 속한다고 여기지 않았으므로, 볼리바르와 산 마르틴은 이 뿌리 깊은 분열을 없애는 것이야말로 민족 창조의 필요조건임을 인식했다. 근대주의자인 베네딕트 앤더슨은 라틴아메리카 신생 국가들이 유럽보다

---

* Benedict Anderson, *Imagined Communities: Reflections on the Origins and Spread of Nationalism*, London: Verso, 1983, ch. 4, 50-65는 옛 스페인 제국의 각 지방들이 고유한 정체성을 형성하는 데 지역 신문들이 큰 영향을 끼쳤음을 올바르게 강조했다. 하지만 이는 라틴아메리카의 방대한 규모와 지리적 분산이 통신, 통치, 다양성에 부과한 제약들 가운데 하나일 뿐이었다.

앞선 최초의 민족에 속한다고 주장함으로써 현실을 거꾸로 해석했다. 하지만 실제로 라틴아메리카 민족주의자들은 자국이 많이 뒤처졌음을 절실히 느끼고 그보다 훨씬 더 오래된 유럽 민족들을 모델이자 이상으로서 추구했다.[55]

사실 19세기 초의 라틴아메리카는 전근대 세계에 대한 겔너의 모델이 마침내 유효한 곳이었다. 한편에는 토지 소유 계층과 도시 상층부가 있었고 다른 한편에는 농업 생산자들의 하층부가 있었다. 후자는 전자와 종족적으로 달랐을 뿐만 아니라 그들끼리도 종족이 달라서 토착 종족과 지역 문화들의 모자이크를 이루었다. 각국의 다양한 인디오 종족 집단들은 공통된 문화 속성(무엇보다도 언어)과 친족 공유 의식이 부재했다. 카스티야, 포르투갈, 잉글랜드, 스칸디나비아, 폴란드, 러시아의 귀족과 농민 간 상황(이에 대해서도 겔너는 크게 오해한 바 있지만)과는 완전히 달랐다. 또 독일인 지주 밑에 있던 보헤미아와 발트 지역 농민들, 폴란드인 지주 밑에 있던 우크라이나 농민들, 몽골이나 만주족의 굴레 아래 있던 중국인 등, 뚜렷이 다른 두 종족 공동체 혹은 인족이 정치적 종속 및 경제적 착취 관계로 엮인 사례들과도 크게 달랐다. 라틴아메리카의 토착민 공동체들은 압제자에 맞서 저항했고 자주 반란을 일으켰다. 농민 반란은 어디에서건 국지적/지방적 범위로 일어나는 경향이 있지만, 라틴아메리카에서는 이 경향이 특히 더 심해서 대부분이 특정 종족 공간의 내부로 한정되었다. 식민 시대 말(1780년)에 페루의 케추아어 사용자들이 잉카의 깃발을 올리고 대규모로 일으킨 투팍-아마루 봉기나 마야 유카탄에서 일어난 일부 대규모 농민 봉기들은 그 강렬한 예외였다.

따라서 19세기 라틴아메리카 신생국의 대부분은 약한 국가인 동시에 더 약한 민족이었고, 이 두 가지 특징은 서로 크게 연관되었다. 이들이 민족국가가 되려면 우선 국가가 힘을 가져야 했고 또 공통의 친족-문화 정체성이 출현해서 유럽 및 다양한 인디오 종족 집단들(그리고 흑인)을 집어삼켜야 했다. 스페인-인디오 혼혈인 메스티소의 확대와 그들의 상징적 역할은 이 과정의 핵심이었다. 또 이는 인디오들 사이의 스페인어 확산, 또 그보다도 먼저 일어난 가톨릭으로의 개종과 뗄 수 없었다. 마침내 스페인과 인디오의 유구한 전통이 집합적 민족사로 융합되었다.

라틴아메리카에서 스페인계와 원주민 간의 성관계 및 결혼은 정복 이후로 흔히 행해졌고 영국령 북아메리카에서보다 사회적 낙인이 덜했다. 스페인 신규 이민자 중에 독신 남성의 비율이 높았고 스페인령 아메리카의 인디오 인구 밀도 또한 높았다는 사실은 이 점을 이해하는 데 도움을 준다. 이는 영국 식민지에서 가족 단위 이민이 더 흔했고 원주민 인구가 더 희소했던 것과 대조를 이룬다. 스페인령 식민지 아메리카에서는 스페인인, 스페인-인디오 혼혈, 인디오, 흑인 순의 엄격한 인종 위계가 통용되었고 법으로도 규정되어 있었다. 그럼에도 메소아메리카와 안데스에서 혼혈인은, 외딴 시골 지방에서는 거의 그렇지 않았지만 특히 스페인인이 정착한 중심지 주변에서는 가장 일반적인 부류가 되었다. 오늘날의 유전학 연구는 이런 오래된 관념을 확증해준다.[56] 스페인어의 확산은 인종 간 경계가 희미해지는 데 기여했다. 20세기에는 라틴아메리카의 거의 반수에 가까운 나라에서 스페인어를 쓰는 혼혈 메스티소가 인구의 대다수를 차지하게 되었다.

근대화는 국가 건설과 민족 건설이라는 이중 과정을 더더욱 가속화했다. 여기서도 근대주의적 민족 창조 모델은 다른 곳보다 라틴아메리카 나라들에 훨씬 더 잘 들어맞는다. 도시화와 철도·도로, 초등교육, 의무 병역은 연결성, 국가의 침투력, 정치 동원, 문화 통합을 크게 증진했다.[57] 대농장주와 도시 유력자들의 구식 과두정과 제한적 대의제는 대중적 정당성을 갖춘 정권들(여기에는 라틴아메리카의 동의어가 된 포퓰리즘적 권위주의 정권도 포함된다)에 자리를 내주었다. 토착민 인구는 정도의 차이는 있을지언정 점진적으로 민족 안에 들어와 통합되었다.

멕시코는 이 과정의 최선두에 있었다.[58] 근대적 멕시코 국가를 출범시킨 1910~1917년 혁명은 메스티소를 이상적인 멕시코인 정체성으로 변모시켰다. 멕시코인은 혼혈 인족이자 민족으로 인식되고 투영되었다. 스페인어의 확산과 인디오 언어들의 퇴조는 근대화와 더불어 정체성의 융합을 촉진했다. 여전히 인디오로 분류되는 사람들은 멕시코 인구의 10~15퍼센트에 불과하고, 62개 인디오 언어 중 하나를 쓰는 이들은 그중에서도 절반 미만이다. 그들 대다수는 유카탄, 오악사카, 치아파스 등 근대화가 가장 덜 된 멕시코 남부의 외딴 지방에 살고 있으며, 이들 지방에서는 원심적 압력과 분리주의 반란이 여전히 현실이다. 종족 혼합에는 역사적 전통의 결합 또한 포함된다. 스페인 정복자conquistador들에 의해 피에 굶주린 이교도로 매도되었던 콜럼버스 이전 멕시코 문명의 영광은 이제 민족사에 완전히 포섭되어, 이 문명을 파괴한 정복자들과 더불어 멕시코인의 공통된 과거, 유산, 자부심으로서 평화롭게 공존하고 있다. 베네수엘라, 콜롬비아, 에콰도르, 파라과이 등 여타 스페인계 라틴아메리카 국가에서도 비슷한 종족·민족 융합 과정이 일어났다. 이 과정이 덜 진전된 페루와 볼리비아에서는 시골의 다수 인디오 인구가 여전히 약하게 민족체에 통합되어 있거나, 혹은 실제로 민족체를 접수하려는 정치적 행동을 일으키기도 한다.

아르헨티나와 우루과이의 토착민 인구는 애초부터 훨씬 더 적었고 인디오와 메스티소를 합쳐도 인구의 10퍼센트 미만이다. 민족성이라는 측면에서 이 나라들의 발전 과정은 영어권 이민 국가들을 닮았다. 아르헨티나와 우루과이는(또 백인이 다수이고 메스티소 인구가 많은 칠레도) 특히 이탈리아 등의 유럽 지중해 국가들과 동아시아로부터 대규모 비스페인계 이민을 흡수했다. 하지만 각국의 이민자들은 스페인어와 더불어 많은 현지 문화를 받아들이고 그들 자신의 문화를 더하여 풍요롭게 만듦으로써 이를 스페인어를 쓰는 민족 정체성으로 융합시켰다.

브라질은 같은 테마에 의한 특수한 변주를 보여준다. 수많은 아프리카계 흑인이 포르투갈인 소유의 플랜테이션에서 일할 노예로 이 나라에 끌려왔다. 브라질에는 1888년까지 노예제가 존재했지만 인종 간 성관계의 보편화는 혼혈·다종족 사회라는 현실과 인식을 둘 다 창조했다. 2010년 인구조사에 따르면 백인은 브라질 인구의 절반에 조금 못 미치며(47.7퍼센트), 백인-흑인-인디오 혼혈(파르두pardo)이 두번째로 큰 범주(43퍼센트)를 보이고 있다. 또 인구의 약 7.5퍼센트는 흑인, 약 0.5퍼센트는 인디오로 분류된다.[59] 그 못지않게 중요한 점은, 흑인과 (주로 유럽에서 온) 비포르투갈계 이민자들이 포르투갈어를 받아들였고 브라질 고유의 문화적·민족적 정체성을 융합해냈다는 것이다. 이 모두가 사회적·인종적 조화를 뜻하는 것이 아님은 명백하다. 내 말의 요지는 그것이 아니다. 브라질의 극단적인 계급·빈부 격차는 인종과 밀접하게 상응한다. 그럼에도 모든 혈통의 브라질인이 자신들을 한 인족이자 민족으로 여기는 이유는 그들이 같은 언어 등의 고유문화를 공유하며 '혼혈'이 두드러지기 때문이다. 여기서의 민족 건설 기획도 현재진행형이다. 아직까지 이 기획이 미치지 못한 사람들, 특히 아마존 열대우림 깊숙이 띄엄띄엄 고립된 인디오 부족민들은 브라질인의 관점으로나 이 집단들의 자기인식으로나 민족이라는 틀의 멀찍이 바깥에 머물러 있다. 카리브해 나라들은 아프리카의 다양한 종족 출신들이 인구의 더 큰 비중—대다수—을 차지했고 브라질처럼 공통 언어가 부재했다. 카리브해 각각의 섬의 혼종 사회들은 지배 엘리트의 언어—스페인어, 영어, 혹은 프랑스어에 기반한 크레올어―를 받아들여 공통의 크레올 문화와 정체성을 융합해냈다.

결론적으로, 라틴아메리카의 민족 건설 기획은 좀처럼 거부할 수 없는 수준까지 진전했다. 여기에는 (브라질과 일부 카리브해를 제외하고) 스페인어의 확산, (토착민과 흑인이 다수 존재하는 곳에서는) 백인 이외에도 토착민과 흑인까지 포괄한 공통의 민족 문화와 전통의 융합, 인종 간 혼혈이라는 현실과 이에 대한 인식이 수반되었다. 이 과정들 중에는 범라틴아메리카 정체성에 역행하는 것도 있고 이를 강화하는 것도 있다. 미국의 라틴계 공통 정체성이 이민을 통해―일부분은 공식적 분류를 통해―느슨하게만 형성된 정체성임은 널리 인정되는 사실인데, 라틴아메리카의 서로 다른 나라에서 온 신규 이민자들이 출신 국가의 고유한 정체성을 강하게 지니고 있기 때문이다. 앞으로 경제 통합이 증대되고 통신이 더 긴밀해지면서 라틴아메리카 나라들이 저마다의 고유한 민족 정체성을 유지하고 심화할지, 라틴아메리카 단일 민족이라는 볼리바르의 꿈을 실현하는 방향으로 움직일지, 아니면 그 중간 지점을 택할지는 두고 볼 일이다. 우리의 과제는 이 모든 선택지를 가능케 해주는 친족-문화적 유대를 지적하는 데서 그친다. 이 점에서 라틴아메리카는 다민족 유럽연합보다 (그보다 서너 배 넓은 영역에 흩어져 있긴 하지만) 훨씬 더 밀접하게 결합되어 있다. 그리고 지역 정체성, 국가 정체성, 범아랍 정체성이 혼재하는 아랍 세계와 더 닮았다.

사하라 이남 아프리카의 종족성과 민족 건설

민족주의와 종족성을 결부시키기를 꺼리는 경향에는 충분한 이유가 있다. 전통적으로 국가들은 자국 영토 내 소수 종족민족의 분리독립 주장에 대해 우려해왔다. 실제로 다수 종족민족이나 지배 인종의 국수주의와 주변부 종족민족의 분리독립 압력은 지난 200년간 벌어진 인류 최악의 재앙들 중 일부의 원인이었다. 비교적 소규모의 종족민족들이 지리적으로 혼재하며 저마다의 민족 정체성을 주장하는 동유럽은 갈등에 시달려왔다. 특히 발칸은 이 점에서 전형적인 사례가 되었다. 종족 영토 안에 다른 종족 영토가, 그 안에 또다른 종족 영토가 거의 끝없이 존재하는 곳에서는, 정치 경계를 어떻게 그어도 인종 청소의 대혼란과 참사 없이 종족민족 공동체들을 별개의 국가들로 깔끔하게 분리할 수 없다. 이런 참사는 19세기와 20세기에 자주─2차대전의 여파로, 또 유고슬라비아 해체와 더불어─일어났다. 이론가들은 서유럽과 결부되고 중-동부 유럽의 종족적 민족주의와 대비되는 시민적 민족주의라는 개념을 만들어냈다. 또 민주주의와 자유주의가 뿌리내리고 모든 종족이 평등하게 대우받을 때 민족은 종족 정체성과 무관하게 해석될 수 있으며 또 그래야 한다고 상정했다. 하지만 우리가 보았듯이 사실 '시민적' 모델 사례에서 민족 정체성이 형성된 건 수백 년간의 성공적인 지배 덕이었다. 실제로 자유주의가 심화되면서 영국은 종족민족적 분리주의 압력에 의해 분열되었고 앞으로 더 심하게 분열될 수도 있으며, 이는 스페인의 경우도 마찬가지다. 실제로 유럽에서 다종족성을 띤다고 강하게 주장할 수 있는 민족은 스위스뿐이다.

중-동부 유럽과 발칸 반도가 이론가들에게 종족적 민족주의와 대비되는 시민적 민족주의의 개념화를 촉발시켰다면, 아프리카와 남아시아·동남아시아의 신생 국가들에 대한 우려는 학술·정치 담론에서 이 구분을 더더욱 중추적으로 만들었다. 이들 국가의 상황에서 시민적 민족주의가 모델로 지지되어온 이유는 그 대안이 너무 끔찍해서 고려할 수 없었기 때문이다. 특히 아프리카는 악몽 같은 시나리오를 제시한다. 우리가 앞에서 보았고 일부 학자들도 지적했듯이, 식민지 이전 아프리카의 정치체들은 전 세계 다른 지역들과 비슷하게 종족적으로 구성되어 있었다. 도시국가와 도 시국가 연방들도 종족에 따라 형성되었고 제국을 지배한 이들도 제국 인 족이나 종족이었다.[60] 하지만 1950~1960년대 독립 이후에 등장한 신생 아 프리카 국가들은 19세기에 유럽 열강들이 종족적 현실을 거의 무시하고 그어놓은 식민지 경계의 유산을 물려받았다. 그 결과로, 거의 모든 사하라 이남 아프리카 국가의 정치적 경계는 서로 다른 종족들의 모자이크를 포 괄하는 한편, 기존의 종족들을 찢어 인접한 여러 나라로 분리시켰다. 대충 단일한 종족 집단을 중심으로 이루어진 국가는 극소수로, 스와질란드, 레 소토, 보츠와나(모두 식민지 이전의 종족-부족 국가를 계승한 나라들이다), 소말 리아(현재는 부족 간 내전으로 찢겨 있다) 등이 여기에 포함된다.[61]

사하라 이남 아프리카에는 약 3천 개의 서로 다른 언어 종족이 47개 국가에 흩어져 존재한다. 대부분의 국가는 몇몇 주요 종족의 본거지로, 각 각 수백만 명에서 1천만 명에 이르는 이 주요 종족들이 합쳐서 인구의 태 반을 구성하고 있다. 그 밖에도 각국에는 아주 소규모의 종족 공동체들이 수십 개, 때로는 수백 개씩 존재한다(나이지리아의 경우는 언어가 250~400개 나 된다). 아프리카의 종족들을 '부족'으로 지칭할 때가 많은데, 이는 서론에 서 이미 논의한 대로 서로 판이한 두 사회적 실체를 혼동하는 흔한 경향 을 반영하고 있다. 일례로 줄루와 마사이라는 종족은 각각의 구성 면에서 부족적 성격을 띨지 몰라도 단일한 부족은 아니다.[62] 종족은 하나의 문화 (무엇보다도 언어)를 공유하며 때로는 이와 더불어 친족 의식과 공통된 정체 성 의식을 공유하기도 한다. 선국가 사회의 종족은 사회적으로 더 중요한, 그러나 느슨한 부족체들로 분리되어 있었다. 이 부족체들은 초기 국가에서도 오랫동안 유지되었고 대부분의 아프리카 국가에서는 지금도 그렇다.*
실제로 이는 엄연한 현실이다.

> 사하라 이남 아프리카에는 언어와 종족에 대한 강한 정서적 애착이 존
> 재한다. 언어는 종족성의 보고로 여겨진다. 각각의 종족 집단은 그들이
> 쓰는 언어로 스스로를 표현하고 정체화하며 그들의 문화적 일습은 언어
> 에 의해 형성된다. 언어와 종족의 동일성은 서로를 동족으로 수용하는
> 유대를 창조하며 일체감, 정체성, 독자성, 연대, 형제애와 친족 의식의
> 기반을 제공한다.[63]

이 주제를 다룬 최근의 중요한 저작에 따르면, "그러므로 탈식민 아프리카
의 정치적 정체성 및 경쟁의 특성이라 할 수 있는 종족의 생명력은, 바로
사회적 신뢰의 가장 근본적 단위인 친족의 내구성에 궁극적으로 기반하고
있다."**

---

* 3장에서 보았듯이, 식민 열강들이 아프리카의 부족들을 발명했다는 1960~1970년대의
인류학적 관념은 과장된 것이다. 식민 열강이 한 일은 지역 부족장들에게 전에 없던 권위
를 쥐여주고 부족 영역을 행정 단위로 재편함으로써 이를 한층 더 공식적으로 만들고 법
적 구속력을 부여한 것이었다. 그들이 말하는 부족이 실은 종족을 의미하는 것이라면, 식
민 행정가들이 문화 특질(특히 언어)을 공유하지만 공통 정체성 의식이 거의 없어서 폭발
력을 갖지 못했던 부족민들을 하나의 단위로 취급함으로써 무의식적 종족을 의식적 종족
으로 바꾸어놓은 것은 사실이다. 아래의 주 또한 참조하라.
** Bruce Berman, Dickson Eyoh, and Will Kymlicka (eds.), "Introduction," *Ethnicity and
Democracy in Africa*, Athens, OH: Ohio University Press, 2004, 11. 유감스럽게도, 이 책
의 저자들은 종족의 내구성을 그토록 강조하면서도 '결론'에서 "현재의 아프리카 종족들
은 어떤 원시 부족적 과거의 잔존물이 아닌 근대적 종족"이라고 주장한다. 이 단정적 진술
은 지난 수십 년간의 통념과 부합된다. 그들은 종족성이 (아프리카를 포함한 모든 지역에
서 그렇듯이) 매우 오래된 것이며 이와 동시에 크나큰 역사적 변모, 융합, 분열, 정체성 변
화에 종속되어 있음을 인식하지 못하고 있다. 여기에는 "식민·탈식민 국가 형성 및 자본

종족·부족 간의 깊은 분열을 감안할 때 아프리카의 개별 국가들을 결합하는 공통된 정체성으로 통용될 만한 것은 거의 없으며, 탈식민 전후로 범아프리카라는 개념이 여기저기서 표출되었지만 여기에도 좀더 큰 실체는 없다.[64] 아프리카는 토착 종족들의 다양성에서는 라틴아메리카와 유사하지만, 국가 및 대륙 차원의 통일된 초超문화가 부재하는 점에서는 다르다. 절대다수의 아프리카 국가들은 토착 공통어가 없고, 흔히 과거 식민 열강의 언어를 국가 공용어로 사용하고 교육 시스템에서도 사용한다. 이것은 식민주의가 아프리카 민족주의에 남긴 가장 중요한 유산 중의 하나로 식민 경계선의 부조리를 다소 벌충해준다. 그럼에도 (남아프리카와, 그와 약간 다른 방식이지만 아랍어가 스와힐리 크레올 공용어의 유산을 남긴 동아프리카를 제외하면) 라틴아메리카처럼 크고 지배적인 식민 인구가 없는 아프리카에서는 같은 정체성으로의 융합을 촉진하는 엘리트 문화와 언어로의 동화 과정이 일어나지 않았다. 또 많은 아프리카 나라들은 기독교와 이슬람(그리고 무수한 애니미즘 신앙)으로 분열되어 있기 때문에 라틴아메리카의 가톨릭처럼 통일된 요소로서의 종교조차 지니지 않았다. 탈식민기 독립운동 지도자들이 의지한 기반은 일반적인 민족 정서 같은 것이 아니라 서양 외세 지배의 일반적 타자성과 (가장 흔하게는) 핵심 종족 집단의 충성심이었다.[65] 사실 아프리카의 일부 나라들에는 국가를 사실상 지배하는 지배 인족이나 종족이 존재한다. 에티오피아의 암하라족과 티그레족(인구의 약 3분의 1), 케냐의 키쿠유족(약 5분의 1), 나이지리아의 하우사-풀라니족(약 8분의 1) 등이 여기에 속한다. 하지만 이 지배 종족들은 인구의 대다수를 차지하지 않으며 종족 동화 과정을 일으킬 만큼 강하지도 못하다. 다른 한편으

주의 시장 경제 발전 과정과 관련된" 변화도 포함된다(같은 책).

로, 그들의 우월한 지위는 국가 내 다른 종족들의 적개심을 불러일으킨다. 프랑스 국가가 프랑스 전역에서 종족 평준화를 이루어낸 이후로 시대가 변했고, 심지어 그때도 프랑스는 독특한 사례였다. 카를 도이치가 아프리카·아시아 신생국가들의 국가·민족 건설을 위해 프랑스를 모델로 삼아 제시한 공식은, 심지어 그 자신도 일부분 인정하게 되었듯이 너무 단순한 것이었다.[66]

이런 상황에서, 아프리카는 종족적 특성을 띠거나 적어도 강한 종족적 배경을 지닌 내전과 국가 간 전쟁에 시달려왔다. 사하라 이남 아프리카 47개국 중 약 절반인 22개국이 1950년부터 2002년까지 도합 36차례의 내전을 겪었다.[67] 분리독립이나 영토회복을 추구하는 세력들이 국가 통합에 도전했고,* 국가 지배권을 둘러싼 종족 분쟁과 종족에 기반한 경쟁이 벌어졌다.** 종족 간 분쟁, 살육, 대량학살로 수백만 명이 목숨을 잃었고 수천만 명의 난민이 전쟁을 피해 도망치거나 그러지 못하면 종족 청소에 희생되었다. 경제 발전이 덜 된 아프리카에서 전쟁의 원인은 많지만 종족성은 그중

---

* 짧게만 열거하자면, 우선 수단에서는 비아랍계·애니미즘·기독교 위주의 남부와 역시 비아랍계 위주인 서부 다르푸르 지방이 아랍계 무슬림 위주의 북부로부터의 분리독립을 시도했다(그래서 남부는 2011년에 성공했다). 또 에리트레아가 에티오피아로부터 분리독립한 데 이어 에리트레아에서 종족에 기반한 내전이 일어났다. 소말리 종족들이 거주하고 있지만 에티오피아의 영토인 오가덴의 영유권을 둘러싸고 에티오피아와 소말리아 사이에 전쟁이 벌어졌다. 말리와 니제르 북부에서는 투아레그족의 반란이 일어났다. 이보족은 비아프라공화국을 수립하여 나이지리아로부터의 분리독립을 시도했지만 실패로 돌아갔다.
** 2007년 대선 후 케냐에서 벌어지고 있는 종족 분쟁, 종족적 배경을 띤 우간다 내전, 이 씨족과 아파르족 간의 지부티 내전, 르완다와 부룬디에서 후투족과 투치족 간에 벌어진 대량학살 내전과 그 여파로 콩고(예전의 자이르)에서 일어난 대규모 전쟁, 차드에서 아랍계 무슬림과 흑인 기독교도 사이에 일어난 충돌, 외국 이주민이 국경 너머 북부로 밀려들면서 촉발된 코트디부아르 내전, 라이베리아에서 아프리카계 미국인의 권력 독점을 둘러싼 긴장과 내전, 로디지아(짐바브웨)와 남아프리카공화국에서 소수 백인 지배층과 다수 흑인 사이에 장기간 지속된 갈등.

에서도 핵심이다.[68]

　　특정 종족 정체성을 편애하지 않고 정치권력의 공유를 제도화한 민주
주의적·자유주의적 경로가 아프리카에서 다종족 국가, 나아가 다종족 민
족국가들을 성공적으로 뒷받침하는 것이야말로 많은 이들의 바람이다. 지
방 및 그 종족-언어 공동체들로의 권력 이양과 연방제 또한 종족 긴장을
억제하는 수단이다. 하지만 민주주의와 자유주의의 진전은, 기존 국가 내
의 개별 종족들이—때로는 국경 너머에 있는 그들의 동족과 더불어—각
자의 길을 가기로 결심하게 된다는 뜻일 수도 있다. 연방제 또한 다종족 국
가의 보존에 부정적이지는 않더라도 엇갈리는 결과를 초래해온 이력이 있
다.[69] 소련과 유고슬라비아의 붕괴, 아일랜드의 영국으로부터의 분리독립,
그리고 현재 영국, 스페인, 캐나다에 존재하는 분리독립 압력은 이 점을 입
증해준다. 이 주제를 연구한 어느 학자의 결론에 따르면, 지배적 슈타츠폴
크가 부재한 민주주의적 다민족 연방은 지극히 쉽게 해체될 수 있다.* 이
결론은 뚜렷이 구분되는 종족이 특정 지역에 몰려 있는 모든 다민족 민주
국가에 적용되는 듯 보이지만, 나라가 연방으로 세분되면 분리독립이 더욱
수월해질 수 있다. 사하라 이남 아프리카는 국가와 민주주의가 둘 다 허약
한데, 이 이중적 취약성에는 이 대륙 전반의 사회경제적 발전 수준과 연관
된 여러 이유가 있지만 그중 하나는 바로 민족의 부재다. 식민 시대 이후
아프리카의 독재 역사는 일부분 다양한 종족으로 구성된 국가를 하나로

---

* O'Leary, "An Iron Law of Nationalism and Federation?" 소수 종족이 충분히 크고 뚜렷
하고 특정 지역에 집중되어 있을 경우, 민주주의 체제 내에 설령 뚜렷한 다수 종족이 있더
라도 그것이 다종족 연방의 존속을 보장할지 나는 확신하지 못하겠다. 스페인과 캐나다의
경우는 결과가 아직 열려 있다. 나는 인도가 다수 종족을 지니고 있다는 오리어리의 견해
에 동의하지만, 인도의 민주주의 체제는 분리독립을 허용할 정도로 자유주의적이지 않다
(후술 참조).

묶는 데 따르는 문제로 설명할 수 있다.

1990년대의 세계적 민주화 열풍이 아프리카에도 큰 영향을 끼치면서, 현재는 그중 반수 이상이 자유롭거나 부분적으로 자유로운 국가로 분류되는 것이 사실이다.[70] 그럼에도 종족에 따른 분열과 파벌은 아프리카의 민주주의가 지닌 많은 결함 중에서 가장 중대한 결함에 속한다.[71] 사실, 여러 연구로 밝혀진 바에 따르면, 규모가 작고 종족적으로도 더 동질적인 아프리카 국가에서 민주정이 더 성공을 거두는 경향이 있다.[72] 게다가 민주평화론은 현대 민주국가들 간의 전쟁이 극히 드물다는 것을 보여주지만 신생 민주국가는 그 부분적인 예외임이 밝혀졌다. 일단 인민에게 선택권이 주어지면 그전까지 억압되어 있던 종족 정체성과 적대가 흔히 분리독립과 영토회복 압력으로 표출되기 때문이다. 그래서,

> 1990년대 코트디부아르, 토고, 가나, 시에라리온, 케냐, 차드, 나이지리아에서는 민주주의를 도입한 뒤에 정치적 폭력이 일어났다. 이와 마찬가지로, 민주주의의 출범은 콩고민주공화국, 우간다, 부룬디에서의 폭력적 분쟁 또한 종식시키지 못했다. 이런 사례들로 볼 때 신생 민주정이라고 해서 반드시 폭력적 경향성이 덜한 것은 아니다.[73]

민주주의의 다른 장점들에도 불구하고, 민주주의가 다종족 국가의 해체를 권위주의보다 더 잘 막아준다는 보장은 없는 것 같다.

실제로 근대주의 가설이 근거가 없는 것은 아니기 때문에, 아프리카의 근대화가 종족민족적 원심력을 더 강화할 수도 있다. 종족이 전혀 다른 사람들이 현재는 시골에 분산되어 있지만 자기 마을과 소도시 바깥 세상과의 접촉이 늘어나고 교육 수준이 높아지고 정치적으로 동원되면서 배타

적 민족 감정과 열망이 더 강해질 가능성이 있다. 게다가 도시화와 더불어 종족이 상이한 사람들이 큰 도시에서 서로 접촉하게 되면, 아프리카 대도시에서 흔히 그렇듯이 같은 종족끼리 모여들어 밀집 거주 구역을 형성하는 경향이 있다. 이 주제를 연구하는 주요 학자들의 지적에 따르면, 이런 상황에서는 19세기 말~20세기 초의 오스트리아-헝가리 제국에서 그랬듯이 흔히 종족 간 긴장이 발생한다.[74]

과거 체코슬로바키아의 두 인족 사이에서 그랬듯이 종족 간 경계가 어느 정도 뚜렷한 경우에는 민족적 열망을 반영한 정치적 국경을 큰 충돌 없이 다시 그리지 못할 이유가 없다. 하지만 아프리카처럼 종족들의 규모가 작고 수가 많고 뒤섞여 있으며 국경이 종족적 현실과 속절없이 유리되어 있는 경우, 이 둘을 일치시키려는 일체의 시도는 판도라의 상자를 열어 말 못할 참사로 이어지기 십상이다. 아프리카의 식민 경계선이 (식민주의 자체와는 달리) 독립 이후에도 신성불가침으로 남은 건 바로 이 때문이다. 종족 간의 흔히 달갑잖은 동거와 대참사 중 하나를 택해야 하는 이런 불운한 상황에서 어떤 방향을 취하는 게 최선일까? 사회과학자들 사이에는 자신들의 연구로 해결책을 제시해야 한다는 기대가 존재한다. 하지만 복잡하고 곤란한 상황을 타개할 뚜렷하고 실질적인 해결책이 항상 떠오르는 것은 아니다.[75] 아프리카에서 국가와 종족의 명명백백한 불일치와 여기에 수반되는 문제들이 인식되지 않은 것은 전혀 아니었다. 그럼에도 괜찮은 정치적 선택지의 부재와 정치적 공정성을 의식한 조심성이 결합하여, 다종족 국가와 다종족 국가에서의 민족 건설과 순수하게 시민적인 민족주의가 굉장히 이례적인 것임을 광범위하게 부정하는 결과를 낳게 되었다. 우리의 바람은 이 모두가 아프리카 국가들에서 적어도 어느 정도의 성공을 거두는 것이지만, 이 대륙의 어디에서도 그럴 가능성은 낮다. 물론 아프리카도 나라에 따라 상황과 발전 경로가 다르며 더 잘하거나 못할 수 있다. 그럼에도 과거 식민 영토였던 국가들 대다수의 민족 건설은 아직 불확실하며 결말이 나지 않은 기획이다. 아프리카의 국가와 민족 문제는 아직 풀리지 않았고 이는 아주 장기간에 걸쳐 많은 진통을 수반하며 이루어질 듯하다.

동남아시아제도의 종족성과 민족 건설

동남아시아제도를 포함한 남아시아 또한 매우 다양한 다수의 종족들로부터 민족을 건설해내는 탈식민 기획의 중요한 시험대다. 이 점에서 이 지역은 사하라 이남 아프리카와 여러모로 유사하며, 동아시아와 인도차이나는 물론이고 중앙아시아와 중동 나라들과도 다르다. 아시아 민족주의라는 제목을 단 연구들에는 서로 판이한 범주들이 뭉뚱그려져 있다. 앞에서 보았듯이 중국, 한국, 일본, 베트남, 태국, 캄보디아, 그리고 정도는 다소 덜하지만 버마-미얀마와 라오스는 전근대 민족태의 역사가 길다. 즉, 종족성과 국가태가 수백 년간, 심지어 수천 년간 우연치 않게도 대체로 일치해왔다. 중앙아시아와 아랍계 중동은 그 중간 범주에 해당한다. 중앙아시아에서 소련의 붕괴는 옛 소비에트 공화국들의 분리와 독립으로 즉시 이어졌는데, 이들은 국가태로서의 명확한 역사가 부재하지만 뚜렷한 종족적 특성을 지니고 있다. 아제르바이잔은 아제르바이잔인이 90퍼센트, 타지키스탄은 타지크인이 약 80퍼센트, 투르크메니스탄은 튀르크멘인이 75퍼센트 이상, 우즈베키스탄과 키르기스스탄은 각각 우즈베크인과 키르기스인이 70퍼센트 이상, 카자흐스탄은 카자흐인이 60퍼센트 이상을 차지한다. 아랍계 중동에서는 종족성과 국가태의 관계가 양면성을 띠어서 민족 건설 기획을 취약하게 만들고 있다. 지배적인 아랍어와 이슬람 종교·문화는 아랍의 개별 국가들을 떠받치는 양대 지주이지만 그로 인한 범아랍주의와 범이슬람주의는 개별 국가에 도전하기도 한다. 게다가 수천 년간 제국의 지배하에 있었던 탓에 이 신생 국가들 중 다수에는 공통된 집단적 전통이랄 만한 것이 거의 남아 있지 않다. 한편으로, 그 반대 방향의 부족주의와 종족적·종교적 분열은 아래로부터 국가를 약화시킨다.

위에서 언급한 지역적 유형들과 비교할 때, 동남아시아제도와 인도 아대륙은 공유된 민족사도 공통된 종족적 기반도 거의 지니지 못했다. 그래서 이 지역 현대 국가들의 크나큰 종족적 다양성은 아프리카와 비슷하게, 또 동아시아나 인도차이나와 달리 식민지 경계 내에서 형성되었다. 클리퍼드 기어츠가 '원초적primordial' 정체성과 근대 '시민적' 민족 건설을 대비시켜 공식화한 것은 인도네시아와 말레이시아의 인류학 연구 현장과 인도에 대한 관찰에서 비롯되었다.[76] 그리고 전근대 아시아에 민족이 전반적으로 부재했다는 베네딕트 앤더슨의 가정 또한 그가 이 지역을 전공한 데서 연유했다.

인도네시아는 규모가 큰 편이고 종족이 다양한 나라 중 하나다. 섬과 바다로 4천여 킬로미터에 걸쳐 자리잡은 이 나라에는 약 2억 4천만 명의 인구와 700여 개의 언어-종족 집단이 있다. 이들 집단의 대부분은 인구가 수천 명밖에 안 된다. 인구가 100만이 넘는 집단은 20개 미만이고, 1천만이 넘는 집단은 3개뿐이다. 그중에서도 사용자가 8600만 명으로 인도네시아 인구의 약 40퍼센트를 이루는 자바어 종족 집단이 압도적 1위를 차지하고 있다. 자바섬의 상당 지역을 차지하고 있는 자바인은 인도네시아의 현 종족들 가운데 식민 시대 이전부터 인족태·국가태의 역사와 정체성을 이어온 유일한 종족이기도 하다. 그럼에도 무려 300년 넘게 이어진 네덜란드의 식민 지배는 100년간 프랑스 지배를 받은 인도차이나와는 다른 발전 경로로 인도네시아를 이끌었다. 네덜란드는 말레이어가 소수 언어임에도 불구하고 교역어로서 중요했기 때문에 그들이 지배한 동인도 제국의 공용어로 채택했다. 인도네시아에서 말레이어를 모어로 쓰는 인구는 전체의 4~5퍼센트인 1천만 명 미만에 불과하다. 또 프랑스가 인도차이나의 종족 민족에 따라 다수의 토착어 문어를 도입한 것과는 달리 네덜란드는 말레이어만을 토착어 문어로 삼았다. 그래서 독립 인도네시아는 국경과 공식 언어라는 이중의 식민 유산을 지닌 채로 등장하게 되었고(1945~1949년), 독립 운동과 신생 국가의 지도자들은 이 둘을 섣불리 건드려 대참사를 초래하기보다는 이를 채택, 강화하는 편을 택했다.[77] 독립 이후 진행된 격렬한 민족 건설 과정에서, 인도네시아에서 쓰이는 말레이 방언은 인도네시아어라는 이름이 붙어서 이 나라의 공식어로 승격되었다. 정부, 학교, 국영 매체에서 모두 인도네시아어가 통용되며 이 나라의 사실상 전체 인구가—가정에서는 대부분 다른 언어를 쓰면서도—인도네시아어를 구사할 수 있다.

그러므로 인도네시아는, 비록 다종족적 성격이 강하긴 하지만 국가적으로 공유된 초超문화(무엇보다도 공통 언어)의 창조에 성공했으므로 시민적 원칙에만 기반해 있다고는 전혀 말할 수 없다. 게다가, 비록 공식 국교는 없어도 인구의 85퍼센트가 (대체로 온건한 형태의) 신도를 자처하는 이슬람의 공적-문화적 의미는 인도네시아 공통 정체성의 강화에서 최고로 중요하다. 아마 인도네시아는 그 민족 건설 과정으로 볼 때 역사상의 프랑스에 가장 가까운 탈식민 민족일 것이다. 물론 프랑스 국가가 프랑스 언어와 문화를 전국적으로 공인되는 유일 언어와 문화로 주입하기 위해 동원했던 비타협적 수단은 인도네시아를 포함한 대부분의 국가에서 더이상 허용되거나 실행될 수 없겠지만 말이다. 인도네시아 민족 건설 기획이 공통 언어와 공통 문화를 계속 (어쩌면 제1언어 수준으로까지) 확산시키는 데 얼마나 성공할지, 분열된 종족 집단들의 원심력을 어떻게 버틸 수 있을지는 두고 볼 일이다. 과거 포르투갈 식민지였다가 1975년 인도네시아에 일방적으로 병합된 동티모르의 독립(1999~2002년)은 식민지 유산과 그 경계가 띠는 힘을 증언하고 있다. 동티모르의 옛 공용어는 포르투갈어이고 그 지배 종교는 가톨릭이기 때문이다. 이와 달리, 가장 보수적인 무슬림 집단으로 정부의 문화적 통일 정책에 반대하는 아체족의 분리주의 봉기(1976~2005년)가 실패한 이유는 유사한 언어적·종교적·역사적 균열이 부재하기 때문이었다고 설명할 수도 있다.[78] 1998년 이후 민주화의 진전과 더불어 진행중인 근대화 과정은 사회경제적으로 개발도상에 놓인 다종족 사회에 양날의 칼이 될 수 있다. 이 과정은 진화하는 범인도네시아 민족 유대를 더욱 조일 수도, 혹은 늦출 수도 있다.

필리핀은 몇 가지 중요한 측면에서 인도네시아와 비슷하다. 비록 인도네시아보다는 작지만, 필리핀은 규모가 큰 편이고 종족이 다양한 나라 중 하나다. 이 제도의 인구는 빠르게 1억 명에 육박하고 있으며 총 120~175개 언어를 사용한다. 그중 사용자가 100만이 넘는 13개 언어를 합치면 인구상으로 필리핀 전체의 약 90퍼센트가 된다. 16세기 초 스페인이 지배를 확립하기 전까지 이 제도는 한 번도 통일된 적이 없었다. 스페인 통치는 필리핀에 통일뿐만 아니라 공용어인 스페인어와 공유 종교인 가톨릭 또한 제공했다. 현재 인구의 80퍼센트 이상이 가톨릭 신자다. 프로테스탄트 등을 합치면 약 90퍼센트나 된다. 스페인 통치가 1898년 미국 통치로 대체되면서 영어가 필리핀의 공용어가 되었다. 2차대전 이전부터 취해진 독립 조치가 전후에 완료되자 필리핀 정부는 타갈로그어를 제2의 공용어로 선포했다. 필리핀어Pilipino로 새롭게 명명된 타갈로그어는 가장 큰 토착어이자 수도 마닐라의 지역어이지만 필리핀 인구의 25퍼센트만이 모어로 사용하고 있다. 공무, 교육, 매체에서 필리핀어의 채택을 촉진하기 위한 정부·의회의 후속 법안들이 시행되었다. 비록 인도네시아의 인도네시아어만큼 널리 퍼지지는 못했고 영어와 한 공간을 공유하고 있지만, 그럼에도 필리핀어는 필리핀 민족 공용어로서의 위상을 획득하고 있다. 여기서도 문화적 모체의 공유와 심화는 필리핀의 시민적 정체성과 민족태 의식 형성에 필수 요소였다.

말레이시아는 인도네시아와도 필리핀과도 다르다. 이 나라는 영英 제국령 말라야의 식민지들과 준독립 술탄국들이 1950년대 말과 1960년대 초에 통일되면서 수립되었다. 말레이시아는 137개 언어 집단의 본거지이지만 그 대부분은 극히 소규모이며 뚜렷한 핵심 종족이 존재한다. 즉, 인구의 50퍼센트를 약간 넘는 말레이인의 정체성이 국가와 민족을 공식적으로 정의하고 있다. 이러한 정의에 깊은 영향을 끼친 것은 말레이시아에서 번성한 대규모의 비토착민 소수 종족들, 특히 중국인(인구의 약 25퍼센트)과 정도는 덜했지만 인도인(7퍼센트)에 대해 말레이인이 느낀 위기의식이었다.[79] 19세기와 20세기 초 이주 노동자로 말라야에 들어온 두 공동체는 경제적으로 번영했고 특히 중국계는 크게 성장하여 상업과 무역을 지배했다. 말레이인이 처음에는 자국 내에서 소수 종족이 될 것을 두려워하고 나중에는 중국인의 주도적인 경제적 위상에 점점 더 분개하는 가운데, 말라야-말레이시아 내의 공동체들은 긴장 관계를 이어왔다. 소외와 (때때로) 적대는 1950년대에 영국에 대항하여 투쟁한 중국계 반군의 고립에서, 독립 이후의 정당 정치에서, 가끔씩 일어난 폭동에서, 또 말레이시아 헌법과 정책에서도 발현되었다. 정부는 교육과 공공 부문과 경제에서 토착 말레이시아인으로 간주되는 이들(부미푸트라Bumiputra = 인구의 약 50퍼센트에 해당하는 말레이인+10퍼센트에 해당하는 여타 토착민 집단)을 위한 우대 정책을 시행했다. 특히 중국인들은 이러한 정책을 차별적인 조치로 여긴다. 말레이/말레이시 아어는 이 나라의 유일한 공용어다(이와 더불어 영어가 실질적으로 주요한 입 지를 점하고 있다). 이슬람은 이 나라의 국교이며, 종교적 관용에도 불구하고 이는 유교도 및 불교도인 중국계와 거의가 힌두교도인 인도계의 타자성을 시사하고 있다.

현재까지 말레이시아의 중국인들은 이 상황을 어느 정도 묵인해왔고 향후의 전개 방향은 아직 미지수다. 하지만 우리의 주제와 관련해 볼 때, 말레이시아의 공통된 민족의식은 말레이인과 여타 토착민 집단을 포괄한 다는 데 주목할 수 있다. 이에 반해, 마하티르 모하맛Mahathir Mohamad 총리 (1981~2003년 재임)가 표방한 "지향으로서의 민족nation of intent" 내에서 중국 계와 인도계의 위치는 말레이시아인의 눈으로 보나 그들 자신의 자기인식 으로 보나 매우 양면적이다. 이들이 말레이시아 내의 독자적 소수민족으로 간주되지 않는 주된 이유는 이들이 (도시에 집중된 것을 제외하면) 영토적 연 속성을 갖추지 못했고 따라서 별개의 국가태를 요구하지 않기 때문이다. 그럼에도 이들이 말레이시아 민족에 대해 대체로 외부자적 지위를 갖게 된 데는 이들이 종족적으로 이방인이라는 관념이 깊은 영향을 끼쳤다.

싱가포르는 말레이시아와 동전의 양면 관계라 할 수 있다. 19세기 초부 터 영국이 새로 설치한 항구와 해군 기지로 이주해온 중국인들이 오늘날 싱가포르 인구의 약 75퍼센트를 차지하며 나머지는 대부분 말레이인과 인 도인이다(이들 종족 범주 자체도 저마다 매우 다양하다). 나라 규모의 국가라기 보다 도시국가에 가까운 싱가포르는 말레이시아와의 짧은 통일 (1963~1965년) 이후 분리해 나와 독립했는데, 대다수가 중국계인 이곳 주 민과 말레이인 간의 긴장 때문이었다. 이런 상황에서 싱가포르 정부는 종족 간 내분을 막고 신생국의 취약함을 극복하기 위해 갖은 애를 썼다. 모든 실질적인 면에서 중국계가 나라를 지배하고 있음에도 싱가포르는 공식적으로 매우 엄격한 다종족 국가다. 영어, 말레이어, 중국어, 타밀어 등 네 개의 공용어가 있으며 국정과 교육은 영어로 수행된다. 인도네시아가 프랑스의 문화 통합 모델에 가장 근접한다면, 싱가포르는 어느 면에서 동양의 스위스라 할 수 있다. 즉, 진정한 다종족적·시민적 민족 프로젝트이며 그 민족적 통합이 이 소규모 정치체의 놀라운 경제적 성공에 힘입은 바가 크다는 점에서도 스위스와 비슷하다. 또한 이러한 성공은 싱가포르가 강대한 이웃들에게 위협받는 요새라는 의식을 강화하며, 싱가포르 내 다양한 종족 공동체들(특히 말레이인)이 보기에 싱가포르 국적을 국경 너머의 다른 어떤 대안보다도 더 우월하게 만들어준다. 하지만 스위스와 달리 싱가포르는 독립 이래로 줄곧 권위주의-가부장주의-능력주의 체제였다. 싱가포르 체제가 종족 문제를 '탈정치화'하는 것은 이 체제가 국가 운영의 이데올로기적 '탈정치화'—아마도 견실한 행정으로의 환원—를 공언하는 것과 잘 어울린다.[80]

인도와 파키스탄의 종족성 및 민족 건설

인도는 식민지 이후 '시민적' 다종족 민족주의의 모델이자 큰 희망이다. 12억이 넘는 인도의 인구는 세계 인구의 6분의 1에 해당한다. 이들은 공식 집계된 1650개의 언어 집단(그중 30개는 사용자가 100만 명 이상이다)과 몇몇 주요 종교로 나뉘어 있다. 그럼에도 아대륙이 독립하면서(1947년) 인도와 파키스탄으로 분할된 것만 제외하면, 또 깊은 균열과 팽팽한 긴장이 일부 존재함에도 불구하고, 인도는 한 민족으로 통일된 상태를 유지해왔다. 이러한 성취를 한층 더 복합적으로 만드는 사실은, 인도가 독립 이후로 민주정을 유지해왔고 빈국에서 안정된 민주정을 이룩한 독특한 사례라는 것이다. 인도 민주주의의 견고함은 인도의 통일만큼이나 놀라운 뜻밖의 성취다. 따라서 무엇이 인도 민족태를 가능케 하는가를 분명히 이해할 필요가 있다.

중국과 일본과 여타 동아시아·인도차이나의 사례들과는 달리, 전근대에는 통일된 인도 민족국가가 없었다. 유럽과 비슷하게 인도 아대륙도 국가와 종족들의 모자이크를 이루었고 정치적 개념이라기보다는 지리적·문명적 개념이었다. 인도의 초기 도시국가들(마하자나파다스Mahajanapadas, 16대국)과 다수의 광역 국가들은 뚜렷한 종족적 특색을 띠었고 지속적인 민족국가의 기반이 될 수 있었다. 하지만 유럽과 달리 아대륙은 넓은 지역—특히 북부—이 때때로 제국의 지배하에 들곤 했다. 그중 가장 두드러진 것으로는 토착민 제국인 마우리아(기원전 322~185년)와 굽타 왕조(기원후 320~550년경), 그리고 외부에서 들어온 마지막 세 제국의 지배자인 델리 술탄조(1206~1526년)의 아프간인과 무굴(1526년~18세기, 공식적으로는 1858년에 멸망), 그리고 영국(18세기 중반~1947년)을 들 수 있다. 인도 역사에서 제국 통치는 초기 민족국가들을 파괴하기에 충분할 만큼 두드러졌지만, 풀뿌리 수준에서 문화 평준화를 일으킬 만큼 지속적이거나 자생적이지는 못했다. 영국의 지배는 유사 이래 최초로 아대륙 전체를 통일했고 깊은 문화적 각인 또한 남겼다.

19세기 영국령 인도에 등장한 근대적 토착 엘리트의 일원들은 영광스러운 대영 제국의 자랑스러운 시민이 되기를 갈망했다. 그들은 영어로 교육받고 서양 문화에 동화된 법률가, 각계각층의 행정가, 언론인, 기타 전문인이었다. 하지만 영국인 자신의 태도를 포함한(하지만 그것에만 국한되지는 않은) 여러 이유로, 고대 로마의 이러한 재창조는 실현되지 못했다. 평등은 신생 토착 엘리트들이 흡수한 서구 자유주의 신조의 핵심이었으므로 그 성원들은 이를 반증하는 현실과 영국인의 우월한 지위에 쓰라린 상처를 입었다. 좌절에 상심한 현지 엘리트들이 이에 맞서 토착 민족주의를 채택하는 것은 식민지 환경에서 나타나는 원형적 패턴이다.[81] 인도 민족 정체성은 영국이라는 '타자'와 대비되는 자생적 내용물로부터 창조되었다. 근대적 민족이 전근대의 종족-상징적 내용물로부터 추론되었다는 앤서니 스미스의 명제는 많은 지역에 전근대 민족과 민족국가가 존재했음을 간과한 점에서 너무 몸을 사렸다. 하지만 통일된 전근대 민족국가가 존재하지 않았던 인도에는 그의 명제가 완벽하게 들어맞는다.

인도와 여타 식민지의 사례에서 전통적·국지적 내용물을 가지고 민족 정체성을 건설하는 과정의 인위적 성격을 둘러싸고 많은 논쟁이 이어져왔다. 비판자들은 이 새로운 형태의 의식이 전에 없던 것이며 여기에 시대착오적 관념과 (진심에서 우러났든 혹은 고의로 날조되었든) "전통의 발명"이 수반된다는 것을 너무나 잘 알았다. 그래서 그들은 이 과정을 냉소적 엘리트의 '조작'이자 근대의 '도구주의적' 행위 이상으로 보지 않았다. 물론 민족을 주조하는 데 활용되는 역사적 전통의 깊이와 정통성은 나라마다 다르며 해당 지역의 역사에 따라서도 다르다. 일부 신생 탈식민 국가들은 서구적 '타자'의 타자성을 빼면 내세울 것이 거의 없다. 하지만 인도는 여하튼 세계에서 가장 오래된 문명 중 하나였다. 그렇다면 19세기 말부터 시작된 인도 민족 정체성의 구축은 어떻게 성사되었을까? 인쇄·철도 기술로 연결된 인도 지식인과 전문직 종사자들이 인도의 대의를 대변하기 위해 인도 국민회의를 창립하자(1885년) 무슬림과 시크교도 또한 이에 대응하여 스스로를 정치적으로 조직하고 동원했다. 이 두 주요 종교 집단은 인도인의 다수가 힌두교도임을 반영하여 힌두교도 위주로 구성된 국민회의의 특성에 위협을 느꼈다.

폴 브래스Paul Brass는 인도 민족주의에 대한 학술적 논쟁의 포문을 열었다. 그는 앞에서 언급된 모든 정체성들—힌두-범인도, 무슬림, 시크—이 각 집단의 엘리트가 종교적 상징을 중심으로 대중을 동원하면서 생겨난 근대적 범주라는 견해를 제시했다. 근대의 종족민족 정체성들은 과거 인도 종교 공동체들이 띠었던 크나큰 다양성이나 전근대 인도 정치체들이 띠었던 근본적으로 비종족적인 특성과는 거의 공통점이 없다는 것이다.[82] 브래스의 관점은 아주 많은 저자들의 비판을 불러일으켰고, 그 결과로 브래스 자신도 스스로의 입장을 얼마간 재정립하여 '원초주의'와 '근대주의' 사이의 절충에 가까운 지점을 채택했다.[83] 그래서 열띤 논쟁 가운데 학술적 합의에 가까운 것이 암묵적으로 도출되었다. 인도 민족주의가 새로운 창조물이며 그 토대를 이루는 문화 형태가 근대성에 의해 철저히 변모된 것임을 아무도 부인하지 않는다. 이미 이슬람의 강한 도전을 한 차례 받기는 했지만, 대단히 다양하고 다신교적이며 카스트로 분열되어 있던 힌두교의—종교적·문화적·공동체적—전통은 19세기에야 비로소 의식적·포괄적·독자적 신조로 통합되었다. 상당 부분 이는 기독교와 이슬람에 비견할 만한 것을 요구하는 유럽인의 분류 기준에 맞추기 위한 반응이었다. 다른 한편으로, 근대적 재구성이 엘리트에 의해 단지 그들 마음대로 무無로부터 이루어질 수는 없다는 것에도 모두가 동의한다. 힌두교 전통이 인도 역사와 문화에, 그리고 누구보다도 엘리트 자신을 포함한 인도인들에게 가장 오래고도 깊게 뿌리내리지 않았다면 이는 불가능했을 것이다. 학자들은 힌두교의 정신세계가 인쇄 기술이 도입되기 오래 전부터 전근대 매체를 통해 전파되었음을 보여주었다. 이는 고대의 서사 경전에 뿌리를 두고 있으며 구전 낭송, 의식, 연극을 통해 전달되었고 대중적 성지 순례와 성인들의 영향력 및 공적 역할에 의해 강화되었다.[84] 중국과 인도와 여타 전통 사회에서 전근대적 형태의 상상된 공동체가 발휘한 효과에 대해서는 이미 두아라의 글을 인용하며 언급한 바 있다.[85] 다음은 19세기 말의 인도 민족주의 성장에 관한 또다른 유명 학자의 비슷한 언급이다.

> 민족주의자와 공산주의자는 그들의 사상을 전파하기 위해 신문과 서적을 이용했다. 그런데 비록 앤더슨의 이론에서는 찾아볼 수 없지만 그 못지않게 중요한 다른 방법들도 있었다. 대다수가 문맹인 사회에 다가가려면 연극, 대중적 볼거리, 종교적 표현물과 같은 시청각 교재가 필요했다. 근대적 소통 수단과 전통적 소통 수단은 둘 다 습관적 문화를 의식적 공동체로 변화시키는 데 중대한 역할을 했다.[86]

4장에서 우리는 과거 인도의 몇몇 제국에서 종족과 종교가 뚜렷한 중요성을 띠었음을 확인했다. 종족과 종교는 제국의 억압 체제에서 본질적인 부분이었지만 바로 그 억압 체제에 의해 억눌리기도 했다. 열렬한 무슬림-아프간 제국이었던 델리 술탄조뿐만 아니라 관용적인 무슬림 제국으로 유명한 무굴조에서도 그러했다.[87] 영국은 19세기에 종교와 카스트를 통해 인도 사회를 통제함으로써 이 범주들을 대상화하고 정치화했을 뿐만 아니라 분할 통치를 목적으로 그렇게 했다는 비난을 받곤 한다. 하지만 진짜 문제는 다른 데 있었다. 우선 무굴 통치가 영국 통치로 바뀌면서 인도에서의 무슬림 지배가 깨졌다. 그리고 20세기 초 영국이 도입한 보편적 남성 참정권은 필연적으로 힌두교도의 지배를 의미했기 때문에 무슬림 엘리트의 경각심을 더욱 증폭시켰다. 다시금 정치적 종족성은 근대에 발명된 것이 아니라 민주화에 의해 해방되고 변화되고 대폭 강화되어 민족적 형태를 취했다. 인도라는 특수한 사례에서 이는 실로 새로운 것이었다.

국민의회 지도자들은 무슬림, 시크교도, 그 밖의 소수 집단이 인도의 독립운동과 통일을 위태롭게 하지 않도록, 힌두교도의 지배에 대해 그들이 품은 두려움을 가라앉히려고 큰 노력을 기울였다. 그들은 독립운동의 포괄적 특성을 강조했고, 독립이 임박하면서 무슬림연맹과의 균열이 깊어지자 인도 민족의 세속성을 선언했다. 이 원칙은 인도 국가 이념과 헌법의 핵심이 되었다. 하지만 이것이 정확히 무엇을 뜻했는가에 대해서는 좀더 면밀한 검토가 필요하다. 인도의 초대 총리인 자와할랄 네루(1947~1964년 재임)가 국민의회 지도자 중에서 가장 세속적인 인물이었던 반면, 마하트마 간디를 비롯한 다른 지도자들은 힌두교에 훨씬 더 깊이 물들어 있었다. 그들에게 힌두교는 종교 그 자체라기보다 문화적 정체성이자 심오한 정신적 메시지였다. 힌두교는 인도가 세계에 기여한 공헌이자 서양 문화에 대한 평형추였고, 서양 문화는 이것과 융합되어 인도의 근대적 민족 정체성을 형성해야 했다.[88] 이것이야말로 간디가 인도 대중 사이에 지닌 강렬한 호소력의 본질이었다. 그는 이 대중을 민족적 대의에 동원하여 엘리트 클럽이었던 국민회의를 대중 운동으로 변화시켰다. 여기서 인민과 '도구주의' 클리셰의 대중 조작에 능한 지도자 사이에는 별 차이가 없었다. 양자 모두 간디가 인도 민족 정체성의 초석으로 삼은 신념·상징·정서의 세계에 진심으로 애착을 느끼고 깊이 헌신했다.

물론 간디를 비롯한 국민회의 지도자들은 모든 종교와 종족 집단에 대한 지극한 관용, 이 문제에 대한 국가의 중립성, 인도 민족과 민족 정체성의 포괄적 성격을 옹호했다. 그럼에도 국민회의 지도자와 그 대중 유권자들은 이 정체성을 힌두 정체성의 확장된 형태로 인식했다. 힌두 민족주의 정당인 인도인민당BJP은 1980년대부터 많은 논평가들에게 경각심을 불러일으켜왔으며, 국민회의가 인도 정치에서 오랫동안 쥐어온 패권을 깨고 1998년부터 2004년까지 집권했다. BJP의 희망은 특히 인도가 좀더 공식적으로 확고하게 힌두교 국가가 되는 것이다.[89] 이러한 전망은 국민회의의 전통적 노선 및 인도의 국가 이념과 대비된다. 그렇기는 해도, 이 결정적 차이 때문에 혼선을 빚어, 국민회의가 표방한 민족주의의 실제 내용이 애초부터 어떠했는가를 망각하기가 쉽다. 비록 인도 민족의 통일을 추구하는 과정에서 다원적·포괄적·세속적 성격을 띠기는 했어도, 인도 정체성은 그 지도자와 유권자 모두에게 힌두교 전통과 문화의 이미지 속에 깊이 각인되어 있었다. 이러한 전망은 대중적 호소력을 얻기에 충분할 만큼 깊고 진실했으며, 이에 시들한 일부 비힌두교 소수 집단을 인도 내에 묶어두기에 충분할 정도로 다원주의적이었다. 하지만 동시에, 영국령 인도 인구의 20~30퍼센트를 차지한 가장 큰 소수 집단인 무슬림과의 결별을 막기에 충분할 만큼 미미하거나 비가시적이지도 않았다. 옛 영국령 인도에서 무슬림이 다수를 이루었던 지방들은 독립 직후 분리되어(1947년) 파키스탄 국가를 수립했다. 이 외상에는 크나큰 인류적 비극이 수반되었다. 광범위한 종파 간 폭력과 더불어 무슬림은 인도에서 파키스탄으로, 힌두교도는 그 반대 방향으로 대거 탈출했다. 수십 만 명이 사망했고 약 1200만 명이 난민이 되었다. 무슬림이 다수를 이루지만 힌두계 토후에 의해 인도로 편입된 카슈미르는 양국 관계의 아물지 않은 상처이자 토착 무슬림의 반란 현장이 되었다. 이를 제외하면, 비록 주기적으로 종교 간 폭동이 터지기는 해도, 인도 전역에 거주하는 약 1억 4천만 무슬림은 꽤 성공적으로 민족에 통합되었다.

그 밖의 크고 작은 소수 종족들도 비슷하게 인도 민족국가에 통합되었지만, 그중 일부 소수 종족과 인도 국가의 관계는 양가성, 긴장, 그리고 이따금 터지는 종파 간 폭력에서 자유롭지 않다. 알렉산더 야콥슨이 뒤의 7장에서 기술하겠지만, 소수 종족이 있는 곳에는 다수 종족 또한 존재한다. 그리고 다수 종족 정체성과 포괄적·다원적·시민적으로 정의된 인도 민족주의 사이의 균형 잡기는 한시도 멈춘 적이 없다. 이제 인도의 종족적 핵심과 여기서 창출되는 통합 및 배제 패턴을 좀더 자세히 살펴보겠다. 이 종족적 핵심은 힌디어-힌두교의 이중 구조로, 한 원이 더 큰 원 속에 포함되어 있다. 그중 더 작고 약한 핵은 언어이며, 더 넓고 중요한 핵은 종교-문화다.

인도의 여러 언어 중에서 가장 널리 쓰이는 힌디어는 아대륙의 역사적 제국들의 수도가 위치했던 인도 최북부의 언어다. 하지만 힌디어가 인도 인구 40퍼센트 이상의 모어이고, 그다음으로 널리 쓰이는 언어들(벵골어, 텔루구어, 마라티어)의 인구 비중이 8퍼센트 정도씩에 불과함에도 불구하고, 힌디어는 다수 언어가 아니다. 게다가 인도의 여타 언어들이 힌디어와 비슷하게 인도유럽어족 내 인도아리아어군에 속하며 비슷하게 고대 산스크리트에서 파생되긴 했어도, 현대 라틴계 언어들이 그렇듯이 이 언어들도 서로 소통이 되지 않는다. 끝으로 남부에서는 전혀 다른 어족인 드라비다계 언어들을, 동북부의 소규모 종족 집단들은 오스트로아시아어족과 티베트버마어파에 속하는 언어들을 쓴다. 이러한 언어적 분열은 정치적으로 중요하다. 일례로, 힌디어를 쓰지 않는 영국령 벵골에서는 일찍이 19세기 후반에 독자적 민족의식이 출현했고 힌디어를 쓰지 않는 다른 주들과 비슷하게 힌디어의 지배에 대한 저항이 강했다.[90] 드라비다어를 쓰는 남부의 타밀은 유사 이래로 북부의 제국들로부터 독립해 있었고 인도 독립 당시와 그 직후에 강한 분리독립 의지를 드러냈다. 이러한 의지는 성공적으로

저지되어 주 정부 차원의 자치와 토착 문화 장려가 그 자리를 대신했다.[91]

따라서 힌디어를 국어로 만들고자 했던 인도의 건국자들은 강한 저항에 부딪혔고, 비힌디어를 쓰는 사람들을 소외시키지 않기 위해 타협해야 했다.[92] 1956년에 제정된 주 재편법States Reorganisation Act은 언어 문제의 중요성을 고려하여 인도의 주 경계가 언어권을 준수하고 반영하게끔 조정했다. 게다가 영어는 힌디어의 수용을 더욱 제한하고 국어로서의 힌디어의 지위에 대한 광범위한 저항을 더 강화하는 구실을 했다. 인도의 건국자들은 공무와 교육에서 영어가 단계적으로 폐지되고 힌디어가 사용되기를 바랐지만, 영어는 제2의 언어로 존속했고 여러 면에서 제1의 공용어다. 다른 많은 탈식민 국가들처럼 인도 역시 자국의 여러 종족-문화 공동체에 대해 (식민 지배자가 사라지자 역설적이게도) 중립적이고 보편적으로 인식되는 언어 유산의 혜택을 보고 있다. 종합해보면 인도의 언어 문제는, 또 자칫하면 별개의 인족과 민족국가들의 표지가 될 수도 있었을(또한 여전히 그럴 가능성이 잠재된) 이 나라의 언어 분열은 절충적인 복합 언어 구조 속으로 포섭되었다. 인도는 학교에서 영어와 힌디어와 해당 주의 지역어를 가르치는 3개 언어 교육 정책을 펴고 있다.

인도의 다수 정체성의 더 넓고 강한 핵심인 힌두교는 인도의 여러 고유한 언어 공동체들을 하나로 묶어준다. 인도 인구의 80퍼센트 이상이 힌두교도다. 이를 기독교가 지배적인 유럽과 비교해볼 필요가 있고 실제로도 흔히 비교되곤 한다. 앞에서도 말했듯이 힌두교는 종교적 정체성이자 문화-문명적 정체성이라는 점에서 유럽의 기독교와 비슷하다. 하지만 그 정치-역사적 경로는 다소 달랐다. 기독교는 중세 유럽의 의식적인 교의였고, 일신교이며, 이교도·유대교·무슬림 '타자들'과의 강한 대비를 통해 정의되었다. 또한 기독교 세계로서의 정치 공동체에 대한 이상적 전망을 담고 있었다. 이런 전망은 유럽 민족국가들의 발흥으로 약화되었지만, 유럽연합과 더불어 암묵적인 문화–정체성 형태로 복귀했다. 그에 비해, 인도 아대륙을 상대적 고립으로부터 끌어내어 그 종교–문화적 다신교 유산을 통일된 힌두교 개념으로 통합시킬 만큼 막강했던 건 심지어 이슬람도 아니고 서양과 근대성의 도전뿐이었다. 힌두 종교와 문화의 인도성은 기독교의 유럽성보다 더 고유하고 배타적이었으므로, 또 인도에 전근대 민족국가의 역사가 부재했으므로, 힌두교는 인도 민족 정체성의 가장 변별적인 요소가 되었다.

인도 민족 정체성의 힌디어 요소가 비힌디어 사용자들 사이에서 얼마간의 소외를 초래했다면, 인도 민족 정체성에서 좀더 중요한 힌두교 요소는 더욱 깊은 균열을 초래했다. 영국령 인도에서 제2의 종교 공동체였던 이슬람과의 결별과 파키스탄의 수립에 관해서는 앞에서 이미 언급했다. 하지만 인도의 또다른 종교 공동체인 시크교도와의 균열 또한 깊었고 이 균열이 분리독립으로 귀결되지 않은 건 대체로 양자 간 힘의 균형 때문이었다. 주로 인도 북서부 펀자브주에 모여살고 펀자브어를 쓰는 약 1900만 시크교도들은, 다종족으로 구성된 아대륙의 무슬림보다 독자적 민족태와 국가태를 더 강하게 요구해왔다.[93] 국민회의와 무슬림연맹에 바싹 뒤이어 정치적 조직화를 이룬 시크교도 지도자들은 1947년 펀자브에 별개의 국가를 수립하길 열망했다. 영국은 이 요구를 거부하며 무슬림의 분리독립 요구만을 들어줄 준비가 되어 있음을 분명히 했다. 이후로 시크교도의 인도 통합 과정은 우여곡절을 거쳐왔다. 공동체 사이의 긴장은 이따금 종파 간 폭력으로 터져나오곤 했다. 특히 1984년 황금사원 사건(시크교 성전인 황금사원을 점거하고 분리독립을 요구하던 시크교도 반군을 인도 정부군이 무력 진압하며 400여 명을 사살한 사건— 옮긴이)을 둘러싼 폭동은 수천 명의 사망을 초래했고 시크교도 경호원에 의한 인디라 간디 인도 총리의 암살로 이어졌다.

1987~1993년에도 펀자브에서 시크교도 폭동이 일어나 막강한 물리력에 의해 진압되었다. 다른 한편으로, 2004년부터 이 글을 쓰고 있는 2013년 현재까지 인도는 국민회의 소속의 시크교도 총리(맘모한 싱―옮긴이)를 두고 있다. 독립 이후 최초의 비힌두교도 총리다.(2014년부터 재임중인 인도인민당 나렌드라 모디 총리는 강경한 힌두 민족주의 정책을 추진하여 갈등을 빚고 있다―옮긴이) 무슬림과 시크교도 외에도, 힌디어를 쓰지 않고 대다수가 힌두교를 믿지 않으며 종족적으로 다양한 북동부에서는 분리독립 운동과 반군 그룹의 활동이 매우 활발하며 인도 민족국가와의 충돌이 광범위하게 일어나고 있다.[94]

민족적 포괄성과 핵심 힌두 정체성 사이의 팽팽한 긴장은 독립 이후 줄곧 인도의 본질적인 부분을 차지해왔으며, 파키스탄의 분리독립을 제외하면 지금까지 꽤 성공적으로 관리되어왔다. 인도의 정치적 다원주의는 이런 성공의 요인 중 하나로 인도의 이념적·헌법적 다원주의 못지않게 중요했다. 여기서도 인도의 건국자와 독립 지도자들은 인도 고유의 긴장과 씨름하여 섬세한 균형을 도출해냈다. 국민회의와 인도 초대 총리 네루는 강력한 중앙집권 국가를 원했고 지방 정부의 권력에 큰 의구심을 가졌지만, 그럼에도 실용적으로 양보하여 상당한 정치권력을 주 정부에 이양했다. 인도는 연방 국가이고, 이미 보았듯이 인도를 구성하는 주들은 실제로 저마다 다양한 언어-종족 정체성을 표출하고 있다. 연방주의는 다종족 국가의 만병통치약이 아니며 분리독립 경향을 누그러뜨리기는커녕 오히려 강화할 수도 있다. 하지만 인도에서는 아직까지 효과가 있었다.[95] 나아가 국민회의당은 다양한 집단을 정치 체제 내로 끌어들여 지역 차원의 광범위한 연정을 전국적으로 구축하는 데 매우 능했다. 다원주의적 '합의제consociational' 민주주의 이론가인 아런트 레이파르트Arend Lijphart도 인도 정치 체제의 이

러한 측면을 강조한 바 있다.[96]

실제로 민주주의는 인도의 성공에 크게 기여했다고 평가되며 이는 옳은 평가이지만, 연방주의처럼 민주주의도 양날의 칼이 될 수 있다. 인도 민주주의는 다양한 민족 정체성의 다원주의적·정치적 자기표현을 허용하면서도 분리독립의 권리는 인정하지 않으며 분리독립 시도를 군사력으로 적극 억누르고 있다. 이 점에서 인도는 남북전쟁 시기의 미국과 유사하다. 하지만 전 세계의 국가들이 분리독립 권리에 대해 적대적임에도, 선진 자유민주국가들의 규범은 특정 지역을 점유한 독자적 종족민족 공동체의 다수가 독립을 택할 경우 이 선택지를 허용하는 쪽으로 기울고 있다. 이 규범은 무력에 의한 억압을 배제한다. 인도가 근대화됨에 따라 분리독립 권리와 결부된 자유화도 확대될 수 있다. 나아가 우리가 다른 개발도상국가들과 관련하여 보았듯이, 근대화 과정 자체는 인도의 민족적 통일을 강화할 수도, 혹은 약화시킬 수도 있다. 현재는 인도 인구의 3분의 2가 여전히 농촌지역에 거주하며 시골에 흩어져 있다. 도시화 이후 인민이 도시로 집중되었을 때 어떤 종류의 민족 정체성이 형성되고 동원될지, 그것이 범인도적 정체성일지 국지적 정체성일지는 두고 볼 일이다. 인도의 기획은 성공적이지만 아직 현재진행형이다. 인도의 통일에 대한 주된 도전은 전면적 해체보다는―인도의 힌두교 정체성과 근대 정치사에 비추어 볼 때 이렇게 될 가능성은 낮다―좀더 특수하고 개별적인 분리주의 압력으로부터 제기될 듯하다. 이러한 도전은 앞에서 언급한 종족 집단들―카슈미르 무슬림, 시크교도, 타밀인, 혹은 북동부의 소규모 종족들―중 누구로부터도 닥쳐올 수 있다. 이들 모두가 인도 민족 정체성의 주변부나 외부에 놓여 있다.

이 모두는 인도가 시민적이고 매우 다원적인 민족임을 부인한다는 뜻이 아니다. 하지만 시민적 민족주의와 종족적 민족주의의 순진한 허구적

이분법은 전자가 오로지 국가와 그 헌법에 대한 충성심에만 기반한다고 가정하며, 친족-문화적 공통 정체성의 구실을 송두리째 간과하고 있다. 인도의 친족-문화적 공통 정체성은 광범위하게 정의된 힌두 정체성을 핵심으로 하며, 이 핵심 정체성은 인도 민족의식의—비록 충분조건이라고는 할 수 없지만—통합과 존속에 반드시 필요했다. 여러 면에서 인도의 '타자'인 파키스탄의 사례는 다종족 민족주의의 성공 혹은 실패의 추가 조건들을 조명하는 구실을 할 수 있다.

정체성과 결부된 깊은 종교적 균열 때문에 독립 당시 인도로부터 분리되어 나온 파키스탄의 경로는 인도의 그것과 흔히 대비된다. 영국령 인도에서 무슬림연맹의 지도자였던 무함마드 알리 진나Muhammad Ali Jinnah는 무슬림을 통일 인도와 다른 길로 이끌었고 1947년부터 이듬해 사망할 때까지 파키스탄의 초대 정부 수반을 지냈다. 그가 구상한 국가태는 국민회의 지도자들의 구상과 그리 다르지 않았다. 그는 이슬람을 주로 역사-문화적 정체성으로 간주했고 근본적으로 세속적인 근대 국가의 수립을 열망했다. 하지만 현실의 파키스탄은 인도와 다른 경로를 걸었다. 건국을 둘러싼 상황 때문에, 또 아직 근대성과 자유주의의 세례로 기독교처럼 누그러지지 않은 이슬람의 일신교적 열의가 더 강했을 것이기 때문에, 헌법이나 공공 영역에 투영된 파키스탄의 이슬람적 성격은 인도의 힌두교적 성격보다 더 강했다. 게다가 파키스탄 사회·정치에서 이슬람이 지니는 중요성과 영향력은 시간이 갈수록 더 커졌다. 이는 논평가들의 잦은 비판 대상이 되었다. 그러나 우리 주제와 관련지어 볼 때, 또 힌두 정체성이 인도 민족의식 통합에서 수행했다고 보는 역할에 비추어 볼 때, 파키스탄의 더 강한 이슬람 정체성은 적어도 파키스탄 민족의식의 형성에 있어서만은 성공하리라고 예상할 수 있었다. 한데 현실은 그렇지 않았다. 물론 이슬람은 파키스탄의 다양한 종족을 하나로 묶는 주된 정체성이었다. 그럼에도 파키스탄의 공통 민족 정체성은 인도에 비해 약했고, 파키스탄을 구성하는 주요 종족들 간의 거리도 더 멀었다.

인도를 사이에 두고 서파키스탄과 지리적으로 분리되어 있던 동파키스탄의 무슬림 벵골 지역은 내전과 인도의 군사 개입(1971년) 이후 분리독립하여 방글라데시를 수립했다. 그래서 지금은 (저마다 고유한 인도계 언어를 쓰는) 펀자브인·사라이키인·신드인이 (이란계 언어를 쓰며 국경 너머 아프가니스탄과 이란에 동족을 둔) 파슈툰인·발루치인과 더불어 파키스탄의 주요 언어-종족 집단을 이루고 있다. 이들 종족 집단은 비록 일부 지역과 대도시에서는 지리적으로 섞여 있지만 저마다 별개의 영역과 고유한 정체성을 지녔고 이것이 파키스탄인으로서의 공통된 민족의식보다 더 강할 때가 많다. 게다가 이들 외에도 언어 공동체가 수십 개 더 있으며 대개는 규모가 작다. 파키스탄의 공식 언어인 우르두어는 빛나는 문학적 전통을 지녔고 인도로부터의 분리독립 투쟁에서 역사적인 구실을 했지만, 파키스탄에서 우르두어를 모어로 쓰는 인구는 7~8퍼센트에 지나지 않는다. 중앙정부의 행정에서는 영어가 인도에서보다 더 실질적인 공용어 구실을 한다.[97]

그렇다면 파키스탄 민족태와 인도 민족태의 이러한 차이는 어디서 유래한 것일까? 그 한 가지 요인은 종교다. 여기서의 문제는 파키스탄의 헌법과 공공 영역이 종교적 색채가 더 강하다는 사실이 아니라, 보편 종교로서의 이슬람의 위상이 파키스탄의 민족 경계를 초월한다는 데 있다. 인도의 힌두교도 비율은 파키스탄의 (다수인 수니파와 소수인 시아파로 분열된) 무슬림 비율보다 낮지만, 힌두교는 인도 특유의 종교에 더 가까우며 좀더 독특한 민족적 표지라 할 수 있다. 가능성 있는 둘째 요인은 민주주의다. 파키스탄은 독립 이래로 불안정한 민주주의와 군사-권위주의 정권 사이를 오락가락해왔다는 점에서 인도 민주주의의 활력 및 내구성과 대조를 이룬다. 앞에서 언급했듯이, 다종족 민족주의에 관한 한 민주주의—혹은 민주주의의 부재—는 양날의 칼이다. 권위주의 정권은 분리독립 압력을 억누르고 종족 평준화 정책을 밀어붙일 수도 있지만, 민주정을 대표하는 정치권력 분립과 타협 및 협력 과정을 저지할 수도 있다. 따라서 비록 공용어인 우르두어와 벵골어의 충돌이라는 언어 문제가 결정적이었지만, 펀자브인과 신드인 엘리트가 파키스탄 통치를 지배한 것도 방글라데시가 이탈한 주된 원인이었다. 벵골인은 분리독립 이전까지 최대의 종족 집단이었음에도 파키스탄 국가 내에서 차별과 소외감을 느꼈다.

파키스탄의 민족 건설 기획이 인도에 비해 제한적 성공에 머무른 셋째 요인은 그 중요성이 제대로 인식되지 않는 듯하다. 서파키스탄에서 1500~2000킬로미터나 떨어져 있던 벵골의 경우에는 지리적 연속성의 결여가 명백히 중요했다. 하지만 서쪽의 파키스탄 내에서도, 주요 종족 공동체가 네댓 개 존재하는 상황이—수십 개 종족 공동체가 한 민족적 지붕 아래 공존하고 있는 인도의 경우보다—민족적 통일을 오히려 더 불안정하게 만드는 것 같다.[98] 통일에 실패할 경우 훨씬 더 많은 종족 단위가 난립하게 될 인도의 상황과 비교할 때, 전자의 상황에서는 종족별 분리를 더쉽게 상상하고 실행할 수 있다. 물론 후자의 상황도 크고 작은 종족민족 공동체들이 이탈하거나 좀더 광범위하게 해체될 우려가 없지는 않지만, 그렇게 되기가 쉽지는 않을 것이다.

21세기 벽두에 미국과 그 동맹국들이 아프가니스탄과 이라크에서 국가·민족 건설 기획을 추진하면서 봉착한 난관은 다종족 국가의 문제를 더 극명하게 보여준다. 파키스탄 국경 너머의 아프가니스탄은 수많은 개별 종족들의 본거지이며 그중에서 단연 최대 규모인 파슈툰인도 인구의 약

40퍼센트에 불과하다. 이라크의 세 주요 종족 집단인 시아파와 수니파와 쿠르드인이 한 국가로 묶인 것은 어디까지나 정치적 강압(그리고 수니파의 지배) 때문이었다. 애초에 종족적 현실을 무시하고 이라크 국경선을 그은 건 영국이었고 이를 계속 강제한 건 바그다드에 잇따라 들어선 독재 정부들이었다. 게다가 아프가니스탄과 이라크에서는 부족에 대한 소속감이 여전히 건재하며 민족적 친연성보다 우선시된다. 정치적 대안들을 고려할 때 아프가니스탄이나 이라크를 한 민족으로 간주해야 한다는 관념은 좋게 보면 이해할 만한 장기적 염원이고, 나쁘게 보면 큰 대가를 요하는 순진한 희망사항이다.

맺음말: 시민적 민족과 종족적 민족은 서로 대립되는 개념일까?

아프리카, 남아시아, 동남아시아제도의 신생 탈식민 국가들은 시민적 민족주의 개념의 중심에 있었고 이 개념이 정치·학술 담론에서 날로 두드러진 역할을 하는 데 일부분 기여했다. 기존 국가의 해체가 파국적 변동, 대규모 집단 폭력, 인종 청소의 참사를 불러오기 십상인 다종족적 현실에서 시민적 민족주의는 종족적 민족주의의 온화한 안티테제로 상정되었다. 신생 국가들은 통일을 유지하고 다양한 종족 집단들을 평화롭게 아우를 방도를 찾을 뿐만 아니라 공통된 민족의식을 발전시킬 것으로 기대되었다(그리고 이 두 가지 목표는 실제로 연결되어 있다). 이 공통된 민족태는 국가와 헌법에 대한 시민적 충성에 기반한다고 전제되었다. 하지만 국가 내의 다양한 종족 집단들이 더 가까운 친족-문화적 유대 없이도 스스로를 단일한 정치적 연대·운명 공동체로 여길 것이라는 관념은 깊은 오해에 기반하고 있다. 이는 서양사에서 시민적 민족주의가 띠는 의미에 대한 오해이며, 민족태의 시민적 요소와 종족적 요소를 대립시키는 그릇된 이분법에서 비롯되었다.

위에서 기술한 아프리카·아시아 국가들의 민족 건설 기획은 아직 현재 진행형이며 나라마다 다른 결과를 낳을 가능성이 높다. 종족적 대혼란이라는 판도라의 상자를 열지 않기 위해 식민 경계를 건드리지 않는 것이 독립 이래의 지침이긴 했어도, 종족민족적 분리는 이따금 일어났다. 가장 두드러진 예는 에리트레아가 에티오피아로부터, 남수단이 수단으로부터 분리독립한 것이다. 이와 유사하게 독립 비아프라를 수립하려 한 나이지리아 이보족의 시도 또한 살인적인 내전으로 겨우 진압되었다. 장기적으로 볼 때, 탈식민 아프리카·아시아가 공산 체제 이후의 동유럽과 발칸처럼 종족민족적 단층선을 따라 분리될 가능성을 완전히 배제할 수는 없다. 실제로 아프리카·아시아 국가들을 향한 중대한 도전은 아직 닥치지 않았다. 이들 모두는 근대화의 엄청난 변화를 아직 겪지 않았고 그중 일부는 민주화 과정조차 거치지 않았다. 두 가지 발전은 민족주의에 깊은 영향을 끼칠 것이며, 이는 각국의 특수한 상황에 따라 민족 통합으로 귀결될 수도 있고, 혹은 강화된 종족민족 노선에 따른 정치적 해체로 귀결될 수도 있다.

민족 기획이 성공하거나 실패하는 몇 가지 원인에 대해서는 앞에서 이미 다루었다. 국가에 대규모 핵심 종족, 즉 슈타크폴츠가 있을 때는 민족 건설이 가장 수월하다. 각각의 특수한 사례에 결부된 집단들의 면면에 따라, 이런 다수 종족이 다른 종족들을 집어삼킴으로써 다수 종족의 낙인이 찍힌 더 광범위한 공통 정체성을 창조할 수도 있다. 아니면 소수 종족 집단들이 국가의 시민이면서도 주된 민족 정체성의 주변부나 외부에 머무르며 고유한 종족민족 정체성을 일굴 권리를 누릴 수도 있다. 스위스나 싱가포르는 매우 이례적인 상황에 기대고 있는 드문 경우다. 어쨌든 탈식민 아프리카·아시아의 대부분 국가에는 핵심 다수 종족이 존재하지 않는다. 이미 보았듯이, 이런 경우에는 국가에 종족 집단이 적은 것보다 차라리 많은 편이 민족 건설이라는 목표에 더 바람직할 수 있다. 그러면 특정 집단이 나라를 지배할 가능성이 낮아지고 이 때문에 다른 집단들이 품게 될 원한도 줄어들며, 나라가 종족별로 완전히 해체될 가능성도 줄어들기 때문이다. 7장에서 알렉산더 야콥슨도 비슷한 결론에 도달했고, 이는 종족 간 폭력의 조건에 대한 몇 가지 발견 또한 설명해줄 수 있다.[99] 하지만 가장 중요한 점은, 다종족 국가에서의 민족 건설이 다양한 종족집단을 민족 공동체로 변모하게끔 해줄 범문화적 유대감의 창출에 달려 있다는 것이다. 친족의식을 공유하지 않는 상황에서는 이런 문화적 유대야말로 민족 공동체의 가장 강한 접착제다. 나아가 공통 문화의 구축은 같은 영토에 사는 집단 간의 통혼 과정을 촉진함으로써 친족 공유 의식을 창출하고 시간이 갈수록 높일 수 있다. 따라서 같은 국가에서의 삶을 수용하고 그 국가에 충성하고 그 법을 준수하는 것은 민족태의 충분조건이라기보다는 이러한 친족-문화적 민족 통합 과정의 결과물에 가깝다.

언어의 공유가 민족 단결의 가장 보편적인 접착제였음은 입증된 바 있다.[100] 2장에서 보았듯이, 언어가 사회적 소통의 공유, 집단적 협력, 상징적 투영의 매개체로서 수행하는 역할을 고려할 때 이 점은 아주 명백하다. 민족 건설 기획을 추구하는 다종족 국가에서는 옛 식민지 언어나 때로는 공용어로서의 역사를 지닌 토착어 중 하나가 국어로 바뀌게 된다. 교육 제도와 미디어에 의해 확산된 국어는 인민이 자신의 특정한 모어와 더불어 쓰는 제2언어가 되며, 시간이 흐르고 근대화와 도시화가 진행되면서 제1언어가 될 수도 있고 안 될 수도 있다. 이와 비슷한 과정이 유럽의 일부 국가(프랑스에서 가장 크게 성공했고, 영국과 스페인, 그리고 어느 면에서는 독일과 이탈리아에서도 그에 못 미치는 성공을 거두었다), 영어권 이민 국가, 라틴아메리카에서도 일어났다. 이와 동시에, 역사적으로 과거의 국가들이 언어 평준화 및 동화를 시행하는 데 활용했던 많은 수단들이 이제는 더이상 정당하게 여겨지지도 않고 실행되지도 않음을 유념해야 한다.

공통 종교는 언어만큼 강력하지는 않지만 그럼에도 공유 정체성을 통합하는 데 중요한 문화적 자원이다.[101] 라틴아메리카에서도 그랬지만 남아시아와 동남아시아제도에서도 종교는 매우 두드러진 요소다. 이는 아프리카의 많은 지역에도 적용되며, 이슬람과 기독교가 둘 다 대규모로 존재하여 깊은 균열을 빚는 나라들에서는 큰 문제가 되고 있다. 물론 종교적 관용은 민족 통합을 촉진할 수 있으며 종교적으로 분열된 사회에서는 더더욱 그렇다. 하지만 근대화의 초기 단계를 거치는 중이며 종교가 영성, 문화, 정체성 형성에서 두드러진 역할을 하는 전통 사회에서는 이런 관용을 달성하기 어려울 때가 많다. 유럽이 종교적 관용의 원칙을 수용하기까지는 여러 세기가 걸렸다. 그리고 사실 유럽 대부분 국가의 절대다수 인구는 압도적으로 가톨릭이거나 프로테스탄트다. 실제로 신앙심은 없더라도 최소한 문화적 배경으로는 그렇다. 어쨌든 서론에서 이미 지적했듯이, 민족 종교가 아닌 이상—즉, 그 종교가 해당 인족 특유의 것이어서 해당 인족의 정체성을 훨씬 크게 정의하지 않는 이상—종교 그 자체가 민족태의 기반 구실을 하는 경우는 드물다. 또한 그 경우에도 민족 통합의 최우선 순위는 여전히 공통 언어다. 벨기에와 파키스탄의 민족 정체성이 매우 불안정한 것으로 드러난 반면, 유대-이스라엘과 인도의 민족 정체성이 상당히 튼튼한 것은 이런 이유에서다. 같은 언어를 쓰는 한 종족이나 인족이 종교적 균열 때문에 분열되는 경우가, 서로 다른 언어를 쓰는 집단이 같은 종교

덕분에 한 인족으로 통일되는 경우보다 더 많다.

물론 문화적 특성의 공유가 공통된 민족의식을 보장하지는 않는다. 종교의 공유만으로는 확실히 모자라고, 심지어는 언어의 공유로도 불충분하다. 별개의 역사적 전통과 지리적 분리도 민족 정체성이라는 면에서 공동체들을 멀어지게 할 수 있다. 그럼에도 자주 인용되는 예외 사례들에 가려진 좀더 일반적인 현실을 놓쳐서는 안 된다. 즉, 절대다수의 민족에는 공통문화라는 강한 유대가 존재하며, 처음에는 친족 의식이 없었다 할지라도 이 유대에 힘입어 시간이 지날수록 민족을 확대가족으로 인식하게 된다는 것이다. 역으로 이렇게 민족을 단결시키는 유대가 없거나 국가가 이를 창출해내지 못할 경우, 국가가 민족의 통일을 유지하고 민족 공동체를 형성하기란 엄청나게 힘들어진다. 민주주의, 자유주의적 권리, 종족 다양성에 대한 존중은—모두 그 자체로 중요한 것들이다—종족민족적 불화와 해체를 방지하는 데 도움이 될 수도 있고, 이를 오히려 더 조장할 수도 있다. 해당 국가의 민족과 시민권 개념이 영토와 문화를 중시하든 혈통과 문화를 더 중시하든, 국가와 헌법에 대한 정치적 충성을 그 유일한—심지어 주된—기반으로 삼아 존재하는 민족은 거의 없다.

3. 지구화하는 세계에서의 민족 갈등과 연대

우리는 통신·문화·경제 면에서 급속히 지구화하는 세계에 살고 있다. 이에 따라 개인주의, 다문화주의, 보편주의 등의 자유주의적 가치들이 서양을 비롯한 세계 여러 곳에서, 아니 전 지구적으로 뿌리내리고 있다. 국가와 비슷하게 민족주의 또한 국제 체제의 힘에 의해, 또 국내적으로는 집단과 개인의 권리에 의해 위아래로 동시에 약화되고 있다고들 한다. 민족과 민족주의를 (위험하고 도덕적으로 문제가 있는) 시대착오이자 지나간 시대의 유물로 선언하며 그 종언을 알리는 목소리들은, 민족과 민족주의가 탈민족적인 유럽을 포함한 어디에서나 팔팔하게 건재함을 지적하는 반작용을 촉발했다.[102] 물론 민족주의는 보존 법칙을 따르는 고정된 질량이 아니다. 그것을 뒷받침하는 힘의 양태와 강도는 변모와 변동을 거듭한다. 본 절에서는 오늘날 세계에서 민족주의가 지닌 잠재력을, 특히 20세기에 민족적 친연성과 연대가 가장 두드러지면서 정점을 찍은 두 가지 주된 고전적 국가 활동 영역과 관련지어 살펴볼 것이다. 하나는 외부 세계와 연관된 전쟁이고, 다른 하나는 국내 사회와 연관된 복지국가다.

전쟁의 결산: 민족을 위해 기꺼이 죽고 죽이다

전쟁은 민족적 친연성과 연대, '우리'와 '그들'의 날카로운 구분이 궁극적으로 표출된 행위인 것으로 유명하다. 사회들은 전쟁을 위해 사람과 물자를 동원했고 전쟁에 의해 자극받았으며, 전쟁에서 사람들은 단지 강요에 의해서가 아니라 내면의 헌신, 필사적 투지, 심지어는 열의에 불타 서로 죽고 죽였다. 실로 동족과 나라를 위해 자기 생명과 신체를 기꺼이 희생하려는 의지, 누가 봐도 명백하게 열띤 감정이 실린 이러한 의지는 민족 현상에 대한 '도구주의'나 '조작' 가설에서 가장 취약하고 제대로 해명되지 않은 점이었다. 이미 보았듯이, 범민족적 전쟁 동원은 정도의 차이가 있을 뿐이지 전근대에도 존재했다. 심지어 착취가 심한 사회에서도(모든 사회에서 착취의 정도가 똑같지는 않았다) 지배자들은 대개 인민의 애국심에 의존할 수 있었고 실제로 비상시에 그렇게 했다. 하지만 전쟁을 위한 민족적 동원과 대중적 헌신이 근대와 대중 주권의 시대에 인민이 전쟁을 자신의 이익과 훨씬 더 긴밀히 동일시하게 되면서 훨씬 더 중요해진 건 확실하다.

지구화하는 현대의 국제 체제에서 민족주의와 전쟁의 관계를 검토할 때 주목을 요하는 중요한 추세가 두 가지 있다. 1815년 이후로 전쟁의 횟수가 급격히 감소했고, 그 이후의 전쟁들은 압도적으로 종족적·민족주의적 동기에 의해 촉발되었다는 것이다. 전자의 추세부터 살펴보자. 1815년 이후에 열강이나 여타 경제 선진국들 간의 전쟁 빈도는 18세기의 약 3분의 1로 감소했고, 그 이전 시대와 비교해도 확실히 줄었다. 20세기에 들어서도, 비록 발발한 대규모 전쟁—특히 양차 대전—에서의 자원과 인력 동원은 증가했지만 이전 세기와 같은 낮은 빈도는 지속되었다.[103] 많은 이들은 둘 사이에 반비례 관계가 있다고 본다. 전쟁이 너무 비싸고 치명적이 되었기 때문에 전쟁의 빈도가 감소했다는 것이다. 하지만 전체 인구와 부의 규모와 비교할 때 전쟁이 과거보다 더 치명적이고 비싸지지는 않았다.[104] 유럽사에서 가장 평화로운 세기였던 19세기 유럽(1815~1914년)에서는 전쟁의 빈도가 급격히 감소했을 뿐만 아니라, 발발한 전쟁들도 그 이전과 이후 시대에 비해 한결 덜 파괴적이었다. 역으로, 20세기에—현대 유럽사에서 가장 격렬하고 파괴적인 전쟁인—양차 대전 사이의 간격이 불과 21년이었다는 사실도 전쟁의 강도와 빈도 사이의 반비례 관계를 뒷받침하지는 않는다. 2차대전이 끝난 뒤 열강과 여타 경제 선진국들 사이에는 이른바 "긴 평화Long Peace"가 도래했다. 이는 핵무기라는 요인에 기인한다고 널리 여겨지며 이는 확실히 결정적인 요인이지만, 이런 경향은 핵무기가 도입되기 오래 전부터 이미 뚜렷해졌다. 근대 열강 체제에서 가장 긴 평화 시기들은 모두 19세기 초 이후에 나타났다. 1815년부터 1854년까지의 39년, 1871년부터 1914년까지의 43년, 그리고 1945년부터 65년 넘게 지속되고 있는 현 시대다.

이미 19세기 중반 이전부터 생시몽, 오귀스트 콩트, J. S. 밀, 맨체스터 학파 같은 사상가들은 이러한 변화를 재빨리 알아채고 이것이 인류사에서 신석기 시대의 농경 도입 이후 가장 심대한 변화인 산업-기술-상업 혁명의 도래에 의한 것임을 간파했다. 이 전면적 변화 이후로 부富는 급속히 그리고 꾸준히 증가했다. 과거 인류사를 특징지었던 "맬서스의 덫"에서 극적으로 탈출한 것이다. 현재까지 선진국의 1인당 생산량은 산업화 이전 시대보다 30~50배나 증가했다.[105] 이 혁명적 변화는 몇 가지 측면에서 전쟁을 억제하는 방향으로 작용했다. 첫째로 부의 획득이 타인의 희생을 치러야만 참여자가 이득을 얻을 수 있는 제로섬 게임으로부터 점점 더 벗어나면서, 부가 더이상 근본적으로 유한한 양이 아니게 되었다. 둘째는 가장 널리 인정되는 요인이기도 하다. 생산이 생산자 가족의 직접 소비보다 시장 판매를 목적으로 이루어짐에 따라 전문화·규모·교환의 네트워크가 강화되고 확산되면서, 즉 시장의 세계화로 칭송되는 과정을 통해 경제들이 점점 더 상호 연결된 것이다.[106] 그 결과로, 외국이 파괴되면 경제 시스템 전반이 침체될 가능성이 있고 따라서 자국의 안녕에 불리하게 작용할 정도로 해외의 번영이 자국의 번영과 상호 연관되기에 이르렀다. 이미 J. S. 밀이 지적한 바 있는[107] 이러한 현실은, 1차대전 이후에 J. M. 케인스가 『평화의 경제적 결과The Economic Consequences of the Peace』(1920)에서 예측한 대로 극명히 발현되었다. 셋째로, 경제적 개방성의 확대는 경제적 접근과 기회를 정치적 경계 및 주권의 영역으로부터 분리함으로써 전쟁 가능성을 줄였다. 영토에서 이득을 얻기 위해 그 영토를 정치적으로 소유할 필요가 없어진 것이다. 결론적으로, 전쟁이 감소한 이유는 흔한 통념대로 전쟁이 더 비싸졌기 때문이라기보다는 실제로 평화가 더 이득이었기 때문이다.

선진 세계의 전쟁 감소와 더불어 여러 연구를 통해 알 수 있는 사실은, 1815년 이후의 전쟁들이 주로 종족-민족주의적 원인으로 발발했다는 것이다. 일례로 안드레아스 비머Andreas Wimmer의 계산에 따르면, 이 요인 때문에 일어난 전쟁이 1820년에는 전체의 약 30퍼센트였는 데 비해 2000년에는 68퍼센트로 증가했다.[108] 또다른 예로 19세기에 열강이 참전하여 상대적인 평화를 교란한 전쟁들을 떠올려보자. 크림 전쟁(1854~1856년)을 제외하면, 1859년 시작된 이탈리아 통일 전쟁, 미국 남북전쟁(1861~1865년), 독일 통일 전쟁(1864, 1866, 1870~1871년) 같은 이 시기 대규모 전쟁들의 가장 심층적이고도 폭발적인 동기는 무엇보다도 민족 통일과 민족 독립이라는 쟁점이었다. 이 점은 유럽 전반의 폭력적 분쟁에서도 마찬가지였다. 이런 분쟁의 발화점들은 민족주의적 성격을 띠었다. 주변국들에 정복되어 분할된 폴란드, 파편화되어 외세 지배하에 있던 이탈리아, 분열된 독일, 네덜란드에 잠시 편입되었던 미래의 벨기에 영토, 억눌려 있던 아일랜드, 합스부르크 제국에 통합된 헝가리, 오스만이 장악한 발칸 반도, 독일에 병합되었지만 친프랑스적 민족 정서를 유지한 알자스와 로렌 등이 그들이다. 따라서 근대 민족주의의 물결은 흔히 새로운 경제적 현실의 논리보다 우선시되곤 했다.

나아가 알렉산더 해밀턴과 프리드리히 리스트가 개척한 국민경제학파의 가르침에 따라, 또 19세기 중반 자유 무역이 정점을 찍은 이후로 미국, 독일, 프랑스, 러시아, 일본은 모두 자국 산업의 도약기에 영국 제조업에 맞서 강력한 보호주의 정책을 실시했다. 게다가 19세기 말과 20세기 초에 신제국주의를 추진한 열강들은 보호주의 정책을 후진 세계로까지 확대했다. 각각의 민족-제국 블록이 다른 모든 블록에 대해 문호를 닫으면서 이 신생 글로벌 경제는 모두에게 개방되기보다 분할될 것처럼 보였다. 이것이 1930년대에 실제로 일어난 일이었다. 그리고 눈덩이 효과가 뒤따르면서 걷잡을 수 없는 영토 쟁탈전이 벌어졌다. 한정된 영토에 갇혀 있던 독일과 일본의 입장에서, 제국적 생활권Lebensraum 혹은 '공영권'으로 치고 나갈 필요성은 특히 긴급해 보였다. 여기에 양차 대전의 씨앗이 놓여 있었다.

1945년 이후의 탈식민 물결은 아시아와 아프리카에서 수많은 민족 독립 전쟁을 촉발시켰다. 열강 사이에서는 모든 관련 당사자들의 관심이 놀라우리만치 핵무기에 집중되었지만, 자유 무역의 제도화와 이와 긴밀히 연관된 빠르고 지속적인 경제 발전 과정도 그 못지않게 중요했다. 그 결과로 세계에서 근대화되고 경제적으로 발전한 지역은 '평화 지대zone of peace'를 이루고 있다. 이제 전쟁은 세계에서 덜 발전한 지역인 '전쟁 지대zone of war'에 국한된 듯 보인다. 이 지역에서 아직까지 근대화의 수용에 실패한 나라들은 선진국과의 전쟁은 물론이고 그들끼리의 혹은 그들 내부의 전쟁에 휘말리고 있다.

이 모두는 한편으로 상업적 세계화와 결합된 경제적 근대화, 다른 한편으로 자족적 국민 경제, 전쟁, 국민적 전쟁 동원이 서로 뚜렷한 상호 관계에 있음을 시사한다. 경제적 이익 시스템은 민족 경계를 넘나들기 때문에 세계화는 민족주의를 약화시키는 효과가 있다. 연결성의 증대와 전 지구적 문화 평준화도 같은 방향으로 작용한다. 끝으로 자유주의 경제 체제는 개인주의와 보편주의를 촉진하는 한편, 배타적 집단 정체성을 매우 양가적으로 바라보는 자유주의 가치의 확산에 의해 보완된다. 자유주의는 집단적 정체감의 다양성을 관용하거나 심지어 칭송하면서도, 개인의 권리와 자유주의적 인간성 개념을 위협하는 집단적 충성심을 우려하며 특히 민족적 국수주의에 의심의 눈초리를 보낸다. 하지만 동시에 자유주의는 인족들이 그들 자신의 자유로운 선택에 따라 정치적 자결을 택할 권리를 옹호하기도 하는데, 이 선택은 거의 예외 없이 민족주의적 성격을 띠었다.

자유주의의 특수한 역사적 발전 과정은 이 점을 모호하게 만들 때도 있지만 명확히 하는 데 도움이 될 때도 있다. 자유주의 원칙이 정립된 17세기 말과 18세기의 영국은 잉글랜드가 지배하는 큰 패권 민족이었고, 모든 큰 패권 민족들이 그렇듯이 자신들의 민족태를 자명하고 보편적인 것으로 간주했다. 스페인과 프랑스로부터의 대외적 위협을 극복한 영국은 아일랜드와 스코틀랜드의 민족적 열망을 무시하고 확고한 정체성 우위를 점했다. 이런 상황에서 영국의 자유주의자들은 이 교의의 국내적 요소─인민의 권리와 왕권의 대립—에 집중했고 다른 나라와 대립하는 민족이라는 문제에 대해서는 할말이 거의 없었다. 그들 스스로는 자부심 강하고 열렬한 영국인이었음에도, 민족 현상을 마치 투명한 것처럼 여기며 못 본 체했다. 일례로 19세기에 J. S. 밀은(그리고 마르크스도), 작은 종족은 큰 역사적 민족에 동화되어야 한다고 믿는 경향이 있었다. 그것이 진보와 자유의 축복을 얻는 가장 유망한 길이라고 여겼기 때문이다. 하지만 유럽에서 좀 더 작은 나라의 자유주의자들은 상황이 달랐다.

유명한 사실이지만, 프랑스혁명부터 19세기까지는 자유주의와 민족주의가 서로 밀접하게 얽혀 있다고 널리 여겨졌다. 둘 다 인민의 권리를 앞세워 구체제에 반대했다. 주세페 마치니와 토마시 마사리크Tomáš Masaryk(1850~1937, 체코슬로바키아의 초대 대통령—옮긴이) 같은 민족 해방 운동 지도자들이나 미국 대통령 우드로 윌슨에게 대중 주권, 자유주의적 권리, 외세 지배에서 벗어난 민족 자결은 서로 불가분한 것이었다. 하지만 19세기 말~20세기 초에 반자유주의적 민족주의 교의가 등장하면서 국수적·공격적 민족주의가 그 무시무시한 잠재력을 광범위하게 떨치기에 이르렀다. 양차 대전과 나치주의의 여파로 민족주의에 대한 자유주의자들의 태도가 부정적으로 급변했다. 자유주의자들의 견해는 민족 자결을 더욱 지지하는 쪽으로 기울었지만, 특히 과거 식민지를 거느렸던 나라들의 경우 선진 자유민주주의 국가 자체의 주류 민족 정체성과 정서는 점점 더 혐오스럽게 취급되었다. 이것이 국수적일 뿐만 아니라 개인과 소수자의 권리에 유해하며 코즈모폴리턴주의의 성장을 가로막는다는 혐의에는 근거가 없지 않았다. 민족주의에 대해 좋은 말을 하거나 그 자유주의적 정당성을 강조하는 자유주의 이론가는 소수에 불과했다.[109]

그러나 우리 시대의 한 중대한 발전이 이러한 맥락에서 정확히 인식되지 못하고 간과되어온 건 역설적이게도 그것이 너무나 광범위하게 실현되었기 때문이다. 바로 자유민주 세계가 인민의 선택이라는 원칙에 의거하여 민족 자결을 거의 확보했다는 사실이다. 그래서 드문 예외를 제외하면, 이 것을 위해 싸울 필요성이 없어졌다. 외세의 진정한 위협이 소련 체제의 붕괴와 더불어 사실상 소멸했고 국내에서의 민족적 권리도 확보한 자유민주주의 국가에서 민족 감정이 가볍게 취급되거나 심지어 폄하되는 것은 놀랄 일이 아니다. 건강에 대해 흔히 하는 말처럼, 무엇이 부족해져야 비로소 그 부재를 느끼게 된다.

그래서 마치 숨 쉬는 공기처럼 널리 누릴 수 있게끔 확보된 민족 정체성과 정서는 자유민주 세계의 많은 이들 눈에 투명해 보이지만, 그렇다고 해서 없는 게 전혀 아니며 도전에 직면하면 방아쇠가 당겨질 수 있다.[110] 일례로 현재 유럽에서 이것은 무슬림 이민자를 유럽 민족국가 사회로 통합시키는 문제와 관련하여 가장 두드러지게, 때로는 국수적으로 발현되고 있다. 대체로 자유민주국가의 민족 정체성과 감정은 과거의 공격적 민족주의와 반대로 자유주의적이고 상당 부분 암묵적이며 주로 방어적인 성격을 띠게 되었다. 이것은 크나큰 변화이지만 그 범위와 윤곽을 명확히 이해해야 한다. 자유주의와 세계화는 보호주의 국민경제와 전쟁과 이를 위한 국민 동원을 감소시켰지만 이는 민족 자결 또한 확보함으로써 비로소 가능해졌으며, 이것이 없을 때 갈등은 부글부글 끓다가 때때로 폭발한다는 것이다. 자유 세계에서 공격적 민족주의는 급격히 쇠퇴했지만 방어적 민족주의는 건재함을 보인다. 선진 세계에서 민족 감정이 쇠퇴하는 것처럼 보이는 이유는 민족적 원리가 매우 철저히 구현되었고 평화적으로 확보되었기 때문이다.

세계화, 연결성의 증대, 문화적 평준화와 더불어―부분적으로는 이것들 때문에—자민족의 문화와 정체성에 대한 우려 또한 만연해 있다.[111] 끝으로 냉전 종식 후에 행해진 예측과는 달리, 자유주의(그리고 자유주의적 민족주의)의 세계적 승리는 아직 확보되지 않았음을 덧붙여도 사족은 아닐 것이다. 21세기의 초강대국으로 떠오를 기세인 중국이 현재의 권위주의를 계속 유지할지, 아니면 근대화하면서 민주주의와 자유주의를 수용할지는 아직 두고 볼 문제다.[112] 현재 중국은 열렬한 민족주의적 성향을 띠며 티베트와 신장에서 비非한족의 민족주의 열망을 가혹하게 탄압하고 있다.

비한족의 민족주의에 대한 중국의 탄압은, 민족주의의 세계적 승리가 근대화의 산물이기도 하지만 그 못지않게 권위주의·전체주의 제국 열강이 전쟁에서 패한 결과이기도 함을 일깨워주는 또하나의 사례다. 앞에서 이미 보았듯이, 1945년 이후의 대대적 탈식민화는 오로지 자유민주주의 제국(특히 영국과 프랑스)의 식민지에서만 일어났고 그것이 전폭적으로 성공한 이유도 어디까지나 식민 본국이 자유주의적이고 민주적이었기 때문인데, 이 점은 거의 인지되지 않는다. 비민주주의 제국들은 현지인의 저항으로 물러난 것이 아니라, 양차 대전에서 참패하거나(독일과 일본) 전체주의 체제가 붕괴하면서 평화적으로 해체되었다(소련). 셜록 홈스가 지적했듯이, "짖지 않는 개"—전체주의의 철권에 억눌려 숨죽인 제국 영역—야말로 가장 뚜렷하고 강력한 증인이다(『셜록 홈스의 회상』에서 홈스는 경주마가 실종된 날 밤에 개가 짖지 않은 걸 수상하게 여기고 개가 범인과 안면이 있었다고 추리한다—옮긴이).

유사 이래로 제국에 의한 정복에는 대개 외세의 지배에—흔히 필사적으로—저항하는 피정복민에 대한 무자비한 탄압이 필요했다. 전근대 강대국이나 근대 권위주의·전체주의 제국들은 이런 조치를 취하는 데 별다른 문제를 느끼지 않았고 대개는 탄압에 꽤 성공적이었다. 고대 아테네와 로마 같은 민주·공화정 제국들을 포함한 모든 제국이 이런 식으로 작동했다. 아니, 이런 식으로만 작동할 수 있었다. 그러나 19세기 말부터 자유화가 심화되면서, 형식적 민주주의 제국들의—판도는 외견상 최대에 이르렀지만—수명은 얼마 남지 않게 되었다. 20세기 들어 영국이 남아프리카에서 실패하여 결국 평화 협정을 맺고 아일랜드에서도 철수한 것은 다른 자유민주주의 제국들에게 닥칠 일의 전조이기도 했다.[113]

물론 20세기 자유민주국가들도 상당히 무자비했음을 부인할 수 없다. 하지만 다음과 같은 질문은 상대적이고 비교적인 관점에서 제기해야 한다. 알제리 독립 전쟁 때 프랑스의 행위는 그야말로 무자비했지만, 과연 100년 전 같은 나라에서 뷔조 원수Marshal Bugeaud가 자행했던 전술만할까? 20세기에 영국이 택한 방식이, 1746년 이후 스코틀랜드 고지대나 1798년까지 아일랜드에서 한 짓은 말할 것도 없고 1857년 세포이 항쟁을 진압할 때 사용했던 방식에 댈 수나 있을까? 권위주의·전체주의 열강의 식민지에서 간디나 은크루마(가나의 비폭력주의 독립 운동가이자 초대 대통령—옮긴이) 같은 방식으로 성공한 예가 있는가? 아니, 탈식민화에 성공한 예가 하나라도 있는가? 나치 독일까지 들먹일 필요도 없다. 독일 제국이 남서아프리카(나미비아)에서 헤레로인의 봉기(1904~1907년)를, 동아프리카(탄자니아)에서 마지막 봉기(1905~1907년)를 분쇄하기 위해 자행한 대학살은 모든 비자유주의 제국 종속민의 머리 위에 칼이 매달려 있음을 보여주는 무시무시한 실례다.

물론, 최소한 피정복 사회의 엘리트를 포섭하는 일—'소프트 파워'의 혜택, 협력, 편의를 통해 "가슴과 마음을 얻는 일winning of hearts and minds"—은 제국의 '평정pacification'에서 언제나 핵심적 구실을 했다. 타키투스는 로마가 브리튼 야만족을 길들인 방식과 관련하여 이 점을 인상적으로 기술한 바 있다. 하지만 이 벨벳 장갑 속에는 어김없이, 애초에 현지인의 저항을 무자비하게 분쇄했던 철권이 언제라도 외세 지배의 최후 수단으로 가동될 태세를 갖추고 숨겨져 있었다. 자유민주주의 강대국이 이를 더이상 정당한 수단으로 간주하지 않게 되자, 그 제국은 해체되었고 심지어 아직 근대화가 거의 이루어지지 않은 아시아·아프리카 나라에서도 민족 원리가 승리를 거두었다. 자유주의 경제, 정치, 도덕은 자유민주주의 제국 영역의 해체 과정에서 서로를 더욱 강화했다. 자유주의와 민족주의는 상호 모순되거나 충돌하지 않았고 오히려 제국 핵심 국가의 자유주의와 민주주의가 민족 자결을 전 세계적으로 해방, 확산시킨 도구였다. 민족주의 자체가 새롭고 근대적인 것이 아니라, 민주주의 덕에 종속민의 대중적 의지가 자유롭게 표출되고 제국 열강의 자유화로 외세의 강압적 지배가 정당성을 상실함에 따라 민족주의가 중심 무대로 올라선 것이었다.

오늘날의 자유민주정에서 전쟁은 다른 모든 선택지가 실패로 돌아간 이후의 최후 수단으로만 승인된다. 하지만 다른 방도가 있을 수 있고 또 다른 방도가 있어야 한다는 느낌은 항상 남아 있다. 이런 상황에서, 또 민족의 독립과 생존을 직접적으로 위협하는 첨예한 위험이 없는 상황에서 부유한 자유민주국가 국민의 "사상자 민감성casualty sensitivity"은 굉장히 높아졌고, 적어도 전쟁의 끝이 요원하고 자기 일상과의 관계가 희미해 보일 때는 동족을 위해 죽음을 무릅쓸 용의가 급격히 저하되었다.[114] 하지만 좀 더 현대 세계의 눈높이에 맞추어 볼 때, 그들이 동족을 위해 돈을 지불할 용의는 있을까?

민족과 복지국가: 누구를 위해 돈을 지불할 용의가 있는가?

20세기에 산업화된 부국의 정부 지출은 GDP의 10퍼센트 미만에서 30~50퍼센트까지 거침없이 증가했다. 예로부터 국가 예산에서 가장 큰 항목인 국방비 지출의 비중은 (양차 대전 시기를 제외하면) GDP의 최대 5퍼센트 수준으로 유지되었다. 따라서 네 배로 불어난 정부 지출은, 사회적 서비스—교육, 보건, 복지—지출이 사상 최초로 국방비 지출을 훌쩍 뛰어넘어 가파르게 증가했음을 반영하고 있다.[115] 이 변화는 앞에서 기술한 부의 성장과 전쟁의 감소를 둘 다 반영한다. 어떻게 보면, 인민이 누구를 위해 돈을 지불할 용의가 있는가 하는 질문이 집단적 친밀감과 연대를 측정하는 시험으로서 누구를 위해 목숨을 바칠 용의가 있는가 하는 전통적 질문을 대체했다고 할 수 있다. 이 맥락에서 가장 유의미한 지표는 세 가지다. 사회가 세금과 복지 정책을 통해 부유층에서 빈곤층으로 재분배하는 부의 규모, 사회의 종족적 동질성이 이들 정책에 영향을 끼치는 정도, 그리고 사회가 해외 원조에 투여하는 자원이 그것이다.

물론 사회복지 정책과 부유층에서 빈곤층으로의 자원 재분배를 진정한 연대와 이타성의 발로로만 여길 수는 없다. 대체로 이는 인민이 무엇을 자기 이익으로 인식하는가가 표출된 결과다. 자기 사회의 빈곤층이 빈곤한 상태에서 벗어나도록 돕는 일이 사회의 부를 늘리고 범죄를 낮추기 위한 투자로 여겨질 수도 있기 때문이다. 하지만 재분배 정책 규모의 국가 간 차이는 사회적 연대감의 차이와 이러한 차이의 원인을 알려줄 수도 있지 않을까? 이는 최근 종족적·민족적 요인을 둘러싼 연구 및 논쟁의 주제이기도 했다. 일부 사회 비평가들은 이종족 이주민 공동체의 성장과 동질적 민족 공동체 의식 및 그 정당성의 약화가 복지국가의 퇴조를 초래했다고 주장했다. 대중과 정부 모두 종족이 다른 빈곤층을 민족 집단의 일부로 여기지 않아서 연대감이 거의 없기 때문에 이들에게 돈을 지불할 용의도 줄어들었다는 것이다.[116]

이 주장은 유명 경제학자인 알베르토 알레시나Alberto Alesina와 에드워드 글레이저Edward Glaeser에 의해 실증적으로 입증되었다. 이들은 미국과 유럽 국가들의 재분배 정책 간의 잘 알려진 차이점과 관련된 데이터를 체계적으로 분석했다. 유럽의 평균 정부 지출이 GDP의 약 45퍼센트인 데 비해 미국 평균은 GDP의 30퍼센트에 불과하다. 미국의 사회복지 지출 총합은 GDP의 14.6퍼센트인 데 비해 유럽 평균은 25.5퍼센트다.[117] 저자들은 역사적 연원이 오래된 이러한 차이에 여러 가지 원인이 있음을 인정한다. 그들은 이 차이의 절반가량이 미국과 유럽 간 정치 체제와 지정학적 규모의 차이 때문이라고 계산한다. 그리고 나머지 절반은 미국의 종족적·인종적 이질성에 뿌리를 두고 있음을 보여준다.[118] 미국 역사에서 항상 빈곤층 인구의 큰 부분을 차지한 신규 이주민 공동체와의 연대감은 거의 존재하지 않았다. 오늘날 이러한 태도는 대부분 라틴계 이주민 집단에 적용된다. 하지만 종족적 소외감은 빈곤층의 압도적 다수를 이루는 미국의 흑인 집단에 주로 해당되었다. 많은 백인 미국인은 흑인 집단이 미국 민족 공동체의 핵심 바깥에 있다고 보고 이들에게 거의 연대감을 느끼지 않으며 이들에 대한 금전적 기여를 무척 꺼린다. 미국 내 여러 주의 사회적 재분배 정책은 그 주의 흑인 인구 규모에 따라 다른 양상을 띤다.[119] 이에 비해, 저자들은 유럽 국가들의 복지 정책을 뒷받침하는 주된 요인으로 그 종족 구성의 상대적 동질성을 강조한다. 종족 구성이 동질적이고 사회적 재분배가 가장 잘된 노르딕 국가들이 수위를 차지한다. 저자들은 이주민 공동체가 성장함에 따라 유럽의 사회 정책 역시 변화할 수 있다고 제시한다. 끝으로 지니 소득 불평등 계수를 비롯한 다양한 지표를 통해, 이민 국가인 캐나다, 오스트레일리아, 뉴질랜드, 그리고 저자들에 따르면 일본도 미국과 유럽의 중간에 위치함을 보여준다.[120] 다른 연구자들도 다른 맥락에서 비슷한 주장을 하고 있다.[121]

각국의 재분배 정책은 여러 변수와 지역적 특성을 결합해서 판단한다. 따라서 이런 정책과 종족적 동질도의 관계는 단순하지 않고 양면적이며 이론의 여지가 있다.[122] 글로벌 데이터는 재분배 정책에 부정적 영향을 끼치는 신규 이민 공동체에 대한 가장 결정적인 지표로 보인다.[123] 토착 소수 종족·민족으로 말하자면, 과거에 당한 학대나 수탈 때문에 이들이 특별한 보상이나 우대 정책을 누릴 자격이 있다고 여겨지는지 여부에 대한 질문이 있다. 하지만 가장 중요한 것은 그 나라의 종족 공동체들 사이에 경제 수준의 현저한 차이가 있는지 여부에 대한 질문이다. 이런 차이가 존재해야 비로소 종족적 요인이 재분배 정책의 주된 장애물이 된다고 말할 수 있다. 일례로 벨기에는 이중민족국가이지만 두 종족 공동체의 부에 별 차이가 없기 때문에 재분배 척도에서 매우 높은 순위를 차지한다. 이런 상황에서의 복지 정책은 한 공동체에서 다른 공동체로의 자원 이동처럼 보이지 않는다.[124] 알레시나와 글레이저의 연구에서 일본은 세계적으로 종족 구성이 가장 동질적인 나라 중 하나이면서도 정부 지출 및 소득 불평등 척도에서 고작 중간 순위에 머물고 있다는 점에서 아웃라이어로 보인다. 하지만 2009년도 유엔 『인간개발보고서』에서 일본은 지니 계수 25로 스칸디나비아 국가들과 더불어 세계에서 가장 평등한 사회 중 하나로 랭크되었다.[125] 이는 자국민이 서로 가까운 혈족이자 중산층이라는 일본의 자기 인식과도 일치한다. 전 세계적으로 종족성과 재분배 정책의 관계에 영향을 끼치는 모든 주요 변수들을 포괄하는 공식을 고안하는 것이 쉬운 과제가 아님은 확실하다(명백한 이유로 여기서는 부유한 나라들끼리만 비교했다). 그러나 앞에서 붙인 온갖 단서에도 불구하고, 이러한 관계는 존재하는 듯 보인다.

'우리'와 '타자'의 차이는 빈국에 대한 부국의 해외 원조 데이터에서 극명하게 드러난다. 후한 국내 정책과는 대조적으로, 2008년과 2009년도 OECD 데이터에 따르면 부국의 해외 원조 액수는 많아야 GNI(국민총소득)의 1퍼센트(스웨덴)를 넘지 않는다. 절대적인 수치로 볼 때 가장 큰 원조국인 미국은 0.2퍼센트에 불과하다. 물론 해외 원조에서도 이타주의뿐만 아니라 실용적인 고려가 중요한 구실을 한다. 해외 원조는 수혜국에 대한 정치적 영향력 획득 수단인 경우가 많다. 게다가 국내 원조와 국제 원조의 지출 격차는, 설령 멀리 떨어진 나라의 빈곤층 사정이 더 어렵다 할지라도 그들보다는 자국의 빈곤층에게 투자하는 편이 사람들의 자기 이익에 더 부합된다는 사실로 일부분 설명할 수 있다. 그렇긴 해도 자기 동족에 대한 이타성이 우선이라는 관념은 아주 깊이 뿌리박혀 있다. 코즈모폴리턴적 문화가 확산되고 개인주의적·자본주의적 이득이 중시되는 세계화 시대에도, 민족적 친밀감과 연대감은 여전히 복지국가의 주된 버팀목 중 하나다.

위르겐 하버마스는 민족태의 종족적 요소와 시민적 요소, 사회적 연대를 확보하는 전자의 역할, 그리고 민족적 결속감이 쇠퇴했을 때 이 연대에 닥치는 위험을 하나로 결부시켜보았다.

'민족'이라는 문화적 상징은 혈통, 언어, 역사의 (당연하다고 간주되는) 공통성으로부터 그 민족만의 고유한 특성, 즉 '민족 정신'을 확보하며, 이런 식으로—비록 상상의 통일이라 할지라도—통일을 만들어낸다.…… 그래서 근대 법이라는 매개체를 통해 구축된 근대 영토국가가 시민적 연대를 위한 문화적 기층을 제공하기 위해 민족의식의 발전에 의존하는 것이다.…… 같은 '민족'의 성원들은—군복무나 재분배를 위한 과세 부담 등을 통해—'희생'할 준비가 되어 있을 정도로 충분한 책임감을 서로에게 느낀다.[126]

그래서 하버마스의 견해에 따르면 "세계화의 영향력이 (민족국가의—옮긴이) 힘을 약화시킨다는 두려움은— 아직은 막연할지언정—터무니없는 것이 아니다."[127]

그럼에도, 앞에서 말한 모든 내용에도 불구하고 하버마스는 '헌법 애국주의constitutional patriotism'를 민족주의의 올바른 형태로 보고 옹호했다.[128] 이는 그의 모국인 독일의 끔찍한 20세기 역사를 고려할 때 이해할 만한 이데올로기적 개념으로, 독일 공공 규범의 변화를 반영하는 한편 자극하기 위해 고안된 것이다. 하지만 하버마스 자신의 말이 보여주듯이, 친족-문화적 친연성과 분리된 순수한 시민적 민족 정체성과 연대는 독일에서건 그 어디에서건 현실적으로 거의 존재한 적이 없다. 실제로 독일인은 순수한 헌법이 아닌—확실히 자유주의적이고 포용적이고 소수 종족을 존중하고 유럽 및 세계 여러 나라와 협력하지만 그럼에도 불구하고 그들 자신의 인족과 국가인—독일 인족과 국가의 헌법에 동질감을 느낀다.

맺음말: 민족과 민족주의는 앞으로도 존재할 것인가?

여기까지 읽은 독자라면 이 질문에 대한 내 대답이 단호한 긍정이라고 여길지도 모르지만, 실은 제한적인 긍정에 더 가깝다. 인간의 생물학적으로 진화된 친족-문화적 연대 성향과 인간의 문화적 변형 사이에 펼쳐진 역사적 상호 작용에서, 원론적으로는 국가도 민족도 특수하고 일시적인 현실에 지나지 않는다. 둘 다 일부 사회과학 통설의 인식보다 훨씬 더 오래되었고 그 미래 궤적도 아마 열렬한 세계시민주의자들의 예측보다 훨씬 더 오래 이어질 것이다. 하지만 후자의 논점, 즉 민족·국가·민족국가의 미래는 가늠해볼 문제다. 그중 무엇도 미래의 역사적 변화와 무관하게 현재의 형태로 유지되거나 애당초 존속하도록 필연적으로 정해져 있지 않기 때문이다. 이런 점에서 이들은 부족과 다르지 않다. 나는 그 미래 전개를 예측하려 시도하거나 감히 이에 대한 상세한 가설을 세우려 들지 않겠다. 하지만 이 책을 통해서 미래에 대해 알 수도 있는 한 가지는 다음과 같다. 비록 이들이 변모해왔고 그 양상과 의미가 변동해왔음이 밝혀지더라도―부족주의, 종족성, 민족주의의 뿌리에 놓인―정체성, 친밀감, 연대의 친족-문화적 유대는 강한 사회적 힘으로서 계속 유지되리라는 것이다. 친족-문화적 공동체들 간의 이질성 자체가 존재하는 한, 이들은 사람들의 선택과 집단적 행동에 계속해서 깊은 영향을 끼칠 것이다. 나아가 다양하고 특수한 종족·민족 정체성들은 강한 자기영속적 힘이며, 이들 간의 차이가 조만간 제거될 조짐은 현재로선 보이지 않는다.

에릭 홉스봄도 아주 비슷한 결론에 도달했다는 사실은 시사적이다. 서론에서도 보았지만, 홉스봄의 추종자들이 그의 것으로 인정하고 받아들인 입장으로부터 정작 그 자신이 상당한 거리를 둔 예는 비단 이뿐이 아니다. 『1780년 이후의 민족과 민족주의』(1990)의 마지막 장에서 그는 민족국가의 역할과 중요성이 세계화와 더불어 퇴조하는 추세를 개관한 뒤 세계가 민족주의를 넘어선 방향으로 움직이고 있을지도 모른다고 시사한 바 있다. 하지만 2010년 신문 인터뷰에서 홉스봄은 이러한 과정이 일어나고 있음을 부인한다.[129]

기술적·경제적 세계화라는 엄청난 과정이 1960년대 이후로 가속화되고 있음을 부인할 수 없다. 하지만 이 과정은 지금껏 정치적 경계를 넘어서지 못했고 영어가 단일한 세계 공용어로 확립되었음에도 다양한 언어/종교 문화 속으로 침투할 조짐이 보이지 않는다. 현재 유럽연합 내의 긴장들이 보여주듯이, 영토적 국민국가는 오늘날까지도 유일한 실질적 의사결정 주체로 남아 있다.

계속해서 홉스봄은 민족주의가 지닌 탄력성의 원인과 결과에 대해 이렇게 말한다.

지금껏 세계 경제의 그 어떤 자연발생적 작용도 영토국가—혹은 특수한 집단 정체성을 수립하려는 인간 집단의 열망—의 사회적 재분배와 복지 기능을 대신할 수 없었다. 정치는 여전히 중심을 차지하고 있다. 국가와 세계는 갈등과 공생 속에서 계속 공존하고 있다. 그래서 자본주의 초고속 세계화의 선지자들이 여타 생산 요소들의 100퍼센트 글로벌 이동성을 요구하는 것과는 달리, 보편적 '자유 시장'에 아무리 헌신하는 국가라 할지라도 시민의 저항을 뚫고 국가 간 노동의 자유로운 무제한 이동을 확립하지는 못했다.

끝으로 외국인 혐오의 위험성에 대한 질문에 홉스봄은 이렇게 대답한다.

경쟁에서 자민족의 일자리를 방어하는 형태의 외국인 혐오든 전통적 민족 정체성을 방어하는 형태의 외국인 혐오든, 18세기 계몽주의의 가치를 믿는 이들에게 이는 심히 우려스러운 현상이다. 그러나 이것은 아마도 유일한 (부정적인) 글로벌 대중 이데올로기일 것이다. 그것의 힘과 성장을 과소평가해서는 안 된다.

18세기 계몽주의의 가치를 믿는 이들에게 외국인 혐오, 외국인이라는 이유로 외국인에게 갖는 적대감, 그리고 이러한 적대감의 흔히 끔찍하게 공격적이고 폭력적인 표출은 확실히 종족·민족 현상의 어두운 측면이다. 하지만 계몽 자유주의 철학자들이 코즈모폴리턴이었던 만큼이나 자기 민족에 대한 애국자이기도 했다는 사실은 너무나 쉽게 잊히곤 한다. 아리스토텔레스가 그랬듯이, 그들 대부분은 동족과 나라에 대한 애착과 헌신을 가까운 가족과 친족에 대한 애착과 헌신의 연장선상에 있는 자연스러운 감정으로 여겼다. 종족·민족 감정이 자유주의적이고 계몽된 상태로 유지되기만 한다면, 그들은 이런 감정과 전 인류에 대한 사랑이 근본적으로 모순된다고 보지 않았다. 헤르더의 영향을 받은 낭만적 민족주의자들도 평화롭게 번영하는 종족민족 문화가 지니는 해방, 인도주의, 보편주의적 미덕을 비슷하게 강조했다.

앞에서도 말했듯이, 자유주의자들이 이런 현상 전반에 대해 훨씬 큰 의구심과 양가감정을 가지게 된 건 국수주의적·공격적 민족주의의 끔찍스러운 발현 탓이었다. 결론 이전의 마지막 장에서, 알렉산더 야콥슨은 오늘날의 세계에서 국가·민족태·종족성의 관계와 관련하여 자유주의적 시각에 맞게 도입된 이데올로기적·헌법적 규범들을 면밀히 검토할 것이다.

제7장

국가, 민족 정체성, 종족성:
규범적·헌법적 측면

_알렉산더 야콥슨

이 장은 이 책의 주제를 특수한 각도에서 다룰 것이다. 즉, 종족·민족 정체성과 이 정체성들 간의 연관이 헌법상의 정의와 현대 국가의 규범에서 어떤 방식으로 표현되는지를 검토할 것이다. 현대 헌법의 조문은 현대 민주주의 교의에서 평등의 원칙이 띠는 중추적 중요성을 반영하여 특수성보다 보편성을 크게 강조한다. 국가와 특정 민족 정체성·문화·언어 사이에 어떤 식으로든 공식적 연관성이 있고 이 민족 정체성이 국가의 모든 시민에게 공통된 것으로 여겨지지 않을 경우, 이러한 연관성과 보편주의 사이에는 불가피한 긴장이 존재한다. 그럼에도 민족적·문화적 정체성은 해당 인족(혹은 인족들)에게 심대한 중요성을 띠기 때문에, 이 요소들은 현실의 공식적·사회적 실천뿐만 아니라 국가의 신조—헌법—에도 흔히 표현된다. 현대 국가들은 시민 평등에 엄숙히 헌신하면서도 헌법 조문에서 문화적 중립을 실천하지 않으며 그러는 시늉조차 하지 않는다. 물론 중립성이 있는지 여부에 대한 질문은 시민체 내에 상당한 문화적 차이가 존재할 때에만 제기되지만, 이러한 차이가 존재하는 게 통례다. 문화적 소수 집단을 다수 집단의 차별과 문화적 탄압으로부터 보호하는 흔한 방법은 그들의 시민적·문화적 권리를 헌법에 보장하는 것이다. 이는 흔히 이루어진다. 하지만 소수 집단이 있는 곳에는 그 정의상 다수 집단도 있다. 문화적 소수자가 존재하며 독자성을 승인받는다는 사실 자체가 문화적 다수자의 존재를 시사한다는 것은 학술 담론에서 흔히 망각되는 점이다. 그리고 이들이 가지는—대중의 의지에 기반한 민주정에서 거의 피치 못할—중요성은 국가 전체의 정체성에 큰 영향을 끼친다.

민족 정체성과 국가

오늘날의 세계에서 국가태, 민족태, 종족성이 띠는 관계를 논의할 때 단순하고 논란의 여지가 없는 것을—쓰이는 용어들 자체를 포함하여—찾기란 힘들다. 그럼에도 근대 국가는, '탈민족postnational'이라는 수사에도 불구하고 스스로를 민족적인 용어로 정의하는 게 보통이다. 하지만 이들 용어의 의미는 천차만별이다. 민족태와 국가태가 연결되는 방식은 제각각이며 민족 정체성 자체도 경우에 따라 다르게 인식된다. 본 장에서는 개념적 틀을 제시할 것이다. 국가가 대부분의 경우처럼 자신을 단일 민족 정체성으로 정의한다면, 이런 국가는—어떻게 인식되건 간에—민족국가 혹은 국민국가다. 그러나 민족 정체성을 공유한다고 간주되는 집단 안에도 상당한 종족문화적 다원성이 존재할 수 있기 때문에 이 용어가 반드시 문화적 동질성을 뜻하는 것이 아님을 강조해야겠다. 상당 규모의 시민 집단이 다수 집단과 상이한 민족 정체성을 지녔다고 간주될 때 이들은 소수민족이 된다. 한편, 국가가 둘 이상의 민족 정체성 표현에 기반을 둘 때 이를 이중민족국가 혹은 다민족국가로 정의한다. 말할 필요도 없겠지만, 민족 정체성의 정의와 경계, 그리고 이에 기초한 정치적 안배를 놓고 흔히 경합이 벌어진다.

　민족국가에서 민족과 국가의 연계에 대한 정확한 정의는 그 자체로 논란이 될 수 있다. 민족국가가 자신을 정의한 용어로서의 민족 정체성이 시민체 전체를 이룬다고 간주될 경우, 민족과 국가의 연계는 단순하다. 즉, 국가가 민족'의 것belonging'이라고 무난하게 말할 수 있다. 하지만 상당 규모의 소수 시민이 고유한 독자적 민족 정체성을 지닌 것으로 간주될 경우, 과연 국가가 (다수)민족'의of' 국가인지, 또 어떤 의미에서 그러한지를 놓고 논란이 빚어질 수 있다. 물론 (시민 사이의 민족적·문화적 정체성 차이와 상관없이) 정치적 주권이 시민 공동체로서의 '인민'에게 있는 민주주의 국가는 다수 민족만의 것'으로 간주될 수 없다. 그러나 이런 경우에도 다수민족과 민족국가가 유의미한 방식으로 연결되어 있음은 명백하다. (항상은 아니지만) 보통 이는 일상용어와 헌법 조문에서 민족, 국가, 국가 공용어(국어)를 지칭하는 데 동일한 형용사가 사용된다는 사실로 표현된다. 이런 국가는 다수 인족의 민족 정체성을 공식적으로 표현하며 이들의 민족 독립 권리를 실현했다는 의미에서 다수 인족'의' 민족국가로 간주될 수 있다. 마찬가지로 이중민족·다민족 국가도 국내에 존재하는 두—혹은 몇몇—주된 민족 정체성을 공식적으로 표현하지만, 이 국가가 다른 시민 집단들을 뺀 그들만 '의 것'이라고 하면 부당한 말일 것이다. 마찬가지로 독립을 지향하는 민족 운동도 해당 인족은 '그들 자신의' 민족국가를 가질 권리를 앞세워 투쟁하지만, 이런 국가가 수립되었을 때 여기에 다른 민족 집단 출신의 사람들도 포함될 수 있다.

시민적 민족주의와 종족적 민족주의

근대의 민족 정체성은 대개 '시민적'인 것과 '종족적'인 것으로 분류된다. 전자는 시민권과 민족 정체성이 일치함을 뜻한다. 흔히 (서)유럽 언어에서 '민족성nationality'(국적이라는 뜻도 있음—옮긴이)과 시민권citizenship이 동의어인 것과 같다. 시민적 민족국가의 모든 시민은 같은 민족 정체성을 공유한다고 간주된다. 무엇이 '종족적' 민족 정체성을 만드는가 대해서는 합의를 이루기가 쉽지 않은데, 물론 종족성 자체가 시민권보다 훨씬 더 포착하기 어렵고 논쟁적일뿐더러 우리 세계에서는 더욱 평판이 떨어지는 개념이기 때문이다. 민족국가들, 더 큰 국가 내의 자치 민족체들, 심지어 분리주의 민족운동들도 종족적이라는 딱지를 조심스럽게 피한다. 학술 논쟁에서도, 국가의 전체 시민 중 명백히 일부에만 국한된 유형의—특정 문화로 규정되는—민족 정체성을 지칭할 때 '종족문화적' 혹은 그냥 '문화적' 민족주의라고 부르는 편을 더 선호하는 이들이 많다. 이 책에서 종족성을 이해하는 넓고 유연한 의미로 볼 때, 시민체 내에서 같은 문화와 인족 의식을 공유하는 하위 집단은—이들이 다수든 소수든 간에—종족적이라 할 수 있다.

'시민적'과 '종족적'은 둘 다 함의가 잔뜩 실린 용어다. '종족적 민족주의'는 적어도 가벼운 경멸조의 의미로 널리 쓰인다. 시민권은 근대—특히 민주—국가의 민족 정체성에 종족성보다 훨씬 더 나은 정의를 부여한다고 여겨진다. 6장에서 보았듯이, 시민적 민족주의를 민주적·자유주의적·포용적인 것으로 묘사하고 종족적 민족주의에 그 반대의 자질을 부여하는 건 오래된 전통이다. 전자는 '시민적' 서유럽 민주국가의 특징으로 일컬어지며 프랑스 공화국이 일종의 '이상형'이다. 후자는 주로 19세기 독일 민족주의, 또 동유럽의 경쟁적―그리고 억압적―민족주의들의 어수선한 역사와 결부된다. 대체로 근대 자유민주주의의 어법에서 '시민적'이라고 지칭되는 것들은 '종족적'이라고 불리는 것보다 어김없이 더 좋은 평판을 누린다. 이 흔한 분류법에 대한 학술적 비판은 상당히 많다. 이들은 심지어 가장 모범적인 '시민적' 민족 정체성들도 상당한 종족민족적 특성을 지녔음을 지적하며 '시민적' 민족주의와 '종족적' 민족주의의 이분법 자체에 도전한다. 나아가 시민적 민족 내의 종족문화적 차이를 부정하거나 심지어 억압하는 경향을 강조하며 시민적 민족주의가 종족적 민족주의보다 본래 더 자유주의적이라는 전제에 이의를 제기한다.[1]

　본 장에서 제시하는 견해는, 소수 집단의 권리를 보장할 필요성이라는 관점에서 시민적 민족주의와 종족적 민족주의는 각각 그 나름의 장점이 있지만 둘 다 비용을 치러야 한다는 것이다. 둘 사이의 균형은 경우에 따라 달라지며, 국가 내의 서로 다른 시민 집단들이 정말 동일한 민족 정체성을 공유한다고 스스로 여기는지, 또 어떤 의미에서 그렇게 여기는지에 크게 좌우된다. 민족태와 시민권의 온전한 일치를 표방하는 시민적 민족주의는, 민족에 포함되기를 바라는 모든 이들이 그 종족 정체성에 상관없이 실제로 민족에 포함된다는 의미다. (이민자를 비롯하여) 포함되기를 망설이는 이들에 대해서는 온전히 통합되게끔 강하게 독려한다. 자신이 고유한 민족 집단에 속한다고 여기는 이들은 자신들의 정체성을 공식적으로 인정받지 못할 수도 있다. 나아가 국가는 이들에게 다양한 동화 압력을 가함으로써 민족태의 이상을 실현하고픈 유혹에 빠질 수도 있다. 다른 한편으로, 민족 정체성과 시민권의 구분(보통 종족적 민족주의로 규정되는 것의 특징)은 적어도 원칙적으로는 소수민족과 (다수)민족의 공존에 정당성을 부여한다. 동시에, 이는 시민적 공동체의 온전하고 평등한 성원으로서 소수 집단의 지위를 약화시킬 수도 있는 잠재성을 띠고 있다. 소수 집단의 시민적 평등이 충분히 존중받고 그 고유한 정체성이 충분히 인정받는다 해도, 이를 인정한다는 것 자체가 민족국가 자체의 민족 정체성이 시민적 민족주의처럼 전체 시민의 정체성이 아닌 다수 집단의 정체성을 반영한다는 뜻이다. 국가는 소수 집단의 독자성을 표현하는 모종의 다른 용어를 도입하되 소수민족이라는 지위의 실체를 인정함으로써 국내에 둘 이상의 민족 정체성이 합법적으로 존재함을—명시적으로든 암묵적으로든—수용할 수도 있다. 하지만 해당 소수민족의 지위가 '격상'되어 이중민족·다민족 국가의 필수 요소 중 하나로 자리잡고 국가가 정말로 이들 요소의 거의 동등한 표현에 기초하지 않는 한, 국가는 이들 사이에서 중립적일 수 없다. 후자의 설정에서 제기되는 이 특수한 문제는 본 장의 후반부에서 검토할 것이다.

"소수민족 및 종족 집단과 공존하는 민족"

그래서 슬로바키아 헌법 전문은 "우리, 슬로바키아 민족(národ sloven-ský)"의 이름으로 발언하고 있다. 이 민족이 채택한 헌법은 이렇게 이어진다.

우리 선조들의 정치적·문화적 유산을, 그리고 민족의 존재와 우리 자신의 국가를 쟁취하기 위한 여러 세기에 걸친 투쟁의 경험을 마음에 새기고, 치릴과 메토트(Cyril and Methodius, 비잔티움 제국의 사제로 863년 키릴 문자를 창제하고 동유럽에 기독교를 전파하여 슬라브족의 문화적 시조로 여겨진다—옮긴이)의 정신적 유산을 유념하며…… 민족 자결의 자연권에 의거하여, 슬로바키아 공화국 영토에 거주하는 소수민족 및 종족 집단의 성원들과 더불어……**2**

통상적 분류에 따르면 슬로바키아 민족의 이러한 정의는, 당연히 슬로바키아는 이러한 딱지를 공식적으로 받아들이지 않지만, 명백히 종족적이다. 슬로바키아는 스스로를 (소수민족이라고 명확히 인식된) 대규모(약 10퍼센트)의 헝가리계 소수민족과 그보다 작은 몇몇 소수 집단을 지닌 슬로바키아 민족국가로 단순히 간주한다. 여기서 '민족'은 시민 전체가 아니라 슬로바키아어를 쓰는 다수 집단으로, 헌법 전문에는 이들의 문화적 정체성과 역사적 기억이 표현되며 국가의 정당성은 이들의 민족 자결권에 의거한다. 바로 이 사실에 힘입어 국가는 헝가리어를 쓰는 소수 집단이 고유한 독자적 민족 정체성을 지녔음을 인정할 수 있게 된다. 이러한 틀 안에서 "모든 사람은 자신이 속하는 민족을 자유롭게 결정할 권리를 지닌다. 이 결정에 영향력을 행사하거나 동화를 위해 압력을 가하는 일체의 행위는 금지된다"(12조 3항). 이 조문에서 정의된 민족은 시민 전체가 아니라 시민의 다수를 이루기 때문에, 민주주의 원칙은 국가 권력이 '민족'이 아닌 "시민으로부터 나온다"는 규정에 의해 보장된다(2조 1항). 시민권의 완전한 평등은, 특히 "민족 또는 종족적 출신"에 상관없이 보장된다(12조 2항).

헝가리계 소수민족에게는 헌법(33조와 34조)상으로나 실제로나 상당한 문화적 권리가 부여되며, 고유한 독자적 민족 정체성—우선 무엇보다도 언어—의 보유가 허용된다. 하지만—실은 바로 그 이유 때문에, 두 개의 민족 정체성이 인정되지만 둘 중 하나만이 '슬로바키아'이므로—국가에 의해 표명되는 민족 정체성은 헝가리 소수민족의 그것이 아니라 명백히 슬로바키아 다수민족의 그것이다. 따라서 슬로바키아는 국명 그 자체일 뿐만 아니라 "국가 공식 언어"이기도 하다. 나아가 "슬로바키아 공화국은 해외에 거주하는 슬로바키아인의 민족에 대한 인식과 문화적 정체성 및…… 모국과의 관계를 지원한다".

물론 언어는 중대한 문제다. 언어는 전형적인 근대 민족 정체성의 주된 문화적 특징으로 널리 여겨진다. 특정 언어를 '공식어'로 지정하는 것은 헌법이 국가의 민족적 특성을 표현하는 흔한 방식이다.* 이중민족국가들은 두 주요 언어에 동등한 위상을 부여함으로써 그 이중민족적 특성을 표시한다. 소수 공동체에 언어의 권리를 허용하는 것은 국가가 명시적으로 혹은 암묵적으로 소수민족의 존재를 인정하는 전형적인 방법이다. 다른 한편으로, 소수 언어의 민족적 지위를 명시적으로 부인하는 국가들도 있다. 모든 언어적 소수자가 스스로를 독자적 민족으로 여기는 것도 아니다. 그리고 서로 다른 민족들이 같은 언어를 쓰기도 한다. 많은 탈식민 국가에서는 민족태의 일반화된 개념과 민족 건설 과정이—비록 성공의 정도는 제각각이지만—언어 다원주의에 기반하고 있다. 언어가 대단히 중요하긴 하지만 심지어 이것도 민족 정체성의 '본질'은 아니다. 오히려 민족 혹은 민족 집단이 되고자 하는 해당 인민의 의지가 민족 정체성의 본질이라는 것이, 이 종잡을 수 없으면서도 강력한 현상에 대한 다소 순환적이지만 그나마 덜 불만족스러운 정의일 것이다. 그래도 고유한 언어와 공유 민족 공동체에의 소속감을 잇는 연결 고리는 실제로 강력하며 우연과 거리가 멀다.

이는 민족 정체성이 종교와는 분리될 수 있어도 정치와는 분리될 수 없는 주된 이유 중 하나다. 국가는 모든 종교에 대해 중립을 지킬 수 있지만, 공적 영역에서 모든 언어에 대해 중립적일 수는 없다. 민주국가의 대다수 유권자들이 이를 지지하지 않으리라는 사실은 차치하고라도 기술적으

---

* 영어가 실질적인 주 언어이지만 아일랜드어가 민족 정체성의 중요한 요소로 간주되는 아일랜드의 경우, 헌법은 "아일랜드어는 국어로서 제1공식어"인 반면에 "영어는 제2공식어로 인정한다"(8조)고 규정하고 있다.

로 실현 불가능하다.[3] 뒤에서 보겠지만, 엄청나게 다양한 언어를 지닌 가장 독보적인 다언어 민족인 인도마저도 언어에 관한 한 포용적이고 다원적일지언정 중립적이고 무심하다고는 전혀 말할 수 없다. 일부 지역 언어들은 주 정부 차원의 공식어로 인정받는데, 이는 불가피하게도 그런 특권을 누리지 못하는 다른 언어들이 많다는 뜻이다. 그리고 연방 차원에서 힌디어와 영어가 가지는 공식적 위상은 고도의 이데올로기적·문화적 의미를 띤 정치적 결정의 결과다.

'종족적' 슬로바키아와 '시민적' 프랑스 둘 다 헌법에서 언어가 민족 정체성의 핵심임을 통상적인 '공식 언어official language'보다 더 강한 표현―슬로바키아는 "국어state language", 프랑스는 "공화국의 언어"―을 써서 강조하고 있다. 그들 고유의 언어를 보존하고자 하는 소수 집단의 입장에서―많은 소수 집단에게 이는 매우 중대한 문제다―이 사안에 대한 슬로바키아의 방침은 프랑스의 것보다 확실히 더 낫다. 하지만 이 이득에는 적지 않은 비용이 따른다. 헝가리계 소수민족 성원들은 시민으로서 평등한 권리를 누릴 수 있으나 그들이 살고 있는 나라의 국어는 그들의 모어가 아니며, 헌법으로 선포된 정신에 깃든 치릴과 메토트의 유산은 그들의 민족 유산이 아니다. 근본적으로, 슬로바키아 민족국가에서의 국가는―그들도 이 나라의 시민이므로―그들의 국가이지만, 민족은 그들의 민족이 아니다.

여기서 모든 시민이 아닌 다수 시민을 지칭하는 데 'nation(민족)'이라는 용어(혹은 언어에 따라서 그에 상응하는 단어)를 쓰는 것 자체가 중요한 게 아님을 지적해야겠다. 이 쟁점을 다룬, 5장에서 인용한 유럽평의회 문서도 인정하고 있듯이, 이 용어는 맥락에 따라 의미가 달라지는 것으로 악명이 높다.[4] 심지어 국가 경계 내에 둘 이상의 민족 정체성이 존재함을 뚜렷이 인식하는 경우에도 시민적 공동체, 전체 시민이라는 의미로 'nation(국민)'

이라는 말을 쓸 수 있다. 이 점은 공공연히 다민족적인 환경에서의 'peo-ple'에도 적용된다. 나라 안의 서로 다른 'peoples(인족들)'에 대해 말할 수도 있지만, 나라의 의회를 선출하는 전체 유권자 또한 'the people(국민)'로 규정할 수 있다. 게다가 'nation'은 때때로(실은 꽤 자주) 국가 그 자체를 가리키기도 한다. 일례로 'United Nations'라는 표현은 그 개별 회원국 내에서 정체성의 문제가 어떻게 다루어지는지에 대해 아무것도 알려주지 않는다. 중요한 건 고유한 독자적 민족 정체성을 지닌 소수 시민의 존재가 인정되는지 여부다. 만약 그렇다면 필연적으로, 다수 시민이 공유하지만 국가 시민권과 일치하지는 않는 민족 정체성 또한 존재할 것이다. 소수민족(들)이 이런 의미에서 존재하고 여기에 일부 시민이 소속되어 있을 때, 전체 시민과는 구분되는 다수민족 또한 존재한다는 건 명백하다. 이 다수는 스스로를 명시적으로 '민족'으로 정의할 수도 있고 그러지 않을 수도 있지만, (이중민족국가나 다민족국가가 아닌 한) 국가가 표현하는 것은 다수의 민족 정체성이다.

문제의 고유한 소수 집단이 시민체의 유의미한 일부를 이룰 만큼 규모가 클 때, 다수 집단은 공식적으로든 비공식적으로든 스스로를 전체 시민 공동체와 구분지어 인식하고 정의할 가능성이 높다. 공식적으로 그러한 예가 슬로바키아다. 반면에 다수 집단이 인구의 거의 전부를 차지할 때는 소수 집단(들)의 고유한 정체성이 충분히 인정된다 할지라도 다수 집단이 스스로를 당연히 전체와 동일시하는 경향이 있다. 서유럽 대부분 나라들의 경우가 실제로 그렇다. 여기서는 명시적 혹은 암묵적으로 소수민족으로 인정되는 집단이 그야말로 너무나 작아서 다수민족이라는 개념도 생겨나지 않았다. 일례로 덴마크에는 약 2만 명의 독일인이 있고 덴마크 국가는 그들의 덴마크 시민권과는 구분되는 독일 민족 정체성을 가질 권리를 명시적으로 인정하고 있지만, 덴마크 민족 정체성과 덴마크 시민권을 구분해서 보는 인식이 생겨나지 않은 건 어디까지나 이들의 수가 너무 적기 때문이다. 이와 동시에, 독일은 1955년 서명한 본-코펜하겐 선언의 일환으로 덴마크와의 접경 지역에 거주하는 소수의 덴마크인에게 덴마크 민족 정체성을 유지할 권리를 인정했다.[5] 그러니까 덴마크 민족 정체성은 덴마크 시민이 아닌(하지만 종족적으로는 덴마크인인) 이들을 공식적으로 포함하며, 덴마크 시민 중 일부는 (종족적으로 이웃나라와 더 가깝기 때문에) 덴마크 민족 정체성을 공유하지 않는 것이다. 이 때문에, 엄밀하게 보면 덴마크 민족 정체성은 덴마크 국가의 시민권과 이중으로 불일치하며, 따라서 통상적 분류에 따라 '시민적' 민족 정체성이 아니라 '종족적' 민족 정체성이라 할 수 있다. 하지만 덴마크인에게 이런 말을 하면 대부분 깜짝 놀랄 것이다. 그들이 딱히 덴마크인이 아닌 덴마크 시민을 생각할 때는 아마도 성공적으로 통합되지 못한 이민자들을 떠올릴 것이다.

과거 오스트리아의 일부였던 남티롤(이탈리아 최북단의 볼차노 자치현. 오스트리아와 연결되는 티롤 지역의 일부를 이룬다 — 옮긴이)의 독일어 사용자들은 이탈리아에서 가장 큰 소수민족으로 약 30만 명에 달한다. 그들은 오스트리아를 '동족 국가kin-state'로 여기며,[6] 이탈리아 공화국은 그들의 독자적 민족태를 완전히 인정하고 있다. 또 이들의 문화적 권리에 대한 협상에 오스트리아를 거듭 참여시켜왔다(이는 규모가 더 작은 슬로베니아계 소수민족과 슬로베니아의 경우에도 마찬가지였다). 이런 협의 끝에 이탈리아는 독일어 사용자가 주민의 다수를 이루는 볼차노-남티롤 지방에서 이들에게 상당 수준의 영토적 자치권을 부여했다. 하지만 이 집단은 이탈리아 인구의 0.5퍼센트 정도에 불과하다. 다른 몇몇 소규모 소수 집단들까지 합친다 해도, 시민적 '이탈리아인'과 구분되는 이탈리아 다수민족이나 정체성이라는 개념이 생겨나기에는 턱없이 적은 수다. 그럼에도 볼차노-남티롤 자치 지방 내에서만큼은 실제로 이탈리아 민족-문화 정체성과 이탈리아 공화국 시민권이 엄연히 구분된다. 여기서는 이탈리어 사용 인구가 큰 소수 집단으로, 이 지역의 두 주된 독자적 종족민족 공동체 중 하나를 이루고 있다.*

이탈리아 자신도 스스로를 크로아티아와 슬로베니아에 사는 이탈리아계 소수민의 '동족 국가'로 여긴다는 사실은, 이탈리아 민족 정체성과 이탈리아 시민권의 불일치를 더욱 심화시킨다. 그럼에도 이탈리아 전체의 관점에서 보면 이 모두는 비교적 사소한 문제다. 이탈리아 시민권과 이탈리아 민족·문화 정체성이 불일치할 가능성이라는 문제가 제기될 때 주로 언급되는 건 (덴마크와 독일에서의 양상과 비슷하게) 이주민을 통합시키고 (적어도 일부 사람들의 견해에 따르면) 온전한 이탈리아인으로 만드는 데 따르는 어려움이다. 이탈리아 국가측에서 독일어를 쓰는 남티롤의 이탈리아 시민을 이런 의미에서 '이탈리아인'으로 만들려는 시도는 행해지지 않는다(비록 무솔리니 치하에서는 이런 정책이 취해졌지만). 실제로 고유한 민족 정체성을 보존할 권리에 관한 한, '토착' 소수민족과 이주민 사이에는 널리 받아들여지는 전통적 구분이 존재한다. 이 구분은 최근 수십 년간 다문화적 태도가 확산되면서 약해졌지만 없어지지는 않았다. 이 장의 후반부에서는 이 문제로 되돌아갈 것이다. 이는 시민권과 정체성에 대해 벌어지는 많은 논쟁의 핵

---

* 이탈리아 헌법(6조)에서는 (민족적이 아닌) '언어적' 소수자를 거론하고 있으며, 이들 집단의 지위와 권리를 규정한 여러 법률에서도 이 표현을 쓰고 있다. 하지만 이들의 문화적 권리 및 '동족 국가들'과의 유대와 관련하여 이탈리아가 이들 집단을 대하는 방식은, 스스로를 온전한 소수민족으로 여기는 이들의 자기인식과 양립한다. 그리고 이탈리아는 이들의 권리가 '소수민족 보호를 위한 유럽 협약'에 의거하여 보호된다는 것도 인정한다. 이는 원칙상 문화적 소수 집단의 소수민족 지위를 명시적으로 부인하는 나라들과 구분되어야 한다(그리스나 불가리아가 자국 내의 터키인 공동체에 대해 이런 방침을 취하고 있다. 자세한 내용은 후술 참조).

심이기도 하다.

시민적 민족주의: 프랑스 모델

한편, 모든 시민이 같은 민족 정체성을 공유한다는 관념에 의거한 프랑스식 시민적 민족주의는, 원칙적으로 시민들 내에 소수민족이 존재할 수 없음을 뜻한다. 또한 실제로는 이런 소수민족이 존재한다고 주장하면서 자신을 그 일원으로 여기는 이들이 있다 해도 공식적으로는 인정될 수 없음을 뜻한다. 실제로 이것이 프랑스 공화국의 명시적인 공식 입장으로, 이에 따르면 프랑스에는 소수민족이(또 통념상 민족보다 독자성이 덜한 소수 '종족'도) 없고 오로지 프랑스인만 있다. 모든 프랑스 시민의 민족 정체성은 프랑스인으로, 오로지 프랑스인으로만 간주된다. 이 정체성의 대들보 중 하나는 헌법에 "공화국의 언어"(2조)로 규정된 프랑스어다. 프랑스에서 실천하는 것 같은 순수한 형태의 '시민적 민족주의'에서는 권리와 의무의 목록이 딸린 법적 개념으로서의 시민권이 민족주의의 전부라고 상정하는 이들도 있지만 이는 틀린 생각이다. 그 반대로 여기서는 모든 시민이 같은 민족 정체성을 공유한다고 간주되며, 이 민족 정체성에는 중요한 문화적 내용물이 부여되어 있다.

이 생각에 따르면, 물론 이 문화적 내용물은 모든 시민이 공유하거나 수용하리라고 합리적으로 기대할 만한 것이다. 하지만 이 맥락에서 무엇이 합리적인가는 논란의 여지가 있다. 실제로 이 문화적 내용물은 종족적 혈통과 무관하지만 종족적 정체성과는—누군가의 종족적 정체성에 프랑스어 이외의 언어가 포함된다면—유관하다. 그리고 이 공화국은 세속적이므로 이는 명백히 종교와 무관하다. 하지만 프랑스 공립학교에서의 무슬림 베일을 둘러싼 논쟁이 보여주듯이, 이는 많은 무슬림 국가 출신 프랑스 시민들의 종교 문화보다는 근대의 세속화된 기독교(혹은 탈기독교) 문화와 훨씬 손발이 잘 맞는다. 종교 문제에 대한 세속 공화국의 공식적 중립성 이면에는, 어떤 종교는 다른 종교보다 더 (물론 어떤 본질주의적 의미에서가 아니라, 현대 사회 현상으로서) 세속적이라는 현실이 있다.

한때 광범위한 영향력을 발휘했고 학술 담론에서는 여전히 시민적 민족주의의 이상형으로 흔히 간주되는 이 순수한 시민적 모델은, 최근 수십 년간 소수 집단의 권리가 날로 강조되면서 선진 민주국가들 사이에서는 예외에 더 가까워졌다. 이 경향은 1980년대 이래로 많은 민주국가들의 정책에 영향을 끼쳤고 국제기구와 유럽의 무수한 (준)규범적 문서들에 표현되었다. 윌 킴리카는 이 과정을 이렇게 기술한다.

> 20세기의 상당 기간에 정상국가의 가장 영향력 있는 모범은 프랑스—차별 없는 공화국 시민권 개념과 단일한 공식 언어를 지닌 고도의 중앙집권 국가—였다. 이 모델에는 소수 집단의 권리가 들어설 자리가 없었다.…… 그런데 최근 국제 조직들은 '정상' 국가와 '근대' 국가가 어떤 모습을 띠는지에 대한 관점을 수정했다.…… 현대 국제 담론에서 〔이 모델은〕 점점 더 시대착오적으로, 19세기로의 회귀처럼 취급되고 있다.[7]

그들의 민족태 개념에 따라, 프랑스는 소수민족 권리의 보호에 대한 국제·유럽 협약에 서명하길 거부했다. 그리고 이에 대한 유엔과 유럽 기구로부터의 비판을 일축하며, 자국 헌법에서 제시된 공화국의 근본적 특성이 프랑스 민족 내의 '소수 집단'을 인정할 여지를 배제한다고 지적했다. 이 민족은 특별한 권리를 지닌 집단들이 아니라 평등한 개인들로 이루어져 있다는 것이다.[8] 1991년 프랑스 의회가 코르시카와의 긴장을 누그러뜨리려는 시도의 일환으로 통과시킨 '코르시카 영토 단위의 지위에 관한 법'은 "프랑스 국민의 한 구성 요소인 코르시카 인족을 이루는 역사·문화 공동체"를 언급하고 있다. 이 법은 전체 프랑스 "민족의 단일성"을 조건으로 이 공동체에 자문화를 보존할 권리를 보장했다. 하지만 프랑스 헌법위원회는 프랑스 국민의 '위니시테unicité(단일성)'가 헌법적 구속력을 지닌 규범으로 프랑스에서는 다른 어떤 '인족'도 인정될 수 없다고 판결하여 이 법을 무효화했다. 또다른 심사에서 헌법위원회는 정부가 '유럽 지방·소수 언어 헌장'에 서명한 것을 위헌으로 판결했다. 프랑스 공화국은 헌법이 "공화국의 언어"로 규정한 프랑스어 이외의 언어를 공식적으로 인정할 수 없다는 것이 근거였다.[9] 프랑스가 '소수민족 보호를 위한 유럽 기본 협약'에 서명을 거부한 데 대한 공식 해명문은 프랑스에서 실행되는 순수한 시민적 민족주의의 원칙을 제시하고 있다. "[헌법에서] 민족의 단일성과 분할 불가능성이라는 원칙은······ 영토와 주민에 둘 다 연관된다." 프랑스어는, 그리고 오로지 프랑스어만이 "공화국의 언어이다". "프랑스는 그 인종, 성별, 종족적 배경 등을 근거로 어떤 집단의 존재를 인정하거나 식별 가능하게 만드는 국제 법 문서에 응할 수 없다."[10]

'협약'에서 '소수민족national minority'이라는 용어가 정의되지 않은 채로 남아 있음에 유의해야 한다. 유럽의 규범적 문서들은 이 용어를 "종교적·언어적·문화적·종족적 소수자를 포함한 넓은 범위의 소수 집단을, 이들 집단이 거주하는 국가로부터 그렇게 인정받는지 여부와 상관없이, 또한 이들이 어떤 명칭으로 인정되는지에 상관없이 모두 포괄하는" 매우 광범위한 뜻으로 쓰고 있다.[11] 유럽 국가들로부터 최대한의 지지를 끌어내기 위해 명백히 의도된 이런 실용적인 방식으로, '협약'은 정당성을 널리 인정받는 두 담론 사이의 모순을 얼버무리려 시도한다. 바로 포용적인 시민적 민족주의 담론과 소수민족(시민체 내에 민족적 차이가 존재함을 논리적으로 시사하는 단어)의 권리 보호 담론이다.* 그러니까 프랑스는 공화국의 모든 시민이 공유하는 프랑스 민족 정체성이라는 관념을 포기하지 않고서 '협약'에 서명하는 데 동의할 수도 있었을 것이다. 하지만 프랑스는 이 문제에 대한 원칙적 입장을 표명하는 편을 택했다. 앞으로 보겠지만, 실제로 프랑스식 '이상형'보다 유연한 여러 가지 형태의 시민적 민족주의가 있다. 이들은 시민체 내의 (언어를 비롯한) 문화적 다양성에 대한 상당 수준의 인정을 단일 민족 정체성의 원칙과 결합하고 있다. 비록 어엿한 '민족'의 위상을 부여받지는 못하지만 소수 집단의 고유한 정체성은 인정된다.

반면에 프랑스 모델은 킴리카가 "한 국가, 한 민족, 한 언어"의 "구식 이데올로기"라고 부르는 것을 고집한다.[12] 이 모델에서 고유한 정체성의 보존을 원하는 소수 집단이 문화적 비용을 치러야 하는 건 명백하지만, 이를 피하려면 이 모델의 이점도 최소한 일부분 포기해야 한다. 이 이점이 무엇인지를 이해하는 게 중요하다. 실제로 집단적 권리가 너무 광범위하게 미칠 경우에는 개인의 권리와 충돌할 수 있지만, 소수 집단에게 언어적 권리를 부여하길 거부함으로써 보호받는 것이 (프랑스측 입장이 다소 음흉하게 주장하는 것처럼) 개개인의 시민적 평등은 아니다. 이 경우에 실제로 보호받는

---

* 이 '협약'에 첨부된 국가별 선언들은 이 민감한 문제를 다루는 방식이 나라별로 다양함을 반영하고 있다. 일례로 독일의 선언문은, "독일연방공화국의 소수민족은 독일 시민권을 지닌 덴마크인과 독일 시민권을 지닌 소르브인"이라고 명시하고 있다. 하지만 '협약'이 "전통적으로 독일에 거주해온 종족 집단들의 성원, 즉 독일 시민권을 지닌 프리슬란트인과 독일 시민권을 지닌 신티·로마인에게도 적용될 것"이라고 덧붙이고 있다. 후자에는 '민족'의 지위가 부여되지 않았다. http://conventions.coe.int/Treaty/Commun/ListeDeclarations.asp?NT=157&CM=&DF=&CL=ENG&VL=1 참조.

것은 프랑스인의 '위니시테', 즉 '단일문화적monocultural'이라 일컬을 수 있는 민족 정체성 관념이다. 이 모델의 이점은 문화, 언어, 정체성에 관한 한 어떤 시민 집단도 민족 주류의 외부로 취급받지 않는다는 것이다. 좀더 유연한 시민적 민족주의 모델들은 공유 민족 정체성이라는 의미에서 어떤 시민 집단도 민족 외부에 놓이지 않게끔 한다(물론 민주 국가의 모든 시민은 시민적 의미에서 'nation〔국민〕'의 일부로 간주된다). 그럼에도 문화적 다수 집단과 맞닥뜨린 문화적 소수 집단은 여전히, 그 정의상 실질적으로, 중요한 의미에서 민족 주류의 외부에 놓이게 된다. "공화국의 언어"인 프랑스어의 헌법적 독점이 깨지고 소수 언어들이 인정받는다면 여기에는 비용이 따를 것이다. 프랑스어가 프랑스 민족 정체성의 본질적인 일부이므로, 프랑스어 이외의 언어를 쓰는 집단은 필연적으로, 모종의 중요한 의미에서 남보다 "모자라는 프랑스인"이 된다. 이를 공식적으로 인정한다면 해당 집단에게도, 국가나 사회로서도 치러야 할 비용이 없지 않을 것이다.

민족국가와의 완전한 동일시는, 단순한 정치적 충성심을, 아니 하버마스의 '헌법 애국주의'까지도 훌쩍 뛰어넘는 것이다. 이는 국가의 상징, 그 역사 및 집단 정체성 의식, 그 국경일과 기념일, 그 언어를 비롯하여 국가 정체성의 본질로 간주되는 문화적 특질들을 모두 포괄한다. 2004년 정부 위원회 보고서는 특히 공립학교에서의 무슬림 베일을 금지하는 입법을 권고하면서, "세속주의는 우리의 집단적 역사를 구성하는 필수적 일부"라고 명시했다. 이 위원회에 따르면 프랑스의 '라이시테laïcité', 즉 세속주의는 단지 20세기 초부터 생겨난 헌법상의 원칙이 아니라 오랜 역사적 연원을 지녔다. "이는 고대 그리스, 르네상스, 종교개혁, 낭트 칙령, 계몽주의 등 나름의 경로를 거쳐 개인의 자율성과 사상의 자유를 발전시킨 모든 국면들로 거슬러올라간다. 〔프랑스〕 혁명은 근대적 의미에서의 라이시테 탄생을 예고했다." 시라크 대통령은 이 위원회의 임명에 대한 성명에서 라이시테 원칙이 "우리 공화국 정체성의 핵심"이자 "우리 전통에 각인되어" 있는 "우리의 민족적 화합"의 기반이라고 말했다.[13] 이 담론에는, 일부 프랑스 시민이 스스로를 다른 역사·문화·정체성을 지닌 다른 집단적 '우리'에 속한다고 여길 수 있는 가능성이 들어설 여지가 없다. 이 문서에 기술된 역사-문화 유산(여기에 엄밀한 의미의 기독교는 언급되지 않았지만 그 요소의 일부는 틀림없이 반영되어 있다)은 프랑스의 모든 지역 집단에게 완전히 공통된 것이다. 하지만 이 나라의 무슬림과 유대인에게는 상황이 그렇게 간단하지 않다.

고유한 정체성의 보존·육성을 원하는 소수 혈통 출신에게 이런 민족태 모델이 문화적으로 불리함은 명백하다. 오늘날의 프랑스에서는 주로 무슬림 국가 출신 이주민 중의 상당수가 그러하다. 하지만 그들 가운데서도 이러한 조건에 의거해 온전히 통합되길 열망하는 이들에게는 이 모델이 띠는 이점 또한 명백하다. 국가와 사회 전체의 관점에서 볼 때, 이러한 모델의 채택으로 문화적 다양성 측면에서 초래되는 비용이 그 사회적·민족적 단결이라는 측면의 이점을 능가하는지 여부는 논란의 여지가 있는 문제다.

확실히 많은 이들에게 '시민적 민족주의'와 '소수민족 권리 보호'는 둘 다 인권과 평등에 대한 헌신을 나타낸다는 점에서 같은 진보적 계열에 속한 두 갈래의 표현처럼 들린다. 하지만 전자는, 적어도 순수하고 오염되지 않은 형태의 시민적 민족주의는, 기실 소수 집단의 존재 자체를, 킴리카의 말을 빌리면, "개념적으로 구현 불가능"하게 만든다.[14] 이런 모델하에서, 스스로를 고유한 소수 집단에 속한다고 여길 수 있는 이들은 배제되기는커녕 민족의 어엿한 일원이 되기를 강력히 요청받는 경향이 있다. 이와 같이 민족의 일원이 되는 조건은 실로 모든 시민에게 평등하지만, 여기에는 불가피하게도 다수 집단의 (역사의식을 포함한) 문화가 반영되어 있다. 이런 모델하에서는 확실히 소수 집단이 문화적으로 탄압당할 가능성이 상당히 크며 "타자에 대한 부정"과 포용의 경계가 때때로 모호해질 수도 있다. 물론 이 모델의 실질적 함의는 그것이 부과되는 문화적 현실에 따라 장소마다 집단마다 크게 다르다.

프랑스 공화국이 브르타뉴인 시민을 프랑스인으로, 오직 프랑스인으로만 간주하며 브르타뉴 민족주의의 가능성을 일체 부정할 때, 아마도 대다수 사람들은 이것이 오늘날 시민적 포용의 예라는 데 동의할 것이다. 반면에, 터키 공화국이 그 쿠르드인 시민을 터키인으로 규정할 것을 고집하며 자국 내에서 쿠르드 민족주의의 가능성을 일체 부정한다는 사실은 흔히 문화적 탄압의 사례로 간주될 것이다. 하지만 이런 공식 입장은 두 사례 모두 포괄적인 시민적 민족주의의 근본 논리—나라 전체의 시민으로 구성된 민족 정체성이라는 동일한 관념—에 의거하고 있다는 데 유의해야 한다. 물론 터키는 이 공식 입장을 프랑스보다 훨씬 더 무지막지한 방식으로 강제한다. 그러나 아타튀르크 치하의 터키가 시민적 민족주의 모델을 채택할 무렵에, 브르타뉴어를 포함한 브르타뉴 정체성은 (프랑스 국가의 '프랑스성Frenchness'에 도전할 수도 있는 여타 지역 정체성들과 더불어) 이미 프랑스에 의해 상당 부분 성공적으로 제거되어 있었다. 오늘날의 서양 민주국가들은 몇 세대 전, 몇백 년 전에 시행된 이런 정책의 결실을 합법적으로 누리고 있을지도 모르지만, 과거에 프랑스 국가가 이를 시행한 방식은 아마 오늘날이었다면 그 어떤 서양 민주국가에서도 완전히 불법으로 취급되었을 것이다.

현재 상태로 볼 때, 같은 문화와 언어에 기반한 프랑스식 시민적 민족주의 관념은 프랑스 모든 지방의 압도적 다수 시민에 관한 한 프랑스의 실제 문화적 현실을 충실히 반영하고 있다. 과거 역사의 시나리오가 달랐다면 온전한 민족 정체성으로 발전할 수도 있었을 지역적 소속감은 오늘날 표준이 되는 주류 '프랑스성'과 완전히 양립하는 것으로 인지되며 아무런 유의미한 종족문화적 특수성도 암시하지 않는다. 시민적 민족의 공통 언어·문화가 프랑스의 핵심 지역(우리의 용어로 하자면 핵심 종족)에서 비롯되었다는 사실은, 과거 자신의 언어와 문화를 희생시키고 이를 수용해야 했던 이들의 후손에게도 대부분 큰 정서적·문화적 의미가 없는 역사적 사실일 뿐이다. 적어도 이런 측면에서(최근 수십 년간의 대규모 이주로 제기된 골치 아픈 정체성 문제는 뒤에서 따로 다룰 것이므로 일단 제쳐두고), 현실적으로 오늘날 프랑스의 시민적 민족주의가 소수 집단의 존재를 인정하려 들지 않는 다수 집단의 종족적 민족주의를 위장하는 가림막 구실을 한다고는 주장할 수 없다. 하지만 시민적 민족주의 모델을 공식적으로 채택한 꽤 많은 나라에서는 사정이 전혀 다르다고 말할 수 있다.

시민적 민족주의의 모델들과 딜레마

일례로 같은 민족태 개념을 터키에서 시행한다는 건 필연적으로, 대부분 고유한 문화를 지닌 대규모의 토착 소수 종족민족에게 다수 종족민족의 문화(우선 무엇보다도 언어)를 강제하는 것을 의미한다. 이는 포괄적인 시민적 의미에서 다수 문화와 언어의 '민족적' 지위를 주장하는 상황의 당연한 귀결이다. 물론 근대 터키 국가의 자기 인식의 근본을 이루는 이 정책의 배후에 단지 문화적 균일성을 부과하려는—그래서 민족 통일과 연대를 담보하려는—소망만 있는 건 아니다. 소수 집단(특히 쿠르드인)의 분리독립에 대한 공포도 그 배후 동기 중의 하나다. 다른 여러 나라에서 그렇듯이 터키에서도 민족의 통일과 국가 영토의 보전은 동전의 양면처럼 여겨진다.

단일 민족 정체성을 상정하면서도 그 안에 종족민족적 하위 집단이 존재함을 인정하는 좀더 유연한 모델을 채택한다면, 이런 상황에 순수한 시민적 민족주의 모델을 적용하는 것의 억압적 측면을 제거할 수 있을까? 서로 다른 소수 집단이 민족 집단이 아닌 종족, 문화, 혹은 언어 집단으로 분류되는 한, 적어도 시민적 민족주의의 형식적 개념 틀은 유지될 수 있다. 하지만 이 모델의 경직성과 이따금 발현되는 가혹함을 제거하기 위해 순수한 시민적 민족주의 모델을 포기한다면 그 몇몇 이점도 불가피하게 포기해야 한다. 터키 민족이 (터키어를 쓰는) 터키인이라는 다수 집단과 쿠르드인 혹은 쿠르드어 사용자로 정의되는 소수 집단의 두 종족민족적 하위 범주로 이루어져 있다고 인지된다면, 소수 집단은 비록 터키 민족의 일부로 간주되기는 해도 어떤 의미에서 주류의 외부에 놓이게 될 것이 분명하다. 이 시나리오에서 터키 공화국은 두 정체성 사이에서 중립적이지 않을 것이다. 이는 우선 무엇보다도 언어라는 중대한 문제에 적용될 것이다. 즉, 터키 민족국가의 주된 공용어는 쿠르드어가 아니라, 터키 다수의 문화와 정체성의 핵심인 터키어일 것이다.

　이처럼 국가의 모든 시민을 포괄한다고 정의되지만 특히 종족민족적 다수 집단이 민족의 핵심 혹은 주류로 간주되고 이들의 정체성이 국가 자체의 정체성과 특별히 연관되는 특권을 누리는 민족태 모델은, 포괄성을 문화적 관용 및 다원주의와 결합한다는 장점이 있다. 하지만 이런 민족 정체성 모델의 '시민적' 성격은 다소 형식적인 경향을 띠며, 많은 소수 집단의 입장에서는 자신들의 고유한 정체성을 부분적으로 인정받는 정도로는 성에 차지 않을 수도 있다. 그리스에 소규모로 존재하는 터키계 소수 집단이 그런 상황이다. 그리스 공화국 내에는 어떤 비≠그리스 민족 정체성도 공식적으로 존재할 수 없으므로 국가는 이들을 터키인이 아닌 터키어 사용자로 정의하길 고집한다. 이 소수 공동체는 상당한 문화적 권리를 누리며 종교적 소수자로 공식 인정받고 있다. 하지만 이들을 공식적으로 '포괄'하는 민족 정체성의 특징에 대부분 그리스 정교회의 문화적·언어적·종교적·역사적 기억이 공식적·비공식적으로 새겨져 있는 상황에서, 그리스어를 쓰는 다수 집단이란 순전히 형식에 불과하다. 프랑스의 세속주의가 그 이론과 달리 실제로는 기독교와 이슬람 사이에서 전적으로 중립적이지는 않다고 말할 수 있다면, 그리스 정교회 기독교(헌법에 따르면 "그리스의 주된 종교". 이 헌법 자체도 "동일본질이며 나눌 수 없는 성 삼위일체의 이름으로" 공포되어 있다)와 노골적으로 강하게 연결되어 있는 그리스 공화국은 터키어를 쓰는 무슬림 소수 집단의 관점에서 볼 때 문화적 중립과는 한참이나 동떨어져 있다. 이미 보았듯이 프랑스식 시민적 민족주의는 법적 시민권을 훨씬 초월하며 강한 문화적 내용을 담고 있다. 그러나 문화의 내용 자체는 적어도 원칙적으로는 모든 종교를 믿는 이들에게 열려 있다. 그리스어의 중심성에 관한 한, 비그리스어 사용자들이 그리스어로 동화되게끔 '초대'하며 모든 시민을 포괄한다고 주장하는 그리스의 시민적 민족주의는 원칙적으로 프랑스의 그것과 다르지 않다. 하지만 그리스 민족 문화와 정체성에는 강한 종교적 측면도 있다. 그리고 물론 터키계 공동체 자신의 입장에서 볼 때 무슬림의 종교는 (자국 시민이 자신의 종교를 사적인 문제로 취급하길 바라는 프랑스 공화국의 입장처럼) "사적인 문제"가 아니라 그 고유한 종족문화 정체성의 핵심적 측면이다. 이런 상황에서 다수 집단과 소수 집단 모두의 문화적 특성은 그 어떤 진정한 시민적 민족주의와도 조화되기 어렵다.

그리스 내의 터키어 사용자 공동체가 소수민족으로 인정받는다면, 이는 현재의 정의보다 문화적 현실과 한결 더 일치할 것이다. 하지만 그 성원들이 자기인식이나 다수 집단의 태도라는 면에서 지금보다 덜 그리스인이

되지는 않을 것이다. 그들은 그리스 민족·문화 정체성을 공유한다는 의미에서가 아니라 그리스 공화국의 시민이라는 의미에서 변함없이 그리스인일 것이다. '시민적' 그리스에서 마케도니아 지방의 소규모 슬라브어 공동체가 가지는 위상은 약간 다르게 조정되지만 근본적인 문제는 여전히 남는다. 터키어 공동체와 달리, 마케도니아 지방의 슬라브어 공동체는 문화적으로든 민족적으로든 전혀 소수 집단으로 인정받지 못한다. 이들은 정교회 신도이므로 이들을 그리스 민족의 정의에 공식적으로 포함시키는 것은 좀더 진짜에 가깝지만, 동화되기를 거부하고 자신의 고유한 정체성―우선 무엇보다도 언어―을 보존하길 원하는 이들에 대한 문화적 억압이기도 하다.

불가리아의 (그리스보다 훨씬 더 규모가 큰) 터키계 소수 집단은 소수민족이 아니라 불가리아 민족 내의 종족 집단으로 간주된다. 이 나라의 헌법은 그 전문에서 "불가리아의 ['국가 통합'과 더불어] 민족 통합을 수호할 돌이킬 수 없는 의무"를 선언하고 있다. 또 이 공화국이 단일한 국가이며 "자치 영토의 형성"은 금지된다고 선언하고 있다(2조 1항). 민족의 단결은 "종족적·인종적·종교적 노선에 기반한 정당"을 금지함으로써 보호된다(11조). 불가리아어의 위상은 공화국의 공식 언어임을 넘어서, "불가리아어의 습득과 사용은 모든 불가리아 시민의 권리이자 의무"라는 매우 이례적인 조항에 의해 한층 더 격상된다(36조 1항). 나아가, "종교 기관은 국가로부터 분리"되지만, "동방 정교회 기독교는 불가리아 공화국의 전통적 종교로 간주"되며(13조 3항) 국가의 문장에도 십자가가 들어 있다. 끝으로 해외에 거주하는 종족적 불가리아인("불가리아 출신인 사람")은 "용이한 절차를 통해 불가리아 시민권을 획득"할 수 있다(25조 2항). 동시에 헌법은 소수 집단의 문화적 독자성을 (약간 마지못해서, 불특정하게나마) 공식적으로 인정하고 있다. "모어가 불가리아어가 아닌 시민은 불가리아어를 의무적으로 습득함과 더불어 자신의 언어를 습득하고 사용할 권리를 갖는다"(36조 2항). 실제로 소수 집단의 문화적 권리는 상당히 잘 존중되고 있다. 소수 집단을 대변하는 정당을 금지한 헌법 조항은 자칫 억압적으로 작용할 수도 있는데, 실제로는 이 조항을 우회하여 터키계가 압도적 다수를 차지하는 정당이 이 나라의 정치에서 중요한 역할을 하고 있다.

공식적 정의로만 판단할 때, 불가리아 민족 정체성이 국가의 모든 시민을 포괄한다는 의미에서 '시민적'이라는 건 명백히 명목에 불과하다. 후술하겠지만, 이 경우에 국가가 그 포괄적인 시민적 특성을 주장하는 이유는 다수 집단의 문화를 소수 집단에 강요하려는 무슨 욕구 때문이 아니라, 터키-불가리아 관계의 복잡한 역사에서 비롯된 정치적 불안감 때문이다. 실제로 불가리아에는 (슬로바키아와 마찬가지로) 종족민족적 소수 집단이 대규모로 존재하고, 따라서 시민 전체와 구분되며 국가에 의해 정체성이 표현되는 종족민족적 다수 집단 또한 존재한다. 이런 명목상의 시민적 민족주의에는 진정한 시민적 민족주의의 장단점이 모두 결여되어 있다. 즉, 포용적이지도 않고, 이 경우에는 소수 집단에게 억압적이지도 않다.*

그리스와 불가리아가 아주 독자적인 문화 집단을 단일 민족 정체성으로 공식 포괄한 것은 이들의 소수민족 지위를 부인한 것에 지나지 않지만, 핀란드의 스웨덴어 사용자 공동체에 대해서도 똑같은 말을 할 수는 없다.

---

* 불가리아 공산 지배 초기에 터키인들은 명시적으로 '소수민족'으로 인정받으며 상당한 언어·문화적 권리를 부여받았다. 하지만 이는 강제 동화 정책으로 바뀌었고 체제 말기에 가서는 결국 노골적인 박해로 변질되었다. 1971년 '소수민족'이라는 용어가 헌법에서 삭제되었고 그후에는 "통일된 사회주의 불가리아 민족"을 만든다는 목표가 선언되었다. 이런 가혹한 정책은 탈공산주의 민주정 수립 이후에 뒤집혔지만, 민주 헌법도 여전히 "통일된 민족"의 개념에 의거하고 있다.

'스웨덴인'이 아닌 '스웨덴어 사용자'라는 지칭은 핀란드에 스웨덴계 소수민족이 없다는 공식 관점을 반영한 것으로, 소수 공동체 자신도 이 관점을 받아들이고 있다. 핀란드 민족은 90퍼센트 이상의 다수를 이루는 핀란드어 사용자, 그리고 스웨덴어 사용자로 구성되어 있다. 헌법에 따르면 "핀란드의 국어는 핀란드어와 스웨덴어다"(17조 1항). 이 맥락에서 일반적인 용어인 '공식어official language'가 아니라 '국어national language'라는 표현이 쓰인 것은 우연이 아니다. 실제로 스웨덴어의 위상은 (소규모) 소수 집단이 쓰는 언어치고는 이례적으로 높다. 두 언어 집단의 관계는 그리스나 불가리아와 달리 역사적·정치적 배경에 문제의 소지가 없고 문화적으로도 훨씬 더 가깝다. 그리고 물론 스웨덴어 사용자 공동체도 스스로를 '민족' 집단으로 정의해야 한다고 주장하지 않는다. 이런 조건에서 시민적 민족주의는 높은 수준의 문화적 다양성을 허용하면서도 훨씬 더 진정으로 포괄적인 역할을 할 수 있다. 그럼에도 불구하고, 비록 핀란드 민족 정체성이 핀란드 다수 종족민족에게만 국한되지는 않지만, 후자가 민족의 핵심임에는 의문의 여지가 없다. 핀란드가 에스토니아와 러시아 잉그리아의 핀란드 종족민족 디아스포라를 '동포 소수민족kin minority'으로 공식 인정하며 소련 붕괴 후 이들 약 2만 5천 명에게 특별 영주권을 허용했다는 사실은 이를 더욱 강조한다. 민족국가가 해외의 종족민족적 디아스포라와 맺는 공식적 유대는 해당 민족 정체성의 종족민족적 특성을 자연스럽게 입증한다. 그리스 국가와 그리스 디아스포라의 공식 유대는 그보다 훨씬 더 중요하다. 그래도 핀란드의 민족 정체성은 스웨덴어를 쓰는 종족민족적 소수자를 포괄하는 것으로 여겨지며, 이런 의미에서 '시민적'이다. 핀란드의 경우처럼 이런 포괄이 실질적일 때, 국가의 민족-문화적 특성은 비록 다수 종족민족의 영향을 강하게 받지만 오로지 그들에 의해서만 형성되지는 않는다고 말할 수 있다. 그리스와 불가리아의 경우처럼 이런 포괄이 단지 형식적일 때, 국가의 민족적 특성은 실제로 종족문화적 다수 집단의 특성이 된다.

터키로 되돌아와서, 만일 터키 국내의 쿠르드인을 명실상부한 소수민족으로 인정한다면 그 결과는 어떠할까? 많은 쿠르드인은 스스로를 그저 터키 민족의 하위집단이 아니라 이웃 나라의 쿠르드인들과 강하게 연결된 민족 공동체로 여기고 있으므로, 확실히 이 정의는 그들의 자기인식과 일치할 것이다. 쿠르드 소수민족의 인정은, 터키 국가의 영토 내에 터키 다수민족과 쿠르드 소수민족이라는 두 종족민족주의가 존재함을 수용하는 대신에 포괄적인 시민적 민족주의라는 개념을 포기하는 일이 될 것이다. 아이러니한 일이지만, 터키 국가가 쿠르드 소수 집단에게 더 큰 문화적 권리를 허용하고 그 고유한 정체성을 충분히 인정할 것을 기대하며 때때로 촉구하는 이들 중에, 이것이 실은 (슬로바키아처럼) 터키 민족태의 종족적 정의를 채택하라는 촉구임을 깨닫는 이들은 거의 없다. 쿠르드 소수민족을 공식적으로 인정하는 터키 민족국가는 아마 자유주의적이고 개개인의 시민권을 존중하며 문화적 다원주의 성격을 띠겠지만 터키 민족-문화 정체성과 쿠르드 민족-문화 정체성 사이에서 문화적 중립을 유지하지는 않을 것이다. 터키-쿠르드 이중민족국가로 바뀐다면 사정이 다르지만, 그 시점에는 국가 자체의 통합이 위험에 처할지도 모른다. 우리는 이중민족국가와 다민족국가를 논의하면서 이 점을 다시 살펴볼 것이다.

동시에, 만일 터키의 쿠르드계 시민이 더이상 온전한 의미에서의 '터키인'으로 단순명료하게 간주되지 않는다면, "(종족적 출신에 상관없이) 우리 모두는 터키인이다"라는 진술의 정서적 힘은 증발될 것이다. 포괄적인 터키 민족주의 관념을 정말로 수용하는 쿠르드계 시민도 적지 않으므로 그들의 관점에서 이는 절대 무시할 수 없는 손실일 수 있다. 터키의 골치 아픈 쿠르드 문제로 초래되는 긴장과 울분에도 불구하고, 그리스의 터키인 개개인이 "나는 그리스인이다"라고 말하는 것보다 터키의 많은 쿠르드인이 "나는 터키인이다"라고 말하는 편이 아마 훨씬 더 수월할 것이다. 한 시민과 한 국가의 온전한 민족적 유대는 힘을 가지고 있으며 이 힘이 그가 거주하는 국가를 온전한 의미에서 "나 자신의" 국가로 만드는 데 기여한다는 데는 의문의 여지가 없다. 게다가, 대개 그렇듯 두 집단 사이에도 뚜렷한 영토적 경계가 없으므로, 어떤 형태의 쿠르드 자치 영토에서도—터키 민족국가 내의 자치 지역이든, 혹은 상상하기 힘들지만 이중민족 연방의 일부로든, 혹은 심지어 터키에서 분리독립한 쿠르드 정치체든 간에—필연적으로 터키계 소수 집단 문제가 불거질 것이다. 이에 기초한 민족적 정의定義와 정치적 해법은 특정한 문화적 현실과 인민의 (흔히 서로 상반되는) 열망에 더 적합할 수도 있고 그렇지 않을 수도 있지만, 그 무엇도 다종족적 상황에서 발생하는 복잡한 딜레마에 손쉬운 해답을 제공하지는 못할 것이다.

물론 문화적 소수자가 존재하는 모든 곳에서 이들을 완전히 통합—딜예의를 갖춰 말하자면 동화—시키는 것이야말로 이 딜레마의 올바른 해법이라고 주장할 수도 있다. 확실히 이 해결책은 해당 소수자의 입장에서 중요한 이점을 수반할 때가 많다. 또 이런 식으로 어떤 시민 집단도 문화적으로 민족 주류의 외부에 머무르지 않게끔 환영하고 촉진하는 것이 시민적 민족주의의 본질임은 확실하다. 하지만 자기 고유의 문화와 정체성을 지키고자 하는 이들의 관점이나 문화 다원주의를 정당화하고 높이 평가하는 현대적 관점에서 볼 때 이 해결책은 명백히 문제가 있다.

이주민 공동체

대규모 이주 현상은 지난 수십 년간 서구 국가들의 정체성 지도를 바꾸어왔다. 이따금 "새로운 소수자들new minorities"로 불리기도 하는 이주민 공동체들은 전통적인 민족 용어로 분류하기가 쉽지 않다. 이들은 소수민족으로 여겨지지 않는다. 이 용어는 '토착' 소수 집단을 가리킬 때만 쓰는 말이 되었다. 그래서 이주민 공동체들은, 비록 일부 급진적 다문화주의자들이 이에 도전하고 있긴 하지만, 국가로부터 소수민족과 같은 수준의 문화적 독자성을 인정받을 자격이 없다고 간주된다. 일단 귀화한 이주민은 '주인host' 민족의 일부로 합류한다는 가설이다―어쨌든 이것이 예전에 통용되던 가설이었다. 다문화적 태도와 실천은 이 개념에 도전했지만, 법적 시민성과 공민권 외에는(물론 시민이 아닌 이주민의 권리도 강조되었지만) 대안적 정의를 제시하지 못했다. 게다가 이주민의 출신 국가와 문화가 극히 다양하다는 사실은 이주민들을 민족적 관점에서 분류하기 어렵게 만든다. 어떤 나라도 그 이주민들의 출신 국가만큼 많은 소수민족이 있다고는 말할 수 없다.

게다가 현단계에서는 이 현상이 장기적으로 미칠 역사적 충격이 불분명하다. 사실 적지 않은 이주민과 그 자손들이 거의 전통적인 의미의 "민족에 합류"했다고 보기에 충분할 만큼 사회적·문화적으로 잘 통합되고 있다. 그들이 적어도 당분간 어느 정도의 문화적 독자성을 보유한다 해도 이는 변함없이 적용될 것이다. 과거 서유럽이 경험한 이민 물결에서 성공적 통합이란 주로 이주민의 자손들이 사회 내에서 식별 가능한 소수민족 집단을 형성하지 않는다는 걸 의미했다. 인정하건대 일부 집단은 문화적 독자성을 더 크게 보존하는 경향이 있다. 유대인과 아르메니아인이 그 두드러진 예다. 하지만 서유럽에서는 그들도 자신이 거주하는 나라의 언어를 받아들인 지 오래였다. 오늘날의 이주민 자손들이 이런 면에서 장기적으로 어디에 서 있게 될지는 분명 예측할 수 없다. 미국과 여타 영어권 이민 국가에서는 이주민과 그 자손들의 문화적 독자성이 훨씬 더 많이 수용되고 심지어 찬미되기에 이르렀다. 광범위한 문화적 공통 기반 내의 다양성은 영구적인 민족적 특질로 여겨진다. 따라서 최근 수십 년간에 걸친 이민이 그 '주인' 국가의 집단 정체성 지도를 얼마나, 정확히 어떤 식으로 영구히 바꾸어놓을지는 불확실하다.

게다가 다문화주의 그 자체, 적어도 이데올로기적으로 좀더 급진적인 다문화주의는 현재 뚜렷이 퇴조하고 있다. 이는 특히 이주민과 연관된다. 자유주의적 다문화주의의 주된 이론가인 윌 킴리카도 잘 인식하듯이, "서유럽에서는 주로 무슬림 이주민의 맥락에서 다문화주의가 '너무 멀리 나갔다'는 인식이 팽배하며 더 동화주의적이거나 배타주의적인 정책이 재천명되었다." "그에 반해, 국가 내의 민족 집단이나 원주민을 위한 소수자 권리 조항은 서구 민주국가에서 아직 심각한 백래시를 겪지 않았다."[15] 그럼에도 최근 수십 년에 걸친 이주가 서구—특히 서유럽—사회를 심대하게 변화시켰다는 데는 의문의 여지가 없다.

대량 이주와 다문화주의는 국가를 이중민족국가나 다민족국가로 만들지 않고서도 민족 정체성과 국가태의 연계를 약화시킴으로써 전형적인 서유럽 국가의 민족국가적 성격을 (적어도 이 용어의 전통적인 의미에서 볼 때) 약화시켰다고 말할 수 있다. 민족 정체성과 국가의 연계는 비록 약화되었어도 여전히 많은 측면에서 의미심장하므로 국가가 비민족국가나 탈민족국가가 되지는 않았다.[16] 이 연계는 특히 헌법 조문에 나타나는 국가의 자기인식에서 결정적으로 중요하다. 이 조문들이 소수 집단을 (어떻게 정의했든 간에) 지칭할 때 이는 이주민이 아닌 전통적 소수 집단을 가리킨다. 여기에 토착 '원주민'은 포함될지 몰라도 "새로운 소수자들"은 포함되지 않는다. 전자가 후자보다 규모가 훨씬 작더라도 마찬가지다.

실제로, 많은 서구 국가에서 급진적 다문화주의에 대한 반동은 (다수) 문화와 정치체 사이의 공식적 연계를 다시금 강조하는 것으로 이어졌다. 여기서의 단어가 겔너가 말한 '일치congruence'가 아니라 '연계connection'인 이유는, 대부분의 현대 민주국가에서 완전한 일치는 현실적인 선택지(혹은 필연적으로 바람직한 목표)가 아니기 때문이다. 민족 정체성의 문제에서 대개 그렇듯, 이 맥락에서도 언어는 상징적으로나 실질적으로나 중대하다. '주인' 국가의 언어에 능숙하지 못한 이주민이 대규모로 나타난 데 대한 반응으로, 이제 많은 나라들은 공식 언어의 지위 강화를 과거보다 더 강하게 고수하고 있다. 이들은 이주민에게 더 높은 수준의 언어 습득을 무엇보다도 귀화 조건으로, 심지어는 이민 조건으로 요구하기도 한다. 언어 습득을 이민 요건으로 도입한 나라는 그전까지만 해도 다문화주의의 보루였던 네덜란드였다.

시민 사이에 폭넓은 문화적 공통 기반을 육성하려는 이러한 노력이 민족적인 용어로 표현되는 일은 흔치 않지만, 놀랍지 않게도 프랑스만은 예외다. 프랑스의 주류 정치인들이 민족 정체성이라는 말을 가장 서슴없이 쓰는 때가 이런 맥락이다. 여기서 민족 정체성과 공화국 시민권은 동의어로 간주된다. 프랑스에서 프랑스어 습득과 (귀화한 여성의 부르카 착용 불허로 대표되는) 프랑스의 '라이시테' 관념에 대한 (얼마간의) 순응은 둘 다 프랑스 민족 정체성의 수용에서 결정적 측면으로 취급된다. 다른 나라들은 대개 통합의 사회적·경제적·정치적 이득과 통합에 실패했을 때의 비용을 강조하는 편을 선호한다. 이 맥락에서 흔히 언급되는 것은 좋은 일자리를 구할 기회, 국가 공무원과의 소통 능력, 공적 영역에의 활발한 참여 등이다. 이런 논의에서는 민족과 관련된 용어를 피하는 게 보통이지만, 그럼에도 이런 논의는 근대 민족주의의 발흥에 대한 몇몇 (특히 겔너의) 정설을 상기시킨다. (주로 언어를 둘러싼, 그리고 사회경제적 통합과 정치 참여를 촉진하는 언어의 역할을 둘러싼) 이 모든 실용적 쟁점들은 민족 정체성과 관련하여 뚜렷한 함의를 띤다. 사회적·문화적 통합을 종용받음으로써, 이주민들은 곧 민족에 합류할 것을 종용받고 있다.

이주민의 정체성을 민족적 용어로 분류하기는 힘들지만, '주인' 사회가 이주민에게 보이는 반응을 이런 용어로 분석하기는 어렵지 않다. 이런 반응 중 일부는 아주 뻔하게 민족주의적이고 외국인 혐오적이다. 하지만 서구 사회의 대다수 사람들은 높은 수준의 문화적 다원주의를 과거에 비해 대폭 수용하고 어느 정도는 환영하게 되었다. 독일 총리나 영국 총리가 다문화주의가 실패했다고 선언할 때 그것이 곧 일종의 구식 '단일문화주의'로 복귀하자는 말은 아니다. 하지만 민주적 유권자라 해도 국가의 민족적·문화적 특성을 근본적으로 바꾸는 듯 보이는 것을 받아들일 가능성은 낮다. 킴리카의 지적대로 서유럽의 급진적 다문화주의에 대한 백래시가 전통적 소수민족이 아닌 이주민에게 가해진다면, 이는 사회와 국가의 정체성 전반에 의문을 제기하는 것이 전자가 아닌 후자이기 때문이다. 이는 해당 집단의 순전한 규모, 일부 이주민의 경우에는 문화적 독자성의 정도, 그리고 통합의 어려움에서 초래된다.

물론 때로는 장기간에 걸쳐 축적된 변화가 애초에 예상하거나 수용했던 것보다 훨씬 더 광범위한 결실을 맺기도 한다. 미국에서 비유럽계—또 그보다 일찍이 비영어권—로부터의 대량 이민은 확실히 사회의 얼굴을 바꾸어놓았다. 그럼으로써 이들이 나라의 근본적인 민족·문화 정체성을 바꾸었는지 여부는 오늘날의 관점에서—주로 이들 용어를 해석하는 방식에 따라—논란의 여지가 있을 수 있다. 하지만 이 전체 과정은 이민자들이 미국의 문화·사회 규범을 변화시키기보다는 수용하기 위해(무엇보다도 영어를 받아들임으로써) 기꺼이 스스로 변화했다는 사실에 기반하고 있다. 물론 이민자들이 일으킨 변화도 상당하지만 그들 스스로의 변화가 훨씬 더 컸다. 혹자는 히스패닉계의 대규모 이민에도 과연 이 과정이 적용될지 의심하지만, 과거 경험으로 판단할 때는 적어도 가능해 보인다.

오늘날 사회와 국가의 민족적·문화적 특성 그 자체는 광범위하고 유연한 관점에서 이해된다. 이는 혈통이나 친족 집단에 국한된 좁은 의미에서 종족적이지는 않지만, 여기서 제시한 넓은 의미의 종족성과 종족 기반 문화에 의해 흔히 강하게 뒷받침되곤 한다. 앞에서 보았듯이, 문제의 민족 정체성이 공식적으로 '시민적'인지 여부는 이런 면에서 거의 실질적 중요성이 없다. 종족과 언어가 다원적인 상황이며 국가가 이중민족국가나 다민족국가가 아닌 경우, "자유민주주의 국가(혹은 '시민적 민족')가 종족문화적으로 중립이라는 관념은 명백히 틀렸다."* 물론 국가와 특정 민족 정체성 및 문화의 연계는, 그러한 위험을 억제하기 위해 자유민주정에서 발전시킨 온갖 메커니즘에도 불구하고 때때로 남용되기 쉽다. 그럼에도 이러한 연계는 현대 국가와 현대 민주정의 핵심이다.

---

* Kymlicka, *Politics in the Vernacular*, 24. 킴리카는 주로 언어, 민족 정체성에서 언어가 차지하는 핵심적 위치, 그리고 (미국을 포함한) 자유주의 국가들의 (특히 이민자들을 상대로 한) 언어 장려 정책을 언급하고 있다. 그는 이런 정책들을 "순전히 문화 제국주의나 자민족중심적 편견의 문제로만 보아서는 안 된다"고 강조한다. "이런 종류의 민족 건설은 수많은 중요한 목표에 이바지한다"는 것이다. "현대적 경제에서 일할 동등한 기회", "복지 국가에서 요구되는 종류의 연대 창출" 그리고 민주적 정체 체제에 대한 광범위한 참여의 촉진 등이 그것이다(같은 책, 26).

'제국 민족'과 복합 정체성

앞에서 언급했듯이, 프랑스 모델은 시민적 민족주의의 유일하거나 전형적인 모델이 아니다. 좀더 유연한 다른 모델들도 있다. 이런 모델은 포괄적인 시민적 민족을 상정하면서도 그 안에 서로 다른 차원의 정체성과 서로 다른 하위 집단이 있음을 인정한다. 이 하위 범주들은 민족으로가 아니라 종족, 공동체, 때로는 언어로 정의된다. 이런 모델에서는 종족적 요소가―민족 정체성을 정의하는 특성이 아니라 민족 내에 존재하는 특정 하위 집단의 중요한 특성으로서―공공연히 인정된다. 일례로 미국의 경우는 (멀리 떨어진) 여러 나라에서 온 이민자들이 자신의 원래 민족 정체성을 포기하고 미국 정체성을 받아들이고자 하는 의지―흔히 열성―에 주로 의존하고 있다. 다른 이민 국가들도 그렇지만, 미국의 경우 이는 그 나라의 주 언어를 받아들이는 것을 의미하기도 한다. 동시에 이민자들의 유산과 종족성 또한 인정받으며 미국인됨의 중요한 측면으로서 흔히 소중하게 여겨진다. 나아가 문화적으로 다양한 집단이 공존하는 여러 탈식민 국가의 시민적 민족주의는, 모든 시민과 모든 집단이 속한 단일 민족 정체성을 강하게 고수하면서도 (종족)언어적 다원성을 공식적으로 인정하는 것이 특징이다.

그러나 특정 집단이 더 큰 민족의 하위 범주로 간주되면서도 ('단지' 종족 정체성이 아니라) 그들만의 고유한 민족 정체성을 지녔음을 인정받는 경우도 있다. 이 모델의 가장 두드러진 예인 스페인의 헌법은 "스페인 민족 nación española"이 "민족체들 nacionalidades 과 지방들"으로 구성된다고 기술하고 있다(2조). 이 틀 안에서 세 "역사적 민족체"―카탈루냐, 바스크 지방, 갈리시아—가 처음부터 '민족체'로 인정받아 자치주를 수립했다. 이후 다른 몇 몇 지방들도 이런 의미에서의 '민족적' 특성을 주장했다. 그와 동시에, 카스티야어를 쓰는 다수 집단은 그 수적 우위에 힘입어 실질적으로뿐만 아니라 카스티야어의 공식적이고 '국가적'인 위상에 힘입어 뚜렷이 지배적인 위치에 있다. 헌법에 의해 그 "영속적인 통일성"이 선언된(2조) 스페인 민족은 단지 나라 전체("모든 스페인인의 공동의 불가분의 조국")나 시민 공동체 전체의 동의어로만 인식되지 않으며, 공식 언어를 규정한 다음의 조항에 의해 그 문화적 특성을 뚜렷이 부여받고 있다. "카스티야어는 국가 공식 스페인어다. 모든 스페인인은 카스티야어를 알아야 할 의무가 있고 이를 사용할 권리를 가진다"(3조 1항). 다른 한편으로, 이 나라의 자치 공동체들은 그들만의 지역 공식어를 지정할 수 있으며 당연히 그렇게 했다. 따라서 '스페인인'은 그 민족 정체성과 무관하게 단지 스페인 국가의 시민이라 할 수 없다. 언어를 통해 정의되는 그의 민족·문화 정체성은 (그가 소수 집단인 경우에는) 두 층위로 인지된다. 다른 많은 지역에서도 그렇듯이, 언어는 스페인 민족 정체성 지도의 핵심이다. 물론 언어의 차이가 민족적이 아니라 '종족적'으로 정의되는 경우도 있다. 말할 필요도 없겠지만, '한낱' 종족성과 민족 정체성을 구분하거나 서로 다른 두 층위의 민족 정체성을 구분하는 '객관적인' 방식은 없다. 이 모두는 사람들이 스스로를, 또 남들이 그들을 어떻게 인식하느냐의 문제이며 이러한 인식과 정의는 서로 상충될 때가 많다. 어쨌든 프랑코 독재 이후의 민주화된 스페인에서 카스티야어를 쓰지 않는 이들은 '민족체'로 공식 인정되었다.

스페인의 상위 민족 정체성인 공통의 '스페인성'은, 카스티야어를 민족 전체의 언어로 규정하는 데서 그치지 않고 (불가리아 헌법과 비슷하게) 모든 시민이 "알아야 할 의무"가 있다는 이례적인 조항을 추가함으로써 더욱 강조된다. (소수 집단의 경우) 그 하위 정체성은 민족 내에서 그가 소속된 '민족체'다. 카스티야어를 쓰는 다수 집단은 (다수) '민족체'로 규정되지 않는다. 소수 집단만이 '민족체'로 규정되며, 다수 집단(이들은 몇몇 지방으로 나뉘어 있으며 그냥 '카스티야'라는 이름의 지방은 없다)은 전체 민족과 구분되는 명칭을 갖지 않는다. 다수 집단이 '스페인 민족'과 동의어가 아님은 분명하지만 그렇다고 민족의 구성 요소 중 하나에 불과한 것도 아니다. 이들은 민족의 핵심이고 이들의 정체성은 민족의 '디폴트 옵션'이다.

이러한 민족 모델은 포괄성과 높은 수준의 다원성을 결합하고 있지만, 그럼에도 바스크인과 카탈루냐인의 다수가 요구하는 완전한 민족태를 부정함으로써 지탱되고 있다. 나아가 이 민족 모델은 이들을 전체 민족 정체성 아래 '포섭'하고 있으며, 그 안에서 이들은 필연적으로 핵심부가 아닌 주변부에 속하게 된다. 바스크와 카탈루냐 민족주의자들은―급진적 분리주의자(일부 바스크 분리주의자들은 분리독립이라는 대의를 위해 무기를 들기도 했다)뿐만 아니라 온건한 민족주의자도―헌법에 명문화된 이 민족 개념을 받아들이지 않는다. 온건한 민족주의자들은 두 자치주 의회에서 오래전부터 다수를 점해왔다. 두 의회는 각 자치주의 주민들이 어느 더 큰 민족의 민족적 하위 범주가 아니라 온전한 의미에서의 민족(nación)이며 따라서 민족적 자결권을 가진다고 주장하는 결의안을 통과시켰다. 현재 온건한 민족주의자들이 지배하는 지방 정부와 의회는 당장 스페인 국가로부터의 분리독립을 지지하지는 않지만, 자민족이 분리독립하기로 자유롭게 결정한다면 그럴 권리가 있음을 주장하고 있다. 만일 스페인이 이 요구를 수용한다면―카스티야어를 쓰는 다수 집단이 지지하는 중앙정부는 이 요구를 거부하고 있다―이 나라는 완전한 다민족국가로 바뀔 것이며, 스페인의 통일은 더이상 '영속적insoluble'이지 않을 것이다.

따라서, 헌법에 규정된 정의에 따르면 스페인은 그 민족국가로서의 다민족적 측면을 ('민족체'라는 층위에서) 공식적으로 인정함에도 불구하고 스스로를 공통된 '민족태'에 기반한 국가로 간주하고 있다. 이 민족태 개념은 시민의 모든 하위 집단을 포괄한다고 주장한다는 의미에서 명백히 시민적이다. 하지만 바스크나 카탈루냐 (심지어 온건한) 민족주의자들의 관점에서 보면 스페인 민족은 국가 내의 다수민족에 불과하며, 그들 자신은 이 국가의 소수민족이고, 스페인 국가는 다수 집단의 정체성을 표현하고 있다. 심지어 공식 관점과 공식 용어에 의거해서 보더라도, 공통된 스페인 민족태는 다수 집단과 소수 집단 사이에서 전혀 중립적이지 않다. 다수 집단은 그 민족 정체성을 (카스티야인이 아니라) 그냥 스페인인으로 정의함으로써, 전체 집단 또한 의미하는 스페인인이라는 명칭을 도용했다. '히스파니아'라는 명칭이 역사적으로 이베리아 반도 전체에 적용되어왔음에도, 이제 소수 집단의 민족주의자들은 '스페인인'이라는 민족적 명칭을 자신들에게는 적용될 수 없는, 다른 민족을 지칭하는 말로 간주한다.

카탈루냐나 바스크의 민족주의자들은 브리튼과 잉글랜드의 구분에 대응하는 것이 스페인에는 없다고 간혹 불평하곤 한다. 이 구분이 잉글랜드를 브리튼 민족태의—비록 압도적으로 지배적인 구성 요소일지언정—한 구성 요소에 불과한 것으로 만들어주기 때문이다. 영국의 사례와 스페인의 사례에는 명백한 유사성이 있다. 5장에서 보았듯이, 두 나라의 역사와 그것이 오늘날의 정체성 지도에 끼친 영향을 고려할 때 둘 다 '제국 민족imperial nation'이라고 명명할 수 있다. 둘 다 크고 복잡하며 역사적으로 볼 때 잉글랜드와 카스티야라는 핵심 민족을 중심으로 구성된 국가다. 두 사례 모두 핵심 민족이 전체 국가의 특징을 배타적으로는 아니더라도 결정적으로 형성했고, 따라서 국가 공통 '민족태'의 특징을 형성했지만 이는 민족과 완전한 일치를 이루지 못했다. 전형적인 브리튼(잉글랜드?)의 방식에 따르면, 영국에서 민족 정체성과 관련하여 쓰이는 용어는 항상 일관되고 체계적이지가 않다. 브리튼은 때때로 "민족들의 민족nation of nations"으로 묘사되곤 한다. 우선 누구보다도 잉글랜드인에게 널리 수용되지만 잉글랜드인에게만 국한되지 않는 관점에 따르면, 브리튼 정체성은 광범위한 초정체성으로 단지 시민적·정치적 소속의 문제가 아니다. 이는 영국의 모든 구성부분을 포괄하면서도 이차적 정체성을 제거하지 않는다. 어느 면에서 이는 '민족'과 '민족체'의 두 층위로 이루어진 스페인의 정체성 개념과 유사하다. 하지만 스코틀랜드가 온전한 '민족'으로 인정받으며 그들이 원한다면 영국에서 분리독립할 권리가 널리 받아들여진다는 차이는 있다. 북아일랜드의 분리독립 권리는 1985년 영국-아일랜드 협정에 의해 인정되었다. 연합왕국과 아일랜드가 맺은 이 협정의 (비공식적) 명칭이("영미간의Anglo-American 우정"이나 그 비슷한 표현을 비롯하여) 앵글로-아이리시 협정Anglo-Irish agreement이라는 사실은, 영국이 본국에서든 해외에서든 사람들에게 얼마나 압도적으로 잉글랜드로 인식되고 있는지를 보여준다.

잉글랜드는 영토로 보나 인구로 보나 (스코틀랜드 민족주의자들이 지적하기 좋아하는 대로 런던에서 통치하는) 브리튼 국가의 대부분을 이루고 있다. 사실 영국 전역에 대한 잉글랜드의 지배는 카스티야의 스페인 지배를 훨씬 압도한다. 최근 스코틀랜드 민족주의의 표출과 더불어 잉글랜드 민족주의에 대한 논의와 잉글랜드 의회 설립 요구가 불거지긴 했지만, 잉글랜드인은 '잉글랜드인'과 '영국인British'을 거의 바꿔 쓸 수 있는 단어처럼, 혹은 후자를 전자의 연장처럼 취급하는 경향이 있다. 영국을 보는 잉글랜드인의 전형적 관점은 다민족국가라기보다 "잉글랜드 플러스 알파"로 묘사하는 게 가장 현실에 가까울 것이다. 영국의 역사의식은 압도적으로 잉글랜드의 관점을 취하고 있다. 의미심장하게도 현재의 여왕은, 그가 연합왕국에서 엘리자베스라는 이름을 지닌 첫 군주라고 스코틀랜드 민족주의자들이 주장하며 반대했음에도 불구하고 엘리자베스 '2세'로 즉위했다. 물론 엘리자베스 1세는 '단지' 잉글랜드의 여왕이었던 게 사실이지만, 어째선지 이 주장은 받아들여지지 않았다. 웨스트민스터의 의회는 역사적으로 잉글랜드 의회이고 후대에 다른 지역의 의원들이 여기 합류한 것이다. 심지어 잉글랜드의 극단주의·외국인 혐오주의 정당조차도 스스로를 '영국민족당 British National Party'이라 칭하고 있다.

광범위한 민족 정체성으로서의 이 '영국성' 개념은 잉글랜드 다수 집단이 국가를 온전한 의미에서의 '우리 것'으로 간주하게끔 하는 동시에 비잉글랜드인에게도 높은 참여와 일체감을 이끌어낼 만큼 포괄적이고 유연하다. 영국 정부에서 총리를 비롯한 고위직을 차지해온 무수한 스코틀랜드인과 웨일스인이 그 산 증거다. 일부 잉글랜드인은 스코틀랜드가 연합왕국에서 부당한 이득을 누린다며 분개할지도 모르지만(명백히 이는 스코틀랜드인의 소수자적 지위를 보상하기 위해 고안된 것이다) 그렇다고 해서 잉글랜드인이 영국 국가를 '우리 것'으로 취급하기를 중단하지는 않을 것이다. 다른 한편으로, 비잉글랜드계 영국 시민의 상당수는 (자신의 고유한 민족 정체성 위에, 그와 더불어) 영국인이라는 딱지를 자신의 민족 정체성에 대한 정의로 받아들이기를 거부하며 그들 중 다수는 분리독립을 선호한다. 이는 북아일랜드의 민족주의(공화주의) 공동체에서도 뚜렷이 나타난다. 스페인 카탈루냐와 바스크의 온건한 민족주의자들과 달리, 2011년 스코틀랜드 의회에서 과반수를 획득한 스코틀랜드 민족주의자들은 잉글랜드로부터 스코틀랜드가 ('민족들의 민족' 내의) '민족'임을 인정받고 영국으로부터의 분리독립 선택권을 가지는 선에서 만족하지 않는다. 여론 조사에 따르면 현재로서는 다수 스코틀랜드인이 이 요구에 찬성하지 않음에도, 그들은 실제 분리 독립을 원한다. 그들은 영국 국가와 영국 '초'민족태라는 관념을 브리튼제도의 비잉글랜드인에 대한 잉글랜드 지배의 약칭으로 간주한다. 웨일스 민족주의자들도 비슷한 관점을 취하고 있지만, 스코틀랜드 민족주의자들보다는 영향력이 약하다.

스페인과 영국에서 각기 다른 형태로 특징지어지는 두 층위의 민족태 혹은 복합 민족태 모델은 국가를 민족적인 동시에 다민족적으로 구축하려는 불가능한 시도다. 그렇긴 해도 둘 중에서 결정적으로 여겨지는 것은—다수 집단이 지배하면서 소수 집단에게 포괄적이고 포용적인—민족적 차원이다. 강조하고픈 점이 다수 집단의 지배에 있든 소수 집단에 대한 포용에 있든, 현단계에서 이 모델은 부분적 성공으로 규정할 수 있다. 영국과 스페인처럼 민족적으로 다양한 나라들을 근대적 민주정이라는 조건하에 하나로 유지하려면 이것이 유일한 방법은 아니더라도 아마 최선의 방법일 것이다. 하지만 확실히 중요한 건, 심지어 이 모델도 장기적으로 나라를 하나로 유지하기에는 불충분할 수 있다는 것이다. 민족적으로 온전한 의미의 '우리 것'인 국가에서 살고자 하는 욕망은 분명 강력한 힘인 듯 보인다. 심지어 이는 소수자와 소수민족의 권리가 잘 보호되는 서유럽의 부유한 민주국가에도 적용된다. 물론 이 욕망이 서로 상충되는 다른 소망과 고려들을 누르고 언제나 가장 우선시된다는 말은 아니다. 종족·민족 정체성이 국가를 형성하듯 국가도 종족·민족 정체성을 형성한다. 그럼에도 자기 편의대로 민족 정체성을 형성하는 근대 국가의 힘에 대해 과도하게 낙관적인 사람에게 영국의 사례는 의아해 보일 것이다. 잉글랜드와 스코틀랜드라는 두 역사적 왕국의 의회가 완전히 통합된 상태로 300년간 유지되었음에도, (자유주의적이고 포괄적일 뿐만 아니라 확실히 강력하고 거의 성공한 메커니즘이라

할 수 있는) 영국 국가는 스코틀랜드 민족주의를 없애지 못했다.

영국 민족태의 핵심을 이루는 것이 잉글랜드인의 종족적 민족주의라고 한다면 이는 옳은 말일까? 이 말이 다소 괴상하게 들릴 수 있다는 걸 인정한다. 스코틀랜드 민족주의의 도전이 자연스럽게도 잉글랜드의 잉글랜드성Englishness을 좀더 의식적으로 부각시키고 여기에 정치화의 잠재력을 부여하는 경향이 있지만, 대다수 잉글랜드인은 "잉글랜드 민족주의"라는 개념을 아주 어색하게 여길 것이 분명하다. 대량 이주의 영향하에 있는 오늘날의 잉글랜드 사회는 다종족적 성격이 매우 강하다. 그럼에도 (그들 사회에서 전혀 주변적인 집단이 아닌) 스코틀랜드 민족주의자들의 관점에서는 상황이 어떻게 보일지를 따져볼 만하다. 그들이 볼 때 문제의 핵심은, 다른 정체성·역사·문화를 지닌 타민족이 고유한 문화·정체성·역사의식을 지닌 자민족을 순전한 수적 우위의 힘으로 지배하고 있다는 것이다. 단일 국가 내에서 두 대규모 시민 집단 간에 빚어지는 이러한 상황을 일반적 학술 용어로 정의하면 두 고유한 종족민족주의 간의 긴장이 된다. 많은 이들에게는 이상하게 들릴지 몰라도, 이런 인식은 수백 년간 이어져온 정치체— 세계에서 가장 자유주의적이고 포괄적인 정치체—를 해체시킬 수 있을지도 모른다. 문제의 두 인족이 같은 언어를 쓴다는 사실은 문화가 종족성과 민족 정체성 못지않게 광범위하고 유연한 개념임을 입증할 뿐이다. 문화는 외부로부터의 그 어떤 정확한 정의도 허용하지 않지만, 이를 공유한다고 여기는 이들에게는 지극히 중요하다.

러시아는 역사적으로 러시아 핵심 민족을 중심으로 건설되었지만 러시아어를 쓰지 않는 인족을 많이 포함한 거대 '제국'이다. 옛 러시아 제국은 민족 자결권에 이념적으로 헌신하는 공산주의 체제하에서 다민족국가의 형식적 구조를 완전하게 갖춘 소비에트 사회주의 공화국 연방으로 재편되었다. 소련의 연방 주체인 민족 공화국들은 연방에 자발적으로 들어왔고 분리독립할 권리를 공식적으로 지닌다고 간주되었다. 연방 영토의 대부분을 차지하는 러시아는 공식적으로 15개 공화국 중의 하나에 불과했지만, 실제로 러시아가 정치적으로나 문화적으로나 소련의 핵심이라는 데는 의문의 여지가 없었다. 러시아어는 연방의 국어였고, '국제주의적' 성격을 띠었던 소련 초기 이후에는 러시아 애국주의와 민족적 자부심이 체제 이데올로기와 수사의 핵심이 되었다. 소비에트 이후의 러시아 정부는 소수 집단을 명시적으로 '민족체nationality'로 인정할 수밖에 없었다. 그래도 이는 소수 집단이 공산주의 체제하에서 인정받았던 것의 부인을 뜻할 터였다. 러시아 국가는 소수 인족의 고유한 정체성을 존중하고 그들이 국가와 일체감을 갖게끔 장려하지만, 이 국가 자체는 러시아어를 쓰는 다수 집단의 언어·문화·역사와 (배타적으로는 아니더라도) 명백히 동일시된다. 1993년도에 러시아 헌법은 "러시아 연방의 다민족인 우리"의 이름으로 말하고 있다. 국가의 단일성은 보장된다. 러시아어는 전 영토 내에서 국어이지만, (소수 인족들의) '공화국'은 자국의 언어를 지정할 권리가 있다(68조). 연방은 "협의의 러시아인Russian-proper"('로시스키'와 구분되는 '루스키'. '로시스키'는 '민족체'와 무관하게 러시아 전체와 연관된다. 공식 용법과 정치적으로 올바른 모든 용법에서는 이 두 단어가 신중히 구분되어 쓰인다)에 대응하는 구성 요소를 가지지 않는다. 소수 인족들의 '공화국'과 '소수민족 지역national region'은 이 나라 영토의 좁은 부분만을 차지하며, 소수 인족 인구 중에서도 소수만이 이들 지역에 거주하고 있다(하지만 소수 집단 인구의 상당수가 그 외부에 거주한다). 공식·비공식 다수 담론에서, 모스크바의 크렘린에서 통치하는 이 광대한 나라의 역사적 연속성 및 정체성 의식은 압도적으로 "협의의 러시아적" 성격을 띤다. 러시아어를 공통 국어로 가지는 "러시아의 다민족"은 (소수) 민족체들을 그 구성 요소로 가지는 "스페인 민족"과 여러 면에서 비교될 수 있다. "협의의 러시아인"이라는 구성 요소는 국가state의 뚜렷한 핵심이며, 서구적 용어로 하자면 민족nation의 핵심이다. 헌법은 "협의의 러시아인"을 그 주된 구성 요소로 가지는 전체를 기술하는 데 이 용어를 사용하지 않지만 말이다.*

민족 자결과 영토 보전

현대 세계에서 민족 정체성의 정의가 특히 민감한 문제가 되는 이유는, 민족태를 인정하는 표현이 민족 자결권과 (최소한 잠재적으로) 분리독립 문제로 이어지기 쉽다는 사실 때문이다. 유엔 헌장에 나온 "사람들의 자결 peoples to self-determination" 권리는 그 정의가 불분명하긴 하지만 국제적 규범으로 널리 인정되고 있다. 이 권리가 (또하나의 근본적인 국제 규범인) 주권 국가의 영토 보전 원칙을 능가하는지, 또 어떤 상황에서 능가하는지, 분리독립할 권리도 포함되는지는 결론이 나지 않은 논란 주제다.[17] 하지만 민족이나 (민족 공동체라는 의미의) '인족a people'의 지위가 민족자결 주장을 강력히 촉발시킨다고 널리 여겨지는 건 확실하다. 영국의 스코틀랜드 정체성에 적용되는 '민족태nationhood'라는 표현은 연합왕국이 두 왕국의 합병으로 수립된 역사적 사실을 반영하지만, 오늘날 스코틀랜드가 분리독립 권리를 인정받은 것과도 잘 들어맞는다. 이런 권리를 인정했다는 점에서 영국은 이례적이다. 민족 자결권의 규범적 범위에 대한 관점은 제각각이고 나라에

---

* 러시아에서 '나치야[nation]'나 '나치오날노스티[nationality]'는 (나라의 다수 집단인 러시아인에게도 적용되는) 종족민족적 의미로 자주 사용된다. 한편, (어원적으로 사실 라틴어 '나티오natio'에 가까운) '나로트[people]'도 국가 내의 종족민족 집단을 가리키지만, 그보다는 주민 전체나 시민 공동체 전체를 의미할 때가 더 많다.

따라 수용되는 정체성의 정의도 제각각이지만, 보통 주권 국가는 자국의 영토 보전을 불가침으로 여긴다. 스페인 헌법에 실린 민족에 대한 정의는 스페인 문화와 역사에 대한 특정한 전망을 표현하는 한편, 분리독립 요구에 정당성을 부여하지 않은 채 소수 정체성을 합당하게 인정하려 시도하고 있다(하지만 완전히 성공적이지는 않다).

그러나 스페인 헌법이 스페인의 불가분성을 들먹이며 분리독립을 명확히 배제하긴 해도, 만일 카탈루냐와 바스크가 완전한 민족태에 대한 요구를 바탕으로 확실한 분리독립을 뚜렷이 민주적으로 선택한다면, 과연 오늘날의 스페인이 이들을 스페인 국가에 묶어두기 위해 무력을 행사할 의지와 정치적 능력이 있을지는 의문이다. 체코슬로바키아에서 민주정을 재수립했을 때 슬로바키아는 분리독립할 권리를 법으로 인정받지 못했지만 슬로바키아의 분리독립을 무력으로 막는다는 건 상상할 수도 없는 일로 여겨졌다. 캐나다 대법원은, 퀘벡이 분리독립할 법적 권리(퀘벡은 스스로가 '민족nation'임을 근거삼아 이 권리를 주장했다)는 없지만 만일 이 지방이 (기준을 규정하지 않은) 충분한 다수에 의해 뚜렷이 민주적으로 분리독립을 택한다면 연방 정부는 분쟁을 해결하기 위해 선의로 협상에 임해야 한다고 판결했다.[18] 법원의 표현은, 결국 연방정부는 합당한 분리독립 조건을 고수할 권리가 있을 뿐 분리독립을 정면으로 거부할 권리는 없음을 단언하지는 않아도 뚜렷이 시사하고 있다. 여기서의 메시지는 명확하다. 즉, 너희는 분리독립할 법적 권리가 없지만 너희가 진짜로 고집을 꺾지 않는다면 우리가 너희를 무력으로 막을 수 없다는 것이다. 과연 오늘날의 어떤 서구 민주국가가 퀘벡, 카탈루냐, 스코틀랜드 같은 공인된 민족적 실체의―이들 지역 내 다수민의 뚜렷이 표출된 민주적 의지로 뒷받침되는―결연한 분리독립 시도를 무력으로 막을 수 있을지 매우 의심스럽다.

반면에 불가리아는, 터키계 소수민이 인구의 다수를 이루는 지역에서 이들 소수민이 분리독립하여 터키에 합류하려는 일체의 시도를 막기 위해 무력을 사용할 확률이 훨씬 높을 것이다. 물론 이런 시도는 주민 투표나 지방 의회에서 통과된 결의안 같은 민주적 정당성을 누리지도 못할 것이다. 바로 이것이 불가리아 헌법에서 국가 내의 "자치 영토 수립"을 금지하고 있는 이유다. 하지만 불가리아가 터키계 시민의 소수민족 지위까지 부인할 필요가 있다고 여긴다는 사실은, 자치 영토의 뒷받침 없이 '민족'이라는 지위의 공인만 있어도 고유한 문화를 지닌 대규모 집단의 분리독립 요구에 정당성이 실릴 수 있다고 우려하고 있음을 강하게 시사한다.

민족 자결의 '위협'은, 여러 나라들이 소수 집단을 '민족'으로 대놓고 인정하길 꺼리고 종족이나 언어로 정의하는 편을 더 선호하며 심지어 복수 정체성을 공식적으로 인정하는 경우에도 포괄적인 시민적 민족주의를 고집하는 강한 경향성을 설명하는 데 (진정으로 포용적인 태도 못지않게) 큰 도움이 된다. 오스트리아-헝가리 제국은 인민이 아닌 황제가 정당성과 권위의 최고 근거로 여겨졌기 때문에 그 신민들이 다양한 인족에 속해 있음을 부담 없이 인정할 수 있었다. 인민의 의지는 내부 정치적 안배나 제국 내 다른 인족들과 비교한 상대적 입지와 관련하여 황제가 가지는 권리를 압도할 정당한 권리를 공식적으로 지니지 못했다. 하지만 19세기에 자유화와 민주화가 진전되면서, 제국은 다양하고 이따금 서로 상반되는 민족적 요구를 수용하라는 압박에 점점 더 몰리게 되었다.

20세기에 자국의 다민족적 특성을 가장 쉽게 인정한 체제는 역설적이게도—인민의 의지가 정당성의 궁극적 근거임을 대놓고 부인하기보다 차라리 그것을 찬탈해버린—공산주의 독재정들이었다. 소련, 유고슬라비아, 체코슬로바키아가 다민족 혹은 이중민족 구조를 아무런 차질 없이 공식적으로 유지할 수 있었던 건 이 체제가 그 해체는 물론이고 분리주의 정서의 공공연한 표출까지 가로막을 만큼 강력했기 때문이다. "형제 민족들 brotherly peoples"의 이름으로 이들이 같은 사회주의 조국 안에서 함께 사는 것이 얼마나 행복한지가 끊임없이 선언되었다. 소련 헌법은 민족 공화국들에 분리독립의 권리를 형식적으로 부여했다(하지만 공화국 하부의 민족 자치 지역에는 부여하지 않았다). 선언에 따르면 소비에트 연방은 자발적인 가입을 통해 수립되어 자발적으로 계속 유지되었다. 공산 중국도 소수 집단들을 소수민족이나 민족체로 정의한다. 하지만 이들은 다수 집단이자 민족의 뚜렷한 핵심인 한족과 더불어 중국 민족의 일부로 간주되며, 나라의 단일성은 공식적으로 불가침이다.* 물론 인민의 이름으로 발언한다고 자처하는 정부 주장과 배치되는 것을 요구할 정치적 자유가 존재하지 않는다면, 민족의 독자성과 심지어 민족이 자신의 미래를 결정할 자유까지도 부담 없이 허용할 수 있다. 그러나 민족적 요구를 거의 공개적으로 표출할 수 있는 경우에도 서로 다른 시민 집단 간의 문화적 차이를 민족적으로 정의하는 데는 흔히 대단한 저항이 따른다.

심지어 이중민족 국가의 가장 뚜렷한 사례인 벨기에조차도 헌법 제1조에서 자국이 (민족들이 아니라) "공동체들과 지방들로 구성되어 있다"고 공식 규정하고 있다. 플란데런의 독립을 열망하는 플란데런 민족주의자들이 (단지 그들만은 아니지만) 플란데런 민족을 이야기하는 것은 놀랄 일이 아니

---

* 즉, 중국의 모든 민족체는 인민공화국에 자발적으로 합류함으로써 자결권을 행사한다는 이론이다. 이것은 공산당이 이전에 취했던 입장을 뒤집은 데 대한 마오쩌둥의 이데올로기적 정당화 논리 중 하나였다. 중화소비에트공화국의 1931년도 헌법에서는 모든 소수 민족체가 분리독립을 포함한 완전한 자결권을 가졌다. Baogang He, "Minority Rights with Chinese Characteristics," in Kymlicka and B. He (eds.), *Multiculturalism in Asia*, 61 참조.

다. 캐나다에서는 지루한 논쟁 끝에, 이 나라가 사실상의 이중민족국가가 되고서도 오랜 시간이 흐른 후인 2006년에야, "퀘벡인이 캐나다 연방 내에서 민족을 구성한다"는 것을 인정하는 발의안이 캐나다 하원에서 통과되었다.

탈식민 국가들: 종족문화적 다양성과 "민족의 통일성"

흔히 종족이 매우 다양하고 종족문화적 다수 집단이 없는 경우도 드물지 않은 탈식민 국가에서는, "민족의 통일성"을 고수하고 종족 간 차이의 민족적 위상을 부정하는 것이 특히 중대한 일로 취급된다. 국가가 이런(특히 언어의) 차이를 인정하고 다소간 수용하는 일이 흔한데도 불구하고 그러하다. 기존의 오래된 민족들이 영토 보전에 대한 불안감을 드러내기도 한다. 하지만 6장에서 보았듯이, 특히 탈식민 국가에서 선명하게 정의된 두 민족 집단이 범위가 명확한 두 자치 지역에 각각 거주하며—체코슬로바키아식으로—합의에 의해 '깔끔하게' 갈라서는 건 더 비현실적인 선택지다. 많은 경우에는 크나큰 폭력과 더불어 걷잡을 수 없이 붕괴, 해체되는 암울한 결과를 우려할 이유가 충분하다. 아프리카에서는 종족 집단측의 분리독립 요구는 고사하고 민족으로서의 지위를 요구하는 주장도 흔히 '부족주의'로 매도되곤 한다. 분리주의를 배격하는 사회적 합의는 광범위한 정당성을 띤다. 하지만 우리가 에리트레아(1993년)와 남수단(2011년)에서 목격했듯이 분리독립은 실제로 발생한다. 주목할 것은, 남수단의 독립 투쟁이 아랍인과 무슬림 위주의 북부에 대항하는 강한 종족문화적 기반을 지녔음에도 남수단 역시 다양한 종족 집단으로 쪼개져 있다는 사실이다. 남수단 내에도 그 나름의 종족 간 폭력이 존재하며 자체 내의 분리주의 도전에 직면할 수도 있다.

탈식민 국가의 정부들이 사회 단결을 촉진하고 종족 분쟁을 피할 필요성과 더불어 분리주의의 위험을 주기적으로 들먹이긴 하지만, 그들이 포괄적 민족태를 고수하는 배경에는 비단 그것만 있는 것이 아니다. 유럽에서도 그렇지만, 핵심 종족민족이 존재하는 경우 민족 통일의 천명은 지배 종족의 입지 강화에도 유용하다. 이는 지배 집단의 언어와 그 밖의 문화적 특질을 '민족적' 지위로 격상시키는 한편, 소수 집단 정체성의 민족적 특성 (그리고 대부분의 경우 연방 내에서의 자치)을 부인함으로써 습관적으로 행해진다. 일례로 스리랑카의 다수 집단(인구의 약 75퍼센트)인 싱할라인은 싱할라어를 나라의 유일한 공식 언어로 만들기 위해 헌법을 수정하기도 했다 (나중에 다시 개정되었지만). 재개정된 헌법도 이와 비슷하게 불교에 "최우선적 지위"를 부여함으로써(2조) 국가를 다수 집단의 종족문화적 정체성과 좀더 긴밀히 결부시켰다. 동시에 정부는 민족의 통일성을 고수하고 스리랑카가 '단일 국가unitary state'임을 주장하며, 자신들을 독자적 '민족'으로 인정해달라는 타밀계 대규모 소수 집단의 요구를 명백히 거부하고 있다. 물론 스리랑카에서건 어디서건 헌법상의 정의와 정체성 지칭에 대한 논의만으로는 상황의 전모를 알 수 없다. 이는 다양한 분야에 존재하는 종족 간 긴장에 상징적 표현을 부여하며 이를 더 악화시킬 수도 있다. 원래 타밀 민족주의자들이 실질적으로 요구한 것은 연방 체제의 일부로서의 민족 자치체였다. 스리랑카 정부는 단일 국가라는 명분을 내세워 이 요구를 거부했다. 결국 급진적 타밀 민족주의자들은 폭력적 분리주의에 의지했다. 길고도 쓰라린 내전이 뒤따랐고, 2011년 반군의 패배로 끝났다.

말레이시아는 종족문화적 다수 집단인 말레이인이 인구의 약 50~60퍼센트를 이루고 있다. 이와 더불어 중국계 소수민이 약 25퍼센트,

그리고 좀더 적은 수의 인도계 공동체와 여타 집단이 존재한다. 스리랑카의 타밀인과 달리 중국과 인도계 소수민은 특정 지역에 몰려 있지 않고 분리독립(혹은 연방 내의 자치 영토)을 요구할 위치가 아니다. 헌법에 따르면 다수 집단인 말레이인의 언어는 "국어"(152조)이며 그들의 종교인 이슬람은 "연방의 종교"(3조)이다. 앞에서 보았듯이, 공식적으로 '시민적'인 민족의 핵심에 그 정체성이 국가와 강하게 연결된 종족문화적 다수 집단이 존재하는 경우는 유럽 민주국가들 사이에도 드물지 않다. 하지만 말레이시아는 그뿐 아니라 경제 분야에서 말레이 다수 집단을 편애하는 우대 정책을 공공연히 시행하고 있다. 이러한 편애는 말레이인이 '토착민'으로서 지니는 특징과 예로부터 주로 중국인의 손에 집중되어온 경제력의 균형을 이룰 필요성에 의해 정당화되며, 헌법이 이를 명백히 승인하고 있다(8, 89, 153조).

중국계가 약 75퍼센트로 다수를 차지하며 대규모 말레이계 소수 집단과 그보다 적은 인도계 소수 집단으로 이루어진 싱가포르는, 국가를 다수 집단의 역사적 정체성·문화·언어와 어떤 식으로도 결부시키지 않으려는 결연한 노력을 시스템에 반영하고 있다는 점에서 이례적이다. 국가가 종족성을 무시하는 것은 전혀 아니다. 민족은 세 종족 공동체(그리고 추가로 '기타' 범주)로 공식 세분되며 모든 시민은 그중 한 공동체 소속으로 등록된다(이는 아버지의 '인종race'을 따르며, 2010년부터는 혼혈 커플의 자녀를 위해 '이차적' 소속을 기재할 수 있는 선택지가 추가되었다). 하지만 민족을 구성하는 종족 공동체들보다 민족이 우선이라는 것이 크게 강조된다. 싱가포르 정부는 1991년 의회 결의로 채택된 "공유 가치shared values" 목록으로 구성된 공식 원칙을 발표하여 국가 이데올로기를 제시한 바 있다. 이들 가치는 근본적으로 '아시아적인'(따라서 개인주의적이라기보다 공동체주의적인) 가치로서 천명되었다. 그중 최우선 가치는 "공동체 이전에 국가nation, 나 이전에 사회"이고 마지막 가치는 "인종적·종교적 조화"이다.[19] 민족의 문화적 공통 기반을 설명한 이 문서에서 두드러지게 빠져 있는 것이 바로 언어다. 그러니 "시민적 민족주의"의 가장 순수한 모범으로 보아야 할 나라는, 프랑스어가 민족 정체성의 초석을 이루는 프랑스가 아니라 아마도 싱가포르일 것이다. "시민적 민족주의"를 단지 국가의 시민권과 일치하는 데서 그치지 않고 (그 내용에 관한 한) 문화적 특징이 아니라 오로지 시민권과 국가에만 초점을 맞춘 민족 정체성을 뜻하는 것으로 이해한다면 그렇다.

헌법은 싱가포르의 공식 언어로 말레이어, 표준 중국어(만다린), 타밀어, 영어를 열거하고 있다(153조). 하지만 진짜 국가 언어는 영어다. 영어는 정부, 행정, 사법, 경제의 언어이자 모든 교육 기관의 주된 교수 언어다(학생들은 교육 기관에서 자기 공동체의 '모어' 또한 배운다). 다른 여러 탈식민 국가들도 과거 식민국의 언어를 광범위하게 사용한다. 그러나 이들은 언어 다양성이 너무나 커서 서로 다른 종족 집단들(아니 더 정확히 말하면 자국 엘리트)의 유일한 공통어가 유럽어이고 민족 언어로 확립될 만큼 강한 지역어가 없는 나라들이다. 그에 반해 싱가포르에서 영어는 국가에 의해, 국민의 절대다수가 쓰는 지역어(중국어)보다 우선적으로 채택되었고, 인구 전체가 초등학교부터 영어로 교육받는다.

놀랍게도 말레이어는 싱가포르의 "국어national language"라는 상징적 지위를 부여받았다(153A조). 제152조는 정부가 "싱가포르의 토착민인 말레이인의 특별한 위치를 인정하며…… 그들의 정치적·교육적·종교적·경제적·사회적·문화적 이익과 말레이어를 촉진하고 증진하는 방식으로 직무를 수행할 것"을 명하고 있다. 말레이어는 국가(다른 언어로 부르는 것은 법으로 금하고 있다), 국장, 군령에 사용된다. 국기에는 무슬림의 초승달이—그것만 있는 건 아니지만—눈에 잘 띄게 배치되어 있다. 그러니까 국가는 다수 집단의 문화 정체성을 특별 대우하기는커녕, 공식적·상징적으로 소수 집단을 특별 대우하는 셈이다. 싱가포르 정부는 토착 소수 집단인 말레이계도 (이웃한 말레이시아와의 종족문화적 친연성보다는) 싱가포르 민족 소속임을 강조한다는 명확한 목표하에 이들에게 상징적인 분야에서 큰 양보를 할 만큼 강하고 자신감이 있다. 하지만 이 동전에는 양면이 있는데, 그 뒷면은 소수 집단인 말레이계나 다수 집단인 중국계의 민족주의가 단일 민족이라는 공식 관념에 도전하는 징후가 보이면 꽤 무지막지한 탄압도 불사한다는 것이다.

그래도 국가가 육성하는 가장 중요한 문화적 특징은 영어다. 이 언어는 어떤 공동체와도 동일시되지 않는다는 이점이 있다. 경쟁이 치열한 (또 싱가포르가 뛰어난 성과를 거두고 있는) 글로벌 경제에서 영어 사용자들이 누리는 이점 또한 명백하다. 영어를 원어민 수준으로 습득하는 것은 이미 식민지 시대에도 고학력 엘리트(주로 중국인)의 중요한 문화적 특징이었다. 종족 배경이 다른 이들에게도 능력을 기반으로 열려 있는 이 엘리트 계층은 독립 이래로 싱가포르를 견고히 통치해왔고 여러 분야에서 큰 성공을 거두었다. 이들은 싱가포르의 문화적 정체성을 자유민주국가에서는 상상할 수 없는 수준으로 빚어냈다. 실제로 이 기획은, 비록 권위주의적이지만, 대중의 종족문화적 정서를 강압적으로 통제하려 들고 그로부터 큰 희생을 강요하기보다 그 목표에 맞게 활용하는 편을 선호한다는 면에서 다른 어떤 체제에서도 유례를 찾아볼 수 없다. 보통은 민족의 문화가 민족국가의 문화적 특성에 영향을 끼치게 마련이지만, 싱가포르에서는 국가가—소수 인족뿐만 아니라 다수 인족의—문화적 특성을 상당 부분 형성했다. 영어가 공교육을 지배하면서 가정에서도 영어를 주 언어로 쓰는 싱가포르인이 늘어났다 (비록 만다린은 사라질 기미가 전혀 없고, 중국어 '방언들'의 사용을 강하게 억제하는 공식 정책 덕에 실제로 혜택을 입긴 했지만). 이 과정이 만약 그 논리적 결론으로 귀결된다면, 겔너가 말한 "국가와 문화의 일치"의 역설적인 싱가포르식 유형이 탄생할 것으로 보인다.

종족적 배타성과 아무리 거리를 두었어도, 싱가포르 민족 건설 과정 전체는 종족문화적 다수 집단인 중국계의 대규모 존재에 힘입어 촉진되었음이 분명하다. 소수민 인구가 두 고유한 집단으로 세분된다는 사실과 더불어, 이는 종족 분쟁의 위험이―정부가 싱가포르 통치의 덜 자유주의적인 측면을 정당화하면서 자주 암시하는 것보다―의외로 덜 첨예했음을 의미한다. 지배 엘리트의 무시할 수 없는 중국 관료적 특성, 지배 엘리트와 일반 대중 간의 가부장적 관계도 이러한 통치 스타일에 확실히 한몫했다.

싱가포르의 상황과는 비교할 수 없지만 인도에서의 영어도 공식적·비공식적으로 강한 입지를 누리고 있다. 인도 헌법은 힌디어―인구의 다수가 쓰지만 대다수가 쓰지는 않는 언어―를 "연방 공식 언어"로 확립했다(343조). 영어를 "공식적 목적으로 계속 사용한다"는 조항은 영어가 실제로 가지는 중요성을 반영하지 않은 겸손한 문구다. 동시에 연방의 여러 주는 그들만의 지역어를 공식어로 채택할 권한이 있으며 실제로도 그렇게 했다. 6장에서 보았듯이, 인도의 주 경계는 1950년대에 주요 언어 집단의 인구 지도를 최대한 반영하여 재편되었다. 원래는 연방 체제가 언어·종족과 연계되지 않게끔 한다는 것이 인도 건국자들의 의도였지만, 종족성과 분리된 이러한 민족태 관념은 알고 보니 정치적으로 지속 불가능했다. 그래서 다양한 종족문화 정체성이 언어·문화적 권리 보장을 위해 인정될 뿐만 아니라 연방 체제를 통해 정치적으로 강하게 표출되기에 이르렀다. 공식적으로 인도는 공통된 인도 민족 정체성이 모든 특수한 언어·공동체의 정체성보다 우선한다는 입장을 고수하며 스스로를 다종족·다문화 민족국가로 규정한다. 하지만 인도를 사실상의 다민족국가로 기술하는 편이 좀더 현실적이지 않을까? 이 문제는 이중민족국가와 다민족국가를 다루면서 논의할 것이다.

이중민족국가와 다민족국가

다민족국가와 이중민족국가는 다음의 두 가지 목표를 다 충족할 수 있는 유일한 모델이다. 첫째는 '시민적' 국가와 달리 소수 공동체의 고유한 민족 정체성을 완전히 인정하는 것이다. 둘째는 소수민족을 지닌 민족국가에서 소수민의 정체성을 인정하지만 국가에 의해 표현되는 것은 다수민의 정체성인 것과는 달리, 이러한 정체성들이 국가에 대해 동등한 지위를 가지는 것이다. 다른 모델들이 그렇듯이, 이 모델도 내재적 장점과 단점을 모두 포함한 '패키지 딜package deal'이다. 아마도 가장 큰 단점은, 이런 국가가 실제로 하나로 유지되기가 매우 어렵다는 것이다. 민족주의를 분류하는 흔한 방식에 따르면, 이런 국가 내에 존재하는 둘 이상의 민족 정체성은 모든 시민이 공유한다는 의미에서 '시민적'이지 않음이 명백하다. 시민 내 민족 정체성의 다원성을 강조한다는 점에서 이 모델은 '시민'과 '민족'을 동일한 것으로 인식하는 프랑스 모델의 정반대라고도 볼 수 있다. 유럽에서 종족문화적 소속의 중요성이 국가 시민권의 중요성을 현격히 능가하는 곳으로는 벨기에만한 나라가 없다. 비록 벨기에 자신은 이 용어를 쓰지 않지만 이 나라는 이중민족국가다.

게다가 이중민족·다민족 국가가 자국 내 여러 민족체들 사이에서 지키는 공식적 중립은, 나라를 구성하는 주요 민족에 속하지 않는 집단에게는 적용되지 않는다. 특히 이중민족·다민족 연방을 구성하는 주들은—플란데런 내의 소수 프랑스어 사용자나 퀘벡 내의 소수 영어 사용자처럼—"오 갈 데 없는 소수stranded minorities"에게 전혀 중립적이지 않다. 이 시스템의 전체 논리는 이런 주권 국가 하위의 민족적 실체들을 그들 고유 정체성의 담지자—완전한 주권을 지니지는 않았어도 공적 영역에서 이를 적절히 표현할 사명을 짊어진—로 만든다. 따라서 그들은 자기 영토 내에서 자기 언어와 문화의 패권적 지위를 확보하는 데 특히 비타협적인 경향이 있다. 퀘벡에서 이는 프랑스어 사용자가 단지 캐나다의 소수 집단이 아니라 영어권 북아메리카의 소규모 소수 집단이라는 사실로 정당화된다. 플란데런에서 이런 경향은 과거 프랑스어를 쓰는 엘리트들이 이곳을 지배했고 그 결과로 네덜란드어(플람스어)의 지위가 격하된 데 대한 역사적 원한이 아직 씻기지 않았기 때문에 더욱 강화된다. 어쨌든 퀘벡 내의 소수 영어 사용자와 플란데런 내의 소수 프랑스어 사용자는 연방제 이중민족국가에서 보장되는 민족-문화 정체성의 평등이 나라 전역의 모든 시민에게 적용되지 않는다는 사실을 입증해준다. 또 이는 국가의 구성 주체에 속하지 않는 소수 집단에도 적용되지 않는다.

따라서 이중민족국가인 벨기에는, 순수한 '단일민족' 국가인 프랑스와 똑같이 '소수민족 보호를 위한 유럽 기본 협약'을 채택하지(벨기에의 경우에는 비준하지) 않는다는 비판에 직면하게 되었다. 유럽평의회 의회협의체의 법무인권위원회 보고서에 실린 벨기에의 입장 해명은 교훈적이다.

벨기에가 '기본협약'의 비준을 꺼리는 근저에는…… 벨기에 연방 구조의 기본 원칙을 이루는 영토권 원칙이 '기본협약'과 양립할 수 없을지도 모른다는 우려가 자리잡고 있다. 이 원칙에 따르면…… 벨기에는 네 언어권으로 나뉘며 그중 셋은 단일 언어 지역(네덜란드어권, 프랑스어권, 독일어권)이고 나머지 하나는 이중 언어 지역(수도인 브뤼셀)이다.…… 이 중 언어 지역인 수도 브뤼셀에서 네덜란드어와 프랑스어가 대등한 지위를 가지며 27개 자치체에 언어적 소수자를 위한 편의 시설의 설치를 인정한 것을 제외하면, 동질적 언어권과 언어적 소수자의 동화를 선호하는 방향으로 선택이 이루어졌다.[20]

오늘날 누군가 "언어적 소수자의 동화"를—특히 이주민 공동체가 아닌 토착민 소수자를 가리켜—운운하는 일은 극히 드물다. 심지어 프랑스에서도 요즘은 이주민에게 '동화'가 아니라 '통합'이라는 용어를 쓰는 게 보통이다.[21] 그럼에도, 벨기에라는 이중민족 연방에서 두 주요 공동체의 동등한 지위(이와 더불어 소규모 독일어권 공동체의 자치)를 보장하기 위해 고안된 바로 그 영토성 원칙이, 연방을 구성하는 두 주요 공동체의 영토에서는 단일한 종족문화 정체성의 완전한 우위를 승인하고 있다.

다민족국가를 구성하는 '민족들'을 시민적 민족으로 여겨야 할까, 아니면 종족적 민족으로 여겨야 할까? 당연하게도, 이들은 그 정의상 단일 (주권) 국가의 시민 모두를 포괄하지 않기 때문에 엄밀한 의미의 시민적 민족일 수 없다. 두(혹은 그보다 많은) 민족 공동체의 영토가 나뉘지 않고 국가가 그들 간의 일종의 파트너십을 통해 단일한 영토 단위로 통치된다면, 두 민족 정체성 모두 확실히 전형적인 종족적 정체성으로 정의되어야 한다. 실제로 이런 국가에서는 종족민족 정체성에 대한 의문과 고려가 정부 시스템 전체를 지배하고 있다. 키프로스는 이에 기반하여 1960년에 단일 이중민족국가로 수립되었지만, 두 공동체 간의 정부 파트너십은 몇 년 안 가서 결렬되었다. 마케도니아의 헌법 합의안은 이 나라의 다수 집단인 슬라브계 마케도니아인과 알바니아계 대규모 소수 집단의 분쟁 종식을 위해

2001년 국제 사회에서 주선한 협정의 결과로 채택되었다. 이 합의안은 같은 영토를 공유하는 두 종족적 민족주의 간 파트너십의 형태로 상당한 이중민족주의적 요소를 도입했다. 하지만 다수 집단인 슬라브계 마케도니아인이 여전히 이 나라의 주도 세력이므로 마케도니아는 완전한 이중민족국가가 아님을 지적해야 할 것이다. 이 점은 마케도니아어에 뚜렷한 우선권을 부여한 개정 헌법 7조에도 반영되어 있다. '소수민족 보호를 위한 유럽협약'에 서명하며 첨부한 선언문에서, 마케도니아는 자국 내 알바니아계 주민을 '소수민족'으로 공식 등재했다. 이 용어는 마케도니아가 스스로를 이중민족국가가 아니라 대체로 민족국가로 간주함을 시사하고 있다.[22]

민족 단위들로 구성된 다민족·이중민족 연방의 경우, 이러한 민족 단위의 전체 주민을 포괄하는 민족 정체성은 문제의 영토적·정치적 실체에 적용되므로 원칙상 시민적 정체성으로 매우 합당하게 정의할 수 있다. 하지만 이러한 단위에도 다수 집단과 상당히 차이 나는 소수 집단이 포함될 가능성이 (전체 민족국가 못지않게) 높다. 더 큰 국가 내의 민족 단위도, 이런 소수 집단이 그들 고유의 정체성을 '민족' 정체성으로 인정받는다면 요구할지도 모를 문화적 권리와 지위를 부인하기 위해 포괄적인 시민적 민족주의의 수사를 구사하는 경향이 (민족국가 못지않게) 있다. 게다가, 민족 자치 단위도 자치 단위 내 소수민족 집단측의 분리주의 위험(혹은 달갑잖은 자치 요구)을 주권 국가 못지않게 우려할 수 있다. 분리독립을 고려하는 이들은 다른 누군가도 자신들로부터 분리독립할 권리가 있다는 걸 받아들이기를 매우 꺼리는 게 보통이다. 같은 이유로, 중앙정부로부터 광범위한 자치권을 획득한 이들은 자신들이 통제하는 영토 내 소수 집단의 자치 요구에 흔히 완강하게 버티곤 한다. 일례로 퀘벡의 민족주의 정부는 퀘벡인이 독자적 민족이라는 주장을 근거로 캐나다로부터 분리독립할 권리를 내세우면서,

다른 한편으로는 퀘벡 민족의 시민적이고 포괄적인 특성을 주장한다. 이는 프랑스어를 단지 다수 종족민족의 언어가 아니라 퀘벡 전역의 국어로 공공 영역에 도입하는 것을 정당화해주는 핑계가 된다. 또 일부 토착민 집단('선주민')은 퀘벡이 캐나다로부터 분리독립할 경우 자신들도 퀘벡으로부터 분리독립할 권리를 요구하고 있는데, 퀘벡이 주장하는 퀘벡 민족의 시민적 특성은 그들이 이런 선주민의 요구를 거부하는 걸 정당화해주는 핑계가 되기도 한다. 벨기에의 경우 플란데런 정체성과 왈롱 정체성은 심지어 형식적인 의미로도 시민적 정체성으로 정의될 수 없어 보인다. 둘 다 그 중요한 구성 요소로 이중 언어 지역인 브뤼셀의 시민들을 포함하고 있으며, 따라서 국가 하부의 영토적 실체와 일치한다고 말할 수 없기 때문이다. 동시에 '영토성'의 원칙을 "동질적 언어권"으로 해석한 것은, 그 포괄적 측면의 혜택이 없는 (강요된) 시민적 민족주의의 억압적 측면을 드러낸다. 이러한 방식을 옹호하여 시도할 수 있는 변론은, 벨기에 국가의 통일성이 두 종족민족 정체성 간의 긴장으로 큰 도전에 직면해 있는 상황에서 이 통일성의 기반인 섬세한 균형을 유지할 필요가 있다고 여겨지는 듯 보인다는 것이다.

아무리 부정직하다 해도 포괄적인 시민적 민족주의의 언어를 쓰는 편이 적어도 약간은 더 도움이 된다. 1995년에 퀘벡 지역의 집권당이자 분리주의 정당인 퀘벡당의 발의로 주권 독립(실은 분리독립) 의사를 묻는 주민투표가 실시되었는데, 1퍼센트 미만의 근소한 차이로 부결되었다. 분리독립파 지도자인 퀘벡 주지사는 이 이슈가 "[돈과] 소수민족 표ethnic vote"에 의해 결정되었다고 공개석상에서 불만을 표했다. 이 말은 (물론 프랑스어가 이 민족의 주된 문화적 특징으로 공공연히 인정되긴 하지만) 이 지방의 모든 주민이 공유하는 민족 정체성으로서의 "퀘벡 민족Québécois nation" 관념을 훼

손한 것으로 정확히 해석되었다. 이는 여론의 거센 역풍을 불러일으켰고, 이것이 (주민투표 부결과 더불어) 주지사의 사임 결정에 영향을 끼쳤다고 여겨진다.

물론 프랑스어를 쓰지 않는 소수 집단이 이런 주민 투표에 참여할 권리는, 그들 다수가 소속감을 느끼지도 않는 민족 정체성을 이들에게 부여하지 않고도 쉽게 지켜낼 수 있다. 민주주의의 기본 원칙만 적용하면 된다. 정당한 민주적 결정은, 그 결정을 내리는 주체가 주권적 실체든 비주권적 실체든, 또 그 안에서 우세한 집단 정체성의 공식적·비공식적 정의가 어떻든 상관없이 보통선거를 기반으로 내려져야 한다. 상당수의 소수민족이 존재하는 민족국가에서 모든 중대한 결정은 소수민족을 포함한 다수결로 이루어지며, 그 결정이 다수 집단의 민족자결권에 대한 것이라 해도 마찬가지다. 일례로 앞에서 보았듯이, 슬로바키아의 독립 결정을 정당화한 근거는 분명 "슬로바키아 민족"—즉 슬로바키아어를 쓰는 다수 집단—의 자결권이었지만, 당연하게도 이 결정은 (헝가리계 소수 집단을 포함하여) 슬로바키아 전체 주민이 선출한 의회에 의해 내려졌다. 하지만 이 이슈처럼 감정이 실린 논란의 경우, 민주주의 원칙 외에도 포괄적인 시민적 민족주의의 언어를 (그것이 다수 집단에게 널리 수용된다면) 구사하는 편이 확실히 유리함을 부인할 수 없다. 특정 집단도 민족의 일부이므로 결정에 참여할 권리를 당연히 지닌다고 말하는 것보다는, 이 집단의 민족 정체성과 시민적 권리를 구분해서 같은 권리를 주장하는 편이 덜 직설적으로 들린다.*

---

* 1990년대 이스라엘과 팔레스타인해방기구PLO가 맺은 오슬로 협정이 이스라엘 의회(크네셋Knesset)에서 근소한 표차로 과반수를 넘겨 승인되었을 때, 여기에 아랍계 대의원들의 찬성표가 포함되었다는 이유로 정치적 우파(그 전부는 아니었지만) 쪽에서 강한 항의가 터져나왔다. 이 나라의 유대인과 아랍인은 그들이 독립된 두 민족 정체성에 속한다는 데

이중민족국가와 다민족국가는 얼마나 많이 있으며, 이런 국가 형태가 존속할 가능성은 얼마나 될까? 이 분야의 정의와 지칭을 두고는 논쟁이 빚어지기 십상이므로 확실한 답을 내기는 불가능하다. 소수민족 집단이 자치 영토를 가졌다고 해서, 그 나라를 이중민족국가로 부르기에 무조건 합당할 정도로 국가의 전반적 특성에 영향을 끼치는 건 아니다. 정확한 경계선을 긋기란 쉽지 않다. 문화적 정체성의 다양성(이를 어떻게 정의하든)은 근대 국가에서 예외라기보다 표준에 가까우며, 이 다양성을 공식적으로 인정하고 수용하는 경우도 많다. 그럼에도 둘 이상의 민족 정체성을 대체로 동등하게 구현한다고 스스로 의식하는 국가—여기서 제시된 의미에서의 명실상부한 이중민족·다민족 국가—란 매우 드문 현상이다. 게다가 이런 종류의 국가나 상당한 이중민족·다민족적 요소를 포함한다고 말할 수 있는 국가는, 설령 부유하고 오래된 민주국가라 하더라도 이런 형태로의 장기적 존속을 심각하게 위협하는 도전에 직면하는 경향이 있다.

현재의 형태로 볼 때 두 종족민족의 동등한 파트너십으로 구축된 벨기에—전형적인 이중민족국가—는 연방 차원의 기능을 아주 간신히 유지하고 있으며 수도인 브뤼셀이 아니었다면 아마 둘로 쪼개졌을 것이다. 두 공동체가 공존하는 브뤼셀은 두 실체의 경계가 아니라 완전히 플란데런 영토 안에 자리잡고 있는데 이것이 분리독립을 어렵게 만드는 요인이다. 캐나다의 경우, 연방 차원에서 영어·프랑스어에 동등한 지위를 부여하고 이

사실상 의견이 일치한다. 나아가 소수 집단은 스스로를 아랍계 팔레스타인인이라는 더 광범위한 민족 공동체의 일부로 여기며, 이는 오슬로 협정이 해결하고자 했던 민족 갈등의 한 측면이었다. 따라서 이 둘이 같은 민족태라는 주장은 소수 집단이 결정에 참여할 권리를 옹호하는 근거로 사용할 수 없었다. 하지만 모든 시민이 민족 정체성과 무관하게 가지는 민주적 권리를 들어 이 권리를 지킬 수 있었다.

제 연방 정부가 퀘벡 고유의 '민족태'를 명확히 인정함에 따라 이 나라를 이중민족국가로 정의하기에 합당한 상황이 되었다. 하지만 퀘벡과 나머지 지역의 인구와 영토가 심한 비대칭을 이루고 있으므로 벨기에처럼 온전한 의미에서의 이중민족국가는 아니다. 이 '나머지'는 영어권이지만, 스스로를 "영국계 캐나다"가 아닌 다문화 지역으로 조심스럽게 정의하며 나라 전체의 이름과 구분되는 명칭을 따로 붙이지 않는다. 퀘벡이 분리되더라도 우리가 아는 캐나다는 유지되겠지만 플란데런과 왈롱이 결별한다면 벨기에는 사라질 것이다. 1990년대에 퀘벡은 분리독립 직전까지 갔지만 지금은 그럴 가능성이 적어 보인다. 그러나 퀘벡은 1982년 발효된 캐나다 헌법의 비준을 아직까지도 거부하고 있는데, 헌법이 국민적 합의와 정당성의 근거를 제시하는 안정된 민주국가에서는 아주 이례적인 상황이다.

앞에서 보았듯이, 영국과 스페인의 국가 구조에는 상당한 다민족적 요소가 포함되어 있다. 하지만 어쨌든 (스페인 헌법이 명확히 표명하고 있듯) 공식 관점에 따르면 민족적 측면이 광범위하게 존재하고, 두 나라 모두 국가(민족이라고도 할 수 있다) 전체의 핵심에 해당하는 주된 구성 주체에 결정적 무게를 싣고 있기 때문에 둘 다 완전한 다민족국가는 아니다. 그럼에도 두 나라 모두, 그 구성 부분들의 분리독립이—물론 속단은 금물이지만—현실적으로 가능한 상황이다. 이 역사적인 유럽 국가들이 수백 년간 존재했고 (어쨌든 최근 수십 년간은) 시민적 평등과 상당한 민족 자치를 시행해왔음을 생각할 때 이는 매우 놀라운 일이다. 어쩌면 이조차도 소수민족 집단의 완전한 독립 욕구를 억제하기에는 충분치 않을지도 모른다.

20세기에 수립된 이중민족·다민족 국가 중에서 세기말까지도 통일 국가로서의 기능을 계속 유지한 나라는 없었다. 다민족국가였던 소련과 유고슬라비아는 공산주의 체제가 소멸하자 허물어졌다. 이중민족국가였던 체코슬로바키아는 민주정으로 복귀한 뒤 "벨벳 이혼velvet divorce"으로 해체되었다. 세르비아는 알바니아계가 다수인 코소보뿐만 아니라 몬테네그로도 잃었다. 다민족인 보스니아는 그 구성 주체들이 거의 독립되어 있고 면밀한 국제적 감시하에 놓여 있다는 점에서 통일된 주권적·정치적 실체로 보기 힘들다. 키프로스는 이중민족 파트너십 체제가 독립 직후 붕괴된 뒤로 수십 년째 분단되어 있다. 이 섬의 통일을 위한 국제적 평화 플랜은 아직까지 성공을 거두지 못했고, 거의 독립된 두 실체의 느슨한 연방을 국제적 감시하에 수립할 것을 제안하고 있다.

스위스는 수백 년간 존속해왔다. 오늘날의 스위스를 다민족국가라고 할지 다언어 민족이라고 할지는 논란의 여지가 있지만, 후자가 좀더 현실에 가까워 보인다. 연방 정부의 하위에 스위스-독일인이나 스위스-프랑스인이라는 민족적 실체가 있어서 같은 언어권의 모든 칸톤을 통일한 그들만의 정부를 가진 게 아니라는 데 유의해야 한다. 네덜란드어권이 플란데런으로 통일되고 프랑스어권이 왈롱으로 통일된 벨기에의 경우와는 아주 다르다. 스위스 시민 정체성의 특수한 종족민족적 측면은 자신이 소속된 칸톤을 통해 표현되는 반면(모든 칸톤은 단일한 공식어가 있다), 연방federation―공식적으로는 국가연합confederation―은 광범위한 스위스 정체성의 구심점이다. 후자는 민족 정체성이라고 불러도 무리가 없다. 스위스는 스스로를 두 인족(이와 더불어 이탈리아어·로만슈어 사용자)의 연합이 절대 아닌 다양한 칸톤들의 연합으로 간주해왔다. 어쨌거나 6장에서 설명한 이유들 때문에, 스위스의 경우는 독특하다. 이는 스위스와 유사한 구조의 국가 형태가 오늘날 쉽게 만들어지거나 지속되기 힘듦을 시사한다.

끝으로 인도다. 다민족국가(그리고 민주국가)의 목록에 인도의 성공담이 추가된다면, 이 목록은 비교적 최근에 수립된 국가들 가운데 하나의―하지만 명백히 중요한—성공 사례를 특별히 포함하는 셈이니 훨씬 더 인상적으로 보일 게 분명하다. 이 나라의 연방 구조에 크게 반영된 그 종족문화적 다양성을 감안할 때, 인도는 (공식적인 정의에도 불구하고) 실질적인 다민족국가라고 주장할 수 있을 것이다.

이 주장에는 설득력이 있지만, 이를 전적으로 수용하는 것은 단지 공식적인 정의 이상의 무엇을 무시하는 처사다. 인도의 민주적 민족 건설 기획이 성공한 것은, 전국의 언어와 공동체를 통일하는 인도 민족태 관념이 다양한 공동체와 언어 집단에 속한 절대다수의 국민에게 수용되었다는 사실에 상당 부분 기반한다. 전 인도적 민족 정체성 개념도 비단 근대 국가로서의 인도 연방과의 일체감에만 기반하지 않는다. 6장에서 설명했듯이, 이는 복잡하고 다양하지만 고유한 문화적 특성과 전통을 지닌 역사적 실체로서의 인도라는, 널리 수용되는 관념에 의존하고 있다. 인구의 대다수에 관한 한 확실히 힌두교는 인도 정체성의 중대한 일부이지만, 이 정체성은 비힌두교 공동체들까지 포괄할 정도로 광범위하고 유연하다. 인도에서 자신이 속한 집단에 독자적 민족 정체성의 지위를 요구하는 이들은 인도 국가를 부정하고 분리독립을 열망하며 때로는 자신들이 믿는 민족적 대의를 위해 무기를 들기도 한다. 현재 이는 우선 누구보다도 카슈미르 민족주의자와 분리주의자에게 적용된다. 과거에 펀자브의 시크교도 중 상당수는 독립 시크교 국가 수립을 겨냥한 분리주의 반란을 지지했다. 2011년 현재는 시크교도 총리가 인도 정부의 수반을 맡고 있다. 영국 총리로 재임한 스코틀랜드 정치인들이 ("민족들의 민족"인 영국 내의) 민족으로서의 스코틀랜드라는 관념을 지니는 데 아무런 문제가 없었던 반면, 시크교도인 인도 총리는 시크교도 민족태라는 관념과 완전히 무관하게 존재할 수 있다. 그에게 유일하게 정당한 민족주의는 인도 민족주의이며, 인도인의 관점에서 이는 시크교도 정체성 및 유산에 대한 자부심과 완전히 양립 가능한 것이다.

물론 이러한 구분은 고정된 게 아니지만, 많은 이들에게 중요성을 띠는 한 이를 무시해버리는 건 바람직하지 않다. 다른 곳에서도 그렇지만, 마지막 분석인 인도의 사례에서도 민족을 만드는 건 민족이 되고자 하는 의지다. 이 의지는 (이 광범위한 용어의 다양한 의미에서) 종족성의 영향을 받는 동시에 사람들의 의식과 정체성에 영향을 끼친다. 민족이 되고자 하는 의지는 정치의 잠재력이며 국가 형태를 능히 만들고 부술 수 있는 힘이다.

맺음말

2008년 유럽안보협력기구의 소수민족 담당 고등판무관이 발표한 「국가 간 관계에서의 소수민족에 대한 볼차노/보첸 권고Bolzano/Bozen Recommendations on National Minorities in Inter-State Relations」는 다음과 같이 적고 있다.

종족문화 경계와 국가 경계가 겹치는 일은 드물다. 거의 모든 국가에 일종의 소수 집단이 존재하며 그중 다수는 국경 너머의 다른 공동체에 속해 있다.…… 국가 간 관계에서의 소수민족 문제는 소수 집단이 거주하는 국가와 그들의 이른바 '동족 국가kin-state' 사이에서 흔히 대두된다. '동족 국가'는 자국의 다수 집단이 타국의 소수 집단과 종족적 또는 문화적 특성을 공유하는 국가를 가리키는 용어로 쓰여왔다.…… 〔유럽의 규범적 문서들은〕 국가가 종족적 · 문화적 · 역사적 유대의 공유를 근거로 타국의 시민을 지원할 수 있는 조건과 그 한계를 설명하고 있다.…… 국가는 종족적 · 문화적 · 언어적 · 종교적 · 역사적 유대와 그 밖의 유대를 근거로 타국에 거주중인 소수민족의 일원을 〔이 소수자들이 거주하는

나라의 주권을 존중하면서] 지원하는 데 관심을 기울일—심지어 헌법에서 선언한 책임을 질—수 있다.[23]

민족주의, 자유민주주의, 현대 유럽에 대한 학술 담론에 익숙한 이들에게는 볼차노 권고가 21세기 초의 유럽 민족국가 세계를 묘사한 방식이 놀라울 수 있겠지만, 이 권고는 유럽의 그와 비슷한 많은 문서 중 하나일 뿐이다. 이 묘사에서 '탈민족적'이거나 "문화적으로 중립"인 부분은 별로 없고, 유럽의 민족국가가 시대착오적 유물이 될 위기에 놓인 것처럼 보이지도 않는다. 이 문서에 따르면 현대 유럽 국가의 모든 시민이 자국의 문화적 특성을 공유하지 않는 게 보통이다. 따라서 국가의 일부 시민은 '소수민족'으로 명확히 정의될 수도 있고 정의되지 않을 수도 있는 범주에 속할 가능성이 크다. 이 범주에 속함으로써, 이들 시민과 다른 유럽 국가 사이에는 "종족적·문화적·역사적 유대의 공유에 기반한" 연계가 생겨난다. 이것이 띠는 피치 못할 함의는, 이 경우 문화 및 종족(!) 정체성이 '거주 국가'와 '동족 국가' 모두의 특성과 밀접하게 연관되며, 국가 특성의 이러한 측면은 공식 정책, 법률 및 헌법, 국제 관계로 표현될 만큼 중요할 때가 많다는 것이다.

현대 유럽의 자유민주국가에서 '동족kin'이라는 말이 '국가'라는 말과 나란히 놓일 수 있다는 것 자체가 혹자에게는 놀랍고 심지어 충격일 수도 있다. 물론 이것이 반드시 말 그대로의 의미로 '친족'을 뜻하지는 않는다. 하지만 덴마크 국가는 국경 너머 독일에 있는 "종족적 덴마크인ethnic Danes"을—그들이 다른 나라의 시민임에도—모종의 중요한 의미에서 '동포our people'로 간주한다. 근대 민족태·국가태·민주정에 대한 모든 설명적 이론은 이 사실과 그와 유사한 사실들을 고려에 넣어야 한다. 물론 규범적 이론은 이 사실들을 비판해야 한다. 하지만 민주정이 인민의, 인민에 의한, 인민을 위한 정치라면, 이런 측면에서 인민의 소망을 무시할 수 없다. 그리고 민주정이 이 '인민'을 구성하는 개인의 자유와 존엄성에 대한 존중에 기반한다면, 이 개인 중 다수―거의 틀림없이 대다수―가 자신의 문화적·민족적 정체성을 자기 개성의 매우 중요한 일부로 여긴다는 사실을 무시할 수 없고 또 무시해서도 안 된다.[24]

물론, 국가가 대개 민족적 특성을 띠며 이 특성이 대개 뚜렷한 종족문화적 토대를 지닌다는 사실의 정당성을 수용하는 데 내재된 위험은, 이 강한 힘이 종족민족적 소수에게 적대적으로 돌변할 수 있다는 것이다. 실제로 유럽과 비유럽을 막론한 현대 민주국가에서는 다수 집단의 민족주의에 맞서 소수 집단의 권리를 보호하기 위해 많은 노력이 경주되어왔다. 민족국가의 민족적(민족주의적) 측면을 (다수)민족에 의한 국가의 독점적 소유와 지배라는 뜻으로 이해한다면, 이런 노력은 민족국가의 그러한 측면을 완화하는 바람직한 효과를 거두었다고 할 수 있다. 하지만 자기 운명을 개척하려 투쟁하는 소수 민족·종족들이 국가와 문화의 분리를 요구하지 않는다는 데 유의할 필요가 있다. 그들은 국가를 문화적 중립으로 만들기 위해 정말로 모든 종족에게 중립적인 에스페란토를 국어로 삼자고 제안하지는 않는다. 오히려 그들만의 특수한 문화와 (많은 경우) 언어의 공식적 위상을 높이고자 한다. 여기서 성공할 경우, 그들은 다수 집단의 그것과 구분되는 그들 고유의 문화와 언어를 더더욱 부각시킨다. 그러나 이 고유성은 그들의 소수자적 지위를 강조하기도 한다.

소수민족이라는 개념 자체가, 해당 국가의 민족적 특성이 그것을 모든 시민이 공유하지 않는 정체성과 결부시킨다는 사실을 날카롭게 부각시키고 있다. 소수 집단이 단지 종족이나 언어로만 정의된다 해도, (앞에서 보았듯이) 사회에 다수자-소수자 관계가 존재하는 한 이런 정의 방식 자체는 실질적 중요성을 거의 띠지 않는 게 보통이다. 소수민족이 있는 곳에는 (소수민족이 있다는 바로 그 사실 때문에) 다수민족도 있다. 이 상황을 피하는 유일한 길은 국가의 시민체 내에 다수자-소수자 관계가 존재하지 않게끔 하는 것뿐이다. 프랑스의 시민적 민족주의 모델은 모든 시민이 온전한 의미에서의 같은 민족 정체성을 공유한다고 주장함으로써 이를 피하고 있다. 나름의 장단점이 있는 이 모델이 예외가 된("시민적 민족주의"를 표방하는 대부분의 사례들은 실제로 이 모델과 아주 다르다) 이유 중 하나는 이 모델이 문화적으로 전혀 중립적이지 않기 때문이다. 다수자-소수자 관계의 효과를 피하는(혹은 최소화하는) 또다른 방법은 이중민족국가나 다민족국가를 수립하는 것이다. 하지만 이 선택지가 지속 가능한 경우는 매우 드물다.

대부분의 경우 안정된 국가는, 인구 대다수가 국가를 민족적·문화적 측면에서(그것을 아무리 광범위하고 유연하게 이해하든 간에) '우리 것'으로 여기는 정서에 의해 지탱된다. 다원주의 사회에서 소수 집단에게 광범위한 문화적 권리(그리고 때때로 영토적 자치)를 부여하더라도 이 정서는 깨지지 않는다. 하지만 뚜렷한 민족적 특성 없이 국가를 수립하고 유지하는 건 전혀 별개의 문제다. 이 두 상황 사이의 경계를 이론적으로 밝히기란 쉽지 않다. 하지만 민주주의의 유권자가 이 경계를 식별할 경우, 그들은 이 경계를 넘기를 거부하는 게 보통이다.

킴리카에 따르면, "오늘날 토착민과 하부 민족 집단이 존재하는 사실상 모든 서구 국가가" "소수민족을 위한 지역 자치와 공식 언어의 권리 등 소수 집단 및 토착민의 다양한 권리"를 특징으로 가지는 "'다민족' 국가가 되었다."[25] 실제로 오늘날의 세계에서 서구 민주국가는 소수 집단에게 '민족'의 지위를 기꺼이 부여한다는 점에서 두드러지며, 흔히 소수 집단의 요구를 수용하기 위해 노력을 아끼지 않는다. 이런 의미에서 그들은 전형적인

'단일민족' 국가가 아니다. 하지만 그렇다고 해서 이 나라들이 그 민족적 특성을 포기한다는 말은 아니다. 소수민족의 영토 자치도 공식 언어의 권리도 국가를 다민족국가로 만들어주지는 않는다. 킴리카의 관점에서 본 '다민족' 국가는 여기서 제시한 의미의 '다민족' 국가와 분명히 다르다. 그는 "다문화주의와 민족주의를 불구대천의 원수지간으로" 취급하는 게 잘못임을 강조한다. 그에 따르면, 서구 국가들이 "자유주의적 다문화주의"를 채택하고 소수민족의 권리를 인정한다고 해서 '탈민족' 국가가 되는 건 아니다. 오히려 그들은, 소수 집단에게 문화적 독자성의 보존을 허용할 (이제는 널리 수용되는) 필요성 때문에 이런저런 제약이 있음에도 불구하고 "국민 전체를 포괄하는 광의의 민족적 정체성과 충성심을 심어주기 위한 다양한 정책을 지속적으로 추진한다."[26]

자기 민족이 독립된 민족국가를 이루기 바라는 열망은 근대 정치에서 대중의 의지에 기반한 매우―민주정치에서는 두 배로―강한 힘이다. 이 열망은 다수 집단이든 소수 집단이든 본질적으로 동일하다. 유럽 통합의 진전으로 국가들의 주권에 제약이 가해지긴 했어도 오늘날 유럽이 그 어느 때보다도 독립된 민족국가들을 지니게 된 건 바로 이 때문이다. 오늘날의 민족국가들을 유럽 연방 국가의 지방으로 격하시키는 방향으로 유럽연합 프로젝트를 이끌려는 시도가 대중적으로 강력한 저항에 직면한 것도 이 때문이다. 끝으로 결국 유럽 초국가가 출현한다 해도, 똑같은 이유로 이는 유럽 민족국가의 소멸이 아니라 유럽 (초)민족의 출현을 의미할 것이다. 한 차원 넓게 볼 때, 유럽이 근대 민주주의의 역사와 근대 민족주의의 역사에서 중요한 역할을 수행하긴 했어도 민족주의와 민주주의의 힘―둘 사이의 긴밀한 상호 관계와 내재적 긴장―은 세계 전역에 더 멀리, 더 광범위하게 미치고 있다.

결론

근대주의, 영속주의, 원초주의, 민족과 민족주의 연구에서 널리 수용되고 거의 굳어진 범주들은 모두 재정식화되고 종합될 필요가 있다. 비록 근대성에 의해 철저히 변모하고 강화되긴 했어도 민족주의, 그리고 국가와 문화·인족·종족의 대체적 일치(그리고 연계)는 근대에 발명된 것이 아니다. 민족국가는 인류의 역사 시대에 국가태가 생겨난 시점부터 그 주된 형태 중 하나로—소국 및 제국과 더불어—영속해왔다. 하지만 국가도 민족도 없던 선사 시대의 장구한 시간에 비하면 역사 시대 자체는 찰나에 불과하다. 실제로 민족과 민족주의는 원초적이지 않다. 그럼에도 이는 진화적으로 인간 본성에 각인된 친족-문화적 친밀감, 연대, 상호 협력이라는 원초적 인간 정서에 뿌리를 두고 있다. 사회생활에 배어 있으며 가족을 넘어 부족과 종족으로 확대되는 이런 애착은 국가가 출현할 무렵 정치의 필수 구성 요소가 되었다.

1945년 이후의 사상 풍조 및 규범적 분위기와 강하게 공명하는 근대 주의 계율은 현재의 민족 및 민족주의 연구에 가장 큰 영향을 끼쳤고, 실제로 이루어진 큰 진전들을 극단적으로 과장함으로써 연구 방향을 크게 오도했다. 따라서 이는 특별한 주목을 요한다. 근대주의·도구주의 이론가들은 종족민족 현상의 깊은 뿌리를 보지 못하고 민족과 민족주의를 (완전한 인공물은 아니더라도) 순수한 사회역사적 구성물로 취급했다. 그 결과로 종족민족 현상의 역사적 궤적을 잘못 해석했고, 명백히 인류사에서 가장 강한 힘 중 하나인 그 폭발적 잠재력에 당혹하거나 보고도 못 본 척했다.

근대주의 이론에는 의미론과 사실과 규범적 요소들이 일정치 않게 결합되어 있다. 이 가운데 가장 문제가 큰 것은 의미론적 요소다. 대다수의 근대주의자들은 근대 국가의 실질적 정당화 원리로서의 평등한 시민권과 대중 주권을 민족 개념과 떼어놓고 볼 수 없다고 주장한다. 실제로 평등한 시민권과 대중 주권이 주로 (항상 자신의 종족민족 집단을 크게 편애하는) 인민의 소망과 선호를 우선시함으로써 근대 민족주의의 형성에 아주 크게 기여했다는 데는 논란의 여지가 없다. 하지만 평등한 시민권, 대중 주권, 민족주의는 근대에 들어 서로 밀접한 관련을 맺고 서로를 강화해왔다는 바로 그 이유 때문에 서로 혼동되기 쉽다. 경험적 차원에서건 개념적 차원에서건 이들을 뒤섞지 않게끔 주의해야 한다. 게다가, 정의定義란 의미론적 발화 관습이므로 내적 일관성을 유지하는 한 궁극적으로 의론의 여지가 없기는 해도, 이 정의가 그것이 기술한다고 하는 현상에 대한 일상의 공통적 이해와 얼마나 상응하는가 하는 의문이 남는다. 내가 볼 때 일상 어법에서의 민족태nationhood는 동족 및 국가와의 공통된 일체감과 연대, 그리고 이러한 감정의 정치적 표현을 의미하며, 평등한 시민권 및 대중 주권과는 무관하다. 그렇다면 진짜 의문은 이런 의미의 민족 현상이 근대 이전에 존재했는지 여부다. 그리고 이는 의미론보다 더 중요한 문제인 역사 해석으로 이어진다. 정의만큼이나 사실도 위태롭다.

근대주의자들은 전근대 국가의 주민들—촌락 환경을 거의 벗어나지 못하고 억압받은 농민들—이 더 큰 인족과 연대감을 느꼈다는 건 고사하고 스스로 더 큰 인족의 일원이라는 의식이 있었다는 것조차 부인한다. 실제로 그들 중 상당수가 사실상 부인하고 있는 건 전근대 인족의 존재 자체다(바로 이러한 이유 때문에 인족peoples이라는 개념이 논저들에서 점점 사라지고 있다). 하지만 두 명제 모두 역사적 현실의 캐리커처다. 특정 사회를 연구하며 그 주제에 전념해왔고 해당 사회에 대해 훨씬 더 권위 있고 상세한 지식을 가진 대다수의 역사학자들은 이론가들이 투영한 이 캐리커처에 도전하고 있다. 이 책에서 보았듯이, 전근대에는 규모가 큰 소위 영토국가 혹은 왕조국가가 소국·제국과 더불어 존재했고 종족성은 이 모든 국가에서 매우 정치적인 성격을 띠었다. 실제로 이런 영토국가나 왕조국가는 흔히 민족 군주정이었고 그 안의 종족·인족 경계는 국가 경계와 크게 중첩되었다. 민족 현상에 대한 논저들이 지리적으로나 시대적으로나 유럽에 협소하게 편중된 것과는 달리, 이는 수천 년 전 국가가 출현한 이래로 전 세계적인 현상이었다. 다만 지중해 북쪽 유럽에서는 민족국가를 포함한 국가들이 상대적으로 늦은 시기인 유럽 '중세'에 출현했을 뿐이다. 모든 시대의 민족 군주정에서 볼 수 있는 종족, 인족태, 국가태의 대체적 일치는 같은 정체성, 친밀감, 연대에 기반했으며 이는 정치적 지배를 한층 더 용이하게 만들고 정당화해주었다. 이상은 전혀 우연이 아니다. 사람들은 언제나 자신의 친족—문화 공동체로 식별된 집단을 크게 편애하는 까닭에, 종족성은 정치가 생겨난 이래로 늘 정치적이었고 늘 정치화되었다.

전근대 인족의 결합 요소이자 국가의 민족 건설 수단으로서 공유 언어

다음으로 중요했던 것은 전근대의 대중적 문화 양식인 구전 서사시, 의례, 종교였다. 이들은 시골 전역에 촘촘하게 깔려 가장 외딴 벽지까지 닿는 성직자·종교 의례 네트워크를 통해 광범위하게 전파되었다. 많은 학자들은 신성국가와 선택된 백성이 넘쳐났음을 보여준다. 우리 국가와 동족의 신성함, 의로움, 특별한 사명이 교구마다 울려 퍼졌다. 여기에는 종교적 보편성을 표방하지만 실제로는 정치적으로 저마다 집합적 신화를 지닌 민족국가들로 분리된 중세 기독교 세계도 포함되었다. 바로 여기에 베네딕트 앤더슨이 뼈아프게 간과한, 전근대 민족을 위한 "상상된 공동체"의 주된 매개체가 있었다. 이런 집단적 유대로 결속되었기에, 전근대 민족국가들은 군주제이고 귀족의 지배를 받았음에도 불구하고 외적의 위협이 닥쳤을 때 대개 그 백성들의 충성심에 의존할 수 있었다. 심지어 국가가 더 우월하고 강대한 제국에 잡아먹혔을 때에도 흔히 필사적인 대규모 유혈 대중 봉기의 형태를 취한 반란이 거듭해서 일어났다. 해방이 이루어지더라도 민중의 사회적 지위가 바뀔 가능성이 낮았다는 점에서 이들은 사회적 봉기라기보다 민족 봉기의 성격이 뚜렷했다. 종족민족적 규모의 "대중의 정치화politicization of the masses'는 이런 정치적 행동의 형태를 취하여 주기적으로 발현되었다. 흔히 민족 현상의 지표로 간주되는 대중의 정치화와 정치적 종족성은 서로 긴밀히 연결되어 있었고 국가태 자체만큼이나 오래되었다.

따라서 근대화가 사회적 연결성, 정치 참여, 문화적 평준화를 급격히 증진함에 따라 민족주의가 크게 강화되긴 했어도, 민족주의는 근대의 창조물과는 거리가 멀다. 전근대에서 근대로의 변화를 기술하는 한 가지 방식은 다음과 같다. 전근대의 민족 정체성은 정치적 충성과 경계를 정하는 가장 중요한 기준이었지만, 정당성 담론에서는 늘 왕조 원리와 정복자의 권리 다음 순위로 밀리곤 했다. 그런데 근대 들어 지배자가 아닌 인민에게 주권이 부여되자 민족 정체성이 최고의 공식적·법적·이념적 원리로 자리 잡은 것이다. 이러한 혁명적 변화에 과도하게 깊은 인상을 받은 근대주의 자들은 전근대 세계에 민족 감정이 존재하지 않았다거나 정치적 역할을 하지 않았다는 그릇된 이분법을 세웠다. 중세 유럽을 포함한 전근대 세계의 사람들에게 민족 개념이 알려지지 않았거나 중요하지 않았거나 정치적 의미가 없었다는 생각은 근대 사회 이론이 범한 가장 큰 착오 중 하나다.

이러한 오해가 생겨난 데는 인지적 문제도 한몫했다. 학자들에게는 자연적으로 진화한 인간 성향에 깊이 뿌리내린 종족·민족 현상의 근원을 이해할 이론적 도구가 없었다. 심지어 이 책과 아주 많은 부분에서 의견을 같이하는 앤서니 스미스도, 결국 종족·민족 현상이라는 근본적 수수께끼에 대해서는 근대주의자보다 나을 것 없는 대답밖에 내놓지 못했다. 그의 '종족상징적ethnosymbolic' 접근 방식은 자기 종족·민족 집단을 위해 헌신하며 기꺼이 희생하고 목숨을 바치려는 행동을 좀처럼 설명해내지 못한다. 20세기의 상당 기간에, 역사학자들과 사회과학자들은 인간 본성이 사회적 현실과 연관된다는 일체의 생각을 배척했다. 그리고 이해할 수단이 우리에게 없으면, 심지어 우리 얼굴을 빤히 쳐다보고 있는 것도 눈에 들어오지 않는다. 이론가들은 종족적·민족적 힘의 맹렬한 '원시적' 난입에 거듭 당혹스러워하면서도 이를 위로부터의 조작의 결과나 다른 무엇의 부수 현상으로 치부하며 무시해왔다. 나아가 여기에 '비합리적'이라는 딱지를 붙였다. 기실 합리성이라는 개념 자체가 종족민족 현상과 불화한다. (플라톤까지는 아니더라도) 칸트 이래로 합리와 도덕은 보편과 동일시되어왔다. 여기에 선善을 물질적 이익과 동일시하는 자유주의와 마르크스주의의 경향이 추가되었다. 이 전통에 속한 많은 사상가들은, 개인에게서 인류로까지 확대되는 충성 및 이익 공유의 공간이 고르지 않고 굽어 있음을 깨닫지 못했고 왜 그런지를 이론적으로 설명하지도 못했다. 개인과 인류 사이에서 가족의 역할에 이토록 편애가 쏠리는 이유는 뚜렷하지 않았고 진지한 질문이 제기된 적도 없다. 그리고 좀더 먼 친족이나 친족으로 인지되는 집단에서 이루어지는 편애 배후의 논리는 여전히 수수께끼일 뿐만 아니라 정당성도 갖추지 못했다. 합리성이란 목표의 선택이 아니라 욕구하는 목표를 달성하기 위한 수단의 선택과 관련된 것이며, 나와 가장 가까운 사람에게 혜택을 준다는 목표는 여느 목표 못지않게 합리적이다. 근대 국가의 전유물이며 합리적이라고 간주되는 시민적 원리와 친족-종족에 대한 원시적·비합리적 애착 사이에 흔히 이루어지는 대비는 철학적 편견에 불과하다.

끝으로, 국수적·공격적 민족주의의 무시무시한 발현에 대한 깊고 진실하고 이해할 만한 우려가 존재한다. 서론에서 언급했듯이, 근대주의의 초석을 놓은 거의 모든 선구자들이 1930~1940년대의 참상을 피해 이주한 난민이었다는 건 우연이 아니다. 흔히 국수적 형태를 띠는 민족의 신화와 시대착오를 폭로하는 근대주의의 중요한 기획은 매우 성공적이었고, 민족주의가 표피적 광기이며 인간 심리에 깊이 뿌리내리지 않은 일시적 유행이라는 그들의 주장보다 더 견고했다. 민족의 신화는 오류일 뿐만 아니라 민족주의적 편견의 도구로 여겨졌다. 신화는 민족주의 담론에 풍부하게 존재하는 손쉬운 목표물이지만, 반反신화도 거의 그만큼이나 쉽게 창조해낼수 있다. '상상된 공동체'란 무에서 만들어졌다는 뜻이 아니고, '만들어진 전통'도 완전한 날조를 시사하지 않는다. 이 캐치프레이즈를 만들어낸 인사들도 대체로 후자의 의미를 부인하지만, 그럼에도 학문 분야의 경계를 넘어 영향력을 떨치는 근대주의 담론에 광범위하게 공명하고 있다. 사회과학을 지배하게 된 이 패셔너블한 표어는, 사회 현상들이 깊은 뿌리를 가진 동시에 특정한 방식으로 해석되는 경향이 있음을 진정으로 이해하지 못하게 가로막는 거대한 장애물을 만든다. 둘은 상호 배타적이지 않다. 물론 민족적 전통을 면밀한 역사적 검토하에 놓고 거기에 내재된 이데올로기적―그리고 흔히 노골적인―편향을 드러냄으로써 그 위험에 대비할 긴급한 필요성이 있는 건 확실하다. 하지만 이제 더 높은 지적 차원에서는 이 과정 자체의 위험에 대비할 필요성 또한 존재한다. 사실 민족과 민족주의가 이데올로기적 목적으로 근대에 구성된 산물이라는 주장 그 자체가 근대주의적(때로는 탈근대주의적) 이데올로기로 해석된, 해체를 요하는 개념이다.

이는 학문적·학술적으로뿐만 아니라 실용적으로도 필요하다. 민족 및 민족주의 연구는 이데올로기적 태도에 의해 편향되어왔고, 처음에는 민족주의자들, 나중에는 그 비판자들의 큰 '허위의식'을 드러내왔다. 개념과 관점이 행동으로 옮겨지는 과정에서 민족주의자들 못지않게 그 비판자들도 불가피하게 실제 정치에 영향을 끼친다. 민족태와 시민권이 동일하다는 계율은 이미 선구적 근대주의자인 칼턴 헤이즈가 비판한 바 있으며, 전혀 보편적으로 적용되지 않는다. 그럼에도 한 나라 안의 서로 다른 종족을―그들 스스로는 그렇게 여기거나 서로 어울리지 않는데도―한데 모아놓고 한 민족으로 취급해야 한다는 관념은, 민족태와 종족성이 서로 전혀 다른, 따로 떼어놓아야 할 개념이라는 잘못된 관점에서 일부분 유래한 것이다.* 물론 공통 민족태가 치러야 할 궁극적 시험은 해당 집단의 자기 인식―르낭이 말한 매일매일의 국민투표―이다. 그러나 실제로 공통 민족태의 인식은 그들이 공유하는 친족-문화 정체성과 강하게 상호 연관되어 있다. 그

---

* '합의제consociational' 정치를 연구하는 학자인 아런트 레이파르트는 이러한 관점을 "자유주의자들의 희망적 관측" 탓으로 돌리며 '비현실적'이라고 지적한다. "Political Theories and the Explanation of Ethnic Conflict in the Western World: Falsified Predictions and Plausible Postdictions," in Esman (ed.), *Ethnic Conflict in the Western World*, 53.

이유는 단순하다. 사람들은 자신의 친족-문화적 동류와 한 정치 공동체를 이루어 함께 사는 편을 압도적으로 많이 택하며 이들에게 강한 우선적 연대감을 드러내기 때문이다. 하버마스가 말하는 '헌법 애국주의'는 자기 자신의 파트리아를 향해 표출되는 게 보통인데, 앞에서 언급한 바로 그 동류가 이 특정 파트리아에 포함되기 때문이다. 물론 한 나라 안의 서로 다른 종족 공동체들이 스스로를 한 민족으로 여기고 그래서 한 민족이 되는 경우도 있다. 하지만 스스로를 같은 민족의 일부로 여기지 않는 종족 집단들이—자발적으로 혹은 본의 아니게—한 나라에 사는 경우도 많다. 때로는 국경 너머의 동족에게 민족적 친밀감을 느끼기도 한다. 이런 경우에는 시민 지위와 민족 정체성이 겹치지 않는다.

다종족 국가가 통합을 포기할 때 그 대안이 끔찍한 혼란인 경우가 너무나 많기 때문에, 서로 이질적이거나 심지어 적대적인 종족 집단들을 가능한 한 공존시키기 위해 크나큰 노력을 기울이는 데는 충분한 이유가 있다. 종족성은 흔히 혼합되고, 종족 분할이 시도될 때는 흔히 집단 이주, 종족 청소, 광범위한 내전이 뒤따르곤 한다. 민족 문제가 복잡한 상황에서는 손쉬운 선택지가 없는 게 보통이며, 나는 이런 문제에서 실용적 정치의 필요성이나 건설적 위선의 효용을 폄하하는 사람이 아니다. 하지만 이론에 근거한 도그마도 골치 아픈 다종족 상황에서의 정책 형성에 일정한 역할을 수행한다. 이런 사례는 전 세계에 걸쳐 많지만 그중에서 임의로 뽑은 두 사례만 언급하겠다. 사담 후세인 이후의 이라크에서, 그 대안이 어떨지를 고려할 때 종족 간 통합은 이라크의 다양한 종족들이 한 국가를 유지하기 위한 가장 바람직한 선택지일 수도 있고 또 아닐 수도 있다. 이 목표를 위해서라면 이들을 하나의 인족과 민족으로 취급하는 게 심지어 정당화될 수도 있다. 현재 이들은 거의 한 민족이 아니지만 최소한 그들 중 일부는 시간이 지나면 그렇게 될 수도 있다. 그러나 키프로스의 두 종족 공동체인 그리스계와 터키계는 어떨까? 민족·종교에 기반한 적대감이 역사적으로 뿌리 깊은 두 공동체는 문제적 전쟁(1974년)과 (일부는 온갖 부당한 조치들이 수반된 강제적) 집단 이주를 통해 영토가 완전히 분리되었다. 이 전쟁에서 터키측은 그 인구 비례 이상의 영토를 장악했고 이는 바로잡을 필요가 있다. 그래도 기존의 현실을 감안할 때, 또 여기에 수반된 명백한 이해관계와 압력을 제쳐놓고 볼 때, 분리된 두 종족 공동체가 연방 형태로라도 하나의 국가로 재통일되어야 한다는 유럽연합의 고집에 무슨 숭고한 원칙이나 실질적 효용이 있을까?

이데올로기적 도그마는 사람들의 사고와 태도와 행동에 큰 영향을 끼칠 수 있지만 그 영향은 궁극적으로 제한적이다. 많은 이들이 열렬히 수용하고 추진했지만 모종의 깊이 각인된 인간 성향에 위배되는 이데올로기인 공산주의가 붕괴된 것이 그 최근의 사례다. 도덕적으로나 실용적으로나 사유 재산을 폐지해야 할 타당한 이유가 있는 건 확실하다. 종족성과 민족주의를 폐지해야 할 이유도 그 못지않게 타당하다. 다만 지금까지 말한 모든 내용이 내 것에 대한 인간의 뿌리 깊은 선호를 표현하고 있다는 사실만 무시한다면 말이다. 물론 이런 선호는 역사적으로 큰 폭의 변이를 보이며 사회적으로 형성되고 조정될 수 있다. 하지만 아무리 좋은 의도라도 이를 완전히 무가치한 것으로 치부하려는 시도는 인간의 타고난 성향에 위배되고, 엄청난 강압을 필요로 할 수도 있으며, 이런 시도로 바로잡으려는 폐해보다 훨씬 큰 해악을 초래할 수도 있다. 이와 비슷하게, 역사상의 주요한 영적 이데올로기들은 성애의 과잉과 폐해를 우려하여 제한하거나 억누르려 노력한 나머지 이를 부정하는 데까지 이르기도 했다. 종족·민족 감정의 깊은 뿌리와 거대한 힘을 부정하고 그것을 근래의 발명품, 인위적인 조작, 혹은 다른 무엇에 부수되어 있기에 그 무엇만 제거되면 없어질 수 있는 현상으로 선언하는 것은 폭넓은 반향을 불러일으킬지는 몰라도 더 큰 성공을 거둘 가능성은 낮은 이데올로기적 계율에 가깝다.

친족-문화 정체성, 연대, 협력과 그것의 민족적 형태는 인간 심리에 깊이 뿌리내리고 있으며 인류사에서 가장 강력한 힘 중 하나였다. 심지어 자종족중심주의와 민족주의에 대한 진화적 연구들도, 오랜 시간에 걸쳐 습득한 복잡한 문화, 문화적 다양성, 그리고 사회 협력을 촉진하는 공유 문화(특히 언어)의 역할—이 모두가 우리 생물종 특유의 것이다—이 자신의 확대된 친족 집단에 대한 사람들의 이해관계와 애착을 얼마나 강화했는지 제대로 파악하지 못했다. 제국 열강의 자유화가 다른 인족에 대한 강제적 지배를 탈정당화했듯이, 근대의 민주화와 대중 자결은 종족민족적 친밀감, 공통성, 연대의 유대를 좀더 노골적으로 전면화했다. 따라서 근대 민족주의의 쇄도는 인민이 자신들의 선택을 표현하고 행동에 옮기게 해준 민주화·자유화 과정의 한 작용이다. 선진 세계에서 민족 감정이 외견상 약해진 듯 보이는 건 사실 민족 원리가 승리를 거두어 실현되고—자유주의적·방어적이고 외견상 '일상적인' 형태로—확고히 뿌리내린 직접적 결과다. 계몽주의 가치를 옹호하는 이들은 민족주의의 해방적인 측면과 공격적·폭력적인 측면을 둘 다 인식해왔다. 전자를 극대화고 후자를 억제하려면 그 현상을 제대로 이해하는 것이 결정적으로 중요하다.

감사의 말

이 책을 쓰면서 나는 알렉산더 야콥슨과 끊임없이 의견을 교환했다. 이 토론의 결실은 본문에 언급된 특정 레퍼런스를 초월하여 이 책 곳곳에 배어 있다. 추가로 야콥슨은 한 챕터가 완성될 때마다 읽고서 유익한 논평을 해주었다. 또한 제7장을 직접 집필했다. 그의 지혜와 재능에는 필적할 인물이 없다.

텔아비브의 친구와 동료들, 요시 샤인과 우리엘 아불로프는 몇몇 챕터를 읽고 유익한 제언을 해주었다. 아비엘 로시월드와 스티븐 그로즈비도 케임브리지대학 출판부의 (처음에는 익명의) 독자 자격으로 같은 일을 해주었다. 현재 내가 재직중인 텔아비브대학의 에제르 바이츠만 석좌 교수직은 이 프로젝트의 재정 지원에 도움을 주었다. 이스라엘과학재단에서 기금을 지원해주셨고, 알렉산더 폰 훔볼트 재단은 내가 콘스탄츠에 체류하면서 연구할 수 있게 해주셨다. 이분들 모두에게 깊은 감사를 표한다.

주

제1장 서론: 민족주의는 최근에 생겨난 표피적 현상인가?

1. 이 주제를 조명한 영향력 있는 논문으로는 Fredrik Barth, "Ethnic Groups and Boundaries" (1969), *Process and Form in Social Life*, London: Routledge, 1981, 198-227.

2. Walker Connor, "A Nation is a Nation, is a State, is an Ethnic Group, is a ...," *Ethnic and Racial Studies*, 1(4) (1978), 379-388; Walker Connor, *Ethnonationalism: The Quest for Understanding*, Princeton University Press, 1994.

3. Karl Deutsch, *Nationalism and Social Communication: An Inquiry into the Foundations of Nationality*, Cambridge, MA: MIT Press, 1953, 3; Karl Deutsch, *Nationalism and Its Alternative*, New York: Knopf, 1969, 19.

4. Ernest Gellner, *Nations and Nationalism*, Oxford: Blackwell, 1983, 1; Ernest Gellner, "From Kinship to Ethnicity," in *Encounters with Nationalism*, Oxford: Blackwell, 1994, 34-46.[어네스트 겔너 지음, 최한우 옮김, 『민족과 민족주의』, 한반도국제대학원대학교 출판부, 2009]

5. Gellner, *Nations and Nationalism*, 70-71, 74.

6. David McCrone, *The Sociology of Nationalism*, London: Routledge, 1998, 7-10; Anthony Smith, *Nations and Nationalism in the Global Era*, Cambridge: Polity, 1995, 97-102[안쏘니 D. 스미스 지음, 이재석 옮김, 『세계화 시대의 민족과 민족주의』, 남지, 1997]; Will Kymlicka, *Politics in the Vernacular: Nationalism, Multiculturalism, and Citizenship*, Oxford University Press, 2001, 243-244[윌 킴리카 지음, 박병섭 옮김, 『다문화주의 개론: 자기 언어의 정치』, 실크로드, 2013]; Rogers Smith, *Stories of Peoplehood*, Cambridge University Press, 2003, 74-92; Anthony Marx, *Faith in Nations: Exclusionary Origins of Nations*, Oxford

University Press, 2003; Aviel Roshwald, *The Endurance of Nationalism*, New York: Cambridge University Press, 2006, ch. 5; T. Baycroft and M. Hewitson (eds.), *What is a Nation? Europe 1789-1914*, Oxford University Press, 2006, 여러 곳; Craig Calhoun, *Nations Matter: Culture, History and the Cosmopolitan Dream*, London: Routledge, 2007, ch. 6.

7. Ernest Renan, "What is a Nation" (1882), in H. Bhabha (ed.), *Nations and Narration*, London: Routledge, 1990, 8-22.(호미 바바 지음, 류승구 옮김, 『국민과 서사』, 후마니타스, 2011, 에르네스트 르낭, 「국민이란 무엇인가?」)

8. Carlton Hayes, *Nationalism: A Religion*, New York: Macmillan, 1960, vi-vii.(칼톤 헤이즈 지음, 車基璧 옮김, 『民族主義: 理念과 歷史』, 한길사, 1981)

9. Connor, "A Nation is a Nation, is a State, is an Ethnic Group, is a ...," and *Ethnonationalism: The Quest for Understanding*; Karl Deutsch, *Tides among Nations*, New York: Free Press, 1979, ch. 7.

10. Hans Kohn, *The Idea of Nationalism: A Study of Its Origins and Background*, Toronto: Collier, [1944] 1969, 4-6.

11. Eric Hobsbawm, *Nations and Nationalism since 1780: Programme, Myth, Reality*, Cambridge University Press, 1990, ch. 2.(E. J. 홉스봄 지음, 강명세 옮김, 『1780년 이후의 민족과 민족주의』, 창비, 1994)

12. Kohn, *The Idea of Nationalism*, 6.

13. Gellner, *Nations and Nationalism*, 138.

14. Hobsbawm, *Nations and Nationalism since 1780*, 78; 또 65, 92 등도 참조하라.

15. 앤서니 스미스의 다음 책을 비롯한 여러 저서를 참조하라. Anthony Smith, *The Ethnic Origins of Nations*, Oxford: Blackwell, 1986.(앤서니 D. 스미스 지음, 이재석 옮김, 『민족의 인종적 기원』, 그린비, 2018)

16. Anthony Smith, *The Antiquity of Nations*, Cambridge: Polity, 2004, 특히 15-17, 38; Anthony Smith, "The Genealogy of Nations: An Ethno-Symbolic Approach," in A. Ichijo and G. Uzelac (eds.), *When is the Nation?*, London: Routledge, 2005, ch. 5; Anthony Smith, *Ethno-Symbolism and Nationalism*, London: Routledge, 2009.(앤서니 D. 스미스 지음, 김인중 옮김, 『족류-상징주의와 민족주의』, 아카넷, 2016)

17. Carlton Hayes, *The Historical Evolution of Modern Nationalism*, New York: Russell, [1931] 1968, 292(칼턴 헤이즈 지음, 정운용 옮김, 『近代民族主義發展史』, 서울考試學會, 1959); Hobsbawm, *Nations and Nationalism since 1780*, 48.

18. J. Hutchinson and A. Smith (eds.), *Nationalism*, London: Routledge, 2000, vol.

4, 1356-1381에 재수록된 Michael Petrovich, "Religion and Ethnicity in Eastern Europe" (1980); Connor Cruise O'Brien, *God Land: Reflections on Religion and Nationalism*, Cambridge, MA: Harvard University Press, 1988; Adrian Hastings, *The Construction of Nationhood: Ethnicity, Religion and Nationalism*, Cambridge University Press, 1997; Steven Grosby, *Biblical Ideas of Nationality: Ancient and Modern*, Winona Lake, IN: Eisenbrauns, 2002; Philip Gorski, "The Mosaic Moment: An Early Modernist Critique of Modernists Theories of Nationalism," *American Journal of Sociology*, 105 (2000), 1428-1468; Anthony Smith, *Chosen Peoples*, Oxford University Press, 2003; Marx, *Faith in Nations*.

19. Benedict Anderson, *Imagined Communities: Reflections of the Origins and Spread of Nationalism*, London: Verso, 1983.[베네딕트 앤더슨 지음, 서지원 옮김, 『상상된 공동체』, 길, 2018) 인쇄술이 근대 민족주의의 강화에 끼친 중대한 영향은 다음 두 책에서 지적하고 있다. Hayes, *Nationalism: A Religion*, ch. 4; Kohn, *The Idea of Nationalism*, 8-9, 123.

20. Anderson, *Imagined Communities*, 20-25.

21. John Armstrong, *Nations before Nationalism*, Chapel Hill, NC: University of North Carolina Press, 1982는 기독교, 이슬람, 유대교의 교구 성직자들이 이러한 측면에서 광범위한 역할을 했음을 강조하고 있다. 사실 이는 다른 종교에도 보편적으로 적용된다.

22. Hobsbawm, *Nations and Nationalism since 1780*, 92.

23. Rogers Brubaker, "Myths and Misconceptions in the Study of Nationalism," in J. Hall (ed.), *The State of the Nation: Ernest Gellner and the Theory of Nationalism*, Cambridge University Press, 1998, 291과 비교해보라.

24. Tom Nairn, "The Curse of Rurality: Limits of Modernization Theory," in Hall (ed.), *The State of the Nation*, 121.

25. Gellner, *Nations and Nationalism*, 34-35.

26. Ernest Gellner, *Nationalism*, London: Weidenfeld & Nicolson, 1997, ix.

27. Gellner, *Nations and Nationalism*, 2, 44-45; 또 Joshua Fishman (ed.), *Handbook of Languages and Ethnic Identity*, New York: Oxford University Press, 1999도 참조하라.

28. Smith, *Ethnic Origins*, ch. 2. 이는 그의 다른 저서에서도 자주 반복된다.

29. Max Weber, *Economy and Society*, vol. 2, Berkeley, CA: University of California Press, 1978, 389; Connor, "A Nation is a Nation, is a State, is an Ethnic Group, is a …"; Connor, *Ethnonationalism*; Connor, "The Dawning of Nations," in Ichijo

and Uzelac (eds.), *When is the Nation?*, ch. 2. 앤서니 스미스는 Hutchinson and Smith (eds.), *Nationalism*, vol. 4, 1394-1429에 재수록된 그의 "National Identity and Myths of Ethnic Descent" (1984)에서 더 유연하고 광범위한 개념을 제시하고 있다.

30. Thomas Eriksen, "Place, Kinship and the Case for Non-ethnic Nations," *Nations and Nationalism*, 10(1/2) (2004), 49-62, 특히 59쪽은 이 점을 올바르게 지적하고 있다.

31. Friedrich Meinecke, *Cosmopolitanism and the National State*, Princeton University Press, [1928] 1970.(프리드리히 마이네케 지음, 최호근 옮김, 『세계시민주의와 민족국가』, 나남, 2007)

32. John Lie, *Modern Peoplehood*, Cambridge, MA: Harvard University Press, 2004는 인족을 사실상 민족의 동의어로 지칭한 근대주의 관점의 저서이지만, 여기서는 Liah Greenfeld, *Nationalism: Five Roads to Modernity*, Cambridge, MA: Harvard University Press, 1993이 좀더 합리적으로 접근하고 있다.

33. R. Smith, *Stories of Peoplehood*; 또 Margaret Canovan, *The People*, Cambridge: Polity, 2005(마거릿 캐노번 지음, 김만권 옮김, 『인민』, 그린비, 2015)도 참조하라.

34. 유럽의 민족보다 종족에 관한 것이긴 하지만, 가장 유용한 데이터베이스로는 다음을 보라. Jaroslav Krejčí and Vítězslav Velímský, *Ethnic and Political Nations in Europe*, London: Croom Helm, 1981, 49-57. 이 데이터는 언어가 단연 가장 뚜렷한 표지임을 드러낸다.

35. 이는 유럽 연구에서 거의 보편적으로 나타나는 표지이기도 하다. Krejčí and Velímský, *Ethnic and Political Nations in Europe*.

36. Krejčí and Velímský, *Ethnic and Political Nations in Europe*.

37. 이 결론 또한 데이터로 뒷받침되는 듯 보인다. Krejčí and Velímský, *Ethnic and Political Nations in Europe*.

38. 이 구분은 그 근거에 대한 고찰과 더불어 이따금 논저에서 제기되었다. 이 주제에 전념한 Maurizio Virdi, *For Love of Country: An Essay on Patriotism and Nationalism*, Oxford University Press, 1995는 애국주의가 자유 사회에만 존재하며 자유 제도를 보호하려는 욕망이라는 그릇된 결론을 내린다. 그 자신이 든 사례들이 보여주듯이 애국주의는 프랑스와 영국의 절대 군주정에도 존재했고, 그 밖에 압제가 심한 여러 조국patria에 대해서도 열렬한 애국주의가 존재했다. 실제로 Gellner, *Nations and Nationalism*, Conclusion, 138은 나와 약간 비슷하게, 민족주의가 애국주의의 한 특수한 형태라는 명제를 제기하고 있다.

1. Pierre van den Berghe, *The Ethnic Phenomenon*, New York: Elsevier, 1981. 또 다음의 책들도 참조하라. V. Reynolds, V. Falger, and I. Vine (eds.), *The Sociobiology of Ethnocentrism*, London: Croom Helm, 1987; R. Paul Shaw and Yuwa Wong, *Genetic Seeds of Warfare, Evolution, Nationalism and Patriotism*, Boston, MA: Unwin Hyman, 1989; Tatu Vanhansen, *Ethnic Conflicts Explained by Ethnic Nepotism*, Stamford, CT: JAI, 1999. 원 출처는 다음을 보라. Charles Darwin, *The Descent of Man* [1871], ch. 6, in *The Origin of the Species and the Descent of Man*, New York: The Modern Library, n.d., 492.

2. Azar Gat, *War in Human Civilization*, Oxford University Press, 2006.[아자 가트 지음, 오숙은·이재만 옮김, 『문명과 전쟁』, 교유서가, 2017]

3. Darwin, R. A. Fisher, J. B. S. Haldane에 의해 처음 제시된 이 생각은 다음의 논문과 더불어 현대 진화론의 초석이 되었다. W. D. Hamilton, "The Genetical Evolution of Social Behaviour," *Journal of Theoretical Biology*, 7 (1964), 1-16, 17-52. 다윈의 원저로는 다음을 참조하라. *The Origin of the Species and the Descent of Man*, 203-205, 498.[찰스 다윈 지음, 장대익 옮김, 『종의 기원』, 사이언스북스, 2019; 찰스 다윈 지음, 김관선 옮김, 『인간의 유래』, 한길사, 2006]

4. W. D. Hamilton, "Innate Social Aptitudes of Man: An Approach from Evolutionary Genetics," in R. Fox (ed.), *Biosocial Anthropology*, New York: Wiley, 1975, 144; Irwin Silverman, "Inclusive Fitness and Ethnocentrism," in Reynolds, Falger, and Vine (eds.), *The Sociobiology of Ethnocentrism*, 113.

5. D. C. Fletcher and C. D. Michener (eds.), *Kin Recognition in Animals*, New York: Wiley, 1987; P. Hepper (ed.), *Kin Recognition*, Cambridge University Press, 1991.

6. Colin Irwin, "A Study in the Evolution of Ethnocentrism," and G. R. Johnson, S. H. Ratwil, and T. J. Sawyer, "The Evocative Significance of Kin Terms in Patriotic Speech," both in Reynolds, Falger, and Vine (eds.), *The Sociobiology of Ethnocentrism*, 131-156, 157-174.

7. Napoleon Chagnon, "Yanomamo Social Organization and Warfare," in M. Fried, M. Harris, and R. Murphy (eds.), *War: The Anthropology of Armed Conflict and Aggression*, Garden City, NY: Natural History, 1968, 128-129.

8. Harry Lourandos, *Continent of Hunter-Gatherers: New Perspectives in Australian Prehistory*, Cambridge University Press, 1979, 38.

9. C. J. Lumsden and E. O. Wilson, *Genes, Mind and Culture*, Cambridge, MA:

Harvard University Press, 1981; L. L. Cavalli-Sforza and M. W. Feldman, *Cultural Transmission and Evolution*, Princeton University Press, 1981; Robert Boyd and Peter Richerson, *Culture and the Evolutionary Process*, University of Chicago Press, 1985; W. H. Durham, *Coevolution: Genes, Culture, and Human Diversity*, Stanford University Press, 1991; Peter Richerson and Robert Boyd, *Not by Genes Alone*, University of Chicago Press, 2005 [피터 J. 리처슨·로버트 보이드 지음, 김준홍 옮김, 『유전자만이 아니다: 문화가 어떻게 인간 진화의 경로를 바꾸었는가』, 이음, 2009]; John Tooby and Leda Cosmides, "The Psychological Foundations of Culture," in L. Cosmides, J. Tooby, and J. Barkow (eds.), *The Adapted Mind: Evolutionary Psychology and the Generation of Culture*, New York: Oxford University Press, 1992, 19-136.

10. Lawrence Keeley, *War before Civilization*, New York: Oxford University Press, 1996; Steven LeBlanc with Katherine Register, *Constant Battles: The Myth of the Peaceful Noble Savage*, New York: St. Martins' Press, 2003; Gat, *War in Human Civilization*; Samuel Bowles, "Did Warfare among Ancestral Hunter-Gatherers Affect the Evolution of Human Social Behaviors," *Science*, 324 (2009), 1293-1298.

11. 이 점 또한 Hamilton, "The Genetical Evolution of Social Behavior," 16에서 지적했고 Robert L. Trivers, "Parent-Offspring Conflict," *American Zoologist*, 14 (1974), 249-264에서 발전시켰다.

12. 이 주제에 대해서는 서로 다른 분야에 속한 몇몇 고전이 있다. Mancur Olson, *The Logic of Collective Action: Public Goods and the Theory of Groups*, Cambridge, MA: Harvard University Press, 1965[멘슈어 올슨 지음, 최광·이성규 옮김, 『집단행동의 논리: 공공재와 집단이론』, 한국문화사, 2013]; Robert L. Trivers, "The Evolution of Reciprocal Altruism," *Quarterly Review of Biology*, 46 (1971), 35-57. 이 아이디어는 Darwin, *The Descent of Man*, ch. 5, 499-500에서 제시된 바 있다. 또한 다음 책들도 참조하라. Richard Alexander, *The Biology of Moral Systems*, New York: Aldine, 1987, 77, 85, 93-94, 99-110, 117-126, 그 밖에 여러 곳; Robert Frank, *Passions within Reason: The Strategic Role of the Emotions*, New York: Norton, 1988; Matt Ridley, *The Origins of Virtue: Human Instincts and the Evolution of Cooperation*, New York: Viking, 1996.[매트 리들리 지음, 신좌섭 옮김, 『이타적 유전자』, 사이언스북스, 2001]

13. 이는 현대 진화론에서 가장 격렬한 논쟁이 이루어진 주제이지만, 의견의 균형은 뚜렷이 이 방향으로 기울고 있다. 친족 이타주의kin altruism의 두 선구자인 W. D.

Hamilton과 E. O. Wilson은 나중에 집단선택을 인정했다. Hamilton, "Innate Social Aptitudes"; W. D. Hamilton, *Narrow Roads of Gene Land*, Oxford: Freeman, 1996; David S. Wilson and E. Sober, *Unto Others: The Evolution and Psychology of Unselfish Behavior*, Cambridge, MA: Harvard University Press, 1998(엘리엇 소버·데이비드 슬론 윌슨 지음, 설선혜·김민우 옮김, 『타인에게로: 이타 행동의 진화와 심리학』, 서울대학교출판문화원, 2013); David S. Wilson and E. O. Wilson, "Rethinking the Theoretical Foundations of Sociobiology," *Quarterly Review of Biology*, 82 (2007), 327-348; Martin Nowak, Corina Tarnita, and Edward O. Wilson, "The Evolution of Eusociality," *Nature*, 466 (2010), 1057-1062; Samuel Bowles, "Group Competition, Reproductive Leveling, and the Evolution of Human Altruism," *Science*, 314 (2006), 1569-1572; Bowles, "Did Warfare among Ancestral Hunter-Gatherers Affect the Evolution of Human Social Behaviors". Samuel Bowles and Herbert Gintis, *A Cooperative Species: Human Reciprocity and Its Evolution*, Princeton University Press, 2011(허버트 긴티스·새뮤얼 보울스 지음, 전용범·김영용 옮김, 『협력하는 종: 경쟁하는 인간에서 협력하는 인간이 되기까지』, 한국경제신문, 2016)은 배신자와 무임 승차자에 대한 집단 제재의 중요성을 결정적으로 조명하고 있다. Oleg Smirnov, Holly Arrow, Douglas Kennett, and John Orbell, "Ancestral War and the Evolutionary Origins of 'Heroism,'" *Journal of Politics*, 69 (2007), 927-940. 다윈은 *The Descent of Man*, ch. 5, 496-500에서 이 아이디어를 제기했다.

14. 이 오래된 아이디어는 Richard Dawkins, *The Selfish Gene*, Oxford University Press, 2nd edn., 1989, 189-201, 329-331(리처드 도킨스 지음, 홍영남·이상임 옮김, 『이기적 유전자』, 을유문화사, 2018)에서 진화적 용어로 처음 공식화했고 같은 저자의 *The God Delusion*, London: Bantam, 2006(리처드 도킨스 지음, 이한음 옮김, 『만들어진 신』, 김영사, 2007)에서 좀더 발전시켰다. 또 Pascal Boyer, *Religion Explained: The Evolutionary Origins of Religious Thought*, New York: Basic Books, 2001(파스칼 보이어 지음, 이창익 옮김, 『종교, 설명하기: 종교적 사유의 진화론적 기원』, 동녘사이언스, 2015); Daniel Dennett, *Breaking the Spell: Religion as a Natural Phenomenon*, New York: Viking, 2006(대니얼 데닛 지음, 김한영 옮김, 『주문을 깨다: 우리는 어떻게 해서 종교라는 주문에 사로잡혔는가?』, 동녘사이언스, 2010)도 참조하라. 적응적 설계의 진화적 부산물이 수행하는 역할은 다음 글에서 제시되었다. S. G. Gould and R. C. Lewontin, "The Spandrels of San Marco and the Panglossian Program: A Critique of the Adaptionist Programme," *Proceedings of the Royal Society of London*, 250 (1979), 281-288.

15. Dawkins, *The Selfish Gene*, 331.

16. David S. Wilson, *Darwin's Cathedral: Evolution, Religion, and the Nature of Society*, University of Chicago Press, 2002.(데이비드 슬론 윌슨 지음, 이철우 옮김, 『종교는 진화한다: 진화론과 종교, 그리고 사회의 본성』, 아카넷, 2004) 윌슨은 종교가 협력을 촉진시키는 이점이 있음을 예리하게 지적했지만, 그 군사적 측면은 간과했다.

17. Wendel Oswalt, *Alaskan Eskimos*, San Francisco, CA: Chandler, 1967, xi.

18. Chagnon, "Yanomamo Social Organization and Warfare," 128-129.

19. 이 주제에 대해 L. L. Cavalli-Sforza, P. Menozzi, and A. Piazza, *The History and Geography of Human Genes*, Princeton University Press, 1994의 범위와 폭을 따라올 만한 연구는 아직까지 없다. 하지만 기술이 점차 발전하고 특정 집단에 대한 전문적 연구들이 무수히 쏟아져나오면서 이 기념비적 저서도 급속히 시대에 뒤떨어지고 있다.

20. Joseph Shepher, *Incest: The Biosocial View*, New York: Academic Press, 1983. 이 발견에 대해서는 지난 수년간 다양한 논박이 행해졌지만, 근친상간 금기가 강하긴 해도 완벽하지 않음을 고려할 때 나는 여전히 유효하다고 본다. 이 발견에 대한 최근의 비판으로는 다음을 보라. Eran Shor and Dalit Simchai, "Incest Avoidance, the Incest Taboo, and Social Cohesion: Revisiting Westermarck and the Case of the Israeli Kibbutzim," *American Journal of Sociology*, 114 (2009), 1803-1842.

21. Anthony Smith, *Nationalism and Modernism*, London: Routledge, 1998, 147-151; Anthony Smith, *The Nation in History*, Cambridge: Polity, 2000; Smith, *Antiquity of Nations*, 5-6.

제3장 부족에서 국가로

1. 이에 대한 개괄적인 설명으로는 다음을 보라. Colin McEvedy and Richard Jones, *Atlas of World Population History*, London: Penguin, 1978; Massimo Bacci, *A Concise History of World Population*, Oxford: Blackwell, 1997, 27, 38, 41-47.

2. 부족 이후에 등장한 이런 대규모 연합 공동체들의 몇몇 인구 통계(고대에 적의 머릿수에 대해 습관적으로 그러했듯, 이 가운데 일부도 아마 과장되었을 것이다)는 다음을 참조하라. Caesar, *The Gallic Wars*(가이우스 율리우스 카이사르 지음, 천병희 옮김, 『갈리아 원정기』, 숲, 2012), 1.29, 2.4. 하지만 아마도 가장 유익한 부분은 7.75일 것이다.

3. Barry Cunliffe, *Iron Age Communities in Britain*, London: Routledge, 1974, 105,

114.(배리 컨리프 지음, 이성주 옮김, 『영국 철기시대 사회』, 考古, 2017)

4. Malcolm Todd, *The Early Germans*, Oxford: Blackwell, 1992, 8.

5. Kristian Kristiansen, *Europe before History*, Cambridge University Press, 1998, 195.

6. B. Trigger and W. Washburn (eds.), *The Cambridge History of the Native Peoples of the Americas, vol. 1: North America*, Pt 1, New York: Cambridge University Press, 1996, 403, 408, 506에 수록된 다양한 논문을 참조하라.

7. Brian Fagan, *Ancient North America*, New York: Thames & Hudson, 1995, 121, 141-142, 160; John Ewers, "Intertribal Warfare as the Precursor of Indian-hite Warfare on the Northern Great Plains," *The Western Historical Quarterly*, 6 (1975), 403-407.

8. Patrick Kirch, *The Evolution of the Polynesian Chiefdoms*, Cambridge University Press, 1984, 98; Marshall Sahlins, "Poor Man, Rich Man, Big-Man, Chief: Political Types in Melanesia and Polynesia," *Comparative Studies in Society and History*, 5 (1963), 287.

9. Andrew Vayda, *Maori Warfare*, Wellington: The Polynesian Society, 1960, 20.

10. M. Fortes and E. Evans-Pritchard (eds.), *African Political Systems*, Oxford University Press, 1940, 7, 36, 198, 239, 276-284; J. Middleton and D. Tait, *Tribes without Rulers: Studies in African Segmentary Systems*, London: Routledge, 1958, 28, 97, 102-104, 164, 167, 203, 207.

11. Jared Diamond, *Guns, Germs, and Steel: The Fate of Human Societies*, New York: Norton, 1997.(재레드 다이아몬드 지음, 김진준 옮김, 『총 균 쇠』, 문학사상사, 2005)

12. K. Fukui and D. Turton (eds.), *Warfare among East African Herders*, Osaka: National Museum of Ethnology, 1977, 15, 35; 또 John Galaty, "Pastoral Orbits and Deadly Jousts: Factors in the Maasai Expansion," in J. Galaty and P. Bonte (eds.), *Herders, Warriors, and Traders*, Boulder, CO: Westview, 1991, 194도 참조 하라.

13. Elizabeth Thomas, *Warrior Herdsmen*, New York: Knopf, 1965.

14. P. Bonte, "Non-Stratified Social Formations among Pastoral Nomads," in J. Friedman and M. Rowlands (eds.), *The Evolution of Social Systems*, London: Duckworth, 1977, 192-194에는 목축 부족의 구조에 대한 중요한 이론적 논평이 들어 있다.

15. Fredrik Barth, *Nomads of South Persia*, London: Oslo University Press, 1961, 1, 50-60, 119.

16. V. Müller, *En Syrie avec les Bédouins*, Paris: Ernest Leroux, 1931; M. von Oppenheim, *Die Beduinen*, vol. 1, Leipzig: Harrassowitz, 1939.

17. Jean Kupper, *Les nomades en Mésopotamie au temps des rois de Mari*, Paris: Société d'Edition "Les Belles Lettres," 1957; J. T. Luke, "Pastoralism and Politics in the Mari Period," 박사학위논문, Ann Arbor, Michigan, 1965; Victor Matthews, *Pastoral Nomadism in the Mari Kingdom (c. 1850-1760)*, Cambridge: American School of Oriental Research, 1978; Moshe Anbar, *The Amorite Tribes in Mari*, Tel Aviv University Press, 1985 (히브리어; 프랑스어판은 1991).

18. Israel Finkelstein, *The Archaeology of the Israelite Settlement*, Jerusalem: Israel Exploration Society, 1988, 330-335.

19. 이 점은 Adam Ferguson이 *An Essay on the History of Civil Society*, Cambridge University Press, [1767] 1995에서 조명한 바 있으며, 프리드리히 엥겔스에게 큰 감명을 받은 루이스 모건이 *Ancient Society*, Chicago, IL: Kerr, [1877] 1907(루이스 헨리 모건 지음, 정동호·최달곤 옮김, 『고대사회』, 문화문고, 2005)에서 좀더 발전시켰다.

20. 일례로 다음의 책을 참조하라. Mervin Meggitt, *Blood is Their Argument: Warfare among the Mae Enga of the New Guinea Highlands*, Palo Alto, CA: Mayfield, 1977, 3-4, 10.

21. 모턴 프리드가 "In the Concepts of 'Tribe' and 'Tribal Society,'" in J. Helm (ed.), *Essays on the Problem of the Tribe*, Seattle, WA: American Ethnological Society, 1968, 3-20에 이어서 집필한 *The Notion of the Tribe*, Menlo Park, CA: Cummings, 1975.(모튼 프리드 지음, 박성우·박지연 옮김, 『부족의 개념』, 민속원, 2017) 좀더 최근의 연구로는 다음을 참조하라. R. Brian Ferguson and Neil L. Whitehead, *War in the Tribal Zone: Expanding States and Indigenous Warfare* (School of American Research Advanced Seminar Series), Santa Fe, NM: SAR Press, 2000.

22. Lewis Morgan, *League of the Ho-De-No Sau-Nee or Iroquois*, New Haven, CT: Human Relations Area Files, [1851] 1954는 선구적인 연구다. 좀더 최근의 연구로는 다음을 참조하라. Dean Snow, *The Iroquois*, Cambridge, MA: Blackwell, 1994; Daniel Richter, *The Ordeal of the Longhouse: The People of the Iroquois League in the Era of European Colonization*, Chapel Hill, NC: University of North Carolina Press, 1992; Francis Jennings, *The Ambiguous Iroquois Empire*, New York: Norton, 1984; Bruce Trigger, "Maintaining Economic Equality in Opposition to Complexity: An Iroquoian Case Study," in S. Upham (ed.), *The Evolution of Political Systems: Sociopolitics in Small-Scale Sedentary Societies*, Cambridge

University Press, 1990, 119-145.

23. Edward James, *The Franks*, Oxford: Blackwell, 1988, 35-36.

24. Dell Hymes, "Linguistic Problems in Defining the Concept of the Tribe," in Helm, *The Problem of the Tribe*, 23-48은 종족, 언어, 부족의 구분을 놓치고 넘어간다. 하지만 일례로 다음을 보라. Fredrick Barth, "Introduction," in F. Barth (ed.), *Ethnic Groups and Boundaries*, London: George Allen, 1969, 9-38.

25. L. L. Cavalli-Sforza *et al.*, *The History and Geography of Human Genes*, Princeton University Press, 1994, 158-194. 좀더 최신 정보가 담긴 연구로는 다음을 보라. Gemma Berniell-Lee *et al.*, "Genetic and Demographic Implications of the Bantu Expansion: Insights from Human Paternal Lineages," *Molecular Biology and Evolution*, 26(7) (2009), 1581-1589.

26. A. J. Ammerman and L. L. Cavalli-Sforza, *The Neolithic Transition and the Genetics of Populations in Europe*, Princeton University Press, 1984; Cavalli-Sforza *et al.*, *The History and Geography of Human Genes*; Colin Renfrew, *Archaeology and Language*, Cambridge University Press, 1987(콜린 렌프류 지음, 김현권 옮김, 『언어고고학』, 에피스테메(한국방송통신대학교출판부), 2017); Colin Renfrew, "The Origins of World Linguistic Diversity: An Archaeological Perspective," in N. Jablonski and L. Aiello (eds.), *The Origins and Diversification of Language*, San Francisco, CA: California Academy of Sciences, 1998; T. Price, A. Gebauer, and L. Keeley, "The Spread of Farming into Europe North of the Alps," in T. Price and A. Gebauer (eds.), *Last Hunters-First Farmers*, Santa Fe, NM: SAR Press, 1992, 95-126; D. Harris (ed.), *The Origins and Spread of Agriculture and Pastoralism in Eurasia*, Washington, DC: Smithsonian, 1996에 실린 Cavalli-Sforza, Renfrew, J. Thomas, M. Zvelebil, T. Price의 글; Robin Dennell, "The Hunter-Gatherer/Agricultural Frontier in Prehistoric Temperate Europe," in S. Green and S. Perlman (eds.), *The Archaeology of Frontiers and Boundaries*, London: Academic Press, 1985, 113-139; Stephen Oppenheimer, *Out of Eden: The Peopling of the World*, London: Constable, 2003, xxi.

27. J. L. Mountain *et al.*, "Congruence of Genetic and Linguistic Evolution in China," *Journal of Chinese Linguistics*, 20 (1992), 315-331; Ian Glover and Charles Higham, "New Evidence for Early Rice Cultivation in South, Southeast and East Asia," and Peter Bellwood, "The Origins and Spread of Agriculture in the Indo-Pacific Region: Gradualism and Diffusion or Revolution and Colonization," both in Harris (ed.), *The Origins and Spread of Agriculture*, 413-441, 465-498. 이 주제

를 탁월하게 종합한 Jared Diamond and Peter Bellwood, "Farmers and their Languages: The First Expansions," *Science*, April 2003, 597-603도 참조하라.

28. Mark Hudson, *Ruins of Identity: Ethnogenesis in the Japanese Islands*, Honolulu: U. of Hawaii, 1999; Diamond and Bellwood, "Farmers and their Languages," 601.

29. J. P. Mallory, *In Search of the Indo-Europeans*, London: Thames & Hudson, 1989, 76-81; Paul Barford, *The Early Slavs: Culture and Society in Early Medieval Eastern Europe*, London: British Museum, 2001, ch. 1; Zbigniew Kobylinski, "The Slavs," in P. Fouracre (ed.), *The New Cambridge Medieval History, vol. 1: c. 500-c. 700*, Cambridge University Press, 2005. 최근의 유전학적 연구로는 다음을 참조하라. K. Rebala *et al.*, "Y-STR Variation among Slavs: Evidence for the Slavic Homeland in the Middle Dnieper Basin," *Journal of Human Genetics*, 52(5) (2007), 406-414.

30. 유전학적 연구로는 역시 Rebala *et al.*, "Y-STR Variation among Slavs"를 보라.

31. 이 주제에 대한 주요한 연구로는 Anatoly Khazanov, *Nomads and the Outside World*, 2nd edn., Madison, WI: University of Wisconsin Press, 1994의 119-152, 222-227을 보라. 또 Roger Cribb, *Nomads in Archaeology*, Cambridge University Press, 1991, 45-54; Thomas Barfield, *The Nomadic Alternative*, Englewood Cliffs, NJ: Prentice Hall, 1993도 참조하라. Fredrik Barth, *Process and Form in Social Life: Selected Essays*, vol. 1, London: Routledge, 1981, 187-197에 재수록된 그의 선구적인 논문 "A General Perspective on Nomad-Sedentary Relations in the Middle East"는 목축민을 유리하게 해준 경제적 요인에만 너무 협소하게 초점을 맞추고 있다.

32. John Galaty and Bonte (eds.), *Herders, Warriors, and Traders*, Boulder, CO: Westview, 1991, 62-86에 수록된 Pierre Bonte의 글은 북부에서 유입된 종족적으로 이질적인 목축민의 군사적 지배가 동아프리카 대호수 사회의 기반이었다는 관념을 부인하는 1960~1970년대의 경향성을 보여준다는 점에서 같은 책의 공동 편집자들과 극명한 대조를 이룬다. Franz Oppenheimer, *The State*, New York: Vanguard, 1926으로 대표되는 19세기 말과 20세기 초의 이론에 대한 과도한 반작용이 존재해온 것이 사실이다. Oppenheimer는 목축민에 의한 정복을 최초로 국가가 형성되는 일반적 메커니즘으로 보고 있다.

33. Giorgio Buccellati, *The Amorites of the Ur III Period*, Naples: Instituto Orientale, 1966; Mario Liverani, "The Amorites," in D. Wiseman (ed.), *Peoples of Old Testament Times*, Oxford University Press, 1973, 100-133; Anbar, *The Amorite*

Tribes in Mari.

34. 이 논의는 아모리인, 아람인, 이스라엘인과 관련하여 거의 대동소이하다. 이에 대한 요약과 참고문헌은 나의 책 『문명과 전쟁』(오숙은·이재만 옮김, 교유서가, 2017), 268-274쪽을 참조하라.

35. 초기의 셈족이 목축민이었다는 생각은 19세기에 널리 통용되었다. 좀더 최근에는 James Mellaart, *The Neolithic of the Near East*, London: Thames & Hudson, 1975, 280-282 등에 의해 제기되고 Mattanyah Zohar, "Pastoralism and the Spread of the Semitic Languages," in O. Bar Yosef and A. Khazanov (eds.), *Pastoralism in the Levant: Archaeological Materials in Anthropological Perspective*, Madison, WI: Prehistory Press, 1992, 43-63에서 흥미롭게 전개되었다.

36. 이 생각은 Marija Gimbutas, *The Kurgan Culture and the Indo-Europeanization of Europe: Selected Articles from 1952 to 1993*, Washington, DC: Institute for the Study of Man, 1997에서 처음 고고학적으로 제시되었고 탁월한 두 저서인 Mallory, *In Search of the Indo-Europeans*; David Anthony, *The Horse, the Wheel and Language*, Princeton University Press, 2007[데이비드 W. 앤서니, 『말, 바퀴, 언어』, 공원국 옮김, 에코리브르, 2015]에서 가장 포괄적으로 전개되었다.

37. Colin Renfrew, "Language Families and the Spread of Farming," in Harris (ed.), *The Origins and Spread of Agriculture*, 특히 73-76. 이는 R. Austerlitz, "Language-Family Density in North America and Africa," *Ural-Altaische Jahrbücher*, 52 (1980), 1-10을 발전시킨 것이다; Johanna Nichols, *Language Diversity in Time and Space*, University of Chicago Press, 1992.

38. Morton Fried, *The Evolution of Political Society*, New York: Random House, 1967; Elman Service, *Origins of the State and Civilization: The Process of Cultural Evolution*, New York: Norton, 1975; William Sanders and David Webster, "Unilinealism, Multilinealism, and the Evolution of Complex Societies," in C. Redman *et al.* (eds.), *Social Archaeology*, New York: Academic Press, 1978, 249-302; T. D. Price and G. Feinman (eds.), *Foundations of Social Inequality*, New York: Plenum, 1995.

39. Sahlins, "Poor Man, Rich Man, Big-Man, Chief"; Marshall Sahlins, *Tribesmen*, Englewood Cliffs, NJ: Prentice Hall, 1968. 아프리카에 대한 연구로는 다음을 보라. I. Schapera, *Government and Politics in Tribal Societies*, London: Watts, 1956.

40. 이런 보편적 관계에 대해서는 Gabriel Herman, *Ritualised Friendship and the Greek City*, Cambridge University Press, 1987에서 폴리스 이전의 그리스와 관련하여 충분한 연구가 이루어졌다.

41. E. A. Thompson, *The Early Germans*, Oxford University Press, 1965는 게르만 사회 변동의 물질적 토대에 대해 훌륭하게 설명하고 있다.

42. Colin Newbury, *Patrons, Clients, & Empire: Chieftaincy and Over-rule in Asia, Africa, and the Pacific*, Oxford University Press, 2003과 비교해보라.

43. M. I. Finley, *The World of Odysseus*, rev. edn., London: Penguin, [1954] 1978; Jan Morris, "The Use and Abuse of Homer," *Classical Antiquity*, 5 (1986), 81-138.

44. Robert Drews, *Basileus: The Evidence of Kingship in Geometric Greece*, New Haven, CT: Yale University Press, 1983; C. G. Thomas, "From Wanax to Basileus: Kingship in the Greek Dark Age," *Hispania Antiqua*, 6 (1978), 187-206; Chester Starr (ed.), "The Age of Chieftains," *Individual and Community: The Rise of the Polis 800-500 BC*, New York: Oxford University Press, 1986, 15-33; Walter Donlan, "The Social Groups of Dark Age Greece," *Classical Philology*, 80 (1985), 293-308은 Donlan and Carol Thomas, "The Village Community of Ancient Greece: Neolithic, Bronze and Dark Age," *Studi Micenei ed Egeo-Anatolici*, 31 (1993), 61-69와 특히 Walter Donlan, "The Pre-State Community in Greece," *Symbolae Osloenses*, 64 (1989), 5-29에서 발전, 수정되었다. 또 Yale Ferguson, "Chiefdoms to City-States: The Greek Experience," in T. Earle (ed.), *Chiefdoms: Power, Economy and Ideology*, New York: Cambridge University Press, 1991, 169-192도 참조하라.

45. Mallory, *In Search of the Indo-Europeans*, 125; D. A. Binchy, *Celtic and Anglo-Saxon Kingship*, Oxford University Press, 1970, 1-21; Herwig Wolfram, *History of the Goths*, Berkeley, CA: University of California Press, 1988, 96, 144; D. H. Green, *Language and History in the Early Germanic World*, Cambridge University Press, 1998, 133.

46. 뒤에 인용된 참고문헌들과 더불어, 이론적인 논의로는 다음을 참조하라. Elman Service, *Primitive Social Organization*, New York: Random House, 1962[E. R. 서비스 지음, 신형식 옮김, 『原始時代의 社會組織』, 三知院, 1987]; Allen Johnson and Timothy Earle, *The Evolution of Human Societies*, Stanford University Press, 1987, chs. 9-10; Earle, *Chiefdoms: Power, Economy and Ideology*; Robert Carneiro, "The Chiefdom: Precursor to the State," in G. Jones and R. Kautz (eds.), *The Transition to Statehood in the New World*, New York: Cambridge University Press, 1981, 37-79.

47. Kirch, *Polynesian Chiefdom*; Marshall Sahlins, *Social Stratification in Polynesia*,

Seattle, WA: University of Washington Press, 1958.

48. 헤로도토스, 『역사』, 5권, 77, 69장(천병희 옮김, 숲, 2009); 아리스토텔레스, 「아테네 정치제도사」, 20-22장(최자영 옮김, 『고대 그리스정치사 사료』, 신서원, 2002)

49. T. J. Cornell, *The Beginnings of Rome: Italy and Rome from the Bronze Age to the Punic Wars (c. 1000-264)*, London: Routledge, 1995, 173-196.

50. Max Gluckman, "The Kingdom of the Zulu of South Africa," in M. Fortes and E. Evans-Pritchard (eds.), *African Political Systems*, Oxford University Press, 1940, 25-55; Max Gluckman, "The Rise of the Zulu Empire," *Scientific American*, 202 (1960), 157-168; Keith Otterbein, *Feuding and Warfare*, Longhorne, PA: Gordon & Breach, 1994, 25-32에 재수록된 같은 저자의 논문 "The Evolution of Zulu Warfare" (1964); Elman Service, *Origins of the State and Civilization*, New York: Norton, 1975, 104-116.

51. 앞의 주-19에서 소개한 참고문헌과 더불어 다음을 참조하라. M. B. Rowton, "Dimorphic Structure and the Parasocial Element," *Journal of Near Eastern Studies*, 36 (1977), 181-198; 또 Barth, Process and Form, 194도 참조하라.

52. 일례로 다음을 참조하라. Philip Khoury and Joseph Kostiner (eds.), *Tribes and State Formation in the Middle East*, London: Tauris, 1991; Philip Salzman, *Culture and Conflict in the Middle East*, Amherst, NY: Humanity Books, 2008.

53. Susan Lape, *Race and Citizen Identity in the Classical Athenian Democracy*, Cambridge University Press, 2010.

제4장 전근대 세계의 종족, 인족, 국가, 민족

1. 근대주의자들은 "가산제patrimonial" 국가와 근대 국가를 구분한 베버의 본래 입장을 넘어 둘 중 후자만이 국가로 불릴 자격이 있다고 주장한다. 지배자의 속성과 피지배자의 속성, 공적 영역과 사적 영역이 대체로 더 뚜렷이 분리되기 때문이다. 이 논쟁은 의미론의 문제로 귀결될 수 있는 측면이—민족을 둘러싼 논쟁보다 더—많다. Max Weber, *General Economic History*, Blencoe, IL: Free Press, 1950, 313-314, 338ff(막스 베버 지음, 조기준 옮김, 『사회경제사』, 삼성출판사, 1997); Max Weber, *Economy and Society*, New York: Bedminster, 1968, 56, 904-910(막스 베버 지음, 박성환 옮김, 『경제와 사회 1』, 문학과지성사, 2003); J. Shennan, *The Origins of the Modern European State 1450-1725*, London: Hutchinson, 1974; Gianfranco Poggi, *The Development of the Modern State: A Sociological Introduction*, Stanford University Press, 1978(잔프랑코 폿지 지음, 박상섭 옮김, 『근대국가의 발전』, 민음

사, 1995); Gianfranco Poggi, *The State: Its Nature, Development and Prospects*, Stanford University Press, 1990, 특히 25; Martin van Creveld, *The Rise and Decline of the State*, Cambridge University Press, 1999.

2. 더욱 광범위한 논의로는 다음을 보라. Azar Gat, "Rural Petty-State and Overlordship: Missing Links in the Evolution of the Early State," *Anthropos*, 98(1) (2003), 127-142; Azar Gat, "Why City-States Existed? Riddles and Clues of Urbanization and Fortifications," in M. Hansen (ed.), *Comparative Studies of Six City-State Cultures*, Copenhagen: Royal Danish Academy of Sciences and Letters, 2002, 125-139.

3. Edward Cohen, *The Athenian Nation*, Princeton University Press, 2000; Roshwald, *The Endurance of Nationalism*, 22-30. 또 Frank Walbank, "The Problem of Greek Nationality" (1951), *Selected Papers*, Cambridge University Press, 1985, 1-19도 참조하라. '토착autochthoneous' 아테네인으로만 시민권을 제한한 것에 대해서는 다음을 참조하라. Susan Lape, *Race and Citizen Identity in the Classical Athenian Democracy*, Cambridge University Press, 2010.

4. 1장의 말미와 3장의 주-53을 참조하라.

5. Gat, "Why City-States Existed?"

6. Gat, "Why City-States Existed?" 이 글은 Colin Renfrew and J. Cherry (eds.), *Peer Polity Interaction and Socio-Political Change*, Cambridge University Press, 1986, 특히 Renfrew의 "Introduction," 1-18을 바탕으로 발전시킨 것이다.

7. Stuart Bremer, "Dangerous Dyads: Conditions Affecting the Likelihood of Interstate War, 1816-1965," *Journal of Conflict Resolution*, 36 (1992), 309-341.

8. Aage Westenholz, "The Sumerian City-State," in Hansen, *Six City-State Cultures*, 30.

9. Westenholz, "The Sumerian City-State," 39.

10. Westenholz, "The Sumerian City-State," 39.

11. W. van Soldt (ed.), *Ethnicity in Ancient Mesopotamia*, Leiden: Netherlands Instituut voor het Nabije Oosten, 2005는 이 주제에 대한 논문집이다.

12. Ann Killebrew, *Biblical People and Ethnicity: An Archaeological Study of Egyptians, Canaanites, Philistines, and Early Israel 1300-1100 BC*, Atlanta, GA: Society of Biblical Literature, 2005는 가나안 종족에 대해 다소 다른 관점을 제시하면서도 증거가 매우 희박함을 인정하고 있다.

13. N. K. Sanders, *The Sea People: Warriors of the Ancient Mediterranean 1250-1150 BC*, London: Thames & Hudson, 1978; Trude Dothan, *The Philistines and their*

Material Culture, New Haven, CT: Yale University Press, 1982; John Strange, "The Philistine City-States," in M. Hansen (ed.), *Comparative Studies of Thirty City-State Cultures*, Copenhagen: Royal Danish Academy of Sciences and Letters, 2000, 129-139.

14. 시칠리아 전쟁에 대한 주된 사료는 Diodorus Siculus, Bks. 11, 13, 14, 20; 그리스와 카르타고가 협력한 초기의 몇몇 사례는 헤로도토스, 『역사』, 7권, 165장. 페니키아인에 대한 일반적인 정보는 Maria Aubet, *The Phoenicians and the West*, Cambridge University Press, 1993; Hans Georg Niemeyer, "The Early Phoenician City-States on the Mediterranean," in Hansen, *Thirty City-State Cultures*, 89-115.

15. 다음 책에 수록된 논문들의 대부분은 이 주제를 합리적인 시각에서 다루고 있다. I. Malkin (ed.), *Ancient Perceptions of Greek Ethnicity*, Cambridge, MA: Harvard University Press, 2001.

16. Jonathan Hall, *Hellenicity: Between Ethnicity and Culture*, University of Chicago Press, 2002는 매우 정통한 책이지만 많이 알려져 있지 않다. Jonathan Hall, *Ethnic Identity in Greek Antiquity*, Cambridge University Press, 1997은 아주 개괄적이다. 또 Jan Paul Crielaard, "The Ionians in the Archaic Period: Shifting Identities in a Changing World," in T. Derks and N. Roymans (eds.), *Ethnic Constructs in Antiquity*, Amsterdam: Amsterdam University Press, 2009, 37-84도 참조하라.

17. 아르카디아에 대한 사례 연구로는 다음을 참조하라. Thomas Nielsen, "Arkadia: City-Ethnicities and Tribalism," in M. Hansen, *Introduction to an Inventory of Poleis*, Copenhagen: Royal Danish Academy, 1996, 117-163. 보이오티아에 대해서는 다음을 참조하라. Stephanie Larson, *Tales of Epic Ancestry: Boiotian Collective Identity in the Late Archaic and Early Classical Periods*, Stuttgart: Franz Steiner, 2007. 또 Crielaard, "The Ionians in the Archaic Period"도 참조하라.

18. David Graf, "Medism: Greek Collaboration with Achaemenid Persia," 미출간 박사학위논문, Ann Arbor, Michigan: University Microfilms, 1979.

19. Herodotus, Cambridge, MA: Harvard University Press/Loeb, 1946, Bk. viii, s. 144.[헤로도토스, 『역사』, 8권, 144장]

20. 이 동맹에 대해서는 다음을 보라. Victor Ehrenberg, *The Greek State*, London: Methuen, 1969, 103-131[빅터 에렌버그 지음, 김진경 옮김, 『그리스 국가』, 민음사, 1991]; Peter Rhodes, "The Greek Poleis: Demes, Cities and Leagues," in M. Hansen (ed.), *The Ancient Greek City-State*, Copenhagen: Royal Danish Academy, 1993, 161-182.

21. A. Sherwin-White, *The Roman Citizenship*, 2nd edn., Oxford University Press, 1973; Kurt Raaflaub, "City-State, Territory and Empire in Classical Antiquity," in A. Molho, K. Raaflaub, and J. Emlen (eds.), *City-States in Classical Antiquity and Medieval Italy*, Stuttgart: Franz Steiner, 1991, 565-588; Claude Nicolet, *Rome et la conquête du monde méditerranéen 264-27, Tome 1: Les structures de l'Italie romaine*, Paris: Presses universitaires de France, 1993.

22. T. J. Cornell, *The Beginnings of Rome: Italy and Rome from the Bronze Age to the Punic Wars (c. 1000-264)*, London: Routledge, 1995, 204-208, 320, 351, 380-385.

23. Mary Hodge, "When is a City-State: Archaeological Measures of Aztec City-States and Aztec City-State Systems," in D. Nichols and T. Carlton (eds.), *The Archaeology of City-States: Cross-Cultural Approaches*, Washington, DC: Smithsonian, 1997, 169-207, 209-227; Michael Smith, "Aztec City-States," in Hansen (ed.), *Thirty City-State Cultures*, 581-595; R. Grillo, *Pluralism and the Politics of Difference: State, Culture and Ethnicity in Comparative Perspective*, Oxford University Press, 1998, ch. 3.

24. Ross Hassig, *Aztec Warfare*, Norman, OK: University of Oklahoma Press, 1988, 236, 266-267.

25. Eva Krapf-Askari, *Yoruba Towns and Cities*, Oxford University Press, 1969; Robert Smith, *Kingdoms of the Yoruba*, London: Methuen, 1969; Graham Connah, *African Civilization: Precolonial Cities and States in Tropical Africa: An Archaeological Perspective*, Cambridge University Press; J. Peel, "Yoruba as a City-State Culture," in Hansen (ed.), *Thirty City-State Cultures*, 507-518.

26. Robert Griffeth, "The Hausa City-States from 1450 to 1804," in R. Griffeth and C. Thomas (eds.), *The City-State in Five Cultures*, Santa Barbara, CA: ABC-Clio, 1981, 143-180.

27. Ray Kea, "City-State Culture on the Gold Coast: The Fante City-State Federation in the Seventeenth and Eighteenth Centuries," in Hansen (ed.), *Thirty City-State Cultures*, 519-530.

28. Kingta Princewill, "The City-States of the Eastern Niger Delta," in Hansen (ed.), *Thirty City-State Cultures*, 533-545.

29. Mogens Hansen, "The Kotoko City-States," in Hansen (ed.), *Thirty City-State Cultures*, 531-532.

30. Judith Nagata, "In Defense of Ethnic Boundaries: The Changing Myths and Charters of Malay Identity," in C. Keyes (ed.), *Ethnic Change*, Seattle, WA:

University of Washington Press, 1981, 87-116, 인용문은 97, 99.

31. Anthony Reid, "The Culture of Malay-Speaking City-States of the Fifteenth and Sixteenth Centuries," in Hansen (ed.), *Thirty City-State Cultures*, 417-429, 인용문은 426.

32. Daniel Waley, *The Italian City Republics*, New York: McGraw-Hill, 1978, 127.

33. Machiavelli, *The Prince*, Cambridge University Press, 1988, ch. 26, 90-91.(니콜로 마키아벨리 지음, 강정인·김경희 옮김, 『군주론』, 까치, 2015)

34. 도시국가의 수명이 제한적이라는 점은 Griffeth and Thomas (eds.), *The City-State in Five Cultures*, xix, 195-197, 201-202의 '서론'과 '결론'에 잘 지적되어 있지만 이 책의 개별 필자들은 여전히 이에 대해 곤혹스러워하고 있다. 하지만 다음을 보라. W. Runciman, "Doomed to Extinction: The polis as an Evolutionary Dead-End," in O. Murray and S. Price (ed.), *The Greek City*, Oxford University Press, 1990, 347-367; Giorgio Chittolini, "The Italian City-State and Its Territory," in Molho, Raaflaub, and Emlen (eds.), *City-States in Classical Antiquity and Medieval Italy*, 589-602; S. E. Finer, *The History of Government from the Earliest Times*, vol. 1, Oxford University Press, 1997, 369-384; Michael Mann, *The Sources of Social Power*, vol. 1, Cambridge University Press, 1986, 227-228; Gat, *War in Human Civilization*, 309-322.(아자 가트 지음, 오숙은·이재만 옮김, 『문명과 전쟁』, 교유서가, 2017, 411-427쪽)

35. Gat, "Rural Petty-State and Overlordship: Missing Links in the Evolution of the Early State."

36. 앤서니 스미스의 후기 이론에서 제시된 민족에 대한 두 가지 정의를 참조하라. *The Antiquity of Nations*, Cambridge: Polity, 2004, 15-17, 그 밖의 여러 곳과 비교해보라.

37. Michael Hoffman, *Egypt before the Pharaohs*, London: Routledge, 1980; Feki Hassan, "The Predynastic of Egypt," *Journal of World Prehistory*, 2 (1988), 135-185; Michael Rice, *Egypt's Making*, London: Routledge, 1991; A. J. Spencer, *Early Egypt*, Norman, OK: University of Oklahoma Press, 1995.

38. Anthony Smith, *The Ethnic Origins of Nations*, Oxford: Blackwell, 1986, 43, 89.

39. B. Haring, "Occupation: Foreigner: Ethnic Difference and Integration in Pharaonic Egypt," in van Soldt (ed.), *Ethnicity in Ancient Mesopotamia*, 162-172는 이집트 내에 외국인 이외에도 상당히 다양한 종족이 존재했다고 주장하지만 입증하진 못했다.

40. Smith, *The Ethnic Origins of Nations*, 51에 인용된 J. Pritchard (ed.), *Ancient Near*

Eastern Texts relating to the Old Testament, Princeton University Press, 1955, 232.

41. Grosby, *Biblical Ideas of Nationality: Ancient and Modern*.

42. 그나마 구할 수 있는 희소한 정보로는 다음을 참조하라. Piotr Bienkowski (ed.), *Early Edom and Moab*, Sheffield: Collis, 1992.

43. Hans Kohn, *The Idea of Nationalism*, Toronto: Collier, [1944] 1969, 27-30은 고대 그리스인도 포함시키고 있다. 하지만 이 생각을 가장 잘 입증한 것은 전통주의자들의 다음 저서들이다. 앤서니 스미스의 여러 저서들, 즉 Grosby, *Biblical Ideas of Nationalism: Ancient and Modern*; Roshwald, *The Endurance of Nationalism*, 14-22; David Goodblatt, *Elements of Ancient Jewish Nationalism*, Cambridge University Press, 2006 (이 책은 나와 매우 유사한 정의를 적용하고 있다: pp. 21-26); 헬레니즘 시대와 관련한 연구로는 Doron Mendels, *The Rise and Fall of Jewish Nationalism*, New York, Doubleday, 1992.

44. Hastings, *The Construction of Nationhood*.

45. 최근의 훌륭한 연구로는 다음을 보라. Israel Finkelstein and Neil Silberman, *David and Solomon: In Search of the Bible's Sacred Kings and the Roots of the Western Tradition*, New York: Free Press, 2006은 자신들이 이전에 발표한 연구에 대한 개정판 격으로 많은 논쟁을 포괄하고 있다.

46. Oded Bustenay, *Mass Deportations and Deportees in the Neo-Assyrian Empire*, Wiesbaden: Ludwig Reichert, 1979.

47. I. M. Diakonoff, "Elam," in I. Gershevitch (ed.), *The Cambridge History of Iran*, vol. 2, Cambridge University Press, 1985, 1-24.

48. Thorkild Jacobsen, "Early Political Development of Mesopotamia" (1957), in *Towards the Image of Tammuz and Other Essays on Mesopotamian History and Culture*, Cambridge, MA: Harvard University Press, 1970, 155-156.

49. Amélie Kuhrt, *The Ancient Near East c. 3000-330 BC*, vol. 1, London: Routledge, 1995, 338.

50. 여기에는 그 일부만 선별하여 인용한다. 서구와의 조우에 대한 중국 민족주의자들의 반응은 다음을 보라. Kai-wing Chow, "Narrating Nation, Race, and National Culture: Imagining the Hanzu Identity in Modern China," in Kai-wing Chow, Kevin Doak, and Poshek Fu (eds.), *Constructing Nationhood in Modern East Asia*, Ann Arbor, MI: University of Michigan Press, 2001, ch. 2; Suisheng Zhao, *A Nation State by Construction: Dynamics of Modern Chinese Nationalism*, Stanford University Press, 2004. 근대주의적 입장을 가장 뚜렷하게 대변하는 연구는 Joseph Levenson, *Confucian China and its Modern Fate*, Berkeley, CA: University of

California Press, 1968. 이 입장을 재정리한 연구로는 일례로 C. X. G. Wei and Xiaoyuan Liu (eds.), *Exploring Nationalisms of China*, Westport, CT: Greenwood, 2002, 특히 chs. 1, 2, 7. 과거와 근대의 중국 민족주의를 비非이분법적 관점으로 다룬 연구는 Prasenjit Duara, "Bifurcating Linear History: Nation and History in China and India," *Positions*, 1(3) (1993), 779-804; Prasenjit Duara, *Rescuing History from the Nation: Questioning Narratives of Modern China*, University of Chicago Press, 1995(프라센지트 두아라 지음, 문명기·손승회 옮김, 『민족으로부터 역사를 구출하기: 근대 중국의 새로운 해석』, 삼인, 2004); Michael Ng-Quinn, "National Identity in Premodern China," and James Watson, "Rites or Beliefs? The Construction of a Unified Culture in Late Imperial China," both in L. Dittmer and S. Kim (eds.), *China's Quest for National Identity*, Ithaca, NY: Cornell University Press, 1993, 각각 32-61, 80-103; Torbjörn Lodén, "Nationalism Transcending the State: Changing Conceptions of Chinese Identity," in S. Tønneson and H. Antlöv (eds.), *Asian Forms of the Nation*, Richmond: Curzon, 1996, 270-296; James Townsend, "Chinese Nationalism," in J. Unger (ed.), *Chinese Nationalism*, New York: Sharpe, 1996, 1-30; Michael Yahuda, "The Changing Faces of Chinese Nationalism: The Dimensions of Statehood," in Michael Leifer (ed.), *Asian Nationalism*, London: Routledge, 2000, 21-37; Henrietta Harrison, *China*, London: Arnold, 2001.

51. Kwang-Chih Chang, *The Archaeology of Ancient China*, 4th edn., New Haven, CT: Yale University Press, 1986; M. Loewe and E. Shaughnessy (eds.), *The Cambridge History of Ancient China*, Cambridge University Press, 1999; 유전학적 연구로는 Bo Wen *et al.*, "Genetic Evidence Supports Demic Diffusion of Han Culture," *Nature*, 431 (2004), 302-305; Fuzhong Xue *et al.*, "A Spatial Analysis of Genetic Structure of Human Populations in China Reveals Distinct Difference between Maternal and Paternal Lineages," *European Journal of Human Genetics*, 16 (2008), 705-717.

52. Duara, *Rescuing History from the Nation*, 54.

53. Duara, *Rescuing History from the Nation*, 53.

54. Watson, "Rites or Beliefs?," 82.

55. Hans Bielenstein, *The Bureaucracy of Han Times*, Cambridge University Press, 1980, 114; D. Twitchett and M. Loewe (eds.), *The Cambridge History of China*, vol. 1, Cambridge University Press, 1986, 479.

56. Twitchett and Loewe (eds.), *The Cambridge History of China*, 512, 617-626;

Mark Lewis, "The Han Abolition of Universal Military Service," in H. van de Ven (ed.), *Warfare in Chinese History*, Leiden: Brill, 2000, 33-76.

57. Frank Dikötter, *The Discourse of Race in Modern China*, Stanford University Press, 1992, 1-30; Yuri Pines, "Beasts or Humans: Pre-Imperial Origins of Sino-Barbarian Dichotomy," in R. Amitai and M. Biran (eds.), *Mongols, Turks and Others*, Leiden: Brill, 2004, 59-102.

58. Marc Abramson, *Ethnic Identity in Tang China*, Philadelphia, PA: University of Pennsylvania Press, 2008, 2.

59. Mark Elliott, *The Manchu Way: The Eight Banners and Ethnic Identity in Late Imperial China*, Stanford University Press, 2001[마크 C. 엘리엇 지음, 이훈·김선민 옮김, 『만주족의 청제국』, 푸른역사, 2009]은 이러한 이중적 태도를 만주족과 관련지어 상술했다.

60. Rolf Trauzettel, "Sung Patriotism as a Step towards Chinese Nationalism," in J. Haeger (ed.), *Crisis and Prosperity in Sung China*, Tucson, AZ: University of Arizona Press, 1975, 199-213; Hoyt Tillman, "Proto-Nationalism in Twelfth-Century China? The Case of Ch'en Liang," *Harvard Journal of Asiatic Studies*, 39 (1979), 403-428.

61. Trauzettel, "Sung Patriotism as a Step towards Chinese Nationalism," 204.

62. Trauzettel, "Sung Patriotism as a Step towards Chinese Nationalism," 206.

63. Trauzettel, "Sung Patriotism as a Step towards Chinese Nationalism," 207.

64. Jonathan Spence, *Treason by the Book*, New York: Penguin, 2002, 7.[조너선 스펜스 지음, 이준갑 옮김, 『반역의 책: 옹정제와 사상통제』, 이산, 2004]

65. Spence, *Treason by the Book*, 41.

66. Pei-kai Cheng and Michael Lestz with Jonathan Spence, *The Search for Modern China: A Documentary Collection*, New York: Norton, 1999, 65.

67. Ray Huang, *1587: The Year of No Significance: The Ming Dynasty in Decline*, New Haven, CT: Yale University Press, 1981, 142.[레이 황 지음, 김한식 옮김, 『1587 만력 15년 아무 일도 없었던 해』, 새물결, 2004]

68. Huang, *1587: The Year of No Significance*, 84.

69. Townsend, "Chinese Nationalism," 13.

70. Chun-shu Chang, *The Rise of the Chinese Empire, vol. 1: Nation, State and Imperialism in Early China, c. 1600 BC-AD 8*, Ann Arbor, MI: University of Michigan Press, 2006, 263.

71. Elliott, *The Manchu Way*, xiv.

72. Elliott, *The Manchu Way*, 23-24.

73. Thomas Barfield, *The Perilous Frontier: Nomadic Empires and China, 221 BC to AD 1757*, Cambridge, MA: Blackwell, 1992.〔토마스 바필드 지음, 윤영인 옮김, 『위태로운 변경: 기원전 221년에서 기원후 1757년까지의 유목제국과 중원』, 동북아역사재단, 2009〕

74. John Duncan, "Proto-Nationalism in Pre-Modern Korea," in Sang-Oak Lee and Duk-Soo Park, *Perspectives on Korea*, Sydney: Wild Peony, 1998, 200-201.

75. Gi-Wook Shin, *Ethnic Nationalism in Korea: Genealogy, Politics, and Legacy*, Stanford University Press, 2006〔신기욱 지음, 이진준 옮김, 『한국 민족주의의 계보와 정치』, 창비, 2009〕은 '서문'에서 한국에 대한 근대주의자와 전통주의자―이들 대다수는 한국인이다―의 논쟁을 개괄하고 있다. Hyung Il Pai, *Constructing "Korean" Origins: A Critical Review of Archaeology, Historiography, and Racial Myth in Korean State-Formation Theories*, Cambridge, MA: Harvard University Press, 2000은 일제와 한국 민족주의자의 한국 선사 시대에 대한 신화 만들기를 학술적으로 비판한 책이다. 전근대 역사 시대는 여기서 다루지 않았다.

76. Eric Hobsbawm, *Nation and Nationalism since 1780*, Cambridge University Press, 1990, 66.

77. 일본 민족주의에 대한 근대주의적 시각으로는 다음을 보라. Demar Brown, *Nationalism in Japan*, New York: Russell, [1955] 1971은 역사 시대 이래의 일본 친족-문화 정체성을 풍부한 사료로 뒷받침한 알찬 역사서로, 근대주의자인 헤이즈와 콘, 그리고 Kosaku Yoshino, "Rethinking Theories of Nationalism: Japan's Nationalism in Marketplace Perspective," in K. Yoshino (ed.), *Consuming Ethnicity and Nationalism: Asian Experiences*, Honolulu, HI: University of Hawaii Press, 1999, 8-28의 분석 범주를 적용하고 있지만, 그럼에도 현대 일본 민족주의를 지탱하는 것이 정부의 조작이 아닌 대중적 요구라는 결론을 내리고 있다. 또 John Lie, *Modern Peoplehood*, Cambridge, MA: Harvard University Press, 2004, 140〔존 리 지음, 임수진 옮김, 『현대인족: 인종, 인종주의, 민족주의, 종족, 정체성에 관해』, 소명출판, 2020〕; Ian Nish, "Nationalism in Japan," in Leifer, *Asian Nationalism*, 82-90도 참조하라.

78. Tessa Morris-Suzuki, "The Frontiers of Japanese Identity," in Tønneson and Antlöv (eds.), *Asian Forms of the Nation*, 41-66은 일본에 소수 종족이 소규모로 존재하는 사실을 들어 일본이 '완전히' 동질적이지 않음을 공들여 지적하고 있다.

79. 일차적으로 참조할 저서인 Mark Hudson, *Ruins of Identity: Ethnogenesis in the Japanese Islands*, Honolulu, HI: University of Hawaii Press, 1999는 기존의 종족

성 개념을 침범하지 않으려 조심하지만, 그의 학술적 연구는 기본적으로 앞에서 언급한 모든 것을 확증해준다. 또 Joan Piggott, *The Emergence of Japanese Kingship*, Stanford University Press, 1997; Keiji Imamura, *Prehistoric Japan*, Honolulu, HI: University of Hawaii Press, 1996; D. Brown (ed.), *The Cambridge History of Japan*, vol. 1, Cambridge University Press, 1993의 첫 챕터도 참조하라. 유용성은 덜하지만 Gina Barnes, *China, Korea and Japan: The Rise of Civilization in East Asia*, London: Thames & Hudson, 1993도 참조하라.

80. 이 시대 일본의 세계 인식에 대해서는 Ronald Toby, "Three Realms/Myriad Countries: An 'Ethnography' of Other and the Re-bounding of Japan 1550-1750," in Chow, Doak, and Fu, *Constructing Nationhood in Modern East Asia*, 15-46을 참조하라.

81. Keith Taylor, *The Birth of Vietnam*, Berkeley, CA: University of California Press, 1983.

82. Christopher Goscha, "Anam and Vietnam in the New Indochinese Space, 1887-1945," in Tønneson and Antlöv (eds.), *Asian Forms of the Nation*, 67-92; David Henley, "Ethnographical Integration and Exclusion in Anticolonial Nationalism: Indonesia and Indochina," *Comparative Studies in Society and History*, 37 (1995), 286-324.

83. 이 지역에 대한 방대한 연구로는 Victor Lieberman, *Strange Parallels: Southeast Asia in Global Context, c. 800-1830*, Cambridge University Press, 2 vols., 2003, 2009를 참조하라.

84. 앞의 주에 소개된 두 연구는 베트남인이 통일된 인도차이나 국가를 원했는지 여부에 대해 의견이 갈린다. 하지만 다른 연구들이 취하고 있는 태도를 고려할 때 이 요지는 변함이 없다.

85. Hobsbawm, *Nation and Nationalism since 1780*.

86. Anderson, *Imagined Communities*, 158.

87. Mervin Meggitt, *Blood is Their Argument: Warfare among the Mae Enga of the New Guinea Highlands*, Palo Alto, CA: Mayfield, 1977, 2.

88. I. Schapera, *Government and Politics in Tribal Societies*, London: Watts, 1956, 11, 13-16.

89. David Anthony, *The Horse, the Wheel and Language*, Princeton University Press, 2007, ch. 6, 특히 104-108.

90. Grosby, *Biblical Ideas of Nationality*, 3(이 책에서는 이를 뒷받침하는 권위 있는 연구들 또한 인용하고 있다) and ch. 5; Nili Wazana, *All the Boundaries of the*

Land: The Promised Land in Biblical Thought in Light of the Ancient Near East, Grand Rapids, MI: Eisenbrauns, 2010, ch. 1, s. 3.

91. Elie Kedourie (ed.), "Introduction," *Nationalism in Asia and Africa*, New York: New American Library, 1970.

92. 다음 논문은 이를 매우 효과적으로 비판했다. Stein Tønneson and Hans Antlöv, "Asia in Theories of Nationalism and National Identity," in Tønneson and Antlöv (eds.), *Asian Forms of the Nation*, 1-39.

93. 미탄니에 대한 대부분의 증거들은 미탄니 그 자체보다는 그 속국이었던 아라파 Arrapha에서 나온 것이다. T. Kendall, *Warfare and Military Matters in the Nuzi Tablets*, Ann Arbor, MI: University Microfilms, 1974. 아리아인이 미탄니의 지배 종족이었다는 데 대한 회의론은 Annelies Kammenhuber, *Hippolgia Hethitica*, Wiesbaden: Harrassowitz, 1961, and *Die Arier im Vorderen Orient*, Heidelberg: Winter, 1968. 이에 대한 반론은 Manfred Mayrhofer, *Ausgewählte kleine Schriften*, Wiesbaden: L. Reichert, 1979, 48-71에 재수록된 같은 저자의 *Die Arier im Vorderen Orient - ein Mythos?*; Robert Drews, *The Coming of the Greeks: Indo-European Conquests in the Aegean and the Near East*, Princeton University Press, 1988, 140-147, 그 밖에 여러 곳; Gernot Wilhelm, *The Hurrians*, Warminster: Aris, 1989.

94. Trevor Bryce, *The Kingdom of the Hittites*, Oxford University Press, 1998; Michael Beal, *The Organization of the Hittite Military*, Heidelberg: Winter, 1992.

95. Drews, *The Coming of the Greeks*.

96. Bustenay, *Mass Deportations and Deportees in the Neo-Assyrian Empire*.

97. Bustenay, *Mass Deportations and Deportees in the Neo-Assyrian Empire*, 139-140, 147; H. Saggs, *The Might that was Assyria*, London: Sidgwick & Jackson, 1984, 133ff, 243-248; J. Postgate, *Taxation and Conscription in the Assyrian Army*, Rome: Biblical Institute, 1974, 특히 208-211. Smith, *The Ethnic Origins of Nations*, 100-104와 비교해보라.

98. Herodotus, London: Heinemann-Loeb, 1946, I.101.〔헤로도토스, 『역사』, 1권, 101장〕

99. Stuart Brown, "The Medikos Logos of Herodotus and the Evolution of the Median State," in A. Kuhrt and H. Sancisi-Weerdengurg (eds.), *Achaemenid History, vol. 3: Method and Theory*, Leiden: Nederland Instituut voor het Nabije Oosten, 1988, 71-86.

100. I. M. Diakonoff, "Media," in Gershevitch, *The Cambridge History of Iran*, vol. 2,

36-148.

101. Matthew Stolper, "The Kasr Archive," Ephraim Stern, "New Evidence on the Administrative Division of the Palestine in the Persian Period," and Heleen Sancisi-Weerdenburg, "The Quest for an Elusive Empire," all in Kuhrt and Sancisi-Weerdengurg (eds.), *Achaemenid History*, vol. 3, 각각 195-205, 221-226, 263-274; N. Sekunda, "Achaemenid Settlement in Caria, Lycia and Greater Phrygia," in H. Sancisi-Weerdengurg and A. Kuhrt (eds.), *Achaemenid History, vol. 4: Asia Minor and Egypt: Old Cultures in a New Empire*, Leiden: Nederland Instituut voor het Nabije Oosten, 1991, 83-143; J. Cook, *The Persian Empire*, London: Dent, 1983, 특히 53,101-112.

102. Graf, "Medism," 36-39.

103. 페르시아군의 규모에 대한 연구는 아주 많지만 개괄적인 연구로는 다음을 보라. Cook, *The Persian Empire*, 53, 101-125; Muhammad Dandamaev and Vladimir Lukonin, *Ancient Iran*, Cambridge University Press, 1989, 147-152, 222-234.

104. E. Yarshater (ed.), *The Cambridge History of Iran*, vol. 3, Cambridge University Press, 1983; Josef Wieshöfer, *Ancient Persia: From 550 BC to AD 650*, London: Tauris, 1996.

105. 오늘날의 이란에 대해서는 Farhad Kazemi, "Ethnicity and the Iranian Peasantry," and David Menashri, "Khomeini's Policy towards Ethnic and Religious Minorities," both in M. Esman and I. Rabinovitz (eds.), *Ethnicity, Pluralism, and the State in the Middle East*, Ithaca, NY: Cornell University Press, 1988, 201-231; Richard Tapper, "Ethnic Identities and Social Categories in Iran and Afghanistan," in E. Tonkin, M. McDonald, and M. Chapman (eds.), *History and Ethnicity*, London: Routledge, 1989, ch. 15.

106. Bernard Lewis, "Rewriting Oneself," *The American Interest*, Spring 2006, 131.

107. Pierre Briant, "Ethno-classe dominante et populations soumises dans l'Empire achéménide: le cas d'Égypte," in Kuhrt and Sancisi-Weerdengurg (eds.), *Achaemenid History*, vol. 3, 137-173.

108. R. van der Spek, "Multi-Ethnicity and Ethnic Segregation in Hellenistic Babylon," in Derks and Roymans, *Ethnic Constructs in Antiquity*, 101-115.

109. P. Bilde, T. Engberg-Pedersen, L. Hannestad, and J. Zahle (eds.), *Ethnicity in Hellenistic Egypt*, Aarhus: Aarhus University Press, 1992; Dorothy Thompson, "Hellenistic and Hellenes: The Case of Ptolemaic Egypt," in Malkin (ed.), *Ancient Perceptions of Greek Ethnicity*, 301-322; Mendels, *The Rise and Fall of*

Jewish Nationalism, 16-24, 그 밖에 여러 곳. 좀더 개괄적인 연구로는 Michel Chauveau, *Egypt in the Age of Cleopatra: History and Society under the Ptolemies*, Ithaca, NY: Cornell University Press, 2000이 가장 유용하다.

110. Bilde *et al.*, *Ethnicity in Hellenistic Egypt*.

111. 이 뒤에 이어질 모든 내용은 다음을 참조하라. Sherwin-White, *The Roman Citizenship*.

112. Sherwin-White, *The Roman Citizenship*, 159.

113. Erich Gruen, *Culture and National Identity in Republican Rome*, London: Duckworth, 1992.

114. J. N. Adams의 기념비적 저서인 *Bilingualism and the Latin Language*, Cambridge University Press, 2003, xix을 보라.

115. Adams, *Bilingualism and the Latin Language*, 여러 곳; 역시 그의 기념비적 저서인 *The Regional Diversity of Latin 200 BC-AD 600*, Cambridge University Press, 2007을 보라.

116. 이 주제에 대한 논문집으로는 J. Adams, M. Janse and S. Swain (eds.), *Bilingualism in Ancient Society*, Oxford University Press, 2002의 3부를 보라. 또 Sherwin-White, *The Roman Citizenship*, 442-444도 참조하라.

117. V. Parry and M. Yapp (eds.), *War, Technology and Society in the Middle East*, London: Oxford University Press, 1975; Rhoads Murphey, *Ottoman Warfare 1500-1700*, New Brunswick, NJ: Rutgers University Press, 1999, 특히 35-49.

118. Kemal Karpat, "The Ottoman Ethnic and Confessional Legacy in the Middle East," in Esman and Rabinovitz (eds.), *Ethnicity, Pluralism, and the State in the Middle East*, 35-53.

119. 이 주제에 대한 개괄적인 연구로는 다음을 보라. Esman and Rabinovitz, *Ethnicity, Pluralism, and the State in the Middle East*; Philip Khoury and Joseph Kostiner (eds.), *Tribes and State Formation in the Middle East*, London: Tauris, 1991; Philip Salzman, *Culture and Conflict in the Middle East*, Amherst, NY: Humanity Books, 2008.

120. John Richards, *The Mughal Empire: The New Cambridge History of India*, vol. 3, Pt 5, Cambridge University Press, 1993, 145-146.

121. Josephus, *The Jewish War*, vol. 2, Cambridge, MA: Harvard University Press-Loeb, 1976, ch. xvi, s. 4.[플라비우스 요세푸스 지음, 박정수·박찬웅 옮김, 『유대 전쟁사 1-2』, 나남, 2008, 제2권, 16장]

제5장 전근대 유럽과 민족국가

1. Armstrong, *Nations before Nationalism*, 23-27과 비교해보라.

2. 좀더 최근 시대를 다룬 연구로는 다음을 보라. E. L. Jones, *The European Miracle: Environments, Economies, and Geopolitics in the History of Europe and Asia*, Cambridge University Press, 1987(E. L. 존스 지음, 유재천 옮김, 『유럽문명의 신화』, 나남, 1993); John Hall, *Power and Liberties: The Causes and Consequences of the Rise of the West*, Oxford: Blackwell, 1985; David Landes, *The Wealth and Poverty of Nations*, New York: Norton, 1999.(데이비드 S. 랜즈 지음, 안진환·최소영 옮김, 『국가의 부와 빈곤』, 한국경제신문, 2009)

3. Charles de Montesquieu, *The Spirit of the Laws*, Cambridge University Press, 1989, 17:6, 또한 17:4.(몽테스키외 지음, 이재형 옮김, 『법의 정신』, 문예출판사, 2015, 17편 6절, 또한 17편 4절도 참조) Jared Diamond, *Guns, Germs, and Steel: The Fate of Human Societies*, New York: Norton, 1997, 411-416의 '에필로그'는 이 문제를 다룬 드문 사례다.

4. S. Finer, *The History of Government from the Earliest Times*, Oxford University Press, 1997, 1305는 아시아에서는 "country-states"가 제국에 잡아먹힌 반면에 유럽에서는 그러지 않았음을 인정하지만, 이 차이가 어째서 생겨났는지는 설명하지 않는다. S. Eisenstadt, *Political System of Empire*, New York: Free Press, 1963, 10-11과 Anthony Giddens, *The Nation-State and Violence*, Berkeley, CA: University of California Press, 1985, 79-80(안쏘니 기든스 지음, 진덕규 옮김, 『民族國家와 暴力』, 三知院, 1991)에서 제시한 분류 체계는 가산제·관료제 제국과 봉건제로만 이루어져 있고 전근대 민족국가는 포함시키지 않았다. 반면에 Charles Tilly, *Coercion, Capital, and European States, AD 990-1992*, Cambridge, MA: Blackwell, 1992(찰스 틸리 지음, 지봉근 옮김, 『유럽 국민국가의 계보: 990~1992년』, 그린비, 2018)는 '민족국가'라는 더 광범위하고 오래된 범주를 인정하는 동시에 그것이 유럽에서 우세했던 이유를 설명하려 시도하지만 그 과정에서 지리와 종족을 함께 고려하지 못했다.

5. Eugene Borza, *In the Shadow of the Olympus: The Emergence of Macedon*, Princeton University Press, 1990, 281-282.

6. N. Hammond, *The Macedonian State: Origins, Institutions, and History*, Oxford University Press, 1989; Borza, *In the Shadow of the Olympus*.

7. Hammond, *The Macedonian State*, 49-52, 192-196.

8. Hammond, *The Macedonian State*, 53-70, 168-169.

9. 고대 사료 중에서 가장 믿을 만하다고 여겨지는 것은 아리아노스의 『알렉산드로스 원정기』이다. Arrian, Bks. v.25-29, vii.8-11.(아리아노스 지음, 윤진 옮김, 『알렉산드 로스 대왕 원정기』, 아카넷, 2017, 5권 25-29장, 7권 8-11장)

10. 아리아노스, 『알렉산드로스 대왕 원정기』, 6권 8-14장, 7권 8-11장.

11. Hugh Seton-Watson, *Nations and States: An Inquiry into the Origins of Nations and the Politics of Nationalism*, Boulder, CO: Westview, 1977; Armstrong, *Nations before Nationalism*; Hastings, *The Construction of Nationhood*.

12. 일례로 다음을 보라. W. Pohl and H. Reimitz (eds.), *Strategies of Distinction: The Construction of Ethnic Communities, 300-800*, Leiden: Brill, 1998.

13. Florin Curta, *The Making of the Slavs: History and Archaeology of the Lower Danube Region c. 500-700*, Cambridge University Press, 2001, 344. 그는 *Southeastern Europe in the Middle Ages, 500-1250*, Cambridge University Press, 2006, 56, 59, 61에서도 이와 유사한 기이한 주장을 제기한 바 있다. 그는 여러 세대 에 걸친 언어학 및 여타 분야의 연구를 무시하고, 슬라브족이 북부에서 다뉴브강 변 경으로 이주해오지 않았으며 제1천년기 중반에 홀연히 등장했다고 주장한다. 이들 의 언어가 북부 유럽과 동유럽에 사는 다른 슬라브족의 언어와 아주 유사한 이유는 명확히 설명하지 않는다. 역사·고고학 증거에 정통한 전문적 연구들이 이처럼 어리 석은 주장으로 빠지는 건 유감스러운 일이다.

14. 초기 게르만족에 대한 학술 연구로는 다음을 보라. Thompson, *The Early Germans*; Todd, *The Early Germans*; Green, *Language and History in the Early Germanic World*.

15. Patrick Geary, *The Myth of Nations: The Medieval Origins of Europe*, Princeton University Press, 2002, 11, 41, 73-75, 78.(패트릭 기어리 지음, 이종경 옮김, 『민족 의 신화, 그 위험한 유산』, 지식의풍경, 2004)

16. Peter Heather, *The Goths*, Oxford: Blackwell, 1996, xiv.

17. 여기서도 Geary, *The Myth of Nations*는 옛 로마 영토의 외부를 완전히 간과하는 전형적인 실수를 범한다.

18. 민족주의 이론에서 잉글랜드 민족이 중세에 기원했다는 이론은 Hastings, *The Construction of Nationhood*, 16세기에 유럽을 포함해 세계 최초로 기원했다는 이론 은 Liah Greenfield, *Nationalism: Five Roads to Modernity*, Cambridge, MA: Harvard University Press, 1992를 참조하라.

19. Stephen Oppenheimer의 흥미진진한 저서인 *The Origins of the British: A Genetic Detective Story*, New York: Carroll & Graf, 2006, 379와 비교해보라.

20. Bede, *Ecclesiastical History of the English People*, London: Loeb, 1930, Bk. 1, ch.

34, 179.[비드 지음, 이동일·이동춘 옮김, 『영국민의 교회사』, 나남, 2011]

21. Steven Bassett (ed.), *The Origins of Anglo-Saxon Kingdoms*, London: Leicester University Press, 1989; C. J. Arnold, *An Archaeology of the Early Anglo-Saxon Kingdoms*, 2nd edn., London: Routledge, 1997, 특히 ch. 8; Barbara Yorke, *Kings and Kingdoms of Early Anglo-Saxon England*, London: Seaby, 1992, 특히 15-24, 157-172; D. P. Kirby, *The Earliest English Kings*, London: Unwin, 1991. Frank Stenton, *Anglo Saxon England*, 3rd edn., Oxford University Press, 1971의 서술도 여전히 유용하다.

22. 비드, 『영국민의 교회사』

23. Bede, *Ecclesiastical History of the English People*, Bk. 1, ch. 1, 17 Bk. 5, ch. 23, 373. 이런 종족과의 충돌에 대해 개인들이 남긴 기록이 일부 존재한다.

24. Richard Abels, *Alfred the Great: War, Kingship and Culture in Anglo-Saxon England*, London: Longman, 1998.

25. Malcolm Godden, in *The Cambridge History of the English Language, vol. 1: The Beginnings to 1066*, ed. Richard Hogg, Cambridge University Press, 1992, 513.

26. Godden, *The Cambridge History of the English Language*; 또 Patrick Wormald, "Bede, the Bretwaldas and the Origins of the Gens Anglorum," in P. Wormald (ed.), *Ideal and Reality in Frankish and Anglo-Saxon Society*, Oxford: Blackwell, 1983, 125도 참조하라.

27. Michael Swanton (trans. and ed.), *The Anglo-Saxon Chronicles*, London: Phoenix, 2000, 인용구는 p. xviii.

28. Susan Reynolds, *Kingdoms and Communities in Western Europe 900-1300*, Oxford University Press, 1984, 6.

29. Duara, *Rescuing History from the Nation*, 53.

30. 일례로 다음을 보라. James Campbell, "The United Kingdom of England: The Anglo-Saxon Achievement," in A. Grant and K. Stringer (eds.), *Uniting the Kingdom? The Making of British History*, London: Routledge, 1995, 39-40.

31. Wormald, "Bede, the Bretwaldas and the Origins of the Gens Anglorum," 103.

32. Wormald, "Bede, the Bretwaldas and the Origins of the Gens Anglorum," 104, 122.

33. Wormald, "Bede, the Bretwaldas and the Origins of the Gens Anglorum," 120.

34. Campbell, "The United Kingdom of England," 31-47.

35. Chris Wickham, *Framing the Early Middle Ages: Europe and the Mediterranean 400-800*, Oxford University Press, 2005, 49.

36. J. Breuilly, "Dating the Nation: How Old is an Old Nation?," in Ichijo and Uzelac (eds.), *When is the Nation*, 25.

37. 이를 좀더 조심스럽게 평가한 연구로는 Sarah Foot, "The Historiography of the Anglo-Saxon 'Nation-State,'" in L. Scales and O. Zimmer (eds.), *Power and the Nation in European History*, Cambridge University Press, 2005, 125-142, 특히 137-138을 참조하라.

38. 일례로 다음을 보라. John Gillingham, "Henry of Huntingdon and the Twelfth-Century Revival of the English Nation," in S. Forde, L. Johnson, and A. Murray (eds.), *Concepts of National Identity in the Middle Ages*, Leeds: Leeds University Press, 1995, 75-101.

39. Charles Barber, *The English Language: A Historical Introduction*, Cambridge University Press, 1993, 142.

40. Reynolds, *Kingdoms and Communities*, 273, 개괄적인 논의는 273-276.

41. 이에 대한 개괄적인 논의로는 Grant and Stringer (eds.), *Uniting the Kingdom? The Making of British History*에 실린 논문들과 Hugh Kearney, *The British Isles: A History of Four Nations*, Cambridge University Press, 1990을 참조하라.

42. A. A. M. Duncan, *The Nation of Scots and the Declaration of Arbroath (1320)*, London: Historical Association, 1970, 14.

43. Duncan, *The Nation of Scots and the Declaration of Arbroath*, 16.

44. Duncan, *The Nation of Scots and the Declaration of Arbroath*, 20-21.

45. 이 문헌에 대해서는 다음을 보라. James Ferguson, *The Declaration of Arbroath*, Edinburgh University Press, n.d., 4-7.

46. Linda Colley, *Britons: Forging the Nation 1707-1837*, New Haven, CT: Yale University Press, 1992.

47. Blair Gibson, "Chiefdoms, Confederacies, and Statehood in Early Ireland," in B. Arnold and B. Gibson (eds.), *Celtic Chiefdom, Celtic State*, Cambridge University Press, 1995, 116-128.

48. Krishan Kumar, *The Making of English National Identity*, Cambridge University Press, 2003은 이 주제를 중심으로 다루고 있다. 또 Robert Young, *The Idea of English Ethnicity*, Oxford: Blackwell, 2008, x, 11-14도 참조하라.

49. R. Grillo, *Dominant Languages: Language and Hierarchy in Britain and France*, Cambridge University Press, 1989, 48-62.

50. Knut Helle (ed.), *The Cambridge History of Scandinavia, vol. 1: Prehistory to 1520*, Cambridge University Press, 2003은 권위 있고 광범위한 역사서다.

51. Saxo Gramaticus, *The History of the Danes, Books 1-4*, ed. H. Davidson, tr. P. Fisher, Cambridge: Brewer, 1996, 서문.

52. *Morkinskinna: The Earliest Icelandic Chronicle of the Norwegian Kings (1030-1157)*, trans. T. Andersson and K. Gade, Ithaca, NY: Cornell University Press, 2000, 100.

53. *Morkinskinna*, 101, 104-105, 215-217.

54. *Morkinskinna*, 184.

55. *Morkinskinna*, 187. 북유럽 사가에 담긴 애국심에 대한 더 자세한 연구는 다음을 보라. Kåre Lunden, "Was there a Norwegian National Ideology in the Middle Ages?," *Scandinavian Journal of History*, 20(1) (1995), 19-33. 이 저널의 해당 호 전체가 중세 이래의 스칸디나비아 민족주의를 특집으로 다루고 있다.

56. Sverre Bagge, "Nationalism in Norway in the Middle Ages," *Scandinavian Journal of History*, 20(1) (1995), 1-18.

57. Ole Feldbaek, "Denmark," in O. Dann and J. Dinwiddy (ed.), *Nationalism in the Age of the French Revolution*, London: Hambledon, 1988, ch. 7. 이 책의 제목이 가리키는 시대와는 무관하게, 이 장에서는 근세 문학에서 덴마크에 대한 조국애가 표현된 무수한 사례들을 소개하고 있다.

58. Rosalind Mitchison (ed.), *The Roots of Nationalism*, Edinburgh: John Donald, 1980은 주로 스칸디나비아를 다루고 있다.

59. 참고로 Reynolds, *Kingdoms and Communities*, 289-297도 매우 비슷한 관점을 취하고 있다.

60. Leonard Krieger, "Germany," in O. Ranum (ed.), *National Consciousness, History, and Political Culture in Early-Modern Europe*, Baltimore, MD: Johns Hopkins University Press, 1975, 67.

61. Len Scales, "Late Medieval Germany: an Under-Stated Nation?," in Scales and Zimmer, *Power and the Nation in European History*, 172-174는 이 시대 사료에서 이와 비슷한 진술을 무수히 찾아 소개하고 있다.

62. Richard Byrn, "National Stereotypes Reflected in German Literature," in Forde, Johnson, and Murray, *Concepts of National Identity in the Middle Ages*, 137-153.

63. 독일의 여러 지방과 정체성에 대한 훌륭한 연구로는 Benjamin Arnold, *Medieval Germany 500-1300: A Political Interpretation*, London: Macmillan, 1997, Pt 1을 보

라. 또 언어·문화 영역의 파편화에 대해서는 Scales, "Late Medieval Germany"를 보라.

64. 이 점은 Krieger, "Germany"에서 올바르게 지적하고 있다.

65. 3장 주-29와 그 앞뒤의 본문을 참조하라.

66. 그중에서도 특히 조심스러운 견해는 다음의 글에서 제시되었다. Frantisek Smahel, "The Hussite Movement: An Anomaly of European History?," in Mikuláš Teich (ed.), *Bohemia in History*, Cambridge University Press, 1998, ch. 4.

67. Howard Kaminsky, *A History of the Hussite Revolution*, Berkeley, CA: University of California Press, 1967, 138, 139에 인용된 Frantisek Palacky (ed.), *Documenta Mag. Joannis Hus*, Prague: Tempsky, 1869, 531f. 또 Derek Sayer, *The Coasts of Bohemia: A Czech History*, Princeton University Press, 1998, 37도 참조하라.

68. Kaminsky, *A History of the Hussite Revolution*, 141-142에 인용된 Palacky, *Documenta*, 561f (라틴어).

69. Kaminsky, *A History of the Hussite Revolution*, 298.

70. Sayer, *The Coasts of Bohemia*, 38에서 재인용.

71. Sayer, *The Coasts of Bohemia*, 41에서 재인용.

72. Sayer, *The Coasts of Bohemia*, 41에서 재인용(강조는 필자).

73. Josef Macek, "The Monarch of the Estates," in Teich (ed.), *Bohemia in History*, ch. 5, 특히 109-111.

74. Josef Petráň and Lydia Petráňová, "The White Mountain as a Symbol in Modern Czech History" in Teich (ed.), *Bohemia in History*, ch. 7.

75. 18세기와 19세기 초의 체코에 대해서는 다음을 보라. Rita Kruger, *Czech, German and Noble: Status and National Ideology in Habsburg Bohemia*, Oxford University Press, 2009.

76. Serhii Plokhy, *The Origins of the Slavic Nations: Premodern Identities in Russia, Ukraine, and Belarus*, Cambridge University Press, 2006.

77. Norman Davies, *God's Playground: A History of Poland*, Oxford University Press, 1981, 201-202, 206.

78. 장기간을 포괄하는 역사 서술로서 이러한 주장이 담긴 최근의 사례로는 다음을 보라. Timothy Snyder, *The Reconstruction of Nations: Poland, Ukraine, Lithuania, Belarus 1569-1999*, New Haven, CT: Yale University Press, 2003.

79. David Althoen, "Natione Polonus and the Naród Szlachecki: Two Myths of National Identity and Noble Solidarity," *Zeitschrift für Ostmitteleuropa-Forschung*, 52(4) (2003), 475-508.

80. Plokhy, *The Origins of the Slavic Nations*, 167, 168.

81. Janusz Tazbir, "Polish National Consciousness in the Sixteenth to Eighteenth Century," *Harvard Ukrainian Studies*, 10(3-4) (1986), 316-317, 그 밖에 여러 곳.

82. Tazbir, "Polish National Consciousness in the Sixteenth to Eighteenth Century," 319-320.

83. Davies, *God's Playground*, 94.

84. 개괄적인 논의로는 다음을 보라. Teresa Chynczewska-Hennel, "The National Consciousness of Ukrainian Nobles and Cossacks from the End of the Sixteenth to the Mid-Seventeenth Century," *Harvard Ukrainian Studies*, 10(3-4) (1986), 377-392.

85. Frank Sysyn, "Ukrainian-Polish Relations in the Seventeenth Century: The Role of National Consciousness and National Conflict in the Khmelnytsky Movement," in P. Potichnyj (ed.), *Poland and Ukraine*, Edmonton: University of Alberta Press, 1980, 64.

86. Plokhy, *The Origins of the Slavic Nations*, 237.

87. Tazbir, "Polish National Consciousness in the Sixteenth to Eighteenth Century," 329와 비교해보라.

88. Davies, *God's Playground*, 497.

89. Jerzy Ochmański, "The National Idea in Lithuania from the 16th to the First Half of the 19th Century: The Problem of Cultural-Linguistic Differentiation," *Harvard Ukrainian Studies*, 10(3-4) (1986), 300.

90. Ochmański, "The National Idea in Lithuania from the 16th to the First Half of the 19th Century," 303-304. 다른 관점을 취한 연구로는 다음을 보라. Snyder, *The Reconstruction of Nations: Poland, Ukraine, Lithuania, Belarus*, 18-19, 25.

91. Simon Franklin and Jonathan Shepard, *The Emergence of Rus 750-1200*, London: Longman, 1996은 고고학의 최신 성과를 아우른 훌륭한 책이다. 선사 시대에 이루어진 이 과정을 알 수 있는 주된 문헌 사료는 12세기 키예프에서 당대의 구비 전승을 기록한 『원초 연대기Primary Chronicle』다.

92. Jaroslaw Pelenski, *The Contest for the Legacy of Kievan Rus*, New York: Columbia University Press, 1998.

93. Michael Cherniavsky, "Russia," in Ranum (ed.), *National Consciousness, History, and Political Culture in Early-Modern Europe*, 119-120.

94. Marshall Poe, *"A People Born to Slavery": Russia in Early Modern European Ethnography, 1476-1748*, Ithaca, NY: Cornell University Press, 2000, 145, 162-

164.

95. Nicholas Riasnovsky and Mark Steinberg, *A History of Russia*, New York: Oxford University Press, 2005, 156.

96. Hans Rogger, *National Consciousness in Eighteenth Century Russia*, Cambridge, MA: Harvard University Press, 1960; Greenfield, *Nationalism: Five Roads to Modernity*, ch. 3.

97. Paul Bushkovitch, "The Formation of a National Consciousness in Early Modern Russia," *Harvard Ukrainian Studies*, 10(3-4) (1986), 355.

98. Bushkovitch, "The Formation of a National Consciousness in Early Modern Russia," 355-357.

99. Geoffrey Hosking, "The State of Russian National Identity," in Scales and Zimmer, *Power and the Nation in European History*, 195.

100. 일례로 다음을 보라. Michael Flier, "Political Ideas and Rituals," in *The Cambridge History of Russia, vol. 1: From Early Rus to 1689*, ed. Maureen Perrie, Cambridge University Press, 2006, ch. 17.

101. J. Basarab, *Pereiaslav 1654: A Historiographical Study*, Edmonton: University of Alberta Press, 1982.

102. Frank Sysyn, "Concepts of Nationhood in Ukrainian History Writing, 1620-1690," *Harvard Ukrainian Studies*, 10(3-4) (1986), 393-423.

103. 18세기 우크라이나의 저항에 대해서는 다음을 참조하라. Zenon Kohut, "The Development of a Little Russian Identity and Ukrainian Nationbuilding," *Harvard Ukrainian Studies*, 10(3-4) (1986), 559-576.

104. Alexei Miller, *The Ukrainian Question: The Russian Empire and Nationalism in the Nineteenth Century*, Budapest: Central European University Press, 2003.

105. 일례로 다음을 보라. Geoffrey Hosking, *Russia: People and Empire 1552-1917*, Cambridge, MA: Harvard University Press, 1997; James Cracraft, "Empire Versus Nation: Russian Political Theory under Peter I," *Harvard Ukrainian Studies*, 10(3-4) (1986), 524-541; 그러나 Vera Tolz, *Inventing the Nation: Russia*, London: Arnold, 2001은 16세기부터 러시아 종족이 존재했음을 인정한다.

106. 이와 비슷한 견지에서 쓰인 저서로는 Plokhy, *The Origins of the Slavic Nations*, 289를 참조하라.

107. Aviel Roshwald, *Ethnic Nationalism and the Fall of Empires: Central Europe, Russia and the Middle East 1914-1923*, London: Routledge, 2001, 19.

108. Oleg Kharkhordin, "What is the State? The Russian Concept of the

gosudarstvo in the European Context," *History and Theory*, 40 (2001), 220에서 재인용.

109. Dominic Lieven, *Russia Against Napoleon*, New York: Viking, 2010, 215에서 재인용. 또 이 주제 전체를 다룬 Janet Hartley, "Russia and Napoleon: State, Society and the Nation," in Michael Rowe (ed.), *Collaboration and Resistance in Napoleonic Europe*, Houndsmills: Palgrave Macmillan, 2003, 186-202, 특히 192-195도 참조하라.

110. Lieven, *Russia Against Napoleon*, 216.

111. Lieven, *Russia Against Napoleon*, 216.

112. Lieven, *Russia Against Napoleon*, 217.

113. Lieven, *Russia Against Napoleon*, 222.

114. Hosking, *Russia*, 133-137, 199.

115. P. M. Barford, *The Early Slavs*, London: British Museum, 2001, 124.

116. Barford, *The Early Slavs*, 134, 227, 268.

117. Helmold(보자우의 사제), *The Chronicles of the Slavs*, New York: Octagon, 1966, 45.

118. 최근의 유전학적 연구로는 다음을 참조하라. K. Rebala *et al.*, "Y-STR Variation among Slavs: Evidence for the Slavic Homeland in the Middle Dnieper Basin," *Journal of Human Genetics*, 52(5) (2007), 406-414, 인용구는 406, 폴란드인에 대한 부분은 408을 보라.

119. Rebala *et al.*, "Y-STR Variation among Slavs," 411-412.

120. G. Tömöry, B. Csányi, E. Bogácsi-Szabó *et al.*, "Comparison of Maternal Lineage and Biogeographic Analyses of Ancient and Modern Hungarian Populations," *American Journal of Physiological Anthropology*, 134(3) (2007), 354-368, 인용구는 354.

121. László Makkai, "Istaván Bocskai Insurrectionary Army," in J. Bak and B. Király (eds.), *From Hunyadi to Rákóczi: War and Society in Late Medieval and Early Modern Hungary*, New York: Columbia University Press, 1982, 283.

122. Makkai, "Istaván Bocskai Insurrectionary Army." 헝가리가 절망적 궁지에 몰렸을 때 농민군에 의존한 초기 사례는 다음을 참조하라. Joseph Held, "Peasants in Arms, 1437-1438 & 1456," in Bak and Király (eds.), *From Hunyadi to Rákóczi*, 81-101.

123. László Benczédi, "Hungarian National Consciousness as Reflected in the Anti-Habsburg and Anti-Ottoman Struggles of the Late Seventeenth Century,"

Harvard Ukrainian Studies, 10(3-4) (1986), 430에서 재인용.

124. Benczédi, "Hungarian National Consciousness," 430.

125. Benczédi, "Hungarian National Consciousness," 431, 435.

126. Benczédi, "Hungarian National Consciousness," 431.

127. Benczédi, "Hungarian National Consciousness," 436.

128. Ágnes Várkonyi, "Rákóczi's War of Independence and the Peasantry," *Harvard Ukrainian Studies*, 10(3-4) (1986), 369-391, 인용구는 373.

129. Charles Ingrao, "Guerilla Warfare in Early Modern Europe: The Kuruc War (1703-1711)," in B. Király and G. Rothenberg (eds.), *War and Society in East Central Europe, vol. 1: Special Topics and Generalizations on the 18th and 19th Centuries*, New York: Columbia University Press, 1979, 48, 49.

130. Ingrao, "Guerilla Warfare in Early Modern Europe," 51.

131. Béla Király, "War and Society in Western and East Central Europe in the Pre-Revolutionary Eighteenth Century," in B. Király and P. Sugar (eds.), *East Central European Society and War in the Pre-Revolutionary Eighteenth Century*, New York: Columbia University Press, 1982, 21.

132. 다음의 두 조사가 유용하다. M. Harris and N. Vincent (eds.), *The Romance Languages*, London: Croom Helm, 1988; Rebecca Posner, *The Romance Languages*, Cambridge University Press, 1996.

133. 4장을 참조하라.

134. J. H. Elliott, *The Revolt of the Catalans: A Study in the Decline of Spain 1598-1640*, Cambridge University Press, 1963, 513.

135. Elliott, *The Revolt of the Catalans*, 5, 7, 29, 421-422.

136. Elliott, *The Revolt of the Catalans*, 422.

137. Colette Beaune, *The Birth of an Ideology: Myths and Symbols of Nation in Late Medieval France*, Berkeley, CA: University of California Press, 1991, 308-309.

138. Reynolds, *Kingdoms and Communities*, 278-289과 비교해보라.

139. A. R. Myers (ed.), *English Historical Documents 1327-1485*, Abingdon: Routledge, 1996, 228.

140. Susan Reynolds, *Ideas and Solidarities in the Medieval Laity*, vol. 2, Aldershot: Variorum, 1995에 실린 같은 저자의 "Medieval Origines Gentium and the Community of the Realm," 380-381; Margaret Canovan, *The People*, Cambridge: Polity, 2005, 16.

141. Beaune, *The Birth of an Ideology*, 9(강조는 필자).

142. Beaune, *The Birth of an Ideology*, 9-10(강조는 필자).

143. *The Trial of Joan of Arc*, trans. Daniel Hobbins, Cambridge, MA: Harvard University Press, 2005, 134.

144. *The Trial of Joan of Arc*, March 17, 1431, p. 110.

145. Beaune, *The Birth of an Ideology*, 여러 곳; 또 Marc Bloch, *The Royal Touch: Sacred Monarchy and Scrofula in England and France*, London: Routledge, 1973도 참조하라.

146. Beaune, *The Birth of an Ideology*, 19, 192.

147. Beaune, *The Birth of an Ideology*, 1.

148. Emmanuel Le Roy Ladurie, *The Royal French State 1460-1610*, Oxford: Blackwell, 1994, 54.

149. Le Roy Ladurie, *The Royal French State 1460-1610*, 282.

150. Beaune, *The Birth of an Ideology*, 310.

151. Beaune, *The Birth of an Ideology*, 4-5.

152. William Church, "France," in Ranum (ed.), *National Consciousness, History, and Political Culture in Early-Modern Europe*, 45.

153. Bernard Guenée, "The History of the State in France at the End of the Middle Ages, as seen by French Historians in the Last Hundred Years," in P. Lewis and G. Martin (eds.), *The Recovery of France in the Fifteenth Century*, New York: Harper, 1971, 341.

154. Myriam Yardeni, *La conscience nationale en France pendant les guerres de religion (1559-1598)*, Louvain: Nauwelaerts, 1971, 332에서 인용.

155. Eugen Weber, *Peasants into Frenchmen: The Modernization of Rural France, 1870-1914*, Stanford University Press, 1976.

156. Ernest Renan, "What is a Nation" (1882), in H. Bhabha (ed.), *Nations and Narration*, London: Routledge, 1990, 8-22.

157. Kumar, *The Making of English National Identity*와 비교해보라.

158. Rogers Brubaker, *Citizenship and Nationhood in France and Germany*, Cambridge, MA: Harvard University Press, 1992는 한스 콘이 제시한 프랑스식 '시민적' 민족주의 개념과 독일식 '종족적' 민족주의 개념의 통상적 구분에 의지하면서도, 프랑스 모델이 문화적 동화를 요한다는 점을 잘 인식하고 있다.

159. 서론의 주-9와 그 앞뒤의 본문을 참조하라.

160. E. D. Marcu, *Sixteenth Century Nationalism*, New York: Abaris, 1976도 비록 질적으로는 동급이 아니지만 그 취지는 동일하다.

161. Len Scales and Oliver Zimmer, "Introduction," in Scales and Zimmer (eds.), *Power and the Nation in European History*, 1.

162. Scales and Zimmer, "Introduction," in Scales and Zimmer (eds.), *Power and the Nation in European History*, 1-2.

163. 이 주장은 Guido Zernatt, "Nation: The History of a Word," *Review of Politics*, 6 (1944), 351-366에서 처음 제기된 이후 다른 연구자들이 베껴 쓰면서 연쇄적으로 확산된 듯 보인다.

164. Reynolds, *Kingdoms and Communities in Western Europe*, 255-256.

165. Reynolds, *Kingdoms and Communities in Western Europe*, 254; 또 Susan Reynolds, "The Idea of the Nation as a Political Community," in Scales and Zimmer, *Power and the Nation in European History*, 54-66도 참조하라.

166. Julia Smith, *Europe after Rome: A New Cultural History 500-1000*, Oxford University Press, 2005, 261, 개괄적인 논의는 261-267.

167. Johan Huizinga, "Patriotism and Nationalism in European History"(1940), in *Men and Ideas*, London: Eyre, 1960, 106-107.

168. Huizinga, "Patriotism and Nationalism in European History," 103-105.

169. Huizinga, "Patriotism and Nationalism in European History," 99.

170. Althoen, "Natione Polonus and the Naród Szlachecki: Two Myths of National Identity and Noble Solidarity," 500-502.

171. Louis Loomis, "Nationality at the Council of Constance: An Anglo-French Dispute," in S. Thrupp (ed.), *Change in Medieval Society*, New York: Appleton, 1964, 279-296. Zernatt, "Nation," 358은 이 주제에 정통함에도 불구하고 사실을 완전히 잘못 해석하고 있다.

172. Loomis, "Nationality at the Council of Constance," 291에 인용된 Herman von der Hardt, *Magnum oecumenicum Constantiense Concilium*, vol. 5, Frankfurt: 1700, 92.

173. Loomis, "Nationality at the Council of Constance," 293.

174. Loomis, "Nationality at the Council of Constance," 292.

175. Shlomo Sand, *The Invention of the Jewish People*, London: Verso, 2009. 오류와 편향으로 점철된 이 책의 문제점은 비단 이것만이 아니다.

176. Hutchinson and Smith (eds.), *Nationalism*, vol. 4, 1356-1381에 재수록된 Petrovich, "Religion and Ethnicity in Eastern Europe" (1980)의 1359, 1361, 1367에서 인용.

177. Connor Cruise O'Brien, *God Land: Reflections on Religion and Nationalism*,

Cambridge, MA: Harvard University Press, 1988; Hastings, *The Construction of Nationhood*; Steven Grosby, *Biblical Ideas of Nationality: Ancient and Modern*; Philip Gorski, "The Mosaic Moment: An Early Modernist Critique of Modernists Theories of Nationalism," *American Journal of Sociology*, 105 (2000), 1428-1468; Anthony Smith, *Chosen Peoples*, Oxford University Press, 2003; Anthony Marx, *Faith in Nation: Exclusionary Origins of Nationalism*, New York: Oxford University Press, 2003.

178. Beaune, *The Birth of an Ideology*, 19.

179. Alexander Grant, *Independence and Nationhood: Scotland 1306-1469*, London: Arnold, 1984, 7.

180. Grant, *Independence and Nationhood: Scotland 1306-1469*, 90, 72.

181. Miroslav Hroch, *Social Preconditions of National Revival in Europe: A Comparative Analysis of the Social Composition of Patriotic Groups among the Smaller European Nations*, Cambridge University Press, 1985, 48-49, 64-69, 100-103, 109-111, 130, 156.

182. 4장을 참조하라.

183. Reynolds, "The Idea of the Nation as a Political Community," in Scales and Zimmer (eds.), *Power and the Nation in European History*, 56.

184. Norman Stone, Sergei Podbolotov, and Murat Yasar, "The Russians and the Turks: Imperialism and Nationalism in the Era of Empires," in Miller and Rieber (eds.), *Imperial Rule*, 33-35.

185. Elliott, *The Revolt of the Catalans*, 11, 182.

186. Stone, Podbolotov, and Yasar, "The Russians and the Turks."

187. Breuilly "Changes in the Political Uses of the Nation," in Scales and Zimmer (eds.), *Power and the Nation in European History*, 80-81.

188. Michael Walzer, "Pluralism in Political Perspective," in M. Walzer, E. Kantowicz, J. Higham, and M. Harrington (eds.), *The Politics of Ethnicity*, Cambridge, MA: Harvard University Press, 1982, 1.

189. Reynolds, *Kingdoms and Communities*, 251-252.

190. Stanisław Urbańczyk, "The Origins of the Polish Literary Language," in G. Stone and D. Worth (eds.), *The Formation of the Slavonic Literary Languages*, Columbus, OH: Slavica, 1985, 110; 또 109, 113도 참조하라. 다른 연구로 Edward Stankiewicz (ed.), "The Phonetic Patterns of the Polish Dialects," *The Slavic Languages: Unity in Diversity*, Berlin: Mouton, 1986, 63-83; R. de Bray, *Guide to*

the Slavonic Languages, London: Dent, 1969, 601-605는 상호 소통이 가능한지의 문제를 아예 언급하지도 않는다.

191. Urbańczyk, "The Origins of the Polish Literary Language," 111.

192. Tazbir, "Polish National Consciousness in the Sixteenth to Eighteenth Century," 319-320.

193. Alexander Schenker, "Polish," in A. Schenker and E. Stankiewicz (eds.), The Slavonic Literary Languages: Formation and Development, New Haven, CT: Yale Concilium on International and Area Studies, 1980, 210; Stankiewicz, The Slavic Languages, 64; Robert Rothstein, "Polish," in B. Comrie and G. Corbett (eds.), The Slavonic Languages, London: Routledge, 1993, 686-758, 특히 754-756.

194. V. Vinogradov, The History of the Russian Literary Language from the Seventeenth Century to the Nineteenth, Madison, WI: University of Wisconsin Press, 1969.

195. Robert Auty, "Czech," in Schenker and Stankiewicz (eds.), The Slavonic Literary Languages, 165.

196. Charles Tilly (ed.), The Formations of National States in Western Europe, Princeton University Press, 1975, 24.

197. Reynolds, Kingdoms and Communities, 330-331. 같은 저자의 "The Idea of the Nation as a Political Community"는 이보다 더 단호하다.

198. Sysyn, "Ukrainian-Polish Relations in the Seventeenth Century," 64.

199. Bushkovitch, "The Formation of a National Consciousness in Early Modern Russia," 355.

제6장 근대: 해방되고 변형되고 강화된 민족주의

1. 일례로 다음을 참조하라. Joad Raymond, The Invention of the Newspaper: English Newsbooks 1641-1649, Oxford University Press, 1996; Bob Harris, Politics and the Rise of the Press: Britain and France, 1620-1800, London: Routledge, 1996.

2. Jan de Vries, European Urbanization 1500-1800, Cambridge, MA: Harvard University Press, 1984; Paul Hohenberg and Lynn Lees, The Making of Urban Europe 1000-1950, Cambridge, MA: Harvard University Press, 1995.

3. Eugene Weber, Peasants into Frenchmen: The Modernization of Rural France 1870-1914, Stanford University Press, 1976은 이 과정을 포괄하는 역사적 모자이크를 대단히 훌륭하게 구성해냈다. 하지만 놀랍게도, 프랑스 민족주의 강화의 초기

단계—특히 프랑스혁명—에 대해서는 언급조차 하지 않았다.

4. John Stuart Mill, *Considerations on Government by Representatives*, New York: Harper, 1862, ch. 16, 310(존 스튜어트 밀 지음, 서병훈 옮김, 『대의정부론』, 아카넷, 2012, 제16장). 민주주의와 민족주의의 관계에 대해서는 Benjamin Akzin, *State and the Nation*, London: Hutchinson, 1964, 51-52; L. Diamond and M. Plattner (eds.), *Nationalism, Ethnic Conflict, and Democracy*, Baltimore, MD: Johns Hopkins University Press, 1994에 실린 Ghia Nodia, "Nationalism and Democracy" 등의 글을 참조하라.

5. Ernest Gellner, *Nationalism*, New York: New York University Press, 1997, 41-42.

6. Douglas Dakin, *The Greek Struggle for Independence 1821-1833*, London: Batsford, 1973, 59, 그 밖에 여러 곳; Charles Frazee, *The Orthodox Church and Independent Greece 1821-1852*, Cambridge University Press, 1969, 19, 40, 45, 그 밖에 여러 곳.

7. Dakin, *The Greek Struggle for Independence 1821-1833*, 313.

8. Gellner, *Nationalism*, 42.

9. Georges Castellan, *History of the Balkans*, Boulder, CO: East European Monographs, 1992, 253.

10. Gellner, *Nationalism*, 41.

11. 이 시는 Wikipedia(http://en.wikipedia.org/wiki/Banat_uprising_of_1594)에 인용된 것인데 그 확실한 출처는 찾지 못했다.

12. Leopold von Ranke, *A History of Servia and the Servian Revolution*, New York: Da Capo, 1973 [1848], 36. 근대 역사학의 아버지로 일컬어지는 랑케는 이 책에서 중세·근세 세르비아 민족을 계속하여 언급하고 있다.

13. Castellan, *History of the Balkans*, 233; Misha Glenny, *The Balkans 1804-1999*, London: Granta, 1999, 11.

14. Gellner, *Nationalism*, 42.

15. Castellan, *History of the Balkans*, 343-349; B. Kiraly and G. Stokes (eds.), *Insurrections, Wars, and the Eastern Crisis in the 1870s*, New York: Columbia University Press, 1985, 20-21, 207. Michael Palairet의 상세한 학술서인 *The Balkan Economies c. 1800-1914: Evolution without Development*, Cambridge University Press, 1997은 실제로 근대화가 오스만 치하에서 더 강하게 이루어졌고 독립 이후에는 오히려 쇠퇴했다고 주장한다.

16. Richard Shannon, *Gladstone and the Bulgarian Agitation 1876*, Hassocks:

Harvester, 1975.

17. Bistra Cvetkova, "The Bulgarian Haiduk Movement in the 15th-18th Centuries," in B. Király and P. Sugar (eds.), *East Central European Society and War in the Pre-Revolutionary Eighteenth Century*, New York: Columbia University Press, 1982, 301-338, 인용문은 329.

18. Aviel Roshwald, *Ethnic Nationalism & the Fall of Empires: Central Europe, Russia and the Middle East, 1914-1923*, London: Routledge, 2001, 22-23. 이 책의 2~3장은 동방의 세 제국을 비교적 관점에서 훌륭하게 개관했다. 또 A. Miller, *The Ukrainian Question*도 참조하라.

19. Francine Hirsch, *Empire of Nations: Ethnographic Knowledge and the Making of the Soviet Union*, Ithaca, NY: Cornell University Press, 2005는 매우 훌륭하고 섬세한 연구다. Hirsch는 볼셰비키가 다양한 민족체와 종족체가 공산주의 기획에 통합되리라고 진심으로 믿었고 다양한 민족체에 정치적 자기표현의 기회를 주려고 진지하게 노력했음을 강조한다. 그럼에도 불구하고 무지막지한 억압은 이 체제의 필수 요소였다.

20. Mark Cornwall, "The Habsburg Monarchy," in T. Baycroft and M. Hewitson (eds.), *What is a Nation? Europe 1789-1914*, Oxford University Press, 2006, 171에서 재인용.

21. Roshwald, *Ethnic Nationalism*, 18.

22. 이런 입장을 표현한 논저는 많지만, 일례로 M. Brown, O. Coté, S. Lynn-Jones, and S. Miller (eds.), *National and Ethnic Conflict*, Cambridge, MA: MIT Press, 2001에 실린 Jack Snyder & Karen Ballentine, John Mueller, David Lake & Donald Rothchild의 글을 참조하라.

23. 이 구분법을 적용한 최근 논저로는 Michael Ignatieff, *Blood and Belonging: Journey into the New Nationalism*, New York: Farrar, Straus & Grioux, 1993을 참조하라. Kymlicka는 시민적-종족적 민족이라는 구분법은 심각하게 의심하면서도 W. Kymlicka and M. Opalski (eds.), *Can Liberal Pluralism be Exported? Western Political Theory and Ethnic Realities in Eastern Europe*, Oxford University Press, 2001에서 같은 쟁점에 대해 얼마간의 고찰을 할애하고 있다.

24. 시민적-종족적 민족의 구분에 붙는 다양한 조건과 이에 대한 비판으로는 다음을 참조하라. Brubaker, *Citizenship and Nationhood in France and Germany*; Anthony Smith, *Nations and Nationalism in the Global Era*, 97-102; Kymlicka, *Politics in the Vernacular*, 243-244[윌 킴리카 지음, 박병섭 옮김, 『다문화주의 개론: 자기 언어의 정치』, 실크로드, 2013]; R. Smith, *Stories of Peoplehood*, 74-92;

Roshwald, *The Endurance of Nationalism*, ch. 5; Baycroft and Hewitson, *What is a Nation?*, 여러 곳.

25. Mark Hewitson, "Conclusion," in Baycroft and Hewitson (eds.), *What is a Nation?*, 315-316과 비교해보라.

26. Brubaker, *Citizenship and Nationhood in France and Germany*는 19세기 이래 프랑스의 시민적 이민법과 독일의 종족적 이민법이 떠어온 차이를 상세히 연구했다. 저자는 프랑스 모델이 문화적 동화를 요구한다는 점을 잘 인식하고 있다.

27. 다시금, 특히 다음의 논저들을 비교해보라. A. Smith, *Nations and Nationalism in the Global Era*, 97-102; Kymlicka, *Politics in the Vernacular*, 243-244; R. Smith, *Stories of Peoplehood*; Baycroft and Hewitson (eds.), *What is a Nation?*

28. 19세기의 상황에 대해서는 다음을 참조하라. Carl Strikwerda, "The Low Countries," in Baycroft and Hewitson (eds.), *What is a Nation?*, 81-99.

29. Jaroslav Krejčí and Vítězslav Velímský, *Ethnic and Political Nations in Europe*, London: Croom Helm, 1981, ch. 7; Ulrich Hof, "Switzerland," in O. Dann and J. Dinwiddy (eds.), *Nationalism in the Age of the French Revolution*, London: Hambledon Press, 1988, 183-198; Jürg Steiner, "Switzerland and the European Union: A Puzzle," in M. Keating and J. McGarry (eds.), *Minority Nationalism and the Changing International Order*, Oxford University Press, 2001, 137-154; Andreas Wimmer, *Nationalist Exclusion and Ethnic Conflict*, Cambridge University Press, 2002, ch. 8; Oliver Zimmer, "Switzerland," in Baycroft and Hewitson (eds.), *What is a Nation?*, 120-151.

30. Steiner, "Switzerland and the European Union," 144-150.

31. Bruce Russett and John Oneal, *Triangulating Peace: Democracy, Interdependence and International Organizations*, New York: Norton, 2001; Azar Gat, *Why Democracy Won in the 20th Century and How it is Still Imperiled*, published for the Hoover Institution, Stanford, by Rowman& Littlefield, 2009.

32. Montserrat Guibernau, *Nations without States: Political Communities in the Global Age*, Cambridge: Polity, 1999; J. McGarry and M. Keating (eds.), *European Integration and the Nationalities Question*, London: Routledge, 2006; A. Smith, *Nations and Nationalism in the Global Era*, 121-143.

33. Philip Barker, *Religious Nationalism in Modern Europe*, Abingdon: Routledge, 2009와 비교해보라.

34. Michael Billig, *Banal Nationalism*, London: Sage, 1995.[마이클 빌리그 지음, 유충현 옮김, 『일상적 국민주의』, 그린비, 2020]

35. 다음의 내용 중 상당 부분은 A. Smith, *Nations and Nationalism in the Global Era*, 107-109에서 예견된 바 있다.

36. Michael Lind, *The Next American Nation*, New York: Free Press, 1995, 57.

37. Lind, *The Next American Nation*, 279.

38. Lind, *The Next American Nation*, 265-277.

39. 이런 오해에 대해서는 Thomas Sowell, *Ethnic America: A History*, New York: Basic Books, 1981, 4를 참조하라. 미국의 종족성과 종족 집단에 대한 논저는 매우 많다. Lawrence Fuchs, *The American Kaleidoscope: Race, Ethnicity and the Civic Culture*, Lebanon, NH: University Press of New England, 1990은 미국인이라는 시민적 민족태의 역사를 찬양한다. Michael Walzer는 미국사에서 특히 이민자의 귀화에 미국 문화로의 동화가 대체로 뒤따랐음을 인정한다는 점에서 더욱 통찰력 있고 섬세하다. 하지만 그는 (국가는 종족에 대해 중립을 지킬 수 있고 또 그래야 하므로) 종족성의 부흥을 맞은 지금은 더이상 그러지 않고 그래서도 안 된다고 믿는다. Walzer, "Pluralism in Political Perspective," in Walzer, *et al.*, *The Politics of Ethnicity*, 1-28; M. Walzer, "Comment," in A. Gutmann (ed.), *Multiculturalism: Examining the Politics of Recognition*, Princeton University Press, 1994, 99-103(Charles Taylor 지음, 이상형·이광석 옮김, 『다문화주의와 인정의 정치』, 하누리, 2020); M. Walzer, *What It Means to be an American*, Delhi: East-West Publishing, 1994. 그러나 타문화의 호의적 수용과 중립 사이에는 큰 차이가 있으며, 영어권인 미국은 중립과 거리가 멀고 중립을 지킬 가능성도 낮다. 이와 비슷하게 Rogers Smith, *Civic Ideals: Conflicting Visions of Citizenship in US History*, New Haven, CT: Yale University Press, 1997은 미국 귀화법의 종족 배제적 요소를 역사적으로 검토함으로써 시민적 민족이라는 관념을 벗겨낸다. 하지만 Smith 역시 이민자만을 보고 종족으로서의 미국인은 보지 않는다. 즉, 종족적 배제만을 인식하고 포괄은 인식하지 않는다. 그는 나중에 발표한 *Stories of Peoplehood*에서 이 착오를 상당 부분 바로잡았다. 공화적 연대를 옹호하는 Noah Pickus, *True Faith and Allegiance: Immigration and American Civic Nationalism*, Princeton University Press, 2005도 민족을 창조하고 통일시키는 미국 문화의 역할을 인식하지 못한다. Thomas Archdeacon, *Becoming American: An Ethnic History*, New York, Free Press, 1983은 개괄적이고 영리한 반면, Roger Daniels, *Coming to America: A History of Immigration and Ethnicity in American Life*, New York: Harper, 1991은 종래의 관념에 머물러 있다. Ronald Takaki, *A Different Mirror: A History of Multicultural America*, Boston: Little, Brown, 1993은 인종적 측면에 집중하고 있다.

40. 이 주제에 가장 흥미롭고도 출중하게 접근한 책으로는 다음을 참조하라. Yossi Shain, *Marketing the American Creed Abroad: Diasporas in the US and their Homelands*, New York: Cambridge University Press, 1999.

41. Herbert Gans, "Symbolic Ethnicity: The Future of Ethnic Groups and Cultures in America," in Hutchinson and Smith (eds.), *Nationalism*, vol. 4, 1217-1237.

42. Alejandro Portes and Ruben Rumbaut, *Immigrant America: A Portrait*, Los Angeles, CA: University of California Press, 1990, 특히 198-209. Lawrence Fuchs, *The American Kaleidoscope: Race, Ethnicity and the Civic Culture*, 458-473은 미국의 시민적 민족주의를 찬양하며 여기서 영어가 수행하는 역할을 논의하면서도, 언어가 민족을 건설하고 문화적으로 통일시키는 측면이 있음을 전형적으로 간과하고 있다.

43. Joel Perlmann and Mary Waters, "Intermarriage and Multiple Identities," in M. Waters and R. Ueda (eds.), *The New Americans: A Guide to Immigration since 1965*, Cambridge, MA: Harvard University Press, 2007, 114; Jeffrey Passel, Wendy Wang, and Paul Taylor, "Marrying Out: One-in-Seven New US Marriages is Interracial or Interethnic," Pew Research Center: A Social and Demographic Trends Report, 2010; 또 Eric Kaufmann, *The Rise and Fall of Anglo-America*, Cambridge, MA: Harvard University Press, 2004, 236-238도 참조하라.

44. Will Herberg, *Protestant, Catholic, Jew*, Garden City, NY: Doubleday, 1955.

45. Perlmann and Waters, "Intermarriage and Multiple Identities," 111.

46. 비록 접근 방식은 나와 다르지만 Elizabeth Theiss-Morse, *Who Counts as an American?*, Cambridge University Press, 2009는 미국 민족 정체성의 힘, 그 본질적 측면들, 그 포용도와 주관적 귀속감의 정도를 인구와 사회 범주를 통해 실증적으로 기록하고 있다.

47. Rodolfo de la Garza *et al.*, *Latino Voices: Mexican, Puerto Rican, and Cuban Perspectives on American Politics*, Boulder, CO: Westview, 1992; Rodolfo de la Garza, Angelo Falcon, and F. Chris Garcia, "Will the Real Americans Please Stand Up: Anglo and Mexican-American Support of Core American Political Values," *American Journal of Political Science*, 40(2) (1996), 335-351; David Lopez and Vanessa Estrada, "Language," in Waters and Ueda (eds.), *The New Americans: A Guide to Immigration since 1965*, 228-242, 특히 233, 237, 239, 240-241; Richard Alba and Victor Nee, *Remaking the American Mainstream:*

Assimilation and Contemporary Immigration, Cambridge, MA: Harvard University Press, 2003.

48. Lind, *The Next American Nation*, 47-48.

49. 이 과정의 초기 단계에 대해서는 일례로 다음을 참조하라. Phillip Buckner, "Nationalism in Canada," in D. Doyle and M. Pampalona (eds.), *Nationalism in the New World*, Athens, GA: University of Georgia Press, 2006, 99-116.

50. Genevieve Heard, Siew-Ean Khoo, and Bob Birrell, "Intermarriage in Australia: Patterns by Birthplace, Ancestry, Religion and Indigenous Status," A Report Using Data from the 2006 Census, Centre for Population and Urban Research, Monash University for the Australian Bureau of Statistics, Australian Census Analytic Program, https://trove.nla.gov.au/version/48422987에서 열람 가능; Paul Callister, "Ethnicity Measures, Intermarriage and Social Policy," *Social Policy Journal of New Zealand, Te Puna Whakaaro*, Issue 23, December 2004.

51. Kymlicka, *Politics in the Vernacular*, 23-26.

52. Seton-Watson, *Nations and States: An Inquiry into the Origins of Nations and the Politics of Nationalism*, 200. 부당하게 무시되어온 이 책의 199-204, 219-226은 이 주제를 (또 5장에서는 영어권 이민 국가를) 훌륭하게 개괄하고 있다. Wimmer, *Nationalist Exclusion and Ethnic Conflict*, 144도 참조하라.

53. Ofelia Garcia, "Latin America," in J. Fishman (ed.), *Language and Ethnic Identity*, New York: Oxford University Press, 1999, 229.

54. 아르헨티나의 극단적인 사례에 대해서는 Jorge Myers, "Language, History, and Politics in Argentine Identity, 1840-1880," in Doyle and Pampalona (eds.), *Nationalism in the New World*, 117-142; 더 개괄적인 논의로는 Miguel Centeno, *Blood and Debt: War and the Nation-State in Latin America*, University Park, PA: Penn State University Press, 2002를 참조하라.

55. Anderson, *Imagined Communities*, ch. 4, 50-65. 이에 대한 라틴아메리카 학자들의 비판으로는 Claudio Lomnitz, *Deep Mexico, Silent Mexico*, Minneapolis, MN: University of Minnesota Press, 2001, 3-34에 실린 같은 저자의 "Nationalism as a Practical System: Benedict Anderson's Theory of Nationalism from the Vantage Point of Spanish America"; Centeno, *Blood and Debt: War and the Nation-State in Latin America*, ch. 4, 특히 171-172; Don Doyle and Marco Pampalona, "Introduction: America in the Conversation on Nationalism," in *Nationalism in the New World*, 4; Eric van Young, "Revolution and Imagined Communities in Mexico, 1810-1821," in Doyle and Pampalona (eds.), *Nationalism in the New*

World, 187-189를 참조하라.

56. 이 주제에 대한 유전학 분야의 연구는 급속히 진전되고 있다. 일례로 다음을 참조하라. S. Wang, N. Ray, W. Rojas *et al.*, "Geographic Patterns of Genome Admixture in Latin American Mestizos," *PLoS Genetics*, 4(3) (2008), online: Irma Silva-Zolezzi *et al.*, "Analysis of Genomic Diversity in Mexican Mestizo Populations to Develop Genomic Medicine in Mexico," *Proceedings of the National Academy of Sciences of the United States of America*, (May 11, 2009), online: Isabel Mendizabal *et al.*, "Genetic Origin, Admixture, and Asymmetry in Maternal and Paternal Human Lineages in Cuba," *BMC Evolutionary Biology*, 8(213) (July 21, 2008), online: R. Santos *et al.*, "Color, Race, and Genomic Ancestry in Brazil," *Current Anthropology*, 50(6) (2009), 787-819; T. C. Lins *et al.*, "Genetic Composition of Brazilian Population Samples Based on a Set of Twenty-Eight Ancestry Informative SNPs," *American Journal of Human Biology*, 22(2) (2010), 187-192.

57. Centeno, *Blood and Debt: War and the Nation-State in Latin America*, chs. 4-5는 매우 훌륭하고 종합적인 조사연구다.

58. Florencia Mallon, "Indian Communities, Political Cultures, and the State in Latin America, 1780-1990," in Hutchinson and Smith (eds.), *Nationalism*, vol. 4, 1260-1278; Natividad Gutiérrez, *Nationalist Myths and Ethnic Identities: Indigenous Intellectuals and the Mexican State*, Lincoln, NE: University of Nebraska Press, 1999; Wimmer, *Nationalist Exclusion and Ethnic Conflict*, 114-155.

59. *The Guardian*, November 17, 2011.

60. 본서 4장의 119~120쪽과 184쪽을 참조하라. 내가 이해하기로, 이는 R. D. Grillo, *Pluralism and the Politics of Difference: State, Culture, and Ethnicity in Comparative Perspective*, Oxford University Press, 1998, ch. 2, 특히 53-55의 결론이기도 하다. 또 Samuel Obeng and Efurosibina Adegbija, "Sub-Saharan Africa," in Fishman (ed.), *Language and Ethnic Identity*, 355-368, 특히 354를 참조하라.

61. Benyamin Neuberger, *National Self-Determination in Postcolonial Africa*, Boulder, CO: Lynne Rienner, 1984, 25, 34.

62. 본서의 33쪽을 참조하라. Hutchinson and Smith (eds.), *Nationalism*, vol. 3, 946-963에 재수록된 Benyamin Neuberger, "The Western Nation-State in African Perceptions of Nation-Building"도 거의 같은 지점을 탐색하고 있다.

63. Obeng and Adegbija, "Sub-Saharan Africa," 353; 또 Feliks Gross, *The Civic*

and Tribal State: The State, Ethnicity, and the Multiethnic State, Westport, CT: Greenwood, 1998, ch. 3도 참조하라.

64. W. Burghardt du Bois, "The Pan-African Movement," in Kedourie (ed.), *Nationalism in Asia and Africa*, 372-387; John Breuilly, *Nationalism and the State*, New York: St. Martin's Press, 1982, 243-245.

65. Breuilly, *Nationalism and the State*, 151-164; Berman, Eyoh, and Kymlicka (eds.), "Introduction," *Ethnicity and Democracy in Africa*, 8, 특히 Githu Muigai, "Jomo Kenyatta & the Rise of the Ethno-Nationalist State in Kenya," 200-217.

66. Deutsch, *Tides among Nations*, ch. 7.

67. David Holloway and Stephen Stedman, "Civil Wars and State-Building in Africa and Eurasia," in M. Beissinger and C. Young (eds.), *Beyond State Crisis? Postcolonial Africa and Post-Soviet Eurasia in Comparative Perspective*, Baltimore, MD: Johns Hopkins University Press, 2002, 161-187; Donald Rothchild, "The Effects of State Crisis on African Interstate Relations," in Beissinger and Young (eds.), *Beyond State Crisis?*, 189-214; Richard Joseph, "War, State-Making, and Democracy in Africa," in Beissinger and Young (eds.), *Beyond State Crisis?*, 241-262; Alexander Johnston, "Ethnic Conflict in Post Cold War Africa," in K. Christie (ed.), *Ethnic Conflict, Tribal Politics: A Global Perspective*, Richmond: Curzon, 1998, 129-152; T. Ali and R. Matthews, *Civil Wars in Africa: Roots and Resolution*, Montreal: McGill University Press, 1999에 수록된 사례 연구들도 참조하라.

68. James Fearon and David Laitin, "Ethnicity, Insurgency, and Civil War," *American Political Science Review*, 97 (2003), 75-90과 David Laitin, *Nations, States, and Violence*, Oxford University Press, 2007은 그들의 통계 데이터베이스 및 분석을 근거로 경제적 낙후와 그 사회정치적 결과가 내전의 주요 원인이고 종족 다양성은 아무런 영향도 끼치지 않는다고 주장한다. 나는 그중 앞의 주장을 수용하지만 뒤의 주장은 부정한다. 일부 옹호자들의 주장과는 달리, 이는 통계가 해석의 문제이며 어떤 편견도 뒷받침할 수 있음을 다시금 보여준다. 일례로 저자들은 내전 당사자들이 내세우는 종족적 요구가 실은 다른 무엇을 얻기 위한 구실에 불과하다고 주장한다. 하지만 그들의 연구는 두 가지 중요한 점을 제시하고 있다. 첫째로, 종족 간 폭력이 발생하는 빈도는 대부분의 경우 종족이 상대적으로 평화롭게 공존하는 빈도보다 낮다. 둘째로 내전 발생 빈도는 종족적 이질성의 정도에 비례하여 증가하지 않는다. 저자들의 해석과 달리, 실제로 이는 종족 반란이 더 다양한 종족이 존재하는 종족 국가에서 발생하기보다는 주로 지배 인족에 대항하여 발생한다는 걸 시

사할 수 있다. 이 점에 대해서는 본서 428쪽과 431쪽 참조.

69. 합의제 민주주의에 대한 아런트 레이파르트 Arend Lijphart 의 방대한 논저를 참조하라. 또 이 동전의 양면을 둘 다 강조하고 있는 Eric Nordlinger, *Conflict Regulation in Divided Societies*, Cambridge, MA: Harvard University Press, 1972, 31-32; Donald Horowitz, *Ethnic Groups in Conflict*, Berkeley, CA: University of California Press, 1985, ch. 14; Brendan O'eary, "An Iron Law of Nationalism and Federation? A (neo-Diceyian) Theory of the Necessity of a Federal Staatsvolk, and of Consociational Rescue," *Nations and Nationalism*, 7(3), 2001, 273-296; Berman, Eyoh, and Kymlicka (eds.), *Ethnicity and Democracy in Africa*, 11, 319-320; Seyoum Hameso, *Ethnicity and Nationalism in Africa*, Commack, NY: Nova Science, 1997, ch. 8을 참조하라. David Laitin, *Language Repertoires and State Construction in Africa*, Cambridge University Press, 1992는 게임 이론 모델링에 의존하여 대부분의 아프리카 국가가 장래에 3+/-1개 다언어 정책으로 귀결될 가능성이 가장 높다고 결론 내린다. 물론 그럴 수도 있다. 이 책에는 흥미진진한 세부 사항이 풍부하게 담겨 있지만, 일부 아프리카 국가가 종족-언어에 따라 정치적으로 해체될 가능성은 그 가능한 결과 중 하나로 제시되지 않는다.

70. Larry Diamond, "The State of Democracy in Africa," in *Democratization in Africa: What Progress towards Institutionalization?*, Conference Report, National Intelligence Council, 2008, 1-14; Jeffrey Herbst, "The Institutionalization of Democracy in Africa," *Democratization in Africa*, 61-66. 더 오래된 조사연구로는 L. Diamond and M. Plattner (eds.), *Democratization in Africa*, Baltimore, MD: Johns Hopkins University Press, 1999를 참조하라.

71. 위에 제시한 참고문헌들 이외에, 일례로 다음을 참조하라. Francis Deng, "Beyond Cultural Domination: Institutionalizing Equity in the African State," in Beissinger and Young (eds.), *Beyond State Crisis*, 359-384; Earl Conteh-Morgan, *Democratization in Africa*, Westport, CT: Praeger, 1997, ch. 6; Jean-Germain Gros, *Democratization in Late Twentieth-Century Africa*, Westport, CT: Greenwood, 1998에 실린 여러 나라의 사례 연구; Berman, Eyoh, and Kymlicka (eds.), *Ethnicity and Democracy in Africa*, 15, 그 밖에 여러 곳.

72. Herbst, "The Institutionalization of Democracy in Africa." 이와 대조적으로, 또한 놀랍게도, Herbst의 *State and Power in Africa*, Princeton University Press, 2000은 아프리카 국가의 취약성을 다루면서 종족성을 거의 언급하지 않는다.

73. Dorina Bekoe, "Democracy and African Conflicts: Inciting, Mitigating, or Reducing Violence?" in *Democratization in Africa*, 29-39, 인용문은 30.

74. Nordlinger, *Conflict Regulation in Divided Societies*, 110-116; Arend Lijphart, "Political Theories and the Explanation of Ethnic Conflict in the Western World: Falsified Predictions and Plausible Postditions," in M. Esman (ed.), *Ethnic Conflict in the Western World*, Ithaca, NY: Cornell University Press, 1977, 46-64, 특히 55-57; Berman, Eyoh, and Kymlicka (eds.), *Ethnicity and Democracy in Africa*, 6.

75. 이 주제를 다룬 가장 훌륭한 책인 Horowitz, *Ethnic Groups in Conflict*는 해결책과 개선 메커니즘을 논의하는 한편, 여기 수반된 문제들의 복잡성을 깊이 인식하고 있다. 비록 종족을 인위적 산물로 보는 관점과 이데올로기적 열성 때문에 다소 빛이 바래긴 했지만 Ted Gurr, *Minority at Risk: A Global View of Ethnopolitical Conflicts*, Washington, DC: US Institute of Peace, 1993과 Ted Gurr and Barbara Harff, *Ethnic Conflict in World Politics*, Boulder, CO: Westview, 1994도 중요하다.

76. Clifford Geertz (ed.), "The Integrative Revolution: Primordial Sentiments and Civil Politics in the New States," *Old Societies and New States*, New York: Free Press, 1963, 105-157.

77. David Henley, "Ethnographic Integration and Exclusion in Anticolonial Nationalism: Indonesia and Indochina," in Hutchinson and Smith (eds.), *Nationalism*, vol. 3, 1041-1082; Michael Leifer (ed.), "The Changing Temper of Indonesian Nationalism," *Asian Nationalism*, 153-169, 특히 159, 167.

78. David Brown, *The State and Ethnic Politics in Southeast Asia*, London: Routledge, 1994, ch. 4; 또 John Bowen, "Normative Pluralism in Indonesia: Regions, Religions, and Ethnicities," in W. Kymlicka and B. He (eds.), *Multiculturalism in Asia*, Oxford University Press, 2005, ch. 7도 참조하라.

79. 이 수치는 CIA, *World Factbook* (https://www.cia.gov/library/publications/the-world-factbook/geos/my.html)에 실린 추계다. A. B. Shamsul, "Nations of Intent in Malaysia," in Tønneson and Antlöv (eds.), *Asian Forms of the Nation*, 323-347에는 약간 다른 수치가 실려 있다. 또 C. W. Watson, "The Construction of the Post-Colonial Subject in Malaysia," in Tønneson and Antlöv (eds.), *Asian Forms of the Nation*, 297-322도 참조하라. N. Ganesan, "Liberal and Structural Ethnic Political Accommodation in Malaysia," in Kymlicka and He (eds.), *Multiculturalism in Asia*, ch. 6은 말레이시아의 종족민족 정책을 호의적 관점에서 다루고 있다.

80. Brown, *The State and Ethnic Politics in Southeast Asia*, ch. 3. 비록 국가 하위의 '원초적' 종족성과 '해석된construed' 종족성이라는 허구적 이분법을 추구하긴 하지

만, 이 책에는 몇몇 통찰력 있는 사례 연구가 실려 있고 그중에서도 싱가포르에 대한 사례 연구는 주목할 만하다. 또 Chua Beng Huat, "The Cost of Membership in Ascribed Community," in Kymlicka and He (eds.), *Multiculturalism in Asia*, ch. 8도 참조하라.

81. Kedourie (ed.), "Introduction," *Nationalism in Asia and Africa*, 77-92; Breuilly, *Nationalism and the State*, chs. 5, 6, 8.

82. Paul Brass, *Language, Religion and Politics in North India*, Cambridge: Cambridge University Press, 1974, ch. 3, 그 밖에 여러 곳.

83. 브래스와 처음 논쟁을 벌인 Francis Robinson의 "Islam and Muslim Separatism," in D. Taylor and M. Yapp (eds.), *Political Identity in South Asia*, London: Curzon, 1979, 78-112를 참조하라. 브래스가 자신의 이전 견해를 일부분 수정한 글은 Brass, *Ethnicity and Nationalism*, London: Sage, 1991, ch. 3에 재수록된 "Elite Groups, Symbol Manipulation and Ethnic Identity among Muslims of South Asia," Taylor and Yapp (eds.), *Political Identity in South Asia*, 35-77을 참조하라. 인도의 종교와 민족주의의 관계에 대한 가장 광범위한 연구는 Peter van der Veer, *Religious Nationalism: Hindus and Muslims in India*, Berkeley, CA: University of California Press, 1994. 추가적인 참고문헌은 아래를 참조하라.

84. van der Veer, *Religious Nationalism*; Ian Talbot, *Inventing the Nation: India and Pakistan*, London: Arnold, 2000, 12, 60, 75-85(내가 볼 때 두 나라의 민족주의에 대한 가장 훌륭한 개괄적 연구다); Lise Mckean, *Divine Enterprise: Gurus and the Hindu National Movement*, University of Chicago Press, 1996.

85. 4장 주-52, 주-53과 관련 본문을 참조하라.

86. Talbot, *India and Pakistan*, 60.

87. 4장 181~184쪽을 참조하라.

88. van der Veer, *Religious Nationalism*, 22-23; Meghnad Desai, "Communalism, Secularism and the Dilemma of Indian Nationhood," in Leifer (ed.), *Asian Nationalism*, ch. 6; Ainslie Embree, *Utopias in Conflict: Religion and Nationalism in Modern India*, Berkeley, CA: University of California Press, 1990, ch. 3; Partha Chatterjee, *The Nation and its Fragments: Colonial and Postcolonial Histories*, Princeton University Press, 1993, 6, 120; S. Mitra and R. Lewis, *Subnational Movements in South Asia*, Boulder, CO: Westview, 1996, 108; Talbot, *India and Pakistan*, ch. 2, and p. 194.

89. 힌두 민족주의 사상의 역사적 뿌리와 전개 과정에 대해서는 다음을 보라. Christophe Jaffrelot, *The Hindu Nationalist Movement and Indian Politics: 1925 to*

the 1990s, London: Hurst, 1996.

90. Chatterjee, *The Nation and Its Fragments*; Arild Ruud, "Contradiction and Ambivalence in the Hindu Nationalist Discourse in West Bengal," in Tønneson and Antlöv (eds.), *Asian Forms of the Nation*, 151-180.

91. Mitra and Lewis, *Subnational Movements in South Asia*, ch. 9.

92. Jyotirindra Das Gupta, *Language Conflict and National Development: Group Politics and National Language Policy in India*, Berkeley, CA: University of California Press, 1970. 또, 어쩌면 인도 모델을 다소 이상화했을 수도 있지만 Gurpreet Mahajan, "Indian Exceptionalism or Indian Model: Negotiating Cultural Diversity and Minority Rights in a Democratic Nation-State," in Kymlicka and He (eds.), *Multiculturalism in Asia*, ch. 13도 참조하라.

93. Brass, *Language, Religion and Politics in North India*, chs. 6-8.

94. Mitra and Lewis, *Subnational Movements in South Asia*, ch. 8.

95. 앞의 주-70과 405쪽 각주를 참조하라.

96. Arend Lijphart, "The Puzzle of Indian Democracy: A Consociational Interpretation," *American Political Science Review*, 90(2) (1996), 258-268.

97. Tariq Rahman, *Language and Politics in Pakistan*, Karachi: Oxford University Press, 1997; Alyssa Ayres, *Speaking Like a State: Language and Nationalism in Pakistan*, Cambridge University Press, 2009.

98. Katherine Adeney, *Federalism and Ethnic Conflict Regulation in India and Pakistan*, New York, Palgrave Macmillan, 2007, 173-177.

99. 위의 주-68을 참조하라.

100. 유럽의 사례에서 이를 뒷받침하는 가장 유익한 자료로는 다음을 보라. Krejčí and Velímský, *Ethnic and Political Nations in Europe*, 49-57.

101. Krejčí and Velímský, *Ethnic and Political Nations in Europe*, 49-57.

102. 여기서도 가장 사려 깊고 신중한 것은 다음의 책이다. A. Smith, *Nations and Nationalism in the Global Era*. 또 Craig Calhoun, *Nations Matter: Culture, History and the Cosmopolitan Dream*, London: Routledge, 2007도 참조하라. "Us and Them: The Enduring Power of Ethnic Nationalism," *Foreign Affairs*, March-April 2008을 읽게 된 건 뜻밖의 기쁨이었다. 나는 많은 점에서 이 글과 생각을 공유한다.

103. Melvin Small and David Singer, *Resort to Arms: International and Civil Wars, 1816-1980*, Beverly Hills, CA: Sage, 1982는 '전쟁 상관관계Correlates of War' 데이터베이스(1820년부터 1997년까지 일어난 국가 간 전쟁 97건의 통계를 데이터베이스화한 자료—옮긴이)에 기반하고 있어서 그 이전 시대와의 비교나 선진국과 개발도상

국 간의 비교 기준을 제시해주지는 못한다. 하지만 Jack Levy, *War in the Modern Great Power System, 1495-1975*, Lexington, KY: University Press of Kentucky, 1983, 특히 112-149를 보라. 또 Evan Luard, *War in International Society*, London: Tauris, 1986, 53, 67도 참조하라. 최근의 두 신간은 이러한 추세를 다음과 같이 표제로 내걸었다. Joshua Goldstein, *Winning the War on War: The Decline of Armed Conflict Worldwide*, New York: Dutton, 2011; Steven Pinker, *The Better Angels of our Nature: Why Violence has Declined*, New York: Viking, 2011.[스티븐 핑커 지음, 김명남 옮김, 『우리 본성의 선한 천사: 인간은 폭력성과 어떻게 싸워 왔는가』, 사이언스북스, 2014]

104. 더 자세한 논의는 아자 가트 지음, 오숙은·이재만 옮김, 『문명과 전쟁』, 교유서가, 2017, 677-683, 689-690을 참조하라.

105. 가장 광범위한 최신 추계는 Angus Maddison, *The World Economy: A Millennial Perspective*, Paris: OECD, 2001, 28, 90, 126, 183-186, 264-265. 또 Paul Bairoch, "Europe' Gross National Product: 1800-1975," *Journal of European Economic History*, 5 (1976), 301; Paul Bairoch, "International Industrialization Levels from 1750 to 1980," *Journal of European Economic History*, 11 (1982), 269-310, 특히 275, 284, 286; W. W. Rostow, *The World Economy: History & Prospect*, Austin, TX: University of Texas Press, 1978, 4-7, 48-49도 참조하라.

106. 일례로 다음을 보라. Richard Rosecrance, *The Rise of the Trading State: Commerce and Conquest in the Modern World*, New York: Basic Books, 1986 [Richard Rosecrance 지음, 이태섭 옮김, 『무역이냐! 전쟁이냐!』, 시사영어사, 1987]; 또 Stephen Brooks, "The Globalization of Production and the Changing Benefits of Conquest," *Journal of Conflict Resolution*, 43(5) (1999), 646-670도 참조하라. 이른바 민주평화론에 대해서는 특히 Russett and Oneal, *Triangulating Peace: Democracy, Interdependence and International Organizations*; 민주정과 전쟁에 대한 개괄적 논의는 Gat, *Why Democracy Won in the 20th Century and How it is Still Imperiled*를 참조하라. 데이터는 B. R. Mitchell, *International Historical Statistics, Europe 1750-1988*, New York: Stockton, 1992, 553-562; Maddison, *The World Economy*, 126, 127, 184; Simon Kuznets, *Modern Economic Growth*, New Haven, CT: Yale University Press, 1966, 306-307, 312-314[사이먼 S. 쿠즈네츠 지음, 박승 등 옮김, 『近代經濟成長論』, 한국경제신문사, 1987]를 참조하라.

107. John Stuart Mill, *Principles of Political Economy*, New York: Kelley, 1961, Bk. iii, ch. xvii, s. 5, p. 582.[존 스튜어트 밀 지음, 박동천 옮김, 『정치경제학 원리』, 나남, 2010, 제3권 17장 5절]

108. Andreas Wimmer and Brian Min, "The Location and Purpose of Wars Around the World: A New Global Dataset, 1816-2001," *International Interactions*, 35 (2009), 390-417, 특히 406; Andreas Wimmer, "Waves of War: Nationalism and Ethnic Politics in the Modern World," 2011년 3월 맥길대학에서 열린 학회의 발표 논문, p. 4. 이와 비슷한 논의로는 Kalevi Holsti, *Peace and War: Armed Conflict and International Order 1648-1989*, Cambridge University Press, 1991, 306-334, 특히 307-308을 참조하라. 모든 데이터베이스가 그렇듯이, 앞의 연구에서 이용한 데이터베이스들도 나름의 기준과 분류 규칙이 있고 이는 연구 결과에 영향을 미치며 내가 여기에 다 동의하는 것은 아니다. 하지만 큰 그림은 분명하다. 이상의 발견들은 James Fearon과 David Laitin의 주장(앞의 주-68)이 얼마나 편파적이고 협소한지를 다시금 보여준다.

109. 그러나 특히 Yael Tamir, *Liberal Nationalism*, Princeton University Press, 1993; David Miller, *On Nationality*, Oxford University Press, 1995를 참조하라.

110. 다시금, 참고로 Billig, *Banal Nationalism*을 보라.

111. 일례로 Gregory Jusdanis, *The Necessary Nation*, Princeton University Press, 2001을 참조하라.

112. Azar Gat, "The Return of Authoritarian Great Powers," *Foreign Affairs*, 86(4) (2007), 59-69; Azar Gat, "Are Authoritarian China and Russia Doomed? Is Liberal Democracy's Victory Preordained?," *Foreign Affairs*, 88(3) (2009); Gat, *Victorious and Vulnerable*.

113. 이 복잡한 주제에 대한 좀더 충분한 논의는 Gil Merom, *How Democracies Lose Small Wars: State, Society, and the Failure of France in Algeria, Israel in Lebanon, and the United States in Vietnam*, New York: Cambridge University Press, 2003; Merom and Gat, in Gat (ed.), *Victorious and Vulnerable*, ch. 7을 참조하라.

114. Gat, *Victorious and Vulnerable*, 121과 여기 소개한 참고문헌을 참조하라.

115. Vito Tanzi and Ludger Schuknecht, *Public Spending in the Twentieth Century: A Global Perspective*, Cambridge University Press, 2000; Gat, *War in Human Civilization*, 524-526(아자 가트 지음, 오숙은·이재만 옮김, 『문명과 전쟁』, 교유서가, 2017, 677-678쪽)과 여기 인용한 참고문헌을 참조하라.

116. K. Banting and Will Kymlicka (eds.), *Multiculturalism and the Welfare State: Recognition and Redistribution in Contemporary Democracies*, Oxford University Press, 2006, 11-12, 93-94의 문헌 고찰을 참조하라.

117. 이는 각각 2000년과 1998년의 대략적 통계 수치다. Alberto Alesina and Edward Glaeser, *Fighting Poverty in the US and Europe: A World of Difference*,

Oxford University Press, 2004, 17, 19.〔알베르토 알레시나·에드워드 글레이저 지음, 전용범 옮김, 『(하버드 경제학자가 쓴) 복지국가의 정치학: 누가 왜 복지국가에 반대하는가?』, 생각의힘, 2012〕

118. Glaeser, *Fighting Poverty in the US and Europe*, 133-134, 145.

119. Glaeser, *Fighting Poverty in the US and Europe*, 146-166.

120. Glaeser, *Fighting Poverty in the US and Europe*, 41.

121. Daniel Béland and Andre Lécours, *Nationalism and Social Policy: The Politics of Territorial Solidarity*, Oxford University Press, 2008.

122. 특히 Banting and Kymlicka (eds.), *Multiculturalism and the Welfare State*에 수록된 연구들을 참조하라. 하지만 이 책은 전반적인 종족적 이질성보다 다문화 정책이 사회적 연대와 부의 재분배에 더 악영향을 끼친다는 주장을 논박하는 데 집중하고 있다.

123. Keith Banting, Richard Johnston, Will Kymlicka, and Stuart Soroka, "Do Multiculturalism Policies Erode the Welfare State," in Banting and Kymlicka (eds.), *Multiculturalism and the Welfare State*, ch. 2, 특히 p. 83.

124. Alesina and Glaeser, *Fighting Poverty in the US and Europe*, 142-144.

125. http://hdrstats.undp.org/en/indicators/161.html을 참조하라.

126. Jürgen Habermas, *The Postnational Constellation*, Cambridge: Polity, 2001, 58-112, 인용문은 64-65.

127. Habermas, *The Postnational Constellation*, 80.

128. 이것이 가장 뚜렷하게 나타난 글로는 Habermas, *The Postnational Constellation*, 74를 참조하라.

129. Eric Hobsbawm, 일간지 〈하레츠Haaretz〉와의 인터뷰, 2010년 6월 10일자.

제7장 국가, 민족 정체성, 종족성: 규범적·헌법적 측면

1. 이 책 서론의 주-6을 참조하라.

2. 슬로바키아 헌법을 비롯해 여기서 인용한 각국의 헌법 조문들은 International Constitutional Law at: www.servat.unibe.ch./icl을 참조하라.

3. 참고로 Kymlicka, *Politics in the Vernacular*, 24-25는 이런 측면에서 종교와 언어의 유사성을 (약간 다른 근거에 기반하여) 논박하고 있다.

4. 5장 310~311쪽을 참조하라.

5. www.ecmi.de/about/history/german-danish-border-region/bonn-copenhagen-declarations를 참조하라.

6. 유럽에서의 '동족 국가' 개념에 대해서는, 2001년 10월 19~20일 '법을 통한 민주주의를 위한 유럽위원회'(베니스위원회) 제48차 정기총회에서 채택된 *Report on the Preferential Treatment of National Minorities by their Kin-State* (https://www.venice.coe.int/webforms/documents/?pdf=CDL-INF(2001)019-e에서 열람 가능); *The Bolzano/Bozen Recommendations on National Minorities in Inter-State Relations & Explanatory Note*, OSCE High Commissioner on National Minorities, Netherlands, 2008 (www.osce.org/hcnm/33633에서 열람 가능)을 참조하라.

7. *Report on the Preferential Treatment of National Minorities by their Kin-State*, 42.

8. 일례로 다음을 참조하라. Council of Europe, Parliamentary Assembly, Resolution 1713 (2010), http://assembly.coe.int/Main.asp?link=/Documents/AdoptedText/ta10/ERES1713.htm에서 열람 가능.

9. June 15, 1999 (지역 언어와 소수 언어에 대한 판결); May 9, 1991 (코르시카의 영토적 지위에 대한 판결); www.conseil-constitutionnel.fr.

10. Council of Europe, Parliamentary Assembly, Doc. 10961, June 12, 2006, *Ratification of the Framework Convention for the Protection of National Minorities by the member states of the Council of Europe*, Report, Committee on Legal Affairs and Human Rights, 5-6.

11. *The Bolzano/Bozen Recommendations*, 3.

12. Will Kymlicka, *Multicultural Odysseys: Navigating the New International Politics of Diversity*, Oxford University Press, 2007, 80.[월 킴리카 지음, 이유혁·진주영 옮김, 『다문화 오디세이: 다양성의 새로운 국제정치를 향해하기』, 소명출판, 2017]

13. 이 보고서의 전문과 대통령 연설문은 www.fil-info-france.com/actualites-monde/rapport-stasi-commission-laicite.htm을 참조하라.

14. Kymlicka, *Multicultural Odysseys*, 42, n. 27에서 인용한 프랑스 고등통합위원회 French Haut Conseil à l'intégration의 보고서.

15. Kymlicka, *Multicultural Odysseys*, 52.

16. Kymlicka, *Multicultural Odysseys*, 83-86과 비교해보라.

17. 일례로 다음을 참조하라. M. Moore (ed.), *National Self-Determination and Secession*, Oxford University Press, 1998; Allen Buchanan and Stephen Macedo (eds.), *Secession and Self-Determination*, New York: New York University Press, 2003.

18. Judgments of the Supreme Court of Canada, Reference re Secession of Quebec, [1998] 2 SCR 217 (https://scc-csc.lexum.com/scc-csc/scc-csc/en/item/1643/index.do에서 열람 가능)

19. Chua Beng Huat, "The Cost of Membership in Ascribed Community," in Kymlicka and He (eds.), *Multiculturalism in Asia*, 184.

20. Council of Europe, Parliamentary Assembly, Doc. 10961, June 12, 2006, *Ratification of the Framework Convention for the Protection of National Minorities by the member states of the Council of Europe*, Report, Committee on Legal Affairs and Human Rights, 8.

21. 이에 대해서는 다음을 참조하라. Christian Jopke, "Citizenship between De- and Re-ethnicization," *European Journal of Sociology*, 44 (2003), 440-441.

22. http://conventions.coe.int/Treaty/Commun/ListeDeclarations.asp?NT=157&CM=&DF=&CL=ENG&VL=1을 참조하라.

23. *Bolzano/Bozen Recommendations*, 1, 2, 3, 5.

24. Yael Tamir, *Liberal Nationalism*, Princeton University Press, 1993; D. Miller, *On Nationality*와 비교해보라.

25. Kymlicka, *Multicultural Odysseys*, 80.

26. Kymlicka, *Multicultural Odysseys*, 83-86; 또 Kymlicka, *Politics in the Vernacular*, 23-27도 참조하라.

민족/민족주의의 개념과 기원과 역사를 다루는 학제적 연구 분야는, 민족이 근대에 탄생한 역사적 구성물이라고 보는 '근대주의'적 입장과, 민족이 근대 이전의 시기에 기원을 둔다고 보는 '전통주의'적 입장으로 크게 양분된다. 특히 1980년대부터 다시금 눈부시게 떠오른 근대주의적 입장의 대표적 학자로는 어니스트 겔너, 베네딕트 앤더슨, 에릭 홉스봄 등을, 전통주의적 입장의 학자로는 앤서니 스미스, 스티븐 그로즈비, 에이드리언 헤이스팅스 등을 들 수 있다. 그리고 이 책은 제목에서도 알 수 있듯이 전통주의의 입장과 뚜렷이 맥을 같이하고 있다.

1장에서 이론적인 논의와 핵심 개념에 대한 정의를 소개한 뒤, 2장은 수렵채집 집단에서 기원한 친족 집단이 씨족을 거쳐 부족으로 발전한 과정을, 3장은 기원전 1만 년 전에서 5천 년 전 사이에 부족 조직으로부터 대규모 종족이 형성되고 종족 공간에서 국가가 형성된 과정을 개관한다. 이 발전 과정의 핵심은 농경과 목축의 도입이고, 여기에 복잡한 사회 계층화가 수반되었다. 이로부터 개별 부족에 대한 충성을 초월한 관료주의적 통치와 지배가 출현하면서 부족 조직이 쇠퇴하게 된다.

4장은 고대 이집트와 중국을 비롯하여 유럽을 제외한 전 세계에 역사적으로 존재했던 국가와 민족들을 탐색한다. 국가는 처음 출현할 때부터 소국/도시국가, 민족국가, 제국이라는 세 가지 형태를 띠었다. 소국의 한 형태인 도시국가는 한 종족 공간을 여러 개의 도시국가군이 나누어 가지는 형태로 출현했는데, 도시국가들끼리는 평소 자주 대립했지만 외세의 위협이 닥쳤을 때는 서로 동맹을 맺는 경향을 띠었다. 또 제국은 여러 종족으로 구성되었지만, 제국을 떠받치는 종족은 항상 특정한 한 지배 종족/인족이었다. 제국은 그 영토 내에 있던 민족국가들을 압살하기도 했지만, 그 주변부에서 민족국가의 형성을 자극하기도 했다.

5장은 서로마제국 멸망 이후 유럽에서 우후죽순 생겨난 민족국가들에 초점을 맞춘다. 왜 유럽에서 민족국가들이 유독 두드러지게 성공할 수 있었는지를 지정학적 요인으로 설명하고, 전근대 유럽 민족이 종교, 왕조 제도, 언어와 맺었던 독특한 관계를 설명하며, 이것이 비단 엘리트에 국한되지 않은 대중 정서에 기반하고 있었다고 주장한다.

6장에서 저자는 민족이 대중 주권, 커뮤니케이션, 도시화, 이주 등 근대적 혁명에 의해 구성된 산물이라는 이론을 반박한다. 그보다 전근대에 이미 존재했던 대중적 민족 정서가 이런 혁신에 의해 해방되고 변형되어 훨씬 큰 힘을 갖게 되었다는 것이다. 또 이른바 '시민적 민족'은 종족적 기반 위에 건설되었음을 지적하며, 시민권이 근대적 민족을 과거의 민족적 형태와 차별화하는 핵심이라는 주장도 반박한다.

끝으로, 알렉산더 야콥슨이 집필한 마지막 7장은 세계 각국의 헌법 조항을 검토하여 현대 국가의 규범에서 종족·민족 정체성이 어떤 방식으로 표현되는지를 살펴본다. 특히 '시민적 민족주의'와 '종족적 민족주의'가 '소수민족 권리 보호'라는 맥락에서 각각 어떤 함의를 띠는지를 면밀히 뜯어 보고 둘 사이의 이분법이 통념처럼 그리 단순하지 않음을 밝히고 있다.

이 책의 논의에서 특기할 점을 들자면, 첫째로 저자는 민족이 문화 혹은 종족과 국가의 대략적 일치라는 어니스트 겔너의 정의를 수용하면서 논의를 시작한다. 그리고 이러한 겔너의 정의에 따르면 민족은 비단 근대에만 국한되지 않는다고 주장한다. 가장 대표적인 근대주의 이론가의 용어를 써서 근대주의를 반박하고 있는 셈이다.

개념 정의에 있어 저자는 종족/인족/민족을 단계적으로 구분했다. 그의 정의에 따르면, 우선 종족이란 (상상 혹은 실제의) 친족과 문화를 공유하는 집단이다. 그리고 인족이란 친족과 문화를 공유한다는 뚜렷한 의식을 지닌 집단이다. 끝으로 민족이란, 친족과 문화를 공유한다는 뚜렷한 의식을 지녔으며 국가 내에서 정치적 주권/자치권을 가졌거나 이를 추구하는 집단이다. 종족/인족/민족의 성립을 위한 필요조건으로 혈통을 공유한다는 의식이 아니라 '친족 의식'을 꼽았다는 것은 미세하지만 중대한 차이다. 피가 섞이지 않았어도 결혼을 통해 결연 관계를 맺는 인척까지 친족의 범위에 포함시킬 수 있기 때문이다. 따라서 혈통을 공유한다는 의식이 없어도 다른 종족 간의 지속적 통혼을 통해 (이와 더불어 문화의 공유를 통해) 하나의 새로운 종족이 형성될 수 있고, 나아가 저자가 이 책에서 주장하듯이 예컨대 '미국 민족'이 형성되고 있다고 말할 수 있게 되는 것이다.

둘째로, 저자는 인간이 종족이라는 특유한 집단을 이루는 현상이 자연적으로 진화한 인간 성향에 뿌리박고 있다고 주장한다. 그는 인간이 이방인보다 자신과 더 많은 유전자를 공유하는 친족을 더 선호하게끔 진화했다는 사회생물학의 원리를 인용한다. 즉, 민족이라는 현상은 인간 본성에 그 토대를 두고 있으며, 바로 이것이 민족주의가 원초적 열정을 불러일으키는 이유라는 것이다. 이는 기존 전통주의자들의 입장보다 한층 더 나아간 급진적인 주장이다. 하지만 다른 한편으로 민족적 유대와 감정이 인간성의 보편적 특질이라는 생각은 매우 오래된 견해이고, 전통주의자인 앤서니 스미스가 '원초주의'라고 부르며 거부했던 것이기도 하다. 스미스는, 이런 견해가 성립되려면 (가트 자신의 표현을 빌리자면) "가족에서 부족, 인족, 민족으로의 도약"을 잇는 연결 고리가 유동적인 역사적 현실 속에서 경험적으로 확립되어야 한다고 지적했다. 이 책은 그 연결 고리를 확립하려는 시도이고, 그 성공 여부는 독자가 판단할 몫이다.

셋째로, 이 책은 유럽 이외의 전 세계 거의 모든 지역으로 사례 연구를 확장했다. 저자는 민족/민족주의 연구의 심한 유럽 편중을 비판하며 여기에 깔린 전파주의적 가정을 거부한다. 즉, 민족과 민족국가는 고대로부터 세계사에 팽배한 현상이라는 것이다. 또한 근대주의적 이론이 주로 사회과학자와 현대사 연구자들에 의해 정립되었음을 지적하며, 전근대의 특정 시대(예컨대 유럽 중세사)와 특정 지역(동유럽, 발칸, 중국 등)을 전공한 역사학자들의 연구를 광범위하게 참조하고 있다.

실제로 이 책은 대단히 풍부하고 광범위한 역사적 자료를 인용하고 있지만, (저자가 비판하는 근대주의자들과 마찬가지로) 저자 역시 자신의 주장에 유리한 사례들을 취사선택했다는 의혹에서 완전히 자유롭지는 않다. 일례로 게르만족의 대이동 시기에 고트족이나 프랑크족 같은 종족 범주가 과연 얼마나 고정적이었는지, 중세-근세 이탈리아 도시국가들 사이에 같은 '이탈리아인'이라는 의식이 얼마나 확고했는지 등은 해당 시기를 연구하는 역사학자들 사이에서도 이견이 분분하거나 회의론이 대세인 주제다. 또한 개념적으로, 이 책은 주로 민족 공동체의 역사적 연속성에 초점을 맞추고 있는데 (공동체로서의) 민족과 (이데올로기로서의) 민족주의를 엄밀히 구분하고 있지 않다는 문제를 지적할 수 있다. 공동체로서의 민족은 역사가 오래 되었을지 몰라도 폭발적인 동원 이데올로기로서의 민족주의는 시민혁명/ 산업혁명 이후에 출현한 대중 사회 특유의 현상이라고 볼 수 있기 때문이 다. 이에 대해 저자는 대중적인 정당화 이데올로기로서의 민족주의가 근대 적인 현상이라는 데 동의하면서도, 강한 대중 정서로서의 '민족주의'는 근 대 이전부터 폭발적 성격을 띠고 존재했으며 중요한 정치적 의미를 띠었다 고 주장한다. 민족주의는 해방적이고 (주로 복지국가를 뒷받침한다는 점에서) 이타적인 측면과 공격적이고 폭력적인 측면을 둘 다 가지고 있으며 전자를 극대화하고 후자를 억제하는 것이 이 현상을 올바로 이해하는 길이라는 것이다.*

핵심 용어들의 번역과 관련하여, 우선 저자가 친족과 문화를 공유하는 집단이라고 정의한 에트노스ethnos와 그 복수형인 에트네ethne는 앤서니 스 미스에게서 빌려온 개념이다. 이 개념은 앤서니 스미스 저서의 한국어 번 역을 통해 '인종적 민족' 혹은 '족류'로 소개된 바 있다. 이 책에서는 'ethnic(종족적)', 'ethnicity(종족성)'와 같은 단어들과의 연계성을 직관적으 로 파악하기 가장 수월하고, 또 일반적으로 가장 무난하다고 여겨지는 단 어인 '종족'으로 옮겼다.

저자가 (지배층과 대비되는 의미의 '인민'과는 조금 다르게) 서로 친족과 문 화를 공유한다는 뚜렷한 의식을 지닌 집단으로 정의한 a people/peoples

---

* 이상의 비판들은 John Hutchinson, Chris Wickham, Bo Stråth, and Azar Gat, "Debate on Azar Gat's *Nations: The Long History and Deep Roots of Political Ethnicity and Nationalism*", *Nations and Nationalism* 21(3), 2015, 383-402, doi:10.1111/nana.12132 를 참고했다.

는 '인족'으로 옮겼는데, 솔직히 불만족스러운 번역이고 옮기기 가장 까다로운 단어였다. 특히 이 책에서는 nation과 people을 명확히 구분해서 쓰고 있기에 더욱 그랬다. 저자가 지적하듯이 많은 언어권에서 일상용어로 흔히 쓰이는 단어(히브리어의 '암am'과 '고이goi', 그리스어의 '라오스laos', 라틴어의 '겐스gens', 독일어의 '폴크volk', 슬라브어의 '나로드narod')인데도 한국어에서는 (민족을 제외하면) 이에 대응하는 일상적인 단어를 찾기가 어려웠다. '겨레'나 '족속'도 고려해보았지만, '겨레'는 일괄 적용했을 때 어색해지는 용례들이 너무 많아서('패권 겨레', '주류 겨레', '겨레태'……), 그리고 '족속'은 낮잡아 말하는 뜻이 너무 강해서 결국 포기할 수밖에 없었다. 사실 '인족'은 유전학에서의 'ethnic group', 즉 유전적으로 상대적으로 단일한 집단을 가리키는 용어이기도 하다. 하지만 이 책에서의 맥락과는 무관하다.

친족과 문화를 공유한다는 뚜렷한 의식을 지녔고 국가 내에서 정치적 주권/자치권을 가졌거나 이를 추구하는 집단이라고 저자가 정의한 nation은 '민족'으로, nationalism은 '민족주의'로 옮겼다. 그리고 nation-state나 national state는 '민족국가'로 옮겼다. nation은 흔히 '국민'으로도 번역되지만, 한국어에서 '국민'이라는 단어는, 전근대 사회의 '국민'— 이를테면 조선 시대의 '국민'— 을 말하는 것 자체가 형용모순으로 느껴질 정도로 근대성과 너무나 밀접하게 연결되어 있어서 전근대 민족의 존재를 강하게 주장하는 이 책의 맥락에는 어울리지 않는다고 판단했다. nationhood, statehood, peoplehood 등은 '민족태', '국가태', '인족태' 등으로 옮겼다.

이 책은 일부분 저자의 전작인 『문명과 전쟁』에서의 논의를 발전시켜 집필한 것이고 심지어 겹치는 부분도 제법 많다. (가트는 인류사에서 전쟁이 발생하는 근본 원인을 파고들다가 민족이라는 현상의 폭발성을 좀더 본격적으로 다루어야겠다고 결심한 듯하다.) 『문명과 전쟁』과 병행해서 읽으면 저자의 논지를 더 잘 이해하는 데 도움이 될 것이다.

혹은 이 책에서 주로 비판하거나 중요하게 인용하는 민족주의 연구의 주요 저작들, 즉 베네딕트 앤더슨의 『상상된 공동체』, 어니스트 겔너의 『민족과 민족주의』, 에릭 홉스봄의 『1780년 이후의 민족과 민족주의』, 『만들어진 전통』, 또는 앤서니 스미스의 『민족의 인종적 기원』, 『족류-상징주의와 민족주의』 등과 병행하여 읽으며 비교해보는 것도 이 책을 깊이 읽는 한 가지 방법일 것이다.

찾아보기

지은이

아자 가트 Azar Gat

이스라엘 텔아비브대학의 '에제르 바이츠만 국가안보 석좌교수'. 같은 대학의 정치학과 학과장을
두 차례 역임했으며, 텔아비브 국제외교안보 프로그램을 창설해 이끌고 있다. 이스라엘 하이파대학
에서 학사, 텔아비브대학에서 석사, 영국 옥스퍼드대학 올 소울스 칼리지에서 박사과정을 마쳤다.
이스라엘 방위군 예비역 소령이다. 연구 주제는 전쟁의 원인과 진화, 군사이론, 군사전략, 민족주의
등이다. 저서로『문명과 전쟁War in Human Civilization』『전쟁과 평화: 전쟁의 원인과 평화의 확산
The Causes of War and the Spread of Peace』『군사사상의 역사: 계몽주의부터 냉전까지A History
of Military Thought: From the Enlightenment to the Cold War』『민주주의는 왜 20세기에 승리했
고 왜 여전히 위태로운가Victorious and Vulnerable: Why Democracy Won in the 20th Century and
How it is Still Imperiled』등이 있다.

알렉산더 야콥슨 Alexander Yakobson

이스라엘의 역사학자로, 예루살렘 히브리대학의 고대사 전공 교수다. 이스라엘-팔레스타인 분쟁에
서 2국가 해법을 지지하는 정치 활동가이기도 하다.

옮긴이

유나영

서울대학교 고고미술사학과를 졸업하고 출판사에서 편집자로 일했다. 옮긴 책으로『네 번째 원고』
『사회문화인류학』『굴드의 물고기 책』『코끼리는 생각하지 마』『왜 지금 지리학인가』『스탈린』등
이 있다. 개인 블로그 '유나영의 번역 애프터서비스(lectrice.co.kr)'를 운영하고 있다.

민족
정치적 종족성과 민족주의, 그 오랜 역사와 깊은 뿌리

1판 1쇄 발행 2020년 8월 21일
1판 5쇄 발행 2023년 1월 26일

지은이 아자 가트·알렉산더 야콥슨 | 옮긴이 유나영

편집 최연희 김윤하 | 디자인 윤종윤 이주영 | 마케팅 배희주 김선진
저작권 박지영 형소진 이영은 김하림
제작 강신은 김동욱 임현식 | 제작처 상지사

펴낸곳 (주)교유당 | 펴낸이 신정민
출판등록 2019년 5월 24일 제406-2019-000052호

주소 10881 경기도 파주시 회동길 210
문의전화 031) 955-8891(마케팅), 031) 955-2680(편집)
팩스 031) 955-8855
전자우편 gyoyudang@munhak.com

ISBN 979-11-90277-68-6 03300